Internationale Küche

Internationale Küche

garant

Vorwort

Essen, Trinken und Genießen zählen zu den schönsten Dingen im Leben. Wie wir bei der Zusammenstellung unserer internationalen Küche festgestellt haben, bereiten alle Köche rund um den Globus ihre Speisen nach diesem Motto zu. Mit ausgewählten Zutaten von bester Qualität, mit Liebe zubereitet, werden die Feinschmecker in der ganzen Welt verwöhnt.

Damit auch Sie Ihre Lieben und Freunde mit den internationalen, kulinarischen Köstlichkeiten verwöhnen können, haben wir Ihnen eine bunte Vielfalt der besten Rezepte zusammengetragen. Jedes Rezept ist mit einem Bild versehen, das Ihnen schon beim Betrachten das Wasser im Munde zusammenlaufen lässt.

Die Rezepte sind ist übersichtlich gegliedert und Schritt für Schritt erklärt. Mit vielen Tipps und Tricks, Arbeitsschritten und Produktbeschreibungen gespickt, ist dieses Buch auch ein fantastischer Ratgeber für ungeübtere Hausfrauen und Hobbyköche.

Lassen Sie sich in die unterschiedlichsten Küchen unserer Welt entführen, bestimmt ist auch für Ihren Geschmack etwas dabei. Wenn Sie Ihre Lieben dann an den schön gedeckten Tisch bitten und Ihre Kochkünste präsentieren, ist der Erfolg schon fast vorprogrammiert. Feste mit lieben Menschen zu feiern, sie zu bewirten und mit ausgesuchten Speisen und Getränken zu verwöhnen, was kann es Schöneres geben! Die Vielzahl an dekorativen Kaffee-, Tee- oder Speiseservices ermöglicht es, Tische von klassisch bis futuristisch in immer neuen Variationen zu gestalten.

Mit edlem Geschirr, wertvollen Gläsern, dekorativem Besteck und fantasievollen Accessoires schaffen Sie den Rahmen für unvergessliche Stunden in kleiner oder großer Runde. Tische können in den unterschiedlichsten Stilrichtungen dekoriert werden – von kindlich verspielt bis asiatisch streng. Rücken Sie Ihr kostbares Geschirr fantasievoll ins rechte Licht. Um den Charakter von Tellern, Tassen, Platten oder Schalen noch deutlicher hervorzuheben, stimmen Sie Blumenschmuck und Deko je nach Jahreszeit farblich darauf ab. Dezente Accessoires wirken elegant und heben die oft sehr interessanten Formen von Geschirr und Gläsern hervor. Verwenden Sie für Blumengestecke nur Frischblumen, die nicht zu stark duften und nicht zu schnell verwelken. Kombinieren Sie zart schimmernde Tischwäsche, die es in einer riesengroßen Farbauswahl gibt, rustikale Sets oder Tabletts aus Holz oder Metall ganz nach Ihrem persönlichen Geschmack mit Gläsern, Tellern und Tassen. Haben Sie auch Mut zu Außergewöhnlichem, indem Sie die Gedecke auf Blättern, Gras oder Getreide anordnen oder Platten und Tische mit Alufolie verkleiden.

Sei es ein ein romantisches Essen zu zweit, ein Brunch oder ein Geschäftsessen, das Auge isst mit! Mit einem stilvoll gedeckten Tisch zeigen Sie den Gästen, dass sie herzlich willkommen sind. Kleine Aufmerksamkeiten für jeden Gast werden liebevoll vorbereitet und zieren den Platzteller. Selbst gebastelte Tischkarten erleichtern den Gästen die Platzwahl und bringen sie mit interessanten Tischnachbarn zusammen.

Handgeschriebene Menükarten wecken die Neugierde auf die kommenden Köstlichkeiten. Kerzen spenden schmeichelhaftes, warmes Licht und lassen Gläser und Besteck erstrahlen. Leise Musik im Hintergrund ist ein wirkungsvolles Mittel, um die richtige Atmosphäre zu schaffen, sie kann Gesprächspausen überbrücken oder lebhafte Diskussionen fördern.

Servieren Sie Ihren Gästen appetitanregende Suppen, erfrischende Salate, herzhafte Braten und traumhafte Desserts in den wunderschönen Schüsseln und Schalen der Services auf dekorativen Platten oder Tellern. Laden Sie zum Candle-Light-Dinner ein, zu einem Essen mit Genüssen aus mediterranen Gefilden oder verbringen Sie gemütliche Stunden bei einer köstlichen Tasse Tee, den Sie im zarten Glasservice kredenzen. Hier wird Ihnen mit unseren internationalen Rezepten eine große Auswahl für jeden Anlass geboten.

Wir wünschen Ihnen gutes Gelingen beim Dekorieren Ihrer Tische und beim Nachkochen und Genießen unserer Rezepte. Viel Spaß und guten Appetit!

Ihre Redaktion

EINLEITUNG

Eine wärmende Suppe, knackiges Gemüse, ein knuspriger Braten oder ein raffiniertes Dessert – mit einigen Grundkenntnissen können Sie jederzeit gesunde und schmackhafte Gerichte auftischen. Kochen ist nicht schwer, wenn Sie die richtigen Lebensmittel und das geeignete Handwerkszeug dazu haben. Sie brauchen keine Profiausstattung oder viele Spezialgeräte, um kulinarische Köstlichkeiten zuzubereiten. Wenige Utensilien, die jedoch von erstklassiger Qualität sein sollten, genügen in den meisten Fällen.

Der richtige Einkauf der Lebensmittel ist eine wichtige Voraussetzung, damit ein Gericht – und sei es noch so einfach – gelingt und schmeckt. Kaufen Sie Nahrungsmittel nur in solchen Mengen, die Sie in kurzer Zeit verbrauchen, denn nur dann ist gewährleistet, dass alle wertvollen Inhaltsstoffe wie z. B. Vitamine, Mineralstoffe und Spurenelemente erhalten bleiben.

Schaffen Sie einen Vorrat an Grundnahrungsmitteln, damit Sie nicht wegen jeder Tüte Mehl zum Einkaufen gehen müssen. Salz, Zucker, Mehl, Speisestärke, Grieß, Haferflocken, getrocknete Hülsenfrüchte, Nudeln oder Reis können an einem kühlen Ort über längere Zeit aufbewahrt werden. Kontrollieren Sie sie aber regelmäßig: Haben sich Schädlinge eingenistet, müssen die Lebensmittel rigoros entsorgt werden.
Im Kühlschrank bewahren Sie Eier, Speiseöl, Fette, Käse und Milchprodukte, Mayonnaisen und Würzsoßen auf. Achten Sie beim Einkauf auf das Herstellungs- oder Mindesthaltbarkeitsdatum. Frische Lebensmittel, auch Wurst und Fleisch, sollten Sie innerhalb kürzester Zeit verbrauchen.

Nutzen Sie das reiche Angebot an Tiefkühlprodukten, die die Vorbereitungszeit und die Kochzeit erheblich verkürzen. Von Gartenkräutern über Gemüse und Fleisch bis hin zu Obst und Eiscreme finden Sie in der Tiefkühltheke des Supermarktes qualitativ hochwertige und preiswerte Zutaten für schmackhafte, gesunde Speisen.

Frisches Obst und Gemüse sollten Sie möglichst saisongerecht einkaufen. Nicht nur Spargel oder Erdbeeren, sondern auch die ganze Vielfalt an heimischem Obst und Gemüse schmecken zur Haupterntezeit einfach aromatischer und haben mehr Vitamine als im Dezember und Januar. Sie sind dann auch meistens relativ günstig zu haben. Lagern Sie Obst und Gemüse immer dunkel und kühl im Keller oder im Gemüsefach des Kühlschrankes und verbrauchen Sie es innerhalb kurzer Zeit. Es müssen nicht immer teure, exotische Obst- und Gemüsesorten sein – mit einheimischen, preiswerten Produkten können Sie raffinierte, gesunde Gerichte kochen, die bei jedermann willkommen sind.

Zum Abrunden und Verfeinern stehen Kräuter und Gewürze in reicher Auswahl zur Verfügung. Von Anis bis Zimt, von Dill bis Zitronenmelisse – erst durch die fein abgestimmte Würze wird das Essen zum Erlebnis. Probieren Sie immer wieder neue Sorten aus und lassen Sie sich von dem köstlichen Aroma überraschen. Selbst einfache Gerichte bekommen durch Kräuter und Gewürze das gewisse Etwas. Ob Sie die regionale Küche bevorzugen oder mehr für das Exotische schwärmen: Mit den passenden Kräutern und Gewürzen verwandeln Sie Fleisch, Gemüse, Reis oder Nudeln in wahre Schlemmereien.

KÜCHENWERKZEUG – DAMIT DAS KOCHEN FREUDE MACHT

Töpfe und Pfannen
Eine wichtige Bedeutung kommt dem Kochgeschirr zu. Da Töpfe und Pfannen sehr viel im Gebrauch sind, müssen sie strapazierfähig und robust sein. Hochwertiges Kochgeschirr ist zwar teuer, doch die Ausgabe lohnt sich, da das Geschirr eine lange Lebensdauer hat und gute Kochergebnisse garantiert. Achten Sie darauf, dass sie einen plangeschliffenen, glatten Boden haben. Nur wenn Töpfe und Pfannen eben auf der Herdplatte aufliegen, wird die Energie optimal ausgenutzt und das Kochgut gart gleichmäßig. Achten Sie beim Kauf auch darauf, dass die Böden keine rauen Stellen aufweisen, vor allem die neuen Glaskeramik-Kochfelder sind empfindlich gegen Kratzer. Zwei bis 3 Kochtöpfe in verschiedenen Größen und mit gut schließenden Deckeln sowie einem Fassungsvermögen von 1 ½, 2 ½ und 5 l sollten Sie als Grundausstattung besitzen. Diese Töpfe werden zum Kochen von Suppen, Fleisch, Nudeln, Reis und Gemüse benötigt. Wenn Sie zu einem der größeren Töpfe noch einen passenden Siebeinsatz haben, können Sie Gemüse oder Fisch nährstoffschonend dämpfen. In einem großen Schmortopf oder Bräter können Sie

große Fleischstücke braten oder schmoren. Die besten Materialien, die Hitze gut leiten, sind Edelstahl, Gusseisen oder emaillierter Stahl. Der Bräter muss einen gut schließenden Deckel und hitzebeständige Griffe haben, damit sie sich im Backofen nicht verformen. Bräter bekommen Sie in verschiedenen Größen im Haushaltswarengeschäft.

Zur Zubereitung von Kurzgebratenem, Bratkartoffeln, Pfannkuchen oder Eiergerichten benötigen Sie Pfannen in verschiedenen Größen. Ist eine Pfanne mit Antihaftbeschichtung ausgestattet, so kann darin bei mäßiger Hitze fettarm schonend gebraten werden. In einer Pfanne aus Gusseisen oder Edelstahl wird bei hohen Temperaturen gebraten. Die Pfanne muss einen gut schließenden Deckel besitzen und der Griff muss hitzeisoliert sein. Wenn Sie Zeit und Energie beim Kochen sparen wollen, ist ein Schnellkochtopf genau richtig. Er ist in verschiedenen Größen erhältlich und hat spezielle Siebeinsätze zum Dämpfen oder zum getrennten Garen von verschiedenen Lebensmitteln. Im Schnellkochtopf wird mit hohem Druck unter Ausschluss von Sauerstoff gegart. Die Temperatur im Topf steigt auf über 100 °C, die Garzeiten können bis zu zwei Drittel reduziert werden. Nach Ende der Garzeit darf der Topf erst geöffnet werden, wenn der Dampf vollständig entwichen ist.

Je nach Ihren persönlichen Kochgewohnheiten können Sie Ihre Küche noch mit Spezialtöpfen und -pfannen ausstatten. Ein Spargeltopf, ein Spaghettitopf, eine Crêpespfanne mit niedrigem Rand, eine Grillpfanne mit geriffeltem Innenboden oder ein Simmertopf für Gerichte, die im Wasserbad zubereitet werden – im gut sortierten Warenhaus oder im Haushaltswarengeschäft finden Sie alles, was das Herz begehrt. Wenn Sie gerne asiatisch kochen, lohnt sich die Anschaffung eines Woks und eines elektrischen Reiskochers.

Edelstahl ist pflegeleicht, rostfrei und säureunempfindlich. Das Material ist ein hervorragender Wärmeleiter, es speichert die Hitze lange und ist für alle Herdarten geeignet. Geschirr aus emailliertem Stahl ist pflegeleicht und robust. Es leitet die Hitze gut und ist zum Braten bestens geeignet. Gusseisengeschirr ist schwer, es verträgt sehr hohe Temperaturen und ist deshalb ideal zum Braten. Das Material ist rost- und säureempfindlich, es muss nach Gebrauch gründlich gereinigt und mehrmals mit etwas Öl ausgerieben werden.

Glas-, Keramik- und Porzellangeschirr ist zum Kochen nur mit Einschränkungen geeignet. Ideal ist es für Aufläufe und Gratins, zum Braten und Backen im Backofen. Kupfergeschirr ist sehr teuer in der Anschaffung und aufwändig in der Pflege.

Handwerkszeuge:

Zu den wichtigsten Handwerkszeugen in der Küche zählen Messer in verschiedenen Ausführungen. Sie werden tagtäglich benutzt und sollten deshalb nur von bester Qualität sein. Gute Messer sind stabil, die Messerklingen sind aus geschmiedetem Spezialstahl und haben ergonomisch geformte Griffe aus Holz oder Hartkunststoff. Bewahren Sie große Messer möglichst in einem Messerblock auf, darin sind sie gut geschützt und immer griffbereit.

Folgende Messer und Handwerkszeuge gehören zur Grundausstattung und sollten in keiner Küche fehlen:

* Ein Brotmesser mit langer Wellenschliffklinge, ein Kochmesser mit breiter, glatter Klinge, ein kleines Gemüsemesser mit einer leicht gebogenen Klingenseite, ein Tomatenmesser mit Wellenschliff und ein Küchenmesser mit glatter Klinge.

* Kochlöffel in verschiedenen Größen können aus Holz oder Kunststoff sein, sollten sich aber für die Reinigung in der Spülmaschine eignen. Verwenden Sie keine Kochlöffel aus Metall für beschichtete Töpfe und Pfannen, da sie die Oberfläche zerkratzen.

* Zum Wenden und Herausnehmen von großen Fleischstücken leistet eine Fleischgabel gute Dienste. Schaumlöffel und Schöpfkellen benötigen Sie zum Herausnehmen von Klößen und Gemüse und zum Abschöpfen von Soßen und Suppen.

* Mit dem Schneebesen können Sie aufschlagen, glatt rühren und unterheben.

* Siebe in verschiedenen Größen benötigen Sie zum Abgießen von Nudeln, Reis oder Kartoffeln, zum Durchpassieren von Brühen und Soßen oder zum Abtropfen von Konserven. Siebe können sowohl aus Kunststoff als auch aus Edelstahl sein.

* Schneidebretter sollten Sie ebenfalls in verschiedenen Größen besitzen. Kunststoffbretter sind hygienischer, da sie leichter zu reinigen sind als Holzbretter.

* Ein Reibeisen oder eine Rohkostreibe wird zum Reiben, Raspeln oder Raffeln von Gemüse, Käse und Schokolade gebraucht. Zum Abreiben von Zitronen- und Orangenschalen sollten Sie eine sehr feine Reibe benutzen.

Küchengeräte, die die Arbeit erleichtern:

Der Mittelpunkt jeder Küche ist der Herd. Elektroherde sind mit Kochplatten, die neueren Modelle mit Glaskeramikkochfeldern ausgestattet. Diese sind sehr leicht zu reinigen, Töpfe und Pfannen können darauf leicht hin und her geschoben werden. Die einzelnen Kochzonen sind durch Markierungen sichtbar und oft so zu schalten, dass große oder ovale Kochzonen für Bräter entstehen.

Moderne Backöfen haben mehrere Heizsysteme. Sie können mit Ober- und Unterhitze oder mit Heißluft beheizt werden und haben meist einen integrierten Grill. Beim Heißluftsystem wird durch ein Gebläse die erhitzte Luft im Backraum gleichmäßig verteilt. Dadurch kann auf mehreren Etagen gleichzeitig gekocht und gebraten werden, ohne dass die Speisen Fremdgeruch annehmen.

Das Kochen mit dem Gasherd hat den Vorteil, dass die Hitzezufuhr von Anfang an gegeben ist. Die lange Aufheizzeit, wie sie beim Elektroherd nötig ist, entfällt. Ein Nachteil beim Gasherd ist die etwas schwierigere Reinigung des Kochfeldes.

Die Anschaffung eines Mikrowellengerätes lohnt sich, wenn Sie öfter Gerichte aufwärmen wollen. Das ist meist nötig, wenn die Familienmitglieder zu verschiedenen Zeiten zum Essen kommen. In speziellen Mikrowellengeschirren aus Kunststoff lässt sich selbst ein kleiner Rest schnell erwärmen, ohne dass etwas anbrennt. Sie können zum Aufwärmen auch Porzellan, Glas, Steingut oder hitzebeständigen Kunststoff verwenden. Metallgeschirr oder Geschirr mit Golddekor darf nicht in der Mikrowelle erhitzt werden. Je nach Modell kann im Mikrowellenherd aber auch gedünstet oder gegrillt werden. Gemüse und Fisch werden nährstoff- und vitaminschonend gegart. Heißgetränke, Suppen und Soßen sind in Sekundenschnelle zubereitet. Butter und Schokolade lassen sich in der Mikrowelle bei niedriger Temperatur mühelos schmelzen. Wenn Sie größere Mengen kochen, lohnt sich der Einsatz der Mikrowelle nicht.

Der Kühlschrank darf in der Küche nicht fehlen. Es gibt Modelle, die mit Gefrierfächern kombiniert sind, so können auch Tiefkühlprodukte über einen gewissen Zeitraum gelagert werden. Die modernen Kühlschränke sind mit einer Rundum-Isolierung energiesparend ausgestattet. Verschiedene Klimazonen, Abtauautomatik und Luftumwälzung garantieren eine ausgezeichnete Frischhaltung.

Die Tiefkühltruhe oder der Gefrierschrank leistet gute Dienste bei der Vorratshaltung. Sie können günstige Preise bei Obst, Gemüse oder Fleisch nutzen und die Lebensmittel portionsweise bis zum Verbrauch einfrieren. Die Zeitersparnis ist groß, da Sie alles küchenfertig vorbereiten können. Gemüse wird blanchiert und im gefrorenen Zustand für Suppen oder Eintöpfe verwendet. Reste von Speisen lassen sich gut einfrieren und zu einem späteren Zeitpunkt als

Grundlage für ein neues Gericht einsetzen. Nutzen Sie auch die Obstschwemme im Sommer und Herbst. Kochen Sie Kompotte oder Apfelmus und frieren Sie sie ein. So haben Sie auch in den Wintermonaten immer einen leckeren Nachtisch zur Hand. Sehr gut zum Einfrieren geeignet sind frische Erdbeeren, Himbeeren, Johannisbeeren oder Stachelbeeren. Damit sie nicht zusammenkleben, sollten Sie die Früchte einzeln auf eine Platte legen und vorfrieren. Anschließend können Sie sie dann in Gefrierbeutel oder -schalen packen.

Die Salatküche

Ein knackiger, pikant angemachter Salat ist eine erfrischende Köstlichkeit an heißen Tagen oder Beigabe zu einem festlichen Essen. Salatrezepte können immer wieder neu variiert und je nach Zutaten und Marinaden nach dem persönlichen Geschmack zusammengestellt werden. Die wichtigste Voraussetzung für das Gelingen ist die absolute Frische des Salatgemüses. Salatblätter dürfen nicht welk sein, Tomaten und Gurken müssen fest sein und eine glänzende Oberfläche haben. Achten Sie darauf, dass das Salatgemüse keine braunen Flecken oder angefaulte oder angeschimmelte Stellen aufweist.

Kaufen Sie nur solche Mengen, die Sie sofort verbrauchen, denn Salate verlieren schnell ihre Vitamine und Nährstoffe. Zum Aufbewahren wickeln Sie sie in Klarsichtfolie und legen sie in das Gemüsefach des Kühlschrankes.

Zu den Blattsalaten gehören Kopfsalat, Eissalat, Batavia- und Eichblattsalat, Lollo bionda und Lollo rosso, Frisée- und Romanasalat sowie Feldsalat und Endiviensalat. Blattsalate werden erst kurz vor dem Servieren geputzt, in kaltem Wasser gründlich gewaschen, trocken geschleudert oder trocken getupft und in mundgerechte Stücke zerpflückt. In einer Schüssel wird die Marinade oder die Vinaigrette angemacht, der Salat dazugegeben und alles vorsichtig vermischt.

Tomaten werden halbiert oder geviertelt und der Strunk wird herausgeschnitten. Gurken können je nach Geschmack geschält und entkernt werden. Tomaten und Gurken passen sehr gut zu Blattsalaten und ergeben hübsche Dekorationen.

Der zarte Chinakohl eignet sich hervorragend für Rohkostsalate. Er kann mit Mandarinen, Ananasstücken und Nüssen vermischt und in einer feinen Sahnemarinade serviert werden. Blumenkohl, Brokkoli und grüne Bohnen müssen vor der Zubereitung blanchiert werden. Dazu teilt man das geputzte Gemüse in mundgerechte Stücke, gibt es in kochendes Salzwasser und kocht es ca. zwei Minuten. Anschließend nimmt man es heraus und legt es für zwei Minuten in Eiswasser. Dadurch bleibt das Gemüse knackig und behält seine appetitliche Farbe.

Sellerie, Staudensellerie, Lauch, Karotten oder Kohlrabi sind ideal für Rohkostsalate. Man schneidet oder hobelt das geputzte, gewaschene Gemüse in sehr feine Streifen und vermischt es mit der Marinade. Der Salat sollte vor dem Servieren einige Zeit durchziehen.

Typische Herbst- und Wintergemüse, aus denen sich deftige Salate zubereiten lassen, sind neben Kartoffeln Rote Bete, Weißkohl und Rotkohl. Die Rote Bete werden gewaschen und in Salzwasser oder über Dampf weich gekocht, geschält und mit einem Buntmesser in Scheiben geschnitten. Sehr gut schmeckt dazu eine Essig-Öl-Knoblauch-Marinade. Achten Sie beim Einkauf darauf, dass noch zarte Stiele und Blätter an den Rote-Bete-Knollen sind, denn diese können blanchiert und ebenfalls als Salat mit viel Knoblauch angemacht werden.

Weißkohl und Rotkohl werden geputzt, geviertelt und der Strunk wird herausgeschnitten. Man schneidet oder hobelt die Viertel in sehr feine Streifen, übergießt sie mit kochendem Wasser und lässt sie einige Zeit ziehen. Nun gießt man das Wasser ab und knetet den Kohl so lange, bis er weich ist. Zur besseren Verträglichkeit von Kohlsalaten würzt man sie mit gemahlenem oder geschrotetem Kümmel.

Nicht nur aus Blattsalaten und Kohlgemüse lassen sich schmackhafte Salate zubereiten. Als Grundlage für sättigende Salate zum Abendessen oder für eine Party stehen gekochter Reis und bissfest gegarte Nudeln zur Verfügung. Man mischt sie mit Gemüse, Wurst, Fisch oder kaltem Braten und bereitet sie mit einem kräftig abgeschmeckten Dressing zu. Garniert mit hart gekochten Eiern und Tomaten sind diese Salate auch ein Blickfang auf dem kalten Büfett.

Auf die richtige Würze kommt es an

Das Geheimnis eines erfrischenden Salates ist die Marinade, in der er angemacht wird. Verwenden Sie nur bestes Speiseöl und erstklassigen Essig für die Zubereitung.

Einen mediterranen Charakter verleiht Olivenöl dem Salat. Es muss kalt gepresst (Olio extra vergine) sein und je nach Sorte einen milden oder kräftigen Geschmack haben. Bewahren Sie Olivenöl nicht im Kühlschrank auf, da es durch die Kälte trüb und fest wird. Weitere ausgezeichnete Öle für Salatmarinaden sind Sonnenblumenöl, Maiskeim- und Distelöl, Rapsöl, Kürbiskern- und Erdnussöl. Einen besonderen Geschmack verleiht Traubenkernöl dem Salat.
Die richtige Säure bekommt die Salatmarinade durch die Zugabe von Säuerungsmitteln. Essig ist eine organische Säure und wird manchmal nicht gut vertragen. In diesem Fall wird er durch Zitronen- oder Limettensaft ersetzt. Essig hat je nach Sorte einen Säuregrad zwischen 3 und 7 %. Das Verhältnis von Öl zu Essig sollte etwa 3 : 1 betragen, d. h., auf 3 EL Öl kommt 1 EL Essig. Im Handel erhalten Sie unter anderem Weißwein-, Rotwein- oder Kräuteressig.

Pikant im Geschmack ist Sherry-Essig, der jedoch sehr teuer ist. Setzen Sie ihn deshalb einfach selbst an. Mischen Sie 1 EL Essig-Essenz mit 125 ml Sherry (dry oder medium) oder Wein, füllen Sie das Gemisch in eine gut verschließbare Flasche und bewahren Sie es an einem kühlen Ort etwa vier Wochen dunkel auf.

Kräuter- oder Gewürzessige können Sie ebenfalls ganz nach Ihrem persönlichen Geschmack ansetzen. Frische, verlesene Kräuter wie z. B. Petersilie, Basilikum, Dill, Estragon, Rosmarin oder Thymian werden mit einem guten Weißweinessig in ein Gefäß gefüllt und ein bis zwei Wochen an einem kühlen, dunklen Ort aufbewahrt. Anschließend gießt man den Kräuteressig durch ein Sieb und stellt ihn gut verschlossen in den Kühlschrank oder in den Keller.

Mit Knoblauch, Pfefferkörnern, Chilischoten, Lorbeerblättern, Ingwer, Wacholderbeeren, Kümmelsamen und vielen weiteren Gewürzen können Sie herrliche Gewürzessige ansetzen und Salate mal elegant, mal deftig würzen.

Die Suppenküche

Ob leicht und elegant, ob dick und sättigend oder eiskalt und erfrischend – Suppen sind der ideale Auftakt zu einem köstlichen Menü oder der krönende Abschluss eines feuchtfröhlichen Abends.

Suppen lassen sich preiswert, nahrhaft und schnell herstellen. Nudeln, Reis, Haferflocken oder Kartoffeln sind als Grundnahrungsmittel meist vorrätig. Fleisch- oder Gemüsebrühe kann aus Suppenfleisch, einigen Markknochen, einem Suppenhuhn und Gewürzen oder Suppengemüse wie z. B. Sellerie, Karotten, Lauch, Petersilienwurzeln usw. auf Vorrat gekocht und eingefroren werden.

Aus Wasser und Instant-Suppenwürze können Sie lecker schmeckende Brühen für Suppen aller Art zubereiten. Diese Würzen gibt es als Gemüsebrühe, Fleischbrüheextrakt, klare Fleischbrühe, gekörnte Brühe oder Hühnerbrühe in erstklassiger Qualität zu kaufen.

Klare Suppen werden gerne als erster Gang serviert. Als Einlagen eignen sich dünne Suppennudeln, Gemüsejulienne (sehr fein geschnittene Gemüsestreifen), Klößchen, Eierstich, Backerbsen, dünn geschnittene Pfannkuchen usw.

Zum Binden von Suppen nimmt man eine Mehlschwitze, angerührte Speisestärke oder mit kaltem Wasser angerührtes Mehl. Speisestärke oder Mehl werden immer mit dem Schneebesen in die kochende Flüssigkeit eingerührt und kräftig aufgekocht. Zur „leichten“ Bindung können Kartoffelpüreeflocken, gekochte Kartoffeln, Sahne oder Ei verwendet werden.

Dicke Suppen, die aus Hülsenfrüchten oder Kartoffeln gekocht werden, sind sättigende Hauptgerichte. Getrocknete Linsen, Bohnen oder Erbsen werden über Nacht in kaltem Wasser eingeweicht und am nächsten Tag mit Gemüse weich gekocht. Zum Abrunden können nach Belieben ausgelassener Speck, Kräuter oder in Scheiben geschnittene Würstchen unter die Suppe gemischt werden.

Zu den beliebtesten Partysuppen zählt mit Sicherheit die scharf gewürzte Gulaschsuppe, deren Hauptbestandteil saftiges Rindfleisch ist. Mit viel Paprikapulver, Pfeffer und Cayennepfeffer gewürzt sorgt sie für einen klaren Kopf und vertreibt den Kater. Die Gulaschsuppe kann mit Kartoffel-, Paprika- und Karottenwürfeln noch aufgewertet werden und sättigt viele Gäste.

Eintöpfe sind noch gehaltvoller als Suppen. Gemüse, Hülsenfrüchte, Fleisch, Wurst, Fisch, Reis, Nudeln oder Getreide können ganz nach Belieben kombiniert werden. Eintöpfe lassen sich sehr gut vorbereiten. Bleibt einmal etwas übrig, so schmeckt es auch noch am nächsten Tag.

Eintöpfe werden entweder auf dem Herd gekocht oder im Backofen geschmort. Wichtig für gutes Gelingen ist die gleichmäßige, nicht zu hohe Gartemperatur. Hülsenfrüchte setzt man kalt und ohne Salzzugabe an, um die Kochzeit zu verkürzen.

Weltweit sind Eintöpfe bekannt und beliebt. Irish Stew, Bouillabaisse, Elsässer Bäckeofe, Schlesisches Himmelreich, Serbisches Reisfleisch oder Pichelsteiner, Eintopfrezepte gibt es wie Sand am Meer. Chili con Carne, der scharfe Eintopf aus Mexiko, oder Borschtsch aus Russland – mit einem Eintopf zaubern Sie internationales Flair auf den Tisch.

Etwas Besonderes und sehr Erfrischendes für heiße Sommertage sind Suppen, die eiskalt serviert werden. Am bekanntesten ist sicher die Gazpacho, eine spanische Tomatensuppe, die mit viel Knoblauch und Weißbrot zubereitet wird. Geschälte Knoblauchzehen zerreibt man im Mörser zu einer Paste und vermischt sie mit sehr klein geschnittenen Tomaten, Paprikaschoten und Gurken. Entrindetes Weißbrot weicht man in wenig Wasser ein und gibt es mit Olivenöl zum Gemüse. Zum Schluss gießt man kalte, entfettete Hühnerbrühe, etwas Essig und Wein an und stellt die Gazpacho einige Stunden kalt.

Feine Zutaten für Suppen und Eintöpfe

Zum Würzen von Fleisch- und Gemüsebrühen wird eine Gewürzdosis gemischt. Für 1 l Flüssigkeit gibt man 1 Lorbeerblatt, 2–3 Pfefferkörner, ½ TL Senfkörner, 1 Nelke, 2 Pimentkörner und 1–2 Wacholderbeeren in ein Gewürzsäckchen und kocht es in der Flüssigkeit mit.

Suppengemüse oder Suppengrün erhalten Sie bereits gebündelt im Supermarkt oder auf dem Wochenmarkt. Sie können es aber auch nach Ihrem Geschmack selbst zusammenstellen. Für 1 l Flüssigkeit nimmt man 1 Karotte, ¼ Sellerieknolle, 1 Stängel Lauch, 1–2 Petersilienwurzeln und ½ geschälte, gebräunte Zwiebel, bindet das Gemüse mit Küchenschnur und legt es in die Flüssigkeit ein.

Suppengrün können Sie wie folgt zusammenstellen: je 2–3 Petersilien- und Selleriestängel und 1–2 Liebstöckelstängel. Die gebündelten Kräuter werden in der Brühe mitgekocht. Fein geschnittener Schnittlauch wird erst nach Ende der Garzeit zur Suppe oder in den Eintopf gegeben.

Das Bouquet garni ist ein Kräutersträußchen, das Brühen eine besondere Note verleiht. Dazu bindet man einige Petersilienstängel, 1 Zweig frischen Thymian, 1 kleinen Zweig Rosmarin, 1 Knoblauchzehe und 1 Lorbeerblatt mit Küchenschnur zusammen und kocht es in Brühen, Fleisch- und Gemüsegerichten.

Fleisch für köstliche Eintöpfe

Lamm- oder Hammelfleisch passt sehr gut zu Bohnen, Kartoffeln, Karotten und Kohlgemüse.

Hähnchen, Pute oder Suppenhuhn harmonieren mit feinem Gemüse wie z. B. Karotten, Spargel, Blumenkohl und Brokkoli. Dieses Fleisch passt auch sehr gut zu Pilzen, Tomaten, Auberginen und Zucchini.

Rindfleisch, Schweinefleisch, Kasseler und Schweinespeck können für deftige Eintöpfe mit Kartoffeln, Kohl, Sauerkraut, Sellerie, Zwiebeln, Bohnen und getrockneten Hülsenfrüchten verwendet werden.

Die Gemüseküche

Gemüse ist ein unverzichtbarer Bestandteil der gesunden Ernährung. Es enthält neben Vitaminen, Mineralstoffen, Spurenelementen und Ballaststoffen wichtige Nährstoffe, die bestimmte Körperfunktionen günstig beeinflussen. Gemüse ist ein guter Eiweißlieferant und enthält wegen seines hohen Wasseranteiles nur wenig Kalorien. Deshalb sollte Gemüse häufig auf den Tisch kommen.

Ob Suppen, Eintöpfe, Hauptgerichte oder Beilagen, Gemüse bietet unzählige Möglichkeiten, gesunde und schmackhafte Gerichte zuzubereiten. Die meisten Gemüsesorten haben eine kurze Garzeit, dadurch werden die wertvollen Inhaltsstoffe geschont, die Farbe und der Geschmack bleiben erhalten. Man kann Gemüse dünsten, schmoren, im Wok garen oder im Schnellkochtopf oder in speziellen Dampfgeräten schonend zubereiten.

Einheimisches Gemüse ist am preiswertesten und am frischesten, da die Transportwege kurz sind. Das Angebot ist riesig: Kartoffeln, Karotten, Sellerie, Lauch, Kohl, Bohnen, Gurken und Tomaten, Kürbis oder Zwiebeln – auf dem Wochenmarkt oder im Supermarkt finden Sie Gemüsesorten in Hülle und Fülle.

Eine große Rolle spielen Gemüsesorten aus den Mittelmeerländern und Exotisches aus fernen Ländern. Auberginen, Zucchini, Artischocken, Fenchel, Paprika, Avocados oder Sprossen – Gemüseliebhaber haben die Qual der Wahl.

Wissenswertes über Gemüse

Die wichtigste Voraussetzung für das Gelingen eines Gemüsegerichtes ist die erstklassige Qualität und Frische der Lebensmittel. Kaufen Sie möglichst nur Gemüse der Saison und stets in solchen Mengen, die Sie in kurzer Zeit verbrauchen, denn nur dann ist gewährleistet, dass alle wichtigen Inhaltsstoffe erhalten bleiben.

Lagern Sie frisches Gemüse kühl und dunkel, da das Tageslicht Vitamine und Nährstoffe zerstört. Der beste Platz zum Aufbewahren ist ein kühler Keller oder das Gemüsefach des Kühlschrankes.

Da in Gemüse, hauptsächlich in Blattsalaten, zahlreiche Schadstoffe, vor allem Nitrat, enthalten sind, müssen die Gemüsesorten kurz, aber gründlich in kaltem Wasser gewaschen werden. Allerdings ist zu beachten, dass durch das Waschen auch viele Nährstoffe ausgeschwemmt werden. Lassen Sie deshalb das Gemüse nicht im Wasser liegen. Waschen Sie es erst kurz vor der Zubereitung und lassen Sie es in einem Sieb gut abtropfen.

Wenn Sie viel Gemüse verzehren, sind Sie mit ausreichend Vitaminen und Mineralstoffen versorgt. Besonders in rohem Gemüse sind die Inhaltsstoffe reichlich enthalten. Durch das Kochen werden sie jedoch abgebaut, kochen Sie das Gemüse deshalb schonend und halten Sie es nicht über längere Zeit warm.

Als Faustregel gilt: Je weniger Wasser Sie zum Kochen verwenden, desto geringer ist der Verlust an Inhaltsstoffen. Schütten Sie das Kochwasser nicht weg, sondern verwenden Sie es für Suppen oder zum Aufgießen von Soßen. Die schonendsten Zubereitungsarten für Gemüse sind das Dämpfen oder das Dünsten in wenig Flüssigkeit.

Beim Dämpfen liegt das Gemüse in einem Sieb oder in einem Dämpfkorb und wird im geschlossenen Topf durch den aufsteigenden Wasserdampf gegart. Wird das Gemüse gedünstet, gibt man es mit wenig Flüssigkeit in einen Topf und gart es zugedeckt bissfest. Damit Vitamine aufgeschlossen werden, fügt man etwas Butter oder Speiseöl hinzu.

Durch die Zugabe von frischen Kräutern und Gewürzen können Sie den herrlichen Geschmack von Gemüse noch verstärken. Geben Sie die frischen Kräuter immer erst zum Schluss dazu, so bleibt das Aroma am besten erhalten. Würzen Sie ganz nach Ihrem Geschmack, mal deftig, mal exotisch, seien Sie aber sparsam im Umgang mit Salz.

Zum Abrunden von Gemüsegerichten können Sie saure Sahne, Crème fraîche, süße Sahne oder geriebenen Käse verwenden. Vermeiden Sie stark angedickte Soßen, die den Geschmack des Gemüsegerichtes beeinträchtigen und unnötige Kalorien beinhalten. Zum Binden können Sie etwas angerührte Speisestärke, Johannisbrotkernmehl oder auch eine gekochte Kartoffel verwenden.

Gemüse – wichtiger Nährstofflieferant

Zur Familie der Knollengemüse zählen Kartoffeln, Topinambur, Bataten (Süßkartoffeln) und Yamswurzeln.

Kartoffeln gehören zu den wichtigsten Hauptnahrungsmitteln. Sie sind reich an Vitamin C, Kalium und Proteinen. Kartoffeln sind preiswert, sättigend und in verschiedenen Sorten ganzjährig erhältlich. Mehlige oder mehlig-festkochende Kartoffeln eignen sich besonders für Püree, Salzkartoffeln und Suppen. Mit vorwiegend festkochenden Kartoffeln gelingen Eintöpfe, Salate, Klöße, Bratkartoffeln oder Pellkartoffeln. Festkochende Kartoffeln verwendet man für Salate, frittierte Kartoffelgerichte oder Bratkartoffeln.

Wurzelgemüse wie z. B. Karotten, Pastinaken, Schwarzwurzeln, Rettiche, Sellerie und Rote Bete sind nahrhaft und sättigend. Wegen ihrer guten Haltbarkeit und des günstigen Preises gehören sie zu den wichtigen Grundnahrungsmitteln. Sie enthalten Eisen, Calcium, Eiweiß und B-Vitamine. Karotten sind außerdem ausgezeichnete Vitamin-A-Lieferanten. Wurzelgemüse werden für herzhafte Suppen, Schmor- und Eintopfgerichte oder für Salate verwendet.

Kohlgemüse gibt es in zahlreichen Sorten und Größen, vom Rosenkohlröschen bis hin zu riesigen Weißkohl- oder Rotkohlköpfen. Kohlrabi, Brokkoli, Grünkohl, Blumenkohl, Wirsing und Chinakohl liefern Vitamine, besonders Vitamin A, B und C, Mineralstoffe, Eisen, Calcium, Phosphor, Natrium und Magnesium. Besonders wichtig für die Verdauung sind die Ballaststoffe, die in Kohlgemüse enthalten sind.

Zwiebelgewächse wie Zwiebeln, Schalotten, Frühlingszwiebeln, Knoblauch und Lauch enthalten Mineralien und Vitamine. Ihr besonderer Wert liegt vor allem in ihren antibiotischen Wirkstoffen. Zwiebelgewächse helfen bei regelmäßigem Verzehr, den Cholesterinspiegel zu senken und Fettablagerungen in den Blutgefäßen zu verhindern.

Die Fischküche

Zu den hochwertigen Lebensmitteln zählen See- und Süßwasserfische. Ihr Wert liegt in der Zusammensetzung des Eiweißes und der Art des Fettes. Außerdem enthalten sie viele Vitamine, Mineralstoffe und Spurenelemente. Da Fischfleisch fast kein Bindegewebe hat, ist es leicht verdaulich und auch für Diabetiker sowie für die Schon- und Krankenkost geeignet.

Das Fischeiweiß ist dem menschlichen Eiweiß wegen seiner Zusammensetzung sehr ähnlich und deshalb biologisch hochwertig. Eine Mahlzeit mit 200 g Fischfleisch deckt den Tagesbedarf an Eiweiß zu ca. 70 %.

In Fischfleisch sind nennenswerte Mengen an Kalium, Kalzium, Phosphor, Eisen und Fluor enthalten. Seefische sind außerdem reich an Jod. Jodmangel löst Erkrankungen der Schilddrüse aus, ein häufig auftretender Mangelzustand ist der Kropf. Verzehrt man wöchentlich ein- bis zweimal eine Seefischmahlzeit, so ist der Mineralstoffbedarf ausreichend gedeckt.

Im Fischfett sind besonders die fettlöslichen Vitamine A und D enthalten, im Fischfleisch finden sich die wasserlöslichen Vitamine der B-Gruppe. Das Fischfett ist außerdem besonders reich an mehrfach ungesättigten Fettsäuren. Diese Fettbausteine bestehen aus vielen Kohlenstoffteilchen und helfen, einen erhöhten Cholesterinspiegel zu senken. Erwähnenswert ist das Vorkommen von Omega-3-Fettsäuren im Fischfett.

Damit Sie aus See- und Süßwasserfischen gesunde, bekömmliche Gerichte zubereiten können, müssen Sie einige Regeln beachten.

Fischfleisch ist leicht verderblich, es muss während des Transportes vom Schiff bis ins Geschäft stets gut gekühlt werden. Kaufen Sie keinen Fisch, der riecht, denn Fischgeruch ist ein Zeichen von mangelnder Frische. Ganze Fische haben klare Augen, die Kiemen sind feucht und rot.

Wenn Sie keinen frischen Fisch bekommen, so können Sie auf Tiefkühlware zurückgreifen. Gefrorene Fische erhalten Sie in ausgezeichneter Qualität, die Preise sind meist günstiger als bei Frischfisch. Achten Sie beim Einkauf auf das Mindesthaltbarkeitsdatum. Haben sich in der Fischpackung Eiskristalle gebildet, so wurde der Fisch nicht ordnungsgemäß gelagert. Sie sollten ihn in diesem Fall nicht kaufen, da die gute Qualität des Fisches nicht mehr gewährleistet ist. Bewahren Sie Tiefkühlware nicht zu lange auf, magerer Fisch und Fischfilet halten sich in der Tiefkühltruhe bis zu fünf Monate, fetter Fisch sollte innerhalb von zwei Monaten aufgebraucht werden.

Frischen Fisch sollten Sie noch am Einkaufstag, spätestens jedoch am nächsten Tag verarbeiten. Zubereitete Fischgerichte oder Räucherfisch können Sie etwa zwei Tage, geöffnete Fischkonserven einen Tag und geöffnete, marinierte Fische etwa drei Tage im Kühlschrank lagern.

Fische richtig zubereiten

Für frische See- und Süßwasserfische gilt die 3-S-Regel: säubern – säuern – salzen. Waschen Sie frische Fische und Fischfilets unter fließendem, kaltem Wasser und trocknen Sie sie gut ab. Ganze Fische werden geschuppt, ausgenommen, die Rücken- und Bauchflossen abgeschnitten. Sollen Fische „blau“ zubereitet werden, dürfen sie nicht geschuppt werden.

Nach dem Säubern beträufeln Sie das Fischfleisch mit Zitronensaft oder Essig. Durch die Säure werden der Fischgeruch gebunden sowie die Festigkeit und der Geschmack des Fleisches verbessert. Lassen Sie die gesäuerten Fische etwa 15 Minuten im Kühlschrank ziehen.

Salzen Sie Fisch immer erst kurz vor der Zubereitung, da Salz dem Fleisch Bindegewebswasser entzieht und das Fleisch trocken und die Oberfläche nass macht. Kommt der Fisch dann ins heiße Fett, spritzt es sehr und das Fleisch bräunt schlecht. Tiefkühlfisch wird aufgetaut und gesäuert.

Die Zubereitungsarten von See- und Süßwasserfischen sind vielfältig. Kochen, Braten, Frittieren, Grillen, Dämpfen, Dünsten oder Überbacken – genießen Sie Fisch immer wieder anders.

Beim Kochen wird ein Sud aus Wasser, Essig, Salz und Gewürzen 15–20 Minuten vorgekocht. Anschließend lässt man vorbereitete, ganze Fische je nach Größe 15–40 Minuten, Fischstücke und Fischfilets 12–20 Minuten im Sud gar ziehen, jedoch keinesfalls sprudelnd kochen.

Zum Braten wird Fett (Butterschmalz oder Speiseöl) in einer Pfanne erhitzt. Die vorbereiteten Fische oder Filets werden gewürzt, mit Mehl bestäubt, je nach Geschmack paniert und gebraten.

Kleine oder mittelgroße ganze Fische, Fischfilets oder Fischsteaks eignen sich besonders gut zum Grillen. Wenn Sie Fisch auf dem Rost grillen, legen Sie ihn auf starke Alufolie oder in Alu-Grillschalen, die Sie mit Öl bestrichen haben. Beginnen Sie bei starker Hitze und reduzieren Sie sie nach und nach, damit der Fisch nicht trocken und faserig wird.

Beim Dünsten wird Fisch im eigenen Saft unter Zugabe von wenig Flüssigkeit gegart. Wollen Sie Fisch ohne Fett dünsten, so wickeln Sie ihn nach dem Würzen so in Alu- oder Bratfolie, dass noch ein Luftpolster bleibt, und garen Sie ihn im Backofen.

Kräuter und Gewürze, die zu Fisch passen

Den richtigen Pfiff bekommen Fischgerichte erst durch Kräuter und Gewürze. Neben Salz, Pfeffer und Zitronensaft haben Sie die Qual der Wahl. Petersilie, Basilikum, Estragon, Dill, Thymian, Rosmarin und Salbei sind nur einige Küchenkräuter, die Fischen und Fischsoßen ein ganz besonderes Aroma verleihen. An Gewürzen stehen Ihnen unter anderem Cayennepfeffer, Curry, Koriander, Paprika und Safran zur Verfügung. Würzen Sie Fische und Soßen nach Herzenslust mit Zwiebeln, Knoblauch, Senf oder Meerrettich und verfeinern Sie die Soßen mit süßer oder saurer Sahne, Crème fraîche, Schmand oder Wein. Ihrer Fantasie sind keine Grenzen gesetzt.

Die Geflügelküche

Ob Huhn oder Hähnchen, Ente, Gans oder Pute – Geflügel ist eine reizvolle Abwechslung auf dem Speisezettel. Geflügel liefert nicht nur preiswertes Fleisch, es ist reich an wertvollen Nährstoffen, die den Körper optimal versorgen. Geflügelfleisch enthält wichtige Vitamine, vor allem Vitamin B, hochwertige Eiweiße, Mineralstoffe und Spurenelemente wie z. B. Eisen. Von Vorteil ist auch der hohe Anteil von 50 % an lebensnotwendigen, ungesättigten Fettsäuren, das Verhältnis zwischen Eiweiß und Fett ist in vielen Teilstücken besonders günstig. Geflügel ist deshalb ein idealer Bestandteil einer gesunden, ausgewogenen Ernährung, es entspricht den Forderungen der modernen Ernährungswissenschaft für eine gesunde Ernährung.

Was beim Geflügelkauf zu beachten ist

Wenn Sie frisches Geflügel kaufen, muss die Haut hell, unverletzt und ohne Flecken sein. Achten Sie darauf, dass der Fettansatz möglichst gering ist, und wählen Sie nur junge Tiere aus. Man erkennt sie daran, dass das Ende des Brustbeines knorpelig und biegsam ist.

Andere Kriterien gelten bei tiefgekühltem Geflügel. Die Folie muss glatt anliegen und klar sein. Stellen Sie Reifansatz oder braune Flecken fest, sollten Sie das Geflügel nicht kaufen, da es durch unsachgemäße Lagerung geschädigt wurde. Die Verpackung gibt Auskunft über die Geflügelart, die Handelsklasse, die Vorbereitungsform, die Mindesthaltbarkeitsdauer, den Zuchtbetrieb und das Herkunftsland. Das CMA-Qualitätszeichen auf der Verpackung garantiert, dass es sich um deutsches Markengeflügel handelt, das nach den strengen Richtlinien des Futtermittel-Gesetzes und der Hygiene-Verordnung aufgezogen und verarbeitet wurde.

Geflügel richtig vorbereiten

Das oberste Gebot bei der Zubereitung von Geflügelfleisch ist die absolute Hygiene in der Küche. Nach der Vorbereitung müssen die Hände, die Arbeitsfläche, das Arbeitsgerät wie Bretter, Messer usw. mit sehr heißem Wasser und Spülmittel gründlich gereinigt werden, damit die gesundheitsgefährdenden Salmonellen abgetötet werden.

Bei allen frischen Geflügelarten müssen zunächst die Innereien und die Lungenreste herausgenommen werden. Die Luft- und die Speiseröhre sowie die Drüsen und das Fett in der Halshautinnenseite werden entfernt. Eventuell noch anhaftende Federn zupft man mit einer Pinzette heraus. Das Geflügel wird unter fließendem, kaltem Wasser innen und außen gründlich gewaschen und anschließend mit Küchenkrepp trocken getupft.

Tiefkühlgeflügel wird vor der Zubereitung aufgetaut. Dazu legt man es auf eine große Platte und lässt es möglichst im Kühlschrank langsam auftauen. Das dauert zwar wesentlich länger als das Auftauen bei Zimmertemperatur, das Fleisch bewahrt so jedoch einen wesentlich besseren Geschmack. Das Auftauwasser muss stets weggeschüttet werden, da es Salmonellen enthalten kann. Nach dem gründlichen Waschen wird das aufgetaute Geflügel weiterverarbeitet. Tauen Sie Geflügel nie im Backofen oder in der Mikrowelle auf, da durch die Wärme eine Eiweißgerinnung eintreten kann und das Fleisch zäh und trocken wird.

Wissenswertes über Geflügelfleisch

Brathähnchen - auch Poulets genannt - sind 5-6 Wochen alte Tiere, sie wiegen bratfertig 700-1 150 g. Man erhält sie im Ganzen oder portioniert.

Poularden - auch Jung- oder Masthühner - sind 10-12 Wochen alt, sie wiegen bratfertig 1,1-1,5 kg. Das feste Fleisch ist weiß und reicht für 4-6 Personen. Wegen ihrer speziellen Aufzucht haben die französischen Bresse-Poularden ein besonders kräftiges und würziges Fleisch.

Kapaune - auch Kapphähne - sind junge, kastrierte Masthähne, die mit einem Gewicht von etwa 2 kg geschlachtet werden. Ihr Geschmack ähnelt dem der Poularde.

Suppenhühner sind 12-15 Monate alte Legehennen, die je nach Rasse 1-2 kg wiegen. Ein Suppenhuhn ergibt ca. sechs Portionen.

Stubenküken - auch Mistkratzerle genannt - sind bis zu sieben Wochen alt und wiegen 250-500 g.

Puter - oder Truthähne - sind mit 12-25 kg das schwerste Hausgeflügel. Im Handel sind sowohl Hennen (Puten) als auch Hähne. Babyputen sind etwa drei Monate alte, gemästete Tiere mit 2-3 kg Gewicht. Ihr Fleisch reicht für etwa sechs Personen. Das Geflügel wird auch in Teilen angeboten, besonders beliebt ist die fettarme Putenbrust, die zu Putenschnitzeln oder zu Geschnetzeltem verarbeitet wird.

Perlhühner haben ein besonders mageres, zartes Fleisch mit einem kräftigen Geschmack. Ein Perlhuhn wiegt 800-1 000 g und reicht für 2-4 Personen.

Täubchen werden 4-10 Wochen alt und wiegen 300 bis 500 g. Das Fleisch ist sehr weiß, zart und mager, es muss sehr schonend zubereitet werden. Man rechnet eine Taube pro Person.

Enten werden mit einem Bratgewicht von 1,8-2,5 kg angeboten. Die fettreiche Frühmastente wiegt ca. 1 600 g, die fettärmere Jungente ist 1,5-2 kg schwer. Besonders beliebt ist die Barbarieente aus Frankreich. Eine durchschnittlich große Ente reicht für 4-6 Personen. Neben ganzen Tieren werden im Handel auch Ententeile, wie z. B. Entenbrust, angeboten.

Gänse kommen von November bis Januar frisch in den Handel. Junggänse schlüpfen im Frühjahr, weiden bis zum Frühherbst und werden in den letzten Wochen gemästet. Sie wiegen 3-4 kg. Frühmastgänse werden schnell in acht Wochen gemästet und wiegen 2-3 kg. Hafermastgänse werden überwiegend mit Hafer gefüttert, sie sind fettärmer und fleischiger. Ihr Gewicht liegt zwischen 3 und 6 kg.

Die Fleischküche

Fleisch ist reich an hochwertigem Eiweiß und Vitaminen der B-Gruppe und deshalb für unsere Ernährung von großer Bedeutung.

Der menschliche Körper kann das tierische Eiweiß sehr gut in körpereigenes Eiweiß umwandeln. Mit einer Portion Fleisch wird die Hälfte des Tagesbedarfes an Eiweiß gedeckt. Wird dem Körper allerdings zu viel Eiweiß zugeführt, werden der Stoffwechsel und die Nieren stark belastet. Deshalb sollte der Fleischkonsum auf zwei bis drei Mahlzeiten pro Woche beschränkt werden.

Die wichtigste Energiequelle im Fleisch ist das Fett. Je magerer das Fleisch, desto bekömmlicher ist es. In der heutigen Zeit werden Schweine und Rinder so gezüchtet, dass sie nur noch einen geringen Fettgehalt aufweisen. So enthält mageres Schweinefleisch ca. 2 % Fett. Rindfleisch hat noch weniger Fett als Schweinefleisch. Besonders mageres Fleisch liefern Kälber, Hähnchen und Pute. Enten und Gänse zählen zu den fettreichen Gefügelarten.

Durch einen besonders hohen Anteil an wertvollen, mehrfach ungesättigten Fettsäuren zeichnet sich Geflügelfett aus. Es ist außerdem Träger von fettlöslichen Vitaminen und Geschmacksstoffen.

In Fleisch sind lebensnotwendige Vitamine, besonders die Vitamine der B-Gruppe (Vitamin B_1 bis Biotin) und fettlösliche Vitamine, enthalten.

Die wichtigsten Mineralstoffe im Fleisch sind Kalium, Magnesium, Eisen und Zink. Je dunkler das Fleisch, umso mehr Eisen ist enthalten.

Die beliebtesten Fleischsorten für feine Gerichte

Schweinefleisch stammt von jungen, 6-7 Monate alten Tieren, die bei einem Gewicht von 90-120 kg geschlachtet werden.

Der Schinken ist das größte Teilstück, er enthält die größten zusammenhängenden Fleischpartien und wird nach dem Auslösen der Knochen in den Kernschinken (Ober- und Unterschale), die Nuss und den Schinkenspeck zerlegt. Das zarteste Stück vom Schwein ist das Filet. Es wird als reines Muskelfleisch ohne Fett angeboten, ist besonders feinfaserig und eignet sich ausgezeichnet für Medaillons, Braten oder Geschnetzeltes.

Für Kurzgebratenes bevorzugt man Stiel- oder Filetkoteletts und Schnitzel aus der Ober- und Unterschale.

Saftige Braten liefert der Bug (Schulter), das vordere Rippenstück und der Hals oder Nacken. Magere Schinkenstücke mit Schwarte eignen sich ebenfalls sehr gut zum Braten. Man schneidet die Schwarte rautenförmig ein, sie wird dann beim Braten besonders knusprig.

Rindfleisch wird je nach Alter der Tiere in folgende Kategorien eingeteilt:

Jungrindfleisch stammt von unter einem Jahr alten Tieren, die intensiv gemästet und bei einem Gewicht von ca. 250 kg geschlachtet werden.

Jungbullenfleisch stammt von männlichen, nicht kastrierten Tieren, die im Alter von 16–22 Monaten geschlachtet werden. Ihr Fleisch ist grobfaserig und hat einen geringen Fettanteil. Färsenfleisch (von weiblichen Tieren) und Ochsenfleisch (von männlichen Tieren) stammt von Tieren, die nach ein oder zwei Weidemastperioden im Alter von 20–30 Monaten geschlachtet werden. Das Fleisch hat eine stärkere Fetteinlagerung, es ist marmoriert, feinfaserig, zart und aromatisch. Kuhfleisch hat ein besonders ausgeprägtes Rindfleischaroma. Es stammt von älteren Tieren, die im Alter von ca. fünf Jahren geschlachtet werden.

Das fleischreichste Teilstück vom Rind ist die Keule. Sie wird in die Ober- und Unterschale (Schwanzstück), die Blume (Hüfte) und die Kugel zerteilt. Die Oberschale ist besonders für Rouladen geeignet.

Aus der Unterschale schneidet man Steaks, den Tafelspitz oder auch Rouladen. Das Fleisch der Kugel wird für Rinderbraten oder für Kurzgebratenes verwendet. Die Blume ist mit feinen Fettadern durchsetzt und liefert ausgezeichnetes Bratenfleisch, kann aber auch zu Kurzgebratenem und feinen Rouladen verarbeitet werden.

Zu den wertvollsten Teilstücken vom Rind zählt das Roastbeef. Typisch sind sein magerer Fleischkern und die mehr oder weniger starken Fetteinlagerungen. Als Hochrippe bezeichnet man den vorderen Teil des

Roastbeefs. Aus dem Roastbeef schneidet man Rumpsteaks, das Entrecote oder Zwischenrippenstück, Hochrippenkoteletts, Porterhousesteaks, T-Bone-Steaks und Sirloin-Steaks. Das zarteste und teuerste Stück vom Rind ist das Filet. Es ist hervorragend als Grill- und Bratenfleisch, für Tournedos, Chateaubriand, Bœuf Stroganow und als Fonduefleisch geeignet.

Kalbfleisch stammt von jungen Tieren, die bei einem Gewicht von ca. 150 kg geschlachtet werden. Es ist fettarm und hat eine rosa bis hellrote Farbe. Extrem helles Kalbfleisch entsteht, wenn die Tiere mit eisenarmem Futter versorgt werden. Das Kalbfleisch wird wie das Rindfleisch zerteilt. Aus dem Kotelettstück schneidet man Filets und Koteletts, aber auch zarte Kalbsbraten. Aus dem ausgelösten Kotelettstück wird zusammen mit der Niere und dem Filet der Kalbsnierenbraten. Zum Schmoren kann ein Stück vom Hals, mit oder ohne Knochen, verwendet werden. Eine Köstlichkeit sind gebratene Kalbshaxen, die im Ganzen oder in Scheiben geschnitten geschmort, gebraten oder gegrillt werden.

Lamm- oder Schaffleisch erfreut sich zunehmend größerer Beliebtheit. Milchlammfleisch stammt von 3–4 Monate alten, Mastlammfleisch von 8–9 Monate alten Tieren. Schaffleisch erhält man von über einem Jahr alten, männlichen, kastrierten Hammeln oder von weiblichen, zur Zucht verwendeten Tieren. Als Bratfleisch und zum Kurzbraten ist die Keule am besten geeignet.

Der Rücken wird im Ganzen gebraten oder für Koteletts in Scheiben geschnitten. Hals und Kamm können ausgelöst zu Rollbraten oder in Würfel geschnitten zu Gulasch verarbeitet werden. Lamm- und Schaffleisch muss immer sehr heiß verzehrt werden, da das Fett sonst talgig schmeckt. Suppen und Soßen sollten Sie stets entfetten. Servieren Sie das Gericht immer auf vorgewärmten Tellern.

Die Beilagenküche

Ein köstlicher Braten, ein saftiges Schnitzel – Beilagen gehören unbedingt dazu. Vom bissfest gegarten Reis bis hin zu Pommes frites und Kartoffelknödeln, die Auswahl ist riesig. Ob locker aufgeschlagenes Kartoffelpüree oder hausgemachte Nudeln, Beilagen können äußerst vielseitig hergestellt werden. Beilagen werden weltweit serviert: Reis in Asien, Teigwaren in Italien, Getreideprodukte in orientalischen Ländern. Die größte Vielfalt an Beilagen jedoch kennen wir in heimischen Landen. Jedes Bundesland hat seine besonderen Spezialitäten: Was dem Schwaben seine Spätzle, das sind dem Saarländer seine Kartoffeln und dem Bayern seine Knödel.

Die Zubereitung von Beilagen ist nicht schwer, wenn auch manchmal etwas zeitaufwändig. Die Herstellung von hausgemachten Spätzle und Nudeln oder Semmelknödeln lohnt sich jedoch, denn der Geschmack ist einmalig. Wenn es einmal schnell gehen muss, so kann man Kloßteig, vorgebackene, tiefgekühlte Pommes frites oder Kroketten, Kartoffelpüree-Pulver oder getrocknete Teigwaren kaufen, die dann in kurzer Zeit zubereitet und serviert werden können.

Zutaten für die Beilagenküche

Die Kunst, Reis richtig zu kochen, verlangt Fingerspitzengefühl. Er soll weiß, trocken und körnig auf den Tisch kommen. Wählen Sie deshalb für Beilagen harte Reissorten wie z. B. Langkornreis. Rundkornreis ist für Milchreis oder Risotto geeignet. Da Reis beim Kochen stark aufquillt, rechnet man als Beilage pro Person 50–60 g Reis, für ein Hauptgericht etwa 100 g Reis. Besonders körnig wird Reis, wenn er vor dem Kochen gründlich gewaschen wird, um alle anhaftenden Stärketeilchen zu entfernen. Reis wird in reichlich Salzwasser in 15–18 Minuten bissfest gegart und darf während des Kochens nicht umgerührt werden.

Naturreis ist geschälter, unpolierter Langkorn- oder Rundkornreis, dessen Körner noch vom Silberhäutchen umgeben sind und die noch den Keimling enthalten. Naturreis ist reich an Vitamin B. Er benötigt eine etwas längere Garzeit als polierter Reis.

Zu den teuersten Getreidearten gehört der wilde Reis. Er ist eine Delikatesse und wird hauptsächlich für Füllungen verwendet oder mit Langkornreis vermischt. Wildreis hat einen würzigen, nussartigen Geschmack. Er wird nur ungeschält in Supermärkten oder im Delikatessenladen angeboten. Er ist reich an Protein und Vitamin B.

Knödelrezepte gibt es in Hülle und Fülle. Kartoffel- oder Semmelknödel sind ideale Begleiter zu Braten mit viel Soße. Knödelteige sollten mit nassen Händen geformt werden. Es empfiehlt sich, einen Probekloß zu kochen. Falls der Teig zu weich ist, festigt man ihn durch die Zugabe von Mehl, Semmelbröseln oder Grieß. Knödel und Klöße werden in kochendes Salzwasser gelegt und müssen bei schwacher Hitze gar ziehen. Wenn das Wasser stark kocht, zerfallen die Knödel und schmecken nicht mehr.

Eine Besonderheit und eine unverzichtbare Beilage zu Roastbeef ist der Yorkshire-Pudding aus England. Er wird stets zusammen mit Roastbeef zubereitet, indem er in einer Fettpfanne unter dem Rost, auf dem das

Roastbeef liegt, gegart wird. Der Bratensaft, der vom Roastbeef auf den Yorkshire-Pudding tropft, macht ihn saftig und aromatisch.

An Vielseitigkeit nicht zu überbieten sind Kartoffeln. Aus ihnen lassen sich herrliche Beilagen zaubern. Einfache Salzkartoffeln, Kartoffelpüree, -gratin, -rösti, Bratkartoffeln, Herzoginkartoffeln oder frittierte Kartoffelbällchen – die Herstellung von köstlichen Beilagen ist leicht.

Als Beilagen werden sehr gerne Gemüsesorten gereicht. Bissfest gegart und in Butter geschwenkt sind sie eine Delikatesse und passen zu Kurzgebratenem, Braten oder Fisch.

Zuchtpilze wie z. B. Champignons oder Egerlinge werden ganzjährig im Supermarkt oder auf dem Wochenmarkt in ausgezeichneter Qualität angeboten. Man säubert sie möglichst nur mit einer weichen Bürste. Durch das Waschen saugen sie sich voll und ziehen beim Dünsten zu viel Saft, wodurch der Geschmack beeinträchtigt wird. Die Haut von großen Champignons kann mit einem Messer leicht abgezogen werden. Man schwenkt die Pilze in etwas erhitzter Butter und lässt sie nur kurze Zeit garen. Zum Würzen verwendet man Salz, Pfeffer und frische oder getrocknete Kräuter. Pfifferlinge und Steinpilze, auch Herrenpilze genannt, haben ein köstliches Aroma. Sie sind in heimischen Wäldern zu finden und werden im Herbst auf dem Wochenmarkt angeboten. Hauptlieferanten von Waldpilzen sind unter anderem die Ostblockländer. Beim Kauf sollte darauf geachtet werden, dass sie ein festes Fleisch haben und nicht von Maden befallen sind.

Austernpilze sind elfenbeinfarben, haben einen breitkrempigen Hut und wachsen auf Holz. Ihr saftiges

Fleisch hat einen aromatischen Geschmack. Austernpilze können als Beilage, aber auch für viele andere Gerichte verwendet werden.

Spargel, das königliche Gemüse, wird für besonders feine Beilagen zubereitet. Man unterscheidet drei Spargelsorten: grünen, weißen und violetten Spargel. Frischen Spargel erkennt man daran, dass die Spargelenden nicht eingetrocknet und holzig sind, die Köpfchen müssen fest geschlossen sein. Weißer Spargel muss vor dem Garen dünn geschält werden. Das geht am leichtesten mit einem Kartoffel- oder Sparschäler, indem man unterhalb des Spargelkopfes beginnt und mit sanftem Druck nach unten zieht. Die unteren Enden werden abgeschnitten. Zum Kochen legt man die Spargelstangen in einen bis zur Hälfte mit kochendem Wasser gefüllten Kochtopf. Dem Kochwasser werden etwas Salz und einige Zitronenscheiben hinzugefügt. Die Garzeit beträgt je nach Stärke der Spargelstangen 10–15 Minuten.

Eine beliebte Beilage sind grüne Bohnen oder Zuckererbsen. Sie gehören zur Familie der Schotengemüse, haben einen großen Anteil an Ballaststoffen, Nährstoffen, Proteinen und große Mengen an Vitamin A, B und C. Junge Bohnen werden geputzt, in kochendem Wasser bissfest gegart und anschließend in heißer Butter geschwenkt. Die zarten grünen Erbsen müssen nur in kochendem Salzwasser blanchiert, anschließend leicht gesalzen und mit etwas Butter vermischt werden.

Die Nudelküche

Kaum ein Grundnahrungsmittel ist so vielseitig einsetzbar wie Nudeln. In unzähligen Formen, von der durchsichtigen Glasnudel über die fadendünnen Spaghetti bis hin zur Lasagneplatte sind die Teigwaren erhältlich. Nudeln sind preiswert, schnell zuzubereiten und sättigen auf köstliche Weise. Sie sind beliebt bei allen Generationen und eignen sich für deftige Hausmannskost ebenso wie für elegante Schlemmereien.

Nudeln sind in Asien seit Jahrhunderten bekannt. Sie werden aus Weizenmehl, Hartweizengrieß, Mungobohnen-, Reis- oder Buchweizenmehl hergestellt. Das Land, in dem es die meisten Nudelrezepte gibt, ist jedoch Italien. Hier gehören Nudeln zu jedem Essen. Mit leckeren Soßen, verfeinert mit Kräutern und Gewürzen und mit frisch geriebenem Parmesankäse serviert, sind sie ein Hochgenuss.

Mit Nudeln bringen Sie gesunde, schmackhafte Suppen, Hauptgerichte, Beilagen oder Salate in kürzester Zeit auf den Tisch. Weiße oder Vollkornnudeln liefern Mineralstoffe wie Phosphor, Kalium, Magnesium und Eisen, daneben Ballaststoffe, Proteine und B-Vitamine. Nudeln sind wahre Fitmacher, da sie außerdem etwa 70 % Kohlenhydrate enthalten, die vom Körper langsam verwertet werden und einen ständig abrufbaren Energievorrat bilden. In 100 g Nudeln stecken nur etwa 350 Kalorien, sie sind deshalb auch keine Dickmacher. Es kommt nur darauf an, was man zu den Nudeln serviert. Getrocknete Nudeln sollen sich hart und glatt anfühlen und nach dem Kochen nach Weizen schmecken. Nudeln können Sie lange Zeit an einem kühlen, trockenen Ort aufbewahren.

Pro Person rechnet man für ein Hauptgericht mit 100–125 g frischen oder getrockneten Teigwaren. Geben Sie getrocknete Nudeln immer in sprudelnd kochendes Salzwasser, dem Sie einige Tropfen Olivenöl hinzugefügt haben. Rechnen Sie für je 100 g Nudeln etwa 1 250 ml Wasser. Rühren Sie die Nudeln um und garen Sie sie nach Packungsangabe bissfest. Da die Geschmäcker verschieden sind, sollten Sie kurz vor Garende probieren, ob die Nudeln schon weich sind. Nach dem Kochen gießen Sie die Nudeln in ein Sieb, lassen sie gut abtropfen und geben sie in einen heißen Topf. Wenn Sie etwas Butter oder Olivenöl untermischen, kleben die Nudeln nicht zusammen.

Etwas besonders Köstliches sind hausgemachte Nudeln. Geben Sie für vier Personen 250–300 g Mehl und eine Prise Salz auf eine Arbeitsfläche, drücken Sie eine Mulde ein, geben Sie 2–3 EL Wasser und zwei Eier hinein und verkneten Sie die Zutaten zu einem glatten, geschmeidigen Teig. Lassen Sie ihn zugedeckt 10–15 Minuten ruhen, anschließend rollen Sie ihn aus und schneiden ihn mit dem Messer oder mit einem Teigrädchen in beliebige Formen. Sehr schnell und leicht gelingen selbst gemachte Nudeln, wenn Sie den Teig mithilfe einer Nudelmaschine ausrollen. Lassen Sie die Nudeln auf einem Küchentuch antrocknen und garen Sie sie anschließend in sprudelnd kochendem Salzwasser bissfest.

Aus dem Nudelteig können Sie nach Belieben Ravioli, Maultaschen, Tortellini, Cannelloni oder Teigplatten formen. Mit verschiedenen Füllungen sind sie ein Hochgenuss. Der Nudelteig kann mit Spinat, Kräutern, Karotten, Tomatenmark oder ungesüßtem Kakao eingefärbt werden. Eine leuchtend gelbe Farbe verleihen Safran oder Kurkuma dem Nudelteig. Nudeln mit individuellem Geschmack erhalten Sie, wenn Sie den Teig mit Gewürzen wie z. B. Chilipulver verfeinern.

Die Kochzeiten für Nudeln sind unterschiedlich. Sehr dünne, kleine Nudeln sind in 5–9 Minuten gar.

Röhren, Spiralen, Bandnudeln und Spaghetti haben eine Kochzeit von 10–12 Minuten. Frische Nudeln sind in 2–3 Minuten gar.

Sind einmal Nudeln übrig geblieben? Kein Problem, Sie können sie im Kühlschrank 1–2 Tage aufbewahren und für weitere Gerichte oder als Einlage in Suppen und Eintöpfen verwenden. Für eine Beilage erhitzen Sie etwas Butter oder Olivenöl in einer großen Pfanne. Geben Sie die Nudelreste hinein, schwenken Sie sie darin so lange, bis sie heiß sind. Zum Schluss würzen Sie sie mit Salz und etwas Pfeffer. Wer den Duft und den Geschmack liebt, der schneidet Knoblauchzehen sehr fein und schwitzt sie in der Pfanne an.

Nudelsorten – wer die Wahl hat, hat die Qual

Dünne Nudeln sind besonders gut als Suppeneinlage geeignet. Farfalline, Vermicelli, Fadennudeln, aber auch Schnittnudeln, Riebele oder Buchstaben sind im Handel erhältlich.

Hörnchen, Mini-Makkaroni und dünne Spaghetti servieren Sie als Beilage oder mischen sie unter Gemüse- oder Wurstsalate.

Spiralnudeln, Makkaroni, Farfalle, Rigatoni oder Muschelnudeln passen sehr gut zu Gerichten mit sämigen Soßen oder cremigen Dressings.

Lange Nudeln – Spaghetti, Spaghettini, Linguine, Tagliatelle und Fettucchini schmecken hervorragend, wenn man sie einfach in heißer Butter oder Sahne schwenkt, mit frisch gemahlenem Pfeffer oder frischen, fein geschnittenen Kräutern und geriebenem Parmesankäse vermischt. Aber auch köstliche Soßen, wie eine Soße bolognese, eine Tomatensoße oder eine Käsesoße passen ausgezeichnet zu den langen Nudeln.

Cannelloni sind dicke Nudelröhren, die mit verschiedenen Füllungen als Auflauf im Ofen gegart werden. Sie müssen nicht vorgekocht werden. Sie sollten darauf achten, dass die Füllung nicht zu heiß ist, da die Cannelloni sonst leicht zerspringen.

Lasagneplatten müssen ebenfalls nicht vorgekocht werden. Man schichtet sie abwechselnd mit gut gewürztem Ragout, Béchamelsoße und geriebenem Käse in eine Auflaufform. Lasagne ist sehr gut geeignet, wenn Sie Gäste erwarten. Sie lässt sich gut vorbereiten und wird kurz bevor die Gäste kommen im Ofen gebacken.

Reisnudeln oder Glasnudeln sind Spezialitäten aus der asiatischen Küche. Sie werden in langen Strängen verkauft, haben eine helle Farbe und sind fast transparent. Man verwendet sie für Suppen, Pfannengerichte oder zum Frittieren.

Chinesische Eiernudeln werden frisch zu Knäueln gerollt oder getrocknet zu eckigen Kuchen gepresst angeboten. Sie sind etwas dunkler als Glas- oder Reisnudeln und werden als Suppennudeln verwendet oder gekocht und anschließend mit Gemüse, Fleisch oder Fisch in der Pfanne oder im Wok gebraten.

Die Dessertküche

Der krönende Abschluss eines köstlichen Menüs ist das Dessert. Süße Nachspeisen schmeicheln dem Gaumen und runden das Essen auf besondere Weise ab. Ein einfacher Pudding oder eine exquisite Eisbombe, stimmen Sie das Dessert harmonisch auf die übrigen Speisen ab. Nach einem großen Braten bieten sich lockere Cremes oder ein erfrischender Obstsalat an. Ein leichtes Fischmenü wird durch ein zartes Soufflé oder eine gehaltvolle Sahnecreme vervollständigt. Tiramisu, Mousse au Chocolat, Apfelstrudel oder Crêpe Suzette – die Auswahl an regionalen und internationalen Desserts ist unerschöpflich.

Desserts enthalten viele wichtige Inhaltsstoffe. Quark und Milchprodukte sind wertvolle Lieferanten von Kalzium und Eiweiß, in Obst sind viele Vitamine enthalten.

Grundregeln für gutes Gelingen

Halten Sie sich immer genau an die Maß- und Mengenangaben, da schon kleine Abweichungen das Ergebnis beeinträchtigen können. Verarbeiten Sie die Zutaten sehr vorsichtig, manche Zutaten vertragen keine große Hitze, sie gerinnen und das Dessert misslingt. Besonders empfindlich sind Eigelbe, Sahne, Gelatine und Schokolade, die nicht über 45 °C erwärmt werden darf.

Viele Desserts gelingen am besten, wenn sie im Wasserbad angerührt werden. Man rührt die Zutaten mit den Eigelben in einer Schüssel schaumig, stellt sie ins Wasserbad und schlägt sie so lange, bis die Masse dicklich wird. Eier stocken bei ca. 70–80 °C, dadurch wird die Creme fest. Das Wasserbad darf nicht kochen und nicht in die Dessertmasse gelangen.

Die wichtigsten Zutaten für köstliche Desserts

Ein Hauptbestandteil ist selbstverständlich Zucker. Raffinierter Zucker hat keinen Nährwert, er liefert nur Kalorien und Süße. Hochwertiger dagegen ist Zuckerrohrgranulat. Es wird aus dem getrockneten Saft des Zuckerrohres gewonnen und enthält noch wichtige Inhaltsstoffe wie z. B. Kalium, Magnesium und Oxalsäure.

Puderzucker ist staubfein vermahlener Zucker. Man verwendet ihn nicht nur zum Süßen, sondern auch zum Verzieren und Glasieren.

Eine stärkere Süßkraft besitzen künstliche Süßstoffe. Sie sind erforderlich, wenn Desserts für Diabetiker zubereitet werden. Süßstoffe karamellisieren nicht und können deshalb weißen Zucker nicht ersetzen.

Das gesündeste Süßungsmittel ist der Bienenhonig. Das Naturprodukt besteht zu gleichen Teilen aus einem Gemisch aus Traubenzucker (Glukose) und Fruchtzucker (Fruktose). Honig enthält Eiweiß, Vitamine, Mineralstoffe und Enzyme. Im Handel finden Sie z. B. Raps-, Linden-, Akazien-, Wald- und Blütenhonig. Hinweise auf besonders sorgfältige Gewinnung, Lagerung und Abfüllung geben die Qualitätsangaben wie „feinste, beste Auslese, kalt geschleudert oder wabenecht".

Wenn Sie Schlagsahne verwenden, achten Sie schon beim Einkauf darauf, dass sie wirklich frisch ist. Kühlen Sie sie vor dem Schlagen gut durch und geben Sie sie möglichst in eine gut gekühlte Schüssel.

Sehr bekömmlich und nicht so üppig werden Desserts, wenn Sie Sauermilchprodukte verwenden.

Werden der Milch bestimmte Säuerungskulturen zugesetzt und wird die Milch anschließend bei 42 °C bebrütet, so entsteht Joghurt. Er ist in verschiedenen Fettstufen erhältlich. Kefir ist ein leicht alkohol- und kohlensäurehaltiges Milchprodukt. Buttermilch entsteht bei der Butterherstellung, sie hat einen hohen Eiweiß- und Mineralstoffgehalt und einen Fettanteil von höchstens 1 %.

Speisequark und Frischkäse sind in verschiedenen Fettgehaltsstufen, von Magerquark bis Doppelrahmfrischkäse, erhältlich. Sie sind wertvolle Zutaten für leichte oder gehaltvolle Desserts. Mascarpone und Ricotta sind italienische Frischkäsesorten, die sich für raffinierte Nachspeisen eignen. Damit Desserts nicht zusammenfallen, wird häufig Gelatine verwendet. Sie ist als Blattgelatine oder als Pulver in Weiß oder Rot erhältlich. Blattgelatine muss vor der Verwendung etwa fünf Minuten in kaltem Wasser eingeweicht werden. Anschließend drückt man sie gut aus und löst sie in etwas warmer Flüssigkeit auf. Man rührt sie vorsichtig mit dem Schneebesen oder mit dem Handrührgerät unter die Creme.

Zum Aromatisieren steht eine große Auswahl an Gewürzen und Aromen zur Verfügung. Von Anis bis Zimt können Sie Desserts immer wieder neu und interessant abschmecken.

Zu den edelsten und teuersten Gewürzen gehört die Vanille. Die Schoten stammen von einer Orchideenart und haben ein unvergleichliches Aroma. Man schlitzt sie der Länge nach auf und schabt das Mark mit dem Messer heraus. Die Schoten können anschließend in Zucker eingelegt oder in Flüssigkeit aufgekocht werden.

Gewürznelken, Sternanis, Kardamom, Muskatblüte und Muskatnuss, gemahlener Ingwer, geriebene Zitronen-, Orangen- und Limettenschalen, sie alle geben dem Dessert den besonderen Pfiff. Es ist nur wichtig, dass Sie die Gewürze, vor allem unbekannte, sparsam dosieren und nicht zu viele gleichzeitig einsetzen.

Rosenwasser, Orangenblütenwasser, Rum, Cointreau, Cassis, Cognac, Eierlikör, Whisky oder Obstbrände verfeinern Desserts auf hochprozentige Art. Sollten allerdings Kinder mitessen, so dürfen Sie keinen Alkohol bei der Zubereitung verwenden. Weichen Sie dann auf Fruchtsäfte oder Sirup aus. Waldmeister-, Himbeer- und Erdbeersirup dienen nicht nur zur geschmacklichen Abrundung, sondern sie geben dem Dessert außerdem eine schöne Färbung.

Kleine Köstlichkeiten

Carpaccio mit Honigbalsamico

Für 4 Personen:

600 g Rinderfilet
2 Karotten
2 rote Zwiebeln
1 EL grob geschroteter Pfeffer
Salz, Pfeffer aus der Mühle

Für die Marinade:
2 EL Obstblütenhonig
Saft von ½ Zitrone
2 EL weißer Balsamicoessig
50 ml Olivenöl

Außerdem:
75 g frisch gehobelter Parmesan
100 g Rucola

1. Das Rinderfilet unter fließendem Wasser waschen und trocken tupfen.

2. Die Karotten schälen, grob raspeln, mit den in Streifen geschnittenen Zwiebeln und dem Pfeffer vermischen und das Rinderfilet damit einreiben. In Klarsichtfolie wickeln und über Nacht frosten.

3. Herausnehmen, kurz antauen lassen und am besten mit der Küchenmaschine in hauchdünne Scheiben schneiden.

4. Honig, Zitronensaft und Essig verrühren, salzen, pfeffern, das Olivenöl tropfenweise einrühren.

5. Die Rinderfiletscheiben auf Tellern dekorativ anrichten, mit der Marinade beträufeln, mit frisch geschrotetem Pfeffer, dem Parmesan und dem Rucola bestreuen und sofort servieren.

Unser Tipp:

Carpaccio ist eine beliebte italienische Vorspeise. Für Carpaccio werden hauchdünn geschnittene, rohe Rindfleischscheiben mit einer feinen Senf- oder Honigsoße beträufelt. Auch Fisch, Gemüse und Obst lassen sich vorzüglich zu Carpaccio verarbeiten. Wichtig für die Zubereitung des klassischen Carpaccios sind die absolut hochwertigsten Lebensmittel. Verwenden Sie nur absolut frisches und gut abgehangenes Rinderfilet. Erst die Reifung macht das Fleisch zart und aromatisch. Das gilt natürlich auch für den Fisch, der am besten frisch gefangen in die Küche kommen soll, wenn er zu Carpaccio verarbeitet werden soll.

Parmigiano Reggiano

Der echte Parmigiano Reggiano wird wegen seines einzigartigen Geschmacks und Aromas zu Recht als König der Käse bezeichnet. Im Gebiet südlich des Flusses Po und westlich des Flusses Reno, das von den Provinzen Parma, Modena und Reggio Emilia sowie Teilen der Provinzen Bologna und Mantua eingenommen wird, entsteht der Parmigiano Reggiano.

Seit 1955 trägt er eine italienische amtliche Ursprungsbezeichnung (DOC, Denominazione di Origine Controllata), die nur Käse tragen dürfen, die einen bestimmten Qualitätsstandard erfüllen und nach einem genau definierten Verfahren hergestellt werden. 1996 erhielten die Erzeuger des Parmigiano Reggiano DOC für ihren Käse die amtliche Ursprungsbezeichnung der Europäischen Union DOP (Denominazione di Origine Protetta).

Roastbeef-Baguette

Für 4 Personen:

1 Baguette oder 1 Ciabatta-Brot
Butter zum Bestreichen
1 Tube Mayonnaise (rot-weiß)
250 g dünne Scheiben Roastbeef
1 kleine Dose Stangenspargel
1 grüne Paprikaschote
2 Tomaten
Selleriegrün und Kräuterzweige zum Garnieren
hauchdünn gehobelte Meerrettichscheiben

1. Das Brot in Scheiben schneiden, mit Butter dünn bestreichen und etwas Mayonnaise rot-weiß darauf verteilen.

2. ⅔ der Roastbeefscheiben dekorativ auf dem Brot anrichten. Die restlichen Roastbeefscheiben auf eine Arbeitsfläche legen.

3. Den Stangenspargel gut abtropfen lassen. Die Paprikaschote halbieren, entkernen, waschen, in 1 cm dicke Streifen schneiden.

4. Die Tomaten waschen, den Strunk herausschneiden und die Tomaten in Streifen schneiden.

5. Stangenspargel, Paprika und Tomaten auf die Roastbeefscheiben legen und diese zusammenrollen, anschließend in 1–2 cm dicke Scheiben schneiden.

6. Die gefüllten Roastbeefröllchen dekorativ auf den Broten anrichten, mit Selleriegrün und Kräuterzweigen garnieren, mit den Meerrettichscheiben bestreuen und sofort servieren.

Unser Tipp:

Das Wort Ciabatta bedeutet aufgrund seiner Form übersetzt „Pantoffel". Das Rezept für Ciabatta beruht auf der besonderen Mischung von Hefe zu Mehlmenge. Um einen großporigen Teig herstellen zu können, benötigt dieser eine sehr lange Ruhezeit. Damit das Ciabatta-Brot schön fluffig und großporig wird, muss man zwei Tage einplanen, denn zunächst stellt man einen Vorteig her. Dieser besteht aus 5 g Hefe und 350 g Mehl. Zunächst löst man die Hefe in 250 ml lauwarmem Wasser auf, bis diese Blasen wirft. Dann gibt man die Mischung zum Mehl und knetet so lange, bis ein geschmeidiger Teig entsteht. Den Vorteig zugedeckt über Nacht an einen kühlen und dunklen Ort stellen. Am nächsten Tag für die Zubereitung des Ciabatta 10 g Hefe in 5 EL lauwarmem Wasser oder Milch auflösen und an einem warmem Ort 10 Minuten gehen lassen. Die Milch-Hefe-Mischung, den Vorteig, 2 EL Olivenöl, 20 g Salz und 550 g Mehl mit 250 ml lauwarmem Wasser vermischen und so lange kneten, bis der Teig geschmeidig ist. Den Teig zugedeckt an einem warmen Ort etwa 1 ½–2 Stunden gehen lassen. Nach dieser Zeit formt man aus dem Teig vier Brote und lässt diese erneut zugedeckt zwei Stunden gehen. Danach ist das Ciabatta bereit zum Backen. Auf der mittleren Schiene bei 220 °C benötigt es ca. 25 Minuten.

Fischspiesse mit Ingwervinaigrette

Für 4 Personen:

150 g Sushi-Reis
300 ml Salzwasser zum Garen
3 EL Reisessig
30 g Zucker
2 g Salz
einige Dillzweige
2 Karotten
2 Frühlingszwiebeln
10 kleine Chilischoten
5 Schalotten
50 g rosa Ingwer aus dem Glas
2 EL Sesamöl
100 ml Gemüsebrühe
400 g Lachsfilet
8 geschälte Riesengarnelenschwänze
4 gekochte Tintenfischtuben
Salz, Szechuanpfeffer aus der Mühle
Erdnussöl zum Braten
100 ml helle Sojasoße

Für die Vinaigrette:
1 kleine Ingwerwurzeln
2 Frühlingszwiebeln
2 EL Erdnussöl
200 ml Gemüsebrühe
125 ml Weißweinessig
4 EL mittelscharfer Senf
4 EL Honig
einige Tropfen Sojasoße
einige Tropfen Zitronensaft

Außerdem:
Frühlingszwiebelscheiben zum Bestreuen

1. Den Sushi-Reis waschen, bis das Wasser klar bleibt, in Salzwasser geben, aufkochen lassen und zugedeckt bei kleinster Hitze 15–20 Minuten köcheln, bis das Wasser vollständig aufgenommen ist.

2. Den Reis mit einem Holzlöffel auflockern, ein zusammengefaltetes Küchentuch unter den Topfdeckel legen und den Reis lauwarm abkühlen lassen.

3. Den Reisessig in einem Topf erwärmen, den Zucker und das Salz darin auflösen. Im kalten Wasserbad abkühlen lassen und mit dem lauwarmen Reis und dem verlesenen, gewaschenen und klein geschnittenen Dill vermischen.

4. Die Karotten schälen und in Scheiben schneiden, die Frühlingszwiebeln putzen, waschen und in Stücke schneiden, die Chilischoten waschen.

5. Die Schalotten schälen und halbieren oder vierteln. Den Ingwer abtropfen lassen.

6. Das Sesamöl in einem Topf erhitzen und das Gemüse darin kurz anschwitzen. Die Gemüsebrühe angießen und das Ganze bei mäßiger Hitze 6–8 Minuten bissfest dünsten.

7. Das Lachsfilet und die Garnelen waschen, das Lachsfilet in mundgerechte Würfel schneiden.

8. Die Tintenfischtuben mit dem Reis füllen und in Scheiben schneiden.

9. Gemüse, Lachs, Garnelen und Tintenfischscheiben abwechselnd auf Grillspieße stecken, salzen und pfeffern und im Erdnussöl braten. Nach Ende der Garzeit mit Sojasoße beträufeln.

10. Für die Vinaigrette den Ingwer dünn schälen und fein raspeln. Die Frühlingszwiebeln putzen, waschen und fein würfeln. Beides mit dem Erdnussöl in einer Pfanne anschwitzen.

11. Die Gemüsebrühe und den Essig angießen und das Ganze im Mixer oder mit dem Pürierstab pürieren.

12. Den Senf und den Honig kräftig unterrühren, mit Salz, Pfeffer, Sojasoße und Zitronensaft kräftig abschmecken.

13. Die Fischspieße mit der Ingwervinaigrette dekorativ anrichten, mit Frühlingszwiebelscheiben bestreuen und sofort servieren.

Roastbeeftaler

Für 4 Personen:

250 g Sahnequark
1 EL Sahnemeerrettich
100 g Essiggurken, 1 Schalotte
20 g Kapern, 4 Sardellenfilets
30 g gemischte Kräuter
einige Tropfen Zitronensaft
einige Tropfen Worcestersoße
Salz, Pfeffer, Cayennepfeffer
500 g rosa gebratenes Roastbeef
1 Rolle Party-Pumpernickel
1 Bund Radieschen
Kräuterzweige zum Garnieren

1. Den Sahnequark mit dem Sahnemeerrettich in einer Schüssel glatt rühren.

2. Die Essiggurken und die geschälte Schalotte sehr fein würfeln. Mit den Kapern, den Sardellenfilets und den verlesenen, gewaschenen Kräutern auf eine Arbeitsfläche geben und sehr fein hacken.

3. Das Ganze zum Quark geben und verrühren. Mit Zitronensaft, Worcestersoße, Salz, Pfeffer und Cayennepfeffer abschmecken.

4. Das Roastbeef in dünne Scheiben schneiden. Die Hälfte der Party-Pumpernickel mit der Quarkremoulade bestreichen, mit den restlichen Pumpernickeln abdecken und dekorativ anrichten.

5. Mit je einer Scheibe Roastbeef belegen, mit Radieschenscheiben und Kräuterzweigen garnieren und sofort servieren.

Shrimpscocktail im Körbchen

Für 4 Personen:

1 Packung Filo- oder Strudelteig (Fertigprodukt aus der Kühltheke)
2 EL Olivenöl zum Bestreichen
50 ml Milch, 400 g Shrimps
je einige Tropfen Zitronensaft, Weinbrand, Weinessig, Worcestersoße und Olivenöl
Salz, Pfeffer, Cayennepfeffer
2 TL geriebener Meerrettich
1 rote Paprikaschote
50 g gemischte, frische Kräuter
einige Salatblätter
200 ml Cocktailsoße, Basilikumblättchen zum Garnieren

1. Den Backofen auf 180 Grad vorheizen. Den Teig ausrollen und Dreiecke ausschneiden.

2. Feuerfeste Tassen außen mit Öl bestreichen, umgedreht auf ein Backblech stellen und mit mehreren Teigecken belegen. Den Teig mit der Milch bestreichen und 10 Minuten backen. Die Körbchen erst nach dem Abkühlen von den Tassen nehmen.

3. Die Shrimps mit Zitronensaft, Weinbrand, Essig, Worcestersoße und Öl beträufeln, mit Salz, Pfeffer, Cayennepfeffer und Meerrettich würzen.

4. Die Paprikaschote fein würfeln. Die Kräuter hacken, mit den Paprikawürfeln zu den Shrimps geben und vermischen.

5. Die Teigkörbchen mit Salatblättern auslegen. Die Cocktailsoße auf die Salatblätter träufeln.

6. Den Shrimpscocktail einfüllen und mit der restlichen Cocktailsoße überziehen. Die Körbchen dekorativ anrichten, mit Basilikum garnieren und sofort servieren.

(Abbildung Seite 26/27)

Gefüllte Teigtaschen

Für 4 Personen:

24 Blätter Frühlingsrollenteig (TK-Produkt)
2 Knoblauchzehen
3 Frühlingszwiebeln
½ rote Paprikaschote
1 kleine grüne Chilischote
2–3 EL Sonnenblumenöl
200 g gekochter Klebreis
Salz, Pfeffer aus der Mühle
1 Prise Zucker
1 Prise Cayennepfeffer
1 EL Krabbenpaste
2 TL geröstetes Sesamöl
1 Eiweiß
Olivenöl zum Ausbacken
Kräuterzweige zum Garnieren
Soßen und Dips nach Wahl

1. Je zwei Blätter Frühlingsrollenteig auf einer Arbeitsfläche übereinanderlegen. Die Knoblauchzehen schälen und fein würfeln.

2. Die Frühlingszwiebeln putzen, waschen und klein schneiden, die Paprikaschote entkernen, waschen und in feine Würfel schneiden. Die Chilischote entkernen, waschen und fein würfeln.

3. Das Sonnenblumenöl im Wok erhitzen. Knoblauch, Frühlingszwiebeln, Paprikawürfel und Chili ins Fett geben und glasig schwitzen.

4. Den Reis dazugeben und kurz mitschwitzen, mit Salz, Pfeffer, Zucker, Cayennepfeffer, Krabbenpaste und Sesamöl kräftig würzen. Die Füllung etwas abkühlen lassen und gleichmäßig auf dem Teig verteilen.

5. Das Eiweiß verschlagen, die Ränder des Teiges damit bestreichen und diesen zu Taschen zusammenklappen.

6. Das Olivenöl in einem Wok erhitzen und die Teigtaschen darin goldgelb ausbacken. Herausnehmen, dekorativ anrichten, mit Kräuterzweigen garnieren und mit Soßen und Dips nach Wahl sofort servieren.

Unser Tipp:

Der richtige Klebreis für die Zubereitung ist der japanische Rundkornreis, den Sie mittlerweile nicht nur in den Asialäden, sondern auch im Supermarkt um die Ecke erhalten. Den Reis immer nach Volumen, nicht nach Gewicht abmessen. Für zwei Personen reicht eine Tasse voll Reis, dies entspricht etwa 250 ml. Eine Stunde vorher den Reis waschen. Dazu nimmt man die vorher abgemessene Menge Reis und wäscht ihn so lange in kaltem Wasser, bis keine Trübung mehr im Wasser auftritt. Danach ca. 30 Minuten trocknen lassen. Je besser der Reis gewaschen ist, desto besser klebt er.

Den Reis mit etwa 1,1- bis 1,3-facher Menge Wasser in einen Topf geben und ein Stück Konbu (getrockneter Seetang) dazugeben. Den Reis aufkochen und etwa drei Minuten auf höchster Stufe kochen lassen. Den Deckel beim Kochen nicht abnehmen. Anschließend den Topf von der Platte nehmen und auf eine zweite Platte setzen, welche bereits auf niedrigster Stufe vorgewärmt ist. Auf dieser Platte den Reis jetzt noch 15–20 Minuten gar ziehen lassen, so lange, bis das Wasser vom Reis vollständig aufgesogen ist. Topf vom Herd nehmen, Konbu entfernen und den Reis noch 15–20 Minuten, mit einem sauberen Tuch abgedeckt, stehen lassen.

Strudelbonbons mit Joghurtdip

Für 4 Personen:

2 Packungen Strudelteig (TK-Produkt oder aus dem Kühlregal)
Mehl zum Ausrollen

Für die Füllung:
6 hart gekochte Eier
1 Zwiebel
1 Knoblauchzehe
1 EL Butter
100 g gekochter Schinken
150 g Blattspinat (frisch oder TK-Produkt)
Salz, Pfeffer aus der Mühle
je 1 Prise Muskat und Cayennepfeffer
2 EL Honig

Außerdem:
Fett zum Frittieren
2 Becher Joghurt
2 EL mittelscharfer Senf
2 EL Honig
Saft von ½ Zitrone
2 Bund Schnittlauch
Salatblätter, Tomatenscheiben und Petersilienzweige zum Garnieren

1. Den Strudelteig auftauen lassen und auf einer bemehlten Arbeitsfläche ausrollen (den Strudelteig aus dem Kühlregal entrollen). Quadrate ausschneiden und je zwei Quadrate aufeinanderlegen.

2. Die Eier pellen, in grobe Stücke schneiden und in eine Schüssel geben. Die Zwiebel und die Knoblauchzehe schälen, fein würfeln und beides in der erhitzten Butter anschwitzen.

3. Den fein gewürfelten Schinken und den verlesenen, gewaschenen und klein geschnittenen Blattspinat (Tiefkühlspinat auftauen lassen) dazugeben und kurz mitschwitzen. Mit Salz, Pfeffer, Muskat und Cayennepfeffer würzen und mit Honig verfeinern.

4. Zu den Eiern geben und alles gut miteinander verrühren. Die Masse gleichmäßig auf den Teigquadraten verteilen, diese zusammenrollen und an den Enden entgegengesetzt zusammendrehen.

5. Die Strudelbonbons mit Küchenschnur zusammenbinden. Fett in einem Frittiertopf erhitzen und die Strudelbonbons darin goldgelb ausbacken, herausnehmen, gut abtropfen lassen und warm stellen.

6. Den Joghurt, den Senf, den Honig und den Zitronensaft in eine Schüssel geben und glatt rühren.

7. Den verlesenen, gewaschenen und fein geschnittenen Schnittlauch in die Soße einrühren und mit Salz, Pfeffer und Cayennepfeffer kräftig würzen.

8. Die Strudelbonbons mit der Schnittlauchsoße dekorativ anrichten, mit Salatblättern, Tomatenscheiben und Petersilienzweigen garnieren und sofort servieren.

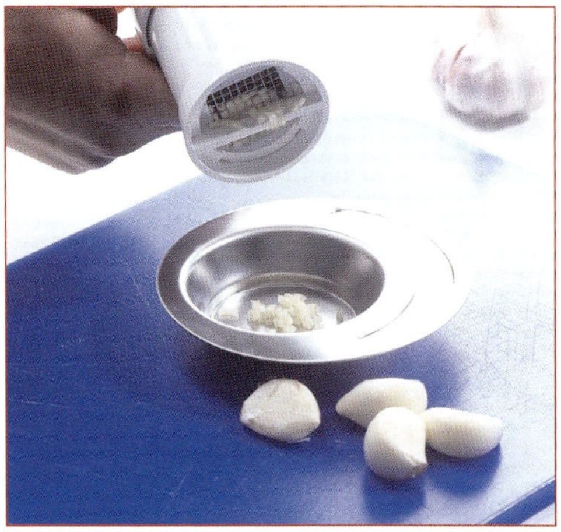

Gefüllte Reisblätter

Für 4 Personen:

24 Reisblätter
Salzwasser zum Bestreichen

Für die Füllung:
2 EL Erdnussöl
200 g gemischtes Hackfleisch
1 Zwiebel, 1 Knoblauchzehe
1 rote Chilischote
100 g gekochter Klebreis
Salz, Pfeffer aus der Mühle
1 Prise Korianderpulver
2 Zweige Koriandergrün
einige Tropfen Zitronensaft
1 Prise Zucker
1 TL Fünfgewürzpulver
1 Eiweiß

Außerdem:
Olivenöl zum Ausbacken
Chinakohlblätter, Zitronenscheiben und Chilischeiben zum Garnieren

1. Die Reisblätter auf eine Arbeitsfläche legen, mit Salzwasser bestreichen, kurz ziehen lassen und je zwei Blätter übereinanderlegen.

2. Für die Füllung das Erdnussöl im Wok erhitzen und das Hackfleisch darin unter ständigem Rühren braten.

3. Die Zwiebel und die Knoblauchzehe schälen, waschen, fein würfeln, zum Hackfleisch geben und kurz mitbraten.

4. Die Chilischote halbieren, entkernen, waschen, fein würfeln, ebenfalls zum Hackfleisch geben und kurz mitbraten. Den Reis untermischen, das Ganze mit Salz, Pfeffer und Korianderpulver würzen.

5. Das Koriandergrün verlesen, waschen, fein schneiden und untermischen. Die Füllung mit Zitronensaft, Zucker und Fünfgewürzpulver abschmecken.

6. Die Füllung gleichmäßig auf die Reisblätter verteilen und die Ränder mit etwas verschlagenem Eiweiß bestreichen. Die Blätter zusammenrollen, leicht andrücken und im erhitzten Olivenöl goldgelb ausbacken.

7. Die gefüllten Reisblätter dekorativ anrichten, mit Chinakohlblättern, Zitronenscheiben und Chilischeiben garnieren und mit Dips nach Wahl sofort servieren.

Unser Tipp:

Der Wok ist ein Topf in Form einer Halbkugel, der seit einiger Zeit auch bei uns verstärkt angeboten wird. Wenn Sie sich ein solches Gerät zulegen wollen, sollten Sie unbedingt auf gute Qualität und nicht auf einen niedrigen Preis achten. Der Wok muss aus gut leitfähigem, wärmespeicherndem Material sein, wie etwa aus Edelstahl oder Gusseisen. Diese Materialien sind schwer genug, um den Wok beim Kochen, Braten und Rühren nicht hin und her rutschen zu lassen. Der Wok muss am tiefsten Punkt sehr heiß werden und die Hitze an die Seitenwände abgeben können.

In der chinesischen Küche wird der Wok direkt auf das offene Feuer gesetzt, was aber bei uns eigentlich nur auf dem Gasherd möglich ist. Deshalb werden Metallringe angeboten, die für Gas- und Elektroherde zu empfehlen sind. Der Ring muss genau auf die Herdplatte passen. Der Wok wird hineingestellt und bekommt so den richtigen Halt. Mittlerweile werden für unsere Herde auch Woks mit abgeflachtem Boden angeboten. Den Wok gibt es in verschiedenen Größen, von ca. 25 cm Durchmesser für den kleinen Haushalt bis zu 1 m Durchmesser für Restaurants. Für einen Vier-Personen-Haushalt empfiehlt sich ein Topf mit 40–50 cm Durchmesser. In ihm kann die Menge, die für vier Personen benötigt wird, richtig gegart werden.

Tomaten-Crostini mit Kapern

Für 4 Personen:

600 g Tomaten
100 g frisch geriebener Parmesankäse
1 Röhrchen Kapern
einige Zweige Salbei
5 EL Olivenöl
Salz, Pfeffer aus der Mühle
1 Prise Zucker
1 Prise Cayennepfeffer

Außerdem:
1 Baguette, Tomatenröschen und Salbeiblätter zum Garnieren

1. Die Tomaten enthäuten, entkernen, in Würfel schneiden und in eine Schüssel geben. Den frisch geriebenen Parmesankäse dazugeben und unterrühren.

2. Die Kapern gut abtropfen lassen, mit dem verlesenen, gewaschenen und fein geschnittenen Salbei und dem Olivenöl unter die Tomaten rühren.

3. Das Ganze mit Salz, Pfeffer, Zucker und Cayennepfeffer kräftig würzen.

4. Das Baguette in Scheiben schneiden und die Scheiben auf ein Backblech setzen.

5. Die Tomaten gleichmäßig auf die Brotscheiben verteilen und diese im auf 220 °C vorgeheizten Backofen oder unter dem Grill kurz überbacken.

6. Die Tomaten-Crostini aus dem Ofen nehmen, dekorativ anrichten, mit Tomatenröschen und Salatblättern garnieren und sofort servieren.

Caprese mit Rucola

Für 4 Personen:

8 Tomaten
2 Kugeln Mozzarella (à 125 g)
100 g Rucola
50 g Kresse
100 g Parmaschinken, in hauchdünne Scheiben geschnitten
Salz, Pfeffer aus der Mühle
75 ml Aceto balsamico
50 ml Olivenöl
Kräuterzweige zum Garnieren

1. Die Tomaten waschen, den Strunk herausschneiden, die Tomaten und den gut abgetropften Mozzarella in dünne Scheiben schneiden.

2. Den Rucola verlesen, waschen, mit der geschnittenen Kresse, den Tomaten, dem Mozzarella und den Schinkenscheiben auf Tellern dekorativ anrichten.

3. Die Caprese mit Salz und Pfeffer kräftig würzen. Mit Aceto balsamico und Olivenöl beträufeln, kurz ziehen lassen, mit Ciabatta oder Baguette servieren.

(ohne Abbildung)

Vegetarische Sushis

Für ca. 20 Stück:

Für den Reis:
250 g Sushi-Reis
500 ml Salzwasser zum Garen
8 EL Reisessig
50 g Zucker
5 g Salz

Außerdem:
2 Nori-Blätter
4 TL Wasabi
2 Karotten
Salzwasser zum Blanchieren
1 Avocado
Saft von 1 Limette

Für den Dip:
50 g frischer Ingwer
1 rote Zwiebel
40 ml Reisessig
60 ml Sesamöl
Salz
1 Prise Zucker

1. Den Sushi-Reis waschen, bis das Wasser klar bleibt, in Salzwasser geben, aufkochen lassen und zugedeckt bei kleinster Hitze 15–20 Minuten köcheln, bis das Wasser vollständig aufgenommen ist.

2. Den Reis mit einem Holzlöffel auflockern, ein zusammengefaltetes Küchentuch unter den Topfdeckel legen und den Reis abkühlen lassen.

3. Den Reisessig in einem Topf erwärmen, den Zucker und das Salz darin auflösen. Im kalten Wasserbad abkühlen lassen und mit dem lauwarmen Reis vermischen.

4. Die Nori-Blätter auf Bambusmatten legen, mit Wasser bestreichen, den Reis darauf glatt streichen und mit Wasabi bestreichen.

5. Die Karotten schälen, in Stifte schneiden, im Salzwasser blanchieren und abtropfen lassen.

6. Die Avocado dünn schälen und den Kern entfernen. Das Fruchtfleisch in Stifte schneiden, mit Limettensaft beträufeln und kurz marinieren.

7. Die Gemüsestifte auf den Reis legen, andrücken und die Nori-Blätter mithilfe der Bambusmatten aufrollen. Überstehende Blätter abschneiden und die Rollen in Scheiben schneiden.

8. Für den Dip den Ingwer und die Zwiebel schälen und in feine Streifen schneiden. Mit dem Reisessig und dem Sesamöl verrühren. Mit Salz und Zucker abschmecken und durchziehen lassen.

9. Die Sushis auf einer Platte mit abgetropften Ingwer- und Zwiebelstreifen dekorativ anrichten und mit dem Dip sofort servieren.

Zu den vegetarischen Sushis passt sehr gut eine Chili-Ei-Sosse:

150 g leichte Mayonnaise mit 100 g Joghurt und 50 g süßer Chilisoße in einer Schüssel glatt rühren. 1 hart gekochtes Ei pellen und fein hacken, 1 Schalotte schälen, fein würfeln, zur Soße geben und verrühren. Mit Salz, Pfeffer, Cayennepfeffer, Zucker und Limettensaft abschmecken. 2 Frühlingszwiebeln putzen, waschen und in feine Scheiben schneiden. 1 Chilischote halbieren, entkernen und in feine Streifen schneiden. Beides unter die Soße ziehen. Die Chili-Ei-Soße dekorativ anrichten, garnieren und zu den Sushis servieren.

Garnelen-Sushis mit Kiwanodip

Für ca. 20 Stück:

Für den Reis:
250 g Sushi-Reis
500 ml Salzwasser zum Garen
8 EL Reisessig, 50 g Zucker
5 g Salz

Für die Füllung:
3 TL Wasabi
100 g Garnelenschwänze
1 Mango, Saft von 1 Zitrone
4 EL Mangochutney
2–3 EL Austernsoße
Salz, Pfeffer aus der Mühle

Für den Kiwanodip:
4 Kiwanos, 1 Zwiebel
100 ml Reiswein
2–3 EL Honig, 50 ml Obstessig
1 EL geriebene Zitronenschale
1 TL Curry
1 TL Fünfgewürzpulver

Außerdem:
einige blanchierte Lauchblätter
20 rohe Garnelenschwänze
Chili- und Sojasoße zum Servieren

1. Den Sushi-Reis waschen, bis das Wasser klar bleibt, in Salzwasser geben, aufkochen lassen und zugedeckt bei kleinster Hitze 15–20 Minuten köcheln, bis das Wasser vollständig aufgenommen ist.

2. Den Reis mit einem Holzlöffel auflockern, ein zusammengefaltetes Küchentuch unter den Topfdeckel legen und den Reis lauwarm abkühlen lassen.

3. Den Reisessig in einem Topf erwärmen, den Zucker und das Salz darin auflösen. Im kalten Wasserbad abkühlen lassen und mit dem lauwarmen Reis vermischen. Den Reis auf zwei Bambusmatten oder Alufolie verteilen und mit Wasabi bestreichen.

4. Die Garnelenschwänze klein schneiden. Die Mango schälen, das Fruchtfleisch vom Kern lösen, etwas Fruchtfleisch in dünne Scheiben schneiden und den Rest klein schneiden.

5. Die Garnelenstückchen mit den Mangostückchen, dem Zitronensaft, dem Mangochutney und der Austernsoße vermischen. Mit Salz und Pfeffer würzen, auf dem Reis verteilen und mithilfe der Matten oder der Alufolie aufrollen.

6. Die Kiwanos halbieren, mit einem Teelöffel das Fruchtfleisch aus der Schale lösen und in Würfel schneiden. Die Zwiebel schälen und würfeln.

7. Den Reiswein, den Honig, den Essig und die geriebene Zitronenschale dazugeben und das Ganze pürieren. Mit Curry, Fünfgewürzpulver, Salz und Pfeffer abschmecken.

8. Die Rollen in Scheiben schneiden, mit den Lauchblättern umwickeln und auf einer Platte dekorativ anrichten. Mit den Garnelenschwänzen belegen, mit der Chili- und der Sojasoße sowie dem Kiwanodip sofort servieren.

Unser Tipp:

Kiwanos kommen ursprünglich aus den Kalahari-Gebieten Afrikas. Sie werden heutzutage hauptsächlich in Kenia, Neuseeland und Israel angebaut. Botanisch gesehen gehören die Früchte, die auch Horn- oder Geleemelonen genannt werden, zu der Familie der Kürbisgewächse, und zwar zu der Gattung der Gurken. Das schmeckt man sogar ein wenig, denn zu der feinsäuerlichen Note mischen sich Melonen- und Gurkenaromen. Wenn sich die Schale gelb färbt, dann ist die Kiwano reif. Man schneidet die Frucht längs durch und löffelt das Fruchtfleisch heraus. So kann man das Fruchtfleisch entweder gleich essen oder weiterverarbeiten. Natürlich lassen sich auch Desserts damit verfeinern und, wie viele exotische Früchte, macht sich die Kiwano sehr gut als Dekorationselement.

Tortillas mit gegrillten Rumpsteaks

Für 4 Personen:

4 küchenfertige Rumpsteaks
100 ml Olivenöl
2 Knoblauchzehen
1 Chilischote
1 TL Rosmarin
1 TL Majoran
1 TL Thymian
30 g gemischte, frische Kräuter (Estragon, Petersilie, Dill)
1 EL geriebene Zitronenschale

Außerdem:
12 Soft-Tortillas
1 rote Paprikaschote
1 grüne Paprikaschote
1 Zwiebel
250 g Joghurt
4 Knoblauchzehen
1 TL Salz
Saft von 1 Zitrone
Salz, Pfeffer aus der Mühle
1 Prise Zucker
einige Tropfen Pfeffersoße
frisch gehackte Petersilie zum Bestreuen
Staudenselleriestreifen zum Garnieren

1. Die küchenfertigen Rumpsteaks unter fließendem Wasser waschen, trocken tupfen und in eine Schüssel legen.

2. Das Olivenöl mit den geschälten, gehackten Knoblauchzehen, der halbierten, entkernten, gewaschenen und klein geschnittenen Chilischote, dem Rosmarin, dem Majoran, dem Thymian, den frischen, gehackten Kräutern und der Zitronenschale in einer Schüssel verrühren.

3. Die Rumpsteaks mit der Marinade überziehen und im Kühlschrank mindestens zwei Stunden marinieren.

4. Die Soft-Tortillas bereitlegen. Die Paprikaschoten halbieren, entkernen, waschen und in feine Streifen schneiden. Die Zwiebel schälen und ebenfalls in Streifen schneiden.

5. Den Joghurt in einer Schüssel glatt rühren. Die Knoblauchzehen schälen, fein hacken, mit Salz zu einer Paste zerreiben, mit dem Zitronensaft unter den Joghurt rühren.

6. Mit Salz, Pfeffer, Zucker und Pfeffersoße würzen.

7. Die Rumpsteaks auf den Grill legen und garen. Kurz vor Garende die Soft-Tortillas mit auf den Grill legen.

8. Die Rumpsteaks vom Grill nehmen, in Scheiben schneiden, mit den Paprika- und Zwiebelstreifen in die Tortillas füllen. Diese zusammenklappen, mit dem Knoblauchjoghurt überziehen, dekorativ anrichten, mit Petersilie bestreuen, mit Staudenselleriestreifen garnieren und sofort servieren.

9. Zu den Tortillas mit gegrillten Rumpsteaks passt sehr gut eine Tomaten-Salsa oder eine Guacamole.

Gefüllte Bagels

Für 10–12 Stück:

Für den Teig:
200 ml lauwarme Milch
40 g Frischhefe
1 TL Zucker
500 g Mehl
50 g Butter
2 Eier
1 TL Salz
Sesam, Mohn oder Sonnenblumenkerne zum Bestreuen

Für die Füllung:
300 g Schmand
Salz, Pfeffer aus der Mühle
1 Prise Muskat
1 Prise Cayennepfeffer
einige Tropfen Zitronensaft
einige Tropfen Worcestersoße
30 g frische, gemischte Kräuter (Schnittlauch, Dill, Zitronenmelisse, Basilikum)
300 g Räucherlachs
1 Stück Salatgurke
Dillzweige zum Garnieren
300 g Ricotta
50 g getrocknete, in Öl eingelegte Tomaten
100 g Rucola

Außerdem:
Kräuterzweige zum Garnieren

1. Die lauwarme Milch mit der zerbröckelten Hefe und dem Zucker in eine Schüssel geben, verrühren und an einem warmen Ort zugedeckt 10–12 Minuten gehen lassen.

2. Das Mehl in eine Schüssel sieben, eine Mulde eindrücken und die Hefemilch hineingeben.

3. Die Butter, die Eier und das Salz hinzufügen und alles zu einem glatten Teig verarbeiten.

4. Den Teig mit dem Kochlöffel so lange schlagen, bis er Blasen wirft, und zugedeckt an einem warmen Ort 30 Minuten gehen lassen.

5. Den Teig erneut kräftig schlagen und zugedeckt weitere 30 Minuten gehen lassen.

6. Aus dem Teig 10–12 Bagels formen. Diese auf ein mit Backpapier ausgelegtes Backblech setzen, mit Sesam, Mohn oder Sonnenblumenkernen bestreuen,

nochmals gehen lassen und im auf 200 °C vorgeheizten Backofen 20–25 Minuten backen.

7. Nach Ende der Backzeit die fertigen Bagels herausnehmen, erkalten lassen und einmal waagerecht durchschneiden.

8. Den Schmand in einer Schüssel glatt rühren, mit Salz, Pfeffer, Muskat, Cayennepfeffer, Zitronensaft und Worcestersoße abschmecken und die verlesenen und gehackten Kräuter untermischen.

9. Die Hälfte des Räucherlachses mit der Schmandmischung auf die Hälfte der Bagels verteilen.

10. Die Salatgurke klein schneiden und darauf verteilen, mit Dillzweigen garnieren, mit dem Deckel abdecken und bereitstellen.

11. Den Ricotta mit einem Kochlöffel in einer Schüssel glatt rühren, mit Salz, Pfeffer, Muskat, Cayennepfeffer, Zitronensaft und Worcestersoße kräftig abschmecken und die klein geschnittenen Tomaten untermischen.

12. Die Ricottacreme mit dem verlesenen, gewaschenen, gut abgetropften Rucola und dem restlichen Räucherlachs auf die übrigen Bagelunterhälften verteilen, mit den Deckeln belegen. Die Bagels dekorativ anrichten, mit Kräuterzweigen garnieren und sofort servieren.

Texas-Chips mit Bohnencreme

Für 4 Personen:

1 Dose Kidneybohnen
(250 g Abtropfgewicht)
125 g Crème fraîche
2–3 EL Tomatenketchup
je 1 rote und grüne Chilischote
Salz, Pfeffer aus der Mühle
2 EL Paprikapulver edelsüß

Außerdem:
1 Packung Chili- oder Paprikachips
einige Blätter Eisbergsalat
Chilischotenstreifen zum Garnieren

1. Die Kidneybohnen gut abtropfen lassen, mit der Crème fraîche und dem Tomatenketchup in eine Schüssel geben.

2. Die rote und grüne Chilischote halbieren, entkernen, waschen, gut abtropfen lassen und in Würfel schneiden.

3. Die Chiliwürfel zu den übrigen Zutaten geben und alles mit dem Stabmixer kräftig mixen.

4. Die Bohnencreme mit Salz, Pfeffer und Paprikapulver kräftig würzen und bereitstellen.

5. Die Chili- oder Paprikachips aus der Packung nehmen und auf jeden Chip ein Stück verlesenen, gewaschenen Eisbergsalat legen.

6. Die Bohnencreme in einen Spritzbeutel mit Lochtülle füllen und kleine Tupfen auf den Salat spritzen.

7. Die Chilischotenstreifen auf die Creme setzen, die Texas-Chips mit Bohnencreme dekorativ anrichten und gut gekühlt servieren.

Spargeltartelettes mit Speck

Für 6 Stück:

Für den Mürbeteig:
300 g Mehl
1 Ei
175 g Butter
1 Prise Salz
weißer Pfeffer aus der Mühle
Fett für die Förmchen
Semmelbrösel zum Ausstreuen

Für die Füllung:
500 g bissfest gegarter Spargel
1 TL Butter
100 g Frühstücksspeck
4 Schalotten
150 ml Milch
3 Eier
Salz, Pfeffer aus der Mühle
1 Prise Muskat

Außerdem:
Spargelspitzen, Kirschtomatenscheiben und Basilikumblättchen zum Garnieren

1. Das Mehl auf eine Arbeitsfläche sieben, eine Mulde eindrücken und das Ei hineingeben. Die Butter in Flöckchen daraufsetzen, mit Salz und weißem Pfeffer bestreuen.

2. Mit bemehlten Händen von außen nach innen zu einem glatten, kompakten Teig verkneten. Den Teig in Alufolie oder ein feuchtes Küchentuch wickeln und im Kühlschrank mindestens eine Stunde ruhen lassen.

3. Den Teig in der Größe von sechs Tartelettefömchen auf einer bemehlten Arbeitsfläche ausrollen, in die ausgefetteten, mit Semmelbröseln ausgestreuten Förmchen legen und einen Rand hochdrücken. Den Teig mit einer Gabel mehrmals einstechen.

4. Den gegarten Spargel in mundgerechte Stücke schneiden, die Spargelspitzen für die Garnitur bereitlegen und die restlichen Spargelstücke auf dem Teig verteilen.

5. Die Butter in einer Pfanne erhitzen. Den in feine Würfel geschnittenen Frühstücksspeck darin auslassen und die geschälten und fein gewürfelten Schalotten kurz mitbraten. Gleichmäßig auf dem Spargel verteilen.

6. Die Milch mit den Eiern in einer Schüssel verschlagen, mit Salz, Pfeffer und Muskat würzen und auf den Tartelettes verteilen.

7. Die Spargeltartelettes in dem auf 180–200 °C vorgeheizten Backofen 20–25 Minuten backen.

8. Nach Ende der Backzeit die Spargeltartelettes herausnehmen, dekorativ anrichten, mit Spargelspitzen, Kirschtomatenscheiben und Basilikumblättchen garnieren und warm oder kalt servieren.

Gefüllte Salatblätter

Für 4 Personen:

8 große Blätter Eisbergsalat
200 g Rinderhack
1 EL Sonnenblumenöl
1 Knoblauchzehe
2 Frühlingszwiebeln
Salz, Pfeffer aus der Mühle
1 Prise Cayennepfeffer
2 EL Sojasoße
einige Zweige Koriandergrün
50 g gekochter Schinken
50 g Krabben oder Crevetten
100 g bissfest gegarter Reis
2 EL Olivenöl, 1 Ei

Außerdem:
125 ml süßsaure Chilisoße
Gurkenscheiben und Chilistreifen zum Garnieren

1. Die Eisbergsalatblätter verlesen, waschen, gut abtropfen lassen und auf eine Arbeitsfläche legen.

2. Das Rinderhack im erhitzten Sonnenblumenöl unter ständigem Rühren braten.

3. Die Knoblauchzehe schälen und fein würfeln. Die Frühlingszwiebeln putzen, waschen, fein schneiden, mit dem Knoblauch zum Fleisch geben und kurz mitbraten.

4. Das Hackfleisch mit Salz, Pfeffer, Cayennepfeffer und Sojasoße kräftig würzen und das verlesene, gewaschene und fein geschnittene Koriandergrün untermischen.

5. Den Schinken in feine Würfel schneiden. Die Krabben oder Crevetten fein schneiden, mit dem Schinken und dem Reis im erhitzten Olivenöl anschwitzen.

6. Das Ei verschlagen, dazugeben und unter ständigem Rühren stocken lassen. Nach Belieben mit Salz, Pfeffer und Cayennepfeffer würzen.

7. Die Füllungen gleichmäßig auf den Eisbergsalatblättern verteilen. Diese aufrollen, dekorativ anrichten, mit der Chilisoße beträufeln, mit Gurkenscheiben und Chilistreifen garnieren und sofort servieren.

So scharf kann es sein!

Um den Schärfegrad eines Gerichts zu bestimmen, und dies gilt vor allem bei der Verwendung der verschiedenen Chilisorten und Chiliprodukte, wird der Schärfegrad nach den so genannten Scoville-Einheiten gemessen und angegeben. Die Schärfeskala reicht von 0 bis 500 000 Einheiten. So hat z. B. der Gemüsepaprika einen Schärfegrad zwischen 0 und 100 Einheiten, die Pfeffersoße, z. B. Tabasco, zwischen 2 005 und 5 000 Einheiten und die im Moment schärfsten Chilisorten Bih Jolokia, Bhut Jolokia oder Naga Morich haben mehr als 500 000 Einheiten.

Noch ein Tipp vorweg: Falls Sie einmal zu „hot" gegessen haben, sollten Sie auf keinen Fall mit Wasser oder anderen Getränken nachspülen. Dies verteilt eher die Schärfe, als dass es Linderung bringt. Besser dagegen wird es, wenn Sie versuchen die Schärfe durch Fett aufzusaugen. Dies gelingt vor allem beim Essen von Käse oder anderen fetthaltigen Speisen oder durch das Trinken von Milch. Auch trockenes Brot saugt beim Kauen im Mund die Schärfe auf und lindert den Schmerz.

Gedämpfte Reisbällchen

Für 4 Personen:

200 g Klebreis
Wasser zum Einweichen
500 g mageres Schweinehack
2 Knoblauchzehen
30 g eingeweichte Poku-Pilze
2 TL Zitronengraspaste
1 EL thailändische Fischsoße
½ TL Rohrzucker
2 Zweige Koriandergrün
1 Ei
Salz, Pfeffer aus der Mühle
Salzwasser oder Gemüsebrühe zum Dämpfen
Koriandergrün zum Garnieren
Soßen und Dips nach Wahl

1. Den Klebreis in eine Schüssel geben, Wasser angießen und den Reis darin mindestens zwei Stunden einweichen.

2. Das Schweinehack in eine Schüssel geben. Die Knoblauchzehen schälen, fein würfeln, mit den klein geschnittenen Poku-Pilzen zum Hackfleisch geben.

3. Die Zitronengraspaste, die Fischsoße, den Rohrzucker, das klein geschnittene Koriandergrün und das Ei dazugeben und das Ganze zu einer glatten, kompakten Masse verarbeiten.

4. Die Masse mit Salz und Pfeffer kräftig würzen und zu Bällchen abdrehen.

5. Die Bällchen im gut abgetropften Klebreis wälzen, den Reis gut andrücken und die Reisbällchen in einen Dämpfeinsatz setzen.

6. Salzwasser oder Gemüsebrühe in einem Wok erhitzen, den Einsatz in den Wok stellen und die Reisbällchen bei mäßiger Hitze 30 Minuten zugedeckt dämpfen.

7. Die Reisbällchen aus dem Einsatz nehmen, dekorativ anrichten, mit Koriandergrün garnieren und mit Soßen und Dips nach Wahl sofort servieren.

Zu den gedämpften Reisbällchen schmeckt auch ein Paprikaquark:

1. 300 g Quark mit 100 ml süßer Sahne in eine Schüssel geben und mit einem Schneebesen glatt rühren.

2. 1–2 Zwiebeln schälen und fein würfeln. 2 rote Paprikaschoten und 1 grüne Chilischote entkernen, waschen, gut abtropfen lassen und in feine Würfel schneiden.

3. Das Gemüse unter den Quark rühren, mit 1 EL Paprikapulver, Salz und Pfeffer abschmecken. Den Paprikaquark bis zum Verzehr kühl aufbewahren.

Gurkenschiffchen mit Lachscreme

Für 4 Personen:

2 Salatgurken
Salz, Pfeffer aus der Mühle
200 g Doppelrahm-Frischkäse
50 ml süße Sahne
300 g Räucherlachs
3-4 EL geriebener Meerrettich
einige Tropfen Zitronensaft
einige Tropfen Worcestersoße
200 g Räucherlachsscheiben
Kirschtomatenhälften, Radieschenscheiben und Dillzweige zum Garnieren

1. Die Salatgurken putzen, waschen, halbieren und mit einem Teelöffel aushöhlen, mit Salz und Pfeffer würzen und bereitstellen.

2. Den Doppelrahm-Frischkäse mit der Sahne und dem gewürfelten Räucherlachs im Mixer oder mit dem Pürierstab pürieren, mit Meerrettich, Zitronensaft, Worcestersoße, Salz und Pfeffer kräftig würzen und in einen Spritzbeutel mit Sterntülle füllen.

3. Die Masse in die Gurkenschiffchen dressieren, mit den Räucherlachsscheiben dekorativ anrichten, mit Kirschtomatenhälften, Radieschenscheiben und Dillzweigen garnieren und mit frischem Baguette sofort servieren.

Avocado-Dip

Für 4 Personen:

3-4 reife, mittelgroße Avocados
Saft von 1 Zitrone
4 Knoblauchzehen
1 TL Salz
2 Gläser Sardellenfilets
2 Schalotten
1 kleine rote Chilischote
1 Bund Petersilie
Salz, Pfeffer aus der Mühle
1 Prise Zucker

1. Die Avocados dünn schälen, halbieren und die Kerne herauslösen. Das Fruchtfleisch klein schneiden und sofort mit Zitronensaft beträufeln.

2. Die Knoblauchzehen schälen, fein hacken, mit Salz zu einer Paste zerreiben, zu den Avocados geben und das Ganze mit einer Gabel zu einer Creme verrühren.

3. Die Sardellenfilets unter fließendem Wasser waschen, trocken tupfen und sehr fein hacken. Die Schalotten schälen und fein hacken.

4. Die Chilischote halbieren, entkernen, waschen, in sehr feine Würfel schneiden, mit den Schalotten und den Sardellenfilets unter die Avocadocreme rühren.

5. Die Petersilie verlesen, waschen, fein hacken und untermischen. Die Creme mit Salz, Pfeffer und Zucker kräftig abschmecken.

6. Den Avocado-Dip in dekorative Schälchen füllen und mit Weißbrot oder Gemüsesticks sofort servieren.

(ohne Abbildung)

Überbackene Paprikaschoten

Für 4 Personen:

je 2 gelbe und rote Paprikaschoten
Fett für die Form
600 g gekochte Kartoffeln
3–4 EL Butterschmalz
Salz, Pfeffer aus der Mühle
1 EL Kümmelpulver
400 g Camembert
1 EL rosa Pfefferkörner

Für die Soße:
1 EL Butter
2–3 Schalotten
100 ml Weißwein
200 ml Gemüsebrühe
100 ml süße Sahne
200 g Doppelrahm-Frischkäse
Speisestärke zum Binden
einige Tropfen Zitronensaft
einige Tropfen Worcestersoße
1 Prise Zucker

Außerdem:
Kräuterzweige und Radieschenscheiben zum Garnieren

1. Die Paprikaschoten putzen, halbieren, entkernen, waschen und in eine ausgefettete Auflaufform legen.

2. Die Kartoffeln pellen und in Scheiben schneiden. Das Butterschmalz in einer Pfanne erhitzen und die Kartoffeln darin braten.

3. Die Kartoffeln mit Salz, Pfeffer und Kümmelpulver würzen, in die Paprikahälften füllen, diese mit dem in Scheiben geschnittenen Camembert belegen und im auf 180–200 °C vorgeheizten Backofen 20–25 Minuten überbacken.

4. Die Butter in einem Topf erhitzen und die geschälten und fein gewürfelten Schalotten darin anschwitzen.

5. Den Weißwein mit der Gemüsebrühe und der Sahne angießen, erhitzen und den Doppelrahm-Frischkäse in der Soße auflösen lassen.

6. Mit etwas angerührter Speisestärke binden, mit Salz, Pfeffer, Zitronensaft, Worcestersoße und Zucker kräftig abschmecken.

7. Die überbackenen Paprikaschoten mit der Soße dekorativ anrichten, mit Kräuterzweigen und Radieschenscheiben garnieren und mit einem Blattsalat mit Zitronendressing sofort servieren.

STRUDELKÖRBCHEN MIT PARMESAN-KÄSECREME

FÜR 4 PERSONEN:

1 Packung Strudelteig (TK-Produkt oder aus dem Kühlregal)
Olivenöl für die Förmchen

Für die Käsecreme:
250 g Doppelrahm-Frischkäse
Saft von ½ Zitrone
2 EL Honig
2 EL getrocknete, in Öl eingelegte Tomaten, 1 Bund Dill
Salz, Pfeffer aus der Mühle
1 Prise Cayennepfeffer
50 g geriebener Parmesankäse

Außerdem:
2 Tomaten, 2 Kohlrabi
1 Röhrchen Kapern
Tomatenecken und Kräuterzweige zum Garnieren

1. Den Strudelteig in Quadrate (8 cm Kantenlänge) schneiden. Muffinförmchen mit Olivenöl ausstreichen und je zwei Teigquadrate versetzt in die Förmchen drücken.

2. Die Strudelkörbchen in dem auf 180 °C vorgeheizten Backofen fünf Minuten backen. (Achtung: Der Teig kann leicht verbrennen!)

3. Aus dem Ofen nehmen und erkalten lassen. Anschließend die Körbchen aus den Förmchen nehmen und bereitstellen.

4. Für die Käsecreme Frischkäse, Zitronensaft und Honig in einer Schüssel glatt rühren.

5. Die gut abgetropften eingelegten Tomaten fein würfeln, mit dem fein geschnittenen Dill unter den Frischkäse rühren. Mit Salz, Pfeffer und Cayennepfeffer würzen und den Parmesankäse einrühren.

6. Die Tomaten waschen, vom Strunk befreien und klein schneiden. Die Kohlrabi schälen, waschen, vierteln und in dünne Scheiben schneiden.

7. Das Gemüse dekorativ in die Körbchen verteilen, je einen Klacks Käsecreme daraufgeben, mit den abgetropften Kapern bestreuen, mit Tomatenecken und Kräuterzweigen garnieren und sofort servieren.

DIE STRUDELKÖRBCHEN KANN MAN AUCH MIT ZAZIKI FÜLLEN!

1. 300 g Joghurt mit dem Saft von ½ Zitrone in einer Schüssel glatt rühren.

2. 2–3 Knoblauchzehen schälen, durch die Knoblauchpresse drücken und unter den Joghurt rühren. ½ Salatgurke waschen, sehr fein reiben und ausdrücken.

3. Die Gurkenraspel unter den Joghurt rühren, mit Salz und Pfeffer kräftig abschmecken. Das Zaziki bis zum Verzehr im Kühlschrank aufbewahren.

Köstlichkeiten
aus der Suppenküche

GÄNSESUPPE MIT GEMÜSESTREIFEN

FÜR 4 PERSONEN:

1 Gänsekeule
1 Bund Suppengemüse
1 Zwiebel
2 Lorbeerblätter
einige Zweige Beifuß
je 1 EL Wacholderbeeren, Pfefferkörner und Korianderkörner
1,5 l Gemüse- oder Geflügelbrühe

Für die Einlage:
2 Karotten, 200 g Sellerie
1 Stück Lauch
Salz, Pfeffer aus der Mühle
1 Prise Muskat
1 Prise Cayennepfeffer
12 Gemüseravioli (Fertigprodukt aus der Kühltheke)

Außerdem:
½ Bund Estragon
Estragonzweige zum Garnieren

1. Die küchenfertige Gänsekeule unter fließendem Wasser waschen, trocken tupfen und in einen großen Topf legen.

2. Das Suppengemüse putzen, waschen, klein schneiden, mit der geschälten und klein geschnittenen Zwiebel, den Lorbeerblättern, dem Beifuß, den Wacholderbeeren, den Pfefferkörnern und den Korianderkörnern zur Gänsekeule geben.

3. Die Gemüse- oder Geflügelbrühe angießen, den Topf auf den Herd stellen, langsam zum Kochen bringen und das Ganze bei geringer Hitze etwa zwei Stunden köcheln lassen.

4. Die Gänsekeule aus der Brühe nehmen, das Fleisch vom Knochen lösen und anschließend klein schneiden.

5. Die Brühe durch ein sauberes Küchentuch passieren und erneut erhitzen. Die Karotten, den Sellerie und den Lauch putzen, waschen und in feine Streifen schneiden.

6. Die Gemüsestreifen in die Suppe geben und 8–10 Minuten garen. Die Suppe mit Salz, Pfeffer, Muskat und Cayennepfeffer kräftig abschmecken. Die Gemüseravioli in die Suppe geben und gar ziehen lassen.

7. Das Gänsefleisch mit dem verlesenen, gewaschenen und fein geschnittenen Estragon in die Suppe geben und erhitzen. Die Suppe nochmals nachwürzen, dekorativ anrichten, mit Estragonzweigen garnieren und sofort servieren.

GRUNDREZEPT NUDELTEIG:

1. 500 g gesiebtes Mehl mit fünf Eiern, 1 TL Salz, 1 Prise Muskat und 2–3 EL Wasser mit dem Knethaken 4–5 Minuten kneten.

2. Den Teig auf eine bemehlte Arbeitsfläche geben und zu einem glatten, kompakten Teig verkneten. Der Teig muss sehr fest sein.

3. Den Teig zugedeckt eine Stunde ruhen lassen.

4. Den Teig mithilfe der Nudelmaschine ausrollen und Nudeln, Quadrate, Rauten oder Kreise schneiden.

5. Diese auf einem mit Küchentuch abgedeckten Backblech locker ausbreiten und mindestens eine Stunde trocknen lassen.

6. Die Nudeln in Salzwasser bissfest garen, herausnehmen, gut abtropfen lassen und zur weiteren Verarbeitung bereitstellen.

Grünkohl-Cremesuppe

Für 4 Personen:

100 g Schalotten, 1 EL Butter
500 g Grünkohl
100 ml Weißwein
600 ml Gemüsebrühe
Salz, Pfeffer aus der Mühle
1 Prise Muskat
100 g zart schmelzende Haferflocken
200 ml süße Sahne
1 EL Honig
einige Tropfen Zitronensaft
Brotchips (Fertigprodukt), Paprikawürfel, Petersilie zum Garnieren

1. Die Schalotten abziehen, fein würfeln und in der erhitzten Butter glasig schwitzen.

2. Den Grünkohl waschen, gut abtropfen lassen, grob hacken und hinzufügen.

3. Den Weißwein angießen und mit der Gemüsebrühe auffüllen. Das Ganze zum Kochen bringen und mit Salz, Pfeffer und Muskat würzen.

4. Die Haferflocken einrühren und die Suppe zugedeckt ca. 20 Minuten köcheln lassen.

5. Die Sahne dazugeben, die Suppe im Mixer oder mit dem Pürierstab pürieren und mit Honig und Zitronensaft abrunden.

6. Die Grünkohl-Cremesuppe in Tellern dekorativ anrichten, mit den Brotchips und den Paprikawürfeln bestreuen, mit Petersiliensträußchen garnieren und sofort servieren.

Unser Tipp:

Grünkohl, auch Braunkohl genannt, ist ein sehr winterfestes Gemüse, das vor allem in Norddeutschland seine Anhänger hat. Aber auch im Süden wird dieser Vitaminspender zunehmend beliebter. Kein Gemüse ist so unbeeindruckt von selbst strengem Frost wie der Grünkohl. Es gibt zwei unterschiedliche Sorten. Die eine hat glatte Blätter mit nur gewellten Blatträndern, die andere ist sehr stark gekräuselt. Letztere ist die gegen Kälte unempfindlichere. Die Pflanze ist äußerst anspruchslos und pflegeleicht. Auf einem Beet, auf dem Frühkartoffeln oder Erbsen abgeerntet wurden, ist der richtige Platz für Grünkohlsetzlinge. Sie werden im Saatbeet im Mai/Juni ausgesät und acht Wochen später in einem Abstand von 50 x 50 cm an die endgültige Stelle gepflanzt. Regelmäßiges Harken unterdrückt das Unkraut, ab und zu ein Brennnesselguss stärkt die Pflanzen, die kaum anfällig für Krankheiten und Schädlinge sind.

Geerntet wird Grünkohl meistens erst nach dem ersten Nachtfrost bis zum Februar/Anfang März. Man sagt, dass der Frost den Geschmack des Kohls noch verbessert. Zum Schmoren entfernt man die dicke Mittelrippe und hackt die Blätter fein.

Sahnige Garnelensuppe

Für 4 Personen:

12 geschälte Scampi- oder Garnelenschwänze
einige Tropfen Zitronensaft
Salz, Pfeffer aus der Mühle
500 ml Fischbrühe
2–3 EL Olivenöl
1 Zwiebel
2–3 Knoblauchzehen
1 Stück Ingwerwurzel
1 Karotte
1 kleine Stange Lauch
200 g grüne Bohnen
1 Schuss Weißwein
1 Becher süße Sahne
1 Prise Cayennepfeffer
1 Prise Zucker
2–3 EL geraspelte Kokosflocken
2–3 EL gehackte Petersilie oder Chilantro

1. Die Scampi- oder Garnelenschwänze unter fließendem Wasser waschen, trocken tupfen, mit Zitronensaft beträufeln, mit Salz und Pfeffer würzen und im Kühlschrank 10 Minuten ziehen lassen.

2. Die Fischbrühe in einen Topf geben und zum Kochen bringen. Die Scampi- oder Garnelenschwänze dazugeben und bei mäßiger Hitze 5–6 Minuten ziehen lassen.

3. In der Zwischenzeit das Olivenöl erhitzen und die geschälte, fein gehackte Zwiebel darin glasig schwitzen.

4. Die Knoblauchzehen und den Ingwer schälen, den Knoblauch fein hacken, den Ingwer fein reiben, zu der Zwiebel geben und kurz mitschwitzen.

5. Die Karotte, den Lauch und die grünen Bohnen putzen, waschen, in dünne Scheiben schneiden, zur Zwiebel-Knoblauch-Mischung geben und ebenfalls mitschwitzen.

6. Mit Weißwein ablöschen, einmal aufkochen lassen und zugedeckt bei mäßiger Hitze 6–8 Minuten dünsten.

7. Anschließend die Sahne einrühren, das Gemüse mit der Flüssigkeit vorsichtig zur Fischsuppe geben und erhitzen.

8. Die Fischsuppe mit Salz, Pfeffer, Cayennepfeffer, Zucker und Zitronensaft abschmecken, dekorativ anrichten, garnieren und sofort servieren.

Klares Schwarzwurzelsüppchen

Für 4 Personen:

1 Bund Suppengemüse
1 Zwiebel
500 g Suppenfleisch mit Knochen (Rippchen oder Beinscheibe)
2 Lorbeerblätter
1 TL Pfefferkörner
1 TL Wacholderbeeren
1 TL getrockneter Liebstöckel
1,5 l Salzwasser
2–4 cl Sherry
1 EL Honig
einige Tropfen Zitronensaft
Salz, Pfeffer aus der Mühle
1 Prise Muskat

Außerdem:
500 g Schwarzwurzeln
1 Karotte, 1 Zucchini
½ Bund gehackte Petersilie

1. Das Suppengemüse putzen bzw. schälen, waschen und in grobe Stücke schneiden.

2. Die Zwiebel waschen und mit der Schale grob würfeln. Das Fleisch, das Suppengemüse, die Zwiebel, die Lorbeerblätter, die Pfefferkörner, die Wacholderbeeren und den Liebstöckel mit dem Salzwasser in einen großen Topf geben.

3. Das Ganze zum Kochen bringen und zwei Stunden bei geringer Hitze leicht köcheln lassen. Während des Garens den Schaum mit einer Schaumkelle von der Oberfläche abschöpfen.

4. Die Suppe durch ein feines Sieb passieren, mit Sherry, Honig und Zitronensaft verfeinern, mit Salz, Pfeffer aus der Mühle und Muskat kräftig abschmecken. Das Suppenfleisch anderweitig verwenden.

5. Für die Einlage die Schwarzwurzeln und die Karotte schälen, in dünne Scheiben schneiden und zehn Minuten in der erneut erhitzten Suppe garen.

6. Die geputzte, gewaschene Zucchini in dünne Scheiben schneiden, dazugeben und weitere fünf Minuten kochen lassen. Anschließend die Suppe dekorativ anrichten, mit der Petersilie bestreuen und sofort servieren.

Kräutersüppchen mit Schnitzelstreifen

Für 4 Personen:

1 Zwiebel, 1 EL Butter
2 EL Haferflocken
100 ml Weißwein
500 ml Gemüse- oder Fleischbrühe
100 g Perlsago
Salz, Pfeffer aus der Mühle
1 Prise Muskat
1 Prise Cayennepfeffer
200 ml süße Sahne
50 g gemischte, frische Kräuter (Basilikum, Rosmarin, Kerbel, Petersilie)

Für die Schnitzel:
4 Kalbsschnitzelchen à 100 g
Mehl zum Wenden
2 Eier, 100 g Semmelbrösel
Butterschmalz zum Braten

Außerdem:
Basilikumblättchen zum Garnieren

1. Die Zwiebel schälen und in feine Würfel schneiden. Die Butter in einem Topf erhitzen und die Zwiebelwürfelchen darin unter ständigem Rühren glasig schwitzen.

2. Die Haferflocken darüberstreuen, kurz mitschwitzen, mit Weißwein ablöschen, mit der Gemüse- oder Fleischbrühe aufgießen und das Ganze zum Kochen bringen.

3. Den Perlsago einrühren, die Suppe mit Salz, Pfeffer, Muskat und Cayennepfeffer würzen und bei mäßiger Hitze 15 Minuten köcheln lassen.

4. Die Sahne mit den verlesenen, gewaschenen und fein gehackten Kräutern dazugeben, nochmals aufkochen lassen und mit Salz und Pfeffer nachwürzen.

5. Die küchenfertigen Kalbsschnitzelchen unter fließendem Wasser waschen, trocken tupfen, leicht klopfen, mit Salz und Pfeffer würzen und in Mehl wenden.

6. Die Eier in einem tiefen Teller verschlagen und die Semmelbrösel in einen zweiten Teller geben. Die Kalbsschnitzelchen zuerst durch die Eier ziehen und dann mit den Semmelbröseln panieren.

7. Das Butterschmalz in einer Pfanne erhitzen und die Schnitzelchen darin goldgelb ausbacken, herausnehmen und in Streifen schneiden.

8. Die Kräutercremesuppe dekorativ anrichten. Die Schnitzelstreifen darüber verteilen, die Suppe mit Basilikumblättchen garnieren und sofort servieren.

Kürbiscremesuppe mit Mandelklösschen

Für 4 Personen:

Für die Klößchen:
100 g Grieß
50 g gemahlene, weiße Mandeln
1 Ei
1–2 EL Quark
30 g weiche Butter
Salz, Pfeffer aus der Mühle
1 Prise Muskat
1 ½ l Salzwasser, Gemüse- oder Fleischbrühe

Für die Suppe:
1 Zwiebel
500 g Kürbisfruchtfleisch
1 EL Butterschmalz
1 EL Curry
100 ml Weißwein
800 ml Gemüse- oder Fleischbrühe
1 TL Korianderpulver
einige Tropfen Zitronensaft
2 EL Honig
200 g geschlagene Sahne

Außerdem:
Kräuterzweige zum Garnieren

1. Für die Klößchen den Grieß mit den gemahlenen Mandeln, dem Ei, dem Quark und der Butter in eine Schüssel geben und einen Teig rühren.

2. Den Teig mit Salz, Pfeffer aus der Mühle und Muskat würzen.

3. Das Salzwasser bzw. die Gemüse- oder Fleischbrühe in einem Topf zum Kochen bringen.

4. Mit einem Esslöffel Klößchen abstechen und diese im Salzwasser oder in der Brühe 20 Minuten gar ziehen, aber nicht kochen lassen.

5. In der Zwischenzeit für die Suppe die Zwiebel schälen und fein würfeln. Das Kürbisfruchtfleisch ebenfalls fein würfeln.

6. Die Zwiebel- und Kürbiswürfel im erhitzten Butterschmalz in einem Topf glasig schwitzen und mit Curry bestäuben.

7. Den Weißwein und die Gemüse- oder Fleischbrühe angießen, zum Kochen bringen, mit Muskat, Korianderpulver, Salz und Pfeffer würzen und ca. 20 Minuten garen.

8. Die Suppe mit Zitronensaft und Honig verfeinern und im Mixer oder mit dem Pürierstab pürieren.

9. Die Kürbissuppe erneut erhitzen und die geschlagene Sahne unterziehen.

10. Die Kürbiscremesuppe dekorativ in tiefen Tellern anrichten, die Mandelklößchen einsetzen, mit Kräuterzweigen garnieren und die Suppe sofort servieren.

Butternut

Muskatkürbis

Hokkaidokürbis

Krabbensuppe mit Ei

Für 4 Personen:

500 g blanchierte Krabben mit Schale
1 Zwiebel
1 Knoblauchzehe
1 Stück Ingwerwurzel
2 EL Sesamöl
100 ml Reiswein
800 ml Gemüse- oder Fischbrühe
1 Stängel Zitronengras
2 TL Krabbenpaste
Salz, Pfeffer aus der Mühle
1 Prise Cayennepfeffer
1 Prise Zucker
1 Stange Lauch
3 Karotten
200 g Sojabohnenkeimlinge

Außerdem:
2 Eier
Koriandergrün zum Garnieren

1. Die Krabben unter fließendem Wasser waschen, aus den Schalen brechen, das Krabbenfleisch für die Einlage beiseitestellen und die Schalen erneut waschen.

2. Die Zwiebel und die Knoblauchzehe schälen und fein würfeln, den Ingwer schälen und grob raspeln.

3. Das Sesamöl in einem Wok erhitzen, Zwiebel, Knoblauch und Ingwer dazugeben und kurz anschwitzen. Die Krabbenschalen hinzufügen und kurz mitschwitzen.

4. Den Reiswein und die Gemüse- oder Fischbrühe angießen zum Kochen bringen. Das Zitronengras und die Krabbenpaste dazugeben und die Suppe bei mäßiger Hitze 45 Minuten köcheln lassen.

5. Anschließend die Suppe durch ein Sieb passieren, erneut erhitzen und mit Salz, Pfeffer, Cayennepfeffer und Zucker würzen.

6. Den Lauch und die Karotten putzen, waschen, in Streifen schneiden, in die Suppe geben und bissfest garen.

7. Die gut abgetropften Sojabohnenkeimlinge und das Krabbenfleisch dazugeben und kurz mitgaren.

8. Die Suppe nochmals nachwürzen. die Eier verschlagen und in die Suppe einlaufen lassen. Die Suppe einmal aufkochen lassen, dekorativ anrichten, mit Koriandergrün garnieren und sofort servieren.

Unser Tipp:

Zitronengras sieht eigentlich aus wie ein langer Stängel. Es wird nur zum Würzen von Speisen mitgekocht und gibt so den zitronigen Geschmack ab. Der untere Teil des Stängels ist geschmacksintensiver. Vor dem Essen werden die Stängel wieder entfernt. Es wird häufig für Currygerichte und für die berühmten Suppen Tom Khaa Gai, Hühnersuppe mit Zitronengras, und Tom Yam Gung, sauer-scharfe Garnelensuppe, verwendet.
Für die Zubereitung wird der Stängel in 2–3 cm lange Stücke geschnitten und zum Gericht dazugegeben. Am besten eignet sich ein Sägemesser, da Zitronengras sehr zäh ist. Zitronengras ist ein Gewürz, es kann nicht mitgegessen werden und wird daher vor dem Servieren wieder entfernt. Beim Kochen gibt das Zitronengras ein intensives Aroma ab, das nach Zitrone schmeckt. Es verleiht ganz besonders Gerichten mit Geflügel, Fisch und Meeresfrüchten einen guten Geschmack.

Gemüsesuppe mit Gänsestreifen

Für 4 Personen:

1 Gänsebrustfilet mit Haut
Salz, Pfeffer aus der Mühle
1 Prise Korianderpulver
1 Prise Cayennepfeffer
Butterschmalz zum Braten

Für die Suppe:
1 Zwiebel
1 EL Butter
400 g Kartoffeln
120 ml Weißwein
500 ml Gemüse- oder Geflügelbrühe
300 ml süße Sahne
100 g grüne Erbsen (TK-Produkt)
200 g gewürfelte Karotten (TK-Produkt)
100 g Brokkoliröschen (TK-Produkt)
1 Prise Muskat
einige Zweige Beifuß und Majoran
Speisestärke zum Binden

1. Das küchenfertige Gänsebrustfilet unter fließendem Wasser waschen, trocken tupfen, mit Salz, Pfeffer, Korianderpulver und Cayennepfeffer kräftig würzen.

2. Das Butterschmalz in einem Bräter erhitzen, das Gänsebrustfilet darin rundherum Farbe nehmen lassen und anschließend im auf 160 °C vorgeheizten Backofen 25 Minuten garen.

3. In der Zwischenzeit für die Suppe die Zwiebel schälen und fein würfeln.

4. Die Butter in einem Topf erhitzen und die Zwiebelwürfel darin glasig schwitzen.

5. Die Kartoffeln schälen, fein würfeln, zu der Zwiebel geben und kurz mitschwitzen.

6. Mit Weißwein ablöschen, die Gemüse- oder Geflügelbrühe und die Sahne angießen, das Ganze zum Kochen bringen und bei mäßiger Hitze 12 Minuten köcheln lassen.

7. Die Erbsen, die Karotten und die Brokkoliröschen auftauen lassen, in die Suppe geben und weitere acht Minuten garen.

8. Die Suppe mit Salz, Pfeffer, Cayennepfeffer und Muskat kräftig würzen und die verlesenen, gewaschenen und fein gehackten Kräuter einrühren.

9. Die Suppe mit etwas angerührter Speisestärke leicht binden, nochmals nachwürzen und dekorativ anrichten. Das in Scheiben geschnittene Gänsebrustfilet darauflegen und die Suppe sofort servieren.

Unser Tipp:

Beifuß kommt auf der gesamten nördlichen Halbkugel vor. Er ist schnellwüchsig, liebt Halbschatten in warmen sonnenerwärmten Lagen und stellt an den Boden so gut wie keine Ansprüche. Er wächst in der freien Natur häufig an Bahndämmen, auf Schutthalden und Schuttplätzen, an Bachufern und Waldrändern. Gute Standorte, die er besonders liebt, sind Steppenrasen und verwilderte Gartenecken. In der Küche kann Beifuß vielfach Verwendung finden: Früher wurde er so häufig wie heute Schnittlauch verwendet, er wird aber in der modernen Küche bei den Köchen wieder mehr und mehr beliebt. Besonders die jungen Triebe, sehr aromatisch, werden als Gewürz für gebratenes Fleisch, vornehmlich für Enten- und Gänsebraten und Kalbshaxen, genommen. Er eignet sich gut als Salatzutat, hierin und bei Geflügel sind die ätherischen Öle besonders schmackhaft. Frische Beifußblätter und -blütenrispen, gedünstet, ergeben einen Spinat besonderer Art, der auch als Beilage gern gegessen wird. Beifuß ist ausgesprochen bekömmlich für den empfindlichen Magen.

Bärlauchsuppe mit Speck

Für 4 Personen:

600 g Kartoffeln
2–3 EL Butter
1 Zwiebel
2 Knoblauchzehen
750 ml Gemüse- oder Fleischbrühe
2 Lorbeerblätter
1 EL Pfefferkörner
1 TL Pimentkörner
1 TL Kümmel
Salz, Pfeffer aus der Mühle
1 Prise Cayennepfeffer
1 Prise Muskat
100 g frische Bärlauchblätter
200 g Crème fraîche oder saure Sahne

Außerdem:
125 g durchwachsener, geräucherter Speck
einige frische Bärlauchblätter

1. Die Kartoffeln schälen, waschen und in Würfel schneiden. Die Butter in einem Topf erhitzen.

2. Die Zwiebel und die Knoblauchzehen schälen, in feine Würfel schneiden, ins Fett geben und glasig schwitzen. Die Kartoffeln dazugeben und kurz mitschwitzen.

3. Die Gemüse- oder Fleischbrühe angießen. Die Lorbeerblätter, die Pfefferkörner, die Pimentkörner und den Kümmel in einen Gewürzbeutel geben und in die Suppe legen.

4. Die Suppe mit Salz, Pfeffer, Cayennepfeffer und Muskat kräftig abschmecken und bei mäßiger Hitze 15–18 Minuten köcheln lassen.

5. Etwa 200 g Kartoffeln herausnehmen und als Einlage bereitstellen. Den Gewürzbeutel aus der Suppe nehmen.

6. Die Bärlauchblätter verlesen, waschen, klein schneiden, in die Suppe geben und fünf Minuten mitgaren.

7. Die Suppe im Mixer oder mit dem Pürierstab pürieren, in einen Topf geben und erneut erhitzen.

8. Die Crème fraîche oder saure Sahne einrühren und die Bärlauchsuppe nochmals abschmecken.

9. Den in feine Würfel geschnittenen Speck in einer Pfanne auslassen.

10. Die Einlage in die Suppe geben und erhitzen.

11. Die Bärlauchsuppe dekorativ anrichten, mit den Speckwürfeln belegen, mit den frisch geschnittenen Bärlauchblättern bestreuen, garnieren und sofort servieren.

Unser Tipp:

Kein anderes Kraut hat in den letzten Jahren einen solchen Siegeszug in die Küchen von Hobby- und Profiköchen angetreten wie der Bärlauch. Ob in Suppen, Soßen, Quark- und Frischkäsezubereitungen oder in Salaten, ja selbst in der Backstube – der Bärlauch ist ein Allrounder geworden. Bärlauch als Multitalent ist rundum einsetzbar und soll vor allem noch gesünder sein als sein bekannter Bruder, der Knoblauch.

Vom Bärlauch werden in der Küche meist die bis zu 15 cm langen Blätter verwendet. Diese Blätter sind lanzenförmig und dunkelgrün und zeichnen sich durch den unvergleichlichen Knoblauchduft aus. Der Unterschied zum Knoblauch besteht darin, dass der Bärlauch nur nach Knoblauch schmeckt und riecht und nicht wie dieser auch nach dem Essen noch seine Duftspuren hinterlässt. Vielleicht mag dieser Aspekt auch mit ein Grund sein, weshalb der Bärlauch mittlerweile öfter in der Küche eingesetzt wird als der Knoblauch.

Süssscharfe Asiasuppe

Für 4 Personen:

250 g Schweinefleisch
1 Knoblauchzehe
1 Zwiebel
1 rote Chilischote
4 EL Sojasoße
3 EL Sesamöl
30 g eingeweichte, getrocknete schwarze Pilze (Mu-Err-Pilze)
1 l Gemüse- oder Fleischbrühe
Speisestärke zum Binden
1 Glas Sojasprossenkeimlinge
200 g Tofu
Salz, Pfeffer aus der Mühle
½ TL Ingwerpulver
1 EL Palmzucker

Außerdem:
2 Frühlingszwiebeln
Koriandergrün zum Garnieren

1. Das Schweinefleisch unter fließendem Wasser waschen, trocken tupfen, in Streifen schneiden und in eine Schüssel geben.

2. Knoblauch und Zwiebel schälen, in Scheiben schneiden. Die Chilischote halbieren, entkernen, waschen, fein hacken, mit dem Knoblauch und der Zwiebel zum Fleisch geben.

3. Das Ganze mit der Sojasoße beträufeln und im Kühlschrank mindestens eine Stunde marinieren.

4. Anschließend das Sesamöl in einem Wok erhitzen und das Fleisch darin unter ständigem Rühren braten.

5. Das Gemüse mit der Marinade angießen, die eingeweichten und klein geschnittenen Pilze dazugeben, kurz dünsten und die Gemüse- oder Fleischbrühe angießen.

6. Die Suppe bei mäßiger Hitze 15–20 Minuten köcheln lassen und anschließend mit etwas angerührter Speisestärke leicht binden.

7. Die gut abgetropften Sojasprossenkeimlinge und den in Würfel geschnittenen Tofu dazugeben und nochmals 10 Minuten garen.

8. Die Suppe mit Salz, Pfeffer, Ingwerpulver und Palmzucker kräftig abschmecken.

9. Die Asiasuppe in Schälchen dekorativ anrichten, mit den geputzten, gewaschenen und klein geschnittenen Frühlingszwiebeln bestreuen, mit Koriandergrün garnieren und sofort servieren.

Zucchinisuppe

Für 4 Personen:

4 große Zucchini, 2 Zwiebeln
2 Knoblauchzehen, 1 EL Butter
1 l Gemüsebrühe, 1 Becher Sahne
Salz, Pfeffer aus der Mühle
1 Prise Muskat, 1 Prise Curry
5 TL Crème fraîche

1. Die Zucchini waschen, abtrocknen und grob raspeln. Die Zwiebeln und die Knoblauchzehen schälen, fein hacken und in der erhitzten Butter glasig schwitzen. Die Zucchini dazugeben, mitschwitzen, die Gemüsebrühe angießen und 10-15 Minuten köcheln lassen.

2. Sahne einrühren, mit Salz, Pfeffer, Muskat und Curry abschmecken. Die Zucchinisuppe dekorativ anrichten, je 1 TL Crème fraîche in die Mitte setzen, mit Kräuterzweigen garnieren und sofort servieren.

(ohne Abbildung)

Samtiges Entensüppchen

Für 4 Personen:

500 g Entenklein
2 Entenkeulen
Butter zum Braten
1 Bund Suppengemüse
1 Zwiebel
je 1 TL Pfefferkörner, Wacholderbeeren und Pimentkörner
2 Lorbeerblätter
einige Zweige Beifuß
einige Zweige Liebstöckel
1,5 l Gemüse- oder Geflügelbrühe

Außerdem:
50 g Butter
50 g Weizenmehl
1 Becher süße Sahne
Salz, Pfeffer aus der Mühle
1 Prise Muskat
1 Prise Cayennepfeffer
4 cl Sherry medium
1 Frühlingszwiebel
Kräuterblättchen zum Garnieren

1. Das küchenfertige Entenklein und die Entenkeulen unter fließendem Wasser waschen und trocken tupfen. Die Butter in einem großen Topf erhitzen und das Entenklein sowie die Entenkeulen darin kurz anbraten.

2. Das Suppengemüse putzen, waschen und klein schneiden. Die Zwiebel schälen, würfeln, mit dem Gemüse zum Fleisch geben und kurz mitbraten.

3. Die Gewürze, die Lorbeerblätter und die verlesenen, gewaschenen Kräuter dazugeben. Die Gemüse- oder Geflügelbrühe angießen, das Ganze zum Kochen bringen und bei geringer Hitze etwa zwei Stunden garen.

4. Nach Ende der Garzeit die Entenkeulen und das Entenklein aus der Brühe nehmen, das Fleisch von den Knochen lösen und in Würfel schneiden.

5. Die Brühe durch ein Küchentuch passieren, 750 ml abmessen und die Brühe erkalten lassen.

6. Die Butter in einem Topf erhitzen. Das Weizenmehl mit einem Schneebesen einrühren, die kalte Brühe angießen und unter ständigem Rühren zum Kochen bringen.

7. Die Sahne angießen, die Suppe mit Salz, Pfeffer, Muskat und Cayennepfeffer kräftig würzen und weitere 15 Minuten köcheln lassen.

8. Die Suppe durch ein Sieb passieren, erneut erhitzen und das gewürfelte Entenfleisch hinzufügen. Zum Schluss die Suppe mit Sherry verfeinern, nochmals nachwürzen und dekorativ anrichten.

9. Das samtige Entensüppchen mit der geputzten, gewaschenen und in lange Streifen geschnittenen Frühlingszwiebel bestreuen, mit Kräuterblättchen garnieren und sofort servieren.

Grüne Erbsensuppe

Für 4 Personen:

250 g getrocknete, grüne Erbsen
1 Zwiebel
2 EL Butter
800 ml Erbsenfond
300 g Kartoffeln
Salz, Pfeffer aus der Mühle
1 Prise Cayennepfeffer
1 Prise Muskat
200 ml süße Sahne
Speisestärke zum Binden

Außerdem:
2 Paar Debreziner
4 Scheiben Toastbrot
2 EL Butter

1. Die grünen Erbsen unter fließendem Wasser waschen, in eine Schüssel geben, Wasser ohne Salz angießen und die Erbsen über Nacht einweichen.

2. Die Erbsen mit dem Einweichwasser in einen Topf geben und zum Kochen bringen. Die Erbsen bei mäßiger Hitze 90 Minuten garen, anschließend abgießen – den Erbsenfond auffangen – und die Erbsen gut abtropfen lassen.

3. Die Zwiebel schälen und fein würfeln. Die Butter in einem Topf erhitzen und die Zwiebelwürfel darin glasig schwitzen. Den Erbsenfond angießen und zum Kochen bringen.

4. Die Kartoffeln schälen, waschen, in Würfel schneiden, in die Suppe geben und zum Kochen bringen. Mit Salz, Pfeffer, Cayennepfeffer und Muskat würzen und 10 Minuten köcheln lassen.

5. Die Erbsen dazugeben und weitere 10 Minuten garen. Dann die Sahne angießen und das Ganze im Mixer oder mit dem Pürierstab pürieren, erneut erhitzen und mit etwas angerührter Speisestärke leicht binden.

6. Die Debreziner in Scheiben schneiden und das Toastbrot würfeln. Die Butter in einer Pfanne erhitzen und die Wurstscheiben sowie die Brotwürfel darin braten.

7. Die Erbsensuppe nochmals nachwürzen, dekorativ anrichten, mit den Wurstscheiben und Brotwürfeln bestreuen und sofort servieren.

Unser Tipp:

Erbsen, Bohnen, Linsen und Kichererbsen sind Hülsenfrüchte, die auch getrocknet im Handel angeboten werden. Man weicht sie vor der Zubereitung über Nacht in kaltem, ungesalzenem Wasser ein, um die Garzeit zu verringern. Das Einweichwasser kann mitverwendet werden. Hülsenfrüchte können mit Fleisch und verschiedenen Gemüsesorten ergänzt werden und sorgen auf gesunde Weise für Abwechslung auf dem Tisch.

Tomatensuppe mit Bärlauchcreme

Für 4 Personen:

800 g Tomaten
200 g Schalotten
2 Knoblauchzehen
1 rote Chilischote
2-3 EL Butter
2-3 EL Haferflocken
100 ml Weißwein
400 ml Gemüsebrühe
Salz, Pfeffer aus der Mühle
2-3 EL Akazienhonig
4 cl Sherry medium

Außerdem:
1 Becher süße Sahne
100 g Schmand
75 g Bärlauch
Basilikumblättchen und Bärlauchstreifen zum Garnieren

1. Die Tomaten enthäuten, entkernen und in feine Würfel schneiden.

2. Die Schalotten und die Knoblauchzehen schälen und ebenfalls fein würfeln.

3. Die Chilischote putzen, halbieren, entkernen, waschen und fein hacken.

4. Die Butter in einem Topf erhitzen, und die Chilischote, die Schalotten- und Knoblauchwürfel hinzufügen und kurz anschwitzen.

5. Die Haferflocken darüberstreuen und die Tomaten dazugeben.

6. Den Weißwein und die Gemüsebrühe angießen, das Ganze zum Kochen bringen und bei mäßiger Hitze 10–15 Minuten köcheln lassen.

7. Anschließend die Suppe im Mixer oder mit dem Pürierstab pürieren und erneut erhitzen. Die Suppe mit Salz, Pfeffer, Honig und Sherry abrunden.

8. Die Sahne mit dem Schmand und dem verlesenen, gewaschenen und grob gehackten Bärlauch vermischen und pürieren.

9. Die Tomatensuppe in Tellern dekorativ anrichten. Die Bärlauchcreme über die Suppe ziehen, diese mit Basilikumblättchen und Bärlauchstreifen garnieren und sofort servieren.

Kastaniensuppe mit Schnittlauch

Für 4 Personen:

1 EL Butter, 1 Zwiebel
2 Knoblauchzehen
250 g geschälte Maronen
50 ml Weißwein, 500 ml Gemüsebrühe, 200 ml saure Sahne
Salz, Pfeffer aus der Mühle
Muskat, Cayennepfeffer
4 Portionen geschlagene Sahne
2 Tassen geschälte Maronen
1 Bund Schnittlauch

1. Butter erhitzen und die geschälte, fein gehackte Zwiebel darin glasig schwitzen. Knoblauch schälen, fein hacken, zur Zwiebel geben und kurz mitschwitzen.

2. Die Maronen klein schneiden, zu den Knoblauchzwiebeln geben und kuz mitschwitzen. Mit Weißwein ablöschen und mit der Gemüsebrühe auffüllen. Bei mäßiger Hitze 8–10 Minuten köcheln lassen.

3. Die Kastaniensuppe pürieren und erneut erhitzen. Die saure Sahne einrühren, mit Salz, Pfeffer, Muskat und Cayennepfeffer kräftig abschmecken.

4. Die Kastaniensuppe dekorativ anrichten, mit je einem Klacks geschlagener Sahne überziehen, mit frisch geschnittenem Schnittlauch bestreuen und sofort servieren.

(ohne Abbildung)

HÜHNERSUPPE SÜSSSAUER

FÜR 4 PERSONEN:

4 küchenfertige Hähnchenkeulen
1 l Gemüse- oder Geflügelbrühe
1 Lorbeerblatt
einige Pfefferkörner
einige Wacholderbeeren
4 EL Honig
4 EL Obstessig
1 Zwiebel
2 Karotten
1 Chilischote
400 g Brokkoli
2 EL Erdnussöl
30 g eingeweichte, chinesische Trockenpilze
Salz, Pfeffer aus der Mühle
1 TL Ingwerpulver
Speisestärke zum Binden

Außerdem:
einige Tropfen geröstetes Sesamöl

1. Die Hähnchenkeulen unter fließendem Wasser waschen, trocken tupfen und bereitstellen.

2. Die Gemüse- oder Geflügelbrühe in einen Topf geben und zum Kochen bringen. Das Lorbeerblatt, die Pfefferkörner, die Wacholderbeeren, den Honig, den Obstessig und die Hähnchenkeulen in die Brühe geben und bei mäßiger Hitze 45 Minuten garen.

3. In der Zwischenzeit die Zwiebel und die Karotten schälen und in Streifen schneiden. Die Chilischote halbieren, entkernen, waschen und fein würfeln.

4. Den Brokkoli putzen, in mundgerechte Stücke schneiden, waschen und bereitstellen. Das Erdnussöl in einem Topf erhitzen, das Gemüse dazugeben und kurz dünsten. Die Trockenpilze in Streifen schneiden, zum Gemüse geben und kurz mitschwitzen.

5. Die fertigen Hähnchenkeulen aus der Suppe nehmen, gut abtropfen lassen, erkalten lassen, das Fleisch ablösen und klein schneiden. Die Suppe durch ein Sieb passieren und zum Gemüse geben.

6. Die Suppe erneut erhitzen und bei mäßiger Hitze 10 Minuten köcheln lassen.

7. Das Fleisch in die Suppe geben, erhitzen, die Suppe mit Salz, Pfeffer und Ingwerpulver abschmecken und mit etwas angerührter Speisestärke leicht binden.

8. Die Hühnersuppe dekorativ anrichten, mit geröstetem Sesamöl beträufeln und sofort servieren.

UNSER TIPP – GEFLÜGELBRÜHE

Das Geflügel waschen, anschließend in kochendem Wasser kurz blanchieren und erneut unter kaltem Wasser abwaschen. Erst jetzt wird das Huhn mit Gemüsebrühe aufgesetzt. Während des Garens öfter abschäumen. Nach 30 Minuten Gewürze und Gemüse zugeben. Die fertige Suppe durch ein Sieb passieren. Zum Klären der Brühe Gemüse, Hackfleisch, Eiweiß und Eis in einer Schüssel verschlagen. Den Kläransatz in die Suppe geben und erhitzen. Nach 30 Minuten Siedezeit durch ein Tuch passieren.

Lauchsüppchen mit Hackfleisch

Für 4 Personen:

500 g Lauch
1 Zwiebel
2–3 EL Butterschmalz
500 g Hackfleisch
100 ml Weißwein
800 ml Gemüse- oder Fleischbrühe
200 g frische Champignons
Salz, Pfeffer aus der Mühle
1 Prise Muskat
1 Prise Cayennepfeffer
Speisestärke zum Binden
200 g Sahneschmelzkäse
200 ml süße Sahne

Außerdem:
Kräuterzweige zum Garnieren

1. Den Lauch putzen, waschen und in Scheiben schneiden, die Zwiebel schälen und fein würfeln.

2. Das Butterschmalz in einem Topf erhitzen und das Hackfleisch darin unter ständigem Rühren anbraten.

3. Die Zwiebel und den Lauch hinzufügen und unter ständigem Rühren glasig schwitzen.

4. Den Weißwein und die Gemüse- oder Fleischbrühe angießen, das Ganze zum Kochen bringen und bei mäßiger Hitze 20–25 Minuten köcheln lassen.

5. Die Champignons putzen, waschen, in Scheiben schneiden, in die Suppe geben und weitere fünf Minuten köcheln lassen.

6. Die Suppe mit Salz, Pfeffer, Muskat und Cayennepfeffer kräftig würzen. Die Lauchsuppe mit etwas angerührter Speisestärke leicht binden.

7. Den Schmelzkäse und die Sahne einrühren und so lange rühren, bis sich der Käse aufgelöst hat. Anschließend die Lauchsuppe nachwürzen.

8. Die Suppe in Tellern dekorativ anrichten, mit Kräuterzweigen belegen, garnieren und sofort servieren.

Bunte Gemüse-Rahmsuppe

Für 4 Personen:

50 ml Olivenöl
1 Zwiebel
2 Knoblauchzehen
je 1 rote und gelbe Paprikaschote
1 kleine Chilischote
2 EL Tomatenmark
500 g geschälte Tomaten (Dose)
400 ml Gemüsebrühe
1 kleine Zucchini
Salz, Pfeffer aus der Mühle
einige Tropfen Zitronensaft
1 Prise Zucker
1 Prise Muskat
1 TL Paprikapulver rosenscharf
1 EL Kräuter der Provence
200 ml süße Sahne
Speisestärke zum Binden

Außerdem:
Basilikumblättchen zum Garnieren

1. Das Olivenöl in einem Topf erhitzen. Die Zwiebel und die Knoblauchzehen schälen, fein würfeln, ins Fett geben und glasig schwitzen.

2. Die Paprikaschoten und die Chilischote halbieren, entkernen, waschen, gut abtropfen lassen, würfeln, zu den Knoblauchzwiebeln geben und mitschwitzen.

3. Das Tomatenmark einrühren und die geschälten Tomaten hinzufügen. Die Gemüsebrühe angießen, das Ganze zum Kochen bringen und 6–8 Minuten köcheln lassen.

4. Die Zucchini putzen, waschen, ebenfalls würfeln und in die Suppe geben.

5. Die Suppe mit Salz, Pfeffer aus der Mühle, Zitronensaft, Zucker, Muskat, Paprikapulver und Kräutern der Provence kräftig abschmecken und weitere 6–8 Minuten garen.

6. Etwas Gemüse aus der Suppe nehmen und bereitstellen, den Rest im Mixer oder mit dem Pürierstab pürieren.

7. Die Suppe mit der Einlage und der Sahne erneut erhitzen, nochmals nachwürzen und mit etwas angerührter Speisestärke leicht binden.

8. Die Gemüserahmsuppe dekorativ anrichten, mit Basilikumblättchen garnieren und mit frischem Baguette sofort servieren.

Grüne Zucchini

Gelbe Zucchini

Weisse Zucchini

Mallorquinische Fischsuppe

Für 4 Personen:

4 Schalotten
2–3 Knoblauchzehen
2 EL Olivenöl
2–3 EL Tomatenmark
200 ml Weißwein
400 ml Gemüse- oder Fischbrühe
2 Lorbeerblätter
1 TL Wacholderbeeren
Salz, Pfeffer aus der Mühle
1 Prise Cayennepfeffer
1 Packung Meeresfrüchtemischung (250 g, TK-Produkt)
4 cl Sherry medium
Saft von ½ Zitrone
200 ml süße Sahne

Außerdem:
500 g Tomaten
500 g Fischfilet
einige Tropfen Zitronensaft
einige Tropfen Worcestersoße
1 Bund Dill
Kräuterzweige zum Garnieren

1. Die Schalotten und die Knoblauchzehen schälen und in feine Würfel schneiden.

2. Das Olivenöl in einem Topf erhitzen, Schalotten- und Knoblauchwürfel darin anschwitzen.

3. Das Tomatenmark unterrühren, den Weißwein und die Gemüse- oder Fischbrühe angießen, die Lorbeerblätter und die Wacholderbeeren hinzufügen und das Ganze zum Kochen bringen.

4. Die Suppe mit Salz, Pfeffer und Cayennepfeffer kräftig abschmecken und bei mäßiger Hitze 10 Minuten köcheln lassen.

5. Die aufgetauten Meeresfrüchte mit dem Sherry, dem Zitronensaft und der Sahne in die Suppe geben und einmal aufkochen lassen.

6. Die Tomaten enthäuten, entkernen und in Würfel schneiden. Die küchenfertigen Fischfilets waschen, trocken tupfen, in mundgerechte Stücke schneiden, mit Zitronensaft und Worcestersoße beträufeln und mit den Tomaten in die Suppe geben.

7. Die Fischsuppe bei mäßiger Hitze 10 Minuten köcheln lassen und erst dann den verlesenen, gewaschenen und zerpflückten Dill untermischen.

8. Die mallorquinische Fischsuppe nachwürzen, in tiefen Tellern dekorativ anrichten, mit Kräuterzweigen garnieren und sofort servieren.

Bohnen-Minestrone

Für 4 Personen:

2 Schalotten
2 Knoblauchzehen
2 Karotten
300 g Blumenkohlröschen
1 kleine Stange Lauch
500 ml Gemüsebrühe
je 200 g dicke Bohnen und grüne Bohnen (TK-Produkt)
2 Tomaten
250 ml geschälte, pürierte Tomaten
Salz, Pfeffer aus der Mühle
1 Prise Muskat
Parmesankäse zum Bestreuen

1. Die Schalotten und die Knoblauchzehen schälen, die Karotten, die Blumenkohlröschen und den Lauch putzen und alles in mundgerechte Stücke schneiden.

2. Die Gemüsebrühe zum Kochen bringen und das Gemüse darin 10 Minuten bissfest garen.

3. Die dicken Bohnen mit den grünen Bohnen in die Suppe geben und weitere 6–8 Minuten garen.

4. Die enthäuteten, entkernten, in Stücke geschnittenen Tomaten mit den geschälten, pürierten Tomaten zur Suppe geben und weitere 5 Minuten garen.

5. Die Suppe mit Salz, Pfeffer und Muskat kräftig abschmecken, dekorativ anrichten, mit geriebenem Parmesankäse bestreuen, garnieren und sofort servieren.

Gemüse-Minestrone

Für 4 Personen:

1–2 EL Butter oder Margarine
1 Zwiebel
600 g gemischtes Gemüse (Rosenkohl, Karotten, Mais, Lauch und grüne Erbsen)
750 ml Gemüse- oder Fleischbrühe
Salz, Pfeffer aus der Mühle
1 Prise Muskat
1 Prise Cayennepfeffer
1 Prise Zucker
1 Bund Schnittlauch

1. Die Butter oder Margarine in einem Topf erhitzen und die geschälte, fein gehackte Zwiebel darin unter ständigem Rühren glasig schwitzen.

2. Das Gemüse je nach Sorte putzen, waschen, klein schneiden, zur Zwiebel geben und kurz mitschwitzen.

3. Die Gemüse- oder Fleischbrühe angießen, das Ganze zum Kochen bringen und das Gemüse bissfest garen.

4. Die Suppe mit Salz, Pfeffer, Muskat, Cayennepfeffer und Zucker kräftig abschmecken.

5. Den Schnittlauch verlesen, unter fließendem Wasser waschen, in feine Röllchen schneiden und diese über die Suppe streuen.

6. Die Gemüsesuppe dekorativ anrichten, garnieren und sofort servieren.

(ohne Abbildung)

Chinesisches Entensüppchen

Für 4 Personen:

4 küchenfertige Entenkeulen
1 l Gemüse- oder Geflügelbrühe
1 Lorbeerblatt
einige Pfefferkörner
einige Wacholderbeeren
4 EL Honig
4 EL Obstessig

Außerdem:
1 Zwiebel
2 Karotten
1 Chilischote
400 g Brokkoli
2 EL Erdnussöl
30 g eingeweichte, chinesische Trockenpilze
Salz, Pfeffer aus der Mühle
1 TL Ingwerpulver
Speisestärke zum Binden
einige Tropfen geröstetes Sesamöl

1. Die fertigen Entenkeulen unter fließendem Wasser waschen, trockentupfen und bereitstellen.

2. Die Gemüse- oder Geflügelbrühe in einen Topf geben und zum Kochen bringen. Das Lorbeerblatt, die Pfefferkörner, die Wacholderbeeren, den Honig, den Obstessig und die Entenkeulen in die Brühe geben und diese bei mäßiger Hitze 45 Minuten garen.

3. In der Zwischenzeit die Zwiebel und die Karotten schälen und in Streifen schneiden.

4. Die Chilischote halbieren, entkernen, waschen und fein würfeln. Den Brokkoli putzen, in mundgerechte Stücke schneiden, waschen und bereitstellen.

5. Das Erdnussöl in einem Topf erhitzen, das Gemüse dazugeben und kurz dünsten. Die Trockenpilze in Streifen schneiden, zum Gemüse geben und kurz mitschwitzen.

6. Die fertigen Entenkeulen aus der Suppe nehmen, gut abtropfen lassen, erkalten lassen, das Fleisch ablösen und klein schneiden.

7. Die Suppe durch ein Sieb passieren, anschließend entfetten und zum Gemüse geben.

8. Die Suppe erhitzen und bei mäßiger Hitze 10 Minuten köcheln lassen.

9. Das Fleisch in die Suppe geben und erhitzen. Die Suppe mit Salz, Pfeffer und Ingwerpulver abschmecken und mit etwas angerührter Speisestärke leicht binden.

10. Das chinesische Entensüppchen dekorativ anrichten, mit geröstetem Sesamöl beträufeln, garnieren und sofort servieren.

Unser Tipp:

Sowohl die Blätter als auch die Zweige des Lorbeers werden für Aufgüsse, für die Öldestillation oder als Puder verarbeitet. Getrocknete Blätter verlieren nach einem Jahr ihren Geschmack. In der Küche ist Lorbeer vielseitig verwendbar, er muss aber, weil er geschmacklich sehr dominiert, vorsichtig dosiert werden. So sind Lorbeerblätter vor allem in Marinaden zum Einlegen von Fleisch, Heringen, Gemüsen und Pilzen sowie zum Kochen von Fischsud verwendbar. Alles, was sauer ist, verträgt gut eine Prise Lorbeergeschmack. In geringen Mengen gibt man die Beeren auch zu Aspik, Gulasch und Suppen. Die Blätter sind eine Zutat zu vielen pikanten Gerichten in fast allen europäischen Küchen. Am bekanntesten ist wohl das „Bouquet garni", ein Kräutersträußchen aus Petersilie, Lorbeerblatt und Thymian. Lorbeeressenzen aus den Blättern oder Beeren helfen bei Verdauungsstörungen, Koliken, Blähungen und bei mangelndem Appetit.

Die besten Eintöpfe rund um den Globus

Deftiger Bohnentopf

Für 4 Personen:

500 g Schweinegulasch
2–3 EL Olivenöl
2–3 Knoblauchzehen
2 Zwiebeln
je 1 rote, gelbe und grüne Paprikaschote
1 eingelegte grüne Peperoni
2–3 EL Tomatenmark
500 ml Gemüse- oder Fleischbrühe
Salz, Pfeffer aus der Mühle
1 EL Paprikapulver edelsüß
1 TL Paprikapulver rosenscharf
1 TL gerebelter Thymian
1 TL gerebelter Rosmarin
1 kleine Dose geschälte Tomaten
500 g blanchierte grüne Bohnen
1 Dose Kidneybohnen

Außerdem:
Kräuterzweige zum Garnieren

1. Das Schweinegulasch unter fließendem Wasser waschen und trocken tupfen.

2. Das Olivenöl in einem Bräter erhitzen und das Fleisch darin rundherum Farbe nehmen lassen.

3. Die Knoblauchzehen und die Zwiebeln schälen, fein hacken, zum Fleisch geben und mitschwitzen.

4. Die Paprikaschoten halbieren, entkernen, waschen und in mundgerechte Stücke schneiden.

5. Die Peperoni abtropfen lassen und in Scheiben schneiden. Die Paprikastücke und die Peperonischeiben zum Fleisch geben und kurz mitschwitzen.

6. Das Tomatenmark einrühren und die Gemüse- oder Fleischbrühe angießen. Das Ganze mit Salz, Pfeffer, Paprikapulver, Thymian und Rosmarin abschmecken und bei mäßiger Hitze 45–50 Minuten köcheln lassen.

7. Die geschälten Tomaten mit einer Gabel zerdrücken, mit den grünen Bohnen und den Kidneybohnen in den Eintopf geben und weitere 10 Minuten köcheln lassen, erneut abschmecken.

8. Den Bohnentopf dekorativ anrichten, mit Kräuterzweigen garnieren und sofort servieren.

Unser Tipp – Knoblauch-Öl

500 ml Olivenöl in ein gut verschließbares Glas füllen. 10–12 Knoblauchzehen schälen und halbieren oder vierteln. Einige Lorbeerblätter verlesen, waschen, sehr gut trocken tupfen, mit den Knoblauchzehen und 1 EL schwarzen Pfefferkörnern ins Olivenöl geben und verschließen. Das Knoblauchöl bis zum Verzehr kühl aufbewahren.

STIELMUSEINTOPF MIT RINDFLEISCH

FÜR 4 PERSONEN:

1 kg Suppenfleisch vom Rind (Hohe Rippe oder Brustspitz)
1,5 l Salzwasser oder Gemüsebrühe
2 Lorbeerblätter
einige Nelken
einige Pfefferkörner
einige Wacholderbeeren
750 g Kartoffeln
1 Zwiebel
2 EL Butter- oder Schweineschmalz
Salz, Pfeffer aus der Mühle
1 Prise Muskat
1 Prise Cayennepfeffer
1 Prise Zucker
1 kg Stielmus
1 Becher süße Sahne
2–3 EL Weizenmehl

Außerdem:
½ Bund Schnittlauch oder Petersilie

1. Das Suppenfleisch unter fließendem Wasser waschen und trocken tupfen. Das Salzwasser oder die Gemüsebrühe mit den Lorbeerblättern, den Nelken, den Pfefferkörnern und den Wacholderbeeren in einen Topf geben, das Fleisch einlegen, das Ganze zum Kochen bringen und bei mäßiger Hitze 90 Minuten garen.

2. In der Zwischenzeit die Kartoffeln schälen, in Würfel schneiden, waschen, gut abtropfen lassen und bereitstellen.

3. Die Zwiebel schälen, fein würfeln, das Schmalz in einem Topf erhitzen und die Zwiebel darin glasig schwitzen. Die Kartoffelwürfel dazugeben und kurz mitschwitzen.

4. Einen Liter Kochsud abmessen, zu den Kartoffeln geben und zum Kochen bringen. Das Ganze mit Salz, Pfeffer, Muskat, Cayennepfeffer und Zucker kräftig abschmecken.

5. Das Stielmus verlesen, waschen, gut abtropfen lassen, in feine Streifen schneiden, in den Eintopf geben und bei mäßiger Hitze 20–25 Minuten köcheln lassen.

6. Das fertig gegarte Fleisch aus dem Sud nehmen, in mundgerechte Würfel schneiden, in den Eintopf geben und erhitzen. Die Sahne mit dem Mehl verrühren, ebenfalls in den Eintopf geben und einmal kräftig aufkochen lassen.

7. Den Eintopf nachwürzen und bei mäßiger Hitze weitere fünf Minuten köcheln lassen. Anschließend den Eintopf dekorativ anrichten, mit frisch geschnittenem Schnittlauch oder fein gehackter Petersilie bestreuen und sofort servieren.

UNSER TIPP:

Stielmus sind die Blätter verschiedener Speiserüben. Je nach Sorte der Rübe variieren die Form und das Aussehen der meist grünen Blätter. Das Blattstiel-Kohlgemüse wird meistens von den Mai- oder Herbstrüben genommen. Stielmus, auch Rübstiel genannt, ist eigentlich ein typisches Frühjahrsgemüse, wenigstens heute. Es hat einen fein-säuerlichen Geschmack und wird am besten erntefrisch verwendet. Bekannt ist Stielmus insbesondere im Rheinland und in Westfalen. Früher, das war noch vor etwas mehr als 50 Jahren, wurde das Stielmus vornehmlich im Herbst geerntet, um es in großen Steintonnen unter Luftabschluss als Wintervorrat einzumachen. Geputzt und weiter zubereitet wurde das Stielmus, indem die Blätter abgestreift, die Wurzeln und etwaige kleine Rübchen abgeschnitten und die Stängel in ca. 1 cm lange Stückchen geschnitten wurden. Leicht abgekocht und danach wieder erkaltet kam es in die Steintonne und wurde mit 250 g Salz auf 5 kg Stielmus eingedrückt. Nach abgeschlossener Gärung hat man das Gemüse mit einem weißen Tuch und genau eingepassten Brettchen abgedeckt und mit einem dicken Pflasterstein belastet. Alle 8–14 Tage mussten Abdecktuch, -brett und -stein sowie die Tonne gereinigt und das Eingemachte wieder mit Salzwasser bedeckt werden.

Nudeltopf mit Rindfleisch

Für 4 Personen:

800 g Rindfleisch aus der Hüfte
2–3 EL Olivenöl
2 Zwiebeln
50 g Tomatenmark
200 ml Rotwein
1 l Gemüse- oder Fleischbrühe
2 Lorbeerblätter
je 1 Zweig Rosmarin und Thymian
Salz, Pfeffer aus der Mühle
1 Prise Muskat
1 Prise Cayennepfeffer
500 g Kartoffeln
500 g Karotten
1 Zucchini
500 g gekochte, dünne Bandnudeln

Außerdem:
2 Frühlingszwiebeln

1. Das küchenfertige Rindfleisch unter fließendem Wasser waschen, trocken tupfen und in Würfel schneiden.

2. Das Olivenöl in einem Topf erhitzen und das Rindfleisch darin unter ständigem Rühren Farbe nehmen lassen.

3. Die Zwiebeln schälen, in Würfel schneiden, zum Fleisch geben und kurz mitbraten.

4. Das Tomatenmark einrühren, mit dem Rotwein ablöschen, die Gemüse- oder Fleischbrühe angießen.

5. Den Eintopf zum Kochen bringen, die Lorbeerblätter und die Kräuterzweige dazugeben und das Ganze mit Salz, Pfeffer, Muskat und Cayennepfeffer würzen.

6. Den Eintopf bei mäßiger Hitze 50 Minuten köcheln lassen. In der Zwischenzeit die Kartoffeln und die Karotten schälen, waschen, in dünne Scheiben schneiden, in den Eintopf geben und weitere 10 Minuten garen.

7. Die Zucchini putzen, waschen, halbieren, in Scheiben schneiden, in den Eintopf geben und weitere 10 Minuten garen.

8. Zum Schluss die gekochten Bandnudeln unter den Eintopf heben und erhitzen.

9. Den Eintopf nochmals nachwürzen, dekorativ anrichten, mit den in feine Scheiben geschnittenen Frühlingszwiebeln bestreuen und sofort servieren.

Unser Tipp – Grundrezept Nudelteig

500 g gesiebtes Mehl mit 5 Eiern, 1 TL Salz, 1 Prise Muskat und 2–3 EL Wasser in die Rührschüssel einer Küchenmaschine geben und mit dem Knethaken 4–5 Minuten kneten. Den Teig auf eine bemehlte Arbeitsfläche geben und zu einem glatten, kompakten Teig verkneten. Der Teig muss sehr fest sein. Den Teig zugedeckt eine Stunde ruhen lassen. Den Teig mithilfe der Nudelmaschine ausrollen und je nach Geschmack schneiden. Die geschnittenen Nudeln auf einem mit Küchentuch abgedeckten Backblech ausbreiten und mindestens eine Stunde trocknen lassen. Die Nudeln in Salzwasser bissfest garen, herausnehmen, gut abtropfen lassen und zur weiteren Verarbeitung bereitstellen.

Westfälischer Wuortelpott

Für 4 Personen:

1 kg Suppenfleisch vom Rind (hohe Rippe oder Brustspitz)
1,5 l Salzwasser oder Gemüsebrühe
2 Lorbeerblätter
einige Nelken
einige Pfefferkörner
einige Wacholderbeeren

Außerdem:
750 g Möhren
750 g Kartoffeln
2 Zwiebeln
2 EL Butterschmalz
Salz, Pfeffer aus der Mühle
1 Prise Muskat
1 Prise Cayennepfeffer
1 Prise Zucker
3–4 EL Obstessig
1 Bund Petersilie

1. Das Suppenfleisch unter fließendem Wasser waschen und trocken tupfen. Das Salzwasser oder die Gemüsebrühe mit den Lorbeerblättern, den Nelken, den Pfefferkörnern und den Wacholderbeeren in einen großen Topf geben.

2. Das Suppenfleisch einlegen, das Ganze zum Kochen bringen und bei mäßiger Hitze 90 Minuten garen.

3. In der Zwischenzeit die Möhren und die Kartoffeln schälen, waschen und in mundgerechte Würfel oder Scheiben schneiden. Die Zwiebeln schälen und in Würfel schneiden.

4. Das Butterschmalz in einem Topf erhitzen und die Zwiebelwürfel darin anschwitzen. Die Möhren- und Kartoffelwürfel zu den Zwiebeln geben und kurz mitschwitzen.

5. Einen Liter Kochsud abmessen, zum Gemüse geben und erhitzen.

6. Den Eintopf mit Salz, Pfeffer, Muskat, Cayennepfeffer, Zucker und Obstessig kräftig abschmecken und bei mäßiger Hitze 25–30 Minuten köcheln lassen.

7. Das fertig gegarte Fleisch aus dem Sud nehmen, gut abtropfen lassen, in mundgerechte Würfel schneiden, in den Eintopf geben und nochmals erhitzen.

8. Den Eintopf nachwürzen, dekorativ anrichten, mit der verlesenen, gewaschenen und fein gehackten Petersilie bestreuen und sofort servieren.

Kartoffeln in Hülle und Fülle

Die Sortenvielfalt bei Kartoffeln ist für einen Laien kaum überschaubar. Allein in Deutschland werden zurzeit etwa 150 Sorten unterschieden. Viele davon werden allerdings nur für industrielle Zwecke angebaut, etwa zur Produktion von Alkohol oder Stärke, zur Neuzüchtung oder als Saatkartoffeln. Bei den reinen Speisekartoffeln unterscheiden wir fünf Gruppen je nach ihrer Reife- und Erntezeit: Sehr frühe Kartoffeln, frühe Kartoffeln, mittelfrühe Kartoffeln sowie mittelspäte und späte Kartoffeln.

Reistopf mit Pute

Für 4 Personen:

200 g Putenbrust
2 Zwiebeln, 1 Knoblauchzehe
2–3 EL Olivenöl
500 g Tomaten
200 ml Weißwein
800 ml Brühe
Salz, Cayennepfeffer, Muskat
1 Päckchen italienische Kräuter (TK-Produkt)
150 g Langkornreis
250 g grüne Erbsen (TK-Produkt)
1 Bund glatte Petersilie

1. Die Putenbrust unter fließendem Wasser waschen, trocken tupfen und in Würfel schneiden.

2. Die Zwiebeln und den Knoblauch schälen, würfeln, in einen großen Topf geben und im erhitzten Öl anschwitzen.

3. Die Putenstücke hinzufügen und unter ständigem Rühren kurz mitschwitzen.

4. Die Tomaten waschen, entkernen, in Stücke schneiden, hinzufügen und ebenfalls kurz mitschwitzen.

5. Den Weißwein und die Brühe angießen, mit Salz, Cayennepfeffer, Muskat und den Kräutern würzen. Den Reis hinzufügen. Das Ganze 10 Minuten köcheln lassen.

6. Die aufgetauten Erbsen zur Suppe geben und weitere 10 Minuten köcheln lassen.

7. Die Petersilie verlesen, waschen, trocken tupfen und hacken. Die Suppe in tiefen Tellern dekorativ anrichten und mit der Petersilie bestreuen, mit Petersilienblättchen garnieren und sofort servieren.

Reisfleisch indonesisch

Für 4 Personen:

500 g Schweinefilet
Salz, Pfeffer aus der Mühle
2 EL Sonnenblumenöl, 4 Karotten
2 Stangen Lauch (nur das Weiße)
1 kleine Dose Tomatenmark
3–4 EL Sojasoße
300 ml Gemüsebrühe
1 EL Obstessig, 1 EL Zitronensaft
Cayennepfeffer, Zucker
4 Portionen bissfest gegarter Langkornreis
Koriandergrün zum Garnieren

1. Das Schweinefilet unter fließendem Wasser waschen, trocken tupfen, in Streifen schneiden und mit Salz und Pfeffer würzen.

2. Das Sonnenblumenöl in einer Pfanne oder im Wok erhitzen und das Fleisch darin unter Rühren anbraten. Herausnehmen und warm stellen.

3. Die Karotten und den Lauch putzen, waschen, in sehr feine Streifen schneiden, ins verbliebene Bratfett geben und unter ständigem Rühren leicht anbraten.

4. Das Tomatenmark einrühren, mit Salz, Pfeffer und Sojasoße kräftig würzen. Die Gemüsebrühe angießen und das Gemüse bissfest garen.

5. Mit Obstessig, Zitronensaft, Salz, Pfeffer, Cayennepfeffer und Zucker abschmecken.

6. Das Fleisch zum Gemüse geben und erhitzen, mit dem Reis dekorativ anrichten, mit Koriandergrün garnieren und sofort servieren.
(ohne Abbildung)

Irish Stew

Für 4 Personen:

800 g Lammschulter
Salz, Pfeffer aus der Mühle
1 TL gemahlener Piment
1 EL gemischte Pfefferkörner
1 TL Kümmel
1 EL Butterschmalz
2 Zwiebeln
2 Knoblauchzehen
2–3 Lorbeerblätter
1 l Gemüse- oder Fleischbrühe
400 g Kartoffeln
2–3 Karotten
1 Stange Lauch

Außerdem:
Kräuterzweige zum Garnieren

1. Die Lammschulter unter fließendem Wasser waschen, trocken tupfen und in mundgerechte Würfel schneiden. Mit Salz, Pfeffer und Piment kräftig würzen.

2. Die Pfefferkörner grob schroten, mit dem Kümmel unter das Fleisch mischen.

3. Das Butterschmalz in einem Schmortopf erhitzen und das Lammfleisch darin leicht anbraten.

4. Die Zwiebeln und die Knoblauchzehen schälen, in Würfel schneiden, zum Fleisch geben und mitbraten.

5. Die Lorbeerblätter hinzufügen, die Brühe angießen und das Ganze im auf 180–200 °C vorgeheizten Backofen 40–45 Minuten schmoren.

6. Die Kartoffeln und die Karotten schälen, waschen, in mundgerechte Würfel schneiden.

7. Den Lauch putzen, waschen und in Scheiben schneiden. Das Gemüse in den Schmortopf geben und weitere 20–25 Minuten garen.

8. Nach Ende der Garzeit das Irish Stew nachwürzen, dekorativ anrichten, mit Kräuterzweigen garnieren und sofort servieren.

Das Lamm

Lammfleisch stammt von Tieren, die unter 12 Monate alt sind. Dabei unterscheiden wir das besonders weiße und zarte Milchlammfleisch von noch nicht entwöhnten, bis sechs Monate alten Tieren, die noch kein Grünfutter bekommen hatten, und das Mastlammfleisch (6–12 Monate), das kräftig rot und feinfaserig ist.
Hammelfleisch kann sowohl von weiblichen Tieren, die noch keine Jungen hatten, als auch von kastrierten, männlichen Tieren (bis zu zwei Jahre alt) stammen. Es ist dunkelrot. Beim Kauf ist darauf zu achten, dass es frisch aussieht und nicht stechend riecht. Hammelfleisch hat eine stärkere Faserung und ist nicht durchwachsen. Bei Masttieren ist die Muskulatur von gelblich weißem Fett umgeben. Um den strengen Hammelgeschmack zu mildern, kann das Fleisch 48 Stunden in Buttermilch eingelegt werden. Vor der Weiterverarbeitung sollte es gut trocken getupft werden. Einen besonderen Geschmack erhält Hammelfleisch, wenn Sie es mit in Stifte geschnittenem Knoblauch spicken.
Schaffleisch stammt von weiblichen und kastrierten männlichen Tieren, die älter als zwei Jahre sind. Ihr Fleisch ist braunrot und grobfaserig. Schaffleisch kostet etwa genauso viel wie Rindfleisch. Seine Vorzüge sind: Wohlgeschmack, hoher Eiweißgehalt, rasche Zubereitungsweise und vielseitige Verwendungsmöglichkeiten. Das Volumen bleibt während des Bratens weitgehend erhalten. Das Fleisch älterer Schafe wird mürbe durch Einlegen in Wein- oder Essigbeize, aber auch in Butter- oder Magermilch. Zum Würzen von Schaffleisch eignen sich Knoblauch, Kümmel, Paprika, Curry, Thymian, Rosmarin, Salbei, Minze und Bohnenkraut.

Lamm-, Schaf- und Hammelfleisch müssen immer möglichst heiß serviert werden, deshalb empfiehlt es sich, Teller und Platten vorzuwärmen.

Gaisburger Marsch

Für 4 Personen:

1,2 kg Tafelspitz
1,5 l Gemüse- oder Fleischbrühe
2 Lorbeerblätter
je 1 TL Wacholderbeeren und Pfefferkörner
500 g Kartoffeln, 500 g Karotten
300 g grüne Bohnen
Salz, Pfeffer aus der Mühle
1 Prise Muskat
600 g bissfest gegarte Spätzle

Außerdem:
1 Bund Petersilie

1. Den küchenfertigen Tafelspitz unter fließendem Wasser waschen, trocken tupfen und bereitstellen.

2. Die Gemüse- oder Fleischbrühe in einem Topf zum Kochen bringen, die Lorbeerblätter, die Wacholderbeeren und die Pfefferkörner mit dem Tafelspitz in die Brühe legen und das Ganze bei mäßiger Hitze 60 Minuten köcheln lassen.

3. In der Zwischenzeit die Kartoffeln und die Karotten schälen und in mundgerechte Würfel schneiden.

4. Die Bohnen verlesen, waschen und halbieren oder vierteln.

5. Das Gemüse in den Eintopf geben, mit Salz, Pfeffer und Muskat würzen und weitere 30 Minuten mitgaren.

6. Zum Schluss die gegarten Spätzle in den Eintopf geben und erhitzen. Den Eintopf nochmals nachwürzen, anschließend dekorativ anrichten, mit der verlesenen, gewaschenen und gehackten Petersilie bestreuen und sofort servieren.

Grundrezept Spätzleteig

1. 500 g gesiebtes Mehl mit 250 ml Wasser, 6 Eiern, 1 Prise Salz und 1 Prise Muskat in eine Schüssel geben und zu einem glatten Teig verarbeiten.

2. Den Teig mit dem Kochlöffel so lange schlagen, bis er Blasen wirft.

3. Salzwasser in einem großen Topf zum Kochen bringen. Portionsweise den Teig mithilfe eines Spätzlehobels in das Wasser hobeln.

4. Die an der Oberfläche schwimmenden Spätzle mit einer Schaumkelle herausnehmen, gut abtropfen lassen und in kaltem Wasser abschrecken.

5. Die Spätzle aus dem kalten Wasser nehmen, gut abtropfen lassen und möglichst breitflächig auf ein sauberes Küchentuch zum Abtrocknen geben.

6. Zum Servieren etwas Butter in einer großen Pfanne erhitzen, die Spätzle darin anschwenken, mit Salz, weißem Pfeffer und Muskat nochmals würzen, dekorativ anrichten, mit Kräuterzweigen garnieren und sofort servieren.

Gemüsetopf mit Bärlauchklösschen

Für 4 Personen:

Für die Klößchen:
300 g gut gewürztes Brät
1 Ei
2 EL Semmelbrösel
1 Zwiebel
50 g frischer Bärlauch
Salz, Pfeffer aus der Mühle
1 Prise Cayennepfeffer
Salzwasser oder Gemüsebrühe zum Garen

Für den Eintopf:
1 l Gemüsebrühe
4 große Kartoffeln
je 1 gelbe und grüne Paprikaschote
500 g Karotten
1 kleine Zucchini
1 Prise Muskat
4 cl Madeira
50 g frischer Bärlauch

1. Für die Klößchen das Brät mit dem Ei und den Semmelbröseln in eine Schüssel geben und abschlagen.

2. Die Zwiebel schälen, fein würfeln, den Bärlauch verlesen, waschen und fein schneiden und beides unter das Brät ziehen. Die Masse mit Salz, Pfeffer und Cayennepfeffer kräftig abschmecken.

3. Salzwasser oder Gemüsebrühe in einem Topf zum Kochen bringen, aus der Masse mit zwei Esslöffeln kleine Klößchen abstechen, in das Salzwasser oder die Brühe geben und 15–20 Minuten gar ziehen lassen.

4. Für den Eintopf die Gemüsebrühe erhitzen. Die Kartoffeln schälen, waschen, mit einem Kugelausstecher Kugeln ausstechen und diese in die Gemüsebrühe geben.

5. Die Paprikaschoten halbieren, entkernen, waschen, in Würfel oder Streifen schneiden und mit den geschälten, gewaschenen und in Scheiben geschnittenen Karotten in die Brühe geben. Den Eintopf bei mäßiger Hitze 15 Minuten köcheln lassen.

6. Die Zucchini putzen, waschen, in Würfel oder Scheiben schneiden, in den Eintopf geben und weitere 10 Minuten garen. Den Eintopf mit Salz, Pfeffer, Cayennepfeffer, Muskat und Madeira abschmecken.

7. Den Bärlauch verlesen, waschen, in feine Streifen schneiden und in den Eintopf geben. Den Eintopf einmal aufkochen lassen, nachwürzen, die Klößchen dazugeben und das Ganze nochmals erhitzen. Den Gemüsetopf mit Bärlauchklößchen dekorativ anrichten und sofort servieren.

Unser Tipp:

Das A und O in der Suppen- und Eintopfküche sind Kräuter und Gewürze. Wichtigster Bestandteil bei der Zubereitung von Suppen und Eintöpfen ist das Gewürz. Frische Kräuter sind fast schon ein Muss, denn dadurch wird Ihre Suppe oder Ihr Eintopf mit Sicherheit ein Erfolg. Bei der Verwendung von Kräutern gehen wir davon aus, dass ein Bund Frischkräuter einem Esslöffel Trockenkräutern entspricht. Falls Sie frische Kräuter bekommen können, so sollten Sie diese den trockenen vorziehen. Getrocknete Kräuter werden grundsätzlich am Anfang des Kochvorgangs dazugeben, die frischen Kräuter immer zum Schluss. Frische Kräuter können mit etwas Wasser beträufelt in einer Plastikfolie gut verschlossen im Kühlschrank einige Tage gelagert werden. Die einfachste Möglichkeit, frische Kräuter längere Zeit zu lagern, ist, wenn Sie sie fein hacken und frosten. Um größere Mengen in der Tiefkühltruhe aufbewahren zu können, sollten Sie das gehackte Kraut auf einem größeren Blech verteilen und so vorfrosten, dann erst gut verpacken.

Fischtopf mit Safran

Für 4 Personen:

2 kleine Fenchelknollen
3 Karotten
1 Bund Frühlingszwiebeln
1 EL Butter
750 ml Gemüse- oder Fischbrühe

Außerdem:
800 g Seelachsfilets
Saft von 1 Zitrone
einige Tropfen Worcestersoße
Salz, Pfeffer aus der Mühle
250 g Kirschtomaten
1 Msp. Safran

1. Die Fenchelknollen putzen, halbieren, den Strunk herausschneiden, den Fenchel waschen und in mundgerechte Stücke schneiden.

2. Die Karotten schälen und in feine Würfel schneiden. Die Frühlingszwiebeln putzen, waschen und klein schneiden.

3. Die Butter in einem Topf erhitzen, das Gemüse darin anschwitzen. Die Brühe angießen, zum Kochen bringen und das Ganze bei mäßiger Hitze ca. 12 Minuten köcheln lassen.

4. In der Zwischenzeit die Seelachsfilets waschen, trocken tupfen, in mundgerechte Würfel schneiden, mit Zitronensaft und Worcestersoße beträufeln, mit Salz und Pfeffer würzen und im Kühlschrank ca. 10 Minuten ziehen lassen.

5. Sobald das Gemüse bissfest ist, die Seelachswürfel mit den gewaschenen Kirschtomaten und dem Safran in den Eintopf geben und bei mäßiger Hitze in ca. 10 Minuten gar ziehen lassen.

6. Den Fischtopf mit Zitronensaft, Worcestersoße, Salz und Pfeffer nachwürzen, in tiefen Tellern dekorativ anrichten und sofort servieren.

Safran

Den Safran verwenden wir heute in einer Vielzahl von Gerichten. Vor allem die Küchen des mittleren Ostens und des Mittelmeerraums verfügen über zahlreiche Rezepte mit Safran. In begrenztem Maße finden wir ihn in der nordischen Küche, hier hat sich vor allen Dingen die Süßspeisen- und Dessertküche sowie die Kuchenküche in England hervorgehoben. In Frankreich kennen wir den Safran in Verbindung mit der Bouillabaisse Provençale, in südlichen Ländern, vor allem in Spanien, hat der Safran seinen Auftritt bei der echten Paella. Hier färbt er den Reis und gibt dem ganzen Gericht sein charakteristisches Aroma. In Italien kennen wir das Risotto Milanese, das ebenfalls mit Safran gewürzt wird. Safran erhalten wir in kleinen Beutelchen, gemahlen oder als ganze Samen, Sie sollten vorzugsweise die Samenfäden kaufen und auch für Ihre Gerichte verwenden. Safran wird normalerweise am Ende der Garzeit in das Gericht gegeben und entfaltet in wenigen Augenblicken sein volles Aroma. Gemahlener Safran wie auch die Samenfäden sollen luftdicht abgeschlossen sein. Achten Sie beim Kauf darauf, dass Sie kleinere Gewürzeinheiten kaufen. Sobald Sie die Safranbeutelchen geöffnet haben, sollten Sie den Safran möglichst bald verarbeiten.

PICHELSTEINER VON DER ENTE

FÜR 4 PERSONEN:

4 Entenkeulen
2–3 EL Butter
250 ml trockener Riesling
500 ml Gemüse- oder Geflügelbrühe
1 Zweig Rosmarin
1 Zweig Thymian
1 Lorbeerblatt, einige Nelken
einige Pfefferkörner
250 g Kartoffeln, 250 g Karotten
250 g Lauch
½ Staudensellerie
Salz, weißer Pfeffer aus der Mühle
1 Prise Muskat
1 Prise gemahlener Kümmel
250 g Pfifferlinge, 1 EL Butter

Außerdem:
Kräuterzweige zum Garnieren

1. Die küchenfertigen Entenkeulen unter fließendem Wasser waschen, trocken tupfen, das Fleisch vom Knochen lösen und anschließend in mundgerechte Würfel schneiden.

2. Die Butter in einem Topf erhitzen und das Fleisch darin Farbe nehmen lassen. Mit dem Riesling ablöschen und die Gemüse- oder Geflügelbrühe angießen.

3. Die verlesenen, gewaschenen, geschnittenen Kräuter und die Gewürze dazugeben und das Ganze bei mäßiger Hitze 45 Minuten köcheln lassen.

4. Die Kartoffeln und die Karotten putzen, schälen, waschen, gut abtropfen lassen und in mundgerechte Würfel schneiden.

5. Den Lauch und den Staudensellerie putzen, waschen und ebenfalls in Würfel schneiden.

6. Das Gemüse zum Fleisch geben und weitere 20–25 Minuten garen. Das Ganze mit Salz, Pfeffer, Muskat und Kümmel kräftig würzen.

7. Die Pfifferlinge putzen, und je nach Bedarf klein schneiden. Die Butter in einer Pfanne erhitzen, die Pilze darin braten, salzen und pfeffern und nach Ende der Garzeit unter den Pichelsteiner mischen.

8. Den Eintopf nachwürzen, dekorativ anrichten, mit Kräuterzweigen garnieren und sofort servieren.

PILZE

Pilzkenner schwören auf wild wachsende Pilze, die sie in Wäldern und Wiesen selbst sammeln. Wer sich mit diesen Köstlichkeiten allerdings nicht gut auskennt, sollte als Alternative auf Zuchtpilze zurückgreifen, die im Supermarkt oder auf dem Wochenmarkt während des ganzen Jahres in guter Qualität angeboten werden. Zuchtpilze sind, im Gegensatz zu Wildpilzen, nicht mit Schwermetallen oder durch Umweltverschmutzungen belastet. Stehen einmal keine frischen Pilze zur Verfügung, so bietet der Handel auch Steinpilze, Pfifferlinge, Stockschwämmchen, Champignons oder Mischpilze als Konserven an. Sie sind küchenfertig zubereitet und werden je nach Sorte kurz mitgekocht oder nach Ende der Garzeit dem Gericht hinzugefügt. Die leuchtend gelbe Farbe ist das unverwechselbare Kennzeichen von Pfifferlingen. Sie sind vom Sommer bis zum Herbst auf dem Wochenmarkt erhältlich oder werden tiefgekühlt während des ganzen Jahres angeboten.

Tomatentopf mit Nudeln

Für 4 Personen:

1 Zwiebel, 2 Knoblauchzehen
2 EL Olivenöl
1 Aubergine, 1 Zucchini
je 1 TL gerebeltes Basilikum, gerebelter Oregano und Thymian
100 ml Rotwein
1 große Dose passierte Tomaten (400 g)
Salz, Pfeffer aus der Mühle
Muskat, Cayennepfeffer
je 300 g bissfest gegarte Tortellini und Penne rigate

Außerdem:
Kräuterzweige zum Garnieren

1. Die Zwiebel und die Knoblauchzehen schälen und fein würfeln. Das Olivenöl in einem Topf erhitzen, Zwiebel und Knoblauch darin anschwitzen.

2. Die Aubergine putzen, waschen und in Würfel schneiden, zu den Knoblauchzwiebeln geben und kurz mitbraten.

3. Die Zucchini putzen, waschen, würfeln, zum Gemüse geben und mitschwitzen.

4. Mit Basilikum, Oregano und Thymian bestreuen, mit Rotwein ablöschen und die passierten Tomaten untermischen.

5. Das Gemüse zum Kochen bringen und 6–8 Minuten köcheln lassen.

6. Mit Salz, Pfeffer, Muskat und Cayennepfeffer kräftig abschmecken. Die bissfest gegarten Nudeln untermischen, erhitzen und den Eintopf nachwürzen.

7. Den Tomatentopf mit Nudeln dekorativ anrichten, mit Kräuterzweigen garnieren und sofort servieren.

Caldo verde

Für 4 Personen:

500 g Grünkohl
500 g Kartoffeln
2–3 EL Butterschmalz
1 Zwiebel
4 Knoblauchzehen
1 grüne Chilischote
1 l Gemüse- oder Fleischbrühe
Salz, Pfeffer aus der Mühle
1 Prise Muskat
1 Prise Cayennepfeffer
400 g grobe Bratwurst

1. Den Grünkohl putzen, waschen, gut abtropfen lassen und in Streifen schneiden. Die Kartoffeln schälen, waschen, in Scheiben schneiden oder vierteln.

2. Das Butterschmalz in einem Topf erhitzen, den Grünkohl und die Kartoffeln dazugeben und kurz braten.

3. Die Zwiebel und die Knoblauchzehen schälen, fein hacken. Die Chilischote halbieren, entkernen, waschen und ebenfalls hacken. Alles zum Gemüse geben und kurz mitschwitzen.

4. Die Gemüse- oder Fleischbrühe angießen, das Ganze zum Kochen bringen, mit Salz, Pfeffer, Muskat und Cayennepfeffer würzen und bei mäßiger Hitze 30–40 Minuten köcheln lassen.

5. Die groben Bratwürste in den Eintopf geben und erhitzen. Anschließend herausnehmen, in Scheiben schneiden und erneut zum Eintopf geben. Das Ganze nochmals abschmecken, dekorativ anrichten, garnieren und sofort servieren.

(ohne Abbildung)

Mallorquinischer Fischertopf

Für 4 Personen:

800 g gemischte Meeresfrüchte (TK-Produkt)
Saft von 1 Zitrone
einige Tropfen Worcestersoße
Salz, Pfeffer aus der Mühle
1 Zwiebel
2 Knoblauchzehen
2–3 Tomaten
1 Dose passierte Tomaten
200 ml süße Sahne
1 EL Paprikapulver edelsüß
je 2–3 Zweige Thymian, Dill und Basilikum
1 unbehandelte Zitrone

Außerdem:
Kräuterzweige zum Garnieren

1. Die Meeresfrüchte auftauen lassen und in eine Schüssel geben. Mit Zitronensaft und Worcestersoße beträufeln, mit Salz und Pfeffer würzen und im Kühlschrank 10–15 Minuten ziehen lassen.

2. Die Zwiebel und die Knoblauchzehen schälen und in feine Würfel schneiden. Die Tomaten waschen, den Strunk herausschneiden, die Tomaten halbieren und in Streifen schneiden.

3. Das Gemüse und die passierten Tomaten mit der Sahne und den Meeresfrüchten in einen Schmortopf geben.

4. Das Paprikapulver und die verlesenen, gewaschenen und zerpflückten Kräuterzweige dazugeben.

5. Die Zitrone großzügig schälen, das Fruchtfleisch in Würfel schneiden und ebenfalls in den Eintopf geben.

6. Den Eintopf mit Paprikapulver, Zitronensaft, Worcestersoße, Salz und Pfeffer kräftig abschmecken und im auf 180–200 °C vorgeheizten Backofen 25 Minuten garen.

7. Den mallorquinischen Fischertopf aus dem Ofen nehmen, nachwürzen, dekorativ anrichten, mit Kräuterzweigen garnieren und sofort servieren.

Rosmarin

Vorsichtig dosiert, passt Rosmarin nicht nur sehr gut zu gegrilltem Lamm und Fisch, sondern auch zu Muscheln, Kalbfleisch, Geflügel- und Kaninchengerichten. Suppen und Eintöpfe erhalten einen besonderen Geschmack durch Beigabe von geraspelten oder ganzen Zweigen. (Letztere werden vor dem Servieren herausgenommen.) Rosmarin in Pulverform behält besonders gut seine Eigenschaften und wird in geringer Menge in Biskuit und Marmelade verwendet. Frische Zweige, in Olivenöl oder Wein konserviert, würzen auf besondere Weise Soßen und Dressings.

Tiroler Hähnchentopf

Für 4 Personen:

500 g Hähnchenbrustfilet
Salz, Pfeffer aus der Mühle
1 Prise Cayennepfeffer
1 EL Butterschmalz
1 Zwiebel
2–3 Karotten
1 Stück Sellerie
400 g Kartoffeln
1 gelbe Paprikaschote
1,5 l Gemüse- oder Geflügelbrühe
2 Lorbeerblätter
einige Nelken
einige Wacholderbeeren
einige Pimentkörner
1 Prise Muskat
300 g Eiernudeln
(gewellte Bandnudeln)
250 g Kirschtomaten

Außerdem:
Kräuterzweige zum Garnieren

1. Das Hähnchenbrustfilet unter fließendem Wasser waschen, trocken tupfen und in mundgerechte Würfel schneiden. Mit Salz, Pfeffer und Cayennepfeffer würzen.

2. Das Butterschmalz in einem Topf erhitzen und das Fleisch darin unter ständigem Rühren anbraten.

3. Die Zwiebel schälen, fein würfeln, zum Fleisch geben und kurz mitbraten.

4. Die Karotten, den Sellerie und die Kartoffeln schälen, waschen und in mundgerechte Würfel schneiden.

5. Die Paprikaschote halbieren, entkernen, waschen und in Streifen oder Würfel schneiden. Das Gemüse zum Fleisch geben und kurz mitbraten.

6. Die Brühe angießen und zum Kochen bringen. Die Lorbeerblätter, die Nelken. Die Wacholderbeeren und die Pimentkörner dazugeben.

7. Mit Salz, Pfeffer und Muskat würzen und den Eintopf bei mäßiger Hitze 40–50 Minuten garen.

8. Die Eiernudeln in den Eintopf geben und bei mäßiger Hitze in 8–10 Minuten bissfest garen.

9. Die Kirschtomaten waschen, den Strunk herausschneiden, die Tomaten halbieren, in den Eintopf geben und 6–8 Minuten köcheln lassen.

10. Den Tiroler Hähnchentopf nachwürzen, dekorativ anrichten, mit Kräuterzweigen garnieren und sofort servieren.

Bunter Bohnentopf mit Kasseler

Für 4 Personen:

100 g weiße Bohnen
100 g Kidneybohnen
1 Zwiebel
3 Knoblauchzehen
2 EL Butterschmalz
400 g Karotten
50 g Tomatenmark
500 ml Gemüse- oder Fleischbrühe
Salz, Pfeffer aus der Mühle
1 EL gerebelter Majoran
1 EL Paprikapulver rosenscharf
1 Prise Muskat
500 g Tomaten
150 g Zuckermais aus der Dose
8 Scheiben Kasseler à 100 g

1. Die weißen Bohnen und die Kidneybohnen getrennt unter fließendem Wasser waschen, getrennt in zwei Schüsseln geben, Wasser ohne Salz angießen und die Bohnen über Nacht einweichen.

2. Die weißen Bohnen und die Kidneybohnen im Einweichwasser getrennt 60 Minuten garen, abgießen und die Bohnen in eine Schüssel geben.

3. Die Zwiebel und die Knoblauchzehen schälen und fein würfeln. Das Butterschmalz in einem Topf erhitzen und die Zwiebel- und Knoblauchwürfel darin anschwitzen.

4. Die Karotten schälen, in Scheiben schneiden, zu den Knoblauchzwiebeln geben und kurz mitschwitzen.

5. Das Tomatenmark einrühren und kurz rösten.

6. Die Gemüse- oder Fleischbrühe angießen und zum Kochen bringen. Die Bohnen untermischen, das Ganze mit Salz, Pfeffer, Majoran, Paprikapulver und Muskat würzen und 10 Minuten köcheln lassen.

7. Die Tomaten waschen, vom Strunk befreien und in Würfel schneiden. Mit dem gut abgetropften Zuckermais und dem Kasseler in den Bohnentopf geben und weitere 10 Minuten bei mäßiger Hitze garen.

8. Den Bohnentopf nochmals nachwürzen, dekorativ anrichten, garnieren und sofort servieren.

Mais

Der Mais stammt aus Zentral- und Südamerika. Zwar kam er schon im 15. Jahrhundert mit den Spaniern nach Europa, richtig angebaut wurde er hier jedoch erst ab dem 17. Jahrhundert. Mit über 300 Arten zählt er heute zu den wichtigsten Körner- und Futterpflanzen. Mais ist botanisch gesehen ein Gras. Die männlichen Blüten stehen als Rispe an der Spitze der Pflanze, die weiblichen Blüten sind achselständige Kolben, die von Scheidenblättern umhüllt sind. Aus diesen ragen die Griffel heraus. Da die Bestäubung durch den Wind erfolgt, sollte die Anzahl der Maispflanzen im Garten nicht zu gering sein.

Kreolischer Gemüsetopf

Für 4 Personen:

4 Hähnchenkeulen
Salz, Pfeffer aus der Mühle
1 EL Paprikapulver edelsüß
1 EL Butterschmalz
1 Zwiebel
1 Aubergine
2–3 rote Chilischoten
2–3 Karotten
400 g Kartoffeln
1 EL gerebelter Oregano
1 TL gerebelter Thymian
200 ml Weißwein
800 ml Gemüse- oder Geflügelbrühe
300 g Brokkoliröschen (TK-Produkt)

Außerdem:
Kräuterzweige zum Garnieren

1. Die Hähnchenkeulen unter fließendem Wasser waschen, trocken tupfen, das Fleisch von den Knochen lösen und in mundgerechte Stücke schneiden. Mit Salz, Pfeffer und Paprikapulver kräftig würzen.

2. Das Butterschmalz in einem Schmortopf erhitzen und das Fleisch darin leicht Farbe nehmen lassen. Die Zwiebel schälen, fein würfeln, zum Fleisch geben und kurz mitschwitzen.

3. Die Aubergine putzen, waschen, und in Würfel schneiden. Die Chilischoten halbieren, entkernen, waschen und fein würfeln.

4. Auberginen- und Chiliwürfel zum Fleisch geben und kurz mitschwitzen. Die Karotten und die Kartoffeln schälen, waschen, in feine Würfel schneiden, zum Fleisch geben und ebenfalls mitschwitzen.

5. Das Ganze mit Oregano, Thymian, Salz und Pfeffer würzen, den Weißwein und die Gemüse- oder Geflügelbrühe angießen und zum Kochen bringen. Den Gemüsetopf in den auf 180–200°C vorgeheizten Backofen schieben und 40–45 Minuten schmoren lassen.

6. Die Brokkoliröschen auftauen lassen, in den Eintopf geben und weitere 10 Minuten garen.

7. Nach Ende der Garzeit den kreolischen Gemüsetopf aus dem Ofen nehmen, nachwürzen, dekorativ anrichten, mit Kräuterzweigen garnieren und sofort servieren.

Auberginen

Auberginen, die im Freiland weiterwachsen sollen, härtet man im Mai ab und pflanzt sie Ende des Monats, nach Erwärmung des Bodens, aus. Auberginen gedeihen auch in großen Töpfen auf sonnigen Terrassen oder Balkonen. Sind die Pflanzen 25 cm hoch, wird der Haupttrieb ausgebrochen, damit sie verzweigen. Im Gewächshaus lässt man ca. 2–3 Früchte an jedem Nebentrieb heranreifen.

Bei Freilandauberginen bricht man, sobald die erste Frucht angesetzt hat, die Triebspitzen aus, wobei drei bis vier Blätter oberhalb der Frucht stehen bleiben müssen. Während der ganzen Vegetationsperiode müssen die Pflanzen stets feucht gehalten werden. Brennnessel-Jauche, in Abständen gegossen, kräftigt die Pflanzen und hält auch Blattläuse und Rote Spinnen in Grenzen.

Die Früchte nehmen eine tief-purpurne Farbe an, wenn sie reif sind. Im Gewächshaus ist das in der Regel zwischen Juli und Oktober, im Freiland etwa einen Monat später. Man erntet mit einer Schere oder einem scharfen Messer, um die Triebe nicht zu beschädigen.

Salzburger Krauttopf

Für 4 Personen:

800 g magerer Schweinebauch oder Schweineschulter mit Schwarte
Salz, Pfeffer aus der Mühle
2 EL Paprikapulver edelsüß
1 TL gemahlener Kümmel
1 EL Butterschmalz
2 Zwiebeln
2 Knoblauchzehen
600 g Sauerkraut
2 Lorbeerblätter
einige Nelken
einige Wacholderbeeren
2 Kartoffeln
500 ml Gemüse- oder Fleischbrühe

Außerdem:
1 Bund Petersilie
Tomatenecken zum Garnieren

1. Den Schweinebauch oder die Schweineschulter waschen und trocken tupfen. Die Schwarte mit einem scharfen Messer über Kreuz einschneiden. Das Fleisch mit Salz, Pfeffer, Paprikapulver und Kümmel kräftig würzen.

2. Das Schmalz in einem Schmortopf erhitzen und das Fleisch darin auf beiden Seiten anbraten. In dem auf 180–200 °C vorgeheizten Backofen 30–40 Minuten braten.

3. Die Zwiebeln und die Knoblauchzehen schälen und fein würfeln.

4. Das Sauerkraut zerpflücken, je nach Säuregrad unter fließendem Wasser waschen und gut abtropfen lassen. Mit den Zwiebeln und dem Knoblauch zum Fleisch geben.

5. Die Lorbeerblätter, die Nelken und die Wacholderbeeren hinzufügen. Die Kartoffeln schälen, waschen, grob raspeln und unter das Sauerkraut mischen.

6. Die Brühe angießen und das Ganze zugedeckt weitere 20–30 Minuten garen.

7. Nach Ende der Garzeit das Fleisch herausnehmen und in Scheiben schneiden.

8. Das Sauerkraut nachwürzen, dekorativ anrichten, mit den Fleischscheiben belegen, mit der verlesenen, gewaschenen und grob geschnittenen Petersilie bestreuen, mit Tomatenecken garnieren und sofort servieren.

Gemüsetopf mit Fleischklösschen

Für 4 Personen:

100 g Schalotten
je 1 rote und grüne Paprikaschote
2 Knoblauchzehen
2–3 EL Olivenöl
2 Zucchini, 600 g Tomaten
100 ml Weißwein
1 l Gemüse- oder Fleischbrühe
Salz, Pfeffer aus der Mühle
Muskat, Cayennepfeffer
2 TL gerebelte Kräuter der Provence

Für die Klößchen:
500 g gut gewürztes Kalbsbrät
1 Ei, 1 Schuss süße Sahne
1 TL geriebene Zitronenschale
2 Frühlingszwiebeln

Außerdem:
Basilikumblättchen zum Garnieren

1. Die Schalotten schälen und klein schneiden. Die Paprikaschoten putzen, halbieren, entkernen, waschen, gut abtropfen lassen und in mundgerechte Stücke schneiden. Die Knoblauchzehen schälen und fein hacken.

2. Das Olivenöl in einem Topf erhitzen und das Gemüse darin kurz anschwitzen. Die Zucchini putzen, waschen, halbieren, in Scheiben schneiden, zum Gemüse geben und kurz mitschwitzen.

3. Die Tomaten waschen, vom Strunk befreien und in mundgerechte Stücke schneiden. Die Tomaten zum Gemüse geben und mitschwitzen.

4. Den Weißwein und die Gemüse- oder Fleischbrühe angießen, das Ganze zum Kochen bringen und mit Salz, Pfeffer, Muskat und Cayennepfeffer sowie den Kräutern der Provence würzen. Den Eintopf bei mäßiger Hitze 10 Minuten köcheln lassen.

5. Das Kalbsbrät mit dem Ei und der Sahne sowie der geriebenen Zitronenschale in eine Schüssel geben und abschlagen.

6. Das Kalbsbrät mit Salz, Pfeffer und Muskat würzen. Die Frühlingszwiebeln putzen, waschen, in sehr feine Scheiben schneiden und unter das Brät mischen.

7. Mit zwei Teelöffeln kleine Klößchen aus der Brätmasse formen, diese in den Gemüsetopf geben und bei mäßiger Hitze weitere 10 Minuten gar ziehen lassen. Den Gemüsetopf nochmals nachwürzen, dekorativ anrichten, mit Basilikumblättchen bestreuen und sofort servieren.

Paprika

Bei uns wird der Paprika in seinen Schärfegraden für verschiedene Soßenzubereitungen eingesetzt, ebenso für Dips und Vinaigrettes. Paprika kann auch in größeren Mengen verwendet werden, dann allerdings sollten Sie den milden Delikatesspaprika bevorzugen. Als Grundgewürz wird Paprika mit Pfeffer und Salz vermischt zum Würzen von Bratenstücken gewürzt. Diese Gewürzmischung können Sie als Basiswürzung in Ihre Küche aufnehmen und damit fast alle Fleischsorten einreiben. Rind, Schwein, Pute, Hähnchen und Wildbret werden dadurch feiner. Bei der Herstellung von Relishs und Chutneys, bei Eingelegtem und Eingemachtem, aber auch beim Zubereiten von Gewürzketchups und Gewürzsoßen ist der Paprika sehr willkommen. Geben Sie Paprika niemals ins heiße oder siedende Fett, da der enthaltene Zucker dunkelbraunes Karamell bildet, woraus sich der bittere Geschmack entwickelt. Sehr gut und einfach ist Paprika zu verwenden, wenn Sie ihn in wenig kaltem Öl anrühren und damit die Bratenstücke bestreichen.

Reistopf mit Hähnchenfleisch

Für 4 Personen:

500 g Hähnchenbrustfilets
Salz, Pfeffer aus der Mühle
1 EL Fünfgewürzpulver
2 EL Sesamöl
1–2 rote Chilischoten
1 Zwiebel, 2 Knoblauchzehen
1 Stück Zitronengras
1 Stück Ingwerwurzel
200 g Petersilienwurzeln
200 ml Reis- oder Weißwein
800 ml Gemüse- oder Geflügelbrühe
300 g Basmatireis
2 Lorbeerblätter
1 Sternanis, einige Pimentkörner
100 g Zuckermais (TK-Produkt)
250 g Brokkoliröschen (TK-Produkt), 4 Tomaten
100 ml helle Sojasoße
2–3 EL Obstessig
2–3 EL süße Chilisoße

Außerdem:
Kräuterzweige zum Garnieren

1. Die Hähnchenbrustfilets unter fließendem Wasser waschen, trocken tupfen und in feine Würfel schneiden. Mit Salz, Pfeffer und Fünfgewürzpulver kräftig würzen.

2. Das Sesamöl im Wok erhitzen, das Fleisch darin unter ständigem Rühren braten.

3. Die Chilischoten halbieren, entkernen, waschen und in Würfel schneiden. Die Zwiebel und die Knoblauchzehen schälen und fein würfeln.

4. Mit dem klein geschnittenen Zitronengras, der geschälten, geraspelten Ingwerwurzel und den geschälten, fein gewürfelten Petersilienwurzeln zum Fleisch geben und kurz mitbraten.

5. Den Wein und die Brühe angießen und aufkochen lassen. Den Basmatireis, die Lorbeerblätter, den Sternanis und die Pimentkörner dazugeben und das Ganze bei mäßiger Hitze 20–25 Minuten köcheln lassen.

6. Den Zuckermais und die Brokkoliröschen mit den enthäuteten, entkernten, in Streifen geschnittenen Tomaten, der Sojasoße, dem Obstessig und der Chilisoße in den Reistopf geben und noch 6–8 Minuten köcheln lassen.

7. Den Reistopf nachwürzen, dekorativ anrichten, mit Kräuterzweigen garnieren und sofort servieren.

Petersilienwurzel

Die Wurzelpetersilie sorgt für eine feine Petersilienwürze. Die Rübe der Wurzelpetersilie ist länglich geformt und läuft nach vorn spitz zu. Sie wird etwa 20 Zentimeter lang. Wurzelpetersilie enthält ätherische Öle, welche die Verdauung und Nierentätigkeit fördern. Sie ist zudem ein guter Vitamin-C-Lieferant und versorgt den Körper mit wertvollen Mineralstoffen. Wurzelpetersilie findet in der Küche als Suppen- und Kochgemüse Verwendung, beispielsweise in Kombination mit Möhren und Kartoffeln. Die Blätter lassen sich zum Würzen verwenden. Wurzelpetersilie ist ideal für Cremesuppen, da der Petersiliengeschmack der Wurzel auch beim Kochen erhalten bleibt.

Mediterraner Gemüseeintopf

Für 4 Personen:

2–3 kleine Zucchini
2–3 Karotten
300 g Rosenkohlröschen
1 rote Paprikaschote
2–3 Petersilienwurzeln
2 EL Olivenöl
1 rote Chilischote
je 2–3 Zweige Rosmarin und Majoran
800 ml Gemüse- oder Fleischbrühe
Salz, Pfeffer aus der Mühle
1 Prise Muskat
1 Prise Cayennepfeffer
1 Prise Zucker

Außerdem:
100 g Knoblauchcroûtons

1. Die Zucchini putzen, waschen, mit einem Sparschäler in lange Streifen schneiden und diese zusammenrollen.

2. Die Karotten schälen, waschen und in Scheiben schneiden. Die Rosenkohlröschen verlesen, waschen und den Strunk mit einem Gemüsemesser über Kreuz einschneiden.

3. Die Paprikaschote halbieren, entkernen, waschen und in Streifen schneiden. Die Petersilienwurzeln schälen, waschen und in lange Scheiben schneiden.

4. Das Olivenöl in einem Topf erhitzen und das Gemüse darin unter ständigem Rühren kurz andünsten.

5. Die Chilischote halbieren, entkernen, waschen, fein würfeln, mit den verlesenen, gewaschenen Kräuterzweigen zum Gemüse geben und kurz mitschwitzen.

6. Die Gemüse- oder Fleischbrühe angießen und zum Kochen bringen. Das Ganze mit Salz, Pfeffer, Muskat, Cayennepfeffer und Zucker kräftig abschmecken und bei mäßiger Hitze 25–30 Minuten köcheln lassen.

7. Den mediterranen Gemüseeintopf nachwürzen, dekorativ anrichten, mit Knoblauchcroûtons bestreuen und sofort servieren.

Rosenkohl

Rosenkohl ist ein delikates, leicht und schnell zubereitetes Gemüse, das uns in den Herbst- und Wintermonaten mit viel frischen Vitaminen zur Verfügung steht.

Es gibt frühe und späte Sorten von Rosenkohl. Die späten Sorten können in wintermilden Gegenden bis März geerntet werden. Einfacher und auch platzsparend ist es, wenn man nur die frühe Sorte anpflanzt, den Ernteüberschuss einfriert und so bis in den Frühling hinein Rosenkohl zur Verfügung hat.

Der erste Rosenkohl hat meist hellgrüne Blätter und der später geerntete Rosenkohl hat dunkelgrüne Blätter. Diese Farbunterschiede sagen aber nichts über die Frische oder Qualität aus. Wichtig ist, dass die Röschen keine welken oder gelben Blätter haben, da sie dann bereits zu lange oder warm gelagert wurden. Frischer Rosenkohl sollte feste, geschlossene Röschen haben.

Gemüseeintopf mit Ei

Für 4 Personen:

500 g Kartoffeln
1 Zwiebel
1 kleine Stange Lauch
1 EL Butter
100 ml Weißwein
500 ml Gemüse- oder Geflügelbrühe
Salz, Pfeffer aus der Mühle
Muskat, Cayennepfeffer, Zucker
2–3 EL mittelscharfer Senf
2–3 EL Weißweinessig
200 g Rosenkohl, 2–3 Karotten
1 rote Paprikaschote
200 g grüne Erbsen (TK-Produkt)
6 hart gekochte Eier

Außerdem:
Kräuterzweige zum Garnieren

1. Die Kartoffeln schälen, waschen und in feine Würfel schneiden.

2. Die Zwiebel schälen und fein würfeln. Den Lauch putzen, waschen und in Streifen schneiden.

3. Die Butter in einem Topf erhitzen und das Gemüse darin anschwitzen.

4. Den Weißwein und die Gemüse- oder Geflügelbrühe angießen, zum Kochen bringen und das Ganze 20–25 Minuten bei mäßiger Hitze garen.

5. Die Suppe im Mixer oder mit dem Pürierstab pürieren, mit Salz, Pfeffer, Muskat, Cayennepfeffer, Zucker, Senf und Weißweinessig abschmecken und erhitzen.

6. Den Rosenkohl verlesen, waschen und den Strunk über Kreuz einschneiden.

7. Die Karotten schälen, in dünne Scheiben oder Stifte schneiden, die Paprikaschote halbieren, entkernen, waschen und in Würfel oder Streifen schneiden.

8. Das Gemüse in die Suppe geben und bei mäßiger Hitze 10–12 Minuten garen. Die Erbsen hinzufügen und nochmals 10 Minuten köcheln lassen. Die Eier pellen und halbieren, in die Suppe geben und vorsichtig erhitzen.

10. Den Gemüseeintopf dekorativ anrichten, mit Kräuterzweigen garnieren und sofort servieren.

Eier

Entscheidend für die Qualität von Eiern sind das Futter der Legehennen und die Frische. Die Frische eines Eies können Sie testen, indem Sie es in kaltes Salzwasser legen. Sinkt das Ei auf den Grund, ist es frisch, bleibt es oben, sollten Sie es unbedingt wegwerfen. Grundsätzlich sollten Sie, bevor Sie Eier verwenden, nach dem Aufschlagen an diesen riechen. So vermeiden Sie, dass, falls doch einmal ein verdorbenes Ei dabei sein sollte, das ganze Gericht weggeworfen werden muss. Ebenfalls kann man am Sitz des Eigelbes und an der Konsistenz des Eies erkennen, wie alt es ist. Sitzt das Eigelb in der Mitte und ist kugelförmig, dann ist das Ei frisch. Bei eine Woche alten Eiern rutscht das Eigelb mehr zum Rand hin. Sind das Eigelb flach und das Eiweiß wässrig, ist das Ei zwei bis drei Wochen alt.

SÜDAFRIKANISCHER BOHNENEINTOPF

FÜR 4 PERSONEN:

500 g Rindfleisch
Salz, Pfeffer aus der Mühle
3-4 Knoblauchzehen
2-3 EL Olivenöl
2 Zwiebeln
100 ml Weißwein
600 ml Gemüsebrühe
500 g Kartoffeln
1 rote Chilischote
500 g grüne Bohnen
1 Stück Ingwerwurzel
einige Zweige Thymian
1 Dose Kidneybohnen (250 g)

Außerdem:
Thymianzweige zum Garnieren

1. Das Rindfleisch unter fließendem Wasser waschen, trocken tupfen und in mundgerechte Würfel schneiden. Mit Salz und Pfeffer würzen.

2. Die Knoblauchzehen schälen und in Scheiben schneiden. Das Olivenöl in einem Topf erhitzen.

3. Das Fleisch und den Knoblauch ins Fett geben und unter ständigem Rühren anbraten. Die Zwiebeln schälen und in Würfel schneiden, zum Fleisch geben und kurz mitbraten.

4. Den Weißwein und die Gemüsebrühe angießen und alles bei mäßiger Hitze 60–70 Minuten garen.

5. In der Zwischenzeit die Kartoffeln schälen, waschen und würfeln.

6. Die Chilischote halbieren, entkernen, waschen und fein würfeln. Mit den Kartoffeln zum Fleisch geben und weitere 15–20 Minuten garen.

7. Die grünen Bohnen putzen, waschen, in Stücke schneiden, mit der geschälten, fein geriebenen Ingwerwurzel und dem verlesenen, gewaschenen Thymian in den Eintopf geben und weitere 10 Minuten garen.

8. Die Kidneybohnen gut abtropfen lassen und zum Schluss in den Eintopf geben. Das Ganze nochmals erhitzen, mit Salz und Pfeffer abrunden, dekorativ anrichten, mit Thymianzweigen garnieren und sofort servieren.

BOHNEN

Bohnen sollten niemals roh verzehrt werden. Die meisten Bohnen enthalten in rohem Zustand den Giftstoff Phasin, der Brechdurchfälle und im Extremfall tödlich verlaufende Darmentzündungen hervorrufen kann. Durch Kochen oder Dünsten wird das Gift jedoch zerstört. Bohnen sollten vor der Weiterverarbeitung grundsätzlich vorgekocht werden. Das Kochwasser darf auf keinen Fall mitverwendet werden.

GESUND UND FRISCH – DIE SALATKÜCHE

Italienischer Vespersalat

Für 4 Personen:

1 kleiner Kopf Lollo bionda
100 g Rucola, 1 Glas Artischockenherzen (180 g Abtropfgewicht)
150 g Kirschtomaten
150 g italienische Mortadella, in hauchdünne Scheiben geschnitten

Für das Dressing:
100 ml Gemüsebrühe
75 ml Aceto balsamico
3 EL Honig
3 EL mittelscharfer Senf
Salz, Pfeffer aus der Mühle
50 ml Olivenöl, ½ Bund Dill

Außerdem:
Basilikum zum Garnieren

1. Die Blattsalate verlesen, waschen, gut abtropfen lassen und in mundgerechte Stücke zerpflücken.

2. Die gut abgetropften Artischockenherzen halbieren oder vierteln. Die Kirschtomaten waschen, den Strunk herausschneiden, die Tomaten halbieren.

3. Die Salatzutaten in einer Schüssel vorsichtig vermischen. Mit den Mortadellascheiben dekorativ anrichten.

4. Für das Dressing die Gemüsebrühe mit dem Aceto balsamico, dem Honig und dem Senf in einer Schüssel kräftig verrühren.

5. Mit Salz und Pfeffer würzen, zum Schluss das Olivenöl und den fein geschnittenen Dill einrühren.

6. Den Salat mit dem Dressing beträufeln, mit Basilikum garnieren und sofort servieren.

Artischocken

Beim Einkauf sollte man darauf achten, dass die Artischocken fest geschlossen und die Blätter nicht welk oder an den Spitzen braun sind. Artischocken sind nur gekocht genießbar, essbar sind die Blütenböden und die Verdickung am Ende der unteren Hüllblätter. Artischocken werden gefüllt oder mit verschiedenen Dips gereicht. Junge Artischocken werden nur in reichlich Olivenöl bei geringer Hitze gebraten und mit weißem Pfeffer, Rosmarin und Thymian gewürzt. Damit Artischocken ihre schöne Farbe behalten, stellt man sie vor dem Kochen aufrecht in kaltes Essigwasser. Artischocken bleiben im Kühlschrank vier bis fünf Tage frisch, wenn man sie in ein feuchtes Küchentuch wickelt oder tropfnass in eine Plastiktüte gibt.

Thailändischer Rindfleischsalat

Für 4 Personen:

500 g rosa gebratenes Roastbeef
je 1 rote und gelbe Paprikaschote
1 Stange Lauch
2 Gläser Thai-Gemüsemischung
mit Sprossen, 2 EL Sesamöl
100 g geröstete, gesalzene
Erdnüsse

Für das Dressing:
Saft von 2 Limetten
2–3 EL Reisessig
4 EL Sojasoße
1 TL Zitronengraspaste
1 TL rote Currypaste
2 Knoblauchzehen, 1 TL Salz
Salz, Pfeffer aus der Mühle
eine Prise Cayennepfeffer
50 ml Erdnussöl

Außerdem:
Frühlingszwiebelscheiben
zum Bestreuen

1. Das Rostbeef in feine Streifen schneiden. Die Paprikaschoten halbieren, entkernen, waschen, gut abtropfen lassen und in feine Streifen schneiden.

2. Den Lauch putzen, waschen, in feine Ringe schneiden. Die Gemüsemischung gut abtropfen lassen. Das Sesamöl in einem Wok oder in einer Pfanne erhitzen und die Paprikastreifen darin anschwitzen.

3. Den Lauch dazugeben und kurz mitschwitzen. Die Roastbeefstreifen, die Gemüsemischung und die Erdnüsse dazugeben und kurz dünsten. Das Ganze vom Herd nehmen und erkalten lassen.

4. Den Limettensaft, den Reisessig, die Sojasoße, die Zitronengraspaste und die Currypaste in eine Schüssel geben und alles gut miteinander verrühren.

5. Die Knoblauchzehen schälen, fein hacken, mit Salz zu einer Paste zerreiben und unter das Dressing rühren.

6. Das Dressing mit Salz, Pfeffer und Cayennepfeffer würzen und zum Schluss das Erdnussöl einrühren.

7. Den Salat mit dem Dressing anmachen, dekorativ anrichten, mit Frühlingszwiebelscheiben bestreuen und sofort servieren.

Erdnüsse

In den kleinen Kernen steckt mehr, als man ihnen ansieht: Erdnüsse enthalten kein Cholesterin und sind reich an ungesättigten Fettsäuren, die gut fürs Herz sind. Der wertvolle Snack liefert außerdem essenzielle Aminosäuren, dazu sekundäre Pflanzenstoffe sowie Vitamine, Mineral- und Ballaststoffe. Weniger Nahrungsmittel mit gesättigten Fettsäuren und dafür eine Hand voll Erdnüsse pro Tag – das kann helfen, Herz-Kreislauf-Beschwerden vorzubeugen.

Zwiebelsalat mit Edelpilzdressing

Für 4 Personen:

2 Bund Frühlingszwiebeln
Salzwasser oder Gemüsebrühe zum Garen
1 Kopf Eichblattsalat
1 Stange Lauch
1 Bund Radieschen
1 Zwiebel
2 Orangen

Für das Dressing:
150 g Edelpilzkäse
200 ml süße Sahne
1 Becher Joghurt
Saft von 1 Zitrone
Salz, Pfeffer aus der Mühle
eine Prise Cayennepfeffer
eine Prise Zucker

Außerdem:
Kräuterzweige zum Garnieren

1. Die Frühlingszwiebeln putzen, waschen und in 5 cm lange Stücke schneiden. Salzwasser oder Gemüsebrühe in einem Topf erhitzen, die Frühlingszwiebeln darin bissfest garen, herausnehmen, gut abtropfen und erkalten lassen.

2. Den Eichblattsalat verlesen, waschen, gut abtropfen lassen und in mundgerechte Stücke zerpflücken. Den Lauch putzen, waschen und in hauchdünne Scheibchen schneiden.

3. Die Radieschen putzen, waschen und in Scheiben schneiden. Die Zwiebel schälen und in feine Streifen schneiden, die Orangen großzügig schälen und filieren.

4. Die Salatzutaten in eine Schüssel geben und alles vorsichtig miteinander vermischen.

5. Für das Dressing den Edelpilzkäse mit einem Messer klein schneiden und in eine Schüssel geben. Die Sahne angießen und das Ganze mit dem Joghurt und dem Zitronensaft zu einem glatten Dressing verrühren.

6. Das Dressing mit Salz, Pfeffer, Cayennepfeffer und Zucker kräftig abschmecken.

7. Den Salat damit anmachen, kurz ziehen lassen, dekorativ anrichten, mit Kräuterzweigen garnieren und sofort servieren.

Bunter Spaghettisalat

Für 4 Personen:

Für den Salat:
250 g Spaghetti, Salzwasser
einige Tropfen Olivenöl
5 Tomaten, 3 hart gekochte Eier
250 g gekochter Schinken
½ Stange Lauch
je ½ rote, gelbe und grüne Paprikaschote

Für das Dressing:
75 ml Weinessig
125 ml Fleischbrühe
75 ml Olivenöl
Salz, weißer Pfeffer aus der Mühle
1 Prise Zucker

Außerdem:
Basilikum- und Oreganoblättchen zum Garnieren

1. Die Spaghetti zwei- bis dreimal durchbrechen und in kochendem Salzwasser mit dem Olivenöl bissfest garen. Abgießen, abschrecken, gut abtropfen lassen und in eine Schüssel geben.

2. Die Tomaten waschen, vom Strunk befreien und die Tomaten in mundgerechte Stücke schneiden.

3. Die Eier pellen und in Scheiben schneiden. Den Schinken fein würfeln.

4. Den Lauch putzen, waschen und in feine Ringe schneiden.

5. Die Paprikaschoten halbieren, entkernen, waschen und in feine Streifen schneiden.

6. Den Essig mit der Fleischbrühe und dem Olivenöl in einer Schüssel verrühren, mit Salz, Pfeffer und Zucker kräftig abschmecken.

7. Alle Salatzutaten in einer Schüssel vermischen, mit der Marinade übergießen und mindestens eine Stunde durchziehen lassen.

8. Den Spaghettisalat anschließend nachwürzen, dekorativ anrichten, mit Basilikum- und Oreganoblättchen garnieren und sofort servieren.

Nudeln

Nudeln kleben nicht aneinander und werden geschmeidiger, wenn man in das Kochwasser einige Tropfen Öl gibt. Das Abschrecken mit kaltem Wasser nach dem Kochen ist wichtig, damit der richtige Garpunkt der Nudeln erhalten bleibt und der Garprozess sofort endet. Beim Kochen von Nudeln kommt es auf die ausreichende Wassermenge an; man rechnet einen Liter Wasser auf 100 g Nudeln. Nudeln darf man nur in kochendes Wasser geben und man muss sie sofort kräftig umrühren, damit sie nicht am Topfboden kleben bleiben. Wenn Sie dem Nudelwasser etwas Gemüse- oder Fleischbrühe zufügen, bekommen die Nudeln einen herzhaften Geschmack.

Eiersalat mit Räucherlachs

Für 4 Personen:

250 g gemischte grüne Blattsalate
1 kleiner Kopf Radicchio
6 hart gekochte Eier

Für das Dressing:
1 Zwiebel
1–2 EL Olivenöl
100 ml Weißwein
100 ml weißer Balsamicoessig
Salz, Pfeffer aus der Mühle
1 Prise Cayennepfeffer
1 TL Zucker
2 Tomaten
100 ml Olivenöl

Außerdem:
200 g geräucherter Lachs
½ Bund Schnittlauch

1. Die Blattsalate verlesen, waschen, gut abtropfen lassen, in mundgerechte Stücke zerpflücken und in eine Schüssel geben.

2. Den Radicchio putzen, waschen, gut abtropfen lassen, in mundgerechte Stücke zerpflücken und mit den Blattsalaten vermischen. Die Eier pellen, halbieren oder vierteln und bereitstellen.

3. Für das Dressing die Zwiebel schälen und fein würfeln. Das Olivenöl in einer Pfanne erhitzen und die Zwiebelwürfel darin glasig schwitzen.

4. Die Zwiebel vom Herd nehmen, erkalten lassen, mit dem Weißwein und dem weißen Balsamicoessig vermischen, mit Salz, Pfeffer, Cayennepfeffer und Zucker kräftig würzen.

5. Die Tomaten waschen, vom Strunk befreien, die Tomaten halbieren, entkernen und anschließend in Würfel schneiden.

6. Die Tomaten unter das Dressing rühren, das Olivenöl tropfenweise einrühren und den Salat damit anmachen.

7. Den Salat dekorativ anrichten, mit den Eiern und dem Räucherlachs belegen, mit dem verlesenen, gewaschenen und fein geschnittenen Schnittlauch bestreuen und sofort servieren.

Fisch vorbereiten

Fisch säubern
Für frische See- und Süßwasserfische gilt die 3-S-Regel: säubern – säuern – salzen. Waschen Sie frische Fische und Fischfilets unter fließendem, kaltem Wasser und trocknen Sie sie gut ab. Ganze Fische werden geschuppt, ausgenommen, die Rücken- und Bauchflossen abgeschnitten. Sollen Fische „blau" zubereitet werden, dürfen sie nicht geschuppt werden.

Fisch säuern
Nach dem Säubern beträufeln Sie das Fischfleisch mit Zitronensaft oder Essig. Durch die Säure werden der Fischgeruch gebunden sowie die Festigkeit und der Geschmack des Fleisches verbessert. Lassen Sie die gesäuerten Fische etwa 15 Minuten im Kühlschrank ziehen.

Fisch salzen
Salzen Sie Fisch immer erst kurz vor der Zubereitung, da Salz dem Fleisch Bindegewebswasser entzieht und das Fleisch trocken und die Oberfläche nass macht. Kommt der Fisch dann ins heiße Fett, spritzt es sehr und das Fleisch bräunt schlecht. Tiefkühlfisch wird aufgetaut und anschließend gesäuert.

Gänsebrust auf Salat mit Honigsoße

Für 4 Personen:

2 Gänsebrustfilets ohne Haut
Salz, Pfeffer aus der Mühle
1 TL Kräuter der Provence
2 EL Butterschmalz
Saft von 1 Zitrone
2–3 EL Honig

Für den Salat:
1 grüner Salat
1 kleiner Kopf Radicchio
150 g Kirschtomaten
1 Bund Radieschen

Für das Dressing:
100 ml süße Sahne
50 ml Weißweinessig
100 ml Gemüsebrühe, 2 EL Honig
1 Prise Cayennepfeffer

Außerdem:
gehackte Walnüsse zum Bestreuen
Kräuterzweige zum Garnieren

1. Die Gänsebrustfilets unter fließendem Wasser waschen, trocken tupfen, mit Salz, Pfeffer und Kräutern der Provence kräftig würzen.

2. Das Butterschmalz in einer Pfanne erhitzen, die Filets darin anbraten.

3. Den Zitronensaft mit dem Honig verrühren, die Filets damit bestreichen und im auf 180 °C vorgeheizten Backofen 18–20 Minuten garen.

4. Den Backofen ausschalten, den restlichen Zitronensaft auf die Filets träufeln und diese im Ofen warm stellen.

5. Die Blattsalate verlesen, waschen, abtropfen lassen und in mundgerechte Stücke zerpflücken.

6. Die Kirschtomaten waschen, den Strunk herausschneiden, die Tomaten halbieren oder vierteln.

7. Die Radieschen verlesen, waschen, in Scheiben schneiden und mit den restlichen Zutaten in einer Schüssel vermischen.

8. Für das Dressing die Sahne mit dem Weißweinessig, der Gemüsebrühe und dem Honig in einer Schüssel so lange verrühren, bis sich der Honig vollständig aufgelöst hat. Mit Salz, Pfeffer und Cayennepfeffer kräftig würzen.

9. Den Salat auf Tellern dekorativ anrichten. Die Gänsebrustfilets in Scheiben schneiden und auf den Salat legen. Das Ganze mit dem Dressing übergießen, mit gehackten Walnüssen bestreuen, mit Kräuterzweigen garnieren und sofort servieren.

Honig

Das gesündeste Süßungsmittel ist der Bienenhonig. Das Naturprodukt besteht zu gleichen Teilen aus einem Gemisch aus Traubenzucker (Glukose) und Fruchtzucker (Fruktose). Honig enthält Eiweiß, Vitamine, Mineralstoffe und Enzyme. Im Handel finden Sie z. B. Rapshonig, Lindenhonig, Akazienhonig, Wald- und Blütenhonig. Hinweise auf besonders sorgfältige Gewinnung, Lagerung und Abfüllung geben die Qualitätsangaben wie „feinste, beste, Auslese, kalt geschleudert oder wabenecht".

Salat mit Räucherlachs

Für 4 Personen:

200 g Räucherlachs
1 Apfel
Saft von ½ Zitrone
4 EL Sahnemeerrettich
200 g steif geschlagene Sahne
Salz, Pfeffer aus der Mühle
1 Prise Zucker
200 g gemischte Blattsalate (z. B. Eichblatt, Rucola, Lollo rosso, Kopfsalat)
1 Bund Radieschen

Für das Dressing:
75 ml Gemüsebrühe
50 ml Weißweinessig
75 ml Olivenöl
½ Bund Petersilie

Außerdem:
4 Portionen Rösti-Ecken (TK-Fertigprodukt)
Frittierfett zum Ausbacken

1. Den Räucherlachs zu Röllchen formen und diese bereitstellen.

2. Den Apfel schälen, grob raspeln und mit Zitronensaft beträufeln. Mit dem Sahnemeerrettich und der steif geschlagenen Sahne in einer Schüssel verrühren.

3. Den Dip mit Salz, Pfeffer aus der Mühle und Zucker abschmecken.

4. Die Blattsalate verlesen, waschen und trocken schleudern. Die Radieschen putzen, waschen und in feine Scheiben schneiden.

5. Für das Dressing die Gemüsebrühe, den Weißweinessig und das Olivenöl in einer Schüssel verrühren.

6. Das Dressing mit Salz, Pfeffer und Zucker abschmecken, die verlesene, gewaschene und fein gehackte Petersilie unterrühren und den Salat mit dem Dressing anmachen.

7. Den Salat mit den Lachsröllchen und dem Dip dekorativ auf Tellern anrichten. Die in dem heißen Frittierfett goldgelb gebackenen Rösti-Ecken hinzufügen, den Salat garnieren und sofort servieren.

Blattsalat

Zu den Blattsalaten gehören Kopfsalat, Eissalat, Batavia- und Eichblattsalat, Lollo bionda und Lollo rosso, Frisée- und Romanasalat sowie Feldsalat und Endiviensalat. Blattsalate werden erst kurz vor dem Servieren geputzt, in kaltem Wasser gründlich gewaschen, trocken geschleudert oder trocken getupft und in mundgerechte Stücke zerpflückt. In einer Schüssel wird die Marinade oder die Vinaigrette angemacht, der Salat dazugegeben und alles vorsichtig vermischt.

Bunter Nudelsalat

Für 4 Personen:

Für den Salat:
200 g Eiernudeln (Spirelli)
Salzwasser
einige Tropfen Olivenöl
je 1 rote, grüne und gelbe Paprikaschote
1 Stück Salatgurke
2–3 Tomaten, 1 Zwiebel
100 g gekochter Schinken
100 g Salami

Für das Dressing:
150 g Mayonnaise
200 ml süße Sahne
2–3 EL mittelscharfer Senf
75 g Tomatenketchup
75 ml Apfelessig, 1 EL Curry
2–3 EL Johannisbeergelee
Salz, Pfeffer aus der Mühle
Cayennepfeffer, Zucker
einige Tropfen Weinbrand

Außerdem:
Basilikumblättchen zum Garnieren
1 Bund Schnittlauch

1. Die Eiernudeln im Salzwasser mit dem Olivenöl bissfest garen, abgießen, abschrecken, gut abtropfen lassen und in eine Schüssel geben.

2. Die Paprikaschoten halbieren, entkernen, waschen, gut abtropfen lassen und in feine Streifen schneiden. Die Salatgurke waschen, halbieren und in dünne Scheiben schneiden.

3. Die Tomaten waschen, vom Strunk befreien und die Tomaten in Stücke schneiden.

4. Die Zwiebel schälen und fein würfeln. Den Schinken und die Salami in feine Streifen schneiden, mit den restlichen Salatzutaten zu den Nudeln geben und alles vorsichtig miteinander vermischen.

5. Für das Dressing die Mayonnaise mit der Sahne, dem Senf, dem Tomatenketchup, dem Apfelessig, dem Curry und dem Johannisbeergelee in einer Schüssel glatt rühren.

6. Mit Salz, Pfeffer, Cayennepfeffer und Zucker abschmecken und mit Weinbrand aromatisieren. Den Salat mit dem Dressing anmachen, kurz ziehen lassen, nochmals nachwürzen und bis zum Verzehr kühl stellen.

7. Den bunten Nudelsalat dekorativ anrichten, mit Basilikumblättchen garnieren und mit frisch geschnittenem Schnittlauch sofort servieren.

Thailändischer Nudelsalat

Für 4 Personen:

200 g Eiernudeln (Gabelspaghetti)
Salzwasser
einige Tropfen Olivenöl

Außerdem:
250 g Lachsfilet
einige Tropfen Zitronensaft
einige Tropfen Sojasoße
Salz, Pfeffer aus der Mühle
Speisestärke zum Bestäuben
2–3 EL Sojaöl
1 rote Chilischote
Saft und Schale von 1 Limone
2 Karotten
100 g Weißkohl
100 g Bambussprossen aus der Dose
100 ml Reis- oder Weißwein
2–3 Sternanis
1 Msp. Zimtpulver
1 Mango
50 ml Erdnussöl
2–3 EL Kokosraspel
Kräuterzweige zum Garnieren

1. Die Nudeln im Salzwasser mit dem Olivenöl bissfest garen, abgießen, abschrecken und gut abtropfen lassen.

2. Das Lachsfilet waschen, trocken tupfen, in mundgerechte Würfel schneiden. Mit Zitronensaft und Sojasoße beträufeln, mit Salz und Pfeffer würzen und mit der Speisestärke bestäuben.

3. Das Sojaöl im Wok erhitzen. Die Lachswürfel darin braten, herausnehmen und warm stellen.

4. Die Chilischote putzen, halbieren, entkernen, waschen, klein schneiden, die Limone dünn schälen. Die Schale in hauchdünne Streifen schneiden. Die Karotten schälen, in mundgerechte Würfel oder Streifen schneiden.

5. Den Weißkohl putzen, waschen, gut abtropfen lassen, den Strunk herausschneiden und die Blätter in dünne Streifen schneiden.

6. Die Chilischote, die Limonenstreifen, die Karotten und den Weißkohl ins verbliebene Bratfett geben und unter ständigem Rühren kurz braten.

7. Die Bambussprossen in Scheiben schneiden, zum Gemüse geben, kurz durchschwenken. Den Reis- oder Weißwein, den Sternanis und das Zimtpulver dazugeben und das Gemüse bei starker Hitze bissfest garen.

8. Den Limonensaft untermischen. Die Mango dünn schälen, das Fruchtfleisch in Würfel schneiden, mit dem Erdnussöl und den Nudeln unter das Gemüse mischen und durchschwenken. Mit Salz, Zitronensaft, Sojasoße und Pfeffer kräftig würzen. Zum Schluss die Lachswürfel dazugeben.

9. Den Thailändischen Nudelsalat dekorativ anrichten, mit Kokosraspeln bestreuen, mit Kräuterzweigen garnieren und warm oder kalt servieren.

Mango

Im Fruchtfleisch befindet sich ein großer, flacher Kern, der fest mit dem Fleisch verwachsen ist. Um ihn auslösen zu können, schält man die Frucht – die Schale ist ungenießbar – und schneidet Spalten bis auf den Kern heraus oder man schneidet erst die Spalten und schält sie einzeln. Das etwas faserige Fleisch ist sehr saftig, goldgelb und schmeckt wie eine Mischung aus Pfirsich, Kürbis und Ananas. Das Aroma ist so kräftig, dass die Mango alle anderen Obstsorten eines Obstsalates überdecken würde. Darum verwendet man die Mangospalten, leicht gekühlt, lieber allein zu Eis und Quarkspeisen, Desserts und Drinks, Cremes und Tortenbelägen. Die reifen Früchte eignen sich auch zu Snacks mit Lachs oder Schinken, angedünstet als Beilage zu Fleisch- und Fischgerichten.

Gemüse-Nudelsalat

Für 4 Personen:

200 g Mini-Makkaroni
Salzwasser
einige Tropfen Olivenöl

Außerdem:
250 g Erbsen und Karotten (TK-Produkt)
200 Brokkoliröschen (frisch oder TK-Produkt)
Gemüsebrühe zum Blanchieren
1 kleine Stange Lauch, 1 Zwiebel
3–4 EL Olivenöl
2 Knoblauchzehen
50 ml Weißwein
100 ml Gemüsebrühe
75 ml Obstessig, 4 Tomaten
Salz, Pfeffer aus der Mühle
1 Prise Cayennepfeffer
75 ml Olivenöl
frisch gehobelter Parmesankäse
Kräuterzweige zum Garnieren

1. Die Makkaroni im Salzwasser mit dem Olivenöl bissfest garen, abgießen, abschrecken und abtropfen lassen.

2. Die Erbsen, Karotten und den Brokkoli auftauen lassen (frische Brokkoliröschen verlesen, waschen, gut abtropfen lassen) und in der Gemüsebrühe kurz blanchieren.

3. Den Lauch putzen, waschen, in feine Streifen schneiden, die Zwiebel schälen und fein würfeln.

4. Das Olivenöl in einer Pfanne erhitzen. Die Knoblauchzehen schälen, fein hacken, mit der Zwiebel ins Fett geben und glasig schwitzen. Das Gemüse dazugeben und kurz mitschwitzen.

5. Den Weißwein, die Gemüsebrühe und den Obstessig angießen und das Gemüse bissfest garen.

6. Die Tomaten waschen, den Strunk herausschneiden und die Tomaten in mundgerechte Stücke schneiden. Mit den Mini-Makkaroni zum Salat geben, durchschwenken und vom Herd nehmen. Mit Salz, Pfeffer und Cayennepfeffer kräftig würzen und das Olivenöl einrühren.

7. Den Gemüse-Nudelsalat dekorativ anrichten, mit frisch gehobeltem Parmesankäse bestreuen, mit Kräuterzweigen garnieren und warm oder kalt servieren.

Emmentalersalat mit Trauben

Für 4 Personen:

600 g Emmentaler
300 g blaue kernlose Trauben
1 Zwiebel
75 g Walnusskerne
½ Bund Petersilie

Für das Dressing:
50 ml Schalottenessig
50 ml Weißwein oder Traubensaft
Salz, Pfeffer aus der Mühle
1 Prise Cayennepfeffer
2 EL Honig
75 ml Traubenkernöl

Außerdem:
einige Salatblätter
Petersilie zum Bestreuen

1. Den Emmentaler in mundgerechte Würfel schneiden und in eine Schüssel geben. Die Trauben verlesen, waschen, halbieren oder vierteln und zum Käse geben.

2. Die Zwiebel schälen, in dünne Scheiben schneiden, mit den Walnusskernen und der verlesenen, gewaschenen und fein gehackten Petersilie zum Käse geben und alles vorsichtig miteinander vermischen.

3. Für das Dressing den Schalottenessig mit dem Weißwein oder Traubensaft in einer Schüssel verrühren, mit Salz, Pfeffer, Cayennepfeffer und Honig würzen und das Traubenkernöl tropfenweise einrühren.

4. Den Salat mit dem Dressing anmachen, kurz ziehen lassen und nochmals nachwürzen.

5. Die verlesenen, gewaschenen und gut abgetropften Salatblätter dekorativ auf Tellern anrichten und den Käsesalat gleichmäßig darauf verteilen.

6. Den Salat mit frisch gehackter Petersilie bestreuen, garnieren und sofort servieren.

Weintrauben

Die Weintrauben sind in den verschiedenen Stadien genießbar - zum Verzehr im gereiften, rohen Zustand, als getrocknete Rosine und in veredelter Form als Rebensaft. Heute sind ca. 16.000 verschiedene Rebsorten bekannt, sowohl weiße und rote Arten, mit und ohne Kerne. Durch ihren hohen Wassergehalt ist die Weintraube leicht bekömmlich und in größeren Mengen genossen leicht abführend und nierenreinigend. Auch Kalium, Kalzium, Magnesium, Phosphor, Eisen und Vitamin C finden sich in der köstlichen Frucht.

Austernpilzsalat mit Schnitzelstreifen

Für 4 Personen:

400 g Austernpilze
2–3 Schalotten
2–3 EL Olivenöl
250 g Kirschtomaten

Für das Dressing:
2 Knoblauchzehen
1 Schalotte
½ Bund Petersilie
½ Bund Majoran
100 ml Gemüse- oder Fleischbrühe
50 ml weißer Balsamicoessig
50 ml Olivenöl
Salz, Pfeffer aus der Mühle
1 Prise Zucker

Außerdem:
1 Kopfsalat
2 Stauden Chicorée
4 kleine Schweineschnitzel
Fett zum Braten
1 Tasse Knoblauch-Croûtons
Kräuterzweige zum Garnieren

1. Die Austernpilze verlesen, waschen, gut abtropfen lassen und in mundgerechte Stücke schneiden.

2. Die Schalotten schälen und fein würfeln. Das Olivenöl in einer Pfanne erhitzen, die Schalotten hinzufügen und glasig schwitzen. Die Austernpilze dazugeben und kurz mitschwitzen.

3. Die Kirschtomaten waschen, den Strunk herausschneiden, die Tomaten halbieren, zu den Pilzen geben und alles bei mäßiger Hitze 4–5 Minuten köcheln lassen.

4. Die Knoblauchzehen und die Schalotte schälen, sehr fein würfeln und in eine Schüssel geben.

5. Die verlesenen, gewaschenen und fein gehackten Kräuter mit der Gemüse- oder Fleischbrühe, dem Balsamicoessig und dem Olivenöl zu den Knoblauch- und Schalottenwürfeln geben und alles gut vermischen. Das Dressing mit Salz, Pfeffer und Zucker kräftig abschmecken.

6. Den Kopfsalat verlesen, waschen, gut abtropfen lassen und in mundgerechte Stücke zerpflücken.

7. Den Chicorée putzen, halbieren, den Strunk herausschneiden, die Blätter unter fließendem Wasser waschen, gut abtropfen lassen und nach Bedarf klein schneiden. Die Salate vermischen und auf Tellern dekorativ anrichten.

8. Die Schweineschnitzel unter fließendem Wasser waschen, trocken tupfen, auf eine Arbeitsfläche legen und leicht klopfen. Mit Salz und Pfeffer würzen und im erhitzten Butterschmalz braten. Herausnehmen, in Streifen schneiden und unter die Pilze mischen.

9. Die Pilze mit dem Dressing vermischen und das Ganze lauwarm gleichmäßig auf dem Salat verteilen. Mit etwas Balsamicoessig und Olivenöl beträufeln, mit den Knoblauch-Croûtons bestreuen, mit Kräuterzweigen garnieren und sofort servieren.

Austernpilze

Austernpilze werden auch Kalbfleischpilze genannt. Ihr Aroma erinnert leicht an den Geschmack dieses feinen Fleisches. Der Austernpilz wird in Deutschland, Holland, Italien und Frankreich angebaut. Die Farbe des Pilzes kann zwischen graublau, bräunlich oder weißlich wechseln. Da der Austernpilz druckempfindlich ist, sollte man ihn sehr vorsichtig putzen. Man kann die Kappen und Stiele verwenden und hat kaum Abfall. Eingefroren halten sich Austernpilze ca. acht Monate.

BROTSALAT MIT BÄRLAUCH

FÜR 4 PERSONEN:

1 Baguette
75 ml Olivenöl
2–3 Knoblauchzehen
1 Zwiebel
4 Tomaten
1 Bund Bärlauch
Salz, Pfeffer aus der Mühle
1 Prise Cayennepfeffer
1 Prise Korianderpulver
1 Prise Kreuzkümmelpulver
Saft von 2 Zitronen, Zucker
75 ml Weißwein oder Apfelsaft
2 Salatherzen
200 g dünne Scheiben gekochter Schinken
Bärlauch zum Garnieren

1. Das Baguette in 1 cm dicke Scheiben schneiden und diese nochmals ein- bis zweimal durchbrechen.

2. Das Olivenöl mit den geschälten, fein gehackten Knoblauchzehen in eine Pfanne geben und erhitzen.

3. Die Baguettestücke ins Knoblauchfett geben und goldgelb rösten, herausnehmen und bereitstellen.

4. Die Zwiebel schälen und in feine Ringe schneiden. Die Tomaten enthäuten, entkernen, achteln oder in Würfel schneiden, mit dem verlesenen, gewaschenen und fein geschnittenen Bärlauch zu der Zwiebel geben und alles vermischen.

5. Das Brot hinzufügen, untermischen, mit Salz, Pfeffer, Cayennepfeffer, Koriander und Kreuzkümmel kräftig würzen.

6. Den Zitronensaft mit etwas Zucker und dem Weißwein oder Apfelsaft in eine Schüssel geben und verrühren. Mit Salz, Pfeffer und Cayennepfeffer würzen.

7. Die Salatherzen verlesen, halbieren, die Blätter ablösen, waschen und in mundgerechte Stücke zerpflücken.

8. Die Schinkenscheiben in dünne Streifen schneiden und mit dem Salat dekorativ in Schalen oder auf Tellern anrichten.

9. Die restlichen Zutaten auf dem Salat verteilen, den Brotsalat mit dem Dressing beträufeln, mit Bärlauch garnieren und sofort servieren.

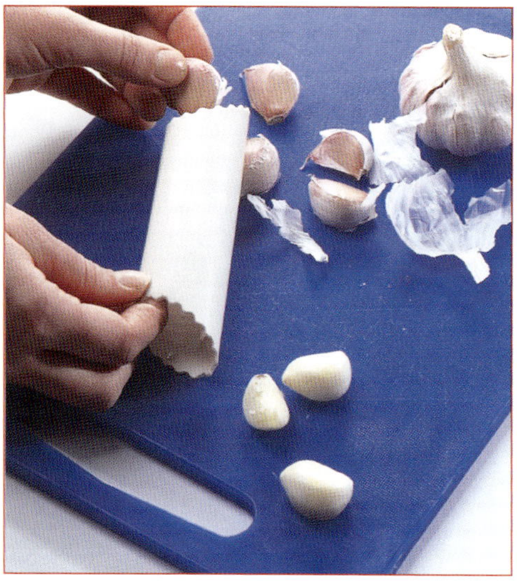

CÄSARSALAT

FÜR 4 PERSONEN:

1 kleiner Kopf Eisbergsalat
200 g Kirschtomaten
200 g Putenaufschnitt
100 g frisch gehobelter Parmesankäse
1 Bund Radieschen
4 Scheiben Toastbrot
2–3 EL Butter

Für das Dressing:
2 Eigelb
1 EL mittelscharfer Senf
50 ml Gemüse- oder Geflügelbrühe
50 ml Estragonessig
50 g geriebener Parmesankäse
125 ml Olivenöl
Salz, Pfeffer aus der Mühle
1 Prise Zucker
1 Prise Cayennepfeffer

Außerdem:
Kräuterzweige zum Garnieren

1. Den Eisbergsalat verlesen, waschen, gut abtropfen lassen und in 1 cm breite Streifen schneiden.

2. Die Kirschtomaten waschen, den Strunk herausschneiden, die Tomaten vierteln. Den Putenaufschnitt zu Röllchen drehen.

3. Den Eisbergsalat, die Tomaten, den Parmesankäse und die geputzten, gewaschenen und in Scheiben geschnittenen Radieschen in einer Schüssel vorsichtig vermischen.

4. Das Toastbrot in feine Würfel schneiden. Die Butter in einer Pfanne erhitzen und die Brotwürfel darin rösten.

5. Für das Dressing die Eigelbe mit dem Senf in einer Schüssel verrühren. Die Gemüse- oder Geflügelbrühe und den Estragonessig daruntermischen.

6. Den geriebenen Parmesankäse dazugeben und das Olivenöl tropfenweise einrühren.

7. Das Dressing mit Salz, Pfeffer, Zucker und Cayennepfeffer kräftig abschmecken.

8. Den Salat dekorativ anrichten, die Putenröllchen darauflegen, das Ganze mit dem Dressing beträufeln und mit den Toastcrôutons bestreuen. Mit Kräuterzweigen garnieren und sofort servieren.

TOMATEN

Frische Tomaten müssen eine glatte und straffe Haut haben. Zu weiche Tomaten werden wieder schnittfest, wenn man sie für 15 Minuten in kaltes Wasser legt. Überreife Tomaten überbrüht man kurz, häutet sie, verwendet sie für Suppen und Soßen oder friert sie ein. Grüne Tomaten reifen, wenn Sie sie in ein feuchtes Küchentuch und dann in Zeitungspapier gewickelt an einen nicht zu sonnigen Ort legen. Legen Sie Tomaten zum Nachreifen mit dem Stiel nach oben an einen warmen, hellen Platz. Vermeiden Sie direkte Sonnenbestrahlung. Schneiden Sie immer den Strunk aus den Tomaten heraus, er enthält schwer bekömmliche Bitterstoffe. Tomaten lassen sich leicht enthäuten, wenn Sie sie kurz mit kochendem Wasser übergießen oder wenn Sie sie über Kreuz einschneiden, in kochendes Wasser legen, mit einer Schaumkelle herausnehmen und unter kaltem Wasser abschrecken.

Nizzasalat

Für 4 Personen:

1 kleiner Kopf Radicchiosalat
1 kleiner Kopf Friséesalat
1 Staude Chicorée
100 g Kirschtomaten
200 g gekochte Kartoffeln
1 Zwiebel
250 g Thunfisch in Öl
100 g Sardellenfilets
100 g schwarze Oliven
2 hart gekochte Eier

Für das Dressing:
125 ml Gemüse- oder Fleischbrühe
1 Zwiebel
2 EL Dijon-Senf
Saft von 1 Zitrone
75 ml Obstessig
1 Knoblauchzehe, 1 TL Salz
Salz, Pfeffer aus der Mühle
1 Prise Cayennepfeffer
100 ml Olivenöl

Außerdem:
50 g frische Keime oder Sprossen
1 Kästchen Kresse

1. Die Blattsalate verlesen, waschen, gut abtropfen lassen und in mundgerechte Stücke zerpflücken oder schneiden.

2. Die Kirschtomaten waschen und den Strunk herausschneiden. Die Kartoffeln schälen und in Würfel oder Scheiben schneiden.

3. Die Zwiebel schälen und in dünne Scheiben schneiden. Den Thunfisch gut abtropfen lassen und zerpflücken.

4. Die Sardellenfilets unter fließendem Wasser waschen und gut abtropfen lassen. Die Oliven ebenfalls abtropfen lassen.

5. Die hart gekochten Eier pellen und in Spalten schneiden.

6. Die Salatzutaten vorsichtig miteinander vermischen und dekorativ anrichten.

7. Die Gemüse- oder Fleischbrühe mit der geschälten, fein gehackten Zwiebel, dem Dijon-Senf, dem Zitronensaft, dem Obstessig und der geschälten, mit Salz zerriebenen Knoblauchzehe in eine Schüssel geben und mit dem Pürierstab pürieren.

8. Das Dressing mit Salz, Pfeffer und Cayennepfeffer kräftig abschmecken und das Olivenöl einrühren. Anschließend den Salat damit beträufeln.

9. Den Salat mit den frischen Keimen oder Sprossen und der verlesenen Kresse bestreuen, garnieren und sofort servieren.

Chicorée

Der bittere Geschmack wird genommen, schneidet man an der Chicoréestaude zuerst einen Kegel an der unteren Schnittfläche heraus. Chicorée sollte vor der Zubereitung in lauwarmem Wasser mit einem Schuss Milch gewaschen werden. Dadurch werden ihm die Bitterstoffe entzogen.

Fitnesssalat mit Schnitzelstreifen

Für 4 Personen:

Für die Schnitzelstreifen:
500 g Schweineschnitzel
Salz, Pfeffer aus der Mühle
1 TL Paprikapulver rosenscharf
1 TL Knoblauchgranulat
Mehl zum Wenden, 2 Eier
150 g Semmelbrösel
Fett zum Frittieren

Für den Salat:
1 kleiner Kopf grüner Salat (Kopf- oder Eichblattsalat)
100 g frische Champignons
Saft von ½ Zitrone
2 Tomaten, 1 gelbe Paprikaschote
1 kleine Zwiebel

Für das Dressing:
100 ml Gemüsebrühe
50 ml Kräuteressig
Saft von ½ Zitrone, Zucker
75 ml Sonnenblumenöl

Außerdem:
2 EL geröstete, geschälte Sonnenblumenkerne
Basilikumblättchen zum Garnieren

1. Die Schweineschnitzel unter fließendem Wasser waschen, trocken tupfen, in mundgerechte Streifen schneiden, mit Salz, Pfeffer, Paprikapulver und Knoblauchgranulat würzen und die Schnitzelstreifen in Mehl wenden.

2. Die Eier in einem tiefen Teller verschlagen. Die Semmelbrösel in einen zweiten Teller geben, die Schnitzelstreifen durch die Eier ziehen und mit den Semmelbröseln panieren.

3. Das Fett in einem Frittiertopf erhitzen und die Schnitzelstreifen darin goldgelb ausbacken, herausnehmen, gut abtropfen lassen und warm stellen.

4. Den grünen Salat verlesen, waschen, gut abtropfen lassen, in mundgerechte Stücke zerpflücken und in eine Schüssel geben.

5. Die Champignons putzen, in Scheiben schneiden und mit Zitronensaft beträufeln. Die Tomaten waschen, den Strunk entfernen und die Tomaten achteln.

6. Die Paprikaschote halbieren, entkernen, waschen, gut abtropfen lassen und in feine Würfel schneiden. Die Zwiebel schälen und in Scheiben schneiden.

7. Die Champignons, die Tomaten, die Paprikawürfel und die Zwiebelscheiben zum Salat geben und alles vorsichtig miteinander vermischen.

8. Für das Dressing die Gemüsebrühe mit dem Kräuteressig und dem Zitronensaft in einer Schüssel verrühren. Mit Salz, Pfeffer und Zucker abschmecken, das Sonnenblumenöl tropfenweise einrühren und den Salat damit anmachen.

9. Den Salat auf Tellern dekorativ anrichten. Die Schnitzelstreifen darauf verteilen, das Ganze mit den gerösteten Sonnenblumenkernen bestreuen, mit Basilikumblättchen garnieren und sofort servieren.

Indischer Reissalat

Für 4 Personen:

300 g Blumenkohlröschen
2 Karotten
1 Bund Frühlingszwiebeln
250 g grüne Erbsen (TK-Produkt)
2 Töpfe mit Salzwasser oder Gemüsebrühe zum Garen
250 g Basmatireis
500 g Schweineschnitzel
Salz, Pfeffer aus der Mühle
Currypulver
Butterschmalz zum Braten

Für das Dressing:
Saft von 2 Limetten
75 ml Gemüsebrühe
75 ml Kokosmilch
1 TL Korianderpulver
1 TL Zucker
2–3 TL Currypulver
1 Prise Cayennepfeffer

Außerdem:
Limettenschnitze und Zitronenmelisseblättchen zum Garnieren

1. Die Blumenkohlröschen verlesen, waschen, gut abtropfen lassen und je nach Bedarf klein schneiden. Die Karotten schälen, waschen und in dünne Scheiben schneiden.

2. Die Frühlingszwiebeln putzen, waschen und in mundgerechte Stücke schneiden. Die Erbsen auftauen lassen (am besten eine Minute in kochendem Salzwasser blanchieren).

3. Zwei Töpfe mit Salzwasser oder Gemüsebrühe zum Kochen bringen. In einem das Gemüse sortenweise bissfest garen, herausnehmen, in Eiswasser abschrecken, gut abtropfen lassen und bereitstellen.

4. Im anderen Topf den Reis nach Packungsanweisung garen, abgießen, mit Salz, Pfeffer und Currypulver würzen und bereitstellen.

5. Für das Dressing den Limettensaft mit der Gemüsebrühe und der Kokosmilch in einer Schüssel verrühren. Mit Korianderpulver, Zucker, Currypulver, Cayennepfeffer, Salz und Pfeffer kräftig abschmecken. Die Hälfte des Dressings zum Reis geben, das Gemüse hinzufügen und alles gut durchmischen.

6. Die Schweineschnitzel unter fließendem Wasser waschen, trocken tupfen und in dünne Streifen schneiden. Mit Salz, Pfeffer und Currypulver kräftig würzen und die Schnitzelstreifen rund herum anbraten.

7. Den Reissalat dekorativ auf Tellern verteilen, das Fleisch daraufgeben und mit dem restlichen Dressing beträufeln.

8. Mit Limettenschnitzen und Zitronenmelisseblättchen garnieren und noch lauwarm sofort servieren.

Grüner Salat mit Kokos

Für 4 Personen:

1 Kopfsalat
100 g Zuckerschoten
2 Zwiebeln
50 g kandierte Mango
eine rote Chilischote

Für das Dressing:
Saft von 2 Limetten
2 TL thailändische Fischsoße
50 ml Gemüsebrühe
1 TL Palmzucker
2 Knoblauchzehen
½ Bund Koriandergrün
Salz, Pfeffer aus der Mühle
50 ml Sonnenblumenöl

Außerdem:
100 g frisches Kokosnussfruchtfleisch
2 EL Erdnussöl

1. Den Kopfsalat verlesen, waschen, zerpflücken und in eine Schüssel geben. Die Zuckerschoten putzen, waschen, in feine Streifen schneiden und zum Salat geben.

2. Die Zwiebeln schälen und in feine Scheiben schneiden, die kandierte Mango in hauchdünne Streifen schneiden. Die Chilischote halbieren, entkernen, waschen und ebenfalls in feine Streifen schneiden.

3. Die Zutaten zum Kopfsalat geben und alles vorsichtig miteinander vermischen.

4. Für das Dressing den Limettensaft mit der Fischsoße und der Gemüsebrühe in einer Schüssel verrühren.

5. Den Palmzucker einrühren und so lange rühren, bis sich der Zucker vollständig aufgelöst hat.

6. Die Knoblauchzehen schälen, sehr fein hacken, das Koriandergrün verlesen, waschen, fein schneiden und mit dem Knoblauch unter das Dressing rühren.

7. Das Dressing mit Salz und Pfeffer kräftig würzen und das Sonnenblumenöl einrühren. Den Salat mit dem Dressing anmachen und kurz ziehen lassen.

8. Das Kokosnussfruchtfleisch in feine Schnitze schneiden, das Erdnussöl in einer Pfanne erhitzen und das Fruchtfleisch darin kurz rösten.

9. Den Salat dekorativ anrichten, mit dem Kokosnussfruchtfleisch bestreuen, garnieren und sofort servieren.

Kokosnuss

Die Kokosnuss ist die Frucht der Kokospalme und keine echte Nuss, sondern eine einsamige Steinfrucht. Sie wird als grüne, relativ unreife Frucht geerntet. Vor dem Export werden die äußeren Schichten entfernt, um Transportplatz zu sparen. Die 20 bis 30 cm lange Frucht wiegt reif zwischen 900 und 2 500 Gramm. Im Hohlraum befindet sich etwa ein Liter süßliche, fast klare Flüssigkeit, das Kokoswasser. Dieses ist keimfrei, solange die Nuss geschlossen bleibt. Kokosmilch entsteht nicht in der Nuss, sondern wird hergestellt, indem das Fruchtfleisch mit Wasser püriert und ausgepresst wird.

SCHARFER GÄNSESALAT

FÜR 4 PERSONEN:

2 Zwiebeln
je 1 rote und gelbe Paprikaschote
500 g gebratenes oder gekochtes Gänsefleisch
4 Tomaten

Für das Dressing:
1 Tasse Tomatensaft
1 Becher süße Sahne
½ Tasse Rotweinessig
½ Bund Petersilie
½ Bund Zitronenmelisse
2 Knoblauchzehen, 1 TL Salz
Salz, Pfeffer aus der Mühle
1 Prise Zucker
einige Tropfen Pfeffersoße

Außerdem:
Kräuterzweige zum Garnieren

1. Die Zwiebeln schälen, in feine Würfel schneiden und in eine Schüssel geben.

2. Die Paprikaschoten halbieren, entkernen, waschen und in Würfel schneiden. Das Gänsefleisch ebenfalls in Würfel schneiden.

3. Die Tomaten waschen, vom Strunk befreien und in Würfel schneiden. Die Zutaten zu den Zwiebeln geben und das Ganze vorsichtig vermischen.

4. Für das Dressing den Tomatensaft, die Sahne, den Rotweinessig und die verlesenen, gewaschenen und fein gehackten Kräuter miteinander vermischen.

5. Die Knoblauchzehen schälen, fein würfeln, mit Salz zu einer Paste zerreiben und unter das Dressing rühren.

6. Das Dressing mit Salz, Pfeffer, Zucker und Pfeffersoße abschmecken und den Salat damit anmachen.

7. Den Salat kurz ziehen lassen, nochmals nachwürzen, dekorativ anrichten, mit Kräuterzweigen garnieren und mit frischem Stangenweißbrot sofort servieren.

ZITRONENMELISSE

Frische Blätter eignen sich als Beigabe zu Sommergetränken (auch Kräuterbier), zu Obstsalaten, zu Marmeladen und in Milchpuddings, für Salatdressings, für Suppen, Soßen, Wild- und Fischgerichte, Pilze und Weichkäse. Sie gelten auch als Ersatz für geriebene Zitronenschale. Das feine Zitronenaroma verflüchtigt sich jedoch sehr schnell, darum sollten die Blätter erst den fertigen Speisen zugegeben werden. Selbst getrocknet hält sich das Aroma nur begrenzt, auch wenn die Melisse in einem luftdicht verschlossenen Glas aufbewahrt wird.

Schichtsalat mit Thunfisch

Für 4 Personen:

1 kleiner Kopf Eisbergsalat
1 Bund Radieschen
½ Salatgurke
2 gelbe Paprikaschoten
1 kleines Glas grüne Oliven mit Paprikafüllung
2 Dosen Thunfisch im eigenen Saft
4 hart gekochte Eier
1 Kästchen Kresse
150 g Schafskäse

Für das Dressing:
100 g Schalotten
1–2 EL Sonnenblumenöl
150 ml Gemüsebrühe
75 ml Kräuteressig
Salz, Pfeffer aus der Mühle
1 Prise Zucker
30 g gemischte frische Kräuter (Petersilie, Estragon, Basilikum)
75 ml Sonnenblumenöl

1. Den Eisbergsalat verlesen, waschen und in mundgerechte Stücke zerpflücken. Die Radieschen putzen, waschen und klein schneiden.

2. Die Salatgurke putzen, waschen, der Länge nach halbieren und in dünne Scheiben schneiden.

3. Die Paprikaschoten halbieren, entkernen, waschen, gut abtropfen lassen und in dünne Streifen schneiden.

4. Die Oliven und den Thunfisch gut abtropfen lassen, den Thunfisch zerpflücken.

5. Die Eier pellen und achteln, die Kresse verlesen, waschen, gut abtropfen lassen und bereitstellen. Den Schafskäse in Streifen schneiden.

6. Für das Dressing die Schalotten schälen, fein würfeln, das Sonnenblumenöl in einer Pfanne erhitzen und die Schalottenwürfel darin glasig schwitzen.

7. Die Gemüsebrühe und den Kräuteressig angießen, das Ganze mit Salz, Pfeffer und Zucker würzen und die verlesenen, gewaschenen und fein gehackten Kräuter untermischen.

8. Das Sonnenblumenöl in das Dressing rühren. Die Salatzutaten schichtweise in eine Schüssel oder ein dekoratives Glas schichten und jede Schicht mit Dressing beträufeln.

9. Obenauf die Eiachtel legen und die Kresse und den Schafskäse darüberstreuen. Den Schichtsalat bis zum Verzehr im Kühlschrank kühl aufbewahren.

Senfdressing

2 rote Zwiebeln schälen, in sehr feine Würfel schneiden und in eine Schüssel geben. 200 ml Gemüsebrühe, 50 ml Schalottenessig und 2 EL mittelscharfen Senf dazugeben und alles gut miteinander verrühren. Das Dressing mit Salz, Pfeffer und Zucker abschmecken. 50 ml Sonnenblumenöl einrühren und das Dressing bis zum Verzehr in den Kühlschrank stellen.

Sommerlicher Blattsalat

Für 4 Personen:

100 g Rucola
1 kleiner Kopf Lollo bionda
1 kleiner Kopfsalat
250 g Chinakohlsalat
1 Bund Radieschen
5 Scheiben Toastbrot
2 Knoblauchzehen
1 EL Butter

Für das Dressing:
200 g Joghurt
100 g leichte Mayonnaise
2 EL Johannisbeergelee
4 EL Tomatenketchup
4 EL Obstessig
1 EL Curry
Salz, Pfeffer aus der Mühle
1 Prise Cayennepfeffer

Außerdem:
Kräuterzweige zum Garnieren

1. Die Blattsalate verlesen, waschen, gut abtropfen lassen und in mundgerechte Stücke zerpflücken oder klein schneiden.

2. Die Radieschen putzen, waschen und in Scheiben schneiden. Das Toastbrot würfeln.

3. Die Knoblauchzehen schälen, fein hacken und in der erhitzten Butter anschwitzen. Die Brotwürfel dazugeben und goldgelb rösten.

4. Die Blattsalate mit den Radieschen und den Brotwürfeln in eine Schüssel geben und alles vorsichtig miteinander vermischen.

5. Für das Dressing den Joghurt mit der Mayonnaise, dem Johannisbeergelee, dem Ketchup, dem Obstessig und dem Curry in eine Schüssel geben und alles glatt rühren.

6. Das Dressing mit Salz, Pfeffer und Cayennepfeffer kräftig abschmecken. Den Salat damit anmachen, dekorativ anrichten, mit Kräuterzweigen garnieren und sofort servieren.

Gorgonzoladressing

100 g Gorgonzola würfeln, mit 100 g Quark, 200 ml süßer Sahne und dem Saft von ½ Zitrone in eine Schüssel geben und glatt rühren. Das Dressing mit Salz, Pfeffer und Zucker abschmecken und bis zum Verzehr in den Kühlschrank stellen.

Münchner Rettichsalat

Für 4 Personen:

1 Bund rote Rettiche
1 Bund weiße Rettiche
2 Zwiebeln
400 g Fleischwurst
1 Bund Schnittlauch

Für das Dressing:
100 ml Bier
75 ml Schalottenessig
1–2 EL Honig
Salz, Pfeffer aus der Mühle
75 ml Sonnenblumenöl

Außerdem:
einige Salatblätter
Kräuterzweige zum Garnieren

1. Die Rettiche putzen, waschen und in hauchdünne Scheiben schneiden. Die Zwiebeln schälen und in dünne Ringe schneiden.

2. Die Fleischwurst enthäuten, in Scheiben schneiden, mit den Zwiebeln und den Rettichen in eine Schüssel geben und alles vorsichtig miteinander vermischen. Den Schnittlauch verlesen, waschen, fein schneiden und unter den Salat mischen.

3. Für das Dressing das Bier mit dem Schalottenessig und dem Honig in einer Schüssel glatt rühren, mit Salz und Pfeffer kräftig würzen und das Sonnenblumenöl einrühren.

4. Den Rettichsalat mit dem Dressing anmachen und im Kühlschrank mindestens 10 Minuten ziehen lassen.

5. Den Rettichsalat mit den gewaschenen, gut abgetropften Salatblättern dekorativ anrichten, mit Kräuterzweigen garnieren und sofort servieren.

Tomatenvinaigrette

2 Schalotten schälen, in feine Würfel schneiden. 1–2 EL Olivenöl in einer Pfanne erhitzen und die Schalotten darin kurz anschwitzen. 100 ml Weißwein und 100 ml Gemüsebrühe angießen und aufkochen lassen. Das Dressing vom Herd nehmen und leicht erkalten lassen. 75 ml Aceto balsamico und 1 TL Zucker einrühren und so lange rühren, bis sich der Zucker vollständig aufgelöst hat. 3 Tomaten enthäuten, entkernen, in Würfel schneiden, ins Dressing geben und alles im Mixer oder mit dem Pürierstab pürieren. Mit Salz, Pfeffer und Cayennepfeffer würzen. 75 ml Olivenöl unter die Tomatenvinaigrette rühren und diese bis zum Verzehr in den Kühlschrank stellen.

Nudelsalat mit Cocktailwürstchen

Für 4 Personen:

300 g Schmetterlingsnudeln (Farfalle)
Salzwasser
einige Tropfen Olivenöl
1 Glas Cocktailwürstchen
2 Paar Debreziner
1 Stück Ananas
je 1 rote und grüne Paprikaschote
100 g Schalotten
150 g grüne Erbsen (TK-Produkt)

Für das Dressing:
1 EL Curry
100 ml Gemüsebrühe
50 ml Weißweinessig
Salz, Pfeffer aus der Mühle
1 Prise Cayennepfeffer
2 EL Mangochutney
1 Becher Crème fraîche (125 g)

Außerdem:
Kräuterzweige zum Garnieren

1. Die Nudeln im Salzwasser mit dem Olivenöl bissfest garen, abgießen, abschrecken, gut abtropfen lassen und bereitstellen.

2. Die Cocktailwürstchen gut abtropfen lassen, die Debreziner in feine Würfel oder Scheiben schneiden.

3. Die Ananas schälen, den Strunk herausschneiden und das Fruchtfleisch in mundgerechte Stücke schneiden.

4. Die Paprikaschoten halbieren, entkernen, waschen, gut abtropfen lassen und in feine Würfel schneiden.

5. Die Schalotten schälen, fein würfeln, die Erbsen auftauen lassen, mit den restlichen Zutaten zu den Nudeln geben und alles vorsichtig miteinander vermischen.

6. Für das Dressing den Curry in einer trockenen Pfanne kurz anbraten. Die Gemüsebrühe und den Weißweinessig angießen, vom Herd nehmen, mit Salz, Pfeffer, Cayennepfeffer und Mangochutney würzen und die Crème fraîche einrühren.

7. Den Salat mit dem Dressing anmachen und im Kühlschrank 15 Minuten ziehen lassen. Anschließend den Salat nochmals nachwürzen, dekorativ anrichten, mit Kräuterzweigen garnieren und sofort servieren.

Cocktaildressing

125 g Mayonnaise mit 150 g Joghurt, 2–3 EL Obstessig, 2–3 EL Tomatenketchup und 1–2 EL Johannisbeergelee glatt rühren. Das Dressing mit Salz, Pfeffer, Cayennepfeffer und Zitronensaft sowie ½–1 TL Curry nach Geschmack würzen und mit 2 cl Weinbrand aromatisieren. Das Cocktaildressing bis zum Verzehr in den Kühlschrank stellen.

SPARGELSALAT MIT SCHINKEN

FÜR 4 PERSONEN:

je 250 g bissfest gegarter weißer und grüner Spargel
200 g Zuckerschoten
1 Bund Frühlingszwiebeln
Salzwasser oder Spargelfond zum Blanchieren
200 g Kirschtomaten
1 Bund Radieschen
150 g gekochter, in hauchdünne Scheiben geschnittener Schinken

Für das Dressing:
100 ml Spargelfond
50 ml weißer Balsamicoessig
Salz, Pfeffer aus der Mühle
1 Prise Cayennepfeffer
1 Prise Zucker, 50 ml Olivenöl

Außerdem:
Kräuterzweige zum Garnieren

1. Den Spargel in mundgerechte Stücke schneiden und in eine Schüssel geben.

2. Die Zuckerschoten verlesen, waschen und gut abtropfen lassen. Die Frühlingszwiebeln putzen, das Weiße in Stücke, das Grüne in feine Röllchen schneiden.

3. Salzwasser oder Spargelfond in einem Topf zum Kochen bringen. Die Zuckerschoten und die Frühlingszwiebelstücke darin blanchieren, herausnehmen, gut abtropfen lassen und zum Spargel geben.

4. Die Kirschtomaten waschen, den Strunk herausschneiden, die Tomaten halbieren oder vierteln. Mit den geputzten, gewaschenen und in Scheiben geschnittenen Radieschen zum Spargel geben und alles vorsichtig vermischen.

5. Die Schinkenscheiben auf Tellern dekorativ anrichten.

6. Für das Dressing den Spargelfond mit dem Balsamicoessig verrühren, mit Salz, Pfeffer, Cayennepfeffer und Zucker kräftig abschmecken. Das Olivenöl tropfenweise einrühren.

7. Den Spargelsalat damit anmachen, kurz ziehen lassen und auf dem Schinken anrichten. Das Ganze mit den Frühlingszwiebelröllchen bestreuen, mit Kräuterzweigen garnieren und sofort servieren.

Das Beste aus dem Backofen – Aufläufe

Gemüse-Cannelloni

Für 4 Personen:

1 kleine Knolle Sellerie
2-3 Karotten, 1 kleine Zucchini
1 Stange Lauch
2 Zwiebeln
2 Knoblauchzehen
2 EL Olivenöl
200 ml Gemüsebrühe
1 Packung Cannellonihüllen ohne Vorkochen
20 g Butter für die Form
400 ml passierte Tomaten
Salz, Pfeffer aus der Mühle
1 Prise Cayennepfeffer
1 Prise Zucker
je 1 EL gerebeltes Basilikum und gerebelter Oregano
200 g geriebener Pecorino

Außerdem:
Basilikum zum Garnieren

1. Das Gemüse entsprechend putzen, waschen und in Würfel schneiden.

2. Die Zwiebeln und die Knoblauchzehen schälen, fein würfeln. Das Olivenöl in einer Pfanne erhitzen, Zwiebeln und Knoblauch darin glasig schwitzen. Das Gemüse dazugeben und kurz dünsten.

3. Die Gemüsebrühe angießen und das Gemüse bei mäßiger Hitze bissfest garen.

4. Mit einer Siebkelle etwas Gemüse aus der Soße nehmen, gut abtropfen lassen, in die Cannellonihüllen füllen und diese in eine ausgefettete Auflaufform schichten.

5. Die passierten Tomaten zum restlichen Gemüse geben und das Ganze kräftig aufkochen lassen.

6. Mit Salz, Pfeffer, Cayennepfeffer und Zucker abschmecken. Die Kräuter einrühren und die Soße über den Cannelloni verteilen.

7. Die Cannelloni mit dem geriebenen Pecorino bestreuen und in dem auf 200 °C vorgeheizten Backofen etwa 45 Minuten garen. Den Auflauf nach 20 Minuten mit Alufolie abdecken.

8. Die Gemüsecannelloni herausnehmen, dekorativ anrichten, mit Basilikum garnieren und sofort servieren.

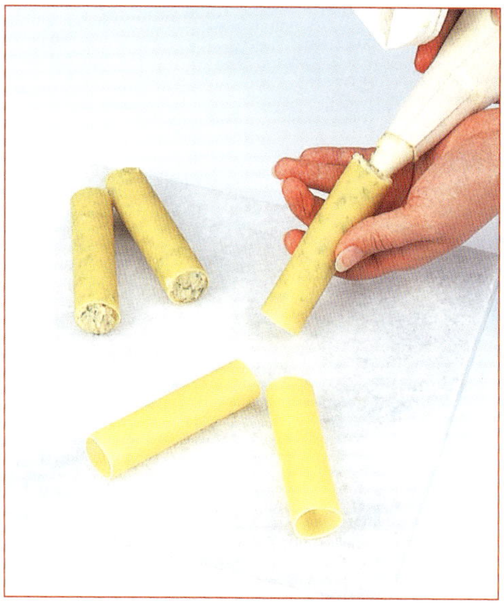

Eierauflauf mit Senfsoße

Für 4 Personen:

2 Kohlrabi
500 g Karotten
200 g Rosenkohlröschen
Salzwasser oder Gemüsebrühe zum Garen
12 hart gekochte Eier

Für die Soße:
30 g Butter
30 g Mehl
400 ml Milch
100 ml süße Sahne
100 g mittelscharfer Senf
1 Röhrchen Kapern (60 g)
Salz, Pfeffer aus der Mühle
1 Prise Muskat
1 Prise Cayennepfeffer

Außerdem:
1 Bund Schnittlauch
Kräuterzweige zum Garnieren

1. Das Gemüse entsprechend putzen und waschen. Den Kohlrabi und die Karotten in Würfel schneiden, den Rosenkohl halbieren.

2. Das Gemüse in Salzwasser oder Gemüsebrühe sortenweise bissfest garen, herausnehmen und abtropfen lassen. Die Eier pellen und halbieren.

3. Für die Soße die Butter in einem Topf erhitzen, das Mehl mit dem Schneebesen einrühren, die kalte Milch und die Sahne angießen und das Ganze unter ständigem Rühren zum Kochen bringen.

4. Den Senf in die Soße rühren und alles bei mäßiger Hitze ca. acht Minuten köcheln lassen.

5. Die gut abgetropften Kapern in die Soße geben, diese mit Salz, Pfeffer, Muskat und Cayennepfeffer kräftig abschmecken.

6. Die Eihälften und das Gemüse in eine Auflaufform schichten, mit der Senfsoße übergießen und in dem auf 200 °C vorgeheizten Backofen etwa 20 Minuten garen.

7. Nach Ende der Garzeit den Eierauflauf herausnehmen, dekorativ anrichten, mit Schnittlauchröllchen bestreuen, mit Kräuterzweigen garnieren und sofort servieren.

Nudelauflauf mit Hähnchenbrust

Für 4 Personen:

350 g Eiernudeln (z. B. Hörnchen)
Salzwasser
einige Tropfen Olivenöl

Außerdem:
500 g Hähnchenbrustfilets
Salz, Pfeffer aus der Mühle
2 EL Olivenöl
1 Bund Frühlingszwiebeln
250 ml Gemüse- oder Fleischbrühe
200 ml süße Sahne
250 g Kirschtomaten
150 g geriebener Emmentaler
1 Bund Petersilie

1. Die Eiernudeln im Salzwasser mit dem Olivenöl bissfest garen, abgießen, abschrecken und gut abtropfen lassen.

2. Die Hähnchenbrustfilets waschen, trocken tupfen, in Würfel schneiden, mit Salz und Pfeffer kräftig würzen.

3. Das Olivenöl in einer Pfanne erhitzen. Das Fleisch darin anbraten, die geputzten, klein geschnittenen Frühlingszwiebeln dazugeben und kurz mitbraten.

4. Die Brühe und die Sahne angießen, einmal kräftig aufkochen und bei mäßiger Hitze sechs Minuten köcheln lassen.

5. Die Kirschtomaten waschen, den Strunk entfernen, die Tomaten mit den Nudeln zum Fleisch geben und vermischen, mit Salz und Pfeffer abschmecken.

6. Das Ganze in eine Auflaufform füllen, mit dem geriebenen Emmentaler bestreuen und im auf 200 °C vorgeheizten Backofen ca. 30 Minuten garen.

7. Nach Ende der Garzeit den Nudelauflauf herausnehmen, dekorativ anrichten, mit der verlesenen, gewaschenen und fein geschnittenen Petersilie bestreuen und sofort servieren.

Kasnudeln

Für 4 Personen:

300 g Makkaroni, Salzwasser
einige Tropfen Olivenöl

Außerdem:
2 EL Olivenöl
1 Zwiebel, 2 Knoblauchzehen
1 Bund Frühlingszwiebeln
je 100 ml Weißwein und Brühe
4 Tomaten
Salz, Pfeffer aus der Mühle
1 Prise Cayennepfeffer
Fett zum für die Form
200 g geriebener Butterkäse
Kräuterzweige zum Garnieren

1. Die Makkaroni im Salzwasser mit dem Olivenöl bissfest garen, abgießen, abschrecken und gut abtropfen lassen.

2. Das Olivenöl in einer Pfanne erhitzen. Die Zwiebel und die Knoblauchzehen schälen, fein würfeln, ins Fett geben und glasig schwitzen.

3. Die Frühlingszwiebeln putzen und in Scheiben schneiden. Zu den Knoblauchzwiebeln geben und kurz mitschwitzen.

4. Den Weißwein und die Brühe angießen. Die Makkaroni, die enthäuteten, entkernten und in Stücke geschnittenen Tomaten dazugeben, durchschwenken, erhitzen, mit Salz, Pfeffer und Cayennepfeffer würzen.

5. Das Ganze in eine ausgefettete Auflaufform füllen, mit dem geriebenen Butterkäse bestreuen und im auf 180–200 °C vorgeheizten Backofen 12–15 Minuten überbacken.

6. Die Kasnudeln herausnehmen, dekorativ anrichten, mit Kräuterzweigen garnieren und sofort servieren.

(ohne Abbildung)

Leberkäse-Lasagne

Für 4 Personen:

4 Zwiebeln, 2 Knoblauchzehen
2 gelbe Paprikaschoten
2 EL Olivenöl
400 ml passierte Tomaten
1 EL gerebelte, italienische Kräuter
Salz, Pfeffer aus der Mühle
1 Prise Cayennepfeffer
20 g Butter für die Form
600 g feiner Leberkäse (in ca. ½ cm dicke Scheiben geschnitten)
300 g geriebener Mozzarella
Kräuterzweige zum Garnieren

1. Die Zwiebeln und die Knoblauchzehen schälen und fein würfeln. Die Paprikaschoten halbieren, entkernen, waschen, abtropfen lassen und ebenfalls fein würfeln.

2. Das Olivenöl in einer Pfanne erhitzen, das Gemüse darin kurz dünsten.

3. Die passierten Tomaten angießen und die Kräuter untermischen. Das Ganze einmal aufkochen lassen, mit Salz, Pfeffer und Cayennepfeffer würzen.

4. Eine Auflaufform ausfetten, schichtweise die Leberkäsescheiben und die Gemüsemischung einfüllen, den geriebenen Mozzarella darüberstreuen und den Auflauf im auf 200 °C vorgeheizten Backofen ca. 30 Minuten garen.

5. Die Leberkäselasagne aus dem Ofen nehmen, dekorativ anrichten, mit Kräuterzweigen garnieren und sofort servieren.

Lasagne alla Milanese

Für 4 Personen:

30 g Butter, 30 g Mehl
300 ml Milch, 200 ml süße Sahne
Salz, weißer Pfeffer aus der Mühle
Muskat, Cayennepfeffer
einige Tropfen Zitronensaft
einige Tropfen Worcestersoße
2–3 EL Olivenöl, 1 Zwiebel
2 Knoblauchzehen
250 g frische Steinchampignons
Saft von 1 Zitrone
250 g Gorgonzola, 300 g Lasagneplatten ohne Vorkochen
Kräuterzweige zum Garnieren

1. Butter in einem Topf schmelzen lassen. Das Mehl mit dem Schneebesen einrühren. Die Milch und die Sahne vermischen, zur Mehlbutter geben und das Ganze bei mäßiger Hitze 6–8 Minuten köcheln lassen. Die Soße mit Salz, Pfeffer, Muskat, Cayennepfeffer, Zitronensaft und Worcestersoße würzen.

2. Öl erhitzen. Zwiebel und Knoblauch schälen, würfeln, ins Fett geben und glasig schwitzen. Champignons putzen, in Scheiben schneiden, mit Zitronensaft beträufeln, zu den Knoblauchzwiebeln geben und kurz mitschwitzen.

3. Die Champignons mit Salz, Pfeffer und Cayennepfeffer abschmecken. Den Gorgonzola in Scheiben schneiden. Schichtweise die Lasagneplatten, die Champignons, die Soße und den Gorgonzola in eine Auflaufform füllen.

4. Die Lasagne im auf 180–200 °C vorgeheizten Backofen 25–30 Minuten garen. Nach Ende der Garzeit die Lasagne aus dem Ofen nehmen, dekorativ anrichten, mit Kräuterzweigen garnieren und sofort servieren.

(ohne Abbildung)

Schwäbischer Spätzleauflauf

Für 4 Personen:

500 g Kartoffeln
200 g durchwachsener, geräucherter, gepökelter Bauchspeck
1 EL Butterschmalz
je 200 ml Brühe und Weißwein
1 EL Kräuter der Provence
Salz, Pfeffer aus der Mühle
1 Prise Muskat
1 Prise Cayennepfeffer
800 g Spätzle (Fertigprodukt)
4 Tomaten
50 g gemischte Kräuter (Oregano, Basilikum, Melisse)
Butter für die Form
250 g geriebener Emmentaler

Außerdem:
gebratene Zwiebelringe zum Belegen

1. Die Kartoffeln waschen, schälen und in Würfel schneiden, den Bauchspeck würfeln.

2. Das Butterschmalz in einer Pfanne erhitzen, den Bauchspeck und die Kartoffeln darin unter ständigem Rühren 8–10 Minuten braten, dabei die Brühe und den Weißwein angießen und immer wieder vollständig verdunsten lassen.

3. Die Kartoffelmischung mit Kräutern der Provence, Salz, Pfeffer, Muskat und Cayennepfeffer kräftig würzen.

4. Anschließend die Kartoffelmischung mit den Spätzle, den enthäuteten, entkernten und gewürfelten Tomaten und den fein geschnittenen Kräutern vermischen.

5. Das Ganze in eine ausgefettete Auflaufform füllen, mit dem geriebenen Käse bestreuen und in dem auf 200 °C vorgeheizten Backofen etwa 30 Minuten backen.

6. Nach Ende der Garzeit den Schwäbischen Spätzleauflauf aus dem Backofen nehmen, dekorativ anrichten, mit gebratenen Zwiebelringen belegen und mit einem großen, gemischten Salat sofort servieren.

Kartoffelauflauf mit Schweinefilet

Für 4 Personen:

800 g Kartoffeln
500 ml Milch
Salz, Pfeffer aus der Mühle
1 Prise Muskat
1 Prise Cayennepfeffer
500 g Schweinefilet
1 TL Paprikapulver edelsüß
Butterschmalz zum Braten und für die Form
1 rote Paprikaschote
4 Frühlingszwiebeln

Für den Guss:
50 g geriebener Parmesan
100 g geriebener Emmentaler

Außerdem:
Basilikumblättchen zum Garnieren

1. Die Kartoffeln unter fließendem Wasser waschen, schälen und in Spalten schneiden.

2. Die Milch in einem Topf erhitzen, mit Salz, Pfeffer, Muskat und Cayennepfeffer würzen und die Kartoffelspalten darin fünf Minuten kochen, herausnehmen und bereitstellen. Die Milch nicht weggießen

3. Das Schweinefilet unter fließendem Wasser waschen, trocken tupfen, in Scheiben schneiden, mit Salz, Pfeffer und Paprikapulver würzen. Butterschmalz in einer Pfanne erhitzen und das Fleisch darin kurz anbraten.

4. Die Paprikaschote halbieren, entkernen, waschen und in feine Streifen schneiden. Die Frühlingszwiebeln putzen, waschen und in Scheiben schneiden.

5. Eine Auflaufform ausfetten, die Fleischscheiben mit den Kartoffelspalten, den Paprikastreifen und den Frühlingszwiebeln in die Form schichten.

6. Die Milch mit dem Parmesankäse und dem Emmentaler verrühren, über den Auflauf gießen und den Auflauf im auf 200 °C vorgeheizten Backofen 30 Minuten garen.

7. Den fertigen Auflauf aus dem Backofen nehmen, dekorativ anrichten, mit Basilikumblättchen garnieren und sofort servieren.

Käse

Käse bleibt länger frisch und schimmelt nicht so schnell, wenn ein Stückchen Würfelzucker unter die Käseglocke gelegt wird. Das saugt die Feuchtigkeit auf. Oder geben Sie Käse in eine luftdicht verschließbare Kunststoffschachtel, die mit Butterbrotpapier ausgelegt ist, und verwahren Sie diese im Kühlschrank. Das verhindert das Austrocknen und den Ansatz von Schimmel. Käse bleibt auch frisch, wenn man ihn in ein mit Essig befeuchtetes Tuch wickelt. Harte Käse werden nur gerieben oder geschabt verwendet (Parmesan). Zum Überbacken mischt man den geriebenen Hartkäse mit Sahne oder verquirltem Ei.

Gemüseauflauf mit Äpfeln

Für 4 Personen:

500 g Karotten
250 g grüne Bohnen
Salzwasser
600 g Kartoffeln
250 g Frühstücksspeck
1 EL Butterschmalz
1 Zwiebel
1 rote Paprikaschote
1 Apfel
Saft von ½ Zitrone
4 EL Apfelmus
Salz, Pfeffer aus der Mühle
1 Prise Muskat
2 TL gerebelter Majoran
Fett für die Form
200 g geriebener Butterkäse

Äpfel

Äpfel gehören zum Kernobst, sie werden ganzjährig angeboten und sind je nach Sorte lange lagerfähig. Wegen ihrer vielen Ballaststoffe und des hohen Vitamin-C-Gehalts zählen Äpfel zu den gesunden Obstsorten. Das in den Apfelschalen enthaltene Pektin ist ein Ballaststoff, der sich günstig auf den Cholesterinspiegel auswirkt. Deshalb sollte man Äpfel möglichst ungeschält genießen. Ein Apfel (100 g) enthält ca. 55 kcal, zwischen 10 und 30 mg Vitamin C, ca. 144 mg Kalium, außerdem neben vielen anderen die Mineralstoffe Zink, Kalzium, Phosphor, Magnesium und Natrium sowie die Vitamine A und E, Niacin, Folsäure, Pantothensäure und Biotin. Die besten Lageräpfel sind die Herbst- und Wintersorten, Sommersorten müssen schnell verbraucht werden.

1. Die Karotten schälen und würfeln, die Bohnen putzen, waschen und in mundgerechte Stücke schneiden.

2. Salzwasser in einem Topf erhitzen und die Karotten sowie die Bohnen sortenweise bissfest garen, herausnehmen, gut abtropfen lassen und bereitstellen.

3. Die Kartoffeln schälen, waschen, halbieren, in Scheiben schneiden, im Salzwasser ebenfalls bissfest garen.

4. Den Frühstücksspeck in feine Würfel oder Streifen schneiden. Das Butterschmalz in einer Pfanne erhitzen und den Speck darin auslassen.

5. Die Zwiebel schälen, in feine Würfel schneiden, zum Speck geben und kurz mitschwitzen.

6. Die Paprikaschote halbieren, entkernen, waschen, klein schneiden, zu den Speckzwiebeln geben und kurz mitschwitzen.

7. Den Apfel schälen, entkernen, in Würfel oder Scheiben schneiden, mit Zitronensaft beträufeln, hinzufügen und ebenfalls kurz mitschwitzen.

8. Die Karotten, die Bohnen und die Kartoffeln dazugeben, mit Apfelmus verfeinern, mit Salz, Pfeffer und Muskat sowie Majoran würzen und das Ganze in eine ausgefettete Auflaufform geben.

9. Den Auflauf mit dem geriebenen Käse bestreuen und im auf 180 °C vorgeheizten Backofen 20 Minuten backen.

10. Den fertigen Gemüseauflauf mit Äpfeln aus dem Backofen nehmen, dekorativ anrichten und sofort servieren.

Schneller Brotauflauf

Für 4 Personen:

½ Stange Baguette
2 Zucchini
Salzwasser
Butter für die Form

Für den Guss:
1 Zwiebel
1 Knoblauchzehe
Butterschmalz zum Anbraten
200 ml Gemüsebrühe
200 ml Milch
Salz, Pfeffer aus der Mühle
eine Prise Muskat
150 g Schmelzkäse
50 g geriebener Emmentaler

1. Das Baguette in Scheiben schneiden und bereitstellen. Die Zucchini waschen, in Scheiben schneiden und im Salzwasser kurz blanchieren.

2. Die Zucchinischeiben und die Baguettescheiben abwechselnd in eine ausgefettete Auflaufform setzen.

3. Die Zwiebel und die Knoblauchzehe schälen und fein würfeln. Das Schmalz in einer Pfanne erhitzen, Zwiebel und Knoblauch darin glasig schwitzen.

4. Die Knoblauchzwiebeln mit der Gemüsebrühe und der Milch übergießen, mit Salz, Pfeffer und Muskat würzen und einmal aufkochen lassen.

5. Anschließend 75 g Schmelzkäse einrühren und die Soße über dem Auflauf verteilen.

6. Den restlichen Schmelzkäse in Flöckchen daraufsetzen und den Emmentaler darüberstreuen.

7. Den Auflauf im auf 180–200 °C vorgeheizten Backofen 20–25 Minuten garen, herausnehmen, dekorativ anrichten und sofort servieren.

Italienisches Landbrot

500 g gesiebtes Weizenmehl Type 550 mit 1 TL Salz in eine Schüssel geben. 1 Würfel zerbröckelte Frischhefe und 300 ml warmes Wasser hinzufügen und die Zutaten mit dem Knethaken der Küchenmaschine zu einem glatten Teig verkneten. Den Teig zu einem runden Laib formen, mit Mehl bestäuben, in eine Schüssel legen und zugedeckt an einem warmen Ort zur doppelten Menge aufgehen lassen. Den Teig auf einer bemehlten Arbeitsfläche nochmals durchkneten, zu einem länglichen Laib formen und auf ein mit Backpapier belegtes Backblech legen. Mit einem scharfen Messer rautenförmig einschneiden und im auf 200 °C vorgeheizten Backofen 50 Minuten backen. Das italienische Landbrot aus dem Ofen nehmen und auf einem Kuchengitter erkalten lassen.

Nudelauflauf mit Lachs

Für 4 Personen:

250 g breite Bandnudeln
Salzwasser
einige Tropfen Olivenöl
1 kleiner Kopf Brokkoli
500 g Karotten
Gemüsebrühe
Lachsfilet (TK-Produkt, 450 g)
einige Tropfen Worchestersoße
einige Tropfen Zitronensaft
Salz, Pfeffer aus der Mühle
1 Prise Cayennepfeffer
Fett für die Form

Außerdem:
200 ml Milch
200 g Kräuterschmelzkäse
2 Schalotten
1 Knoblauchzehe
Basilikumblättchen zum Garnieren

1. Die Bandnudeln im Salzwasser mit dem Olivenöl bissfest garen, abgießen, abschrecken, gut abtropfen lassen und bereitstellen.

2. Den Brokkoli putzen und waschen. Die Karotten schälen. Brokkoli und Karotten klein schneiden.

3. Die Gemüsebrühe in einem Topf zum Kochen bringen, das Gemüse darin sortenweise blanchieren, herausnehmen und gut abtropfen lassen.

4. Den aufgetauten Lachs unter fließendem Wasser waschen, trocken tupfen und in Scheiben schneiden. Mit Zitronensaft und Worcestersoße beträufeln, mit Salz, Pfeffer und Cayennepfeffer würzen und im Kühlschrank 10–15 Minuten ziehen lassen.

5. Eine Auflaufform ausfetten, schichtweise Nudeln, Gemüse und Fisch einfüllen.

6. Die Milch mit dem Kräuterschmelzkäse in einer Schüssel glatt rühren. Die Schalotten und den Knoblauch schälen, fein hacken und zu der Kräutermilch geben.

7. Den Auflauf mit der Kräutermilch übergießen und im auf 180–200 °C vorgeheizten Backofen 30 Minuten abgedeckt garen, aufdecken und 10–15 Minuten weitergaren.

8. Nach Ende der Garzeit den Auflauf herausnehmen, dekorativ anrichten, mit Basilikumblättchen garnieren und sofort servieren.

Basilikum

Verwendet werden Blätter und Blüten, entweder frisch oder getrocknet, in Salaten und allen Fleischgerichten mit Kräutersoßen. Basilikum schmeckt besonders gut zu Tomaten mit Mozzarella, Pizza mit Tomaten, italienischen Nudelgerichten und der Pesto-Soße. Das Gewürz harmoniert mit vielen anderen Kräutern in besonderer Weise, z. B. mit Rosmarin, Thymian, Majoran oder Oregano. Man kann frische Blätter auch in Olivenöl konservieren. Es gibt sogar einen Basilikumhonig von heller Farbe, dessen Kräuteraroma in Europa sehr geschätzt wird.

Sauerkrautauflauf mit Bratwürstchen

Für 4 Personen:

Für das Sauerkraut:
1 Zwiebel
Butterschmalz zum Braten
1 Dose Sauerkraut (400 g)
250 ml Gemüsebrühe
2 Lorbeerblätter
4 Nelken
Salz, Pfeffer aus der Mühle
1 Prise Zucker
2 TL rosa Pfefferkörner

Für das Kartoffelpüree:
800 g mehlige Kartoffeln
Salzwasser
100 ml Milch
eine Prise Muskat

Außerdem:
1 kleine Stange Lauch
Salzwasser zum Blanchieren
Fett für die Form und zum Braten
10 Nürnberger Rostbratwürstchen
100 g geriebener Gouda

1. Die Zwiebel schälen und würfeln. Das Butterschmalz in einem Topf erhitzen und die Zwiebel darin glasig anschwitzen. Das Sauerkraut zerpflücken und kurz mitschwitzen.

2. Das Sauerkraut mit der Gemüsebrühe übergießen, die Lorbeerblätter und die Nelken dazugeben, mit Salz, Pfeffer und den rosa Pfefferkörnern abrunden und 15 Minuten köcheln.

3. Die Kartoffeln unter fließendem Wasser abbürsten und im Salzwasser 18–20 Minuten garen.

4. Die fertig gegarten Kartoffeln abgießen, leicht erkalten lassen, pellen und mit der heißen Milch und Muskat ein festes Kartoffelpüree herstellen.

5. Den Lauch putzen, waschen, in Streifen schneiden, im kochenden Salzwasser kurz blanchieren, herausnehmen und abtropfen lassen.

6. Eine Auflaufform ausfetten, die Hälfte des Kartoffelpürees hineingeben und glatt streichen. Das gut abgetropfte Sauerkraut darauf verteilen. Mit den Lauchstreifen belegen, mit dem restlichen Kartoffelpüree abdecken und glatt streichen.

7. Etwas Fett in einer Pfanne erhitzen, die Bratwürstchen darin anbraten und in das Kartoffelpüree drücken.

8. Mit dem geriebenen Gouda bestreuen und im auf 180 °C vorgeheizten Backofen 30 Minuten abgedeckt garen, aufdecken und 10 Minuten weitergaren. Nach Ende der Garzeit den Sauerkrautauflauf herausnehmen, dekorativ anrichten und sofort servieren.

Sauerkraut

Setzen Sie Sauerkraut statt mit Wasser mit Apfelsaft oder mit einem Schuss Apfelwein auf. Der Geschmack wird intensiver. Geben Sie unter fertig gegartes Sauerkraut zwei bis drei Esslöffel rohes Sauerkraut. Das hebt den Eigengeschmack hervor. Würzen Sie fertig gekochtes Sauerkraut mit einer Prise Zimt. Lose gekauftes Sauerkraut wird häufig in Plastiktüten verpackt. Füllen Sie das Sauerkraut zuhause sofort in eine Glas- oder Porzellanschüssel um, da die Säure giftige Stoffe aus der Plastikverpackung freisetzen kann. Am besten ist es, wenn Sie zum Kauf von frischem Sauerkraut eine fest verschließbare Glasdose mitnehmen, in die Sie sich das Sauerkraut abfüllen lassen. Geben Sie beim Kochen von Sauerkraut die Gewürze in ein Gewürzsäckchen, so können sie nach dem Kochen leichter entfernt werden. Ist das Sauerkraut zu sauer, mildern Sie es, indem Sie eine rohe Kartoffel fein reiben und mit dem Kraut kochen. Sauerkraut wird auch milder, wenn Sie einen rohen Apfel in das Kraut reiben oder zwei Esslöffel Apfelmus zugeben. Sauerkraut wird während des Kochens nicht braun, wenn Sie Zutaten wie Speck und Würstchen erst ganz zum Schluss unterheben.

Makkaroniauflauf mit Hähnchenfilets

Für 4 Personen:

300 g Makkaroni
Salzwasser
einige Tropfen Olivenöl

Für die Tomatensoße:
1 Zwiebel, 2 Knoblauchzehen
2 EL Olivenöl
2 EL Tomatenmark
400 ml Tomatensaft
Salz, Pfeffer aus der Mühle
1 TL gerebeltes Basilikum
1 TL gerebelter Oregano
100 g in Öl eingelegte Tomaten

Außerdem:
Fett für die Form
4 Hähnchenbrustfilets
1 Prise Cayennepfeffer
2 EL Butterschmalz
300 g geriebener Emmentaler
Olivenscheiben, geröstete, gehackte Pinienkerne und gehackte Petersilie zum Bestreuen

1. Die Makkaroni im Salzwasser mit einigen Tropfen Olivenöl bissfest garen, abgießen, abschrecken und gut abtropfen lassen.

2. Für die Tomatensoße die Zwiebel und die Knoblauchzehen schälen, fein hacken und in einem Topf mit dem Olivenöl anschwitzen.

3. Das Tomatenmark unterrühren und kurz mitschwitzen. Den Tomatensaft angießen, das Ganze zum Kochen bringen und fünf Minuten köcheln lassen. Die Tomatensoße mit Salz, Pfeffer, Basilikum und Oregano würzen.

4. Die eingelegten Tomaten gut abtropfen lassen, in Scheiben schneiden und in die Tomatensoße geben.

5. Die Makkaroni in eine gefettete Auflaufform geben und die Tomatensoße angießen.

6. Die Hähnchenbrustfilets unter fließendem Wasser waschen und trocken tupfen. Mit Salz, Pfeffer und Cayennepfeffer kräftig würzen, in einer Pfanne mit dem erhitzten Butterschmalz braten und auf den Auflauf setzen.

7. Den Auflauf mit Alufolie abdecken und in dem auf 180–200 °C vorgeheizten Backofen 30 Minuten garen.

8. Anschließend die Alufolie entfernen, den Auflauf mit dem geriebenen Emmentaler bestreuen und fünf Minuten überbacken.

9. Den fertigen Auflauf mit den Olivenscheiben, den gerösteten, gehackten Pinienkernen und der gehackten Petersilie bestreuen, dekorativ anrichten und sofort servieren.

Petersilie

Petersilie ist ein so weit verbreitetes Kraut und so anpassungsfähig an klimatische Bedingungen, dass sie heutzutage fast überall auf der Welt anzutreffen ist. Die Ernte der Blätter erfolgt vor der Blüte. Sie werden frisch, tiefgefroren oder getrocknet verwendet. Petersilie hat einen „vornehmen" Geschmack, hohen Nährwert und wird besonders für das „Bouquet garni" verwendet. Die Blätter eignen sich hervorragend zum Garnieren, zum Würzen von Soßen, Füllungen, pikanten Speisen und zu Fisch. Besonders beliebt ist sie gemischt mit Tomaten und Zwiebeln. Glatte Petersilie schmeckt kräftiger als krause.

Paprikaauflauf mit Hähnchen

Für 4 Personen:

500 g Hähnchenbrustfilet
Salz, Pfeffer aus der Mühle
1 TL Kräuter der Provence
2 EL Olivenöl
je 1 rote, gelbe und grüne Paprikaschote
100 ml Gemüsebrühe

Für die Soße:
30 g Butter
30 g Weizenmehl
600 ml Milch
2 EL Honig
1 Prise Muskat

Außerdem:
Fett für die Form
1 Packung Lasagneplatten ohne Vorkochen
200 g geriebener Provolone-Käse
Kräuterzweige zum Garnieren

1. Das Fleisch unter fließendem Wasser waschen, trocken tupfen, würfeln und mit Salz, Pfeffer und Kräutern der Provence würzen.

2. Das Fleisch im erhitzten Öl unter ständigem Rühren braten, herausnehmen und bereitstellen.

3. Die Paprikaschoten halbieren, entkernen, waschen, in Streifen schneiden, ins verbliebene Bratfett geben und anschwitzen. Die Gemüsebrühe angießen und die Paprikastreifen zugedeckt fünf Minuten dünsten.

4. Für die Soße die Butter in einem Topf schmelzen lassen und das Weizenmehl mit dem Schneebesen einrühren.

5. Die kalte Milch angießen, den Honig dazugeben und das Ganze unter ständigem Rühren zum Kochen bringen.

6. Unter Rühren 10 Minuten köcheln lassen, mit Salz, Pfeffer und Muskat würzen und durch ein Sieb passieren.

7. Eine Lasagneform ausfetten, die Lasagneplatten abwechselnd mit dem Fleisch, den Paprikaschoten und der Soße in die Form schichten.

8. Das Ganze mit dem Provolone bestreuen, im auf 200 °C vorgeheizten Backofen 40 Minuten backen, mit Alufolie abdecken und weitere 20 Minuten garen.

9. Den Paprikaauflauf aus dem Ofen nehmen, dekorativ anrichten, mit Kräuterzweigen garnieren und sofort servieren.

Sellerie-Karotten-Auflauf

Für 4 Personen:

600 g Sellerie, 400 g Karotten
Butterschmalz für die Form und zum Braten
200 ml Milch, 200 g Schmand
3 Eier
Salz, Pfeffer aus der Mühle
je 1 Prise Muskat, Cayennepfeffer und gemahlener Kümmel
2–3 Knoblauchzehen
2 rote Zwiebeln
Kräuterzweige zum Garnieren

1. Den Sellerie und die Karotten unter fließendem Wasser waschen, schälen, in Scheiben schneiden und in eine ausgefettete Auflaufform schichten.

2. Die Milch mit dem Schmand und den Eiern verrühren, mit Salz, Pfeffer, Muskat, Cayennepfeffer und Kümmel kräftig würzen.

3. Die Knoblauchzehen schälen, fein hacken und unter die Eiersahne mischen.

4. Die Mischung gleichmäßig über den Auflauf verteilen und das Ganze im auf 180–200 °C vorgeheizten Backofen 25–30 Minuten garen.

5. Den Sellerie-Karotten-Auflauf herausnehmen, dekorativ anrichten, mit gebratenen Zwiebelringen und Kräuterzweigen garnieren und sofort servieren.

Eierauflauf mit Schinken

Für 4 Personen:

150 g gekochter Schinken
1 Zwiebel, 1–2 EL Butter
2 EL Mehl
250 ml Milch
150 ml süße Sahne
Salz, Pfeffer aus der Mühle
1 Prise Cayennepfeffer
1 Prise Muskat
100 g geriebener Parmesankäse
1 Bund Schnittlauch
8 hart gekochte Eier
Fett für die Form
Kräuterzweige zum Garnieren

1. Den Schinken in feine Würfel oder Streifen schneiden. Die Zwiebel schälen und fein würfeln. Die Butter in einer Pfanne erhitzen und die Zwiebel darin glasig schwitzen.

2. Den Schinken dazugeben, kurz mitschwitzen, mit Mehl bestäuben, mit der Milch und der Sahne aufgießen und bei mäßiger Hitze 6–8 Minuten köcheln lassen.

3. Die Soße mit Salz, Pfeffer, Cayennepfeffer und Muskat abschmecken und mit Parmesankäse verfeinern.

4. Den Schnittlauch verlesen, waschen und fein schneiden. Die Eier pellen, halbieren und in eine ausgefettete Auflaufform setzen.

5. Die Schinkensoße gleichmäßig darüber verteilen und das Ganze im auf 180–200 °C vorgeheizten Backofen 15–18 Minuten garen.

6. Nach Ende der Garzeit den Eierauflauf mit Schinken herausnehmen, dekorativ anrichten, mit Schnittlauch bestreuen, mit Kräuterzweigen garnieren und sofort servieren.

(ohne Abbildung)

Grünkohlauflauf mit Kasseler

Für 4 Personen:

800 g Grünkohl
Gemüsebrühe zum Garen
1 Zwiebel
2 Knoblauchzehen
2 EL Butter
600 g Kasseler
Salz, Pfeffer aus der Mühle
1 Prise Muskat
1 Prise Cayennepfeffer

Außerdem:
200 ml Milch
4 Eier
150 g geriebener Gouda
Kräuterzweige zum Garnieren

1. Den Grünkohl verlesen, waschen, gut abtropfen lassen und in feine Streifen schneiden.

2. Die Gemüsebrühe erhitzen und den Grünkohl darin bissfest garen, herausnehmen, gut abtropfen lassen und grob hacken.

3. Die Zwiebel und die Knoblauchzehen schälen, in Würfel schneiden und mit der Butter in einer Pfanne glasig schwitzen.

4. Das Kasseler in grobe Würfel schneiden, zu den Knoblauchzwiebeln geben und kurz mitschwitzen.

5. Den Grünkohl untermischen, das Ganze mit Salz, Pfeffer, Muskat und Cayennepfeffer würzen und in eine Auflaufform geben.

6. Die Milch mit den Eiern in einer Schüssel verschlagen, mit Salz, Pfeffer und Muskat würzen, über den Auflauf verteilen und den Gouda darüberstreuen.

7. Den Auflauf im auf 180–200 °C vorgeheizten Backofen 20 Minuten garen und mit Alufolie abdecken. Weitere 25 Minuten garen, herausnehmen, dekorativ anrichten, mit Kräuterzweigen garnieren und sofort servieren.

PAPRIKALASAGNE

Für 4 Personen:

1 kg rote und gelbe Paprikaschoten

Für die Soße:
30 g Butter, 30 g Mehl
400 ml Milch, 100 ml süße Sahne
Salz, Pfeffer aus der Mühle
1 Prise Muskat
1 Prise Cayennepfeffer
50 g geriebener Parmesankäse

Außerdem:
20 g Butter für die Form
1 Packung Lasagneplatten (ohne Vorkochen)
200 g geriebener Edamer

1. Die Paprikaschoten halbieren, entkernen, waschen, abtropfen lassen, mit der Schnittfläche nach unten auf ein Backblech setzen und im auf 200 °C vorgeheizten Backofen so lange backen, bis sich die Haut ablösen lässt.

2. Die Paprikaschoten enthäuten und in breite Scheiben schneiden.

3. Die Butter in einem Topf erhitzen. Das Mehl mit dem Schneebesen einrühren, die kalte Milch und die Sahne angießen und unter ständigem Rühren zu einer sämigen Soße verkochen.

4. Die Soße mit Salz, Pfeffer, Muskat und Cayennepfeffer kräftig würzen und den Parmesankäse einrühren.

5. Die Lasagneplatten und die Paprikaschoten in eine ausgefettete Auflaufform schichten, mit der Béchamelsoße überziehen und mit dem geriebenen Edamer bestreuen.

6. Die Paprikalasagne im auf 200 °C vorgeheizten Backofen ca. 25 Minuten backen, herausnehmen, dekorativ anrichten und sofort servieren.

Paprika:

Der aus dem Land der Maya stammende Paprika ist eng mit Tomaten und Kartoffeln verwandt und zählt wie diese zu den Nachtschattengewächsen. In ihrer Heimat ist die Paprikapflanze ausdauernd, bei uns kann sie nur einjährig kultiviert werden, denn kalte Winter übersteht sie nicht. Im Freiland ist lediglich an sehr warmen Stellen in begünstigter Lage mit einem Ernteerfolg zu rechnen. In der modernen Küche sind Paprikafrüchte nicht mehr wegzudenken. Ihr hoher Vitamingehalt und frischer, aromatischer Geschmack machen sie zu einem vielseitig verwendbaren Gemüse. Roh oder gefüllt geschmort, in Salaten, als Risotto oder mit anderen Gemüsen im Eintopf: Paprika schmeckt immer gut! Die weißen Scheidewände und Samen müssen vor dem Verbrauch entfernt werden. Man kann Paprika roh und gekocht einfrieren – sogar trocknen kann man die Früchte, die botanisch Beeren sind. Getrocknete Früchte weicht man vor der Weiterverwendung mindestens zwei bis vier Stunden ein, das Einweichwasser wird mitverwendet!

Zucchini-Schafskäse-Auflauf

Für 4 Personen:

2 große Zucchini
Olivenöl zum Braten und
für die Form
5 Tomaten
400 g Schafskäse
2 Bund Basilikum
4 Knoblauchzehen
je 100 ml Weißwein und Brühe
50 g geriebener Parmesankäse
Salz, Pfeffer aus der Mühle
1 Prise Cayennepfeffer

Außerdem:
30 g Pinienkerne
Basilikum zum Garnieren

1. Die Zucchini putzen, waschen und in Scheiben schneiden. Etwas Olivenöl in einer Pfanne erhitzen, die Zucchinischeiben darin anbraten, herausnehmen und warm stellen.

2. Die Tomaten waschen, den Strunk entfernen und die Tomaten in Scheiben schneiden. Den Schafskäse ebenfalls in Scheiben schneiden.

3. Die Zucchini, die Tomaten und den Schafskäse in eine ausgefettete Auflaufform schichten.

4. Das Basilikum verlesen, waschen und abtropfen lassen, die Knoblauchzehen schälen und fein würfeln, beides mit dem Weißwein und der Brühe pürieren.

5. Den Parmesankäse einrühren, das Pesto mit Salz, Pfeffer und Cayennepfeffer würzen und auf dem Auflauf verteilen.

6. Den Auflauf im auf 180 °C vorgeheizten Backofen 25–30 Minuten garen, herausnehmen und dekorativ anrichten. Mit gerösteten Pinienkernen bestreuen, mit Basilikum garnieren und sofort servieren.

Schwarzwurzel-Kartoffel-Gratin

Für 4 Personen:

700 g Schwarzwurzeln
Salzwasser oder Gemüsebrühe
1 Stück Butter
1 TL Zucker
Saft von ½ Zitrone
700 g Kartoffeln
Fett für die Form

Außerdem:
200 ml süße Sahne
200 ml Milch, 4 Eier
2 Knoblauchzehen
Salz, Pfeffer aus der Mühle
1 Prise Muskat
100 g geriebener Parmesan
Basilikumblättchen zum Garnieren

1. Die Schwarzwurzeln putzen, schälen und in Stücke schneiden. Das Salzwasser oder die Gemüsebrühe mit der Butter, dem Zucker und dem Zitronensaft in einem Topf erhitzen. Die Schwarzwurzeln hinzufügen, 10 Minuten kochen lassen, abgießen, abkühlen lassen und bereitstellen.

2. Die Kartoffeln schälen, waschen, in dünne Scheiben schneiden und mit den Schwarzwurzeln in eine ausgefettete Auflaufform schichten.

3. Die Sahne mit der Milch und den Eiern in eine Schüssel geben und verschlagen.

4. Die geschälten und fein gehackten Knoblauchzehen untermischen, das Ganze mit Salz, Pfeffer und Muskat würzen und über dem Gemüse verteilen.

5. Das Gratin mit Parmesankäse bestreuen und im auf 180–200 °C vorgeheizten Backofen 20 Minuten garen, mit Alufolie abdecken und weitere 30 Minuten garen.

6. Das Schwarzwurzel-Kartoffel-Gratin aus dem Backofen nehmen, auf Tellern dekorativ anrichten, mit Basilikumblättchen garnieren und mit Buttergemüse sofort servieren.

Schwarzwurzeln

Die Schwarzwurzel wird auch manchmal etwas geringschätzig als „Winterspargel" oder „Spargel des kleinen Mannes" bezeichnet. Die Ernte beginnt im Oktober und dauert bis ins Frühjahr hinein, da die Wurzeln frosthart sind. Schwarzwurzeln sind reich an wertvollen Vitaminen und Mineralstoffen. Ihre Zubereitung ist leider mühsam und arbeitsintensiv und ist deshalb in unserer Zeit fast schon zu einer Rarität geworden. Schält man die Wurzeln roh, sondern sie einen klebrigen, milchigen Saft ab, der sich an der Luft schwarz färbt. Wer braune Hände vermeiden will, muss Handschuhe tragen. Die geschälten Wurzeln werden sofort in Wasser gelegt. Ein Esslöffel Mehl und ein Schuss Essig helfen ihre weisse Farbe zu erhalten. Einfacher ist es, die Wurzeln nur sauber zu bürsten und anschließend in leicht gesäuertem Salzwasser zu garen: Die Schale lässt sich dann leicht abziehen!

SCHNITZEL-AUFLAUF

FÜR 4 PERSONEN:

1 kg Kartoffeln
Salzwasser
200 ml Milch
Salz, Pfeffer aus der Mühle
1 Prise Muskat
4 Schweineschnitzel à 160 g
Fett zum Braten und für die Form
3 Karotten
1 Zucchini
4 Tomaten
200 g geriebener Gouda

Außerdem:
Kräuterzweige zum Garnieren

1. Die Kartoffeln unter fließendem Wasser abbürsten, im Salzwasser in 18–20 Minuten garen, abgießen, abkühlen lassen, pellen und durch die Kartoffelpresse treiben.

2. Das Kartoffelpüree mit der Milch glatt rühren, mit Salz, Pfeffer und Muskat kräftig würzen.

3. Die Schweineschnitzel waschen, trocken tupfen, halbieren, dünn klopfen, salzen und pfeffern.

4. Die Schnitzel in wenig Fett auf beiden Seiten kurz braten, herausnehmen und warm stellen.

5. Die Karotten schälen, in Streifen oder Würfel schneiden, in wenig Salzwasser bissfest garen, abgießen und abtropfen lassen.

6. Die Zucchini putzen, in Streifen schneiden, die Tomaten waschen und in Scheiben schneiden.

7. Kartoffelpüree, Fleisch und Gemüse lagenweise in eine ausgefettete Auflaufform schichten, mit den Tomatenscheiben belegen und im auf 200 °C vorgeheizten Backofen ca. 35 Minuten garen. 10 Minuten vor Garende den Schnitzelauflauf mit dem Gouda bestreuen.

8. Nach Ende der Garzeit den Schnitzelauflauf herausnehmen, dekorativ anrichten, mit Kräuterzweigen garnieren und sofort servieren.

KARTOFFELN

Zur Familie der Knollengemüse zählen Kartoffeln, Topinambur, Bataten (Süßkartoffeln) und Yamswurzeln. Kartoffeln gehören als wesentlicher Bestandteil einer gesunden, vollwertigen Ernährung zu den wichtigsten Grundnahrungsmitteln. Die Sortenvielfalt ist beeindruckend; etwa 45 verschiedene Speisesorten – darunter einige ausländische Erzeugnisse – werden im Handel angeboten. Festkochende Sorten werden vor allem für Kartoffelsalate und feste Salz-, Pell- und Bratkartoffeln verwendet. Vorwiegend festkochende Sorten eignen sich für Salz-, Pell-, Brat- und Grillkartoffeln. Mehligkochende Kartoffeln sind ideal für Püree, Klöße, Suppen und Eintöpfe. Achten Sie beim Einkauf darauf, dass Sie möglichst gleich große Kartoffeln bekommen. Kartoffeln gehören nicht in den Kühlschrank und sollten immer kühl und luftig gelagert werden. Lagern Sie sie in einem dunklen Raum und niemals in Plastiksäcken. Das Faulen von Kartoffeln – auch bei längerer Lagerung – verhindern Sie, indem Sie im Keller ein Gefäß mit Kalk neben die Knollen stellen. Lagerkartoffeln, die im Frühjahr zu keimen anfangen, müssen beim Schälen von allen Keimen befreit werden, da die Keime giftige Substanzen enthalten.

Griechischer Hackfleischauflauf

Für 4 Personen:

1 Aubergine
2 Zucchini
100 ml Olivenöl
3–4 Knoblauchzehen
Salz, Pfeffer aus der Mühle

Außerdem:
500 g Rinderhackfleisch
je ½ rote und grüne Paprikaschote
2 Zwiebeln
1 Packung passierte Tomaten (400 ml)
1 EL gerebelter Oregano
1 Prise Cayennepfeffer
500 g Pellkartoffeln
Fett für die Form
150 g geriebener Mozzarella
100 g geriebener Parmesankäse
Kräuterzweige zum Garnieren

1. Die Aubergine und die Zucchini putzen, waschen und in 1 cm dicke Scheiben schneiden.

2. Das Olivenöl in einer Pfanne erhitzen. Die Knoblauchzehen schälen, fein würfeln, ins Fett geben und glasig schwitzen.

3. Die Auberginen- und Zucchinischeiben im Knoblauchfett braten, herausnehmen, gut abtropfen lassen, salzen und pfeffern.

4. Das Rinderhack ins verbliebene Bratfett geben und unter ständigem Rühren braten.

5. Die Paprikaschoten entkernen, waschen, gut abtropfen lassen und in feine Würfel schneiden. Mit den geschälten und fein gewürfelten Zwiebeln zum Fleisch geben und kurz mitbraten.

6. Die passierten Tomaten angießen, mit Oregano, Salz, Pfeffer und Cayennepfeffer würzen.

7. Die Kartoffeln pellen und in Scheiben schneiden. Schichtweise Auberginen, Zucchini, Hackfleisch und Kartoffeln in eine ausgefettete Auflaufform füllen.

8. Als letzte Schicht Kartoffelscheiben darauflegen, mit dem geriebenen Mozzarella und Parmesan bestreuen und im auf 180–200 °C vorgeheizten Backofen 35–40 Minuten garen.

9. Nach Ende der Garzeit den griechischen Hackfleischauflauf aus dem Ofen nehmen, dekorativ anrichten, mit Kräuterzweigen garnieren und sofort servieren.

Hackfleisch

Hackfleisch muss immer frisch verarbeitet werden, das heißt noch am selben Tag des Einkaufs. Durchgedrehtes Fleisch bietet Salmonellen beste Lebensbedingungen – auch wenn das Fleisch im Kühlschrank aufbewahrt wird. Bei tiefgekühltem Hackfleisch immer auf das Verfallsdatum achten und das Fleisch danach nicht mehr verwenden.

Nudeln und Co. – das Beste aus der internationalen Küche

Bandnudeln mit Lachs und Tomaten

Für 4 Personen:

300 g Bandnudeln, Salzwasser
einige Tropfen Olivenöl
500 g Lachsfilets
Saft von 1 Zitrone
einige Tropfen Worcestersoße
Salz, Pfeffer aus der Mühle
4 große Tomaten
2 Knoblauchzehen
1 Zwiebel
4–5 EL Olivenöl
100 ml Weißwein
200 ml Gemüse- oder Fischbrühe
200 ml süße Sahne
1 EL Zitronenpfeffer
Salz, Pfeffer aus der Mühle
1 Prise Cayennepfeffer
Speisestärke oder Johannisbrotkernmehl zum Binden

Außerdem:
½ Bund Dill
1 EL rosa Pfefferkörner
Kräuterzweige zum Garnieren

1. Die Bandnudeln im Salzwasser mit dem Olivenöl bissfest garen, abgießen, abschrecken und gut abtropfen lassen.

2. Die Lachsfilets in Würfel schneiden, unter fließendem Wasser waschen und trocken tupfen. Mit Zitronensaft und Worcestersoße beträufeln, mit Salz und Pfeffer würzen und im Kühlschrank 10 Minuten ziehen lassen.

3. Die Tomaten enthäuten, entkernen und in Würfel schneiden. Die Knoblauchzehen und die Zwiebel schälen und fein würfeln.

4. Das Olivenöl in einer Pfanne erhitzen und den Knoblauch und die Zwiebel darin glasig schwitzen.

5. Den Weißwein und die Gemüse- oder Fischbrühe angießen und zum Kochen bringen. Die Lachswürfel dazugeben und alles 4–5 Minuten gar ziehen lassen.

6. Die Sahne, die Tomaten und den Zitronenpfeffer einrühren und das Ganze erhitzen.

7. Mit etwas angerührter Speisestärke oder dem Johannisbrotkernmehl leicht binden, die Bandnudeln hinzufügen und heiß werden lassen. Mit Salz, Pfeffer und Cayennepfeffer abschmecken.

8. Die Bandnudeln mit Lachs und Tomaten dekorativ anrichten, mit dem gehackten Dill und den rosa Pfefferkörnern bestreuen, mit Kräuterzweigen garnieren und sofort servieren.

Brühe

Fleischbrühe kann aus Suppenfleisch, einigen Markknochen oder aus einem Suppenhuhn und Gewürzen, eine Gemüsebrühe aus Suppengemüse wie z. B. Sellerie, Karotten, Lauch, Petersilienwurzeln usw. auf Vorrat gekocht und eingefroren werden. Aus Wasser und Instant-Suppenwürze können Sie lecker schmeckende Brühen für Suppen aller Art zubereiten. Diese Würzen gibt es als Gemüsebrühe, Fleischbrüheextrakt, klare Fleischbrühe, gekörnte Brühe oder Hühnerbrühe in erstklassiger Qualität zu kaufen. Klare Suppen werden gerne als erster Gang serviert. Als Einlagen lassen sich dünne Suppennudeln, Gemüsejulienne (sehr fein geschnittene Gemüsestreifen), Klößchen, Eierstich, Backerbsen, dünn geschnittene Pfannkuchen usw. verwenden.

Linguine mit Orangen-Gemüse-Sosse

Für 4 Personen:

250 g Linguine
Salzwasser
einige Tropfen Olivenöl

Außerdem:
2 EL Olivenöl
1 Zwiebel
je 1 rote und gelbe Paprikaschote
2 Karotten
1 kleine Stange Lauch
1 Zucchini
100 ml Weißwein
300 ml Orangensaft
1 EL geriebene Ingwerwurzel
1 EL geriebene Orangenschale
Salz, Pfeffer aus der Mühle
1 Prise Cayennepfeffer
1 Prise Muskat
50 g geriebener Pecorino-Käse
2 EL Olivenöl
2 Knoblauchzehen
2–3 Zweige Rosmarin
200 g Baumtomaten

1. Die Linguine im Salzwasser mit dem Olivenöl bissfest garen, abgießen, abschrecken und gut abtropfen lassen.

2. Das Olivenöl in einer Pfanne erhitzen. Das Gemüse entsprechend putzen, waschen, gut abtropfen lassen, in Streifen schneiden, ins Fett geben und glasig schwitzen.

3. Den Weißwein und den Orangensaft angießen und das Ganze einmal aufkochen lassen. Mit Ingwer und Orangenschale verfeinern und 5–6 Minuten köcheln lassen.

4. Mit Salz, Pfeffer, Cayennepfeffer und Muskat kräftig würzen und die Linguine sowie den geriebenen Pecorino-Käse dazugeben, durchschwenken, erhitzen und nochmals nachwürzen.

5. Das Olivenöl in einer zweiten Pfanne erhitzen und den gehackten Knoblauch und den klein geschnittenen Rosmarin darin kurz braten.

6. Die Baumtomaten waschen und den Strunk herausschneiden. Die Tomaten halbieren, dazugeben und mitbraten, salzen und pfeffern.

7. Die Linguine mit der Gemüsesoße und den Tomaten dekorativ anrichten, garnieren und sofort servieren.

Rigatoni arrabiata

Für 4 Personen:

400 g Rigatoni, Salzwasser
einige Tropfen Olivenöl

Für die Soße:
2–3 EL Olivenöl
2 Zwiebeln, 2 Knoblauchzehen
½ Chilischote
1 kg Tomaten
½ Bund Oregano
½ Bund Basilikum
Salz, Pfeffer aus der Mühle

Außerdem:
frisch gehobelter Parmesankäse
1 Stück Chilischote und
Kräuterzweige zum Garnieren

1. Die Nudeln im Salzwasser mit dem Olivenöl bissfest garen, abgießen, abschrecken, gut abtropfen lassen und bereitstellen.

2. Für die Soße das Olivenöl in einer Pfanne erhitzen. Die Zwiebeln und die Knoblauchzehen schälen, fein hacken, ins Olivenöl geben und glasig schwitzen.

3. Die Chilischote entkernen, waschen, fein würfeln, zu den Knoblauchzwiebeln geben und kurz mitschwitzen.

4. Die Tomaten enthäuten, entkernen, klein schneiden, ebenfalls hinzufügen und kurz mitschwitzen. Bei mäßiger Hitze 4–5 Minuten dünsten.

5. Den Oregano und das Basilikum verlesen, waschen, klein schneiden und untermischen. Das Ganze vom Feuer nehmen und im Mixer oder mit dem Pürierstab pürieren.

6. Die Rigatoni mit der Soße in eine Pfanne geben, kurz durchschwenken und mit Salz und Pfeffer abrunden. Dekorativ anrichten, mit frisch gehobeltem Parmesankäse bestreuen, mit der in Ringe geschnittenen Chilischote und Kräuterzweigen garnieren und sofort servieren.

Oregano

Das pikante Kraut gibt der neapolitanischen Pizza ihren einzigartig charakteristischen Geschmack und ist auch sonst ein besonders wichtiges Gewürz, es ist das Nationalgewürz der italienischen Küche schlechthin. Dem steht allerdings die griechische wie auch die mexikanische in keiner Weise nach. In Mexiko wird Oregano häufiger getrocknet als frisch verwendet, und zwar bei stark gewürzten Speisen, die vornehmlich mit Chilis, Zwiebeln, Knoblauch und Wein zubereitet werden. Man gibt Oregano zu Tomaten, Käse, Bohnen, Auberginen, Zucchini, Fleisch, Fisch, Muscheln und Füllungen.

Oregano verzaubert herzhafte Fleischeintöpfe, die mit Knoblauch und Rotwein gekocht werden, zu wahren Gaumenfreuden. Da junge Blätter jederzeit geerntet und auch eingefroren werden können, ist Oregano im Haushalt immer griffbereit.

Currynudeln mit Geschnetzeltem

Für 4 Personen:

300 g Penne rigate, Salzwasser
einige Tropfen Olivenöl
1 Bund Frühlingszwiebeln
200 g Zuckererbsenschoten
500 g Rinder- oder Schweinefilet
2 EL Olivenöl
Salz, Pfeffer aus der Mühle
1 Prise Cayennepfeffer
2 EL Curry
100 ml Weißwein
100 ml Gemüsebrühe
200 ml süße Sahne
1 EL rosa Pfefferkörner

1. Die Penne im Salzwasser mit dem Olivenöl bissfest garen, mit einem Sieb herausnehmen, abschrecken und abtropfen lassen. Die Frühlingszwiebeln und die Zuckerschoten putzen, nach Bedarf klein schneiden und im Nudelwasser bissfest garen, herausnehmen und abtropfen lassen.

2. Das Filet unter fließendem Wasser waschen, trocken tupfen und in Streifen schneiden. Das Olivenöl in einer Pfanne erhitzen, die Filetstreifen darin braten, mit Salz, Pfeffer und Cayennepfeffer würzen und warm stellen.

3. Die Nudeln ins verbliebene Bratfett geben und mit Curry bestäuben. Den Weißwein, die Gemüsebrühe und die Sahne angießen und einmal aufkochen lassen. Mit Salz, Pfeffer und Cayennepfeffer würzen.

4. Das Gemüse und das Fleisch zu den Nudeln geben, erhitzen, abschmecken, dekorativ anrichten, mit rosa Pfefferkörnern bestreuen und sofort servieren.

Penne mit Ragout

Für 4 Personen:

300 g Penne rigate, Salzwasser
einige Tropfen Olivenöl

Außerdem:
400 g Hähnchenbrustfilets
Salz, Pfeffer aus der Mühle
2 EL Olivenöl, 1 Zwiebel
1 rote Paprikaschote
1 Zucchini
1–2 EL Curry
300 ml süße Sahne
1 Prise Cayennepfeffer
Kräuterzweige zum Garnieren

1. Die Penne rigate im Salzwasser mit dem Olivenöl bissfest garen, abgießen, abschrecken und gut abtropfen lassen.

2. Die Hähnchenbrustfilets unter fließendem Wasser waschen, trocken tupfen, in mundgerechte Würfel oder Streifen schneiden. Mit Salz und Pfeffer kräftig würzen.

3. Das Olivenöl in einer Pfanne erhitzen und die Hähnchenwürfel darin unter ständigem Rühren braten. Die Zwiebel schälen und fein würfeln, zum Fleisch geben und mitbraten. Die Paprikaschote halbieren, entkernen, waschen, gut abtropfen lassen, in Streifen schneiden, zum Fleisch geben und kurz mitbraten.

4. Die Zucchini putzen, waschen und in mundgerechte Stücke schneiden, in die Pfanne geben und mitschwitzen. Mit Curry bestäuben und die Sahne angießen. Bei mäßiger Hitze 6–8 Minuten köcheln lassen.

5. Die Nudeln unter das Ragout heben, durchschwenken, erhitzen, mit Salz, Pfeffer und Cayennepfeffer abschmecken. Die Penne dekorativ anrichten, mit Kräuterzweigen garnieren und sofort servieren.

(ohne Abbildung)

Ricottafarfalle mit Spinat

Für 4 Personen:

300 g Farfalle, Salzwasser
einige Tropfen Olivenöl

Für die Soße:
1–2 EL Olivenöl, 1 Zwiebel
250 ml Gemüse- oder Geflügelbrühe
250 ml süße Sahne
200 g Ricotta
Salz, Pfeffer aus der Mühle
1 Prise Muskat
1 Prise Cayennepfeffer
2 EL Johannisbeergelee

Für den Spinat:
1–2 EL Butter oder Margarine
1 Zwiebel, 2 Knoblauchzehen
1 TL Salz, 500 g Blattspinat
125 ml Weißwein, 1 Prise Zucker

Außerdem:
250 g Kirschtomaten
2–3 EL Butter
Kräuterzweige zum Garnieren

1. Die Farfalle im Salzwasser mit dem Olivenöl bissfest garen, abgießen, abschrecken und gut abtropfen lassen.

2. Für die Soße das Olivenöl in einem Topf erhitzen und die geschälte, fein gehackte Zwiebel darin glasig schwitzen.

3. Die Gemüse- oder Geflügelbrühe und die Sahne angießen und einmal aufkochen lassen.

4. Den Ricotta dazugeben und unter ständigem Rühren schmelzen lassen.

5. Mit Salz, Pfeffer, Muskat und Cayennepfeffer kräftig abschmecken und mit Johannisbeergelee verfeinern.

6. Für den Spinat die Butter oder Margarine in einem Topf erhitzen und die geschälte, fein gehackte Zwiebel darin glasig schwitzen.

7. Die Knoblauchzehen schälen, mit Salz zu einer Paste zerreiben, mit dem geputzten, gewaschenen, klein geschnittenen Spinat zu der Zwiebel geben und kurz dünsten.

8. Mit Weißwein ablöschen und bei mäßiger Hitze 4–5 Minuten garen. Das Ganze mit Salz, Pfeffer, Muskat und Zucker abschmecken.

9. Die Kirschtomaten waschen und den Strunk herausschneiden. Etwas Butter in einer Pfanne erhitzen und die Kirschtomaten kurz durchschwenken, mit Salz und Pfeffer würzen.

10. Die Farfalle in der Soße erhitzen und auf Tellern dekorativ anrichten. Den Spinat gleichmäßig darauf verteilen, die Tomaten darauflegen, die Farfalle mit Kräuterzweigen garnieren und sofort servieren.

Spinat

Spinat ist nicht nur lecker, sondern auch gesund und kalorienarm. Mit nur 15 kcal pro 100 g ist er besonders figurfreundlich. Zudem hat Spinat viele Vitamine und Mineralstoffe. Zwar enthält das gesunde Gemüse nicht so viel Eisen wie aufgrund eines Druckfehlers in einer Nährwerttabelle lange Zeit angenommen wurde, dennoch ist der Eisengehalt beachtlich und viermal höher als beispielsweise der von Rotkohl oder Kopfsalat. Spinat wird bei uns als Gemüse geführt, da er sehr gerne als Beilage verwendet wird. Spinat ist sehr zart und sollte deshalb nie langen Garzeiten ausgesetzt werden. Nur in Butter oder Margarine gedünstet, entwickelt er sein feinstes Aroma. Spinat eignet sich auch sehr gut zum Einfrieren. Dafür blanchieren Sie die Blätter zwei Minuten in kochendem Wasser. Anschließend lassen Sie das Gemüse abtropfen, abkühlen und lagern es gut verpackt in der Tiefkühltruhe. So bleibt ein Großteil der wertvollen Inhaltsstoffe erhalten.

PENNE RIGATE MIT SCHWEINEFILET

FÜR 4 PERSONEN:

300 g Penne rigate, Salzwasser
einige Tropfen Olivenöl
2–3 EL Butterschmalz
500 g Schweinefilet
1 Zwiebel, 2 Knoblauchzehen
2–3 EL Tomatenmark
200 ml Rotwein
1 große Dose geschälte Tomaten
1 TL gerebelter Majoran
1 TL gerebeltes Basilikum
1 TL gerebelter Rosmarin
Salz, Pfeffer aus der Mühle
1 Prise Cayennepfeffer

Außerdem:
1 Bund Petersilie
100 g geriebener Parmesan
Kräuterzweige zum Garnieren

1. Die Penne rigate im Salzwasser mit dem Olivenöl bissfest garen, abgießen, abschrecken und gut abtropfen lassen.

2. Das Butterschmalz in einer Pfanne erhitzen. Das küchenfertige Schweinefilet in feine Scheiben oder Streifen schneiden, im Butterschmalz unter ständigem Rühren braten, herausnehmen und warm stellen.

3. Die Zwiebel und die Knoblauchzehen schälen, fein würfeln, ins verbliebene Bratfett geben und kurz mitbraten.

4. Das Tomatenmark einrühren und kurz anrösten. Mit Rotwein ablöschen und die zerdrückten Tomaten hinzufügen.

5. Den Majoran, das Basilikum und den Rosmarin einrühren und das Ganze bei mäßiger Hitze 5–6 Minuten köcheln lassen. Mit Salz, Pfeffer und Cayennepfeffer kräftig abschmecken.

6. Die Nudeln und das Fleisch unter die Soße mischen, durchschwenken, nachwürzen und dekorativ anrichten. Mit der verlesenen, gewaschenen und fein gehackten Petersilie und dem geriebenen Parmesankäse bestreuen, mit Kräuterzweigen garnieren und sofort servieren.

TOMATEN

Es gibt Fleischtomaten – groß und leicht gerippt, Kirschtomaten, die wirklich nur kirschgroß sind, dafür aber süßer als andere, und dazwischen alle möglichen Größen, Tomaten, die an vielbeerigen Fruchtständen hängen, und solche Fruchtstände, die nur zwei oder drei, dafür aber große Früchte ausbilden. Auch eiförmige oder gelbe Früchte werden angebaut. Welche Sorte die richtige ist, ist Geschmackssache.

Scharfe Hackfleisch-Nudeln

Für 4 Personen:

250 g asiatische Nudeln (Mendake- oder Mie-Nudeln), Salzwasser
einige Tropfen Sesamöl
1 Zwiebel, 400 g Schweinehack
3 EL Erdnussöl
250 g Staudensellerie
½ Bund Frühlingszwiebeln
1 rote Paprikaschote
1 Chilischote, 200 ml Gemüsebrühe
1 TL rote Currypaste
3 EL süße Chilisoße
3 EL Sojasoße
Salz, Pfeffer aus der Mühle
1 TL Korianderpulver

1. Die Nudeln im Salzwasser mit dem Sesamöl bissfest garen, abgießen, abschrecken, gut abtropfen lassen und bereitstellen.

2. Die Zwiebel schälen und fein würfeln. Das Schweinehack in dem im Wok erhitzten Erdnussöl unter ständigem Rühren braten, die Zwiebel dazugeben und mitbraten.

3. Den Staudensellerie putzen, waschen, in feine Scheiben schneiden, die Frühlingszwiebeln putzen, waschen und klein schneiden, mit dem Staudensellerie zum Schweinehack geben und mitbraten.

4. Die Paprikaschote und die Chilischote halbieren, entkernen, waschen, klein schneiden, ebenfalls dazugeben und mitbraten. Die Gemüsebrühe angießen und zum Kochen bringen.

5. Die Currypaste, die Chilisoße und die Sojasoße einrühren, das Ganze mit Salz, Pfeffer und Korianderpulver würzen und bei mäßiger Hitze 15 Minuten köcheln lassen.

6. Die Nudeln untermischen, erhitzen, nochmals nachwürzen, dekorativ anrichten, garnieren und sofort servieren.

Spaghetti mit Räucherlachs

Für 4 Personen:

300 g Spaghetti, Salzwasser
einige Tropfen Olivenöl
4 Tomaten, 2 EL Basilikumpesto
2 Knoblauchzehen, 1 Zwiebel
4–5 EL Olivenöl
Salz, Pfeffer aus der Mühle
1 Prise Cayennepfeffer
250 g Räucherlachs
100 g entsteinte, schwarze Oliven
100 ml Weißwein
Saft von 2 Limetten
Basilikum und Limettenecken zum Garnieren

1. Die Spaghetti im Salzwasser mit dem Olivenöl bissfest garen, abgießen, abschrecken und gut abtropfen lassen.

2. Die Tomaten enthäuten, entkernen und in Würfel schneiden. Das Basilikumpesto dazugeben. Knoblauch und Zwiebel schälen und fein würfeln.

3. Das Olivenöl in einer Pfanne erhitzen und den Knoblauch und die Zwiebeln darin glasig schwitzen. Die Tomaten mit dem Pesto einrühren und kurz durchschwenken.

4. Die Spaghetti untermischen, erhitzen, mit Salz, Pfeffer und Cayennepfeffer kräftig abschmecken.

5. Den Lachs in Stücke schneiden, mit den Oliven zu den Spaghetti geben. Den Wein und den Limettensaft darüberträufeln, durchschwenken und abschmecken. Die Spaghetti mit Räucherlachs dekorativ anrichten, mit Basilikum und Limettenecken garnieren und sofort servieren.

(ohne Abbildung)

Spaghetti mit Bärlauchpesto

Für 4 Personen:

300 g Spaghetti
Salzwasser
einige Tropfen Olivenöl
1 Bund Basilikum
100 g Bärlauch
2–3 Knoblauchzehen
1 Zwiebel
75 g Pinienkerne
3 EL Aceto balsamico
2–3 EL Akazienhonig
75 ml Olivenöl
75 g geriebener Parmesankäse
Salz, Pfeffer aus der Mühle
1 Prise Cayennepfeffer

Außerdem:
Tomatenstückchen und
Bärlauchstreifen zum Garnieren

1. Die Spaghetti in kochendem Salzwasser mit dem Olivenöl bissfest garen, abgießen, abschrecken und gut abtropfen lassen.

2. Das Basilikum und den Bärlauch verlesen, waschen, gut abtropfen lassen und fein schneiden.

3. Den Knoblauch und die Zwiebel schälen und fein würfeln. Die Kräuter, den Knoblauch, die Zwiebel, die Pinienkerne, den Aceto balsamico und den Honig im Mixer oder mit dem Pürierstab pürieren.

4. Anschließend das Ganze mit dem Ö in einer Pfanne erhitzen.

5. Die Spaghetti dazugeben, durchschwenken und den Parmesankäse untermischen. Alles mit Salz, Pfeffer und Cayennepfeffer kräftig abschmecken.

6. Die Spaghetti dekorativ auf Tellern anrichten, mit Tomatenstückchen und Bärlauchstreifen garnieren und sofort servieren.

Gemüsenudeln mit Schmelzkäseguss

Für 4 Personen:

300 g Muschelnudeln
Salzwasser
einige Tropfen Olivenöl
1 Stange Lauch
2 kleine Zucchini
Butter zum Braten
500 g Tomaten
Salz, Pfeffer aus der Mühle
1 TL gerebelter Majoran
1 TL gerebelter Thymian
1 Prise Zucker

Für den Guss:
200 g Schmelzkäse
100 ml Milch
4 Eier
2 TL Paprika edelsüß
100 g geriebener Butterkäse

Außerdem:
Fett für die Form
Kräuterzweige zum Garnieren

1. Die Muschelnudeln im Salzwasser mit dem Olivenöl bissfest garen, abgießen, abschrecken, gut abtropfen lassen und bereitstellen.

2. Den Lauch und die Zucchini putzen, waschen und in Scheiben schneiden. Butter in einer Pfanne erhitzen und das Gemüse darin anschwitzen.

3. Die Tomaten enthäuten, entkernen, würfeln, mit den Muschelnudeln zum Gemüse geben und kurz mitschwitzen. Alles mit Salz, Pfeffer, Majoran, Thymian und Zucker kräftig abschmecken.

4. Den Schmelzkäse mit der Milch und den Eiern in einer Schüssel verrühren, mit Salz, Pfeffer und Paprikapulver würzen.

5. Die Nudelnmischung in eine ausgefettete Auflaufform geben und die Schmelzkäsemischung gleichmäßig darüber verteilen.

6. Die Gemüsenudeln mit dem geriebenen Butterkäse bestreuen und das Ganze im auf 180–200 °C vorgeheizten Backofen 20 Minuten garen, mit Alufolie abdecken und weitere 25 Minuten garen.

7. Die Gemüsenudeln mit Schmelzkäseguss aus dem Ofen nehmen, dekorativ anrichten, mit Kräuterzweigen garnieren und sofort servieren.

Hörnchen mit Möhrenrahm

Für 4 Personen:

300 g Korkenzieher-Nudeln
Salzwasser
einige Tropfen Olivenöl

Außerdem:
3–4 EL Butter
1 Zwiebel
300 g Karotten
125 ml Weißwein
125 ml Gemüse- oder Geflügelbrühe
250 ml süße Sahne
Salz, Pfeffer aus der Mühle
1 Prise Muskat
1 Prise Cayennepfeffer
2 EL Akazienhonig
geriebener Parmesankäse zum Bestreuen
blanchierte Karottenstifte und frischer Kerbel zum Garnieren

1. Die Hörnchen im Salzwasser mit dem Olivenöl bissfest garen, abgießen, abschrecken und gut abtropfen lassen.

2. Die Butter in einer Pfanne erhitzen. Die Zwiebel und die Karotten schälen, fein würfeln, ins Fett geben und glasig schwitzen.

3. Wein und Brühe angießen und das Gemüse bei mäßiger Hitze 10–12 Minuten köcheln lassen.

4. Die Soße im Mixer oder mit dem Pürierstab pürieren. Mit der Sahne in einen Topf geben und einmal aufkochen lassen.

5. Die Soße mit Salz, Pfeffer, Muskat und Cayennepfeffer abschmecken und mit dem Honig aromatisieren.

6. Die Hörnchen und die Soße in einer Pfanne durchmischen, erhitzen und nochmals abschmecken. Anschließend dekorativ anrichten, mit Parmesankäse bestreuen, mit Karottenstiften und Kerbelblättchen garnieren und sofort servieren.

Hackbällchen mit Nudeln und Brokkoli

Für 4 Personen:

Für die Hackfleischbällchen:
600 g gemischtes Hackfleisch
1 altbackenes, in Milch eingeweichtes Brötchen, 1 Ei, 1 EL Butter
1 Zwiebel, 2 Knoblauchzehen
2 EL mittelscharfer Senf
Salz, Pfeffer aus der Mühle
1 Prise Cayennepfeffer
1 EL gerebelter Majoran
Semmelbrösel zum Binden
Fett zum Braten

Außerdem:
500 g Brokkoliröschen
Gemüsebrühe zum Blanchieren
300 g Bärlauchnudeln, Salzwasser
einige Tropfen Olivenöl
1 Zwiebel
250 g Schalotten
2 rote Paprikaschoten
200 ml süße Sahne
250 ml Gemüse- oder Fleischbrühe
Speisestärke zum Binden
Salz, Pfeffer aus der Mühle
1 TL Fünfgewürzpulver
Kräuterzweige zum Garnieren

1. Das Hackfleisch mit dem ausgedrückten Brötchen und dem Ei in eine Schüssel geben. Die Butter in einer Pfanne erhitzen. Die Zwiebel und die Knoblauchzehen schälen, fein würfeln, ins Fett geben und glasig schwitzen.

2. Die Knoblauchzwiebeln mit dem Senf zum Fleisch geben und alles zu einer glatten, kompakten Masse verarbeiten. Mit Salz, Pfeffer, Cayennepfeffer und Majoran würzen.

3. Die Masse mit einigen Semmelbröseln binden und anschließend zu Bällchen abdrehen. Fett in einer Pfanne erhitzen, die Hackfleischbällchen darin braten, herausnehmen und warm stellen.

4. Die Brokkoliröschen verlesen, waschen und klein schneiden. Die Gemüsebrühe erhitzen und die Brokkoliröschen darin bissfest garen, herausnehmen und gut abtropfen lassen.

5. Die Bärlauchnudeln im Salzwasser mit dem Olivenöl bissfest garen, abgießen, abschrecken und gut abtropfen lassen.

6. Die Zwiebel und die Schalotten schälen, fein würfeln, ins wenig erhitztes Fett geben und unter ständigem Rühren braten.

7. Die Paprikaschoten halbieren, entkernen, waschen, in feine Streifen schneiden, zu den Zwiebeln geben und kurz mitbraten. Die Brokkoliröschen zum Gemüse geben und pfannenrühren. Die Nudeln und die Hackbällchen hinzufügen und erhitzen.

8. Die Sahne und die Gemüse- oder Fleischbrühe angießen und das Ganze einmal kräftig aufkochen lassen. Die Soße mit etwas angerührter Speisestärke leicht binden.

9. Das Ganze mit Salz, Pfeffer und Fünfgewürzpulver abschmecken, dekorativ anrichten, mit Kräuterzweigen garnieren und sofort servieren.

Bunte Tortellini mit Kräutersosse

Für 4 Personen:

300 g grüne Tortellini
Salzwasser
einige Tropfen Olivenöl

Für die Soße:
1 Zwiebel
2–3 Knoblauchzehen
1–2 EL Olivenöl
1 TL Oregano
100 ml Weißwein
200 ml Gemüse- oder Fleischbrühe
200 ml süße Sahne
Salz, Pfeffer aus der Mühle
1 Prise Cayennepfeffer
Speisestärke zum Binden
50 g gemischte frische Kräuter (Schnittlauch, Petersilie, Basilikum, Oregano)

Außerdem:
2 Fleischtomaten
1 Bund Basilikum
1 Becher Crème fraîche

1. Die Tortellini im Salzwasser mit dem Olivenöl bissfest garen, abgießen, abschrecken und gut abtropfen lassen.

2. Die Zwiebel und die Knoblauchzehen schälen und fein würfeln. Das Olivenöl in einer Pfanne erhitzen, die Zwiebel und den Knoblauch darin kurz dünsten.

3. Den Oregano darüberstreuen, die Sahne angießen und kurz einreduzieren lassen.

4. Mit Salz, Pfeffer und Cayennepfeffer kräftig würzen und mit etwas angerührter Speisestärke leicht binden.

5. Die verlesenen, gewaschenen und fein gehackten oder geschnittenen Kräuter unter die Soße ziehen.

6. Die Tomaten waschen, vom Strunk befreien und in Scheiben schneiden. das Basilikum verlesen und waschen.

7. Die Tortellini mit der Kräutersoße auf den Tomatenscheiben dekorativ anrichten, mit je einem Klacks Crème fraîche überziehen, mit Basilikumblättchen garnieren und sofort servieren.

Spaghettinester mit Frischkäsesosse

Für 4 Personen:

400 g Spaghetti
Salzwasser
einige Tropfen Olivenöl

Außerdem:
1-2 EL Olivenöl
1 Zwiebel
2 Knoblauchzehen
300 ml Gemüsebrühe
2-3 Tomaten
Salz, Pfeffer aus der Mühle
1 Prise Cayennepfeffer
1 Prise Muskat
1 EL Kräuter der Provence
200 g Doppelrahm-Frischkäse
1 EL grüne Pfefferkörner
Speisestärke zum Binden
Rucola- und Basilikumblättchen
zum Garnieren

1. Die Spaghetti im Salzwasser mit dem Olivenöl bissfest garen, abgießen, abschrecken und gut abtropfen lassen.

2. Das Olivenöl in einer Pfanne erhitzen. Die Zwiebel und die Knoblauchzehen schälen, in feine Würfel schneiden, ins Fett geben und kurz braten.

3. Die Gemüsebrühe mit den enthäuteten, entkernten und in Würfel geschnittenen Tomaten dazugeben und bei mäßiger Hitze vier Minuten köcheln lassen.

4. Mit Salz, Pfeffer, Cayennepfeffer, Muskat und Kräutern der Provence würzen.

5. Den Doppelrahm-Frischkäse und die grünen Pfefferkörner einrühren und erhitzen.Die Soße mit etwas angerührter Speisestärke leicht binden.

6. Die Frischkäsesoße mit den Spaghetti vermischen und alles erhitzen.

7. Die Spagetti mit einer langen Gabel zu Nestern drehen, diese dekorativ anrichten und die restliche Soße darüber verteilen. Das Ganze mit Rucola- und Basilikumblättchen garnieren und sofort servieren.

Rucola

Rucola schmeckt am besten, wenn die Blätter die Größe von erntereifen Radieschen haben. Jüngere Blätter schmecken etwas fade. Je älter die Pflanzen werden, desto schärfer ist ihr Geschmack. Klassisch schmeckt Rucola pur mit Zitrone und einem nussigen Rapsöl angemacht. Aber auch in Kombination mit anderen Blattsalaten ist er eine Delikatesse. Übrigens sollte man Dressings grundsätzlich erst kurz vor dem Servieren zugeben, denn die leichten Blätter fallen sonst rasch zusammen. Auch als Belag auf Pizzen, Broten, Sandwiches, auf Quiches oder Tartes überzeugt der Rucola. Als Belag von Gerichten, die aus dem Backofen kommen, sollte man Rucola erst kurz vor Garende verwenden, da er sonst sehr schnell zerfällt und austrocknet. Darüber hinaus eignet sich Rucola bestens zur geschmacklichen und farblichen Verfeinerung von Buttermischungen und zu Kartoffel-, Reis- oder Nudelgerichten. In Kombination mit Quark oder Frischkäse ist er ein köstlicher Brotaufstrich oder gut geeignet als Füllung für Braten oder Kurzgebratenes, für Teigtaschen oder Frikadellen.

Rigatoni mit Seelachs

Für 4 Personen:

300 g Rigatoni oder andere Röhrennudeln
Salzwasser
einige Tropfen Olivenöl
600 g Seelachsfilet
einige Tropfen Zitronensaft
einige Tropfen Worcestersoße
1 TL geriebene Zitronenschale
Salz, Pfeffer aus der Mühle
Butterschmalz zum Braten
Mehl zum Wenden

Außerdem:
1 Zwiebel
2–3 Knoblauchzehen
300 g passierte Tomaten
2–3 EL Paprikamark
2–3 Tomaten
1 Prise Cayennepfeffer
1 Prise Zucker
50 g frisch geriebener Parmesan
Basilikumblättchen zum Garnieren

1. Die Nudeln im Salzwasser mit dem Olivenöl bissfest garen, abgießen, abschrecken, gut abtropfen lassen und bereitstellen.

2. Das küchenfertige Seelachsfilet unter fließendem Wasser waschen, trocken tupfen und in mundgerechte Stücke schneiden.

3. Mit Zitronensaft und Worcestersoße beträufeln, mit der geriebenen Zitronenschale bestreuen, mit Salz und Pfeffer würzen und im Kühlschrank 10 Minuten ziehen lassen.

4. Das Butterschmalz in einer Pfanne erhitzen. Die Seelachswürfel in Mehl wenden, dazugeben, anbraten, herausnehmen und bereitstellen.

5. Die Zwiebel und die Knoblauchzehen schälen, in feine Würfel schneiden, ins verbliebene Bratfett geben und kurz anschwitzen.

6. Die passierten Tomaten angießen, das Paprikamark einrühren und alles einmal aufkochen lassen.

7. Zum Schluss die enthäuteten, entkernten, in Würfel geschnittenen Tomaten zufügen, mit Salz, Pfeffer, Cayennepfeffer und Zucker kräftig abschmecken.

8. Die Rigatoni und die Seelachswürfel dazugeben, durchschwenken, erhitzen und nochmals nachwürzen.

9. Die Rigatoni dekorativ anrichten, mit dem geriebenen Parmesan bestreuen, mit Basilikumblättchen garnieren und sofort servieren.

Makkaroni griechische Art

Für 4 Personen:

300 g Makkaroni, Salzwasser
einige Tropfen Olivenöl
2 EL Olivenöl
2 Zwiebeln, 2 Knoblauchzehen
1 Bund Frühlingszwiebeln
200 ml Weißwein
200 ml Gemüsebrühe, 4 Tomaten
Salz, Pfeffer aus der Mühle
1 Prise Cayennepfeffer
1 EL Paprikapulver
200 g Feta-Käse
100 g grüne Oliven
Basilikumblättchen zum Garnieren

1. Die Makkaroni im Salzwasser mit dem Olivenöl bissfest garen, abgießen, abschrecken und gut abtropfen lassen.

2. Das Olivenöl in einer Pfanne erhitzen. Die Zwiebeln und die Knoblauchzehen schälen, fein würfeln, ins Fett geben und glasig schwitzen.

3. Die Frühlingszwiebeln putzen und in Scheiben schneiden. Zu den Knoblauchzwiebeln geben und kurz mitschwitzen. Den Weißwein und die Gemüsebrühe angießen und das Ganze 4–5 Minuten köcheln lassen.

4. Die Makkaroni, die enthäuteten, entkernten und in Stücke geschnittenen Tomaten dazugeben, durchschwenken, erhitzen, mit Salz, Pfeffer, Cayennepfeffer und Paprikapulver würzen.

5. Den Feta-Käse in Würfel schneiden, mit den Oliven zu den Nudeln geben und kurz erhitzen. Die Makkaroni dekorativ anrichten, mit Basilikumblättchen garnieren und sofort servieren.

Makkaroni mit Tomaten und Ricotta

Für 4 Personen:

300 g Makkaroni
Salzwasser
einige Tropfen Olivenöl
1 Zwiebel
1–2 EL Olivenöl
1 Dose Pizzatomaten (400 g)
100 ml Rotwein
250 g Ricotta
Salz, Pfeffer aus der Mühle
1 Prise Cayennepfeffer
50 g frisch geriebener Parmesankäse
Basilikum zum Garnieren

1. Die Makkaroni im Salzwasser mit dem Olivenöl bissfest garen, abgießen, abschrecken und gut abtropfen lassen.

2. Die Zwiebel schälen und fein würfeln. Das Olivenöl in einer Pfanne erhitzen und die Zwiebelwürfel darin glasig schwitzen.

3. Die Pizzatomaten und den Rotwein dazugeben und kurz durchschwenken.

4. Den Ricotta untermischen und schmelzen lassen. Die Makkaroni hinzufügen und erhitzen.

5. Die Nudeln mit Salz, Pfeffer und Cayennepfeffer kräftig abschmecken, dekorativ anrichten und mit frisch geriebenem Parmesankäse bestreuen. Mit Basilikum garnieren und sofort servieren.

(ohne Abbildung)

NUDELWOK MIT GEMÜSE

FÜR 4 PERSONEN:

1 Päckchen Mie-Nudeln
Salzwasser
einige Tropfen Sesamöl

Außerdem:
2 Karotten
200 g grüne Bohnen
2 rote Paprikaschoten
250 ml Geflügel- oder Fleischbrühe
3–4 EL Sojaöl
1 Zwiebel
2 Knoblauchzehen
1 Stück Ingwerwurzel
2–3 Frühlingszwiebeln
1 Glas Asia-Gemüsemischung mit Sprossen
75 ml helle Sojasoße
1 TL Sambal Oelek
1 TL Sambal Manis
1 EL Fünfgewürzpulver
Salz, Pfeffer aus der Mühle
Cilantro oder Blattpetersilie zum Garnieren

1. Die Mie-Nudeln im Salzwasser mit dem Sesamöl nach Packungsanweisung bissfest garen, abgießen, abschrecken und gut abtropfen lassen.

2. Die Karotten schälen, in feine Streifen schneiden, die Bohnen putzen und nach Bedarf klein schneiden.

3. Die Karottenstreifen und die Bohnen mit den halbierten, entkernten, gewaschenen und in Streifen geschnittenen Paprikaschoten in der erhitzten Geflügel- oder Fleischbrühe kurz blanchieren.

4. Das Sojaöl in einer Pfanne erhitzen. Die Zwiebel und die Knoblauchzehen schälen, in feine Würfel schneiden, mit dem geschälten und grob geraspelten Ingwer ins Bratfett geben und glasig schwitzen.

5. Die Frühlingszwiebeln putzen, waschen, in feine Streifen schneiden, zu den Knoblauchzwiebeln geben und kurz mitdünsten.

6. Das restliche Gemüse mit der Brühe und die Asia-Gemüsemischung mit Sprossen dazugeben, das Ganze zum Kochen bringen und 10 Minuten unter Rühren garen.

7. Die helle Sojasoße angießen, das Sambal Oelek, das Sambal Manis und das Fünfgewürzpulver unterrühren, mit Salz und Pfeffer würzen.

8. Die Nudeln zum Gemüse geben, durchschwenken, nochmals erhitzen und nachwürzen.

9. Den Nudelwok mit Gemüse dekorativ anrichten, mit Cilantro oder Blattpetersilie garnieren und sofort servieren.

Maultaschen mit Spargelfüllung

Für 4 Personen:

Für den Teig:
300 g Mehl, 2 Eier
100 g Spinat
1 TL Olivenöl
1 Prise Salz
1 Prise Muskat

Für die Füllung:
500 g bissfest gegarter Spargel
3 Tomaten
Salz, Pfeffer aus der Mühle
1 Eiweiß

Außerdem:
Gemüsebrühe zum Garen
1 EL Butter, 1 Zwiebel
1 Knoblauchzehe
Saft von 2 Limetten
1 EL Zucker
200 ml Gemüsebrühe
200 ml süße Sahne
50 g gemischte gehackte Kräuter
Tomatenstreifen und Kräuterzweige zum Garnieren

1. Das Mehl in eine Schüssel sieben. Die Eier mit dem Spinat im Mixer pürieren, mit dem Olivenöl, dem Salz und dem Muskat zum Mehl geben und alles zu einem glatten, geschmeidigen Teig verkneten. Diesen zugedeckt an einem warmen Ort ½ Stunde ruhen lassen.

2. Den Teig auf einer bemehlten Arbeitsfläche hauchdünn ausrollen und Quadrate ausradeln.

3. Für die Füllung die Hälfte des Spargels klein schneiden, mit den enthäuteten, entkernten und gewürfelten Tomaten vermischen, mit Salz und Pfeffer würzen und auf den Teigquadraten verteilen.

4. Die Kanten mit etwas verschlagenem Eiweiß bestreichen. Den Teig zusammenklappen und die Ränder gut festdrücken.

5. Die Gemüsebrühe in einem Topf erhitzen und die Maultaschen darin 6–8 Minuten garen.

6. Wenn sie an der Oberfläche schwimmen, herausnehmen, gut abtropfen lassen und warm stellen.

7. Die Butter in einer Pfanne erhitzen. Die Zwiebel und die Knoblauchzehe schälen, fein würfeln, ins Fett geben und glasig schwitzen.

8. Den Limettensaft angießen, mit Zucker bestreuen, die Gemüsebrühe und die Sahne hinzufügen, die gehackten Kräuter und den restlichen, in mundgerechte Stücke geschnittenen Spargel untermischen. Das Ganze bei mäßiger Hitze fünf Minuten köcheln lassen.

9. Die Soße mit Salz und Pfeffer würzen, auf Tellern anrichten, dekorativ mit den Maultaschen belegen, mit Tomatenstreifen und Kräuterzweigen garnieren und sofort servieren.

Bunte Schinkennudeln

Für 4 Personen:

300 g dünne Bandnudeln
Salzwasser
einige Tropfen Olivenöl
1 Zwiebel, 1 rote Paprikaschote
200 g gekochter, magerer Schinken
2–3 EL Butter oder Margarine
200 grüne Erbsen (TK-Produkt)
Salz, Pfeffer aus der Mühle
1 Prise Muskat, 50 g gemischte frische Kräuter (Estragon, Dill, Basilikum, Petersilie)
Salatblätter und Tomatenscheiben zum Garnieren

1. Die Bandnudeln im Salzwasser mit dem Olivenöl bissfest garen, abgießen, abschrecken, gut abtropfen lassen und bereitstellen.

2. Die Zwiebel schälen und in feine Würfel schneiden, die Paprikaschote halbieren, entkernen, waschen und in Würfel schneiden, den Schinken ebenfalls würfeln.

3. Die Butter oder Margarine in einer Pfanne erhitzen, die Zwiebel- und Paprikawürfel dazugeben und darin glasig schwitzen.

4. Die Schinkenwürfel und die aufgetauten Erbsen hinzufügen und alles bei mäßiger Hitze fünf Minuten zugedeckt dünsten. Die Bandnudeln dazugeben, kurz durchschwenken und braten.

5. Die Schinkennudeln mit Salz, Pfeffer und Muskat kräftig abschmecken. Die verlesenen, gewaschenen und fein gehackten Kräuter unterheben. Die Schinkennudeln dekorativ anrichten, mit Salatblättern und Tomatenscheiben garnieren und sofort servieren.

Spaghetti carbonara

Für 4 Personen:

300 g Spaghetti, Salzwasser
einige Tropfen Olivenöl
200 g durchwachsener, geräucherter Speck,
2–3 EL Olivenöl, 2 Zwiebeln
1 rote Chilischote
200 ml süße Sahne
4 Eier
4 EL geriebener Parmesankäse
Salz, Pfeffer aus der Mühle
1 Prise Muskat
Salatblätter, Gurkenscheiben, Zwiebelringe, Karottenstreifen und Kräuter zum Garnieren

1. Die Spaghetti im Salzwasser mit dem Olivenöl bissfest garen, abgießen, abschrecken, gut abtropfen lassen und bereitstellen.

2. Den Speck würfeln. Das Öl erhitzen und den Speck kurz anschwitzen. Die Zwiebeln schälen, in Würfel schneiden, die Chilischote halbieren, entkernen, waschen, fein würfeln, beides zum Speck geben und kurz mitbraten.

3. Die Sahne mit den Eiern und dem geriebenen Parmesankäse in eine Schüssel geben und kräftig verschlagen, mit Salz, Pfeffer und Muskat würzen.

4. Die Spaghetti in die Pfanne geben, durchschwenken und erhitzen.

5. Die Sahne-Ei-Käsemischung gleichmäßig über die Spaghetti verteilen und bei mäßiger Hitze unter ständigem Rühren stocken lassen.

6. Die Spaghetti carbonara mit Salz und Pfeffer nochmals nachwürzen und dekorativ anrichten. Mit Salatblättern, Gurkenscheiben, Zwiebelringen, Karottenstreifen und Kräutern garnieren und sofort servieren.

(ohne Abbildung)

Bandnudeln mit Parmaschinken

Für 4 Personen:

Für den Teig:
500 g Mehl
5 Eier
1 TL Salz
1 Prise Muskat
2–3 EL Wasser
Mehl zum Verarbeiten
Salzwasser
einige Tropfen Olivenöl

Außerdem:
1 Zucchini
1–2 EL Butter
200 ml Gemüse- oder Fleischbrühe
2–3 EL Bärlauchpesto
200 g Parmaschinken
Salz, Pfeffer aus der Mühle
Kräuterzweige zum Garnieren

1. Das gesiebte Mehl mit den Eiern, dem Salz, dem Muskat und dem Wasser in die Rührschüssel einer Küchenmaschine geben und mit dem Knethaken 4–5 Minuten kneten.

2. Den Teig auf eine bemehlte Arbeitsfläche geben und zu einem glatten, kompakten Teig verkneten. Der Teig muss sehr fest sein.

3. Den Teig zugedeckt eine Stunde ruhen lassen. Anschließend den Teig mithilfe der Nudelmaschine ausrollen und zu Bandnudeln schneiden.

4. Die geschnittenen Nudeln auf einem mit Küchentuch abgedeckten Backblech ausbreiten und mindestens eine Stunde trocknen lassen.

5. Die Nudeln in Salzwasser mit einigen Tropfen Olivenöl bissfest garen, herausnehmen, gut abtropfen lassen und zur weiteren Verarbeitung bereitstellen.

6. Die Zucchini putzen, waschen und klein schneiden. Die Butter in einer Pfanne erhitzen und die Zucchini darin anschwitzen.

7. Die Gemüse- oder Fleischbrühe angießen, zum Kochen bringen und mit dem Bärlauchpesto würzen.

8. Die Bandnudeln und den in dünne Streifen geschnittenen Parmaschinken dazugeben, durchschwenken, erhitzen und mit Salz, Pfeffer und Muskat würzen. Die Nudeln dekorativ anrichten, mit Kräuterzweigen garnieren und mit geschmolzenen Tomaten sofort servieren.

Reis und Co – Das Beste aus der internationalen Küche

Hackfleisch-Reis-Pfanne

Für 4 Personen:

200 g Langkornreis
Salzwasser zum Garen

Außerdem:
300 g grüne Bohnen
2 Zwiebeln
2 Knoblauchzehen
2 EL Olivenöl
600 g Rinderhack
1 EL Paprikapulver edelsüß
Salz, Pfeffer aus der Mühle
1 Prise Cayennepfeffer
4 Tomaten
1 Bund glatte Petersilie

1. Den Reis im Salzwasser in 20 Minuten bissfest garen.

2. Die Bohnen putzen, waschen und im Reiswasser bissfest garen, herausnehmen und abtropfen lassen. Die Zwiebeln und die Knoblauchzehen schälen und fein würfeln.

3. Das Olivenöl in einer Pfanne erhitzen, das Rinderhack darin unter ständigem Rühren ca. sechs Minuten braten.

4. Zwiebeln und Knoblauch dazugeben und mitbraten. Mit Paprikapulver bestäuben, mit Salz, Pfeffer und Cayennepfeffer kräftig würzen.

5. Die Tomaten enthäuten, entkernen, in Würfel schneiden, zum Fleisch geben und das Ganze bei mäßiger Hitze ca. acht Minuten dünsten.

6. Den Reis und die Bohnen untermischen und erhitzen. Nachwürzen, dekorativ anrichten, mit Petersilie garnieren und sofort servieren.

Reissuppe mit Huhn und Zitrone

Für 4 Personen:

2 Hähnchenbrustfilets
1 l Gemüsebrühe
2 Lorbeerblätter
200 g Reis
2–3 Karotten, 1 Zwiebel
1–2 Stangen Staudensellerie
Salz, Pfeffer aus der Mühle
1 Prise Cayennepfeffer
1 Prise Muskat
1 Prise Nelkenpulver
2 Eier
Saft von 1 Zitrone
Selleriegrün zum Garnieren

1. Die Filets waschen und trocken tupfen. Die Brühe mit den Lorbeerblättern zum Kochen bringen. Die Filets einlegen und bei mäßiger Hitze 20–25 Minuten köcheln lassen.

2. Den Reis waschen und gut abtropfen lassen. Karotten schälen und in Streifen schneiden. Zwiebel schälen und hacken. Staudensellerie waschen und in feine Scheiben schneiden.

3. Den Reis, die Karotten, die Zwiebel und den Sellerie zu den Filets geben und weitere 20–25 Minuten garen.

4. Die Filets aus der Suppe nehmen und in Scheiben schneiden. In die Suppe zurückgeben und das Ganze mit Salz, Pfeffer, Cayennepfeffer, Muskat und Nelkenpulver kräftig würzen.

5. Die Eier mit dem Zitronensaft verschlagen, kurz vor dem Servieren unter die Suppe rühren, aber nicht mehr kochen lassen. Die Reissuppe nochmals kräftig abschmecken, dekorativ anrichten, mit Selleriegrün garnieren und sofort servieren.

(ohne Abbildung)

Reispfanne mit Hähnchen

Für 4 Personen:

600 g Hähnchenbrustfilets
Salz, Pfeffer aus der Mühle
1 Prise Chilipulver
2 TL geschroteter Koriander
Butterschmalz zum Braten
2 Zwiebeln
1 rote Chilischote
1 Zucchini
200 g Zuckermais
200 ml Gemüse- oder Geflügelbrühe
600 g bissfest gegarter Reis
4 EL Mangochutney
Kräuterzweige und Chilischoten zum Garnieren
Korianderpulver zum Bestreuen

1. Die küchenfertigen Hähnchenbrustfilets unter fließendem Wasser waschen, trocken tupfen, in Streifen schneiden, mit Salz, Pfeffer, Chilipulver und den geschroteten Korianderkörnern kräftig würzen.

2. Das Butterschmalz in einem Wok erhitzen und die Hähnchenstreifen darin rundherum anbraten.

3. Die Zwiebeln schälen und in feine Würfel oder Streifen schneiden. Die Chilischote halbieren, entkernen, waschen, in feine Streifen schneiden, mit den Zwiebeln zum Fleisch geben und kurz mitbraten.

4. Die Zucchini putzen, waschen, in feine Würfel schneiden, mit dem gut abgetropften Zuckermais zum Fleisch geben und ebenfalls kurz mitbraten.

5. Die Brühe angießen, zum Kochen bringen und bei mäßiger Hitze 8–10 Minuten köcheln lassen.

6. Den bissfest gegarten Reis untermischen, das Mangochutney dazugeben und das Ganze erhitzen. Mit Salz und Pfeffer nochmals nachwürzen, dekorativ anrichten, mit Kräuterzweigen und Chilischoten garnieren, mit Korianderpulver bestreuen und sofort servieren.

Mangochutney

2 Zwiebeln schälen und würfeln. 2 Mangos dünn schälen, das Fruchtfleisch von den Kernen lösen und in Würfel schneiden. 1-2 Chilischoten halbieren, entkernen, waschen und in feine Streifen schneiden. 2-3 EL Olivenöl erhitzen, die Zwiebeln dazugeben und glasig schwitzen. Die Mangowürfel und die Chilistreifen einrühren und kurz mitschwitzen. 200 ml Weißwein, 50 ml Essig und 50 g Zucker einrühren, salzen und pfeffern. Das Ganze zum Kochen bringen und 10 Minuten köcheln lassen. Mit angerührter Speisestärke binden, nachwürzen, abkühlen lassen und servieren.

NASI-GORENG

FÜR 4 PERSONEN:

2 Eier
Salz, weißer Pfeffer aus der Mühle
1 EL Erdnussöl
300 g Hähnchenbrustfilet
300 g Rinderfilet
2 Knoblauchzehen
3 EL Sojasoße
½ TL Chilipulver
6 EL Sonnenblumenöl
2 Karotten
1 Stück Lauch
1 EL Krabbenpaste
1 EL Tomatenmark
1 TL Fünfgewürzpulver
4 Portionen Duftreis
150 g geschälte Krabben oder Crevetten
4 EL Ketjap Manis
1 Bund Schnittlauch

1. Die Eier in eine Schüssel geben und verschlagen, mit Salz und Pfeffer würzen. Das Erdnussöl erhitzen und Omelettes ausbacken. Die Omelettes herausnehmen, erkalten lassen, in Streifen schneiden und bereitstellen.

2. Das Hähnchenbrustfilet und das Rinderfilet unter fließendem Wasser waschen, trocken tupfen, in Streifen schneiden und in eine Schüssel geben.

3. Den Knoblauch schälen, fein würfeln, mit der Sojasoße und dem Chilipulver vermischen und unter das Fleisch rühren. Das Fleisch im Kühlschrank mindestens eine Stunde marinieren.

4. Die Hälfte des Sonnenblumenöls in einem Wok erhitzen und das Fleisch darin unter ständigem Rühren braten, herausnehmen und bereitstellen.

5. Die Karotten schälen, waschen, in feine Streifen schneiden, den Lauch putzen, waschen und ebenfalls in feine Streifen schneiden. Das restliche Sonnenblumenöl in den Wok geben und das Gemüse darin unter ständigem Rühren braten.

6. Die Krabbenpaste, das Tomatenmark, das Fünfgewürzpulver, den Duftreis und die Krabben oder Crevetten dazugeben und fünf Minuten dünsten.

7. Das Fleisch unterrühren, erhitzen, aber nicht kochen lassen. Mit Ketjap Manis, Salz und Pfeffer kräftig würzen und den verlesenen, gewaschenen und fein geschnittenen Schnittlauch dazugeben. Das Ganze dekorativ anrichten, mit den Omelettestreifen belegen und sofort servieren.

REIS KOCHEN

Die Kunst, Reis richtig zu kochen, verlangt Fingerspitzengefühl. Er soll weiß, trocken und körnig auf den Tisch kommen. Wählen Sie deshalb für Beilagen harte Reissorten wie z. B. Langkornreis. Rundkornreis ist für Milchreis oder Risotto geeignet. Da Reis beim Kochen stark aufquillt, rechnet man als Beilage pro Person 50–60 g Reis, für ein Hauptgericht etwa 100 g Reis. Besonders körnig wird Reis, wenn er vor dem Kochen gründlich gewaschen wird, um alle anhaftenden Stärketeilchen zu entfernen. Reis wird in reichlich Salzwasser in 15–18 Minuten bissfest gegart und darf während des Kochens nicht umgerührt werden.

Serbisches Reisfleisch

Für 4 Personen:

3 Zwiebeln
2 Knoblauchzehen
je 1 rote und grüne Paprikaschote
3 EL Olivenöl
500 g kalter Braten
1 Bund Frühlingszwiebeln
1 EL Paprikapulver edelsüß
1 TL Paprikapulver rosenscharf
200 ml Gemüse- oder Fleischbrühe
800 g bissfest gegarter Reis
Salz, Pfeffer aus der Mühle
1 Prise Cayennepfeffer
glatte Petersilie zum Garnieren

1. Die Zwiebeln und die Knoblauchzehen schälen und fein würfeln. Die Paprikaschoten halbieren, entkernen, waschen, abtropfen lassen und in Würfel schneiden.

2. Das Olivenöl in einer Pfanne erhitzen. Zwiebeln, Knoblauch und Paprikawürfel darin glasig schwitzen.

3. Den kalten Braten in Würfel schneiden, die Frühlingszwiebeln putzen, waschen, in Stücke schneiden, alles zum Gemüse geben und kurz braten.

4. Mit Paprikapulver bestreuen, die Brühe angießen und das Ganze bei mäßiger Hitze 8–10 Minuten köcheln lassen.

5. Den Reis untermischen, durchschwenken, erhitzen, mit Salz, Pfeffer und Cayennepfeffer würzen.

6. Das serbische Reisfleisch dekorativ anrichten, mit Petersilie garnieren und sofort servieren.

Bratwurst-Paella

Für 4 Personen:

300 g Reis, Salzwasser
1-2 EL Butterschmalz
500 g rohe Bratwürste
1 Zwiebel
4 Schalotten
je 1 kleine rote, gelbe und grüne Paprikaschote
250 ml Gemüse- oder Fleischbrühe
1 EL Curry
1 Msp. Safran
Salz, Pfeffer aus der Mühle
1 Prise Cayennepfeffer
100 g grüne Erbsen (TK-Produkt)
Kräuterzweige zum Garnieren

1. Den Reis unter fließendem Wasser waschen und in kochendem Salzwasser 18–20 Minuten bissfest garen, abgießen und gut abtropfen lassen.

2. Das Butterschmalz in einer großen Pfanne erhitzen. Die in Scheiben geschnittenen Bratwürste darin Farbe nehmen lassen.

3. Die Zwiebel und die Schalotten schälen, fein würfeln, mit den geputzten, halbierten, entkernten, gewaschenen, in Würfel oder Streifen geschnittenen Paprikaschoten zu den Bratwürsten geben und kurz mitbraten.

4. Die Gemüse- oder Fleischbrühe angießen und alles bei mäßiger Hitze 6–8 Minuten köcheln lassen.

5. Den Reis mit dem Curry und dem Safran einrühren und erhitzen. Mit Salz, Pfeffer und Cayennepfeffer würzen.

6. Die grünen Erbsen untermischen und die Bratwurst-Paella fertig garen. Die Bratwurst-Paella nachwürzen, dekorativ anrichten, mit Kräuterzweigen garnieren und sofort servieren.

(ohne Abbildung)

Reisbällchen mit Gemüseragout

Für 4 Personen:

Für das Gemüseragout:
1 kleine Knolle Sellerie
500 g Karotten
1 Stange Lauch
1 Zucchini
2 Zwiebeln
2 Knoblauchzehen
2 EL Olivenöl
200 ml Gemüsebrühe
400 ml passierte Tomaten
Salz, Pfeffer aus der Mühle
1 Prise Cayennepfeffer
1 Prise Zucker
je 1 EL gerebeltes Basilikum und gerebelter Oregano

Für die Reisbällchen:
200 g Basmatireis
400 ml Salzwasser
100 g geriebener Käse
1 EL frischer, gehackter Kerbel
Cayennepfeffer

Außerdem:
600 g Hähnchenbrust
Salz, Pfeffer aus der Mühle
1 EL Öl
frischer Kerbel zum Garnieren

1. Das Gemüse entsprechend putzen bzw. schälen, waschen und in Würfel schneiden.

2. Die Zwiebeln und den Knoblauch schälen, fein würfeln und im erhitzten Öl glasig schwitzen. Das Gemüse dazugeben und kurz dünsten.

3. Die Gemüsebrühe angießen und das Gemüse bei mäßiger Hitze bissfest garen. Die passierten Tomaten hinzufügen und das Ganze kräftig aufkochen lassen.

4. Mit Salz, Pfeffer, Cayennepfeffer und Zucker abschmecken. Die Kräuter einrühren und das Gemüseragout warm stellen.

5. Für die Reisbällchen den Reis nach Packungsanweisung im Salzwasser kochen, abgießen und gut abtropfen lassen.

6. Den Käse und den gehackten Kerbel unter den fertigen Reis rühren. Die Masse mit Salz, Pfeffer und Cayennepfeffer würzen. Mit angefeuchteten Händen Bällchen abdrehen und warm stellen.

7. Die Hähnchenbrust in Scheiben schneiden, salzen und pfeffern. Im erhitzten Öl ca. fünf Minuten braten.

8. Das Gemüseragout auf Tellern dekorativ anrichten, mit den Reisbällchen und den Hähnchenbrustscheiben belegen, mit frischem Kerbel garnieren und sofort servieren.

Gemüsereis aus dem Wok

Für 4 Personen:

1 mittelgroßer Kopf Blumenkohl
Salzwasser
300 g Basmatireis
2–3 EL Sesamöl
1 Zwiebel
2 Knoblauchzehen
50 g Galgant
1 rote Chilischote
je 1 gelbe und rote Paprikaschote
300 g grüne Bohnen (TK-Produkt)
300 g Brokkoliröschen (TK-Produkt)
1 Tasse Reis- oder Weißwein
1 Tasse chinesische Chilisoße
3–4 EL Sojasoße
2–3 EL geröstetes Sesamöl
1 Tasse geröstete Cashewkerne
Szechuanpfeffer aus der Mühle

1. Den Blumenkohl putzen, waschen, in Röschen zerteilen und diese in kochendem Salzwasser kurz blanchieren. Herausnehmen und abtropfen lassen.

2. Den Reis in Salzwasser bissfest garen, abgießen und bereitstellen.

3. Das Sesamöl im Wok erhitzen. Die Zwiebel und die Knoblauchzehen schälen, fein hacken, ins Öl geben und anschwitzen.

4. Den Galgant schälen, fein würfeln, die Chilischote und die Paprikaschoten halbieren, entkernen, waschen und in Streifen schneiden. Das Gemüse zu den Knoblauchzwiebeln geben und pfannenrühren.

5. Die Bohnen und die Brokkoliröschen auftauen lassen, klein schneiden, mit dem Blumenkohl dazugeben und pfannenrühren. Bei mäßiger Hitze 6–8 Minuten dünsten.

6. Mit Reis- oder Weißwein ablöschen, die chinesische Chilisoße, die Sojasoße und das geröstete Sesamöl unterrühren und 3–4 Minuten kräftig kochen lassen.

7. Den Reis und die Cashewkerne hinzufügen, das Ganze kurz durchschwenken, mit Szechuanpfeffer abschmecken, dekorativ anrichten, garnieren und sofort servieren.

Natur- und Wildreis

Naturreis ist geschälter, unpolierter Langkorn- oder Rundkornreis, dessen Körner noch vom Silberhäutchen umgeben sind und die noch den Keimling enthalten. Naturreis ist reich an Vitamin B. Er benötigt eine etwas längere Garzeit als polierter Reis.

Zu den teuersten Getreidearten gehört der wilde Reis. Er ist eine Delikatesse und wird hauptsächlich für Füllungen verwendet oder mit Langkornreis vermischt. Wildreis hat einen würzigen, nussartigen Geschmack. Er wird nur ungeschält in Supermärkten oder im Delikatessenladen angeboten. Er ist reich an Protein und Vitamin B.

Putengeschnetzeltes im Reisring

Für 4 Personen:

250 g Basmatireis
Salzwasser
2–3 Tomaten
2 EL Butter
Salz, Pfeffer aus der Mühle
1 Prise Muskat
1 Prise Cayennepfeffer
1 Bund Petersilie

Für das Geschnetzelte:
600 g Putenbrustfilet
1 EL Butterschmalz
2 Zwiebeln
2 Knoblauchzehen
2 Karotten
1 grüne Paprikaschote
200 g Champignons
Saft von 1 Zitrone
100 ml Weißwein
200 ml Gemüse- oder Fleischbrühe
200 ml süße Sahne
Speisestärke zum Binden
50 g geriebener Parmesankäse

Außerdem:
Kräuterzweige zum Garnieren

1. Den Reis im Salzwasser bissfest garen, abgießen, abschrecken und gut abtropfen lassen. Die Tomaten enthäuten, entkernen und würfeln.

2. Die Butter in einer Pfanne erhitzen, die Tomatenwürfel und den Reis dazugeben und kurz durchschwenken. Mit Salz, Pfeffer, Muskat und Cayennepfeffer kräftig abschmecken und die verlesene, gewaschene und fein gehackte Petersilie untermischen. Den Reis warm stellen.

3. Für das Geschnetzelte das küchenfertige Putenfilet unter fließendem Wasser waschen, trocken tupfen und in Scheiben oder Streifen schneiden.

4. Das Butterschmalz in einer Pfanne erhitzen. Das Fleisch mit Salz und Pfeffer würzen, dazugeben und unter ständigem Rühren 3–4 Minuten braten.

5. Das Fleisch herausnehmen und warm stellen. Die Zwiebeln und die Knoblauchzehen schälen, in feine Scheiben schneiden, ins verbliebene Bratfett geben und kurz braten.

6. Die Karotten schälen, die Paprikaschote halbieren, entkernen und waschen. Die Karotten in feine Scheiben und die Paprikaschote in feine Streifen schneiden, zu den Knoblauchzwiebeln geben und mitbraten.

7. Die Champignons putzen, waschen, in Scheiben schneiden, mit Zitronensaft beträufeln, zum Gemüse geben und ebenfalls kurz mitschwitzen.

8. Mit Weißwein ablöschen, die Gemüse- oder Fleischbrühe und die Sahne angießen, das Ganze zum Kochen bringen und bei mäßiger Hitze 3–4 Minuten köcheln lassen.

9. Die Soße mit etwas angerührter Speisestärke leicht binden, mit Salz, Pfeffer, Muskat und Cayennepfeffer abschmecken und mit Parmesankäse verfeinern.

10. Das Fleisch in die Soße geben, erhitzen, aber nicht mehr kochen lassen. Den Gemüsereis in einen ausgefetteten Reisring füllen, andrücken und auf einen Teller stürzen.

11. Das Putengeschnetzelte in die Mitte geben, mit Kräuterzweigen garnieren und sofort servieren.

Risotto mit Spargel und Safran

Für 4 Personen:

1 Bund Spargel, 2 Karotten
1 EL Butter, 1 Stück Zitrone
Gemüsebrühe

Für das Risotto:
1 Zwiebel, 2 Knoblauchzehen
Butterschmalz zum Braten
1 grüne Paprikaschote
250 g Risottoreis
150 ml Weißwein
Salz, Pfeffer aus der Mühle
1 Döschen Safranpulver
700 ml Fleischbrühe
100 g Parmesan
2 Tomaten

Außerdem:
Basilikumblättchen zum Garnieren

1. Den Spargel und die Karotten dünn schälen. Vom Spargel die unteren Enden abschneiden und die Spargelstangen halbieren. Die Karotten in Scheiben schneiden. Reichlich Gemüsebrühe in einem Topf erhitzen, die Butter und ein Stück Zitrone hineingeben und das Gemüse darin bissfest garen.

2. Die Zwiebel und die Knoblauchzehen schälen, in feine Würfel schneiden und in einer Pfanne mit Butterschmalz glasig anschwitzen.

3. Die Paprikaschote halbieren, entkernen, waschen, in Streifen schneiden, zu den Knoblauchzwiebeln geben und andünsten.

4. Den Reis dazugeben, kurz mitdünsten und mit dem Weißwein aufgießen. Das Ganze mit Salz und Pfeffer würzen und mit dem Safran verfeinern.

5. Den Reis bei geringer Hitze garen, nach und nach die Fleischbrühe angießen, bis der Reis die Flüssigkeit aufgenommen hat. Den frisch geriebenen Parmesan einrühren und das Risotto warm stellen.

6. Die Tomaten waschen, entkernen und in Würfel schneiden. Das fertig gegarte Gemüse abgießen, gut abtropfen lassen und mit den Tomaten unter das fertige Risotto ziehen.

7. Das Risotto auf Tellern dekorativ anrichten, mit Basilikumblättchen garnieren und sofort servieren.

Kohlpäckchen mit roter Reisfüllung

Für 4 Personen:

1 kleiner Kopf Weißkohl
Salzwasser oder Gemüsebrühe zum Blanchieren

Für die Füllung:
250 g Basmatireis
Salzwasser
100 g durchwachsener, geräucherter Speck
1-2 EL Butter
2-3 Schalotten
1-2 Knoblauchzehen
2-3 EL Tomatenmark
Salz, Pfeffer aus der Mühle
1 Prise Cayennepfeffer
200 g geriebener Butterkäse

Außerdem:
Butter für die Form
100 ml Weißwein
300 ml Gemüsebrühe
125 g Crème fraîche
30 g gemischte frische Kräuter (Petersilie, Basilikum, Oregano)
Petersilie zum Garnieren

1. Den Weißkohl putzen, acht Blätter ablösen und diese in der kochenden Flüssigkeit blanchieren, herausnehmen und gut abtropfen lassen.

2. Den Basmatireis in kochendem Salzwasser bissfest garen, abgießen, abschrecken und gut abtropfen lassen.

3. Den Speck fein würfeln und in der erhitzten Butter auslassen. Die Schalotten und die Knoblauchzehen schälen, fein würfeln, zum Speck geben und glasig schwitzen.

4. Das Tomatenmark und den Basmatireis einrühren, mit Salz, Pfeffer und Cayennepfeffer würzen, vom Herd nehmen und abkühlen lassen.

5. Die Hälfte des geriebenen Butterkäses unter den Reis mischen. Je zwei Weißkohlblätter übereinanderlegen, die Füllung darauf verteilen und die Weißkohlblätter zusammenrollen.

6. Die Kohlpäckchen in eine ausgefettete Auflaufform legen, den Weißwein, die Gemüsebrühe und die Crème fraîche angießen.

7. Die Kräuter verlesen, waschen, fein schneiden und in die Soße rühren. Die Kohlpäckchen mit dem restlichen Käse bestreuen und das Ganze in dem auf 180–200 °C vorgeheizten Backofen 20–25 Minuten garen.

8. Nach Ende der Garzeit die Kohlpäckchen aus dem Ofen nehmen, dekorativ anrichten, mit Petersilie garnieren und sofort servieren.

Kohl

Die bekanntesten Kohlarten sind der Weißkohl, der Rotkohl, der Wirsing, der Rosenkohl und der Blumenkohl. Rotkohl und Weißkohl sind das ganze Jahr über erhältlich, Wirsing und Rosenkohl sind typische Wintergemüse. Rosenkohl ist bei uns von September bis Dezember im Handel. Im Frühjahr erhalten wir den Spitzkohl, der einen sehr milden, weichen Geschmack hat und der – wegen seiner großen Blätter – sehr gerne für Kohlrouladen verwendet wird.

Wan Tan mit Gemüse-Reis-Füllung

Für 4 Personen:

200 g Krabben oder Crevetten
Saft von 1 Zitrone
einige Tropfen Sojasoße
Salz, Pfeffer aus der Mühle
1 EL Sesamöl
2 Knoblauchzehen, 1 Zwiebel
1 rote Chilischote
1 kleine rote Paprikaschote
1 Stück Ingwerwurzel
2–3 Frühlingszwiebeln
100 g bissfest gegarter Reis
1 TL Fünfgewürzpulver

Außerdem:
1 Packung kleine oder große Wan-Tan-Teigplatten
1 Eiweiß
Fett zum Ausbacken

Für die Soße:
1 EL Sesamöl
1 Zwiebel
2 Knoblauchzehen
100 ml helle Sojasoße
100 ml süße Chilisoße
1–2 EL Austernsoße
Saft von 1 Limette

1. Die Krabben oder Crevetten unter fließendem Wasser waschen, trocken tupfen, mit Zitronensaft und Sojasoße beträufeln, mit Salz und Pfeffer würzen und im Kühlschrank 10–15 Minuten ziehen lassen.

2. Das Sesamöl in einer Pfanne erhitzen. Die Knoblauchzehen und die Zwiebel schälen, fein würfeln, ins Fett geben und glasig schwitzen.

3. Die Chilischote und die Paprikaschote putzen, halbieren, entkernen, waschen und fein würfeln.

4. Die Ingwerwurzel schälen, grob raspeln, die Frühlingszwiebeln putzen, waschen und in Streifen schneiden. Mit dem restlichen Gemüse zu den Knoblauchzwiebeln geben und kurz dünsten.

5. Den Reis dazugeben, untermischen, das Ganze mit Salz, Pfeffer und Fünfgewürzpulver würzen, vom Herd nehmen und die Krabben untermischen.

6. Die Wan-Tan-Teigplatten auf einer Arbeitsfläche auslegen, die Füllung daraufgeben und die Ränder mit verschlagenem Eiweiß bestreichen.

7. Die Teigplatten zu Taschen zusammenfalten, die oberen Enden zusammendrehen und mit Küchenschnur oder Lauchstreifen abbinden.

8. Fett in einem Topf erhitzen und die Wan Tan darin schwimmend ausbacken.

9. Für die Soße das Sesamöl in einer Pfanne erhitzen. Die Zwiebel fein würfeln, ins Fett geben und glasig schwitzen. Die Knoblauchzehen schälen und hacken, zu der Zwiebel geben und kurz dünsten.

10. Die Sojasoße und die Chilisoße angießen, zum Kochen bringen und kurz einreduzieren lassen.

11. Zum Schluss die Austernsoße und den Limettensaft einrühren, mit Salz, Pfeffer und Fünfgewürzpulver würzen. Die Wan Tan mit der Soße dekorativ anrichten und sofort servieren.

Hühnersuppe mit Reis und Gemüse

Für 4 Personen:

1 kleines Suppenhuhn
1,5 l Gemüsebrühe
2 Bund Suppengemüse
2 Petersilienwurzeln
je 2 Zweige Petersilie und Selleriegrün
2–3 Lorbeerblätter
einige Nelken
einige Pfefferkörner
1 Zwiebel
Salz, Pfeffer aus der Mühle
1 Prise Muskat
1 Prise Cayennepfeffer

Außerdem:
1 rote Paprikaschote
1 kleine Stange Lauch
400 g Brokkoliröschen
400 g bissfest gegarter Reis
1 Bund Schnittlauch

1. Das küchenfertige Suppenhuhn unter fließendem Wasser waschen und trocken tupfen. Die Gemüsebrühe in einem Topf zum Kochen bringen und das Suppenhuhn einlegen.

2. Das Suppengemüse und die Petersilienwurzeln putzen, waschen und in Stücke schneiden. Mit den Kräutern, den Lorbeerblättern, den Nelken und den Pfefferkörnern zum Huhn geben.

3. Die Zwiebel halbieren und mit den Schnittflächen in einer trockenen, heißen Pfanne so lange rösten, bis die Schnittflächen dunkel sind. Die Zwiebel mit der Schale zum Huhn geben.

4. Mit Salz, Pfeffer, Muskat und Cayennepfeffer kräftig würzen und bei mäßiger Hitze in 1 ½–2 Stunden gar ziehen lassen.

5. Anschließend das Suppenhuhn herausnehmen, gut abtropfen lassen, das Fleisch von den Knochen lösen und in mundgerechte Stücke schneiden.

6. Die Geflügelbrühe durch ein feines Sieb oder durch ein sauberes Küchentuch passieren, wieder in den Topf geben und erhitzen.

7. Die Paprikaschote halbieren, entkernen, waschen und in Streifen schneiden.

8. Den Lauch putzen, waschen und in Scheiben schneiden. Mit den verlesenen, gewaschenen Brokkoliröschen in die Brühe geben und bei mäßiger Hitze 15 Minuten gar ziehen lassen.

9. Das Hühnerfleisch mit dem Reis in die Brühe geben und erhitzen. Die Hühnersuppe mit Salz, Pfeffer, Muskat und Cayennepfeffer nachwürzen, dekorativ anrichten, mit dem verlesenen, gewaschenen und grob geschnittenen Schnittlauch bestreuen und sofort servieren.

Brokkoli

Der Brokkoli stammt aus Asien und ist erst in den letzten Jahren in unsere Küchen gekommen. Er wird wie der Blumenkohl bissfest gegart und ist als „Allroundgemüse“ in vielen Aufläufen und Eintöpfen, aber auch in Salaten und als Beilage einsetzbar. Manche Gärtner bezeichnen Brokkoli als eine südliche Variante des Blumenkohls. Er wird auch Spargelkohl genannt und stellt eine Übergangsform zwischen Blumenkohl und anderem Kohlgemüse dar. Man kann quasi sagen, Brokkoli ist eine italienische Kohlzüchtung, die dem Blumenkohl ähnlich ist.

Gemüsecurry

Für 4 Personen:

2 Karotten
400 g Blumenkohl
200 g Brokkoliröschen
1 Chilischote
1 Mango
3–4 EL Sesamöl
1 Zwiebel
2 Knoblauchzehen
1–2 EL Curry
1 TL Fünfgewürzpulver
1 Msp. Kreuzkümmelpulver
250 ml Kokosnussmilch
125 ml Gemüsebrühe
125 ml süße Sahne
Speisestärke zum Binden
Salz, Pfeffer aus der Mühle
4 EL Pflaumensoße

1. Die Karotten schälen und in Scheiben oder Würfel schneiden. Den Blumenkohl putzen, in Röschen zerpflücken und je nach Bedarf klein schneiden. Die Brokkoliröschen waschen, ebenfalls klein schneiden.

2. Die Chilischote halbieren, entkernen, waschen und in feine Würfel schneiden. Die Mango dünn schälen, das Fruchtfleisch vom Kern schneiden und würfeln.

3. Das Sesamöl im Wok erhitzen. Die Zwiebel und die Knoblauchzehe schälen, fein würfeln, dazugeben und braten.

4. Die Karotten, den Blumenkohl und die Brokkoliröschen sowie die Chilischote dazugeben und pfannenrühren. Zum Schluss die Mangowürfel hinzufügen und bei mäßiger Hitze mitdünsten.

5. Das Gemüse mit Curry und Fünfgewürzpulver bestreuen und mit Kreuzkümmel abrunden.

6. Die Kokosnussmilch, die Gemüsebrühe und die Sahne angießen. Das Ganze bei mäßiger Hitze 6–8 Minuten köcheln lassen und anschließend mit etwas angerührter Speisestärke leicht binden.

7. Das Gemüsecurry salzen und pfeffern, mit Pflaumensoße abrunden, dekorativ anrichten, garnieren und mit einer Langkorn-Wildreismischung sofort servieren.

Gemüseauflauf mit Reis

Für 4 Personen:

300 g Reis
Salzwasser

Außerdem:
1 Stange Lauch
2–3 Karotten
1 rote Paprikaschote
1 Zwiebel
2–3 EL Butter
125 ml Weißwein
125 ml Gemüsebrühe
250 g gekochter Schinken
Salz, Pfeffer aus der Mühle
1 Prise Cayennepfeffer
1 Prise Muskat
200 ml süße Sahne
2–3 Eier
200 g geriebener Butterkäse
Kräuterzweige zum Garnieren

1. Den Reis unter fließendem Wasser waschen und abtropfen lassen. Salzwasser in einem Topf erhitzen, den Reis dazugeben und in 18–20 Minuten garen. Den Reis abgießen und gut abtropfen lassen.

2. Den Lauch putzen, waschen und in 1 cm dicke Scheiben schneiden. Die Karotten schälen, waschen und in feine Scheiben schneiden.

3. Die Paprikaschoten halbieren, entkernen, waschen, gut abtropfen lassen und in Würfel oder Streifen schneiden.

4. Die Zwiebel schälen und in feine Würfel schneiden. Die Butter in einer Auflaufform erhitzen und die Zwiebel darin glasig schwitzen. Das Gemüse dazugeben und kurz mitschwitzen.

5. Den Weißwein und die Gemüsebrühe angießen. Das Gemüse bei mäßiger Hitze 8–10 Minuten köcheln lassen.

6. Den Schinken in Würfel oder Streifen schneiden und mit dem Reis unter das Gemüse mischen. Mit Salz, Pfeffer, Cayennepfeffer und Muskat kräftig abschmecken.

7. Die Sahne mit den Eiern und dem Butterkäse verrühren. Mit Salz, Pfeffer und Cayennepfeffer würzen, über dem Auflauf verteilen und in dem auf 180 bis 200 °C vorgeheizten Backofen 15–20 Minuten garen. Nach Ende der Garzeit den Gemüseauflauf aus dem Ofen nehmen, dekorativ anrichten, mit Kräuterzweigen garnieren und sofort servieren.

Gemüse

Um Gemüse richtig zuzubereiten, muss man kein großer Koch sein, aber einige Grundregeln sollten schon beachtet werden:
Die wichtigste Voraussetzung für die Zubereitung eines erstklassigen Gemüsegerichts ist der Einkauf. Kein anderes Produkt kann leichter auf Frische geprüft werden wie das Gemüse. Schon beim ersten Hinsehen erkennt man, ob es frisch ist. Bei welken, farblosen Blättern ist Vorsicht geboten, denn solche Produkte enthalten nur noch wenige Geschmacks- und Aromastoffe sowie Vitamine und Mineralstoffe. Nutzen Sie die Angebote der Saison, sie garantieren Frische und sind meistens auch noch preisgünstig. Zwar kann man durch die heutigen Transportmöglichkeiten beispielsweise Spargel auch im Winter bekommen, aber erstens ist er sehr teuer und zweitens leidet der Geschmack unter der langen Lagerung. Wenn es zu Weihnachten unbedingt Spargel sein muss, sollte man ihn lieber im Frühjahr frisch kaufen und sofort einfrieren. Kaufen Sie möglichst kein Gemüse, das in Folie verpackt ist. Es sieht optisch zwar gut aus, ist aber für die feine Gemüseküche nicht von Interesse. Greifen Sie lieber zu loser Ware. Auch wenn Sie nicht die Möglichkeit haben, täglich einzukaufen, kaufen Sie nicht mehr, als Sie in 2–3 Tagen verbrauchen können, und lagern Sie das Gemüse im Gemüsefach Ihres Kühlschranks.

SCHWEINEFLEISCH SÜSSSAUER

FÜR 4 PERSONEN:

300 g Basmatireis
Salzwasser
600 g mageres Schweinefleisch aus der Schulter
125 ml Sojasoße
4 cl Reiswein oder trockener Sherry
1 Knoblauchzehe
1 Zwiebel
1 Chilischote
je 1 rote, grüne und gelbe Paprikaschote
½ Bund Frühlingszwiebeln
50 g eingeweichte chinesische Pilze
Sesamöl zum Braten
100 g frische Sojabohnenkeimlinge
100 g Bambussprossen
2-3 EL Tomatenketchup
2-3 EL Honig
2-3 EL Sojasoße
250 ml Gemüse- oder Geflügelbrühe
200 ml Pflaumenwein
Salz, Pfeffer aus der Mühle
1 TL Fünfgewürzpulver
1 Prise Ingwerpulver
Speisestärke zum Binden

Für den Reis:
2-3 EL Butter
50 ml Weißwein
1-2 EL Curry

Außerdem:
4 EL gehackte Sprossen zum Garnieren

1. Den Basmatireis unter fließendem Wasser waschen und abtropfen lassen. Salzwasser in einem Topf erhitzen und den Reis darin in 18-20 Minuten garen.

2. In der Zwischenzeit das Schweinefleisch unter fließendem Wasser waschen, trocken tupfen, in feine Streifen oder Würfel schneiden und in eine Schüssel geben.

3. Die Sojasoße und den Reiswein oder Sherry dazugeben und das Ganze kurz ziehen lassen.

4. Die Knoblauchzehe und die Zwiebel schälen, fein hacken. Die Chilischote putzen, halbieren, entkernen, waschen und in kleine Stücke schneiden.

5. Die Paprikaschoten halbieren, entkernen, waschen und in Würfel schneiden. Die Frühlingszwiebeln putzen und in feine Scheiben schneiden.

6. Die eingeweichten chinesischen Pilze gut abtropfen lassen und in Streifen schneiden.

7. Das Sesamöl in einem Wok erhitzen. Das Schweinefleisch dazugeben und unter ständigem Rühren braten, herausnehmen und warm stellen.

8. Das Gemüse mit den Sojabohnenkeimlingen und den in Streifen geschnittenen Bambussprossen ins verbliebene Bratfett geben und unter ständigem Rühren braten.

9. Das Schweinefleisch hinzufügen und 4-5 Minuten mitbraten. Den Ketchup, den Honig und die Sojasoße einrühren.

10. Die Gemüse- oder Geflügelbrühe und den Pflaumenwein dazugeben und bei starker Hitze 8-10 Minuten kochen.

11. Anschließend das Schweinefleisch süßsauer mit Salz, Pfeffer, Fünfgewürzpulver und Ingwer abschmecken und mit etwas angerührter Speisestärke leicht binden.

12. Für den Reis die Butter in einer Pfanne erhitzen. Den Wein und den Curry dazugeben, kurz durchrühren, den Reis untermischen, durchschwenken, mit Salz und Pfeffer würzen.

13. Den Reis als Rand auf einem Teller dekorativ anrichten. Das Schweinefleisch in den Reisrand füllen, mit gehackten Sprossen bestreuen, garnieren und sofort servieren.

TIPP:

Bei vielen asiatischen Gerichten finden wir die verschiedensten Gemüsesorten. Auch Sie sollten die Rezepte nach dem Angebot der Saison variieren.

Ingwerfleisch auf Duftreis

Für 4 Personen:

12 kleine Filetscheiben à 60 g
Salz, Pfeffer aus der Mühle
1 Eiweiß
75 ml Sojasoße
2 EL Speisestärke
300 g Duftreis
Salzwasser

Für die Soße:
1–2 EL Sesamöl
1 Stück Ingwerwurzel
1 Zwiebel
2 Knoblauchzehen
1 gelbe Paprikaschote
1 EL Curry
125 ml Weißwein
325 ml Kokosmilch
1–2 EL Hoisinsoße
1–2 EL Sojasoße
2 Pfirsichhälften (Dose)
1 rote Chilischote

Außerdem:
Fett zum Braten
Kräuterzweige zum Garnieren

1. Die Filetscheiben unter fließendem Wasser waschen, trocken tupfen, leicht klopfen, mit Salz und Pfeffer würzen.

2. Das Eiweiß mit der Sojasoße und der Speisestärke verschlagen und das Fleisch darin wenden. Im Kühlschrank mindestens ½ Stunde marinieren.

3. Den Duftreis unter fließendem Wasser waschen und gut abtropfen lassen. Salzwasser in einem Topf erhitzen und den Reis darin in 18–20 Minuten garen.

4. Für die Soße das Sesamöl in einer Pfanne erhitzen. Die geschälte Ingwerwurzel fein hacken, ins Fett geben und glasig schwitzen.

5. Die Zwiebel und die Knoblauchzehen schälen, fein würfeln, ins Ingweröl geben und kurz mitschwitzen.

6. Die Paprikaschote halbieren, entkernen, waschen, in Würfel schneiden, hinzufügen und kurz mitschwitzen.

7. Mit Curry bestäuben, den Weißwein und die Kokosmilch angießen und das Ganze einmal aufkochen lassen.

8. Die Soße mit Hoisinsoße, Sojasoße, Salz und Pfeffer abrunden und bei mäßiger Hitze 8–10 Minuten köcheln lassen. Anschließend im Mixer oder mit dem Pürierstab pürieren.

9. Die Pfirsichhälften in kleine Stücke schneiden. Die Chilischote putzen, waschen, in Scheiben schneiden, mit den Pfirsichstücken in die Soße geben und kurz ziehen lassen.

10. Fett in einer Pfanne erhitzen und die Filetscheiben darin auf beiden Seiten scharf anbraten. Mit dem Reis und der Soße dekorativ anrichten, mit Kräuterzweigen garnieren und sofort servieren.

Kokosnüsse

Es gibt grüne, gelbe und rote Kokosnüsse, Palmen mit vielen kleinen oder wenigen großen Nüssen, die bis 2,5 kg schwer werden. Die Nüsse gleichen Alters hängen zu mehreren in einem Fruchtstand (Bild links). Sie erreichen nach einem halben Jahr ihre volle Größe und sind erst nach einem Jahr ausgereift. Von einer Palme kann man 50 bis 100 Nüsse pro Jahr ernten.

Olivenreis mit Hähnchenschenkeln

Für 4 Personen:

8 Hähnchenschenkel
Salz, Pfeffer aus der Mühle
1 EL Paprikapulver
1 EL Curry
2–3 EL Butterschmalz
2 Knoblauchzehen
2 Zwiebeln, 1 Chilischote
2 rote oder gelbe Paprikaschoten
125 ml Weißwein
125 ml Gemüse- oder Geflügelbrühe
1 EL gerebelter Rosmarin

Für den Reis:
1–2 EL Butter, 1 Zwiebel
300 g Langkornreis
500 ml Gemüsebrühe
100 g grüne Erbsen (TK-Produkt)
50 g entsteinte, schwarze Oliven

Außerdem:
Basilikum zum Garnieren

1. Die Hähnchenschenkel unter fließendem Wasser waschen, trocken tupfen, mit Salz, Pfeffer, Paprikapulver und Curry kräftig würzen.

2. Das Butterschmalz in einer Pfanne erhitzen und die Hähnchenschenkel darin rundherum Farbe nehmen lassen.

3. Die Knoblauchzehen und die Zwiebeln schälen, in feine Würfel schneiden, zu den Hähnchenschenkeln geben und kurz mitbraten.

4. Die Chilischote und die Paprikaschoten halbieren, entkernen, waschen und gut abtropfen lassen. In Würfel oder Streifen schneiden, zu den Hähnchenschenkeln geben und kurz mitbraten.

5. Mit Weißwein ablöschen, die Gemüse- oder Geflügelbrühe angießen, den Rosmarin darüberstreuen und die Hähnchenschenkel im auf 180–200 °C vorgeheizten Backofen in 20–25 Minuten garen.

6. In der Zwischenzeit die Butter in einem Topf erhitzen. Die Zwiebel schälen, fein würfeln, ins Fett geben und glasig schwitzen.

7. Den Langkornreis hinzufügen, kurz anschwitzen, die Gemüsebrühe angießen und den Reis bei mäßiger Hitze in 18–20 Minuten ausquellen lassen.

8. Kurz vor Garende die grünen Erbsen und die klein geschnittenen Oliven unterheben. Den Reis mit Salz und Pfeffer würzen.

9. Den Olivenreis dekorativ anrichten, die Hähnchenschenkel und das Gemüse dazugeben, mit Basilikumblättchen garnieren und sofort servieren.

Oliven

Oliven werden heute im ganzen Mittelmeerraum angebaut und sind ein wesentlicher Bestandteil in der mediterranen Küche. Das Öl der Oliven wird fast zu allen Zubereitungen, ob kalt oder heiß gepresst, je nach Bedarf verwendet. Die frischen Oliven werden in Salzlake konserviert und gerne gegessen oder zum Würzen verwendet. Eingelegte Oliven sind entweder schwarz oder grün, je nach Reifezustand bei der Ernte. Grüne Oliven werden unreif gepflückt und vor dem Einlegen in Salzlake mit Lauge behandelt. Schwarze Oliven werden reif geerntet. Oft verfeinert man die Lake, in der man die Oliven einlegt, noch durch Zugabe von Kräutern (Thymian und Oregano) oder Knoblauch.

Panierte Champignons mit Reisfüllung

Für 4 Personen:

250 g Reis
Salzwasser

Für die Gemüsesoße:
1 Zwiebel, 2-3 Karotten
2 Zucchini, 2 Knoblauchzehen
2-3 EL Butter, 125 ml Weißwein
375 ml Kalbsfond, 2-3 Tomaten
einige Tropfen Zitronensaft
einige Tropfen Worcestersoße
Salz, Pfeffer aus der Mühle
1 Prise Cayennepfeffer
1 Prise Zucker

Für die Pilze:
100 g geriebener Butterkäse
8-12 große Champignons
1 Tasse Mehl, 2-3 Eier
2 Tassen Semmelbrösel zum Panieren
Fett zum Ausbacken

Außerdem:
Salatblätter zum Garnieren

1. Den Reis unter fließendem Wasser waschen. Salzwasser in einem Topf erhitzen und den Reis darin in 18-20 Minuten garen.

2. Den Reis abgießen, gut abtropfen lassen und in eine Schüssel geben.

3. Die Zwiebel und die Karotten schälen und in feine Würfel schneiden. Die Zucchini putzen, waschen und fein würfeln.

4. Die Knoblauchzehen schälen und fein hacken. Die Butter in einer Pfanne erhitzen und die Knoblauchzehen darin kurz anschwitzen.

5. Das Gemüse ins Knoblauchfett geben und kurz dünsten. Ein Drittel des Gemüses herausnehmen und unter den Reis mischen.

6. Das restliche Gemüse mit Weißwein ablöschen, den Kalbsfond angießen und das Ganze bei mäßiger Hitze 6-8 Minuten köcheln lassen.

7. Die Tomaten enthäuten, entkernen, in Würfel schneiden und in die Soße geben. Mit Zitronensaft, Worcestersoße Salz, Pfeffer, Cayennepfeffer und Zucker kräftig abschmecken.

8. Den geriebenen Butterkäse unter den Reis mischen. Die Champignons putzen und die Stiele herausdrehen.

9. Die Champignons mit der Reismasse füllen, gut andrücken, in Mehl wenden und durch die verschlagenen Eier ziehen.

10. Die gefüllten Champignons mit den Semmelbröseln panieren. Fett in einer Pfanne erhitzen und die Champignons darin goldgelb backen.

11. Die Gemüsesoße auf heißen Tellern dekorativ anrichten. Die gebackenen Champignons auf die Soße setzen, mit Salatblättern garnieren und sofort servieren.

Champignons

Einen Spitzenplatz unter den Zuchtpilzen nehmen die Champignons ein. Sie werden in speziellen Zuchtbetrieben auf Pferdemist oder Strohkompost kultiviert und laufend frisch geerntet. Champignons enthalten viele Vitamine, z. B. Vitamin B_2, B_3 und B_{12}, die Mineralstoffe Kalium, Phosphor, Magnesium und Eisen sowie Ballaststoffe, Eiweiß und Aminosäuren. Mit nur ca. 15 Kalorien pro 100 g sind sie ideal für die leichte Küche.

Champignons werden in verschiedenen Wachstumsstadien und Farben angeboten. Sie können wählen zwischen weißen, cremefarbenen oder braunen Arten. Kleine, weiße Champignons galten lange Zeit als die besten, Kenner schätzen allerdings die dunkleren, ausgewachsenen Champignons, weil sie mehr Aroma haben.

PAPRIKASCHOTEN MIT REISFÜLLUNG

FÜR 4 PERSONEN:

2–3 EL Butterschmalz
1 Zwiebel, 1 Bund Lauchzwiebeln
200 g gekochter Schinken
2 Tomaten
400 g bissfest gegarter Basmatireis
Salz, Pfeffer aus der Mühle
200 g Gouda in Scheiben
4 Paprikaschoten
Butter für die Form
300 ml Gemüse- oder Fleischbrühe
1 Prise Cayennepfeffer
1 EL Paprikapulver

Für die Soße:
250 g Kirschtomaten
200 ml süße Sahne
Speisestärke zum Binden
50 g frische, gemischte Kräuter

Außerdem:
Kräuterzweige zum Garnieren

1. Das Butterschmalz in einer Pfanne erhitzen und die geschälte, fein gehackte Zwiebel darin glasig schwitzen. Die Lauchzwiebeln putzen, waschen, klein schneiden, zu der Zwiebel geben und mitschwitzen.

2. Den Schinken ebenfalls klein schneiden, dazugeben und mitschwitzen. Die Tomaten enthäuten, entkernen, in Würfel schneiden, hinzufügen und mitschwitzen.

3. Den Reis unterheben, durchschwenken, mit Salz und Pfeffer würzen, vom Herd nehmen und erkalten lassen.

4. Die Paprikaschoten der Länge nach halbieren, entkernen, waschen, gut abtropfen lassen und in eine ausgefettete Form setzen.

5. Die Paprikaschoten mit der Reismasse füllen und mit je einer Scheibe Gouda belegen. Die Gemüse- oder Fleischbrühe angießen, das Ganze mit Cayennepfeffer und Paprikapulver würzen und in dem auf 180–200 °C vorgeheizten Backofen 15–20 Minuten garen.

6. Die Kirschtomaten waschen und vom Strunk befreien. Mit der Sahne zu den Paprikaschoten geben und weitere 10 Minuten garen.

7. Die Soße mit angerührter Speisestärke binden und die verlesenen, gewaschenen und fein gehackten Kräuter untermischen. Die gefüllten Paprikaschoten mit Reis auf der Soße dekorativ anrichten, mit Kräuterzweigen garnieren und sofort servieren.

UNSER TIPP:

Neben den bekannten „Scharfmachern“ wie Pfeffer und Chilis verwenden wir in unserer Küche auch Senf, Meerrettich oder Ingwer. Während der Pfeffer seine Schärfe von dem Alkaloid Piperin bekommt, so entwickelt das Capsaicin im Paprika das Feuer. Piperin ist im Gegensatz zum Capsaicin weit weniger scharf. Beim Senf und beim Meerrettich wiederum entsteht die Schärfe durch flüchtige Öle, die Isothiocyanate. Und beim Ingwer ist es das Gingerol, eine scharf aromatische Substanz, die für den brennenden, scharfen, aber würzigen Geschmack verantwortlich ist.

Paellapfanne mit Meeresfrüchten

Für 4 Personen:

150 g Langkornreis
250 ml Gemüsebrühe
1 Msp. Safran, Salz, 2 Zwiebeln
1 TL Olivenöl
je 1 rote und grüne Paprikaschote
100 g Hähnchenbrustfilet
300 g Miesmuscheln mit Schale
(ca. 50 g Muschelfleisch, TK-Produkt)
150 g geschälte Garnelenschwänze
100 g grüne Erbsen (TK-Produkt)
50 g Zuckermais (TK-Produkt)
100 ml Weißwein
Pfeffer aus der Mühle
1 Prise Cayennepfeffer
einige Tropfen Zitronensaft
einige Tropfen Tabasco
50 g frische, gemischte Kräuter
(Dill, Petersilie, Melisse, Minze)

1. Den Reis mit der Gemüsebrühe, dem Safran und Salz in einen Topf geben und bissfest garen.

2. Die Zwiebeln schälen und fein würfeln. Das Olivenöl in einer beschichteten Pfanne erhitzen und die Zwiebeln darin andünsten.

3. Die Paprikaschoten halbieren, entkernen, waschen und in Würfel schneiden.

4. Das Hähnchenbrustfilet waschen, trocken tupfen und in feine Streifen schneiden. Die Paprikawürfel mit den Hähnchenstreifen zu den Zwiebeln geben und mitschwitzen.

5. Die Miesmuscheln und die Garnelenschwänze unter fließendem Wasser waschen, mit den Erbsen und dem Mais unterheben.

6. Den Weißwein angießen, das Ganze mit Salz, Pfeffer und Cayennepfeffer kräftig würzen und zugedeckt bei mittlerer Hitze fünf Minuten dünsten.

7. Den Reis dazugeben, unter Rühren erhitzen, mit Zitronensaft und Tabasco abrunden. Zum Schluss die gewaschenen, fein gehackten Kräuter untermischen.

8. Die Paella mit Meeresfrüchten dekorativ anrichten, garnieren und sofort servieren.

Scharfer Tomatensalat

Für 4 Personen:

500 g feste Tomaten
2 Knoblauchzehen
1 kleine rote Chilischote
2 Schalotten, Saft von 2 Limetten
100 ml Apfelessig
100 ml Olivenöl
Salz, Pfeffer aus der Mühle
1 Prise Zucker
1 Bund Koriandergrün

1. Die Tomaten enthäuten, entkernen, in grobe Stücke schneiden und in eine Schüssel geben. Die geschälten, in feine Scheiben geschnittenen Knoblauchzehen zu den Tomaten geben.

2. Die Chilischote halbieren, entkernen, waschen und fein hacken, mit den geschälten, fein gehackten Schalotten unter das Gemüse heben. Den Limettensaft mit dem Apfelessig und dem Olivenöl verrühren, mit Salz, Pfeffer und Zucker kräftig abschmecken und den Salat damit anmachen. Im Kühlschrank 10–15 Minuten ziehen lassen.

3. Den Tomatensalat nochmals würzen, dekorativ anrichten, mit gehacktem Koriandergrün bestreuen, garnieren und zur Paella mit Meeresfrüchten servieren.

(ohne Abbildung)

Kartoffeln – die besten Rezepte aus aller Welt

Kartoffelsalat mit Trauben und Rucola

Für 4 Personen:

8 küchenfertige Kalbsschnitzel
(à 100 g)
Salz, Pfeffer aus der Mühle
Mehl zum Wenden
3 Eier, 50 ml süße Sahne
150 g Semmelbrösel

Für den Salat:
800 g Kartoffeln
Salzwasser
250 g kernlose Weintrauben

Für das Dressing:
1 Zwiebel
1–2 EL Olivenöl
200 ml Gemüse- oder Fleischbrühe
1 EL mittelscharfer Senf
Salz, Pfeffer aus der Mühle
1 Prise Zucker
50 ml Obstessig
50 ml Olivenöl

Außerdem:
Butterschmalz zum Braten
1 Bund Rucola
Zitronenscheiben zum Garnieren

1. Die Kalbsschnitzel unter fließendem Wasser waschen, trocken tupfen, mit Salz und Pfeffer würzen und in Mehl wenden.

2. Die Eier mit der Sahne in einen tiefen Teller geben und verschlagen. Die Semmelbrösel in einen zweiten Teller geben, die Kalbsschnitzel durch die Eier ziehen und mit den Semmelbröseln panieren.

3. In der Zwischenzeit für den Kartoffelsalat die Kartoffeln in Salzwasser 20 Minuten garen, abgießen, leicht erkalten lassen, pellen, in Scheiben schneiden und in eine Schüssel geben.

4. Die Weintrauben verlesen, waschen, trocken tupfen und zu den Kartoffeln geben.

5. Die Zwiebel schälen und fein würfeln. Das Olivenöl in einem Topf erhitzen und die Zwiebel darin glasig schwitzen.

6. Die Gemüse- oder Fleischbrühe angießen. Mit Senf, Salz, Pfeffer und Zucker abschmecken. Den Obstessig und das Olivenöl dazugeben.

7. Das Dressing vom Herd nehmen, noch heiß über die Kartoffeln gießen, vorsichtig untermischen und den Kartoffelsalat einige Minuten ziehen lassen. Mit Salz und Pfeffer nochmals nachwürzen.

8. Das Butterschmalz in einer Pfanne erhitzen und die Kalbsschnitzel darin goldgelb ausbacken, herausnehmen und trocken tupfen.

9. Die Schnitzel mit dem Kartoffelsalat dekorativ anrichten und den gewaschenen, klein geschnittenen Rucola über den Kartoffelsalat streuen. Die Schnitzel mit Zitronenscheiben garnieren und sofort servieren.

Ofenkartoffeln mit Kräuterquark

Für 4 Personen:

1 kg neue Kartoffeln
Salzwasser
Alufolie
Butter zum Ausfetten
Salz, Pfeffer aus der Mühle

Für den Kräuterquark:
500 g Quark
100 ml süße Sahne
1 Zwiebel
50 g frische, gemischte Kräuter (Estragon, Kerbel, Schnittlauch)
einige Tropfen Zitronensaft
einige Tropfen Worcestersoße
1 Prise Zucker
1 Prise Cayennepfeffer

Außerdem:
Paprikawürfel zum Bestreuen
Kräuterzweige zum Garnieren

1. Die Kartoffeln unter fließendem Wasser abbürsten, im Salzwasser 12–15 Minuten kochen und abgießen.

2. Ein großes Stück Alufolie auf ein Backblech legen und mit Butter ausfetten. Die Kartoffeln einsetzen, mit Salz und Pfeffer bestreuen und im auf 180–200 °C vorgeheizten Backofen 20 Minuten garen.

3. Für den Kräuterquark den Quark mit der Sahne in einer Schüssel glatt rühren.

4. Die Zwiebel schälen, fein würfeln, mit den verlesenen, gewaschenen und fein gehackten Kräutern unter den Quark ziehen.

5. Den Quark mit Zitronensaft, Worcestersoße, Zucker, Cayennepfeffer, Salz und Pfeffer kräftig würzen.

6. Die Kartoffeln aus dem Ofen nehmen, über Kreuz einschneiden, von der Seite her leicht eindrücken, dekorativ anrichten und mit dem Kräuterquark überziehen. Mit Paprikawürfeln bestreuen, mit Kräuterzweigen garnieren und sofort servieren.

Kräutergnocchi auf Tomatenzwiebeln

Für 4 Personen:

Für die Gnocchi:
800 g mehligkochende Kartoffeln
Salzwasser
150 g Mehl
50 g Hartweizengrieß
2 Eigelb
Salz, Pfeffer aus der Mühle
1 Prise Muskat
2 Tassen gemischte, gehackte Kräuter (Oregano, Basilikum, Estragon, Kerbel)
Salzwasser oder Gemüsebrühe

Für die Tomatenzwiebeln:
600 g Tomaten
2-3 Zwiebeln
2-3 EL Olivenöl
1 Prise Cayennepfeffer
½ Bund Basilikum

Außerdem:
1-2 EL Butter
frisch gehobelter Parmesankäse
Kräuterzweige zum Garnieren

1. Die Kartoffeln im Salzwasser garen, abgießen, leicht auskühlen lassen, anschließend pellen und durch die Kartoffelpresse in eine Schüssel treiben.

2. Das gesiebte Mehl mit dem Hartweizengrieß und den Eigelben dazugeben und das Ganze zu einem glatten Teig verarbeiten.

3. Den Kartoffelteig mit Salz, Pfeffer und Muskat würzen und die gemischten, gehackten Kräuter unterarbeiten.

4. Anschließend den Teig auf einer bemehlten Arbeitsfläche zu einer 2-3 cm dicken Rolle formen.

5. Mit dem Messer 1-2 cm dicke Scheiben abschneiden und diese mit einer Gabel flach drücken.

6. Das Salzwasser oder die Gemüsebrühe in einen Topf geben, zum Kochen bringen und die Kräutergnocchi darin garen.

7. Die Tomaten enthäuten, entkernen, in Würfel schneiden, die Zwiebeln schälen und fein würfeln.

8. Das Olivenöl in einer Pfanne erhitzen, die Zwiebeln dazugeben und glasig schwitzen.

9. Die Tomatenwürfel hinzufügen, kurz durchschwenken, mit Salz, Pfeffe und Cayennepfeffer abschmecken. Zun Schluss das frisch geschnittene Basilikum unterziehen.

10. Die Butter in einer Pfanne erhitzen und die gut abgetropften Gnocchi darin kurz durchschwenken.

11. Die Tomatenzwiebeln dekorativ auf Tellern anrichten, die Kräutergnocchi daraufsetzen, mit gehobeltem Parmesankäse bestreuen, mit Kräuterzweigen garnieren und sofort servieren.

Kartoffeltaschen mit Bärlauchfüllung

Für 4 Personen:

600 g mehlig kochende Kartoffeln
1 Eigelb
300 g Mehl
Mehl zum Verarbeiten
Salz, Muskat

Für die Füllung:
200 g Hüttenkäse
100 g geriebener Emmentaler
50 g Bärlauch
Pfeffer aus der Mühle
1 Ei, 50 g Butter

Für das Tomatenragout:
8 Fleischtomaten
1 Zwiebel
2 Bärlauchblätter
1 EL Olivenöl
2–3 EL Honig
Cayennepfeffer

Außerdem:
einige Bärlauchblätter zum Garnieren

1. Die Kartoffeln in Salzwasser weich kochen, abgießen, pellen, ausdampfen lassen, durch die Kartoffelpresse drücken und abkühlen lassen.

2. Die Masse mit dem Eigelb und dem Mehl zu einem Teig verarbeiten, mit Salz und Muskat abschmecken.

3. Auf einer mit reichlich Mehl bestreuten Arbeitsfläche ½ cm dick ausrollen und Kreise ausstechen.

4. Für die Füllung den Hüttenkäse mit dem Emmentaler und dem gewaschenen, fein geschnittenen Bärlauch verrühren, mit Pfeffer abschmecken. Je einen Esslöffel Füllung auf die Hälfte der Teigkreise setzen.

5. Das Ei verquirlen, die restlichen Kreise damit bestreichen und die belegten Teigkreise damit abdecken. Die Ränder gut andrücken.

6. Die Kartoffeltaschen in kochendem Salzwasser fünf Minuten gar ziehen lassen, herausnehmen, abtropfen lasse und in der erhitzten Butter goldbraun braten.

7. Für das Tomatenragout die Tomaten waschen, vom Strunk befreien und in mundgerechte Stücke schneiden.

8. Die Zwiebel schälen und würfeln. Den gewaschenen Bärlauch in sehr feine Streifen schneiden.

9. Die Tomaten und die Zwiebel im erhitzten Öl kurz andünsten. Den Honig einrühren, den Bärlauch dazugeben und das Ganze mit Salz, Pfeffer und Cayennepfeffer kräftig abschmecken.

10. Das Ragout dekorativ auf Tellern anrichten, die Kartoffeltaschen darauflegen, mit Bärlauchblättern garnieren und sofort servieren.

Frühkartoffeln

Viele Feinschmecker halten Frühkartoffeln für eine wahre Delikatesse. Anders als bei den gewöhnlichen Kartoffeln ist ihre Schale zart und essbar. Kartoffeln haben je nach Sorte eine Reifezeit von etwa 100–130 Tagen. Die Saatkartoffeln können frühestens Ende Mär ausgelegt werden. Frühkartoffeln werden unter schützenden Folien aufgezogen. Sie können bereits Ende Ma oder Anfang Juni geerntet werden. Frühkartoffeln schmecken frisch am besten und sind nicht lange haltbar. Zum Einkellern sind sie ungeeignet. Länger als zwei Wochen sollten Frühkartoffeln nicht aufbewahrt werden, und auch das nur in dunklen Räumen.

Pariser Kartoffeln mit Schweinemedaillons

Für 4 Personen:

1,5 kg große Kartoffeln
Salzwasser
1 EL Butterschmalz
Salz, Pfeffer aus der Mühle
1 Prise Muskat
8 kleine Schweinemedaillons (à 80 g)
1 EL Butterschmalz
100 ml Weißwein
300 ml gebundene Bratensoße
125 g Knoblauch-Crème-fraîche
1 Gläschen grüner Pfeffer
(30 g Abtropfgewicht)

Außerdem:
Salatblätter, Tomatenscheiben und Petersilie zum Garnieren

1. Die Kartoffeln schälen, mit einem Kugelausstecher Kartoffelkugeln ausstechen und diese im kochenden Salzwasser fünf Minuten garen.

2. Das Butterschmalz in einer Pfanne erhitzen, die gut abgetropften Kartoffelkugeln darin bei mittlerer Hitze goldbraun braten und mit Salz, Pfeffer und Muskat würzen.

3. Die Schweinemedaillons waschen, trocken tupfen und mit Salz und Pfeffer würzen.

4. Das Butterschmalz in einer Pfanne erhitzen und die Schweinemedaillons von allen Seiten anbraten.

5. Die Schweinemedaillons herausneh men und im auf 160 °C vorgeheizten Backofen in ca. 15 Minuten fertig garen.

6. Den Bratensatz mit Weißwein ablö schen, mit der gebundenen Bratensoß aufgießen und einmal aufkochen. Mit Salz und Pfeffer kräftig abschmecken, die Crème fraîche und den abgetropften grünen Pfeffer einrühren.

7. Die Kartoffeln mit den Schweinemedaillons und dem Pfefferrahm deko rativ anrichten, mit Salatblättern, Tomatenscheiben und Petersilie garniere und mit einem Salat sofort servieren.

Grundrezept Pfeffersosse

1. 500 ml Kalbsjus in einem Topf erhitzen. 2 EL bunte Pfefferkörner im Mörser zerstoßen, in die Jus geben und einmal aufkochen lassen.

2. 4 cl Cognac oder Weinbrand einrühren, erhitzen, aber nicht mehr kochen lassen.

3. Die Pfeffersoße mit Salz nachwürzen und servieren.

Kartoffel-Chopsuey

Für 4 Personen:

4 Hähnchenbrustfilets
1 EL Fünfgewürzpulver
Salz, Pfeffer aus der Mühle
3-4 EL Sesamöl
2 Zwiebeln
2 Karotten
1 Stück Lauch
100 g Sojabohnenkeimlinge
100 g Zuckererbsen
200 g frische Shiitake-Pilze
1 Schuss Weißwein
500 ml Gemüsebrühe
1 TL gemahlener Ingwer
4 EL Sojasoße
600 g gekochte, geschälte Kartoffeln
1 kleines Glas Bambussprossen
Maisstärke zum Binden
einige Tropfen Tabasco

1. Die küchenfertigen Hähnchenbrustfilets unter fließendem Wasser waschen, trocken tupfen, in Scheibchen schneiden und mit Fünfgewürzpulver, Salz und Pfeffer kräftig würzen. Das Öl in einem Topf erhitzen und das Fleisch unter ständigem Rühren braten.

2. Die Zwiebeln und die Karotten schälen und in dünne Scheiben schneiden. Den Lauch putzen, waschen und in Stücke schneiden, alles zum Fleisch geben und kurz mitbraten.

3. Die Sojabohnenkeimlinge, die Zuckererbsen und die Shiitake-Pilze putzen und nach Bedarf klein schneiden, zum Fleisch geben und ebenfalls mitbraten.

4. Das Ganze mit Weißwein und der Brühe aufgießen, mit Ingwerpulver, Sojasoße, Salz und Pfeffer kräftig abschmecken und bei mäßiger Hitze 10-15 Minuten garen.

5. Die Kartoffeln je nach Größe halbieren oder vierteln, mit den klein geschnittenen Bambussprossen unter das Chopsuey heben, nochmals fünf Minuten köcheln lassen.

6. Das Chopsuey anschließend mit etwas angerührter Maisstärke leicht binden und mit Tabasco schärfen. Das Chopsuey dekorativ anrichten, garnieren und sofort servieren.

Sehr frühe Kartoffeln

Sie werden im Juni gleich nach den Frühkartoffeln erntereif. Die Schale ist schon fest und der Geschmack nicht mehr ganz so fein wie bei den Frühkartoffeln. Bekannte Sorten sind Arkula, Atica, Berber, Christa, Gloria, Hela, Karla, Layla und Ukama. Alle diese Sorten ähneln sich durch die gelbe Fleischfarbe und die glatte Haut. Was die Kocheigenschaften betrifft: Alle sind vorwiegend festkochend. „Sehr frühe" Kartoffeln sollten bald aufgebraucht werden. Sie eignen sich ebenfalls nicht zur Einkellerung und sind auch im Haushalt nur sehr kurz lagerfähig.

Bunter Kartoffel-auflauf

Für 4 Personen:

1 kg gekochte Kartoffeln
4 Karotten
1 kleine Stange Lauch
Gemüsebrühe
2 rote Paprikaschoten
2 Zwiebeln
1 EL Olivenöl
Fett für die Form
250 ml Milch
100 g Schmelzkäse
4 Eier
Salz, Pfeffer aus der Mühle
1 Prise Muskat
150 g geriebener Mozzarella

Außerdem:
Kräuterzweige zum Garnieren

1. Die Kartoffeln pellen und in Scheiben schneiden. Die Karotten schälen und ebenfalls in Scheiben schneiden.

2. Den Lauch putzen, waschen und in Streifen schneiden. Das Gemüse in der kochenden Gemüsebrühe bissfest blanchieren, herausnehmen und abtropfen lassen.

3. Die Paprikaschoten halbieren, entkernen, waschen und in Streifen schneiden. Die Zwiebeln schälen und ebenfalls in Streifen schneiden.

4. Die Paprikastreifen und die Zwiebeln im erhitzten Olivenöl kurz anschwitzen.

5. Die Kartoffeln, die Karotten, den Lauch, die Paprikastreifen und die Zwiebeln in eine ausgefettete Auflaufform schichten.

6. Die Milch mit dem Schmelzkäse und den Eiern in eine Schüssel geben und glatt rühren. Mit Salz, Pfeffer und Muskat kräftig würzen und auf dem Auflauf verteilen.

7. Den Auflauf im auf 180–200 °C vorgeheizten Backofen 15 Minuten backen, mit dem geriebenen Mozzarella bestreuen und nochmals 15–20 Minuten backen.

8. Den bunten Kartoffelauflauf herausnehmen, dekorativ anrichten, mit Kräuterzweigen garnieren und sofort servieren.

Kartoffelplätzchen mit Krabben

Für 4 Personen:

800 g mehligkochende Kartoffeln
Salzwasser
1 Bund Schnittlauch
1-2 Eier
Salz, Pfeffer aus der Mühle
1 Prise Muskat
Haferflocken zum Binden
Mehl zum Wenden
Butterschmalz zum Braten

Für die Krabben:
200 g in Salzlake eingelegte Krabben
1 rote Chilischote
1 Bund Dill
Saft von ½ Zitrone
1 gepresste Knoblauchzehe
2 EL Olivenöl

Außerdem:
200 g Sauerrahm
Dill und Kirschtomaten zum Garnieren

1. Die Kartoffeln unter fließendem Wasser abbürsten. Mit Salzwasser in einen Topf geben und 20 Minuten garen.

2. Die Kartoffeln abgießen, leicht erkalten lassen, pellen und durch die Kartoffelpresse treiben.

3. Den Schnittlauch verlesen, waschen, fein schneiden, mit den Eiern zum Kartoffelpüree geben. Alles gut vermischen und mit Salz, Pfeffer und Muskat abschmecken.

4. Das Püree mit Haferflocken binden, portionsweise Kartoffelplätzchen formen und in Mehl wenden.

5. Das Butterschmalz in einer beschichteten Pfanne erhitzen, die Kartoffelplätzchen darin goldbraun braten und warm stellen.

6. Die Krabben abgießen. Die Chillischote entkernen, waschen und fein hacken.

7. Den Dill verlesen, waschen und fein schneiden. Die Krabben mit dem Dill und der Chilischote vermischen und mit dem Zitronensaft, dem Knoblauch und dem Olivenöl marinieren.

8. Die Krabben mit Salz und Pfeffer abschmecken und auf den Kartoffelplätzchen verteilen.

9. Die Kartoffelplätzchen dekorativ anrichten, auf jedes Plätzchen einen Klacks Sauerrahm geben. Das Ganze mit Dill und Kirschtomaten garnieren und mit Salat sofort servieren.

Winzer-Kartoffeln

Für 4 Personen:

1 kg kleine Kartoffeln
250 g Schalotten
Salz, Pfeffer aus der Mühle
1 Prise Muskat
1 TL getrockneter Rosmarin
50 ml Olivenöl
500 ml Weißwein
250 g Champignons
Saft von ½ Zitrone
1 Bund Petersilie

1. Die Kartoffeln schälen, die Schalotten schälen und halbieren und beides in eine Auflaufform geben. Mit Salz, Pfeffer, Muskat und Rosmarin würzen und mit dem Olivenöl beträufeln.

2. Den Backofen auf 180 °C vorheizen und die Kartoffeln 10 Minuten backen. Den Weißwein angießen und die Kartoffeln nochmals 20 Minuten backen. Dabei die Kartoffeln ab und zu wenden.

3. Die Champignons putzen, halbieren und mit dem Zitronensaft beträufeln. Die Champignons zu den Kartoffeln geben und alles weitere 10 Minuten backen.

4. Die Petersilie waschen, verlesen und fein hacken. Die Winzerkartoffeln aus dem Ofen nehmen und die Petersilie untermischen. Die Winzerkartoffeln dekorativ anrichten und sofort servieren.

Kartoffelpfanne mit Gemüse

Für 4 Personen:

1 kg gekochte Kartoffeln
1 Stange Lauch
Gemüsebrühe
3–4 EL Butter
2 Zucchini
2 grüne Paprikaschoten
1–2 Chilischoten
100 g Schalotten
2 Knoblauchzehen
einige Rosmarinzweige
Salz, Pfeffer aus der Mühle
1 Prise Cayennepfeffer

1. Die Kartoffeln pellen und in Scheiben schneiden.

2. Den Lauch putzen, waschen, in Streifen schneiden und in der kochenden Gemüsebrühe kurz blanchieren.

3. 2 EL Butter in einer Pfanne erhitzen und die Kartoffelscheiben darin bei mittlerer Hitze goldbraun braten.

4. In der Zwischenzeit die Zucchini putzen, waschen und in Scheiben schneiden. Die Paprika- und die Chilischoten halbieren, entkernen, waschen und in Streifen schneiden.

5. Die Schalotten schälen und vierteln, den Knoblauch schälen und fein hacken.

6. In einer zweiten Pfanne die restliche Butter erhitzen und das Gemüse darin anschwitzen. Die Rosmarinnadeln abzupfen, fein hacken und zum Gemüse geben.

7. Die gebratenen Kartoffeln und den blanchierten Lauch zum Gemüse geben. Nochmals gut durchbraten, mit Salz, Pfeffer und Cayennepfeffer kräftig würzen. Die Kartoffelpfanne dekorativ anrichten und sofort servieren.
(ohne Abbildung)

Tiroler G`röstl mit Spiegelei

Für 4 Personen:

800 g festkochende Kartoffeln
Salzwasser
2-3 EL Butterschmalz
1 Zwiebel
1 rote Paprikaschote
4 Frühlingszwiebeln
200 g gekochter Schinken
Salz, Pfeffer aus der Mühle
1 Prise Muskat
1 Prise Cayennepfeffer
1 EL
4 Eier
Butter

Außerdem:
Salatblätter, Tomatenscheiben und Basilikumblättchen zum Garnieren

1. Die Kartoffeln unter fließendem Wasser gut abbürsten, mit dem Salzwasser in einen Topf geben und in 18–20 Minuten garen. Danach abgießen, leicht erkalten lassen, pellen und in Scheiben schneiden.

2. Das Butterschmalz in einer Pfanne erhitzen und die Kartoffelscheiben darin kurz rösten.

3. Die Zwiebel schälen und in feine Würfel schneiden. Die Paprikaschote halbieren, entkernen, waschen und in Würfel schneiden.

4. Die Frühlingszwiebeln putzen, waschen und in Ringe schneiden, mit den Zwiebel- und Paprikawürfeln zu den Kartoffeln geben und mitbraten.

5. Den gekochten Schinken in Streife oder Würfel schneiden, zu den Kartoffeln geben und kurz mitbraten.

6. Das Tiroler G`röstl mit Salz, Pfeffe Muskat und Cayennepfeffer kräftig abschmecken.

7. Die Butter in einer Pfanne erhitzen und aus den Eiern vier Spiegeleier zubereiten. Diese erst nach dem Brate salzen und pfeffern.

8. Das Tiroler G`röstl auf Tellern dekorativ anrichten, je ein Spiegelei darauflegen, mit Salatblättern, Tomatenscheiben und Basilikumblättchen garnieren und mit einem Salat mit Zwiebelscheiben und Zitronendressing sofort servieren.

Gegarte Kartoffeln

Ob gekocht, in Folie oder an Spießchen gegart oder gebraten vom Blech, wenn Reste übrig bleiben, kön nen diese für das Tiroler G`röstl gut verwendet werden.

GEBACKENE KARTOFFELN MIT ZIEGENKÄSE

FÜR 4 PERSONEN:

1 kg Kartoffeln
Salzwasser
50 g flüssige Butter
2 Zweige Thymian
1 Bund Petersilie
3 Eier
100 g geriebener Ziegenkäse
Salz, Pfeffer aus der Mühle
1 Prise Muskat
1 Prise Cayennepfeffer
Butter für die Form
200 g Ziegencamembert
150 g Salami
250 g Kirschtomaten

Außerdem:
Kräuterzweige zum Garnieren

1. Die Kartoffeln unter fließendem Wasser waschen, mit Salzwasser in einem Topf zum Kochen bringen und in 20 Minuten garen.

2. Die Kartoffeln abgießen, leicht erkalten lassen, pellen und durch die Kartoffelpresse treiben.

3. Die flüssige Butter mit den verlesenen, gewaschenen und fein gehackten Kräutern, den Eiern und dem geriebenen Ziegenkäse zu den Kartoffeln geben und alles gut vermischen. Mit Salz, Pfeffer, Muskat und Cayennepfeffer würzen.

4. Eine Auflaufform mit Butter ausfetten. Die Kartoffelmasse hineingeben und leicht andrücken. Im auf 180 °C vorgeheizten Backofen 30–35 Minuten backen.

5. Den Ziegencamembert in Scheiben und die Salami in Streifen schneiden. Die Kirschtomaten waschen, den Strunk herausschneiden und die Tomaten vierteln.

6. 10 Minuten vor Garende die Salam streifen und die Kirschtomaten auf dei Kartoffeln verteilen. Den Ziegencamen bert darauflegen und fertig garen.

7. Die gebackenen Kartoffeln mit Ziegenkäse aus dem Ofen nehmen, dekorativ anrichten, mit Kräuterzweigen garnieren und sofort servieren.

FRÜHE KARTOFFELN

Sie haben eine feste Schale und werden zwischen Anfang Juli und Mitte August geerntet. Frühe Kartoffeln können Sie bis in den späten Herbst hinein im Haushalt aufbewahren. Vorwiegend festkochende Sorten sin Arnika, Cinja, Karat oder Rikea. Forelle und Sieglinde sind dagegen festkochende frühe Kartoffeln.

Italienische Kartoffelpfanne

Für 4 Personen:

600 g Kartoffeln
Salzwasser
2 Zwiebeln
1 Aubergine
1 Zucchini
100 ml Olivenöl
2–3 Knoblauchzehen
100 ml Gemüse- oder Fleischbrühe
400 g Kabanossi
3–4 Tomaten
Salz, Pfeffer aus der Mühle
1 Prise Cayennepfeffer

Außerdem:
125 g Crème fraîche
½ Bund Basilikum
½ Bund Petersilie
Kräuterzweige zum Garnieren

1. Die Kartoffeln schälen, waschen, in grobe Würfel schneiden, mit Salzwasser in einem Topf ansetzen und bei mäßiger Hitze 12–15 Minuten garen.

2. Die Kartoffeln abgießen und gut abtropfen lassen.

3. Die Zwiebeln schälen und in feine Würfel schneiden. Die Aubergine und die Zucchini putzen, waschen und in mundgerechte Würfel schneiden.

4. Das Olivenöl in einer Pfanne erhitzen. Die Knoblauchzehen schälen, fein würfeln, mit den Zwiebeln und den Kartoffeln unter ständigem Rühren braten.

5. Die Aubergine dazugeben und mitbraten. Anschließend die Zucchini untermischen und mitbraten.

6. Mit der Gemüse- oder Fleischbrühe immer wieder aufgießen und weiterbraten, bis die Kartoffelpfanne gar ist.

7. Die Kabanossi in Scheiben schneiden, zum Gemüse geben und kurz mitgaren.

8. Die Tomaten enthäuten, entkernen, in Würfel schneiden und zum Schluss unterheben. Die Kartoffelpfanne mit Salz, Pfeffer und Cayennepfeffer kräftig würzen.

9. Die italienische Kartoffelpfanne dekorativ anrichten und mit je einem Klacks Crème fraîche überziehen. Mit den verlesenen, gewaschenen und fein gehackten Kräutern bestreuen, mit Kräuterzweigen garnieren und sofort servieren.

Das richtige Bratfett

Für alles, was scharf angebraten werden soll, benötigen Sie hoch erhitzbares Fett, beispielsweise gehärtetes und ungehärtetes Kokos- und Plattenfett, Butterschmalz oder auch Speiseöl. Nicht geeignet sind Butter, Pflanzenmargarine, Diätmargarine, Halbfettmargarine und -butter sowie kalt gepresstes Öl. Da Butter sehr leicht verbrennt, kann man sie zum milden Braten mit der gleichen Menge Öl mischen. Pflanzenmargarine lässt sich nicht hoch erhitzen und ist deshalb auch nur bedingt zum Braten geeignet. Diätmargarine enthält mindestens 40 Prozent mehrfach ungesättigte Fettsäuren und ist zum Braten nicht geeignet. Halbfettmargarine und -butter enthalten viel Wasser und sollten nicht zum Braten verwendet werden (Spritzgefahr!). Wenn Sie fettarm braten wollen, verwenden Sie eine Grillpfanne oder eine beschichtete Pfanne. Kalt gepresstes Öl ist besonders wertvoll, aber beim Erhitzen gehen diese wertvollen Bestandteile verloren. Wenn Sie nicht auf den typischen Geschmack verzichten wollen, beträufeln Sie das fertige Bratgut damit.

Kartoffel-Hackfleisch-Strudel

Für 4 Personen:

1 Packung Strudelteig
(aus dem Kühlregal)
1 EL Olivenöl
500 g Rinderhack
2 Zwiebeln
500 g Kartoffeln
je 100 ml Weißwein und Brühe
je 1 EL gerebelter Majoran,
Kümmelpulver, Paprikapulver edelsüß und rosenscharf
2 Eier
Salz, Pfeffer aus der Mühle
Fett für das Blech
30 g geschälte Sonnenblumenkerne

1. Den Strudelteig auf einer Arbeitsfläche auslegen.

2. Das Olivenöl in einer Pfanne erhitzen, das Rinderhack darin unter ständigem Rühren Farbe nehmen lassen.

3. Die Zwiebeln schälen, fein würfeln, zum Fleisch geben und kurz mitbraten.

4. Die Kartoffeln schälen, waschen, in Würfel schneiden, zum Fleisch geben und braten.

5. Den Wein und die Brühe angießen, alles mit Majoran, Kümmel und Paprika kräftig würzen und bei mäßiger Hitze 12–15 Minuten köcheln lassen. Vom Herd nehmen, erkalten lassen und ein Ei kräftig darunterschlagen. Die Füllung mit Salz und Pfeffer abrunden.

6. Das zweite Ei trennen, das Eiweiß mit etwas Wasser verschlagen und die Ränder des Strudelteiges damit bestreichen.

7. Die Füllung auf dem Teig verteilen, diesen zusammenrollen, auf ein ausgefettetes Backblech setzen und mit dem Eigelb bestreichen.

8. Mit den Sonnenblumenkernen bestreuen und im auf 180 °C vorgeheizten Backofen ca. 40 Minuten backen. 15 Minuten vor Garende den Strudel mit Alufolie abdecken.

9. Den Hackfleisch-Kartoffel-Strudel aus dem Ofen nehmen, in Scheiben schneiden, dekorativ anrichten und mi einem großen, gemischten Salat mit Kartoffeldressing sofort servieren.

Kartoffel-Sahne-Dressing

1. 250 g Kartoffeln schälen, waschen und im Salzwasser bissfest garen.

2. Die Kartoffeln abgießen, durch die Kartoffelpresse treiben und in eine Schüssel geben.

3. 250 ml süße Sahne und 30 ml Essig hinzufügen und mit einem Schneebesen gut unterrühren. Mit Salz und Pfeffer kräftig abschmecken.

4. 1 Bund Petersilie verlesen, waschen fein schneiden und unter das Dressing heben. Das Kartoffel-Sahne-Dressing bi zum Verzehr kühl aufbewahren und den Salat damit anmachen.

Essig

Kartoffeln mit Champignonfüllung

Für 4 Personen:

4 große Kartoffeln
Salzwasser
Fett für die Form

Für die Füllung:
300 g Champignons
Saft von 1 Zitrone
2–3 EL Butter
2 Schalotten, 2 Tomaten
30 g frische, gemischte Kräuter
Salz, Pfeffer aus der Mühle
1 Prise Muskat

Für die Soße:
1 EL Butter, 1 Zwiebel
100 g gekochter Schinken
100 ml Weißwein
200 ml Gemüse- oder Fleischbrühe
200 ml süße Sahne
Speisestärke zum Binden
75 g geriebener Comté-Käse

Außerdem:
Kräuterzweige zum Garnieren

1. Die Kartoffeln unter fließendem Wasser abbürsten und im Salzwasser 20 Minuten garen, abgießen und pellen. Die Kartoffeln aushöhlen und in eine ausgefettete Auflaufform setzen.

2. Für die Füllung die Champignons putzen, vierteln und mit Zitronensaft beträufeln.

3. Die Butter in einer Pfanne erhitzen. Die Schalotten schälen, fein würfeln und mit den Champignons anbraten.

4. Die enthäuteten, entkernten und gewürfelten Tomaten mit den verlesenen, gewaschenen und fein gehackten Kräutern untermischen, mit Salz, Pfeffer und Muskat würzen und die Masse in die Kartoffeln füllen. Die Kartoffeln im auf 180 °C vorgeheizten Backofen 15–20 Minuten garen.

5. Für die Soße Butter in einem Topf erhitzen und die geschälte, fein gehackte Zwiebel darin glasig schwitzen.

6. Den Schinken in feine Würfel oder Streifen schneiden, zu der Zwiebel geben und kurz mitschwitzen.

7. Den Weißwein, die Gemüse- oder Fleischbrühe und die Sahne angießen und das Ganze kräftig einreduzieren lassen.

8. Nach Ende der Garzeit die Soße mit etwas angerührter Speisestärke leicht binden, vom Herd nehmen und den geriebenen Käse unterrühren.

9. Die Kartoffeln mit Champignonfüllung und die Schinken-Käse-Soße dekorativ anrichten, mit Kräuterzweigen garnieren und sofort servieren.

Kleine Arbeitslehre

Kartoffeln sollten immer frisch gegart auf den Tisch kommen. Sie schmecken dann am besten und sind am bekömmlichsten. Achten Sie darauf, dass Sie die Kartoffeln zur rechten Zeit aufsetzen. Längeres Stehen vermindert den Geschmack, den Nährwert, die Bekömmlichkeit und das Aussehen. Nehmen Sie stets gleich große Kartoffeln, denn sonst müssen Sie unterschiedliche Garzeiten einkalkulieren. Vor dem Garen von Kartoffeln in der Schale sollten Sie diese unter fließendem Wasser mit einer Küchenbürste kräftig abbürsten und gut abtropfen lassen. Die geschälten Kartoffeln werden immer mit Salzwasser kalt aufgesetzt und nur im gut verschlossenen Topf gegart. Die Garzeit der Kartoffeln richtet sich nach der Dicke und Größe sowie der Härte der Schale, normal rechnet man für Kartoffeln 20–25 Minuten. Um den Geschmack von Kartoffeln zu intensivieren, können Sie dem Salzwasser noch Kümmel, Majoran, Thymian, aber auch Basilikum und Oregano zufügen. Ganz besonders fein werden die Kartoffeln, wenn Sie sie mit Lorbeerblättern, Nelken und Wacholderbeeren aufsetzen.

Kartoffelfleisch mit Sambal

Für 4 Personen:

600 g Schnitzelfleisch
Salz, Pfeffer aus der Mühle
2 EL Butterschmalz
100 g geräucherter, durchwachsener Speck, 100 g Tomatenmark
2–3 TL Sambal oelek
2–3 Knoblauchzehen
2 Zwiebeln, 800 g Kartoffeln
500 ml Gemüse- oder Fleischbrühe
1 kleine Dose Mais
1 kleine Dose Kidneybohnen

Außerdem:
Kräuterzweige und Salatblätter zum Garnieren

1. Das Schnitzelfleisch unter fließendem Wasser waschen, trocken tupfen und in Streifen schneiden. Mit Salz und Pfeffer würzen.

2. Das Butterschmalz in einer Pfanne erhitzen und das Fleisch unter ständigem Rühren braten. Den in feine Würfel geschnittenen Speck dazugeben und mitbraten.

3. Das Tomatenmark und das Sambal einrühren. Die Knoblauchzehen und die Zwiebeln schälen, fein würfeln, zum Fleisch geben und kurz mitbraten.

4. Die Kartoffeln schälen und in Spalten schneiden, ebenfalls dazugeben und kurz mitbraten. Die Brühe angießen, zum Kochen bringen und bei mäßiger Hitze 15 Minuten köcheln lassen.

5. Den Mais und die Kidneybohnen abtropfen lassen, hinzufügen und weitere 5–8 Minuten garen.

6. Das Kartoffelfleisch nochmals nachwürzen, dekorativ anrichten, mit Kräuterzweigen und Salatblättern garnieren und sofort servieren.

Kartoffelpfanne mit Tomaten

Für 4 Personen:

800 g gekochte Kartoffeln
2 Zwiebeln
150 g durchwachsener, geräucherter Speck
2–3 EL Butterschmalz
Salz, Pfeffer aus der Mühle
1 EL Kräuter der Provence
1 Prise Kümmel
1 Prise Muskat
8 Tomaten
1 Bund Schnittlauch

1. Die Kartoffeln pellen, in Scheiben schneiden und bereitstellen. Die Zwiebeln schälen und fein würfeln. Den Speck ebenfalls fein würfeln.

2. Das Butterschmalz in einer Pfanne erhitzen, den Speck darin auslassen, die Zwiebeln dazugeben und kurz braten. Die Kartoffelscheiben hinzufügen und bei mäßiger Hitze 10–15 Minuten braten.

3. Mit Salz, Pfeffer und Kräutern der Provence kräftig abschmecken, mit Kümmel und Muskat abrunden.

4. Die enthäuteten, entkernten und in Streifen geschnittenen Tomaten und den verlesenen, gewaschenen und fein geschnittenen Schnittlauch unterheben. Die Kartoffelpfanne erhitzen, nochmals abschmecken, dekorativ anrichten, garnieren und sofort servieren.

(ohne Abbildung)

Kartoffel-Hackfleisch-Torte

Für 4 Personen:

1 kg festkochende Kartoffeln
Fett für die Form
1 Zwiebel, 2 Knoblauchzehen
1–2 EL Butterschmalz
500 g gemischtes Hackfleisch
1 Dose geschälte Tomaten
Salz, Pfeffer aus der Mühle
1 EL Kräuter der Provence
1 EL Paprikapulver edelsüß

Für den Guss:
3 Eier
1 Becher Naturjoghurt
1 Becher Crème fraîche

Außerdem:
Kräuterzweige und Tomatenecken zum Garnieren

1. Die Kartoffeln schälen, waschen und in dünne Scheiben schneiden. Eine Auflaufform ausfetten und die Hälfte der Kartoffelscheiben einschichten.

2. Die Zwiebel und die Knoblauchzehen schälen und fein würfeln. Das Butterschmalz in einer Pfanne erhitzen, das Hackfleisch darin unter ständigem Rühren anbraten, Zwiebel- und Knoblauchwürfel dazugeben und kurz mitbraten.

3. Die geschälten Tomaten mit einer Gabel zerdrücken, zum Hackfleisch geben und einmal aufkochen lassen.

4. Das Hackfleisch mit Salz, Pfeffer, Kräutern der Provence und Paprikapulver würzen und gleichmäßig auf den Kartoffeln verteilen. Mit den restlichen Kartoffelscheiben belegen.

5. Die Eier mit dem Joghurt und der Crème fraîche verrühren, salzen und pfeffern und gleichmäßig auf dem Auflauf verteilen.

6. Den Auflauf im auf 180–200 °C vorgeheizten Backofen 40 Minuten garen, abdecken und weitere 20 Minuten fertig garen.

7. Die Kartoffel-Hackfleisch-Torte aus dem Ofen nehmen, in Stücke schneiden, dekorativ anrichten, mit Kräuterzweigen und Tomatenecken garnieren und sofort servieren.

Mittelfrühe Kartoffeln

Sie sind frühestens Mitte August reif und werden spätestens Ende September geerntet. Sie haben eine sehr feste Schale und können deshalb im Haushalt lange Zeit aufbewahrt werden. Zur Einkellerung sind sie sehr gut geeignet. Diese Gruppe ist die größte, was die Erntemenge und die Sortenvielfalt angeht. Einige der bekanntesten festkochenden Sorten sind Exquisa, Hansa, Linda oder Nicola. Vorwiegend festkochende Sorten sind Grandifolia, Koretta, Lilu Quarta, Roxy oder Solina. Mehlige Sorten sind Adretta, Irmgard und Likaria. Alle diese mittelfrühen Kartoffeln haben gelbes Fleisch und eine glatte bis leicht raue Haut.

Allgäuer Sennerknödel

Für 4 Personen:

Für die Knödel:
800 g mehligkochende Kartoffeln
100 g Mehl
2 Eigelb
Salz, Pfeffer aus der Mühle
1 Prise Muskat

Für die Füllung:
200 g gut gewürztes Kalbsbrät
30 g frische, gemischte Kräuter (Majoran, Estragon, Petersilie)
1 TL geriebene Zitronenschale

Außerdem:
Salzwasser oder Gemüsebrühe zum Garen
200 g geriebener Emmentaler
Salatblätter und Basilikumblättchen zum Garnieren

1. Die Kartoffeln schälen, waschen, 200 g Kartoffeln roh reiben, in eine Schüssel geben und bereitstellen.

2. Die restlichen Kartoffeln in Salzwasser garen, abgießen und durch die Kartoffelpresse treiben.

3. Die abgekühlten, gekochten Kartoffeln zu den geriebenen Kartoffeln geben. Das gesiebte Mehl und die Eigelbe hinzufügen, kräftig unterrühren und das Ganze mit Salz, Pfeffer und Muskat würzen.

4. Das Brät mit den verlesenen, gewaschenen und fein gehackten Kräutern und der geriebenen Zitronenschale in eine Schüssel geben und gut verrühren. Aus dem Kartoffelteig Knödel formen und mit je einer Portion Brätmasse füllen.

5. Salzwasser oder Gemüsebrühe in einem Topf zum Kochen bringen, die Knödel einlegen und 10 Minuten gar ziehen lassen.

6. Die Knödel herausnehmen, gut abtropfen lassen, auf einen feuerfesten Teller legen, mit dem geriebenen Emmentaler bestreuen und in dem auf 180–200 °C vorgeheizten Backofen überbacken.

7. Die Allgäuer Sennerknödel dekorativ anrichten, mit Salatblättern und Basilikumblättchen garnieren und mit einem großen, gemischten Salat sofort servieren.

Jean Dubost

Überbackene Gemüserösti

Für 4 Personen:

1 kg Kartoffeln
Salz, Pfeffer aus der Mühle
1 Prise Muskat
Öl zum Braten

Für das Gemüse:
150 g grüne Bohnen
150 g Brokkoli
Salzwasser
1 rote Zwiebel
1 EL Olivenöl
200 g Kirschtomaten
1 TL getrocknete italienische Kräuter

Außerdem:
200 g geriebener Gouda

1. Die Kartoffeln schälen, grob raspeln und gut ausdrücken. Mit Salz, Pfeffer und Muskat würzen und acht große Rösti im heißen Öl ausbacken.

2. Die Bohnen putzen und den Brokkoli in Röschen teilen. Das Gemüse waschen und sortenweise im kochenden Salzwasser bissfest garen.

3. Die Zwiebel schälen und in Streifen schneiden. Das Olivenöl in einer Pfanne erhitzen und die Zwiebel darin glasig schwitzen.

4. Die Kirschtomaten waschen, halbieren, zu der Zwiebel geben und kurz mitschwitzen.

5. Die Bohnen und den Brokkoli dazu geben, das Gemüse vom Feuer nehmen, mit Salz, Pfeffer, Muskat und den italienischen Kräutern kräftig würzen.

6. Die Rösti auf ein mit Backpapier ausgelegtes Backblech setzen.

7. Den geriebenen Käse mit dem Gemüse mischen, die Gemüse-Käse-Mischung auf den Rösti verteilen und diese im auf 180 °C vorgeheizten Backofen 10–15 Minuten überbacken.

8. Die überbackenen Gemüserösti aus dem Ofen nehmen, dekorativ anrichten und mit einem großen, gemischten Salat sofort servieren.

Mittelspäte und späte Kartoffeln

Diese Sorten haben ihren Reifeprozess zwischen Mitte September und Ende Oktober beendet. In diese Gruppe gehören Aula, Datura, Isola und Saturna. Sie haben eine eher rundlich ovale Form und sind, mit Ausnahme der vorwiegend festkochenden Isola, allesamt mehligkochend.

Bubespitzle mit Kraut und Wammerl

Für 4 Personen:

Für die Bubespitzle:
1 kg mehligkochende Kartoffeln
Salzwasser (zum Garen)
2 Eier, 250 g Mehl
Salz, weißer Pfeffer aus der Mühle
1 Prise Muskat
1 Prise Cayennepfeffer
Butterschmalz zum Ausbacken

Für das Kraut:
1 Zwiebel, 2 EL Butter
1 Dose Sauerkraut (770 g)
150 ml Weißwein
150 ml Gemüsebrühe
1 Lorbeerblatt
einige Nelken
1 TL Pfefferkörner
½ TL Wacholderbeeren
1 Prise Zucker

Außerdem:
4 Scheiben geräuchertes, gekochtes Bauchfleisch (Wammerl, à 150 g)
Petersilie zum Garnieren

1. Die Kartoffeln unter fließendem Wasser abbürsten, mit Salzwasser in einen Topf geben, zum Kochen bringen und in 18–20 Minuten garen.

2. Die Kartoffeln abgießen, leicht abkühlen lassen, pellen und durch die Kartoffelpresse treiben.

3. Die Eier und das gesiebte Mehl zu den Kartoffeln geben und alles zu einem glatten Teig verarbeiten. Mit Salz, weißem Pfeffer, Muskat und Cayennepfeffer kräftig würzen.

4. Aus der Kartoffelmasse kleine Würstchen formen. Salzwasser in einem Topf erhitzen und die Bubespitzle darin 4–5 Minuten gar ziehen lassen, herausnehmen, abtropfen und erkalten lassen.

5. Das Butterschmalz in einer Pfanne erhitzen, die Bubespitzle darin goldgelb ausbacken und zum Kraut servieren.

6. Die Butter in einem Topf erhitzen und die geschälte, fein gehackte Zwiebel darin glasig schwitzen.

7. Das zerpflückte Sauerkraut je nach Säure waschen, gut abtropfen lassen, zu der Zwiebel geben und kurz mitschwitzen.

8. Den Weißwein und die Gemüsebrühe angießen. Das Lorbeerblatt, die Nelken, die Pfefferkörner und die Wacholderbeeren dazugeben, mit Salz, Pfeffer und Zucker abrunden und das Kraut bei mäßiger Hitze 30–35 Minuten köcheln lassen.

9. Das geräucherte, gekochte Bauchfleisch in das Kraut einlegen und weitere 10–15 Minuten garen.

10. Das Kraut mit dem Bauchfleisch und den Bubespitzle dekorativ anrichten, mit Petersilie garnieren und sofort servieren.

Gemüse – das Beste aus dem Garten der Natur

Wirsing mit chinesischen Pilzen

Für 4 Personen:

50 g getrocknete chinesische Pilze
200 ml kochend heiße Gemüsebrühe
4 Schalotten
4 Knoblauchzehen
4 EL Sonnenblumenöl
1 kleiner Kopf Wirsing
3 EL Reisessig
2 EL Ingwersirup
4 EL Sojasoße
2 EL Hoisinsoße
Salz, Pfeffer aus der Mühle
Speisestärke zum Binden

Außerdem:
Koriandergrün zum Garnieren

1. Die Pilze in eine Schüssel geben, mit der kochend heißen Gemüsebrühe übergießen und 30 Minuten einweichen.

2. Die Schalotten und die Knoblauchzehen schälen und klein schneiden. Das Sonnenblumenöl in einem Wok erhitzen und die Schalotten sowie den Knoblauch darin anschwitzen.

3. Den Wirsing putzen, halbieren und den Strunk herausschneiden. Die Blätter ablösen, in Streifen schneiden und das Wirsinggemüse unter fließendem Wasser waschen.

4. Das Wirsinggemüse zu den Knoblauchschalotten geben und kurz mitdünsten.

5. Die Pilze nach Bedarf klein schneiden und mit dem Einweichwasser zum Wirsing geben. Das Ganze bei mäßiger Hitze 15 Minuten köcheln lassen.

6. Das Gemüse mit Reisessig, Ingwersirup, Sojasoße, Hoisinsoße, Salz und Pfeffer kräftig würzen und mit etwas angerührter Speisestärke leicht binden.

7. Das Wirsinggemüse mit chinesischen Pilzen dekorativ anrichten, mit Koriandergrün garnieren und mit gedämpftem Reis und kandiertem Ingwer sofort servieren.

Wirsing

Wirsingkohl gehört zu den Kopfkohlarten, die widerstandsfähig gegen Krankheiten und Frost sind und ihre Köpfe schnell ausbilden. Die Blätter sind nicht glatt wie beim Weißkohl, sondern die Adern scheinen das Blattgrün zusammenzuziehen, es wirkt wie gekräuselt. Die Köpfe sind fest, aber kleiner als beim Weißkohl.

Man kann Wirsing auf viele verschiedene Arten in der Küche verwenden. Krautwickel aus Wirsingkohl sind besonders zart. Geschmort mit Rahmsoße und einer Prise Muskat schmeckt er lecker zu Fleischgerichten.

Mediterranes Ratatouille

Für 4 Personen:

3–4 EL Olivenöl
1 Zwiebel
3–4 Knoblauchzehen
1 rote Paprikaschote
1 Aubergine, 1 Zucchini
2–3 Tomaten
2–3 EL Tomatenmark
100 ml Rotwein
400 ml passierte Tomaten
Salz, Pfeffer aus der Mühle
1 Prise Cayennepfeffer
1 TL gerebelter Oregano
1 TL gerebeltes Basilikum

Außerdem:
1 Bund Basilikum
frisch geriebener Parmesankäse

1. Das Olivenöl in einer Pfanne erhitzen. Die Zwiebel und die Knoblauchzehen schälen, fein würfeln, ins Fett geben und glasig schwitzen.

2. Die Paprikaschote putzen, halbieren, entkernen, waschen und in mundgerechte Würfel schneiden.

3. Die Aubergine putzen, waschen, in Würfel schneiden, beides zu den Knoblauchzwiebeln geben und kurz mitbraten.

4. Die Zucchini putzen, waschen und würfeln. Mit den enthäuteten, entkernten und in Würfel geschnittenen Tomaten zum Gemüse geben und 6–8 Minuten dünsten.

5. Das Tomatenmark einrühren, den Rotwein und die passierten Tomaten angießen. Das Gemüse mit Salz, Pfeffer, Cayennepfeffer, Oregano und Basilikum kräftig abschmecken und bei mäßiger Hitze bissfest garen.

6. Das Ratatouille dekorativ anrichten mit Basilikumblättchen belegen, mit frisch geriebenem Parmesankäse bestreuen, garnieren und mit Baguette sofort servieren.

Zucchinigemüse

Für 4 Personen:

600 g Zucchini
1 Zwiebel
2 Knoblauchzehen
2 EL Olivenöl
200 ml Gemüsebrühe
Salz, Pfeffer aus der Mühle
1 TL Wacholderbeeren
1 TL getrocknete Kräuter der Provence

1. Die Zucchini waschen und in Scheiben schneiden. Die Zwiebel und die Knoblauchzehen schälen und fein würfeln.

2. Das Olivenöl in einer Pfanne erhitzen und die Zwiebel- und Knoblauchwürfel darin glasig anschwitzen. Die Zucchinischeiben dazugeben und kurz mitschwitzen.

3. Die Gemüsebrühe angießen, die Wacholderbeeren und die getrockneten Kräuter der Provence hinzufügen und alles fünf Minuten dünsten. Mit Salz und Pfeffer abschmecken.

4. Das Zucchinigemüse dekorativ anrichten und als Beilage zu Kurzgebratenem sofort servieren.

(ohne Abbildung)

Junge Möhrchen in Bierteig

Für 4 Personen:

Für die Möhrchen:
3 Bund junge Möhrchen
100 g Weizenmehl
100 g Speisestärke
je 1 TL Salz und Zucker
250 ml helles Bier
2 Eigelb, 2 Eiweiß
Fett zum Ausbacken

Für den Dip:
250 g Quark
1 Schuss süße Sahne
Salz, Pfeffer aus der Mühle
einige Tropfen Zitronensaft
einige Tropfen Worcestersoße
2 Bund Schnittlauch

Außerdem:
4 Tomatenhälften
Basilikumblättchen und Radieschenscheiben zum Garnieren

1. Die Möhrchen putzen, unter fließendem Wasser waschen und trocken tupfen.

2. Das gesiebte Weizenmehl mit der Speisestärke, dem Salz, dem Zucker, dem Bier und den Eigelben in eine Schüssel geben und zu einem glatten Teig verrühren.

3. Das Eiweiß zu steifem Schnee schlagen und unter den Teig ziehen. Die Möhrchen durch den Teig ziehen und schwimmend im erhitzten Fett goldgelb ausbacken.

4. Den Quark mit der Sahne in eine Schüssel geben und glatt rühren, mit Salz, Pfeffer, Zitronensaft und Worcestersoße abschmecken und den verlesenen, gewaschenen und fein geschnittenen Schnittlauch unterziehen.

5. Die gebackenen Möhrchen dekorativ anrichten. Den Schnittlauchquark in die Tomatenhälften füllen, diese zu den Möhrchen legen, mit Basilikumblättchen und Radieschenscheiben garnieren und sofort servieren.

Gefüllte Walnuss-Zucchini

Für 4 Personen:

4 mittelgroße oder 2 große Zucchini
Salz, Pfeffer aus der Mühle
einige Tropfen Zitronensaft

Für die Füllung:
200 g gekochter Reis
200 g Mascarpone, 2 Eier
1 Tasse Walnusskerne
1 Tasse eingeweichte Rosinen
1 EL gerebeltes Basilikum
1 Prise Cayennepfeffer
Semmelbrösel zum Binden

Außerdem:
500 ml gebundene Tomatensoße
1 Becher süße Sahne
Tomatenwürfel, Crème fraîche, Walnusskerne und Dillzweige zum Garnieren

1. Die Zucchini putzen, waschen, in etwa 10 cm lange Stücke schneiden und die Zucchini mit einem Kernausstecher aushöhlen.

2. Die ausgehöhlten Zucchini mit Salz und Pfeffer würzen und mit Zitronensaft beträufeln.

3. Für die Füllung den Reis mit dem Mascarpone, den Eiern, den gehackten Walnüssen und den Rosinen in eine Schüssel geben und zu einer Masse verarbeiten.

4. Das Ganze mit Salz, Pfeffer, Zitronensaft, Basilikum und Cayennepfeffer kräftig abschmecken und mit Semmelbröseln binden.

5. Die Masse in einen Spritzbeutel füllen und die Zucchinistücke damit füllen. Die Masse gut andrücken.

6. Die gefüllten Zucchinistücke auf je ein entsprechend großes Stück gefettete Alufolie setzen, diese zusammenrollen und auf ein Backblech legen.

7. Etwas Wasser angießen und die Zucchini im auf 180–200 °C vorgeheizten Backofen 20 Minuten garen.

8. In der Zwischenzeit die Tomatensoße mit der Sahne in einem Topf erhitzen, mit Salz, Pfeffer und Cayennepfeffer abschmecken.

9. Die Zucchinistücke aus dem Ofen nehmen, die Folie entfernen und die Stücke in 5 cm dicke Scheiben schneiden. Die heiße Tomatensoße dekorativ auf Tellern anrichten, die gefüllten Zucchinischeiben einsetzen, mit Tomatenwürfeln, Crème fraîche, Walnusskernen und Dillzweigen garnieren und sofort servieren.

Fenchel in Tomaten-Hackfleisch-Sosse

Für 4 Personen:

800 g Tomaten
500 ml Wasser
400 g Fenchel
Gemüsebrühe zum Garen
1 EL Butterschmalz
1 Zwiebel
400 g Rinderhackfleisch
2–3 Knoblauchzehen
1 TL Oregano
1 TL Rosmarin
1 TL Liebstöckel
Kräutersalz
100 ml süße Sahne
100 g geriebener Gouda

Außerdem:
1 Bund Petersilie

1. Die Tomaten achteln, mit dem Wasser in einen Topf geben und 10 Minuten kochen. Anschließend durch ein Sieb streichen.

2. Den Fenchel putzen, in Streifen schneiden und in der Gemüsebrühe bissfest garen. Herausnehmen und gut abtropfen lassen.

3. Das Butterschmalz in einer feuerfesten Form erhitzen und die geschälte, in Ringe geschnittene Zwiebel sowie das Hackfleisch darin anbraten.

4. Den geschälten, fein gehackten Knoblauch und die Kräuter einrühren, das Ganze mit Kräutersalz würzen und mit der Tomatensoße ablöschen.

5. Mit der Sahne verfeinern, die Fenchelstreifen dazugeben, erhitzen und nochmals abschmecken.

6. Den Fenchel mit Tomaten-Hackfleisch-Soße mit dem geriebenen Käse bestreuen und im auf 180–200 °C vorgeheizten Backofen so lange überbacken, bis der Käse geschmolzen ist.

7. Anschließend den Auflauf aus dem Backofen nehmen, dekorativ anrichten, mit verlesener, gewaschener und fein gehackter Petersilie bestreuen, garnieren und sofort servieren.

Geschmorte Auberginen

Für 4 Personen:

4 kleine Auberginen
Salzwasser
50 ml Olivenöl
4 Knoblauchzehen
4 kleine Zwiebeln
4 kleine milde Peperoni
4 Tomaten
1 Bund Petersilie
1 EL Zucker
Salz, Pfeffer aus der Mühle
1 Prise Cayennepfeffer
Fett für die Form
375 ml Gemüse- oder Fleischbrühe

1. Die Auberginen putzen und waschen. Im Abstand von 2–3 cm mit einem Sparschäler längs etwa 1 cm breite Streifen der Schale entfernen.

2. Bei einem der abgeschälten Streifen je Aubergine einen tiefen, langen Einschnitt (er dient später als Tasche) anbringen.

3. Die Auberginen in eine Schüssel geben, kaltes Salzwasser angießen und die Auberginen darin 15 Minuten wässern.

4. Das Olivenöl in einer Pfanne erhitzen. Die Knoblauchzehen und die Zwiebeln schälen, in feine Scheiben schneiden, ins Fett geben und glasig schwitzen. Die Peperoni putzen, halbieren, entkernen, waschen und längs in Streifen schneiden.

5. Die Tomaten enthäuten, entkernen und in Würfel schneiden. Mit der verlesenen, gewaschenen, fein gehackten Petersilie und den Peperoni zu den Knoblauchzwiebeln geben und kurz dünsten.

6. Das Gemüse mit Zucker, Salz, Pfeffer und Cayennepfeffer kräftig würzen.

7. Die Auberginen gut abtropfen lassen, mit der Gemüsemasse füllen und in eine ausgefettete Auflaufform setzen.

8. Das restliche Gemüse gleichmäßig darauf verteilen, das Ganze mit der Gemüse- oder Fleischbrühe übergießen und im auf 180–200 °C vorgeheizten Backofen 20–25 Minuten garen. Nach Ende der Garzeit die Auberginen herausnehmen, dekorativ anrichten, garnieren und sofort servieren.

Zu den geschmorten Auberginen schmeckt auch eine Zitronen-Oliven-Soße:

1. 300 g Joghurt mit 50 ml süßer Sahne in eine Schüssel geben. Mit dem Saft von einer Zitrone, Salz und Pfeffer kräftig abschmecken.

2. Zwei Knoblauchzehen schälen und hacken. Je 50 g schwarze und grüne Oliven entsteinen, klein schneiden und mit dem Knoblauch unter den Joghurt heben. Die Zitronen-Oliven-Soße bis zum Verzehr im Kühlschrank aufbewahren.

Gefüllter Fenchel

Für 4 Personen:

250 g Bulgur
375 ml Gemüsebrühe
1–2 EL Butter
1 Chilischote, 1 rote Zwiebel
2 Knoblauchzehen
Salz, Pfeffer aus der Mühle
1 Prise Cayennepfeffer
1 Prise Muskat
1 EL gerebelter Majoran
1 TL gerebelter Thymian
2 Tomaten, 4 kleine oder 2 große Fenchelknollen
Gemüsebrühe zum Blanchieren
Fett für die Form
750 ml gebundene Tomatensoße
Basilikumblättchen und Dillzweige sowie Kirschtomatenwürfel zum Garnieren

1. Den Bulgur unter fließendem Wasser waschen und gut abtropfen lassen. Die Gemüsebrühe in einem Topf erhitzen und den Bulgur einrühren.

2. Das Ganze zum Kochen bringen und 4–5 Minuten köcheln lassen. Anschließend die Herdplatte zurückschalten und den Bulgur bei geringer Hitze in 20 Minuten ausquellen lassen. Den Bulgur vom Herd nehmen und in eine Schüssel geben.

3. Die Butter in einer Pfanne erhitzen. Die Chilischote halbieren, entkernen, waschen und klein schneiden.

4. Die Zwiebel und die Knoblauchzehen schälen, fein würfeln, mit der Chilischote ins Fett geben und glasig schwitzen. Mit Salz, Pfeffer, Cayennepfeffer, Muskat, Majoran und Thymian würzen und unter den Bulgur ziehen.

5. Die enthäuteten, entkernten Tomaten untermischen. Den Fenchel putzen, halbieren, in der Brühe blanchieren, herausnehmen und mit einem Teelöffel aushöhlen. Das Fenchelfleisch hacken und unter den Bulgur mischen.

6. Eine Auflaufform ausfetten und die Fenchelhälften einsetzen. Die Bulgurmasse einfüllen, die Tomatensoße angießen und das Ganze im auf 180–200 °C vorgeheizten Backofen in 30–35 Minuten garen.

7. Den Fenchel herausnehmen, dekorativ anrichten, mit Basilikumblättchen und Dillzweigen sowie Kirschtomatenwürfeln garnieren und sofort servieren.

Grilltomaten mit Käsehaube

Für 4 Personen:

4 große Tomaten
Salz, Pfeffer aus der Mühle
4 Scheiben Butterkäse

1. Von den Tomaten einen Deckel abschneiden. Die Schnittfläche mit Salz und Pfeffer würzen.

2. Den Butterkäse in Stücke schneiden und auf die Tomaten legen.

3. Die Tomaten im auf 200 °C vorgeheizten Backofen 20–25 Minuten garen, herausnehmen, dekorativ anrichten und sofort servieren.

(ohne Abbildung)

Gebratene Gemüsespiesse

Für 4 Personen:

4 Zwiebeln, 400 g Auberginen
600 g Zucchini
2 rote Paprikaschoten
200 g Champignons

Zum Bestreichen:
40 g Butter, 1 EL Paprikapulver
1 EL Kräutersalz
1 EL Oregano
4 Knoblauchzehen

Außerdem:
Zitronenscheiben und Liebstöckelblättchen zum Garnieren

1. Die Zwiebeln schälen und vierteln, die Auberginen putzen, waschen und in Würfel oder Scheiben schneiden.

2. Die Zucchini putzen, waschen und in mundgerechte Stücke schneiden.

3. Die Paprikaschoten putzen, halbieren, entkernen, waschen, gut abtropfen lassen und in Würfel schneiden.

4. Die Champignons putzen und je nach Größe ganz lassen, halbieren oder vierteln.

5. Die Butter in einer Pfanne zerlaufen lassen, das Paprikapulver, das Kräutersalz sowie den Oregano einrühren und die geschälten Knoblauchzehen durch die Knoblauchpresse hineindrücken.

6. Die einzelnen Gemüsesorten abwechselnd auf Spieße stecken.

7. Die Spieße mit der Buttermischung bestreichen, in einer Pfanne ohne weiteres Fett braten oder auf dem Grill 20 Minuten grillen.

8. Die Spieße dekorativ anrichten, mit Zitronenscheiben und Liebstöckelblättchen garnieren und sofort servieren.

Gefüllter Blumenkohl mit Käsehaube

Für 4 Personen:

1 mittelgroßer Kopf Blumenkohl
Salzwasser

Für die Füllung:
500 g gemischtes Hackfleisch
1 altbackenes, in Milch eingeweichtes Brötchen, 1 EL Butter
1 Zwiebel, 2 Knoblauchzehen
1–2 EL mittelscharfer Senf
1–2 EL frisch geriebener Meerrettich
Salz, Pfeffer aus der Mühle
1 Prise Cayennepfeffer
1 Prise Muskat
Fett für die Form

Für die Soße:
30 g Butter, 30 g Mehl
100 ml Weißwein
400 ml Milch
100 ml süße Sahne

Außerdem:
4 Scheiben Butterkäse
Butterflöckchen zum Belegen
1 Bund Petersilie
Kresse und Tomatenecken zum Garnieren

1. Den Blumenkohl putzen, waschen und gut abtropfen lassen. Salzwasser in einem Topf zum Kochen bringen, den Blumenkohl einlegen und 6–8 Minuten garen.

2. Den Blumenkohl herausnehmen, abtropfen lassen und den Strunk mit einem Messer herausschneiden. Die Röschen sollen noch zusammenhängen.

3. Für die Füllung das Hackfleisch mit dem gut ausgedrückten Brötchen in eine Schüssel geben.

4. Die Butter in einer Pfanne erhitzen. Die Zwiebel und die Knoblauchzehen schälen, fein würfeln, ins Fett geben und glasig schwitzen. Mit dem Senf und dem Meerrettich zum Hackfleisch geben und alles zu einer glatten, kompakten Masse verarbeiten.

5. Mit Salz, Pfeffer, Cayennepfeffer und Muskat kräftig abschmecken und die Masse in den Blumenkohl füllen. Dabei mehrmals vorsichtig andrücken, damit sich das Hackfleisch auch in die äußeren Zweige des Blumenkohls verteilen kann.

6. Eine Auflaufform ausfetten und den Blumenkohl einsetzen.

7. Die Butter in einem Topf schmelzen lassen. Das Mehl mit dem Schneebesen einrühren, den kalten Weißwein, die Milch und die Sahne zugießen und alles zu einer sämigen Soße verkochen.

8. Die Soße durch ein Sieb streichen, erneut erhitzen, mit Salz, Pfeffer, Cayennepfeffer und Muskat würzen und zum Blumenkohl geben.

9. Den Blumenkohl mit Käsescheiben belegen, einige Butterflöckchen darauf legen und das Ganze in dem auf 180–200 °C vorgeheizten Backofen in 35–40 Minuten garen.

10. Nach Ende der Garzeit den gefüllten Blumenkohl herausnehmen, dekorativ anrichten und die Soße angießen. Mit der verlesenen, gewaschenen und fein gehackten Petersilie bestreuen, mit Kresse und Tomatenecken garnieren und mit Petersilienkartoffeln sofort servieren.

Blumenkohl-Brokkoli-Pfännchen mit Ingwer

Für 4 Personen:

400 g Blumenkohlröschen
400 g Brokkoliröschen
Gemüsebrühe zum Garen

Außerdem:
2–3 EL Butter
1 Zwiebel
2 Knoblauchzehen
1 Stück Ingwerwurzel
1 Chilischote
100 ml Weißwein
100 ml Gemüsebrühe
200 ml süße Sahne
1 EL Curry
1 EL Honig
Salz, Pfeffer aus der Mühle
1 Prise Cayennepfeffer
1 Msp. Kreuzkümmel
200 g Joghurt
2 EL Mandelstifte
2 EL Pinienkerne
Kräuterzweige zum Garnieren

1. Die Blumenkohl- und Brokkoliröschen verlesen, waschen, gut abtropfen lassen und in mundgerechte Stücke schneiden.

2. Die Gemüsebrühe in einem Topf erhitzen. Die Röschen darin bissfest garen, herausnehmen und gut abtropfen lassen.

3. Die Butter in einer Pfanne erhitzen. Die Zwiebel und die Knoblauchzehen schälen, fein würfeln, ins Fett geben und glasig schwitzen.

4. Die Ingwerwurzel schälen, grob raspeln, mit der geputzten, halbierten, entkernten, gewaschenen und klein geschnittenen Chilischote zu den Knoblauchzwiebeln geben und kurz mitschwitzen.

5. Den Weißwein, die Gemüsebrühe und die Sahne angießen und das Ganze einmal kräftig aufkochen lassen.

6. Die Soße mit Curry und Honig würzen, mit Salz, Pfeffer, Cayennepfeffer und Kreuzkümmel kräftig abschmecken.

7. Die Blumenkohl- und Brokkoliröschen in die Soße geben, kurz erhitzen nochmals abschmecken und dekorativ anrichten. Mit dem Joghurt überziehen, mit Mandelstiften und Pinienkernen bestreuen, mit Kräuterzweigen garnieren und sofort servieren.

Blumenkohl

Der Blumenkohl ist in unserer Küche in vielen Variationen bekannt und beliebt. Am meisten werden bei uns die weißen Köpfe angeboten, doch gibt es auch den gelbgrünen, ja sogar den violetten Blumenkohl. Blumenkohl sollte bissfest gegart werden, am besten in Salzwasser oder Gemüsebrühe, die mit etwas Zitronensaft oder Essig versetzt werden.

Gefüllte Zucchiniblüten

Für 4 Personen:

12 Zucchiniblüten
250 g Doppelrahmfrischkäse
2 Eier
50 g geriebener Emmentaler
Salz, Pfeffer aus der Mühle
1 Prise Muskat
1 Prise Cayennepfeffer
50 g gemischte, gehackte Kräuter (Estragon, Basilikum, Petersilie)
100 g Butter
Saft von 1 Zitone
100 ml Weißwein
200 ml Gemüsebrühe
200 ml süße Sahne

Außerdem:
1 Bund Schnittlauch

1. Die Zucchiniblüten vorsichtig verlesen, die unteren Stielenden abschneiden und die Blütenstempel herauslösen.

2. Den Doppelrahmfrischkäse mit den Eiern und dem geriebenen Käse in eine Schüssel geben und verrühren.

3. Mit Salz, Pfeffer, Muskat und Cayennepfeffer kräftig abschmecken.

4. Die verlesenen, gewaschenen und gehackten Kräuter in die Masse rühren und das Ganze in einen Spritzbeutel füllen.

5. Die Masse vorsichtig in die Zucchiniblüten spritzen.

6. Die Butter in einer Pfanne erhitzer und die gefüllten Zucchiniblüten darir braten.

7. Während der Garzeit öfter mit Zitr nensaft und Wein ablöschen und zum Schluss die Brühe angießen.

8. Die gefüllten Zucchiniblüten dekor tiv anrichten, mit frisch geschnittenem Schnittlauch bestreuen und mit bissfe gegartem Butterreis sofort servieren.

Wirsingröllchen mit Kräuterquark

Für 4 Personen:

Für den Quark:
1 Schalotte
50 g gemischte Kräuter (Estragon, Basilikum, Petersilie, Minze, Kresse), 1 Knoblauchzehe
3 Essiggurken, 200 g Quark
Salz, Pfeffer aus der Mühle
1 Prise Cayennepfeffer
einige Tropfen Zitronensaft
einige Tropfen Worcestersoße

Außerdem:
12–16 große Wirsingblätter
Gemüsebrühe zum Blanchieren
100 g dünne Scheiben gekochter Backschinken
Butter für die Form
2 Zwiebeln
500 g Tomaten

1. Die Schalotte schälen und fein würfeln. Die Kräuter verlesen, waschen, gut abtropfen lassen und fein hacken. Die Knoblauchzehe schälen, die Essiggurken abtropfen lassen und beides fein würfeln.

2. Den Quark in eine Schüssel geben und glatt rühren. Die Schalotte, die Kräuter, die Knoblauch- und die Essiggurkenwürfel untermischen. Mit Salz, Pfeffer, Cayennepfeffer, Zitronensaft und Worcestersoße abschmecken.

3. Die Wirsingblätter waschen und gut abtropfen lassen. Die Brühe in einem Topf erhitzen und die Wirsingblätter darin blanchieren, herausnehmen und auf einer Arbeitsfläche ausbreiten.

4. Die Schinkenscheiben darauflegen, mit der Quarkcreme bestreichen, die Wirsingblätter zusammenrollen und in eine ausgefettete Auflaufform setzen.

5. Die geschälten und in Scheiben geschnittenen Zwiebeln dazugeben.

6. Etwas Gemüsebrühe angießen und die Wirsingröllchen im auf 180–200 °C vorgeheizten Backofen 15–20 Minuten garen.

7. Die Tomaten enthäuten, entkernen und in Würfel schneiden, zu den Wirsingröllchen geben und weitere 10 Minuten garen.

8. Nach Ende der Garzeit die Wirsingröllchen herausnehmen. Die Soße mit Salz, Pfeffer und Cayennepfeffer abrunden, die Röllchen mit der Soße dekorativ anrichten, garnieren und sofort servieren.

Sehr fein, Sahnewirsing:

Hierfür Wirsing putzen, waschen, gut abtropfen lassen, den Strunk herausschneiden und den Wirsing in 1 cm dicke Streifen schneiden. Salzwasser oder Gemüsebrühe in einem Topf erhitzen und den Wirsing darin bei mäßiger Hitze 8–10 Minuten garen, herausnehmen und gut abtropfen lassen. Butterschmalz in einem Topf erhitzen. Durchwachsenen, geräucherten Speck in feine Würfel schneiden und kräftig braten. 1–2 Zwiebel schälen, fein würfeln, mit dem Wirsing zum Speck geben und dünsten. Sahne angießen und kurz einreduzieren lassen. Mit Salz, Pfeffer, Muskat, Cayennepfeffer und Zucker kräftig abschmecken und servieren.

Feinschmecker-Tomaten

Für 4 Personen:

4 große Fleischtomaten
Salz, Pfeffer aus der Mühle
Olivenöl für die Form

Für das Geschnetzelte:
500 g Putenbrust
2–3 EL Butterschmalz
1 Zwiebel
2 Knoblauchzehen
1 rote Paprikaschote
1 Bund Frühlingszwiebeln
100 ml Weißwein
300 ml Gemüse- oder Fleischbrühe
100 g Crème fraîche
Speisestärke zum Binden
50 g geriebener Parmesankäse
1 Prise Cayennepfeffer

Außerdem:
Basilikumblättchen zum Garnieren

1. Die Fleischtomaten waschen, vom Strunk befreien, eine Haube abschneiden und die Tomaten großzügig aushöhlen.

2. Die Tomaten salzen und pfeffern, in eine ausgefettete Auflaufform setzen und 10–15 Minuten im auf 180 °C vorgeheizten Backofen garen.

3. Die Putenbrust unter fließendem Wasser waschen, trocken tupfen und in mundgerechte Streifen oder Würfel schneiden.

4. Das Butterschmalz in einer Pfanne erhitzen. Das Fleisch darin unter ständigem Rühren braten, herausnehmen und warm stellen.

5. Die Zwiebel und die Knoblauchzehen schälen, in feine Würfel schneiden, ins Fett geben und glasig schwitzen.

6. Die Paprikaschote halbieren, entkernen, waschen und in Würfel schneiden.

7. Die Frühlingszwiebeln putzen, waschen, in Scheibchen schneiden, mi den Paprikawürfeln zu den Knoblauc zwiebeln geben und kurz mitschwitze

8. Mit Weißwein ablöschen, mit der Gemüse- oder Fleischbrühe angießen und bei mäßiger Hitze 8–10 Minuten köcheln lassen.

9. Die Crème fraîche einrühren und mit etwas angerührter Speisestärke leicht binden.

10. Das Fleisch mit dem Parmesankäse unter die Soße heben, nochmals erhitzen, aber nicht mehr kochen lassen. Mit Salz, Pfeffer und Cayennepfeffer würzen.

11. Die Tomaten aus dem Ofen nehmen, dekorativ anrichten, mit dem Geschnetzelten füllen, mit Basilikumblättchen garnieren und mit Kräutergnocchi sofort servieren.

Pizza Mamma Lucia

Für 4 Personen:

Für die Tomatensoße:
2–3 EL Olivenöl
1 Zwiebel
2–3 Knoblauchzehen
500 g Tomaten
1 Bund Basilikum
Salz, Pfeffer aus der Mühle
1 Prise Cayennepfeffer
1 TL Kräuter der Provence

Für den Teig:
400 g Mehl
1 Päckchen Trockenhefe
200 ml lauwarmes Wasser
1 TL Zucker
1 TL Salz
2 EL Olivenöl
Fett für die Formen

Für den Belag:
250 g geriebener Pizzakäse
100 g Salami
100 g gekochter Schinken
1 Zwiebel
1 kleine Zucchini
1 gelbe Paprikaschote
400 g Mozzarellakäse

1. Das Olivenöl in einem Topf erhitzen. Die Zwiebel und die Knoblauchzehen schälen, fein würfeln, ins Fett geben und glasig schwitzen.

2. Die Tomaten putzen, waschen, den Strunk herausschneiden, die Tomaten in mundgerechte Stücke schneiden, zu den Knoblauchzwiebeln geben und kurz anschwitzen.

3. Das verlesene, gewaschene und klein geschnittene Basilikum untermischen, mit Salz, Pfeffer, Cayennepfeffer und Kräutern der Provence würzen und bei mäßiger Hitze 6–8 Minuten köcheln lassen. Anschließend die Temperatur auf die höchste Stufe stellen und die Soße kurz einreduzieren lassen. Vom Herd nehmen und auskühlen lassen.

4. Für den Teig das gesiebte Mehl mit der Trockenhefe vermischen, das Wasser, den Zucker, das Salz und das Olivenöl dazugeben und das Ganze zu einem glatten Teig verarbeiten.

5. Den Teig so lange schlagen, bis er Blasen wirft. Anschließend den Teig zugedeckt an einem warmen Ort zur doppelten Menge aufgehen lassen.

6. Den Teig auf einer bemehlten Arbeitsfläche nochmals kräftig durchkne ten und in vier Teile teilen.

7. Portionsweise den Teig in der Größe von Pizzaformen ausrollen, diese ausfetten, den Teig hineinlegen, einen Rand hochdrücken und erneut 15–20 Minuten gehen lassen.

8. Die Tomatensoße auf dem Teig ver streichen und den geriebenen Pizzakäse darüberstreuen. Mit den Salami- und Schinkenscheiben belegen.

9. Die Zwiebel schälen, in feine Ringe schneiden, mit der geputzten, gewaschenen und in Scheiben geschnittenen Zucchini und der geputzten, halbierten, entkernten, gewaschenen und in Streifen geschnittenen Paprikaschote auf dem Teig verteilen.

10. Den Mozzarellakäse in Scheiben schneiden und die Pizzen damit belegen. Die Pizzen in dem auf 180–200 ° vorgeheizten Backofen in 20–25 Minuten backen. Herausnehmen, dekorativ anrichten, garnieren und sofort servieren.

Gefüllte Zwiebeln

Für 4 Personen:

8 mittelgroße weiße Zwiebeln
Salzwasser oder Gemüsebrühe zum Garen
250 g Graubrot
100 g gekochter Schinken
1 EL Olivenöl
2 Knoblauchzehen
1 Zweig Rosmarin
2–3 EL weißer Balsamicoessig
Salz, Pfeffer aus der Mühle
1 Prise Cayennepfeffer

Für die Soße:
1–2 rote Paprikaschoten
1 EL Olivenöl
2–3 EL Paprikamark
1 große Dose Pizzatomaten

Außerdem:
1 Bund Petersilie

1. Die Zwiebeln schälen und in kochendem Salzwasser oder Gemüsebrühe 8–10 Minuten garen.

2. Die Zwiebeln herausnehmen, gut abtropfen lassen, eine Haube abschneiden und das Innere mit einem Teelöffel herauslösen.

3. Das Zwiebelfruchtfleisch in feine, das Graubrot in mittelgroße und den Schinken in feine Würfel schneiden.

4. Das Olivenöl in einer Pfanne erhitzen und die geschälten und gehackten Knoblauchzehen darin anbraten. Die Zwiebeln, das Graubrot und den Schinken dazugeben und kurz dünsten.

5. Den Rosmarin verlesen, waschen, fein schneiden und untermischen. Mit Balsamicoessig, Salz, Pfeffer und Cayennepfeffer abschmecken.

6. Die ausgehöhlten Zwiebeln in eine Auflaufform setzen und die Brotmasse in die Zwiebeln füllen.

7. Die Paprikaschoten halbieren, entkernen, waschen, in feine Würfel schneiden und im erhitzten Olivenöl anschwitzen. Das Paprikamark einrühren.

8. Die Pizzatomaten angießen, die Soße zu den Zwiebeln geben und im auf 180–200 °C vorgeheizten Backofen 20–25 Minuten garen.

9. Nach Ende der Garzeit die gefüllten Zwiebeln herausnehmen, dekorativ anrichten, mit frisch gehackter Petersilie bestreuen, garnieren und sofort servieren.

Zwiebeln

Auch hier gibt es viele verschiedene Sorten: die roten Zwiebeln, die Schalotten, die Silber- oder Perlzwiebeln, die Gemüsezwiebeln und die Lauchzwiebeln. Zwiebeln können sowohl roh als auch gekocht verwendet werden. Es ist zu empfehlen, die Zwiebeln grundsätzlich als Erstes in wenig Butter oder Margarine anzuschwitzen, denn so können sie das volle Aroma entfalten. Zwiebeln sollten erst kurz vor der Zubereitung geschält oder geputzt und klein geschnitten oder gewürfelt werden, da sie sehr schnell ihr charakteristisches Aroma verlieren.

Deftige Kohlrouladen

Für 4 Personen:

1 kleiner Kopf Weißkohl
Salzwasser

Für die Füllung:
1 TL Butter
1 Zwiebel
500 g gemischtes Hackfleisch
2 Scheiben gewürfeltes, altbackenes Bauernbrot, in Milch eingeweicht
2 Eier
2 EL mittelscharfer Senf
1 EL gerebelter Majoran
Salz, Pfeffer aus der Mühle
1 Prise Cayennepfeffer

Außerdem:
1 EL Butterschmalz
1 Zwiebel
2 Knoblauchzehen
400 g Karotten
400 g Kartoffeln
400 ml Gemüsebrühe
2 Lorbeerblätter
1 EL Kümmel
1 TL getrocknete Paprikaflocken
1 Bund Petersilie

1. Die Weißkohlblätter ablösen und den Strunk herausschneiden. Das Salzwasser erhitzen und die Weißkohlblätter darin kurz blanchieren, herausnehmen, gut abtropfen lassen und je 2–3 Blätter auf einer Arbeitsfläche übereinanderlegen.

2. Für die Füllung die Butter in einer Pfanne erhitzen. Die Zwiebel schälen, fein hacken, ins Fett geben, glasig schwitzen, vom Herd nehmen und in eine Schüssel geben.

3. Das Hackfleisch, das ausgedrückte Brot, die Eier, den Senf und den Majoran dazugeben und alles zu einem glatten Teig verarbeiten.

4. Die Hackfleischmasse mit Salz, Pfeffer und Cayennepfeffer kräftig abschmecken und portionsweise auf den Kohlblättern verteilen.

5. Die Kohlblätter über die Hackfleischmasse schlagen und mithilfe eines Küchentuches zu Rouladen abdrehen.

6. Das Butterschmalz in einer Auflaufform erhitzen. Die Zwiebel und die Knoblauchzehen schälen, fein würfeln, ins Fett geben und kurz anschwitzen.

7. Die Karotten und die Kartoffeln schälen, waschen, in Würfel schneiden, zu den Knoblauchzwiebeln geben und kurz mitschwitzen.

8. Die Gemüsebrühe angießen, die Lorbeerblätter, den Kümmel und die Paprikaflocken hinzufügen. Die Kohlrouladen einsetzen und im auf 180–200 °C vorgeheizten Backofen in 40 Minuten garen.

9. Nach Ende der Garzeit die Kohlrouladen herausnehmen, mit dem Gemüse dekorativ anrichten, mit Petersilienzweigen garnieren und sofort servieren.

Kohl

Wir unterscheiden beim Kohl in erster Linie den Weißkohl, den Rotkohl und den Wirsing. Der Weißkohl, auch Weißkraut, Kappes, Kaps, Kabis oder Kraut genannt, ist eine Variante des Kopfkohls und ein Gemüse, das vor allem im Herbst und Winter Saison hat. Aus ihm lassen sich deftige Eintöpfe, Krautkuchen, Kohlrouladen oder Salate herstellen.

Fenchel-Frittata mit Ricotta

Für 4 Personen:

800 g Fenchel
Salzwasser
2–3 EL Olivenöl
1 Zwiebel
50 g Pinienkerne
Salz, Pfeffer aus der Mühle
1 Prise Cayennepfeffer
1 Prise Muskat
400 g Ricotta
4–5 Eier
125 g geriebener Greyerzer Käse
Butter zum Ausbacken

Außerdem:
Salatblätter, Kräuterzweige und Kirschtomaten zum Garnieren

1. Den Fenchel putzen, waschen und in Streifen schneiden. In Salzwasser bissfest garen, herausnehmen und gut abtropfen lassen.

2. Das Olivenöl in einer Pfanne erhitzen. Die Zwiebel schälen, fein würfeln, ins Fett geben und glasig schwitzen.

3. Den Fenchel dazugeben und kurz durchschwenken, die Pinienkerne untermischen.

4. Mit Salz, Pfeffer, Cayennepfeffer und Muskat kräftig abschmecken und vom Feuer nehmen.

5. Den Ricotta mit den Eiern und dem geriebenen Greyerzer in eine Schüssel geben und verrühren. Zum Schluss das Fenchelgemüse untermischen und nachwürzen.

6. Butter in einer Pfanne erhitzen. Portionsweise die Fenchelmasse einfüllen, glatt streichen und auf beiden Seiten bei mäßiger Hitze 4–5 Minuten backen.

7. Die Fenchel-Frittata mit Ricotta herausnehmen, dekorativ anrichten, mit Salatblättern, Kräuterzweigen und Kirschtomaten garnieren und sofort servieren.

Überbackene Spitzpaprikaschoten

Für 4 Personen:

800 g grüner Spitzpaprika
1–2 EL Olivenöl
1 Zwiebel
2 Knoblauchzehen
4–6 Tomaten
Salz, Pfeffer aus der Mühle
1 Prise Zucker
1 Bund Basilikum

Außerdem:
1 große Dose Pizzatomaten, gewürfelt
2 EL Tomatenmark
250 ml Gemüsebrühe
200 g Fetakäse
100 g geriebener Provolone-Käse
Kräuterzweige zum Garnieren

1. Den Spitzpaprika putzen, den oberen Deckel abschneiden, die Schoten entkernen, waschen und gut abtropfen lassen.

2. Das Olivenöl in einer feuerfesten Form erhitzen. Die Zwiebel und die Knoblauchzehen schälen, fein würfeln, ins Fett geben und glasig schwitzen.

3. Die Tomaten enthäuten, entkernen und untermischen. Mit Salz, Pfeffer und Zucker kräftig würzen und zum Schluss das verlesene, gewaschene und fein geschnittene Basilikum untermischen.

4. Die Tomaten gleichmäßig in die Spitzpaprikaschoten füllen und diese in die Form setzen.

5. Die Pizzatomaten mit dem Tomatenmark und der Gemüsebrühe vermischen und gleichmäßig über die Paprikaschoten geben.

6. Den Fetakäse in Würfel schneiden, mit dem geriebenen Provolone-Käse auf den Paprikaschoten verteilen und das Ganze im auf 180–200 °C vorgeheizten Backofen 15–20 Minuten garen.

7. Nach Ende der Garzeit den überbackenen Spitzpaprika herausnehmen, dekorativ anrichten, mit Kräuterzweigen garnieren und sofort servieren.

Weisskohlgemüse

Für 4 Personen:

500 g Weißkohl, Salzwasser
150 g Frühstücksspeck
1 EL Öl, 1 Zwiebel
Salz, Pfeffer aus der Mühle
1 Prise Muskat

1. Den Weißkohl putzen, waschen, in Streifen schneiden und in Salzwasser blanchieren. Den Weißkohl abgießen.

2. Den Frühstücksspeck in Streifen schneiden. Das Öl in einer Pfanne erhitzen und den Speck darin auslassen.

3. Die Zwiebel schälen und in Streifen schneiden, zum Speck geben und kurz mitschwitzen.

4. Den Weißkohl hinzufügen, erhitzen, mit Salz, Pfeffer und Muskat abschmecken, dekorativ anrichten und sofort servieren.

(ohne Abbildung)

Gefülltes Reisgemüse

Für 4 Personen:

4 kleine bunte Paprikaschoten
4 Tomaten

Für die Füllung:
2–3 EL Olivenöl
250 g gemischtes Hackfleisch
1 Zwiebel
2 Knoblauchzehen
250 g gekochter Reis
Salz, Pfeffer aus der Mühle
1 Msp. Pimentpulver
1 EL Paprikapulver edelsüß
½ Bund Pfefferminze

Außerdem:
2–3 EL Butterschmalz
400 g festkochende Kartoffeln
500 ml Gemüse- oder Fleischbrühe
2–3 EL Tomatenmark
Kräuterzweige zum Garnieren

1. Von den Paprikaschoten eine Haube abschneiden. Die Schoten entkernen, waschen und gut abtropfen lassen.

2. Die Tomaten waschen, eine Haube abschneiden und die Kerne mit einem Teelöffel herausschaben.

3. Für die Füllung das Olivenöl in einer Pfanne erhitzen. Das Hackfleisch darin unter ständigem Rühren braten.

4. Die Zwiebel und die Knoblauchzehen schälen, fein würfeln, zum Fleisch geben und kurz mitbraten.

5. Den Reis dazugeben, kurz durchbraten, mit Salz, Pfeffer, Piment und Paprika kräftig würzen. Zum Schluss die verlesene, gewaschene und fein geschnittene Pfefferminze untermischen.

6. Die Reismasse gleichmäßig in das Gemüse füllen.

7. Das Butterschmalz in einer feuerfesten Form erhitzen. Die Kartoffeln unter fließendem Wasser abbürsten, schälen, in Scheiben schneiden, ins Fett geben und kurz anbraten.

8. Die Kartoffeln im auf 180–200 °C vorgeheizten Backofen 20 Minuten braten.

9. Die Gemüse- oder Fleischbrühe mit dem Tomatenmark verrühren. Das gefüllte Gemüse auf die Kartoffeln setzen, etwas Brühe angießen und weitere 20 Minuten garen.

10. Während der Garzeit öfter mit der Brühe ablöschen. Zum Schluss die restliche Brühe angießen und nochmals erhitzen. Das gefüllte Reisgemüse dekorativ anrichten, mit Kräuterzweigen garnieren und sofort servieren.

Tomaten

Tomaten gelten als das wichtigste Gemüse in der italienischen Küche. Sie stammen aus Peru und kamen über Spanien nach Italien, waren goldgelb und erst neapolitanischen Züchtern verdanken wir ihr heutiges Aussehen. Sie sind reich an Vitaminen und Mineralsalzen und deshalb eines der gesündesten, Lebensmittel überhaupt. Für Salate verwendet man Tomaten mit der Haut, für heiße Gerichte werden sie geschält und nach Wunsch auch entkernt. Wichtig: Der Strunk muss immer herausgeschnitten werden!

Vegetarische Küche – einfach, schnell und gesund

Blumenkohlflan mit Petersiliensosse

Für 4 Personen:

1 kleiner Kopf Blumenkohl
1 Bund junge Möhrchen
500 ml Gemüsebrühe zum Blanchieren
Butter für die Form
200 ml süße Sahne
4 Eier
Salz, Pfeffer aus der Mühle
1 Prise Cayennepfeffer
1 TL Zucker
einige Tropfen Zitronensaft
einige Tropfen Pfeffersoße

Für die Soße:
1 Zwiebel
2 EL Kräuterbutter (Fertigprodukt)
1 Zweig Thymian
1 Becher Crème fraîche mit Kräutern
1 Bund Petersilie
Speisestärke zum Binden

Außerdem:
2 EL Butter
Petersilienzweige zum Garnieren

1. Den Blumenkohl putzen, in Röschen schneiden, waschen und gut abtropfen lassen.

2. Die Möhrchen schälen und waschen. Die Gemüsebrühe in einem Topf erhitzen und die Möhrchen sowie die Blumenkohlröschen darin bissfest garen.

3. Eine feuerfeste Form mit Butter ausfetten, die Blumenkohlröschen einschichten und 3–4 Möhrchen darauflegen.

4. Die Sahne mit den Eiern in einer Schüssel verschlagen, mit Salz, Pfeffer, Cayennepfeffer, Zucker, Zitronensaft und Pfeffersoße kräftig würzen.

5. Die Eiersahne gleichmäßig auf das Gemüse verteilen. Ein entsprechend großes Stück Alufolie mit Butter bestreichen, das Gemüse damit abdecken und im erhitzten Wasserbad im auf 180 °C vorgeheizten Backofen 35 Minuten garen.

6. Die Zwiebel schälen, fein würfeln und in der erhitzten Kräuterbutter glasig schwitzen.

7. Die Gemüsebrühe angießen und zum Kochen bringen. Den verlesenen, gewaschenen und abgepflückten Thymian mit der Creme fraîche in die Soße geben und fünf Minuten einreduzieren lassen.

8. Die Petersilie verlesen, waschen, fein hacken, hinzufügen und die Soße mit etwas angerührter Speisestärke leicht binden. Zum Schluss die Soße mit Salz, Pfeffer, Cayennepfeffer und Zitronensaft abschmecken.

9. Die Butter in einer zweiten Pfanne erhitzen, die restlichen Möhrchen darin dünsten und mit Salz und Pfeffer würzen.

10. Den Blumenkohlflan aus dem Ofen nehmen, aus der Form stürzen und in dicke Scheiben schneiden. Mit der Soße dekorativ anrichten, die Möhrchen darauflegen, mit Petersilienzweigen garnieren und sofort servieren.

Indisches Mung Dhaal

Für 4 Personen:

250 g Mung-Linsen
1 l Gemüsebrühe
1 Stück frische Ingwerwurzel
1 TL Kreuzkümmelpulver
1 TL Korianderpulver
1 TL Kurkuma
1 TL Kardamompulver
Butter zum Anschwitzen
Salz, Pfeffer aus der Mühle

Außerdem:
4 EL Butter, 1 Zwiebel
2 Chilischoten
1 TL Kreuzkümmelsamen
4 Frühlingszwiebeln
gebratene Chilischoten zum Garnieren

1. Die Linsen unter fließendem Wasser waschen, mit der Gemüsebrühe in einen Topf geben und zum Kochen bringen.

2. Die Ingwerwurzel schälen, fein reiben, mit dem Kreuzkümmelpulver, dem Korianderpulver, dem Kurkuma und dem Kardamompulver zu den Linsen geben und das Ganze bei mäßiger Hitze 45 Minuten köcheln lassen.

3. Das Linsengemüse abgießen. Etwas Butter in einer Pfanne erhitzen, das Linsengemüse darin anschwitzen und mit Salz und Pfeffer kräftig würzen.

4. Die Butter in einer zweiten Pfanne erhitzen. Die Zwiebel schälen, fein würfeln, in die Butter geben und glasig schwitzen.

5. Die Chilischoten halbieren, entkernen, waschen, fein würfeln, mit den Kreuzkümmelsamen zu den Zwiebeln geben und kurz mitschwitzen.

6. Das Linsengemüse dekorativ anrichten, mit der Gewürzbutter beträufeln, mit den verlesenen, gewaschenen und fein geschnittenen Frühlingszwiebeln bestreuen, mit gebratenen Chilischoten garnieren und sofort servieren.

Bohnen-Tomaten-Gemüse

Für 4 Personen:

400 g grüne Bohnen
Salzwasser
2 g Schalotten, 1 EL Butter
200 ml Gemüsebrühe
Salz, Pfeffer aus der Mühle
1 Prise Muskat, 1 Prise Zucker
4 Tomaten
½ Bund gehackte Petersilie

1. Die grünen Bohnen putzen, waschen und in kochendem Salzwasser bissfest garen.

2. Die Schalotten schälen, halbieren und in der heißen Butter anschwitzen. Mit der Gemüsebrühe ablöschen und fünf Minuten dünsten. Die Bohnen zugeben, erhitzen und das Bohnengemüse mit Salz, Pfeffer, Muskat und Zucker abschmecken.

3. Anschließend die enthäuteten, entkernten und in Würfel geschnittenen Tomaten und die verlesene, gewaschene, fein gehackte Petersilie unterziehen und das Ganze erhitzen. Das Gemüse dekorativ anrichten und sofort servieren.

(ohne Abbildung)

Buchweizen-Hirse-Frikadellen

Für 4 Personen:

250 g Buchweizenschrot
1 l Gemüsebrühe
150 g Hirseflocken
Salz, Pfeffer aus der Mühle
2 TL Paprikapulver edelsüß
1 Prise Muskat
1 Zwiebel
3–4 Knoblauchzehen
1 TL Butter
1 Bund Petersilie
2 Bund Schnittlauch
2 Eier
Semmelbrösel zum Binden
Olivenöl zum Ausbacken

Außerdem:
200 g Sauerrahm
150 g Joghurt
Saft von 1 Zitrone
50 g gemischte, frische Kräuter
Kirschtomatenecken und Basilikumblättchen zum Garnieren

1. Den Buchweizenschrot unter fließendem Wasser waschen, gut abtropfen lassen und in einer trockenen Pfanne kurz rösten.

2. Die Gemüsebrühe angießen, das Ganze zum Kochen bringen und den Buchweizenschrot etwa 40 Minuten ausquellen lassen.

3. 10 Minuten vor Garende die Hirseflocken untermischen, ebenfalls ausquellen lassen, vom Herd nehmen und mit Salz, Pfeffer, Paprikapulver und Muskat würzen.

4. Die Zwiebel und die Knoblauchzehen schälen und fein würfeln. Die Butter erhitzen und die Zwiebel und den Knoblauch darin glasig schwitzen.

5. Die Kräuter verlesen, waschen, fein hacken oder schneiden und mit den Knoblauchzwiebeln und den Eiern unter den Brei rühren. Nach Bedarf mit einigen Semmelbröseln binden und Frikadellen abdrehen.

6. Das Olivenöl in einer Pfanne erhitzen und die Frikadellen darin auf beiden Seiten 2–3 Minuten ausbacken.

7. Den Sauerrahm mit dem Joghurt und dem Zitronensaft in einer Schüsse verrühren. Die gemischten Kräuter ve lesen, waschen, fein hacken oder schneiden und unter den Dip rühren.

8. Die Buchweizen-Hirse-Frikadellen mit dem Kräuterdip dekorativ anrichten, mit Kirschtomatenecken und Basilikumblättchen garnieren und mit Buttergemüse sofort servieren.

Hirse

Hirse ist ein Oberbegriff für verschiedene Getreidearten, die kleine runde Körner ausbilden. Die wichtigsten Arten sind die Kolben- und Rispenhirse, die eigentliche Speisehirse. Die Bedeutung der meisten Hirsen liegt in ihrer Anspruchslosigkeit an die Bodenverhältnisse und in ihrem raschen Wachstum. Wegen des geringen Wasserbedarfs gedeihen viele Hirsearten auch in extrem trockenen Zonen. Hirse ist reich an Phosphor, Magnesium, Eisen und Vitaminen der B-Gruppe und enthält größere Mengen Kieselsäure mit dem Grundstoff Silizium, einem Spurenelement. Aus Hirse lässt sich, abgesehen von dünnen Fladen, kein Brot backen, weil sie kein Klebereiweiß enthält. In der Küche wird Hirse ähnlich wie Reis verwendet sowie in Aufläufen, Risotto, zu Gemüsebeilagen und in Salaten.

Spitzkohlpfanne mit Kartoffeln

Für 4 Personen:

1 mittelgroßer Kopf Spitzkohl oder Wirsing
2 Zwiebeln
2 Knoblauchzehen
400 g Kartoffeln
2 EL Butterschmalz
400 ml Gemüsebrühe
1 TL Kümmelpulver
1 TL Korianderpulver
1 TL Fünfgewürzpulver
Salz, Pfeffer aus der Mühle
1 Prise Zucker
2 Becher süße Sahne
Speisestärke zum Binden

Außerdem:
2 Tomaten
Kräuterzweige zum Garnieren

1. Den Spitzkohl oder Wirsing halbieren, putzen, den Strunk herausschneiden und den Spitzkohl oder Wirsing in feine Streifen schneiden.

2. Die Spitzkohl- oder Wirsingstreifen waschen, gut abtropfen lassen und bereitstellen.

3. Die Zwiebeln und die Knoblauchzehen schälen und in dünne Scheiben schneiden.

4. Die Kartoffeln schälen, waschen und in mundgerechte Würfel schneiden.

5. Das Butterschmalz in einer Pfanne erhitzen, die Zwiebel- und Knoblauchscheiben ins Fett geben und glasig schwitzen.

6. Die Kartoffelwürfel hinzufügen und kurz mitschwitzen.

7. Die Gemüsebrühe angießen und zum Kochen bringen. Das Ganze mit Kümmelpulver, Korianderpulver, Fünfgewürzpulver, Salz, Pfeffer aus der Mühle und Zucker kräftig abschmecken und bei mäßiger Hitze 10 Minuten köcheln lassen.

8. Die Spitzkohl- oder Wirsingstreifen dazugeben und das Gemüse weitere 10–15 Minuten köcheln lassen.

9. Die Sahne angießen, erneut zum Kochen bringen und weitere 10 Minuten köcheln lassen.

10. Die Spitzkohlpfanne nochmals nachwürzen und mit etwas angerührter Speisestärke leicht binden.

11. Die Tomaten waschen, den Strunk herausschneiden und die Tomaten in feine Würfel schneiden.

12. Die Tomatenwürfel zum Gemüse geben und einmal aufkochen lassen. Die Spitzkohlpfanne dekorativ anrichten, mit Kräuterzweigen garnieren und sofort servieren.

SELLERIESCHNITZEL

FÜR 4 PERSONEN:

1 Knolle Sellerie (800–1000 g)
Salzwasser oder Gemüsebrühe zum Garen
Salz, Pfeffer aus der Mühle
2–3 Tomaten, in Scheiben
8 Scheiben Butterkäse
Mehl zum Wenden
3 Eier
Semmelbrösel zum Panieren
Butterschmalz zum Braten
Kräuterzweige zum Garnieren

1. Den Sellerie schälen und in 1 cm dicke Scheiben schneiden.

2. Salzwasser oder Gemüsebrühe in einem Topf zum Kochen bringen. Die Selleriescheiben darin bissfest garen, herausnehmen, gut abtropfen lassen und mit Salz und Pfeffer würzen.

3. Die Hälfte der Selleriescheiben mit den Tomatenscheiben belegen, mit Käsescheiben abdecken und die restlichen Selleriescheiben darauflegen.

4. Die Sellerieschnitzel in Mehl wenden. Die Eier verschlagen, die Sellerieschnitzel durchziehen und in Semmelbröseln panieren.

5. Butterschmalz in einer Pfanne erhitzen und die Schnitzel darin auf beiden Seiten goldgelb ausbacken.

6. Die Sellerieschnitzel auf Tellern anrichten, mit Kräuterzweigen garnieren und mit einem bunten Salat mit Kräutervinaigrette sofort servieren.

GEMÜSELASAGNE

FÜR 4 PERSONEN:

4 Tomaten, 1 Zucchini
Saft von 1 Zitrone
je 1 rote und grüne Paprikaschote
1–2 EL Olivenöl
2 Knoblauchzehen
200 g Mischgemüse
1 TL Kräuter der Provence
1 Schuss Weißwein
Salz, Pfeffer aus der Mühle
1 TL Salz, 1 Prise Muskat
1 Prise Cayennepfeffer
600 g vorgekochte Lasagneplatten
500 ml Béchamelsoße
500 ml Tomatensoße
Fett für die Form
200 g Mozzarella

1. Die Tomaten und den Zucchini putzen und in Scheiben schneiden.

2. Die Paprikaschoten halbieren, entkernen und in Streifen schneiden. Das Olivenöl in einer Pfanne erhitzen und die mit Salz zerriebenen Knoblauchzehen darin anschwitzen.

3. Die Paprikaschoten dazugeben und bei mäßiger Hitze kurz dünsten, das Mischgemüse untermischen. Mit Kräutern der Provence, einem Schuss Weißwein, Salz, Pfeffer, Muskat und Cayennepfeffer würzen.

4. Die Tomaten, die Zucchinischeiben und das bunte Gemüse mit den Lasagneplatten, der Béchamelsoße und der Tomatensoße schichtweise in eine ausgefettete Lasagneform füllen. Jede Schicht mit Salz, Pfeffer aus der Mühle, Muskat und Cayennepfeffer würzen.

5. Den Mozzarella in Scheiben schneiden, die Lasagne damit abdecken und im auf 180–200 °C vorgeheizten Backofen 10–15 Minuten backen. Die Lasagne aus dem Backofen nehmen, garnieren und sofort servieren.

(ohne Abbildung)

Süßscharfer Linsentopf

Für 4 Personen:

200 g Tellerlinsen
2 Zwiebeln
2 rote Chilischoten
1 EL Butterschmalz
250 g frische Champignons
Saft von 1 Zitrone
2 TL Senfkörner
1 l Gemüse- oder Fleischbrühe
3–4 EL Mangochutney
Salz, Pfeffer aus der Mühle
1 TL Korianderpulver
150 g grüne Erbsen (TK-Produkt)
50 g weiße Mandeln
1 Bund glatte Petersilie zum Garnieren

1. Die Tellerlinsen waschen und gut abtropfen lassen. Ungesalzenes Wasser in einem Topf erhitzen, die Linsen dazugeben und 45–50 Minuten garen. Die Linsen abgießen, gut abtropfen lassen und bereitstellen.

2. Die Zwiebeln schälen und fein würfeln. Die Chilischoten halbieren, entkernen, waschen und fein hacken.

3. Das Schmalz in einem Wok erhitzen, die Zwiebeln und die Chilischoten dazugeben und glasig schwitzen.

4. Die Champignons putzen, in Scheiben schneiden, mit Zitronensaft beträufeln, mit den Senfkörnern zu den Zwiebeln geben und kurz mitbraten.

5. Die Gemüse- oder Fleischbrühe angießen, zum Kochen bringen, die Linsen hinzufügen und bei mäßiger Hitze 4–5 Minuten köcheln lassen.

6. Die Suppe mit Mangochutney, Salz Pfeffer und Korianderpulver kräftig würzen.

7. Die aufgetauten grünen Erbsen un die Mandeln dazugeben, nochmals erhitzen und nachwürzen.

8. Den Linsentopf dekorativ anrichter und mit den verlesenen, gewaschenen und abgezupften Petersilienblättchen garniert sofort servieren.

Hülsenfrüchte

Die meisten Hülsenfrüchte müssen vor dem Kochen in kaltem Wasser eingeweicht werden, damit verkürzt sich die Garzeit. Tellerlinsen und geschälte Erbsen brauchen nicht eingeweicht zu werden. Die Einweichdauer beträgt ca. 6–8 Stunden, bei Bohnen teilweise auch bis 12 Stunden. Am besten weicht man sie über Nacht ein. Die auf der Wasseroberfläche schwimmenden Hülsenfrüchte müssen entfernt werden. Die Hülsenfrüchte lässt man zugedeckt, unter gelegentlichem Umrühren, bei schwacher Hitze köcheln, bis sie weich sind. Hülsenfrüchte zunächst bei starker Hitze kochen, damit die vorhandenen Begleitstoffe zerstört werden. Linsen und Erbsen brauchen nur kurz zu kochen und können dann gar quellen, während Bohnen 10 Minuten kochen sollten.

Gebratener Tofu mit Gemüse

Für 4 Personen:

800 g schnittfester Tofu
50 ml Sojasoße
2 EL Hoisinsoße
50 ml süße Chilisoße
Saft von 1 Limette
1 TL Salz
1 TL Fünfgewürzpulver
Sonnenblumenöl zum Braten

Außerdem:
1 Zwiebel
2 Knoblauchzehen
1 grüne Paprikaschote
500 g Karotten
250 ml Gemüse- oder Fleischbrühe
1 Dose Bambussprossen
Salz, Pfeffer aus der Mühle
1 Prise Cayennepfeffer
Sojasoße und Hoisinsoße zum Würzen

1. Den Tofu abtropfen lassen, in Würfel schneiden und in eine Schüssel geben.

2. Die Sojasoße mit der Hoisinsoße, der Chilisoße und dem Limettensaft in einer Schüssel verrühren. Das Salz und das Fünfgewürzpulver unterrühren.

3. Die Soße gleichmäßig auf dem Tofu verteilen und diesen im Kühlschrank zugedeckt eine Stunde marinieren.

4. Das Sonnenblumenöl in einem Wok erhitzen und die Tofuwürfel darin unter ständigem Rühren goldgelb braten, herausnehmen und warm stellen.

5. Die Zwiebel und die Knoblauchzehen schälen und fein würfeln. Etwas Sonnenblumenöl im Wok erhitzen, Knoblauch- und Zwiebelwürfel dazugeben und anschwitzen.

6. Die Paprikaschote halbieren, entkernen, waschen und in feine Streifen schneiden. Die Karotten schälen, waschen und ebenfalls in Streifen schneiden.

7. Die Gemüsestreifen zu den Knoblauchzwiebeln geben und unter ständigem Rühren kurz mitbraten. Die Gemüse- oder Fleischbrühe angießen, zum Kochen bringen und das Gemüse bissfest garen.

8. Die Bambussprossen gut abtropfen lassen, in Streifen schneiden, zum Gemüse geben und kurz erhitzen.

9. Den Tofu untermischen, erhitzen und das Ganze mit Salz, Pfeffer, Cayennepfeffer, Sojasoße und Hoisinsoße abschmecken. Den gebratenen Tofu mit Gemüse dekorativ anrichten und sofort servieren.

Gemüse: Ernährungsphysiologische Bedeutung

Gemüse lässt sich so vielseitig wie kein anderes Nahrungsmittel verwenden und ist ein wesentlicher Bestandteil einer gesunden und vollwertigen Ernährung. Das Angebot an frischem Gemüse und Blattsalaten ist groß. Viele Arten werden das ganze Jahr über angeboten. Ein hoher Vitamin-, Mineral- und Ballaststoffgehalt ist beim Gemüse von ernährungsphysiologischer Bedeutung. Dazu hat Gemüse einen niedrigen Energiegehalt. Die verschiedenen Gemüsearten bestehen zu 75 – 95 % aus Wasser. Gemüse ist neben Obst die wichtigste Quelle für Vitamin C, z. B. in Petersilie, Paprika und Grünkohl, ebenso sind Vitamine der B-Gruppe und des Carotins, eine Vorstufe des Vitamin A, besonders reichlich in Möhren, Grünkohl, Spinat und Petersilie enthalten. Bei den Mineralstoffen überwiegen mengenmäßig Kalium, Phosphor und Magnesium, dazu kommt ein niedriger Natriumgehalt. Einige Gemüsearten wie Feldsalat, Grünkohl, Mangold, Schwarzwurzeln, Spinat, Petersilie und Schnittlauch enthalten kleinere Mengen an Eisen. Neben all diesen genannten Mineralstoffen enthält Gemüse noch so genannte sekundäre Pflanzenstoffe.

Pochierte Eier auf Buttergemüse

Für 4 Personen:

Für das Buttergemüse:
2 kleine Kohlrabi
500 g Karotten
1 Bund Frühlingszwiebeln
300 g Blumenkohlröschen
200 g grüne Bohnen (TK-Produkt)
Gemüsebrühe

Außerdem:
100 g Butter, 200 ml Brühe
Salz, Pfeffer aus der Mühle
eine Prise Muskat, Zucker
1 Bund Petersilie
12 Eier, Essigwasser

1. Die Kohlrabi und die Karotten schälen. Die Frühlingszwiebeln waschen und die Enden abschneiden.

2. Die Blumenkohlröschen, die aufgetauten Bohnen und das klein geschnittene Gemüse sortenweise in der Gemüsebrühe bissfest garen, herausnehmen, abtropfen lassen und 200 ml Brühe auffangen.

3. Die Butter in einer Pfanne erhitzen, das Gemüse dazugeben, durchschwenken und mit der Brühe aufgießen.

4. Mit Salz, Pfeffer, Muskat und Zucker abschmecken. Die Petersilie verlesen, waschen, fein hacken und hinzufügen.

5. Essigwasser in einem Topf zum Kochen bringen. Die Eier einzeln in eine Kelle schlagen, vorsichtig in das Essigwasser gleiten lassen und 8–10 Minuten wachsweich pochieren, dabei darf das Wasser nicht kochen.

6. Das Buttergemüse auf Tellern dekorativ verteilen, die Eier daraufsetzen und sofort servieren.

Eier

Zum Verzehr eignen sich die Eier einer ganzen Reihe von Vögeln, wie beispielsweise Gänse-, Enten- und Wachteleier, doch verwendet man in der Küche vor allem Hühnereier, deren Güte- und Gewichtsklassen klar definiert sind.

Ernährungsphysiologische Bedeutung
Eier gehören aufgrund ihres hohen Eiweißgehaltes zu den biologisch wertvollsten Nahrungsmitteln. Darüber hinaus enthalten sie eine Vielzahl an Vitaminen und Mineralstoffen sowie Fett mit hohem Anteil an Cholesterin und Lecithin.

Verwendung
Eier sind sehr vielseitig verwendbar. Sie lassen sich braten, kochen, pochieren und einlegen. Für Gebäck dienen sie zur Lockerung und sie verfeinern, klären und binden verschiedene Speisen. Aufgrund des hohen Cholesteringehaltes sollte man pro Woche nicht mehr als zwei Eier pro Person als Frühstücksei oder als Eierspeise essen und maximal drei Eier pro Person für verschiedene Speisen oder Gebäck verwenden.

Verarbeitung
Eier können mit Salmonellen behaftet sein. Um sich vor Salmonellen zu schützen, sind folgende Regeln zu beachten:

- Eier möglichst frisch kaufen und bald verbrauchen.
- Eier immer im Kühlschrank aufbewahren.
- Frühstückseier in kochendes Wasser legen und mindestens fünf Minuten brodeln lassen.
- Wenn das Eigelb geronnen ist, besteht keine Salmonellengefahr: Spiegeleier beidseitig in der Pfanne braten, Rührei immer gut durchbraten.
- Eier mit beschädigter Schale sofort verbrauchen und nur für erhitzte Speisen verwenden.
- Beim Aufschlagen des Eies sollte das Äußere der Schale nicht in Kontakt mit dem Flüssigei kommen.

SÜSSKARTOFFEL-PLÄTZCHEN

FÜR 4 PERSONEN:

1 kg Süßkartoffeln
2 Knoblauchzehen
2 EL Sesamsamen, 1 Ei
1 EL Speisestärke
Salz, Pfeffer aus der Mühle
1 EL Korianderpulver
Sonnenblumenöl zum Braten

Außerdem:
1 Zwiebel, 3 Tomaten
Saft von 1 Limette
50 ml Sojasoße
100 ml Gemüse- oder Fleischbrühe
1 TL Ingwerpulver
3 EL helles Sesamöl
Limettenscheiben zum Garnieren

SÜSSKARTOFFELN

Die Süßkartoffel wird auch Batate oder Sweet Potato genannt und kommt ursprünglich aus Amerika. Sie ist nicht mit der Kartoffel verwandt. In Südamerika und Asien zählen die Süßkartoffeln zu den Grundnahrungsmitteln. Zubereitet wird sie wie die Kartoffel. Probieren Sie einfach alles einmal aus. Die Süßkartoffel kann gebacken, gedämpft, gegrillt, püriert, herzhaft oder süß zubereitet werden. Und gekochte oder blanchierte Süßkartoffeln können außerdem gekühlt aufbewahrt werden und lassen sich auch gut einfrieren. Zum Braten eignet sie sich nicht, sie zerfällt sehr leicht. Verzehren Sie Süßkartoffeln möglichst eine bis spätestens zwei Wochen nach dem Einkauf.

1. Die Süßkartoffeln unter fließendem Wasser waschen, trocken tupfen, schälen, grob raspeln, in einem sauberen Küchentuch ausdrücken und in eine Schüssel geben.

2. Die Knoblauchzehen schälen, fein hacken, mit den Sesamsamen, dem Ei und der Speisestärke zu den Süßkartoffeln geben und alles gut miteinander vermischen.

3. Das Ganze mit Salz, Pfeffer und Korianderpulver kräftig würzen. Sonnenblumenöl in einem Wok erhitzen, aus der Masse Plätzchen formen und diese goldgelb ausbacken.

4. Die fertig gebackenen Süßkartoffelplätzchen warm stellen.

5. Für die Soße die Zwiebel schälen und fein würfeln. Etwas Sonnenblumenöl in einem Wok erhitzen und die Zwiebelwürfel darin glasig schwitzen.

6. Die Tomaten enthäuten, entkernen in Würfel schneiden, zu der Zwiebel geben und kurz mitschwitzen.

7. Den Limettensaft, die Sojasoße und die Gemüse- oder Fleischbrühe angießen, erhitzen, kurz einreduzieren lassen und das Ganze mit Salz, Pfeffer, Korianderpulver, Ingwerpulver und Sesamöl würzen.

8. Die Süßkartoffel-Plätzchen dekorativ anrichten, den Tomaten-Soja-Dip dazugeben, mit Limettenscheiben garnieren und sofort servieren.

Gemüse im Omelettpäckchen

Für 4 Personen:

1 kleine Aubergine
Saft von 1 Zitrone
1 grüne Paprikaschote
1 Zwiebel, 2 Knoblauchzehen
100 g frisches Kokosnussfleisch
Sonnenblumenöl zum Braten
200 ml Gemüsebrühe, 2 Tomaten
50 ml Sojasoße
Salz, Pfeffer aus der Mühle
Zucker, Cayennepfeffer

Außerdem:
6 Eier, 50 ml Milch
1 EL Speisestärke
Sonnenblumenöl zum Ausbacken
Koriandergrün zum Garnieren

1. Die Aubergine putzen, waschen, in Würfel schneiden, in eine Schüssel geben und mit Zitronensaft beträufeln.

2. Die Paprikaschote halbieren, entkernen, waschen, in Würfel schneiden, die Zwiebel und die Knoblauchzehen schälen und fein würfeln.

3. Das Kokosnussfleisch ebenfalls in Würfel schneiden. Das Sonnenblumenöl in einem Wok erhitzen und das Gemüse mit den Kokosnusswürfeln anschwitzen.

4. Die Gemüsebrühe angießen, erhitzen und das Gemüse darin bissfest garen. Die Tomaten enthäuten, entkernen, in Würfel schneiden, mit der Sojasoße dazugeben und erhitzen.

5. Das Ganze mit Salz, Pfeffer, Zucke und Cayennepfeffer kräftig abschmecken.

6. Die Eier mit der Milch und der Speisestärke in eine Schüssel geben, mit einem Schneebesen verschlagen und mit Salz und Pfeffer abschmecken

7. Etwas Sonnenblumenöl im Wok oder in einer Pfanne erhitzen und portionsweise Omeletts ausbacken. Die Omeletts mit dem Gemüse füllen, dekorativ anrichten, mit Koriandergrün garnieren und sofort servieren.

Zu unserem Gemüse schmeckt auch ein Kräuteromelett

1. Acht Eier mit 200 ml Milch in eine Schüssel geben und verschlagen. Mit Salz, Pfeffer, Muskat und Cayennepfeffer abschmecken.

2. Etwas Fett in einer Pfanne erhitzen. Zwei Schalotten schälen, fein würfeln, ins Fett geben und glasig schwitzen. 50 g Kräuter verlesen, waschen, fein hacken, zu den Schalotten geben, durchschwenken und vom Feuer nehmen.

3. Etwas Fett in einer Pfanne erhitzen, portionsweise die Eimasse hineingeben und mit den Kräuterschalotten bestreuen. Das Omelett backen, zusammenklappen, dekorativ anrichten, mit Kräutern garnieren und sofort servieren.

Tomatencurry mit Eiern

Für 4 Personen:

1 kg Tomaten
100 g Schalotten
2 Knoblauchzehen
1 EL Butterschmalz
1 Stück Ingwerwurzel
1 TL Kreuzkümmelpulver
1 TL Korianderpulver
1 getrocknete rote Chilischote
2 EL Sesamöl
750 ml Tomatensaft
Salz, Pfeffer aus der Mühle
1 Prise Zucker

Außerdem:
6 hart gekochte Eier
1 Bund Petersilie

1. Die Tomaten waschen und den Strunk herausschneiden. Die Tomaten mit einem scharfen Messer über Kreuz einschneiden, kurz in kochendes Wasser geben, abschrecken, enthäuten und bereitstellen.

2. Die Schalotten und die Knoblauchzehen schälen und fein würfeln. Das Butterschmalz in einem Wok erhitzen und die Schalotten- und Knoblauchwürfel darin kurz anschwitzen.

3. Den Ingwer schälen, fein reiben, zu den Knoblauchschalotten geben und kurz mitschwitzen.

4. Das Kreuzkümmelpulver, das Korianderpulver, die fein gehackte getrocknete Chilischote und das Sesamöl miteinander verrühren und unter die Knoblauchschalotten rühren.

5. Den Tomatensaft angießen, zum Kochen bringen, mit Salz, Pfeffer und Zucker würzen und 15 Minuten bei mäßiger Hitze köcheln lassen.

6. Die Eier pellen, vierteln oder achteln und mit den geschälten Tomaten in die Soße geben. Weitere 10 Minute köcheln lassen und nochmals nachwürzen.

7. Das Tomatencurry dekorativ anrich ten, mit der verlesenen, gewaschenen und fein gehackten Petersilie bestreue und mit scharfen gebratenen Chilikartoffeln sofort servieren.

Kreuzkümmel

Kreuzkümmel oder Cumin ist ein Verwandter des echten Kümmels und gehört wie dieser zur Pflanzenfamilie der Doldenblütler. Die Blüten des Kreuzkümmels, die feinen Blättchen und die Samenkörner sehen denen des heimischen Kümmels sehr ähnlich. Allerdings ist Kreuzkümmel eine einjährige Pflanze und wird nur 30 bis 50 cm hoch. Kreuzkümmel ist in warmen Regionen beheimatet; wahrscheinlich stammt er aus dem Niltal und dem Nahen Osten. Heute findet großflächiger Cumin-Anbau in Indien, Sri Lanka, dem Iran, der Türkei, in Südrussland, China, Pakistan und in Lateinamerika statt. In diesen Regionen ist er ein sehr wichtiges Gewürz und in vielen Gerichten und Gewürzmischungen unersetzlich. Currys, Massalas, Tandoori und andere Würzmischungen aus Indien, Indonesien und Thailand enthalten Kreuzkümmel. In nordafrikanischen Tajines, in der amerikanischen Cajunküche und im mexikanischen Chili con Carne sowie in Salsas und Mojos ist Kreuzkümmel ebenfalls ein Bestandteil.

Meerrettich-Frischkäse-Torte

Für 14 Stücke:

250 g Vollkornbrot
150 g weiche Butter

Für die Meerrettichcreme:
400 g Doppelrahmfrischkäse
250 g Sahnequark
Saft von 2 Zitronen
1 TL geriebene Zitronenschale
½ Glas Sahnemeerrettich
Salz, Pfeffer aus der Mühle
1 Prise Cayennepfeffer
1 Prise Zucker
6 Blatt weiße Gelatine
200 ml süße Sahne

Für die Paprikacreme:
400 g Doppelrahmfrischkäse
250 g Quark
100 g Ajvar (Paprikapaste)
1 EL Paprikapulver
½ Glas Preiselbeer-Sahnemeerrettich
100 g gekochter Schinken
1 Bund Schnittlauch
7 Blatt weiße Gelatine
200 ml süße Sahne

Außerdem:
Rettichherzen, Kirschtomatenecken und getoastete Brotherzen zum Garnieren
½ Bund Dill

1. Das Vollkornbrot zerreiben, mit der weichen Butter in eine Schüssel geben und verkneten. Die Masse in eine Springform (22 cm Durchmesser) geben, gleichmäßig darin verteilen und leicht auf den Boden drücken.

2. Für die Meerrettichcreme den Frischkäse mit dem Quark, dem Zitronensaft, der Zitronenschale und dem Sahnemeerrettich in einer Schüssel glatt rühren, mit Salz, Pfeffer, Cayennepfeffer und Zucker abschmecken.

3. Die gut gewässerte Gelatine tropfnass in einen Topf geben, erwärmen, vollständig auflösen lassen und in die Meerrettichcreme einrühren. Die geschlagene Sahne unterheben, das Ganze nochmals abschmecken, auf dem Boden verteilen und glatt streichen.

4. Für die Paprikacreme den Frischkäse mit dem Quark, dem Ajvar, dem Paprikapulver, dem Preiselbeer-Sahnemeerrettich, dem fein gewürfelten Schinken und dem verlesenen, gewaschenen und fein geschnittenen Schnittlauch in eine Schüssel geben und verrühren.

5. Die Paprikacreme mit Salz, Pfeffer, Cayennepfeffer und Zucker kräftig abschmecken. Die gut gewässerte Gelatine tropfnass in einen Topf geben, erwärmen, vollständig auflösen lassen und in die Paprikacreme einrühren.

6. Die Sahne steif schlagen, unter die Paprikacreme ziehen, das Ganze nochmals abschmecken, auf der Meerrettichcreme verteilen, glatt streichen und im Kühlschrank – am besten über Nacht – vollständig auskühlen lassen.

7. Die Meerrettich-Frischkäse-Torte aus dem Kühlschrank nehmen, den Tortenring entfernen und die Torte vorsichtig auf eine Tortenplatte setzen.

8. Die Torte mit Rettich, Tomaten und Brotherzen garnieren, mit dem verlesenen, gewaschenen und fein geschnittenen Dill bestreuen und servieren.

Meerrettich

Meerrettich, ein Kreuzblütler, ist in Süddeutschland und Österreich eher unter der Bezeichnung Kren oder auch Bauernsenf bekannt. Sein Name hat keinesfalls etwas mit Meer zu tun, sondern kommt von dem Wort Mähre = Pferd. Meerrettich stammt aus Südosteuropa und Westasien und wurde zur Zeit der Völkerwanderungen nach Mitteleuropa gebracht. Heute kommt er selbst im Norden Europas vor.

Tortillas mit Gemüsefüllung

Für 4 Personen:

200 g Weizenmehl
200 g Maismehl
3 Eier
500 ml Milch
Salz, Pfeffer aus der Mühle
Butterschmalz zum Ausbacken

Für die Füllung:
1 EL Butter
1 Zwiebel
2 Chilischoten
1 Dose weiße Bohnen
1 Dose Kidneybohnen
1 Dose Zuckermais
1 TL Paprikapulver rosenscharf
1 TL Kreuzkümmelpulver
1 TL Korianderpulver

1. Das Weizenmehl mit dem Maismehl, den Eiern und der Milch in eine Schüssel geben, salzen und pfeffern und mit dem Knethaken der Küchenmaschine zu einem glatten Teig verarbeiten.

2. Den Teig portionsweise in wenig Butterschmalz in einer Pfanne zu Fladen ausbacken.

3. Für die Füllung die Butter erhitzen und die geschälte, fein gewürfelte Zwiebel darin anschwitzen. Die halbierten, entkernten, gewaschenen und klein geschnittenen Chilischoten dazugeben und kurz mitschwitzen.

4. Die weißen Bohnen, die Kidneybohnen und den Zuckermais hinzufügen und erhitzen. Das Ganze mit Paprikapulver, Kreuzkümmelpulver, Korianderpulver, Salz und Pfeffer abschmecken.

5. Die Fladen mit der Bohnenmischung füllen, dekorativ anrichten, garnieren und mit Chilicrackern sofort servieren.

Zu den Tortillas schmeckt auch ein Cocktaildip:

1. 200 g Mayonnaise mit 50 g Tomatenketchup in eine Schüssel geben.

2. 100 ml Orangensaft und den Saft von ½ Zitrone dazugeben und verrühren. Mit Salz, Pfeffer und Cayennepfeffer kräftig abschmecken.

3. Die Zutaten cremig rühren und mit 2–3 EL Cognac verfeinern. Den Cocktaildip bis zum Verzehr im Kühlschrank aufbewahren.

Polentaschnitten auf Gemüse

Für 4 Personen:

Für die Polenta:
600 ml Milch
300 g Polenta (Maisgrieß)
Salz, Pfeffer aus der Mühle
1 Prise Muskat
1–2 Knoblauchzehen
2–3 Schalotten
1–2 EL Olivenöl, 1 Ei
50 g geriebener Parmesankäse
Butterschmalz zum Braten
75 g geriebener Parmesankäse

Außerdem:
2 EL Olivenöl
1 Zwiebel
2 Knoblauchzehen
je 1 rote und gelbe Paprikaschote
1–2 Chilischoten
3 Tomaten
2 EL Tomatenmark
100 ml Rotwein
400 ml passierte Tomaten
1 Prise Cayennepfeffer
1 TL Pimentpulver
einige Zweige Kerbel und Oregano

1. Die Milch in einem Topf zum Kochen bringen. Den Maisgrieß einrühren, mit Salz, Pfeffer und Muskat würzen und bei mäßiger Hitze 10–12 Minuten ausquellen lassen.

2. Die Knoblauchzehen und die Schalotten schälen und fein würfeln. Das Olivenöl in einer Pfanne erhitzen, den Knoblauch und die Schalotten dazugeben und glasig schwitzen.

3. Die Knoblauchschalotten und die Polenta vom Herd nehmen und leicht erkalten lassen.

4. Anschließend das Ei und den geriebenen Parmesankäse mit den Knoblauchschalotten unter die Polenta rühren. Die Masse auf ein Blech streichen und vollständig auskühlen lassen.

5. Aus der Polentamasse rautenförmige Ecken ausschneiden. Butterschmalz in einer Pfanne erhitzen und die Polentarauten darin goldgelb ausbacken.

6. Das Olivenöl in einer Pfanne erhitzen. Die Zwiebel und die Knoblauchzehen schälen, fein würfeln, ins Fett geben und glasig schwitzen.

7. Die Paprikaschoten und die Chilischoten putzen, halbieren, entkernen, waschen und in mundgerechte Würfel schneiden.

8. Mit den enthäuteten, entkernten und in Würfel geschnittenen Tomaten zu den Knoblauchzwiebeln geben und 6–8 Minuten dünsten.

9. Das Tomatenmark einrühren, den Rotwein und die passierten Tomaten angießen und das Gemüse bei mäßiger Hitze bissfest garen. Mit Salz, Pfeffer, Muskat, Cayennepfeffer und Pimentpulver abschmecken.

10. Das Gemüse mit den Polentarauten dekorativ anrichten, mit den Kräuterzweigen garnieren und sofort servieren.

Feine Gemüselasagne

Für 4 Personen:

Für die Soße:
1 EL Olivenöl
1 Zwiebel, 2 Knoblauchzehen
2 EL Tomatenmark
100 ml Weißwein
400 ml geschälte Tomaten
Salz, Pfeffer aus der Mühle
Muskat, Cayennepfeffer

Für das Gemüse:
3 Karotten, 1 Sellerieknolle
1 Stange Lauch, 100 ml Weißwein

Außerdem:
Fett für die Form
300 g Lasagneplatten ohne Vorkochen
200 g geriebener Mozzarella
Kräuterzweige und Kirschtomaten zum Garnieren

1. Das Olivenöl in einer Pfanne erhitzen. Die Zwiebel und die Knoblauchzehen schälen, fein würfeln, ins Fett geben und glasig schwitzen.

2. Das Tomatenmark einrühren, den Weißwein und die zerdrückten Tomaten angießen und das Ganze bei mäßiger Hitze 10 Minuten garen. Mit Salz, Pfeffer, Muskat und Cayennepfeffer abschmecken.

3. Die Karotten, den Lauch und den Sellerie putzen, waschen und in dünne, breite Streifen schneiden.

4. Den Weißwein erhitzen und das Gemüse bei mäßiger Hitze 6–8 Minuten dünsten.

5. Eine Lasagneform ausfetten, schichtweise die Lasagneplatten, das Gemüse und die Tomatensoße hineingeben. Die Lasagne im auf 180–200 °C vorgeheizten Backofen 45 Minuten garen, nach 25 Minuten mit dem Mozzarella bestreuen und fertig garen.

6. Nach Ende der Garzeit die Gemüselasagne herausnehmen, dekorativ anrichten, mit Kräuterzweigen und Kirschtomaten garnieren und sofort servieren.

Ganz schnell geht unsere Lasagne, wenn Sie ein fertiges Tomatenpesto verwenden:

1. 100 g in Öl eingelegte, getrocknete Tomaten abtropfen lassen, würfeln und in einen Mörser geben.

2. 2–3 Schalotten schälen und fein würfeln, 30 g Pinienkerne hacken, 30 g Parmesankäse fein reiben und alles zu den Tomaten geben.

3. ½ Bund Basilikum verlesen, hacken und in den Mörser geben. Die Zutaten mit etwas Öl (von 200 ml) im Mörser zu einer Paste zerreiben. Das Pesto in eine Schüssel füllen, das restliche Olivenöl unterrühren, mit Salz und Pfeffer abschmecken. Das Pesto in ein Schraubglas füllen und bis zum Verzehr kühl aufbewahren.

Gemüsewok mit Glasnudeln

Für 4 Personen:

1 Päckchen Glasnudeln
Salzwasser zum Quellen
2–3 EL Sesamöl
1 Zwiebel
2 Knoblauchzehen
1 Stück Ingwerwurzel
1 rote Chilischote
je 1 rote und gelbe Paprikaschote
100 g grüne Bohnen (TK-Produkt)
150 ml Gemüse- oder Geflügelbrühe
75 ml helle Sojasoße
50 ml Chilisoße
1 Glas Asiagemüse
1 TL Fünfgewürzpulver
Salz, Szechuanpfeffer aus der Mühle

1. Die Glasnudeln in eine Schüssel geben, heißes Salzwasser angießen, die Glasnudeln darin kurz ziehen lassen und anschließend mit einer Schere klein schneiden.

2. Das Sesamöl in einem Wok erhitzen. Die Zwiebel und die Knoblauchzehen schälen, fein würfeln, ins Fett geben und glasig schwitzen.

3. Die Ingwerwurzel schälen und grob raspeln. Die Chilischote halbieren, entkernen und fein schneiden.

4. Die Paprikaschoten putzen, halbieren, entkernen, waschen, in feine Streifen schneiden, mit dem Ingwer und der Chilischote zu den Knoblauchzwiebeln geben und kurz mitschwitzen.

5. Die grünen Bohnen, die Gemüse- oder Geflügelbrühe, die helle Sojasoße und die Chilisoße angießen, erhitzen und 10 Minuten köcheln lassen. Die gut abgetropften Glasnudeln dazugeben und 5–6 Minuten in der Soße garen.

6. Das Asiagemüse hinzufügen und kurz erhitzen. Den Gemüsewok mit Fünfgewürzpulver, Salz und Szechuanpfeffer würzen, dekorativ anrichten, garnieren und sofort servieren.

Spaghetti mit scharfer Tomaten-Oliven-Sosse

Für 4 Personen:

400 g Spaghetti, Salzwasser
einige Tropfen Olivenöl
2–3 Zwiebeln, 1–2 Chilischoten
2 EL Olivenöl
1 Dose Pizzatomaten (240 g netto)
1 TL gerebelter Oregano
Salz, Pfeffer aus der Mühle
1 Prise Zucker
100 g schwarze und grüne Oliven
50 g Parmesankäse

1. Die Spaghetti im Salzwasser mit dem Olivenöl bissfest garen, abgießen, abschrecken, gut abtropfen lassen und warm stellen.

2. Die Zwiebeln schälen und in Stücke schneiden. Die Chilischoten entkernen, waschen und in feine Ringe schneiden.

3. Das Olivenöl in einem Topf erhitzen, Zwiebeln und Chili dazugeben und anschwitzen.

4. Die Pizzatomaten angießen und zum Kochen bringen. Mit Oregano, Salz, Pfeffer und Zucker kräftig würzen und die Soße einreduzieren lassen.

5. Zum Schluss die Oliven einrühren und erhitzen. Die Spaghetti mit der Soße vermischen, auf Tellern dekorativ anrichten, mit frisch gehobelten Parmesanspänen bestreuen und sofort servieren.

(ohne Abbildung)

STANGENSPARGEL IN TEMPURA

FÜR 4 PERSONEN:

250 g Blattsalat (Lollo rosso, Lollo biondo, Mizuna, Roter Senf und Romanasalat)
3–4 Tomaten
½ Tasse weißer Balsamicoessig
½ Tasse Olivenöl
Salz, Pfeffer aus der Mühle
1 Prise Zucker

Außerdem:
1 kg frischer weißer Spargel
Gemüsebrühe zum Blanchieren

Für den Teig:
150 g Buchweizenmehl
50 g Weizenmehl, 1 TL Salz
1 EL Curry
1 EL geriebene Ingwerwurzel
gut 250 ml Wasser, 1 Eigelb
Fett zum Ausbacken

1. Den Blattsalat verlesen, waschen, gut abtropfen lassen, in mundgerechte Stücke zerpflücken und auf Tellern dekorativ anrichten.

2. Die Tomaten enthäuten, entkernen, in Würfel schneiden und gleichmäßig auf dem Salat verteilen.

3. Das Ganze mit weißem Balsamicoessig und Olivenöl beträufeln, mit Salz, Pfeffer und Zucker bestreuen.

4. Den Spargel dünn schälen und die Enden abschneiden. Die Spargelstangen in der erhitzten Gemüsebrühe kurz blanchieren, herausnehmen und gut abtropfen lassen.

5. Für den Teig das Buchweizenmehl mit dem Weizenmehl, dem Salz, dem Curry und der Ingwerwurzel vermischen und das Wasser angießen.

6. Die Zutaten mit dem Schneebesen zu einem glatten Teig verrühren, zum Schluss das Eigelb untermischen.

7. Das Fett in einem Topf erhitzen, die Spargelstangen in den Teig tauchen und schwimmend im Fett ausbacken.

8. Den Spargel in Tempura auf dem Blattsalat dekorativ anrichten, garnieren und sofort servieren.

GRÜNER SPARGEL

Grüner Spargel wird ohne Spargeldämme angebaut und geerntet, wenn er eine Länge von etwa 20 cm erreicht hat. Er gedeiht auch auf schwereren, durchlässigen Böden in warmem Klima. Auf Temperaturschwankungen reagiert er empfindlich, bei kalter Witterung kann sich die Grünfärbung verzögern. Die Stangen sind etwas dünner als bei weißem Spargel, aber sehr aromatisch und herzhafter im Geschmack. Grüner Spargel lässt sich sehr gut braten oder frittieren. Und wenn es einmal schnell gehen soll, dann können Sie auch einen fertigen Tempurateig einfach mit Wasser anrühren.

Tomatenfarfalle mit Bergkäse

Für 4 Personen:

300 g Farfalle, Salzwasser
einige Tropfen Olivenöl

Für die Tomatensoße:
1 Zwiebel, 2 Knoblauchzehen
2 Zweige Rosmarin
2 EL Olivenöl
1 Dose Pizzatomaten
Salz, Pfeffer aus der Mühle
1 Prise Zucker
½ Bund Basilikum
200 g Kirschtomaten

Außerdem:
Fett für die Form
200 g geriebener Bergkäse
Basilikumblättchen zum Garnieren

1. Die Farfalle im Salzwasser mit dem Olivenöl bissfest garen, abgießen, abschrecken, gut abtropfen lassen und bereitstellen.

2. Für die Tomatensoße die Zwiebel und die Knoblauchzehen schälen und fein würfeln. Den Rosmarin verlesen und die Rosmarinnadeln abzupfen.

3. Das Olivenöl in einer Pfanne erhitzen. Die Zwiebel- und Knoblauchwürfel sowie den Rosmarin dazugeben und glasig schwitzen.

4. Die Pizzatomaten mit einer Gabel zerdrücken und mit dem Sud angießen, kurz einreduzieren lassen, mit Salz, Pfeffer und Zucker würzen.

5. Das Basilikum verlesen, waschen und klein schneiden. Die Kirschtomaten waschen und vom Strunk befreien. Die Tomaten vierteln oder halbieren, mit dem Basilikum und den Nudeln zur Soße geben und kräftig aufkochen lassen.

6. Die Tomatenfarfalle nochmals nachwürzen, in eine ausgefettete Auflaufform geben, mit dem geriebenen Bergkäse bestreuen und im auf 200 °C vorgeheizten Backofen 15 Minuten überbacken.

7. Den fertigen Auflauf aus dem Ofen nehmen, dekorativ anrichten, mit Basilikumblättchen garnieren und sofort servieren.

Tomatensoße von frischen Tomaten:

1. Zwei Zwiebeln und Zwei Knoblauchzehen schälen und würfeln. 2–3 EL Öl erhitzen, die Zwiebeln und den Knoblauch dazugeben und anbraten.

2. 1 kg Tomaten enthäuten, entkernen und in Würfel schneiden, hinzufügen und anschwitzen.

3. 200 ml Gemüsebrühe angießen, mit Salz, Pfeffer und Zucker abschmecken und das Ganze zugedeckt 20 Minuten leicht köcheln lassen. Nach Ende der Garzeit die Tomatensoße nach Belieben durch ein Sieb passieren.

Überbackene Gemüsenudeln

Für 4 Personen:

400 g Rigatoni
Salzwasser
einige Tropfen Olivenöl

Außerdem:
1 Zwiebel
2 Knoblauchzehen
2 EL Olivenöl
500 g Karotten
1 Stück Staudensellerie
4 Tomaten
250 ml Gemüse- oder Fleischbrühe
50 g geriebener Parmesankäse
Salz, Pfeffer aus der Mühle
1 Prise Muskat
200 g geriebener Bel-Paese-Käse
Basilikumblättchen zum Garnieren

1. Die Rigatoni im Salzwasser mit dem Olivenöl bissfest garen, abgießen, abschrecken, gut abtropfen lassen und bereitstellen.

2. Die Zwiebel und die Knoblauchzehen schälen und fein würfeln. Das Olivenöl in einer Pfanne erhitzen, die Zwiebel- und Knoblauchwürfel ins Fett geben und glasig schwitzen.

3. Die Karotten schälen und in feine Streifen schneiden. Den Staudensellerie putzen, waschen, klein schneiden, mit den Karottenstreifen zu den Knoblauchzwiebeln geben und kurz dünsten.

4. Die Tomaten waschen, vom Strunk befreien, klein schneiden und zum Gemüse geben. Die Gemüse- oder Fleischbrühe angießen und einmal aufkochen lassen.

5. Die Rigatoni hinzufügen, den geriebenen Parmesankäse einrühren, das Ganze mit Salz, Pfeffer und Muskat würzen und in eine Auflaufform geben.

6. Den Auflauf mit dem geriebenen Bel-Paese-Käse bestreuen und in dem auf 220 °C vorgeheizten Backofen 10 Minuten überbacken.

7. Den fertigen Auflauf aus dem Ofen nehmen, dekorativ anrichten, mit Basilikumblättchen garnieren und sofort servieren.

Ganz fein schmecken die Gemüsenudeln, wenn Sie eine Béchamelsoße verwenden:

1. 30 g Butter in einem Topf erhitzen, 30 g Mehl dazugeben und hell anschwitzen.

2. 500 ml kalte Milch angießen, zum Kochen bringen und unter Rühren 15–20 Minuten leicht köcheln lassen.

3. Die Béchamelsoße mit Salz, Pfeffer und Muskat abschmecken und zur weiteren Verwendung bereitstellen.

KURZGEBRATENES – STEAKS, MEDAILLONS UND VIELES MEHR

Saltimbocca alla Romana

Für 4 Personen:

8 Kalbsschnitzelchen à 100 g
Salz, Pfeffer aus der Mühle
8 dünne Scheiben Parmaschinken
8 große Salbeiblätter
Olivenöl zum Braten

Für die Soße:
1 Zwiebel, Saft von 1 Zitrone
1 Glas Weißwein
½ l Kalbsfond oder gebundene Kalbsbratensoße
einige Tropfen Madeira oder Grappa, 2 EL Butterflöckchen

Außerdem:
200 g Spaghetti, Salzwasser
einige Tropfen Olivenöl
4 EL Olivenöl, 4 EL Basilikumpesto (Fertigprodukt), Kirschtomatenhälften, gebratene Zucchinischeiben und Salbeiblättchen zum Garnieren

1. Die küchenfertigen Kalbsschnitzelchen unter fließendem Wasser waschen, trocken tupfen und dünn klopfen. Mit Salz und Pfeffer würzen.

2. Je eine Scheibe Parmaschinken und anschließend je 1 Salbeiblatt darauflegen und das Ganze mit Zahnstochern feststecken. Das Olivenöl in einer Pfanne erhitzen und die Kalbsschnitzel darin braten. Herausnehmen und warm stellen.

3. Die Zwiebel schälen, fein hacken, ins verbliebene Bratfett geben und glasig schwitzen. Mit Zitronensaft und Weißwein ablöschen und kurz einreduzieren lassen.

4. Anschließend den Kalbsfond oder die Kalbsbratensoße angießen, mit Madeira oder Grappa, Salz und Pfeffer abrunden.

5. Die Butterflöckchen mit dem Schneebesen unter die Soße rühren, vom Herd nehmen und nicht mehr kochen lassen.

6. Die Spaghetti im Salzwasser mit dem Olivenöl bissfest garen, abgießen abschmecken, gut abtropfen lassen ur bereitstellen.

7. Das restliche Olivenöl in eine Pfanne geben, die Spaghetti hinzufügen, durchschwenken und erhitzen. Das Basilikumpesto untermischen, die Spaghetti mit Salz und Pfeffer kräftig abschmecken.

8. Die Saltimbocca mit den Spaghetti und der Soße dekorativ anrichten, mi Kirschtomatenhälften, gebratenen Zucchinischeiben und Salbeiblättchen garnieren und sofort servieren.

Gebackenes Fleisch mit süsssaurer Sosse

Für 4 Personen:

800 g Schweinefleisch aus der Keule, Salz, Pfeffer aus der Mühle
1 Prise Cayennepfeffer
3–4 EL helle Sojasoße
2 Knoblauchzehen
2 TL Zitronengraspaste
2 Packungen Tempura-Teig (Fertigprodukt)
Fett zum Ausbacken

Für die Soße:
2 rote Zwiebeln, 1 grüne Paprikaschote, 2 Lauchzwiebeln
2 Knoblauchzehen
1 Chilischote, 2 EL Sesamöl
200 ml Gemüsebrühe
150 ml Honig, 50 ml Reisessig
50 g in Essig eingelegte Ingwerscheiben (Fertigprodukt)
Saft von 1 Limette
Limettenscheiben zum Garnieren

1. Das Fleisch unter fließendem Wasser waschen, trocken tupfen und in 2 cm dicke Streifen schneiden. Mit Salz, Pfeffer und Cayennepfeffer würzen und in eine Schüssel geben.

2. Die Fleischstreifen mit Sojasoße beträufeln. Die Knoblauchzehen schälen, fein hacken, mit der Zitronengraspaste unter das Fleisch rühren und dieses im Kühlschrank zwei Stunden marinieren.

3. Den Tempura-Teig nach Packungsanweisung zubereiten. Fett in einem Topf erhitzen, die Fleischstreifen durch den Tempura-Teig ziehen und schwimmend im Fett goldgelb ausbacken, gut abtropfen lassen und warm stellen.

4. Für die Soße die Zwiebeln schälen und fein würfeln. Die Paprikaschote halbieren, entkernen, waschen und ebenfalls fein würfeln.

5. Die Lauchzwiebeln putzen, wasche und in feine Ringe schneiden. Die Knoblauchzehen schälen, fein hacken, die Chilischote halbieren, entkernen, waschen und fein würfeln. Alles im erhitzten Sesamöl glasig schwitzen.

6. Die Gemüsebrühe angießen und zum Kochen bringen. Den Honig, den Reisessig, den fein geschnittenen Ingwer und den Limettensaft dazugeben und das Ganze bei mäßiger Hitze 10 Minuten köcheln lassen.

7. Das gebackene Schweinefleisch mi der süßsauren Soße dekorativ anrichten, mit Limettenscheiben garnieren und sofort servieren.

Zum gebackenen Schweinefleisch schmeckt auch ein Zwiebel-Curry-Relish:

1. 1 kg Zwiebeln schälen und in Würfel schneiden. 2 EL Olivenöl in einem Topf erhitzen und die Zwiebeln darin hell anschwitzen.

2. Einen gehäuften Esslöffel Curry darüberstreuen und mitschwitzen.

3. 300 ml Weißwein und 100 ml Essig angießen, 150 g Zucker dazugeben, mit Salz und Pfeffer würzen und das Ganz 20–25 Minuten einkochen. Das Zwiebel-Curry-Relish nachwürzen, in gut verschließbare Gläser füllen und bis zum Verzehr kühl aufbewahren.

Schweineschnitzel mit Kürbis und Currysosse

Für 4 Personen:

Für den Reis:
1 Zwiebel, 2 EL Olivenöl
200 g Langkornreis
400 ml Gemüsebrühe
1 EL Pesto (aus dem Glas)
50 g frisch geriebener Parmesankäse
2 Tomaten, 1 Zucchini

Für das Kürbisgemüse:
500 g Kürbisfleisch
200 ml Gemüsebrühe
1 EL Essig, 2 TL Zucker
Salz, Pfeffer aus der Mühle
1 EL Curry, Cayennepfeffer

Für die Soße:
1 Zwiebel, 1 EL Butter
1 EL Curry, 100 ml Weißwein
Brühe vom Kürbis
100 ml Milch, 100 ml süße Sahne
Speisestärke zum Binden

Außerdem:
4 Schweineschnitzel à 150 g
1 TL Szechuanpfeffer, 2 EL Öl
Kräuterzweige zum Garnieren

1. Die geschälte, gewürfelte Zwiebel im erhitzten Öl kurz andünsten. Den Reis dazugeben und mitdünsten.

2. Die Brühe angießen, einmal aufkochen lassen und den Reis mit geschlossenem Deckel bei geringer Hitze ca. 15 Minuten dünsten.

3. Das Pesto, den Parmesan und die entkernten, gewürfelten Tomaten einrühren.

4. Die Zucchini putzen, waschen, auf der Schneidemaschine in dünne Längsscheiben schneiden, am Ende jeweils bis zur Hälfte einschneiden, Schleifen auf die Teller setzen, den Reis einfüllen und warm stellen.

5. Das Kürbisfruchtfleisch würfeln, in der Brühe mit dem Essig zum Kochen bringen, mit Salz, Pfeffer aus der Mühle, Zucker, Curry und Cayennepfeffer würzen und zugedeckt in ca. 10 Minuten weich garen, abgießen – dabei die Brühe auffangen – und warm stellen.

6. Für die Soße die geschälte, gewürfelte Zwiebel im Fett anschwitzen, mit Curry bestreuen, mit Wein ablöschen, mit der Kürbisbrühe, der Milch und de Sahne aufgießen.

7. Die Soße bei mäßiger Hitze 10 Minuten köcheln lassen, pürieren, erneut erhitzen und mit Speisestärke binden.

8. Die Schnitzel unter fließendem Wasser waschen, trocken tupfen, salze und pfeffern. Mit dem im Mörser zerri benen Szechuanpfeffer einreiben und im erhitzten Öl braten.

9. Die Schnitzel halbieren, mit dem Kürbisgemüse, der Soße und dem Rei dekorativ anrichten, mit Kräuterzweigen garnieren und sofort servieren.

Zum gebackenen Schweineschnitzel passt auch eine Zwiebel-Sahne-Sosse sehr gut:

1. 500 g Zwiebeln schälen und in feine Streifen schneiden. 2 EL Olivenöl in einem Topf erhitzen und die Zwiebeln darin anschwitzen.

2. Mit 100 ml Weißwein ablöschen, 200 ml Milch und 200 ml süße Sahne angießen.

3. Die Soße mit Salz, Pfeffer und Muskat kräftig abschmecken und bei schwacher Hitze fünf Minuten köcheln lassen. Anschließend die Soße mit etwas angerührter Speisestärke leicht binden.

4. Etwas gehackte Petersilie nach Ende der Garzeit unter die Zwiebel-Sahne-Soße heben und diese servieren

Schweinelendchen Malaga

Für 4 Personen:

8–12 Schweinemedaillons
(à 80–100 g)
Salz, Pfeffer aus der Mühle
1 TL gerebelter Majoran
2–3 EL Olivenöl, 2 Zwiebeln
1 Karotte, 250 ml Malaga
250 ml Gemüse- oder Fleischbrühe
½ Zimtstange
1 TL Korianderkörner
100 g weiße Mandeln
dunkler Soßenbinder zum Binden

Außerdem:
Kräuterzweige zum Garnieren

1. Die küchenfertigen Schweinemedaillons unter fließendem Wasser waschen, trocken tupfen, mit Salz, Pfeffer und Majoran kräftig würzen.

2. Das Öl in einer Pfanne erhitzen und die Schweinemedaillons darin braten, herausnehmen und warm stellen.

3. Die Zwiebeln und die Karotte schälen, in feine Würfel schneiden, ins verbliebene Bratfett geben und kurz anschwitzen.

4. Den Malaga und die Gemüse- oder Fleischbrühe angießen, die Zimtstange und die Korianderkörner dazugeben und das Ganze bei mäßiger Hitze 10 Minuten köcheln lassen.

5. Die Soße durch ein Sieb gießen und erneut erhitzen. 50 g Mandeln fei mahlen, mit den restlichen gerösteten Mandeln in die Soße geben und nochmals erhitzen.

6. Die Soße mit dunklem Soßenbinde leicht binden. Die Schweinemedaillons dekorativ anrichten, die Soße mit den Mandeln darüber verteilen, mit Kräuterzweigen garnieren und mit Safranreis und Blattspinat sofort servieren.

Glasierte Möhren mit Schweinemedaillons

Für 4 Personen:

1 kg junge Möhrchen, 30 g Butter
1 EL Zucker, 50 ml Weißwein
250 ml Gemüsebrühe
200 ml süße Sahne
Salz, weißer Pfeffer aus der Mühle
Muskat, Cayennepfeffer
8 Schweinemedaillons (à 80 g)
Fett zum Braten, 500 ml Bratenfond
einige Tropfen Madeira
1 Tasse gemischte, gehackte
Kräuter (Kerbel, Estragon, Kresse)
Kräuterzweige zum Garnieren

1. Von den Möhrchen das Grün bis auf 3–4 cm abschneiden, die Möhrchen waschen und mit dem Sparschäler dünn schälen.

2. Die Butter erhitzen. Zucker darin leicht karamellisieren lassen, die Möhrchen dazugeben und dünsten. Wein und Brühe angießen und bei mäßiger Hitze 10–12 Minuten köcheln lassen.

3. Die Sahne unter die Möhrchen rühren und mit Salz, Pfeffer, Muskat und Cayennepfeffer kräftig würzen.

4. Die Medaillons waschen, trocken tupfen, mit Salz, Pfeffer und Cayennepfeffer würzen und in wenig Fett brater

5. Den Bratenfond mit Madeira erhitzen, mit Salz, Pfeffer und Cayennepfeffer würzen. Die Möhren dekorativ anrichten, die Medaillons einsetzen, mit der Bratensoße überziehen, mit gehackten Kräutern bestreuen, mit Kräu terzwei-gen garnieren und sofort servieren.

(ohne Abbildung)

Florentiner Schnitzel

Für 4 Personen:

4 große dünne Kalbsschnitzel
(à 180 g)
Salz, Pfeffer aus der Mühle

Für die Füllung:
150 g Blattspinat
Salzwasser oder Gemüsebrühe zum Garen
1 EL Butter
1 Knoblauchzehe
100 g geriebener Emmentaler
1 Prise Muskat
Mehl zum Wenden
3 Eier
200 g Semmelbrösel
Butterschmalz zum Braten

Außerdem:
Basilikumblättchen zum Garnieren

1. Die küchenfertigen Kalbsschnitzel unter fließendem Wasser waschen, trocken tupfen, dünn klopfen, mit Salz und Pfeffer würzen und auf eine Arbeitsfläche legen.

2. Für die Füllung den Blattspinat verlesen, waschen, gut abtropfen lassen und grob hacken. Salzwasser oder Gemüsebrühe in einem Topf erhitzen und den Spinat darin blanchieren.

3. Den Spinat herausnehmen, in Eiswasser abschrecken, gut abtropfen lassen und bereitstellen.

4. Die Butter in einer Pfanne erhitzen. Den Knoblauch schälen, fein hacken, ins Fett geben und glasig schwitzen.

5. Den Spinat hinzufügen, kurz mitschwitzen, vom Herd nehmen und leicht erkalten lassen.

6. Den geriebenen Emmentaler untermischen und das Ganze mit Salz, Pfeffer und Muskat würzen.

7. Die Füllung auf die Kalbsschnitzel verteilen, diese zusammenklappen und mit Zahnstochern feststecken.

8. Die gefüllten Schnitzel zuerst in Mehl wenden, anschließend durch die verschlagenen Eier ziehen und mit den Semmelbröseln panieren.

9. Das Butterschmalz in einer Pfanne erhitzen und die panierten Schnitzel darin auf beiden Seiten goldgelb ausbacken.

10. Die fertigen Schnitzel dekorativ anrichten, mit Basilikumblättchen garnieren und mit geschmorten Tomaten sofort servieren.

Kalbfleisch

Kalbfleisch stammt von jungen Tieren, die bei einem Gewicht von ca. 150 kg geschlachtet werden. Es ist fettarm und hat eine rosa bis hellrot Farbe. Extrem helles Kalbfleisch entsteht, wenn die Tiere mit eisenarmem Futter versorgt werden. Das Kalbfleisch wird wie das Rindfleisch zerteilt. Aus dem Kotelettstück schneidet man Filets und Koteletts, aber auch zarte Kalbsbraten. Aus dem ausgelösten Kotelettstück wird zusammen mit der Niere und dem Filet der Kalbsnierenbraten. Zum Schmoren kann ein Stück vom Hals, mit oder ohne Knochen, verwendet werden. Eine Köstlichkeit sind Kalbshaxen, die im Ganzen oder in Scheiben geschnitten geschmort, gebraten oder gegrillt werden.

Rindersteak mit Kürbis-Paprika-Relish

Für 4 Personen:

Für das Relish:
500 g Kürbisfruchtfleisch
je 1 rote und grüne Paprikaschote
3 Schalotten, 2 Knoblauchzehen
2 EL Olivenöl
100 ml Weißweinessig
200 ml Gemüsebrühe
50 g Zucker
1 TL Korianderpulver
1 TL geschroteter Pfeffer
Salz, Pfeffer aus der Mühle
1 Prise Cayennepfeffer

Außerdem:
4 Rindersteaks (à 160 g)
1 EL geschrotete schwarze Pfefferkörner
2 EL Butterschmalz
Kräuterzweige zum Garnieren

1. Das Kürbisfruchtfleisch in Würfel schneiden. Die Paprikaschoten halbieren, entkernen, waschen und ebenfalls in Würfel schneiden.

2. Die Schalotten und die Knoblauchzehen schälen und fein würfeln.

3. Das Olivenöl in einer Pfanne erhitzen und das Gemüse darin unter ständigem Rühren 4–5 Minuten braten.

4. Den Weißweinessig, die Gemüsebrühe und den Zucker dazugeben, aufkochen lassen und bei mäßiger Hitze 10–12 Minuten garen.

5. Das Relish mit dem Korianderpulver und dem geschroteten Pfeffer würzen, mit Salz, Pfeffer und Cayennepfeffer abschmecken.

6. Die küchenfertigen Rindersteaks unter fließendem Wasser waschen, trocken tupfen und mit den geschrote ten Pfefferkörnern einreiben.

7. Das Butterschmalz in einer Pfann erhitzen und die Rindersteaks darin j nach Geschmack medium oder durchbraten, salzen und pfeffern.

8. Die Rindersteaks dekorativ anrichten, mit dem Relish überziehen, mit Kräuterzweigen garnieren und sofort servieren.

Zu den Rindersteaks schmeckt auch ein Paprika-Relish:

1. 1,2 kg rote, grüne und gelbe Paprikaschoten halbieren, entkernen, waschen, gut abtropfen lassen und in Würfel schneiden.

2. 2 EL Olivenöl erhitzen und die Paprikawürfel darin anschwitzen. Mit 300 ml Gemüsebrühe ablöschen, 100 ml Schalottenessig und 150 g Zucker einrühren.

3. Das Ganze mit Salz und Pfeffer kra tig würzen und bei kleiner Hitze 20–2 Minuten einkochen lassen. Das Paprik Relish nachwürzen, in gut verschließbare Gläser füllen und bis zum Verzeh kühl aufbewahren.

Tequilasteaks

Für 4 Personen:

12 Rinderfilet- oder Hüftsteaks (à 70 g)
½ Tasse Olivenöl
½ Tasse Sonnenblumenhonig
1 rote Chilischote
2 Knoblauchzehen
1 EL rote Pfefferkörner
1 EL Paprikapulver edelsüß

Außerdem:
Fett zum Braten
6 cl Tequila
Kräuterzweige und Limettenecken zum Garnieren

1. Die Steaks unter fließendem Wasser waschen, trocken tupfen und in eine Schüssel legen.

2. Das Olivenöl und den Honig in eine zweite Schüssel geben. Die Chilischote putzen, halbieren, entkernen, waschen, fein hacken und dazugeben.

3. Die Knoblauchzehen schälen, fein hacken, mit den Pfefferkörnern und dem Paprikapulver hinzufügen und alles gut verrühren.

4. Die Marinade gleichmäßig auf dem Fleisch verteilen und dieses zugedeckt im Kühlschrank über Nacht marinieren.

5. Fett in einer Pfanne erhitzen und die Filet- oder Hüftsteaks darin je nach Geschmack medium oder durchbraten.

6. Die Steaks mit Tequila flambieren, dekorativ anrichten, mit Kräuterzweigen und Limettenecken garnieren und mit einer Chilisoße sofort servieren.

7. Sehr gut passen dazu Kidneybohnengemüse und geröstetes Brot.

Nackensteaks mit Rahmzwiebeln

Für 4 Personen:

4 Schweinenackensteaks (à 180 g)
Salz, Pfeffer aus der Mühle
1 EL gerebelter Majoran
Butterschmalz zum Braten
800 g Zwiebeln
2–3 EL Butter
100 ml Weißwein
300 ml süße Sahne
Speisestärke zum Binden
blanchierte kleine Karotten und Kräuterzweige zum Garnieren

1. Die Schweinenackensteaks unter fließendem Wasser waschen, trocken tupfen, mit Salz, Pfeffer und Majoran kräftig würzen.

2. Das Butterschmalz in einer Pfanne erhitzen, die Steaks darin braten, herausnehmen und warm stellen.

3. Die Zwiebeln schälen, in feine Scheiben schneiden, mit der Butter ins verbliebene Bratfett geben und bei mäßiger Hitze 4–5 Minuten dünsten.

4. Den Weißwein und die Sahne angießen, einmal aufkochen lassen und fertig garen. Die Rahmzwiebeln mit etwas angerührter Speisestärke leicht binden, mit Salz und Pfeffer würzen.

5. Die Schweinenackensteaks dekorativ anrichten, mit den Rahmzwiebeln überziehen, mit blanchierten Karotten und Kräuterzweigen garnieren und mit Pommes frites sofort servieren.

(ohne Abbildung)

Stangenspargel mit Pfeffersteaks

Für 4 Personen:

1 kg Stangenspargel, Salzwasser
1 Stück Zitrone, 1 EL Butter

Außerdem:
4 Rinderfiletsteaks (à 150–180 g)
2 EL grob geschroteter Pfeffer
2 EL Butterschmalz
Salz, Pfeffer aus der Mühle
100 g Schalotten
100 ml Rotwein
400 ml Fleischbrühe
1 Lorbeerblatt
2–3 EL mittelscharfer Senf
dunkler Soßenbinder
4 cl Weinbrand
Petersilienzweige und Paprikastreifen zum Garnieren

1. Den Spargel dünn schälen und die unteren Enden abschneiden. Reichlich Salzwasser in einem Topf erhitzen, die Zitrone und die Butter hineingeben und den Spargel darin bissfest garen.

2. Anschließend den Spargel aus dem Fond nehmen, abtropfen lassen und warm stellen.

3. Die Rindersteaks unter fließendem Wasser waschen, trocken tupfen und mit dem geschroteten Pfeffer einreiben.

4. Das Butterschmalz in einer Pfanne erhitzen und die Steaks darin je nach Geschmack medium oder durchbraten.

5. Die Steaks salzen und pfeffern, in eine Form setzen und warm stellen.

6. Die geschälten, in Würfel geschnittenen Schalotten im verbliebenen Butterschmalz anschwitzen.

7. Mit dem Rotwein ablöschen, die Fleischbrühe angießen, das Lorbeerblatt und den Senf dazugeben. Die Soße zum Kochen bringen und fünf Minuten einreduzieren lassen.

8. Die Soße mit dunklem Soßenbinder leicht binden, mit dem Weinbrand verfeinern, mit Salz und Pfeffer nochmals nachwürzen.

9. Die Soße auf Tellern dekorativ verteilen, die Steaks und den Spargel auf die Soße setzen, mit Petersilienzweigen und Paprikastreifen garnieren und mit gemischtem Salat sofort servieren.

Unser Tipp:

Grundlage für die braune Grundsoße ist eine Mehl-Butter-Mischung, die je nach Geschmack hell oder dunkel angeschwitzt wird. Zum Aufgießen eignet sich ein Fond aus Kalbs- oder Rinderknochen, eine kräftige Gemüse- oder Fleischbrühe. Damit sich keine Klümpchen bilden, wird die Flüssigkeit immer mit dem Schneebesen eingerührt. Die braune Grundsoße passt zu Lammfleisch, gekochtem Schinken, geräucherter Zunge, Wild, Teigwaren und Kartoffelgerichten. Mit Rotwein, Speck, Pilzen, Gewürzen und Kräutern kann die Soße je nach Geschmack verfeinert und variiert werden.

Sonnenblumenöl in einem Topf erhitzen. Kalbs- und Schweineknochen dazugeben und rundherum kräftig anbraten. Zwiebeln, Karotten, Sellerie und Lauch putzen, in Würfel schneiden, zu den Knochen geben und Farbe nehmen lassen. Tomatenmark einrühren und kurz rösten. Mit Rotwein ablöschen, Salzwasser oder Fleischbrühe angießen und zum Kochen bringen. Lorbeerblätter, Wacholderbeeren und Pfefferkörner dazugeben und das Ganze mindestens vier Stunden leicht köcheln lassen. Nach Ende der Garzeit die Jus durch ein feines Sieb passieren. Die Jus wieder zum Kochen bringen und kräftig einreduzieren lassen.

Schweinefilet Hawaii auf Currysosse

Für 4 Personen:

600 g Schweinefilet
Salz, Pfeffer aus der Mühle
1 Prise Cayennepfeffer
2 EL Butterschmalz
75 g getrocknete Ananasringe
8 längliche Scheiben Kochschinken
200 g Mozzarella

Für die Soße:
100 g Schalotten
1 EL Olivenöl
1 EL Curry
100 ml Weißwein
200 ml Gemüsebrühe
200 ml süße Sahne
2–3 EL Mangochutney
Speisestärke zum Binden

Außerdem:
Kräuterzweige zum Garnieren

1. Das küchenfertige Schweinefilet unter fließendem Wasser waschen, trocken tupfen und 16 Medaillons aus dem Schweinefilet schneiden.

2. Die Schweinemedaillons mit Salz, Pfeffer aus der Mühle und Cayennepfeffer kräftig würzen.

3. Das Butterschmalz in einer Pfanne erhitzen und die Schweinemedaillons auf beiden Seiten kurz anbraten.

4. Das Fleisch aus der Pfanne nehmen. Die Hälfte der Fleischscheiben mit Ananasringen belegen und die restlichen Fleischscheiben darauflegen, so dass 8 Fleischtürmchen entstehen.

5. Die Fleischtürmchen mit je einer Scheibe Kochschinken umwickeln und mit Küchengarn binden.

6. Die Fleischtürmchen in eine Pfanne setzen, mit dem in Scheiben geschnittenen Mozzarella belegen und im auf 180–200 °C vorgeheizten Backofen 10 Minuten garen.

7. Für die Soße die geschälten, fein gewürfelten Schalotten im erhitzten Olivenöl glasig schwitzen.

8. Die Schalotten mit Curry bestäuben, mit Weißwein ablöschen, die Gemüsebrühe und die Sahne angießen und das Ganze zum Kochen bringen.

9. Das Mangochutney in die Soße einrühren und die Soße bei mäßiger Hitze 10 Minuten leicht köcheln lassen.

10. Die Soße mit etwas angerührter Speisestärke leicht binden und mit Salz, Pfeffer und Cayennepfeffer abschmecken.

11. Das Schweinefilet Hawaii mit der Soße dekorativ anrichten, mit Kräuterzweigen garnieren und mit bissfest gegarten Bandnudeln und feinem Buttergemüse sofort servieren.

Unser Tipp:

Versuchen Sie auch einmal unsere fruchtige Currysoße. 1 Zwiebel, ½ Mango und 1 Banane schälen und in feine Würfel schneiden. 1 EL Olivenöl in einem Topf erhitzen, Zwiebel-, Mango- und Bananenwürfel darin anschwitzen. 2 EL Curry dazugeben und kurz mitschwitzen. 400 ml weiße Grundsoße angießen und bei schwacher Hitze fünf Minuten köcheln lassen. Die Currysoße mit dem Stabmixer kräftig aufmixen, mit Salz und Pfeffer abschmecken und servieren.

Gewürzsteaks mit Bohnengemüse

Für 4 Personen:

8 Rinderfiletsteaks (à 80–100 g)
2 Knoblauchzehen
2 Zweige Rosmarin
1 EL geschrotete schwarze Pfefferkörner
50 ml Olivenöl

Für die Zitronenbutter:
100 g weiche Butter
1 EL geriebene Zitronenschale
1 Knoblauchzehe, 1 TL Salz
2 Zweige Basilikum
Salz, Pfeffer aus der Mühle
einige Tropfen Zitronensaft
einige Tropfen Worcestersoße

Für das Bohnengemüse:
1 Zwiebel
2 Knoblauchzehen
4 Frühlingszwiebeln
2 EL Butter
200 ml Gemüsebrühe
1 EL geriebene Zitronenschale
1 große Dose weiße Bohnen (Abtropfgewicht 530 g)
einige Zweige Basilikum

Außerdem:
250 g Kirschtomaten
2 EL Olivenöl
Butterschmalz zum Braten
Basilikumblättchen zum Garnieren

1. Die küchenfertigen Rindersteaks unter fließendem Wasser waschen, trocken tupfen und in eine Schüssel legen.

2. Die Knoblauchzehen schälen und fein hacken. Den Rosmarin verlesen, waschen, ebenfalls hacken, mit den geschroteten Pfefferkörnern und dem Olivenöl vermischen. Das Ganze über die Steaks geben und im Kühlschrank mindestens zwei Stunden marinieren.

3. Für die Zitronenbutter die Butter mit der geriebenen Zitronenschale in eine Schüssel geben. Die Knoblauchzehen schälen, sehr fein hacken und mit Salz zu einer Paste zerreiben. Das Basilikum verlesen, waschen, fein schneiden, mit der Knoblauchpaste in die Butter geben.

4. Die Butter mit dem Schneebesen schaumig schlagen und mit Salz, Pfeffer, Zitronensaft und Worcestersoße abschmecken. In einen Spritzbeutel mit Sterntülle füllen und auf ein mit Backpapier ausgelegtes Backblech dressieren. Die Butterrosen in den Gefrierschrank stellen und frosten.

5. Für das Bohnengemüse die Zwiebel und die Knoblauchzehen schälen und fein würfeln. Die Frühlingszwiebeln putzen, waschen und klein schneiden. Die Butter erhitzen und das Gemüse darin glasig schwitzen.

6. Die Gemüsebrühe angießen, die geriebene Zitronenschale dazugeben, zum Kochen bringen und fünf Minuten köcheln lassen. Die Bohnen abtropfen lassen, hinzufügen, einmal aufkochen lassen, mit Salz, Pfeffer, Zitronensaft und Worcestersoße abschmecken.

7. Die Kirschtomaten waschen, vom Strunk befreien, halbieren, in erhitztem Olivenöl anschwitzen und mit Salz und Pfeffer würzen.

8. Das Butterschmalz in einer Pfanne erhitzen und die marinierten Steaks darin je nach Geschmack medium oder durchbraten.

9. Das Bohnengemüse mit den Steaks dekorativ anrichten, die Kirschtomaten darauf verteilen, die Zitronenbutter daraufsetzen, mit Basilikumblättchen garnieren und sofort servieren.

Filetsteaks mit Sauce hollandaise

Für 4 Personen:

Für die Sauce hollandaise:
4 Eigelb, 125 ml Weißwein
Saft von 1 Zitrone
einige Tropfen Worcestersoße
200 g flüssige Butter (handwarm)
Salz, Pfeffer aus der Mühle
1 Prise Cayennepfeffer

Außerdem:
4 Rinderfiletsteaks (à 150–180 g)
1 EL Butter oder Margarine
1 EL Olivenöl
Kräuterzweige zum Garnieren

1. Die Eigelbe mit dem Weißwein und dem Zitronensaft in eine feuerfeste Schüssel geben, mit dem Schneebesen verschlagen und mit Worcestersoße aromatisieren.

2. Den Eigelbschaum im Wasserbad oder auf dem Herd zu einer Creme aufschlagen, vom Herd nehmen und die flüssige, handwarme Butter tropfenweise vorsichtig in die Creme einrühren.

3. Die Sauce hollandaise mit Salz, Pfeffer und Cayennepfeffer würzen.

4. Die Rinderfilets unter fließendem Wasser waschen, trocken tupfen, mit Salz und Pfeffer würzen.

5. Die Butter oder Margarine mit dem Olivenöl in einer Pfanne erhitzen und die Rinderfilets darin je nach Geschmack medium oder durchbraten.

6. Die Steaks dekorativ anrichten, mit der Sauce hollandaise überziehen, mit Kräuterzweigen garnieren und mit Butterkaröttchen und gebratenen Austernpilzen sofort servieren.

Unser Tipp:

Aus der Sauce hollandaise lässt sich schnell und einfach eine Sauce béarnaise herstellen. Hierfür 300 ml Sauce hollandaise in einen Topf geben. 100 ml gebundene, dunkle, lauwarme Fleischsoße vorsichtig einrühren. Eine kleine Zwiebel schälen, fein würfeln und in die Soße rühren. 2–3 EL fein gehackten Kerbel zum Schluss in die Sauce béarnaise rühren, mit Salz, Pfeffer, Cayennepfeffer und Zucker abschmecken und servieren.

Pfeffersteaks

Für 4 Personen:

4 küchenfertige Rinderfiletsteaks
(à 180–200 g)
Pfeffer aus der Mühle
je 2 Zweige Thymian und Rosmarin
2 Knoblauchzehen
2–3 EL Butterschmalz, Salz

Für die Soße:
3–4 Schalotten
1 EL geschrotete, schwarze Pfefferkörner
100 ml Rotwein
400 ml gebundene Bratensoße
1 Prise Cayennepfeffer
4 cl Weinbrand

Außerdem:
Kräuterzweige zum Garnieren

1. Die küchenfertigen, gut abgehangenen Rinderfiletsteaks unter fließendem Wasser waschen, trocken tupfen und mit Pfeffer würzen.

2. Die Kräuterzweige verlesen, waschen und fein schneiden, mit den geschälten und gehackten Knoblauchzehen vermischen und die Steaks damit einreiben.

3. Das Schmalz erhitzen und die Steaks darin je nach Geschmack medium oder durchbraten, salzen, herausnehmen und warm stellen.

4. Die Schalotten schälen, fein würfeln, ins verbliebene Bratfett geben und glasig schwitzen.

5. Die geschroteten Pfefferkörner dazugeben, den Rotwein und die gebundene Bratensoße angießen und das Ganze einmal aufkochen lassen.

6. Die Soße mit Salz, Pfeffer und Cayennepfeffer kräftig abschmecken und mit Weinbrand verfeinern.

7. Die Rinderfiletsteaks dekorativ anrichten, mit der Soße überziehen, mit Kräuterzweigen garnieren, mit Mandelbrokkoli und Röstiecken sofort servieren.

Unser Tipp:

Zu den Pfeffersteaks passt auch sehr gut eine Pfeffersoße mit grünen Pfefferkörnern. Die küchenfertigen, gut abgehangenen Rinderfiletsteaks unter fließendem Wasser waschen, trocken tupfen und mit geschrotetem Pfeffer würzen. In erhitztem Butterschmalz medium oder durchbraten, salzen und warm stellen. Anschließend zwei Zwiebeln schälen und fein würfeln. 1 EL Olivenöl in einer Pfanne erhitzen, die Zwiebeln dazugeben und glasig braten. 2 EL grüne Pfefferkörner hinzufügen und kurz mitschwitzen. 400 ml Bratensoße angießen und erhitzen, mit Salz und Pfeffer würzen und mit süßer Sahne verfeinern. Die Pfeffersoße zu den Pfeffersteaks servieren.

Schweinemedaillons in Portweinsosse

Für 4 Personen:

8 küchenfertige Schweinemedaillons (à 80–100 g)
Salz, Pfeffer aus der Mühle
1–2 EL Butterschmalz zum Braten

Für die Soße:
200 g Schalotten
250 ml Portwein
250 ml Bratenfond (Fertigprodukt)
einige Wacholderbeeren
einige Pfefferkörner
2 EL Johannisbeergelee
Speisestärke zum Binden

Außerdem:
4 Tomaten
125 g geriebener Mozzarella
Kräuterzweige zum Garnieren

1. Die Schweinemedaillons unter fließendem Wasser waschen, trocken tupfen, mit Salz und Pfeffer würzen.

2. Das Butterschmalz in einer Pfanne erhitzen und die Medaillons darin braten, herausnehmen und warm stellen.

3. Die Schalotten schälen, fein würfeln, ins verbliebene Bratfett geben und glasig schwitzen.

4. Den Portwein und den Bratenfond angießen. Die Wacholderbeeren und die Pfefferkörner im Mörser zerreiben und mit dem Johannisbeergelee in die Soße geben.

5. Die Soße aufkochen und 6–8 Minuten einreduzieren lassen, durch ein Sieb streichen und erneut erhitzen.

6. Die Soße mit etwas angerührter Speisestärke leicht binden, mit Salz und Pfeffer würzen.

7. Die Tomaten waschen, vom Strunk befreien und die Tomaten halbieren. Die Schnittflächen salzen und pfeffern und mit dem geriebenen Käse bestreuen. Die Tomatenhälften auf ein Backblech setzen und im auf 200 °C vorgeheizten Backofen 10–15 Minuten überbacken.

8. Die Schweinemedaillons mit der Soße und den Grilltomaten dekorativ anrichten, mit den Kräuterzweigen garnieren und mit Curryreis sofort servieren.

Unser Tipp:

Eine Rahmsoße schmeckt Groß und Klein und ist schnell zubereitet. 300 ml Bratensoße in einem Topf erhitzen. 200 ml süße Sahne angießen und einmal aufkochen lassen. Die Soße mit etwas angerührter Speisestärke leicht binden. Die Rahmsoße mit Salz und Pfeffer kräftig würzen und servieren.

Schweinemedaillons auf Karottengemüse

Für 4 Personen:

1 kg Karotten
30 g Butter, 1 EL Zucker
50 ml Weißwein
250 ml Gemüsebrühe
Salz, weißer Pfeffer aus der Mühle
1 Prise Muskat
1 Prise Cayennepfeffer

Außerdem:
8 Schweinemedaillons (à 80–100 g)
Fett zum Braten
1 Zwiebel
je 2 Zweige Rosmarin, Majoran und Salbei
125 ml Rotwein
375 ml gebundene Bratensoße
einige Tropfen Madeira
Kräuterzweige und Grissini zum Garnieren
Frühlingszwiebelscheiben zum Bestreuen

1. Die Karotten schälen, gründlich waschen und in dünne Scheiben schneiden.

2. Die Butter in einem Topf erhitzen. Den Zucker dazugeben, leicht karamellisieren lassen, die Karotten hinzufügen und kurz durchschwenken.

3. Das Ganze mit Weißwein ablöschen und die Gemüsebrühe angießen. Zugedeckt bei mäßiger Hitze 10–12 Minuten köcheln lassen, mit Salz, Pfeffer, Muskat und Cayennepfeffer kräftig würzen und das Gemüse warm stellen.

4. Die küchenfertigen Schweinemedaillons unter fließendem Wasser waschen, trocken tupfen, mit Salz, Pfeffer und Cayennepfeffer würzen.

5. Etwas Fett in einer Pfanne erhitzen und die Medaillons darin braten, herausnehmen und warm stellen.

6. Die Zwiebel schälen, fein würfeln, ins verbliebene Bratfett geben und glasig schwitzen.

7. Die verlesenen, gewaschenen und fein geschnittenen Kräuter zu der Zwie bel geben, unterrühren und kurz mitschwitzen.

8. Den Rotwein und die Bratensoße angießen, erhitzen, mit dem Madeira verfeinern, mit Salz, Pfeffer und Cayennepfeffer würzen.

9. Die Bratensoße und die Karottenscheiben auf heißen Tellern dekorativ anrichten. Die Schweinemedaillons auf die Karotten setzen, mit Kräuterzweigen und Grissini garnieren, mit Frühlingszwiebelscheibchen bestreuen und sofort servieren.

Unser Tipp:

Pfannengemüse schmeckt vorzüglich zu Kurzgebratenem. Zuerst werden einige Speckzwiebeln in einer Pfanne angebraten, jetzt kommt das geputzte, gewaschene und in mundgerechte Stücke geschnittene Gemüse dazu. Achten Sie abe darauf, dass die Gemüsesorten die gleichen Garzeiten haben. Nach dem Würzen wird das Gemüse bissfest gebraten oder gedünstet. Frische Kräuter vollenden den Geschmack des Pfannengemüses.

Rinderfilet mit Schalottenfüllung

Für 4 Personen:

800 g Rinderfilet (vom Mittelstück)
Salz, Pfeffer aus der Mühle
1 EL Butterschmalz
200 g Schalotten
½ Bund Petersilie
½ Bund Basilikum
2-3 EL Semmelbrösel
2-3 EL geriebener Parmesankäse

Außerdem:
Butterschmalz zum Braten
300 ml Bratensoße
200 ml süße Sahne
Johannisbrotkernmehl zum Binden

1. Das Rinderfilet unter fließendem Wasser waschen, trocken tupfen und die Sehnen und die Haut mit einem scharfen Messer vom Fleisch schneiden.

2. Mit einem langen, spitzen Messer das Fleisch der Länge nach durchstechen und mit dem Messer eine Aushöhlung schaffen. Das Rinderfilet salzen und pfeffern.

3. Das Butterschmalz in einer Pfanne erhitzen und die geschälten, fein gehackten Schalotten darin glasig schwitzen.

4. Die verlesenen, gewaschenen, fein gehackten Kräuter untermischen, mit Semmelbröseln binden, das Ganze vom Herd nehmen und den Parmesankäse einrühren.

5. Die Masse in einen Spritzbeutel geben und das Rinderfilet damit füllen. Das gefüllte Rinderfilet mit Rouladenklammern verschließen oder zunähen.

6. Das Butterschmalz in einem Bräter erhitzen und das Rinderfilet darin rundherum Farbe nehmen lassen.

7. Das Rinderfilet mit Schalottenfüllung im auf 180-200 °C vorgeheizten Backofen je nach Dicke des Fleisches 30-35 Minuten garen.

8. Nach Ende der Garzeit das Filet herausnehmen, den Bratenfond mit der Bratensoße und der Sahne loskochen.

9. Die Soße mit etwas Johannisbrotkernmehl leicht binden, mit Salz und Pfeffer würzen und auf Tellern verteilen.

10. Das Rinderfilet in Scheiben schneiden, auf der Soße dekorativ anrichten, garnieren und mit einem Tomatengemüse von Kirschtomaten sofort servieren.

Filetspiesse mit Kirschtomaten

Für 4 Personen:

600 g Schweinefilet
250 g Kirschtomaten

Für die Marinade:
3 Knoblauchzehen
je 3 Zweige Thymian, Rosmarin und Basilikum
100 ml Olivenöl
Salz, Pfeffer aus der Mühle

1. Das küchenfertige Schweinefilet unter fließendem Wasser waschen, trocken tupfen und in grobe Würfel schneiden.

2. Die Kirschtomaten waschen, den Strunk herausschneiden, die Tomaten abwechselnd mit den Fleischwürfeln auf Spieße stecken und diese in eine Schüssel legen.

3. Die Knoblauchzehen schälen und fein hacken. Die Kräuter verlesen, waschen und fein schneiden.

4. Mit dem Knoblauch und dem Olivenöl verrühren und die Spieße damit bestreichen.

5. Mit Salz und Pfeffer kräftig würzen und die Spieße im Kühlschrank mindestens zwei Stunden marinieren.

6. Die Filetspieße aus der Marinade nehmen und in einer Pfanne oder auf dem Grill garen, herausnehmen, dekorativ anrichten und sofort servieren.

Die Filetspiesse schmecken auch mit einer Dijon-Marinade :

75 ml Weißweinessig in eine Schüssel geben. Zwei Schalotten schälen, sehr fein würfeln, mit 2–3 EL Dijonsenf und einer geschälten, sehr fein gehackten Knoblauchzehe unter den Essig rühren. Das Ganze mit Salz, Pfeffer und Zucker kräftig würzen und ½ Bund verlesenen, gewaschenen und fein geschnittenen Schnittlauch untermischen. Zum Schluss 75 ml Olivenöl in die Marinade einrühren, diese in Schälchen füllen und bis zum Verzehr kühl aufbewahren.

SCHWEINEMEDAILLONS MIT BOHNENPÄCKCHEN

FÜR 4 PERSONEN:

12 Schweinemedaillons (à 60 g)
einige Tropfen Sojasoße
einige Tropfen Chiliöl
Salz, Pfeffer aus der Mühle
12 dünne Scheiben
Frühstücksspeck (Bacon)

Für die Bohnen:
500 g lange, grüne Bohnen
Salzwasser oder Gemüsebrühe zum
Garen
etwa 100 g dünne Scheiben
Frühstücksspeck (Bacon)

Für die Sauce hollandaise:
4 Eigelb
125 ml Weißwein
Saft von ½ Zitrone
einige Tropfen Worcestersoße
1 Prise Zucker
200 g handwarme, flüssige Butter

Für das Kartoffelstroh:
600 g Kartoffeln
Fett zum Frittieren

Außerdem:
Butterschmalz und Butter zum
Braten
200 g Kirschtomaten

1. Die küchenfertigen Schweinemedaillons unter fließendem Wasser waschen, trocken tupfen, mit Sojasoße und Chiliöl beträufeln, salzen, pfeffern und jedes Medaillon in eine Speckscheibe wickeln.

2. Die Speckscheiben mit Zahnstochern feststecken und die Schweinemedaillons im Kühlschrank 15–20 Minuten ziehen lassen.

3. Die Bohnen putzen, waschen und im kochenden Salzwasser oder in Gemüsebrühe bissfest garen, abgießen und gut abtropfen lassen. Je 5–6 Bohnen in eine Speckscheibe wickeln.

4. Für die Sauce hollandaise die Eigelbe mit dem Weißwein und dem Zitronensaft in eine feuerfeste Schüssel geben und gut verschlagen.

5. Mit Worcestersoße, Zucker, Salz und Pfeffer kräftig würzen und im Wasserbad oder auf dem Herd zu einem Schaum aufschlagen.

6. Den Eischaum vom Herd nehmen und die handwarme, flüssige Butter tropfenweise unterrühren.

7. Für das Kartoffelstroh die Kartoffeln schälen, waschen und in hauchdünne Stifte schneiden oder raspeln.

8. Fett in einem Topf erhitzen und da Kartoffelstroh darin frittieren.

9. Butterschmalz in einer Pfanne erh zen und die Schweinemedaillons dari braten. Butter in einer weiteren Pfanr erhitzen und die Bohnenpäckchen darin braten.

10. Die Kirschtomaten waschen, den Strunk herausschneiden und die Tomaten halbieren. Butter in einem Topf erhitzen und die Tomaten darin kurz braten, leicht salzen und pfefferr

11. Die Schweinemedaillons mit den Bohnenpäckchen, dem Kartoffelstroh und der Sauce hollandaise dekorativ anrichten. Die gebratenen Kirschtoma ten dazulegen, das Ganze garnieren und sofort servieren.

Filetscheiben mit Tomatenpesto

Für 4 Personen:

8 Scheiben Rinderfilet (à 80 g)
Olivenöl zum Bestreichen
Salz, Pfeffer aus der Mühle

Für das Pesto:
1 Zwiebel, 4 Tomaten
2 Knoblauchzehen
200 g Mozzarella
100 ml Weißwein, 75 ml Obstessig
2 EL mittelscharfer Senf
100 ml Olivenöl

Außerdem:
Kräuterzweige zum Garnieren

1. Die küchenfertigen Rinderfiletscheiben unter fließendem Wasser waschen, trocken tupfen, mit Olivenöl bestreichen und auf dem Grill oder in der Pfanne je nach Geschmack medium oder durchbraten. Herausnehmen, salzen, pfeffern und warmstellen.

2. Die Zwiebel schälen und fein hacken, die Tomaten enthäuten, entkernen und in Würfel schneiden.

3. Mit der Zwiebel und den geschälten, fein gehackten Knoblauchzehen in eine Schüssel geben.

4. Den Mozzarella in feine Würfel schneiden, zu den Tomaten geben und untermischen.

5. Den Weißwein mit dem Obstessig und dem Senf verrühren und das Olivenöl tropfenweise einrühren. Das Ganze mit Salz und Pfeffer würzen und das Tomatenpesto damit anmachen.

6. Die Filetscheiben dekorativ anrichten, mit dem Tomatenpesto überziehen, mit Kräuterzweigen garnieren und mit gegrillten Fenchelscheiben sofort servieren.

So wird das Rinderfilet gut:

Wenn Sie Ihr Filetsteak von jeder Seite zwei Minuten braten, gibt es auf Druck mit dem Kochlöffel oder dem Finger sehr leicht nach (rare, bleu). Das Fleisch ist innen noch stark blutig.

Braten Sie Ihr Steak auf jeder Seite vier Minuten (medium, à point), gibt es immer noch leicht nach. Das Steak besitzt noch einen blutigen Kern.

Braten Sie Ihr Steak auf jeder Seite drei Minuten (medium rare, saignant), gibt es auf Druck immer noch leicht nach. Das Steak ist in der Mitte noch blutig.

Ein Filetsteak benötigt eine Bratdauer von fünf Minuten pro Seite, wenn es durchgebraten sein soll (welldone, bien cuit). Es ist fest und gibt auf Druck kaum nach. Auch sind keine blutigen Stellen mehr zu sehen.

Rehmedaillons mit Pfefferkirschen

Für 4 Personen:

12 Rehmedaillons (à 80 g)
schwarzer Pfeffer aus der Mühle
2 EL Butterschmalz
Salz, 4 cl Weinbrand

Außerdem:
2 EL Butter
150 g Schalotten
1 EL geschrotete schwarze Pfefferkörner
200 g entsteinte Kirschen
250 ml gebundene Wildsoße
Rosmarinzweige zum Garnieren

1. Die Rehmedaillons unter fließendem Wasser waschen, trocken tupfen und mit Pfeffer kräftig würzen.

2. Das Butterschmalz in einer Pfanne erhitzen, die Medaillons darin auf beiden Seiten braten. Mit Salz würzen, mit dem Weinbrand flambieren, herausnehmen und warm stellen.

3. Die Butter ins verbliebene Bratfett geben, die geschälten, fein gewürfelten Schalotten und die geschroteten Pfefferkörner darin kurz anschwitzen.

4. Die Kirschen hinzufügen und die Wildsoße einrühren. Das Ganze zum Kochen bringen und mit Salz und Pfeffer abschmecken.

5. Die Rehmedaillons mit der Kirschsoße auf heißen Tellern dekorativ anrichten, mit Rosmarinzweigen garnieren und mit Mandelbällchen sofort servieren.

Rehfilet mit Kräutersoße

Für 4 Personen:

600 g Rehfilets
1 TL Kräuter der Provence
1–2 EL Butterschmalz
4 cl Weinbrand
Salz, Pfeffer aus der Mühle
1 Zwiebel, 100 ml Weißwein
100 ml Gemüse- oder Wildbrühe
je einige Tropfen Zitronensaft, Worcestersoße und Obstessig
1 TL Dijonsenf
1 Tasse gemischte Wildkräuter
200 g Kopfsalat
Radieschenscheiben und Wildkräuter zum Garnieren

1. Die Rehfilets unter fließendem Wasser waschen, trocken tupfen und mit Kräutern der Provence würzen.

2. Das Schmalz erhitzen, die Filets darin rundherum braten. Den Weinbrand in einer Kelle erhitzen, anzünden und die Filets damit flambieren. Die Filets aus der Pfanne nehmen, salzen, pfeffern und warm stellen.

3. Die Zwiebel schälen, fein würfeln, ins verbliebene Bratfett geben und glasig schwitzen. Mit dem Weißwein ablöschen, die Brühe angießen und einreduzieren lassen.

4. Die Soße mit Salz, Pfeffer, Zitronensaft, Worcestersoße, Obstessig und Dijonsenf abrunden.

5. Die verlesenen, gewaschenen und geschnittenen Wildkräuter untermischen und auf Tellern anrichten.

6. Den Kopfsalat verlesen, waschen, gut abtropfen lassen, in mundgerechte Stücke zerpflücken und mit den in Scheiben geschnittenen Rehfilets dekorativ auf der Soße verteilen. Mit Radieschenscheiben und Wildkräutern garnieren und sofort servieren.

(ohne Abbildung)

Hackfleisch – Internationale Köstlichkeiten

Hackfleischstrudel mit Mais

Für 4 Personen:

1 Packung Strudelteig (Fertigprodukt)

Für die Füllung:
600 g gemischtes Hackfleisch
1 altbackenes, in Milch eingeweichtes Brötchen
2 Zwiebeln, 2 Knoblauchzehen
1 EL Butter, 250 g Zuckermais
1–2 EL Paprikapulver edelsüß
1 TL Paprikapulver rosenscharf
2–3 EL mittelscharfer Senf
Salz, Pfeffer aus der Mühle

Außerdem:
1 Ei, Fett für das Blech
zerlassene Butter zum Bestreichen
Chili- und Frühlingszwiebelstreifen zum Bestreuen
Kräuterzweige zum Garnieren

1. Den Strudelteig auf einer bemehlten Arbeitsfläche ausrollen.

2. Das Hackfleisch mit dem gut ausgedrückten Brötchen in eine Schüssel geben.

3. Die Zwiebeln und die Knoblauchzehen schälen und fein würfeln. Die Butter erhitzen, Zwiebeln und Knoblauch darin glasig schwitzen.

4. Den Zuckermais gut abtropfen lassen, dazugeben und kurz mitschwitzen. Mit Paprikapulver bestreuen, vom Feuer nehmen, abkühlen lassen und mit dem Senf zum Fleisch geben.

5. Mit Salz und Pfeffer würzen und das Ganze zu einer glatten Masse verarbeiten.

6. Die Masse gleichmäßig auf den Strudelteig streichen. Das Ei mit etwa Wasser verschlagen, die Teigränder damit bestreichen und das Ganze zu einem Strudel aufrollen.

7. Den Strudel auf ein ausgefettetes Backblech setzen und mit dem restlichen Ei und der zerlassenen Butter bestreichen. Im auf 180 °C vorgeheizten Backofen 40–45 Minuten backen.

8. Nach Ende der Garzeit den Hackfleischstrudel aus dem Ofen nehmen, in Scheiben schneiden und dekorativ anrichten. Mit Chili- und Frühlingszwibelstreifen bestreuen, mit Kräuterzweigen garnieren und mit einem Paprika-Krautsalat sofort servieren.

Hackfleisch

Hackfleisch ist wegen seiner schnellen Verderblichkeit ein besonders sensibles Lebensmittel und bietet durch seine lockere Oberflächenstruktur und den hohen Eiweißgehalt einen idealen Nährboden für die Vermehrung von Keimen, wie beispielsweise von Salmonellen. Hackfleisch darf nur am Tag der Herstellung offen verkauft, es darf nicht aus aufgetautem, sondern nur aus frischem Fleisch hergestellt werden. Frisch abgepacktes Hackfleisch muss ein Verbrauchsdatum tragen und die Aufbewahrungstemperatur muss angegeben sein. In der Praxis heißt dies: Wenn Sie abgepacktes Hackfleisch aus der Kühltheke (2 °C) nachhause transportieren und es in Ihrem Kühlschrank, der normalerweise zwischen 4 °C und 8 °C hat, aufbewahren, sollten Sie das Hackfleisch dann auch möglichst noch am gleichen Tag verarbeiten. Auch beim TK-Hackfleisch muss man äußerst vorsichtig sein. Neben dem Beachten des Verbrauchsdatums (mindestens haltbar bis ...) sollten Sie dieses Fleisch nach dem Auftauen sofort verbrauchen.

Hackfleischschnecken mit Käse

Für 4 Personen:

Für den Teig:
250 ml lauwarme Milch
2 EL Zucker
1 Päckchen Frischhefe
500 g Mehl
6 Eigelb
150 g flüssige Butter
1 TL Salz
Mehl zum Ausrollen

Für die Füllung:
1-2 EL Butter
2 Knoblauchzehen
2 Zwiebeln
400 g gemischtes Hackfleisch
2-3 EL mittelscharfer Senf
2 Eier
Salz, Pfeffer aus der Mühle
1 Prise Cayennepfeffer
1 EL gerebelter Majoran
1 TL gerebelter Thymian
150 g geriebener Comtékäse
Semmelbrösel zum Binden

Außerdem:
Backpapier
Kresse zum Bestreuen

1. Die lauwarme Milch mit dem Zucker in eine Schüssel geben, die Hefe hineinbröckeln und an einem warmen Ort 10–12 Minuten gehen lassen.

2. Das gesiebte Mehl mit der Hefemilch, den Eigelben, der Butter und dem Salz in eine Schüssel geben und zu einem glatten Teig verrühren.

3. Den Teig kräftig verschlagen und zugedeckt an einem warmen Ort zur doppelten Menge aufgehen lassen.

4. Anschließend den Teig auf einer bemehlten Arbeitsfläche zu einem Rechteck ausrollen und erneut gehen lassen.

5. Für die Füllung die Butter in einer Pfanne erhitzen. Die Knoblauchzehen und die Zwiebeln schälen und fein hacken, ins Fett geben und kurz anschwitzen. Vom Herd nehmen, in eine Schüssel geben und erkalten lassen.

6. Das Hackfleisch, den Senf und die Eier hinzufügen und alles zu einer glatten Masse verarbeiten.

7. Mit Salz, Pfeffer, Cayennepfeffer, Majoran und Thymian abschmecken. Zum Schluss den geriebenen Comtékäse untermischen und die Masse mit Semmelbröseln binden.

8. Die Hackfleischmasse auf dem Teig verteilen und das Ganze zusammenrollen.

9. Ein Backblech mit Backpapier auslegen. 4–5 cm dicke Scheiben von der Rolle abschneiden und auf das Backpapier legen.

10. Die Teigscheiben nochmals kurz gehen lassen und anschließend im auf 180–200 °C vorgeheizten Backofen in 25–30 Minuten garen.

11. Die Hackfleischschnecken mit Käse herausnehmen, dekorativ anrichten, mit der verlesenen, gewaschenen und frisch geschnittenen Kresse bestreuen, garnieren und sofort servieren.

Hackfleischkuchen Zigeunerart

Für 4 Personen:

1 Packung Hefeteig (Fertigprodukt aus dem Kühlregal)
Fett und Semmelbrösel für die Form
4 Zwiebeln
2 Knoblauchzehen
2 EL Olivenöl
500 g gemischtes Hackfleisch
1 Chilischote
Salz, Pfeffer aus der Mühle
1 Prise Cayennepfeffer
1 EL Paprikapulver edelsüß
100 g Paprikasalami
4 Eier
200 ml süße Sahne
1 Bund Schnittlauch

1. Den Hefeteig auf einer bemehlten Arbeitsfläche in der Größe einer Pizzaform ausrollen und in die ausgefettete, mit Semmelbröseln bestreute Form legen.

2. Die Zwiebeln und die Knoblauchzehen schälen, fein würfeln oder in Scheiben schneiden.

3. Das Olivenöl in einer Pfanne erhitzen und das Hackfleisch darin unter ständigem Rühren braten.

4. Zwiebeln, Knoblauch und die entkernte, gewaschene, fein geschnittene Chilischote dazugeben und kurz braten.

5. Das Hackfleisch mit Salz, Pfeffer, Cayennepfeffer und Paprikapulver kräftig abschmecken, vom Herd nehmen und erkalten lassen.

6. Die Fleischmasse auf dem Teig verteilen, glatt streichen und mit der in Scheiben geschnittenen Paprikasalami belegen.

7. Die Eier mit der Sahne verschlagen, gleichmäßig auf dem Hackfleischkuchen verteilen und den Kuchen im auf 180–200 °C vorgeheizten Backofen ca. 45 Minuten backen. 20 Minuten vor Garende den Kuchen mit Alufolie abdecken.

8. Den Hackfleischkuchen aus dem Ofen nehmen, in Stücke schneiden, mit Schnittlauchröllchen bestreuen und servieren.

Hackfleischsorten

Hackfleisch besteht meist aus Schweine- oder Rindfleisch, es kann aber auch aus Lamm-, Schafs- oder Ziegenfleisch hergestellt werden. Aus Fleisch, das erfahrungsgemäß sehr schnell durch Mikroorganismen belastet wird, wie zum Beispiel Geflügel- oder Wildfleisch, darf kein Hackfleisch hergestellt und verkauft werden. Nur bei den Gerichten, die unmittelbar nach der Herstellung „schockgefrostet" und sofort auf –18 °C heruntergekühlt werden, kann Geflügel- oder Wildhackfleisch verwendet werden.

Tatar oder auch Schabefleisch besteht aus fettarmem Rindfleisch und darf maximal 6 % Fett enthalten. Das Gehackte vom Rind wird aus grob entsehntem Rindfleisch hergestellt und darf maximal 20 % Fett enthalten. Das gemischte Hackfleisch aus Schwein und Rind darf einen Fettanteil von bis zu 30 % enthalten. Das Hackfleisch aus grob entsehntem Schweinefleisch hat einen Fettgehalt von maximal 35 %.

Hackfleisch-Käse-Omeletts

Für 4 Personen:

1 EL Olivenöl
500 g gemischtes Hackfleisch
1 Bund Frühlingszwiebeln
2 Knoblauchzehen
je 1 TL gerebelter Thymian, Oregano und gerebeltes Basilikum
Salz, Pfeffer aus der Mühle
1 Prise Cayennepfeffer
3 EL mittelscharfer Senf
je 100 ml Weißwein und Brühe
12 Eier
100 ml süße Sahne
20 g Butter zum Braten
Fett für die Form
300 g geriebener Bergkäse

1. Das Olivenöl in einer Pfanne erhitzen und das Hackfleisch darin unter ständigem Rühren braten.

2. Die Frühlingszwiebeln putzen, waschen, in feine Ringe schneiden, den Knoblauch schälen und würfeln, beides zum Fleisch geben und kurz braten.

3. Die Kräuter untermischen, mit Salz, Pfeffer und Cayennepfeffer würzen. Den Senf einrühren, den Weißwein und die Brühe angießen und bei starker Hitze so lange kochen, bis die Flüssigkeit verdampft ist.

4. Die Eier mit der Sahne verschlagen und mit Salz und Pfeffer würzen. Etwas Butter in einer Pfanne erhitzen, die Eier portionsweise einfüllen und an der unteren Seite stocken lassen.

5. Etwas Hackfleisch darauf verteilen, das Omelett stocken lassen, aufrollen und in eine ausgefettete, feuerfeste Form legen.

6. Die restlichen Omeletts ebenso ausbacken und in die Form legen. Mit dem geriebenen Bergkäse bestreuen und im auf 180 °C vorgeheizten Backofen 10 Minuten überbacken.

7. Die Hackfleisch-Käse-Omeletts anrichten und mit einem Tomatensalat mit Frühlingszwiebeln servieren.

Hackfleischspiesse vom Lamm

Für 4 Personen:

600 g Lammhack
50 g Magerjoghurt
3 TL Garam Masala
2 Knoblauchzehen
1 Stück Ingwerwurzel
½ TL Kardamompulver
1 Msp. Nelken, 2 Zweige Minze
2-3 EL Butterschmalz
2 Zwiebeln, 1 EL Zucker
1 EL Essig, Saft von 1 Limone
Limonenecken zum Garnieren

1. Das Lammhack mit dem Joghurt in eine Schüssel geben. Das Garam Masala mit den geschälten, gehackten Knoblauchzehen, der geschälten, fein geriebenen Ingwerwurzel, dem Kardamom, dem Nelkenpulver und der verlesenen, gewaschenen und fein gehackten Minze auf eine Arbeitsfläche geben und mit dem Messerrücken zu einer Paste zerreiben.

2. Die Gewürzmischung zum Lammhack geben, unterrühren und mit Salz und Pfeffer würzen. Aus der Masse Klößchen formen, auf Spieße stecken, mit dem zerlassenen Schmalz bestreichen und im auf 180 °C vorgeheizten Backofen 15–20 Minuten braten.

3. Die Zwiebeln schälen und in Ringe schneiden. Zucker, Essig und Limonensaft hinzufügen und verkneten. Die Lammspieße dekorativ anrichten, mit Limonenecken garnieren und mit dem Zwiebelgemüse sofort servieren.

(ohne Abbildung)

Königsberger Klopse

Für 4 Personen:

700 g gemischtes Hackfleisch
1 Zwiebel
1 altbackenes, in Milch eingeweichtes Brötchen
2 Eier
1 EL saure Sahne
Salz, Pfeffer aus der Mühle
Semmelbrösel zum Binden
Salzwasser zum Garziehen

Für die Kapernsoße:
2 EL Butter
2 EL Mehl
1 Prise Zucker
Saft von ½ Zitrone
1 EL mittelscharfer Senf
1 Röhrchen Kapern (30 g)

Außerdem:
Petersilie zum Garnieren

1. Das Hackfleisch mit der geschälten, fein gehackten Zwiebel und dem gut ausgedrückten Brötchen in eine Schüssel geben.

2. Die Eier und die saure Sahne dazugeben, mit Salz und Pfeffer kräftig würzen und das Ganze zu einem glatten Teig verkneten. Nach Bedarf mit Semmelbröseln binden.

3. Aus der Masse Knödel abdrehen, ins kochende Salzwasser einlegen und etwa 15 Minuten ziehen lassen. Herausnehmen, warm stellen und die Brühe durch ein feines Sieb passieren.

4. Aus der Butter und dem Mehl eine helle Mehlschwitze zubereiten, mit 500 ml Kochbrühe ablöschen und gut durchkochen. Die Soße mit Salz, Pfeffer, Zucker, Zitronensaft und Senf abschmecken.

5. Die Hackfleischbällchen einlegen, die abgetropften Kapern dazugeben und einmal aufkochen.

6. Die Königsberger Klopse dekorativ anrichten, mit Petersilie garnieren und mit Rosenkohlgemüse und Reis sofort servieren.

Cevapcici mit Paprikajoghurt

Für 4 Personen:

2 Zwiebeln, 2 Knoblauchzehen
2 EL Olivenöl
800 g gemischtes Hackfleisch
1 Ei, 3 EL Ajwar (Paprikapaste)
1 EL Paprikapulver edelsüß
Salz, Pfeffer aus der Mühle
1 Prise Cayennepfeffer
2 EL Olivenöl zum Braten

Für den Paprikajoghurt:
1 rote Paprikaschote
4 Knoblauchzehen
1 Bund Schnittlauch
400 g Sahnejoghurt
Saft von ½ Zitrone
1 EL Paprikapulver edelsüß

Zum Garnieren:
Tomatenscheiben, Salatblätter, Zwiebelringe, Kräuterzweige

1. Die Zwiebeln und die Knoblauchzehen schälen und in feine Würfel schneiden.

2. Das Olivenöl in einer Pfanne erhitzen, Zwiebeln und Knoblauch darin glasig schwitzen.

3. Die Knoblauchzwiebeln mit dem Hackfleisch, dem Ei, dem Ajwar und dem Paprikapulver in einer Schüssel vermischen. Mit Salz, Pfeffer und Cayennepfeffer kräftig würzen.

4. Aus der Masse kleine Würstchen formen und im erhitzten Olivenöl braten.

5. Die Paprikaschote halbieren, entkernen, waschen und in kleine Würfel schneiden.

6. Die Knoblauchzehen schälen und fein hacken. Den Schnittlauch verlesen, waschen und fein schneiden. Alles mit dem Sahnejoghurt und dem Zitronensaft in einer Schüssel verrühren.

7. Mit Paprikapulver, Salz, Pfeffer und Cayennepfeffer abschmecken.

8. Die gebratenen Cevapcici mit dem Paprikajoghurt dekorativ anrichten, mit Tomatenscheiben, Salatblättern, Zwiebelringen und Kräuterzweigen garnieren und sofort servieren.

Zu den Cevapcici schmeckt auch eine Remouladensoße sehr gut:

250 g Mayonnaise in eine Schüssel geben. 2-3 Schalotten schälen und sehr fein hacken. 5 Cornichons in sehr kleine Würfel schneiden. 2-3 Sardellenfilets gut abtropfen lassen, wenn nötig entgräten und sehr klein schneiden. Mit 1 EL fein gehackten Kapern und ½ Bund verlesener, gewaschener und fein geschnittener Petersilie unter die Mayonnaise ziehen. Die Remoulade mit Salz und Pfeffer würzen und bis zum Verzehr kühl aufbewahren.

Hackfleisch-Schnitzel-Schnitten

Für 4 Personen:

500 g gemischtes Hackfleisch
2 altbackene, in Milch eingeweichte Brötchen
1 Ei
50 g gemischte frische Kräuter (Petersilie, Basilikum, Schnittlauch)
2 EL mittelscharfer Senf
Salz, Pfeffer aus der Mühle
1 Prise Cayennepfeffer
Butter für die Form

Außerdem:
6 küchenfertige Schweineschnitzel (à 100 g)
4 Zwiebeln
2 EL Butter
1 EL gerebelter Majoran
4 Eier
200 ml Milch
1 Prise Muskat

1. Das Hackfleisch mit den gut ausgedrückten Brötchen und dem Ei in eine Schüssel geben und zu einer glatten Masse verarbeiten.

2. Die verlesenen, gewaschenen und fein gehackten Kräuter mit dem Senf unter die Masse arbeiten und das Ganze mit Salz, Pfeffer und Cayennepfeffer kräftig würzen.

3. Eine Auflaufform mit Butter ausfetten, die Hackfleischmasse hineingeben und auf dem Boden glatt streichen.

4. Die Schweineschnitzel unter fließendem Wasser waschen, trocken tupfen, mit Salz und Pfeffer kräftig würzen und auf das Hackfleisch legen.

5. Die Zwiebeln schälen und in feine Scheiben schneiden.

6. Die Butter in einer Pfanne erhitzen und die Zwiebelscheiben darin anbraten.

7. Mit Salz, Pfeffer, Cayennepfeffer und Majoran würzen, vom Herd nehmen, leicht erkalten lassen und gleichmäßig auf den Schnitzeln verteilen.

8. Die Eier mit der Milch in einer Schüssel verschlagen, mit Salz, Pfeffer und Muskat würzen, gleichmäßig auf dem Auflauf verteilen und diesen im auf 180 °C vorgeheizten Backofen 50 Minuten garen.

9. Den Auflauf aus dem Ofen nehmen, in Stücke schneiden, die Hackfleisch-Schnitzel-Schnitten dekorativ anrichten und mit Feldsalat sofort servieren.

Majoran

Der wild wachsende Verwandte des Majorans ist der Dost, den man in Italien Oregano nennt. Das Kraut kann frisch verwendet werden, eignet sich aber auch sehr gut zum Trocknen oder zum Tiefgefrieren. Im Geruch ist Majoran dem Thymian ähnlich, mit dem er auch verwandt ist, doch ist sein Aroma süßer und wohlriechender. Das Kraut ist ein klassisches Hackfleisch- und Wurstgewürz, besonders gerne wird es hier für Blut- und Leberwürste eingesetzt. Aber auch in Pilz- und Fleischgerichten, Leberknödeln, Füllungen, Eintöpfen und Suppen kommt es sehr gut zur Geltung.

Gemüsehackbraten

Für 4 Personen:

750 g gemischtes Hackfleisch
2 altbackene, in Milch eingeweichte Brötchen
3 Eier
1 EL Butter
1 Zwiebel
3–4 Knoblauchzehen
2 EL Pinienkerne
Salz, Pfeffer aus der Mühle
1 TL gerebelter Thymian
1 EL gerebelter Majoran
1 EL Paprikapulver edelsüß
50 g geriebener Parmesankäse
Semmelbrösel zum Binden
2 Karotten, 1 Stange Lauch
200 ml Salzwasser
1 Dose Mais (280 g Abtropfgewicht)
1 Zucchini
Kräuterzweige zum Garnieren

Außerdem:
Fett für die Form

1. Das Hackfleisch mit den gut ausgedrückten Brötchen und den Eiern in eine Schüssel geben.

2. Die Butter in einer Pfanne erhitzen. Die Zwiebel und Knoblauchzehen schälen, fein würfeln, ins Fett geben und glasig schwitzen.

3. Die Knoblauchzwiebeln mit den Pinienkernen zum Fleisch geben und alles zu einer Masse verarbeiten.

4. Mit Salz, Pfeffer, Thymian, Majoran und Paprikapulver würzen. Zum Schluss den geriebenen Parmesankäse untermischen und mit Semmelbröseln leicht binden.

5. Die Karotten und den Lauch schälen bzw. putzen, waschen und längs in sehr dünne Scheiben schneiden. Die Gemüsescheiben in kochendem Salzwasser kurz blanchieren.

6. Den Mais abgießen und abtropfen lassen. Die Zucchini putzen, waschen und in dünne Scheiben schneiden.

7. Eine Kastenform ausfetten und mit den blanchierten Gemüsescheiben auslegen. Schichtweise Fleisch, Mais und Zucchinischeiben einfüllen. Die oberste Fleischschicht gut andrücken.

8. Den Gemüsehackbraten in dem auf 180–200 °C vorgeheizten Backofen in 30–40 Minuten garen. Nach 20 Minuten mit Alufolie abdecken.

9. Den Gemüsehackbraten herausnehmen, in Scheiben schneiden, dekorativ anrichten, mit Kräuterzweigen garnieren und mit einer Tomatensoße sofort servieren.

Knoblauch:

Bezeichnend ist, dass Knoblauch in all den Ländern, die bekannt für ihre feine Küche sind, allen voran in Frankreich, eine außerordentliche Rolle spielt, und nach der Zwiebel ist er wohl das bedeutendste Gewürz, das die Menschheit entdeckt hat. Es ist leichter, eine Liste der wenigen Gerichte aufzustellen, zu denen Knoblauch nicht passt, als eine Aufstellung mit den fast unzähligen Speisen zu liefern, zu denen er einfach dazugehört.

Hackfleisch-Gemüse-Schnitten vom Blech

Für 4 Personen:

2 altbackene Brötchen
200 ml heiße Milch
800 g gemischtes Hackfleisch
2 Eier
1 rote Chilischote
Salz, Pfeffer aus der Mühle
1 EL gemahlener Kümmel
1 EL gerebelter Majoran
1 EL Butterschmalz für das Blech
20 g Semmelbrösel zum Bestreuen

Außerdem:
1 Kohlrabi
1 Zucchini
2 Karotten
Salzwasser zum Blanchieren
2 Zwiebeln
2 Knoblauchzehen
1 EL Olivenöl
500 g gekochte Kartoffeln
3 Eier
200 ml süße Sahne
1 Prise Muskat
200 g geriebener Edamer
Salatblätter, Tomatenscheiben und Kräuterzweige zum Garnieren

1. Die Brötchen klein schneiden, in der heißen Milch einweichen und ausdrücken.

2. Die Brötchen mit dem Hackfleisch, den Eiern und der entkernten, gewaschenen, fein gehackten Chilischote in einer Schüssel zu einer glatten, kompakten Masse verarbeiten. Mit Salz, Pfeffer, Kümmel und Majoran kräftig würzen.

3. Ein kleines Backblech mit hohem Rand ausfetten und mit Semmelbröseln bestreuen. Die Hackfleischmasse auf einer Arbeitsfläche in der Größe des Backbleches ausrollen und in die Form setzen.

4. Den Kohlrabi, die Zucchini und die Karotten putzen, waschen, in Scheiben schneiden und in kochendem Salzwasser sortenweise bissfest blanchieren.

5. Die Zwiebeln und die Knoblauchzehen schälen und in feine Scheiben schneiden.

6. Das Olivenöl in einer Pfanne erhitzen und die Zwiebeln und den Knoblauch darin anschwitzen.

7. Mit Salz und Pfeffer abschmecken, das blanchierte Gemüse untermischen und alles auf die Hackfleischmasse verteilen.

8. Die Kartoffeln pellen, in Scheiben schneiden und auf dem Gemüse verteilen.

9. Die Eier mit der Sahne verschlagen, mit Salz, Pfeffer und Muskat würzen und auf den Kartoffeln verteilen.

10. Mit geriebenem Edamer bestreuen und im auf 200 °C vorgeheizten Backofen 40–45 Minuten garen. Nach 20 Minuten mit Alufolie abdecken.

11. Nach Ende der Garzeit aus dem Ofen nehmen und portionieren. Die Hackfleisch-Gemüse-Schnitten dekorativ anrichten, mit Salatblättern, Tomatenscheiben und Kräuterzweigen garnieren und sofort servieren.

Hackfleisch-Lasagne

Für 4 Personen:

500 g Rinderhack
2 EL Olivenöl
1 Zwiebel
2 Knoblauchzehen
50 g Tomatenmark
500 ml passierte Tomaten
je 1 TL gerebelter Oregano und gerebeltes Basilikum
Salz, Pfeffer aus der Mühle
1 Prise Cayennepfeffer
1 Prise Zucker

Außerdem:
Butter für die Form
200 g Lasagneplatten ohne Vorkochen
100 g geriebener Mozzarella
100 g geriebener Gratinkäse
Basilikumblättchen zum Garnieren

1. Das Rinderhack im erhitzten Olivenöl unter ständigem Rühren anbraten. Die Zwiebel und die Knoblauchzehen schälen, fein würfeln, zum Hackfleisch geben und kurz mitbraten.

2. Das Tomatenmark einrühren, kurz mitbraten, die passierten Tomaten angießen und zum Kochen bringen.

3. Das Ganze mit Oregano, Basilikum, Salz, Pfeffer, Cayennepfeffer und Zucker würzen und die Soße bei mäßiger Hitze 15 Minuten köcheln lassen.

4. Eine Lasagneform mit Butter ausfetten, die Lasagneplatten mit der Hackfleischsoße schichtweise in die Form geben und den geriebenen Mozzarella mit dem Gratinkäse vermischen.

5. Den Käse über die Lasagne streuen und diese im auf 180–200 °C vorgeheizten Backofen 45 Minuten backen, nach 20 Minuten mit Alufolie abdecken.

6. Die fertige Lasagne aus dem Ofen nehmen, in Stücke schneiden, dekorativ anrichten, mit Basilikumblättchen garnieren und sofort servieren.

Tilsiter Frikadellen

Für 4 Personen:

800 g gemischtes Hackfleisch
2 altbackene, in Milch eingeweichte Brötchen
1 EL Butter
1 Zwiebel
2 Knoblauchzehen
1 EL gerebelter Majoran
1 TL gerebelter Rosmarin
1 TL gerebelter Thymian
2 Eier
2–3 EL mittelscharfer Senf
2–3 EL Meerrettich
Salz, Pfeffer aus der Mühle
1 Prise Cayennepfeffer
Semmelbrösel zum Binden
150 g Tilsiter
Fett zum Braten

Außerdem:
4 Portionen Rahmsoße
1 Bund Petersilie

1. Das Hackfleisch mit den gut ausgedrückten Brötchen in eine Schüssel geben.

2. Die Butter in einer Pfanne erhitzen. Die Zwiebel und die Knoblauchzehen schälen, fein würfeln, ins Fett geben und glasig schwitzen.

3. Den Majoran, den Rosmarin und den Thymian dazugeben, durchschwenken, vom Herd nehmen, leicht erkalten lassen und zum Hackfleisch geben.

4. Die Eier, den Senf und den Meerrettich hinzufügen und das Ganze zu einer glatten Masse verarbeiten.

5. Mit Salz, Pfeffer und Cayennepfeffer würzen und mit Semmelbröseln binden.

6. Aus dem Teig Frikadellen abdrehen und dabei den in Würfel geschnittenen Tilsiter in die Mitte der Frikadellen einarbeiten.

7. Das Fett in einer Pfanne erhitzen und die Frikadellen darin anbraten. In den auf 180–200 °C vorgeheizten Backofen schieben und fertig garen.

8. Die Tilsiter Frikadellen herausnehmen, mit der Rahmsoße dekorativ anrichten, mit der verlesenen, gewaschenen und fein gehackten Petersilie bestreuen und mit Bandnudeln sofort servieren.

Griechische Hackfleischsteaks

Für 4 Personen:

2 Scheiben Toastbrot
2 cl Ouzo
400 g Rinderhack
je 3 TL gerebelter Oregano und gerebelte Minze
1 Ei
Salz, Pfeffer aus der Mühle
1 Prise Cayennepfeffer
Semmelbrösel zum Binden
Fett zum Braten

Außerdem:
300 g Sahnejoghurt
1 Salatgurke
4 Knoblauchzehen
1 EL Zazikigewürz
Kirschtomatenhälften und Kräuterzweige zum Garnieren

1. Das Toastbrot kurz rösten und in Würfel schneiden, in eine Schüssel geben und mit dem Ouzo beträufeln. Das Rinderhack, den Oregano, die Minze und das Ei dazugeben.

2. Die Zutaten zu einer kompakten, glatten Masse verarbeiten und die Masse mit Salz, Pfeffer und Cayennepfeffer kräftig würzen. Anschließend mit Semmelbröseln leicht binden.

3. Mit nassen Händen aus der Masse Hacksteaks formen. Fett in einer Pfanne erhitzen und die Hacksteaks darin auf beiden Seiten braten.

4. Den Sahnejoghurt in eine Schüssel geben. Die Salatgurke waschen und die Hälfte der Gurke in sehr feine Würfel schneiden oder mithilfe einer Gemüsereibe fein raspeln.

5. Die Gurkenwürfel mit den geschälten, fein gehackten Knoblauchzehen zum Joghurt geben und unterrühren.

6. Den Joghurt mit Salz, Pfeffer, Cayennepfeffer und Zazikigewürz kräftig abschmecken.

7. Die restliche Salatgurke in 2–3 cm dicke Scheiben schneiden und entkernen.

8. Die gebratenen Hacksteaks dekorativ anrichten, die Gurkenscheiben dazu legen und mit dem Joghurt füllen. Das Ganze mit Kirschtomatenhälften und Kräuterzweigen garnieren und mit gebackenen Kartoffelscheiben sofort servieren.

Frikadellen mit Speck

Für 4 Personen:

800 g gemischtes Hackfleisch
2 altbackene, in Milch eingeweichte Brötchen, 1 EL Butter
100 g durchwachsener, geräucherter Speck, 2 Zwiebeln
2 Knoblauchzehen, 2 Eier
2–3 EL mittelscharfer Senf
Salz, Pfeffer aus der Mühle
1 Prise Cayennepfeffer
Semmelbrösel zum Binden
Fett zum Braten

Außerdem:
8 dünne Scheiben durchwachsener, geräucherter Speck
2 Zwiebeln
500 ml Bratensoße
Kräuterzweige zum Garnieren

1. Das Hackfleisch mit den gut ausgedrückten Brötchen in eine Schüssel geben. Die Butter in einer Pfanne erhitzen und den in feine Würfel geschnittenen Speck darin auslassen.

2. Die Zwiebeln und die Knoblauchzehen schälen, fein würfeln, zum Speck geben und kurz mitbraten. Vom Herd nehmen, leicht erkalten lassen und zum Hackfleisch geben.

3. Die Eier und den Senf dazugeben und das Ganze zu einer glatten Masse verarbeiten. Die Masse mit Salz, Pfeffer und Cayennepfeffer würzen und mit Semmelbröseln binden.

4. Aus der Masse Frikadellen formen. Fett in einer Pfanne erhitzen und die Frikadellen darin braten.

5. In einer zweiten Pfanne die Speckscheiben braten, herausnehmen und warm stellen.

6. Die Zwiebeln schälen, in Scheiben schneiden und im verbliebenen Bratfe braten.

7. Die Frikadellen mit der Bratensoße dekorativ anrichten, mit Speck- und Zwiebelscheiben belegen, mit Kräuterzweigen garnieren und mit Kartoffelsalat sofort servieren.

Zu den Frikadellen schmeckt auch eine Kräuter-Knoblauch-Sosse sehr gut:

500 ml Béchamelsoße – selbst gemacht oder Fertigprodukt – in einem Topf erhitzen. 1–2 Knoblauchzehen schälen, durch die Knoblauchpresse drücken und in die Soße rühren. 3 EL gemischte, fein geschnittene Kräuter (Petersilie, Schnittlauch, Basilikum) unter die Soße heben. Die Kräuter-Knoblauch-Soße nachwürzen und servieren.

Eier im Hackfleischmantel

Für 4 Personen:

Für das Hackfleisch:
500 g gemischtes Hackfleisch
2 Frühlingszwiebeln
1 Knoblauchzehe, 1 Ei
Salz, Pfeffer aus der Mühle
1 Prise Muskat
4 hart gekochte Eier, Gemüsebrühe

Für die Kapernsoße:
100 g Schalotten
1 EL Butterschmalz
100 ml Weißwein, 200 ml Brühe
200 ml süße Sahne
heller Soßenbinder
1 TL mittelscharfer Senf
Saft von ½ Zitrone
2 EL Kapernäpfel aus dem Glas

Außerdem:
Kräuterzweige und Kirschtomatenschnitze zum Garnieren

1. Das Hackfleisch in eine Schüssel geben. Die Frühlingszwiebeln waschen, die Enden abschneiden und die Zwiebeln fein schneiden.

2. Die Knoblauchzehe schälen, fein hacken, mit dem Ei und den Frühlingszwiebeln zu dem Hackfleisch geben und alles gut vermischen. Mit Salz, Pfeffer und Muskat kräftig würzen.

3. Die hart gekochten Eier mit dem Hackfleisch ummanteln, in der Gemüsebrühe 20 Minuten gar ziehen lassen, herausnehmen und warm stellen.

4. Für die Kapernsoße die Schalotten schälen und fein hacken. Das Butterschmalz in einem Topf erhitzen und die Schalotten darin glasig schwitzen.

5. Mit Weißwein, der Brühe und der Sahne aufgießen und fünf Minuten kochen.

6. Die Soße mit dem Soßenbinder binden und mit dem Senf Salz, Pfeffer und Zitronensaft abschmecken.

7. Die Kapernäpfel vom Stiel befreien, klein schneiden und unterziehen.

8. Die Soße auf Tellern verteilen, die Hackfleischeier dekorativ daraufsetzen, mit Kräuterzweigen und Kirschtomatenschnitzen garnieren und mit Feldsalat sofort servieren.

Zu den Eiern im Hackfleischmantel schmeckt auch eine Speck-Zwiebel-Soße sehr gut:

Zwei Zwiebeln schälen und fein würfeln. 100 g geräucherten Speck in Würfel schneiden. 1 EL Olivenöl in einer Pfanne erhitzen, den Speck darin auslassen, die Zwiebeln dazugeben und mitbraten. 400 ml Kalbsjus in einem Topf erhitzen und die Speck-Zwiebel-Mischung einrühren. Die Speck-Zwiebel-Soße mit Salz und Pfeffer würzen. 1 EL fein gehackte Petersilie untermischen und die Soße servieren.

Hackfleisch-Maultaschen

Für 4 Personen:

Für den Teig:
300 g Mehl
2 Eier
Salz
1–2 EL Wasser

Für die Füllung:
1 Zwiebel
1 EL Butter
200 g Hackfleisch
200 g Kalbsbrät
1 Ei
50 g fein gewürfelter Frühstücksspeck
1 EL gehackte Petersilie
Cayennepfeffer

Außerdem:
Salzwasser zum Garziehen
1 Zwiebel
1 kleine Stange Lauch
1 Chilischote, 1 EL Butter
150 ml Gemüsebrühe
Kräuterzweige und rosa Pfeffer zum Garnieren

1. Aus dem gesiebten Mehl, den Eiern, dem Salz und dem Wasser einen festen Nudelteig zubereiten und gut durchkneten.

2. Die Zwiebel schälen, fein hacken und in der erhitzten Butter glasig schwitzen. Mit dem Hackfleisch, dem Kalbsbrät, dem Ei, dem Speck und der Petersilie in eine Schüssel geben.

3. Mit Salz und Cayennepfeffer kräftig abschmecken und alles zu einer glatten Masse verarbeiten.

4. Den Nudelteig auf einer bemehlten Arbeitsfläche ausrollen. Auf der Hälfte des Teiges die Hackfleischmasse portionsweise verteilen.

5. Die Zwischenräume mit Wasser bestreichen, den restlichen Teig darüberklappen und fest andrücken. Mit einem Teigrädchen Maultaschen ausschneiden.

6. Salzwasser in einem Topf erhitzen und die Maultaschen darin ca. 15 Minuten gar ziehen lassen.

7. Die Zwiebel schälen und in Scheiben schneiden. Den Lauch putzen, waschen und ebenfalls in Scheiben schneiden.

8. Die Chilischote halbieren, entkernen, waschen und in feine Streifen schneiden.

9. Die Butter in einer Pfanne erhitzen und das Gemüse darin anschwitzen. Die Gemüsebrühe angießen und fünf Minuten dünsten.

10. Die Maultaschen mit dem Lauchgemüse dekorativ anrichten, mit Kräuterzweigen und rosa Pfeffer garnieren und sofort servieren.

Griechisches Moussaka

Für 4 Personen:

500 g Schweinehack
2 EL Olivenöl
2–3 Knoblauchzehen
1 Zwiebel
Salz, Pfeffer aus der Mühle
1 Prise Cayennepfeffer
1 EL gerebelter Majoran
1 TL gerebelter Oregano

Für die Béchamelsoße:
30 g Butter
40 g Mehl
500 ml Milch
1 Prise Muskat

Außerdem:
600 g Auberginen
100 ml Olivenöl
600 g Kartoffeln
Salzwasser
Fett für die Form
gebratene Auberginenscheiben und Kräuterzweige zum Garnieren

1. Das Schweinehack im erhitzten Olivenöl unter ständigem Rühren kräftig braten.

2. Die Knoblauchzehen und die Zwiebel schälen, fein würfeln, zum Fleisch geben und kurz mitbraten.

3. Mit Salz, Pfeffer, Cayennepfeffer, Majoran und Oregano kräftig würzen, vom Feuer nehmen und bereitstellen.

4. Für die Béchamelsoße die Butter in einem Topf erhitzen. Das Mehl mit dem Schneebesen einrühren, die kalte Milch angießen und das Ganze unter ständigem Rühren zu einer sämigen Soße verkochen.

5. Die Béchamelsoße mit Salz, Pfeffer, Cayennepfeffer und Muskat kräftig abschmecken.

6. Die Auberginen putzen, waschen und in Scheiben schneiden. Das Olivenöl in einer Pfanne erhitzen. Die Auberginenscheiben darin braten, salzen, pfeffern, herausnehmen und bereitstellen.

7. Die Kartoffeln unter fließendem Wasser abbürsten, schälen, in Scheibe schneiden und in kochendem Salzwasser fünf Minuten vorgaren.

8. Eine Auflaufform gut ausfetten. Schichtweise Auberginen, Kartoffeln, Fleisch und die Soße einfüllen. Die letzte Schicht sollen Kartoffeln und Béchamelsoße bilden.

9. Das Moussaka im auf 180–200 °C vorgeheizten Backofen 50–60 Minuter garen.

10. Nach Ende der Garzeit das Moussaka aus dem Ofen nehmen, dekorativ anrichten, mit gebratenen Auberginenscheiben und Kräuterzweigen garnieren und mit einem gemischten Salat sofort servieren.

Hackfleischterrine mit Kräutern

Für 4 Personen:

500 g gemischtes Hackfleisch
1 Zwiebel
2 altbackene, in Milch eingeweichte Brötchen
2 Knoblauchzehen
1 TL Salz
1 Stück Ingwerwurzel
2–3 EL mittelscharfer Senf
1 EL geriebene Zitronenschale
2 Eier
500 g gut gewürztes Kalbsbrät
2–3 EL mittelscharfer Senf
4 cl Weinbrand
Salz, Pfeffer aus der Mühle
1 Prise Cayennepfeffer
je 1 Zweig Salbei, Thymian und Rosmarin
½ Bund Petersilie
½ Bund Basilikum
Semmelbrösel zum Binden
Butterschmalz für die Form
2 Zweige frischer Lorbeer
Kräuterzweige zum Garnieren

1. Das Hackfleisch mit der geschälten, fein gehackten Zwiebel, den gut ausgedrückten, klein geschnittenen Brötchen, den geschälten, mit Salz zerriebenen Knoblauchzehen und der geschälten und fein geriebenen Ingwerwurzel in eine Schüssel geben.

2. Den Senf, die Zitronenschale und die Eier dazugeben und das Ganze mit dem Pürierstab zu einer glatten Masse verarbeiten.

3. Das gut gewürzte Kalbsbrät hinzufügen und untermischen. Die Masse mit Senf und Weinbrand verfeinern, mit Salz, Pfeffer und Cayennepfeffer kräftig würzen.

4. Die Kräuter verlesen, waschen, fein hacken, zum Schluss unter die Hackfleischmasse rühren und diese mit den Semmelbröseln leicht binden.

5. Eine eckige Back- oder Bratenform mit Butterschmalz ausfetten, die Hackfleischmasse einfüllen und glatt streichen.

6. Die Lorbeerblätter verlesen, waschen, die Hackfleischterrine damit belegen, mit Butterschmalz bepinseln und im auf 180–200 °C vorgeheizten Backofen 50–60 Minuten garen.

7. Anschließend die Hackfleischterrin[e] aus dem Backofen nehmen, in Scheiben schneiden, dekorativ anrichten, m[it] Kräuterzweigen garnieren und warm oder kalt servieren. Dazu reicht man einen scharfen Knoblauch-Quark-Dip.

Hackfleischauflauf mit Wirsing

Für 4 Personen:

500 g Kartoffeln
Salzwasser
500 g Rinderhack
1 altbackenes Brötchen
etwas Milch
2 Zwiebeln
2 Knoblauchzehen
½ Bund Petersilie
1 Ei
Salz, Pfeffer aus der Mühle
1 TL Paprikapulver edelsüß

Außerdem:
Fett für die Form
½ Kopf Wirsing (400 g)
Gemüsebrühe
1 gelbe Paprikaschote
100 g Kirschtomaten
1 Prise Muskat
100 g geriebener Emmentaler

1. Die Kartoffeln unter fließendem Wasser abbürsten und im Salzwasser 18–20 Minuten garen.

2. Zwischenzeitlich das Hackfleisch in eine Schüssel geben, das in Milch eingeweichte, ausgedrückte Brötchen dazugeben. Die Zwiebeln und die Knoblauchzehen schälen, fein würfeln und zu dem Rinderhack geben.

3. Die verlesene, gewaschene Petersilie und das Ei hinzufügen. Mit Salz, Pfeffer und dem Paprikapulver kräftig abschmecken.

4. Eine Auflaufform ausfetten und das Hackfleisch in die Form drücken. Die fertig gegarten Kartoffeln abgießen, leicht erkalten lassen, pellen, in Scheiben schneiden und auf dem Hackfleisch verteilen.

5. Den Wirsing putzen, den Strunk herausschneiden, die Blätter waschen und in Streifen schneiden.

6. Die Gemüsebrühe in einem Topf erhitzten und die Wirsingstreifen darir kurz blanchieren, herausnehmen, gut abtropfen lassen und bereitstellen.

7. Die Paprikaschote halbieren, entke nen, waschen und würfeln. Die Kirschtomaten waschen, halbieren unc mit den Paprikawürfeln zu dem Wirsing geben. Das Gemüse vermischen und auf den Kartoffelscheibe verteilen.

8. Den Auflauf mit Salz, Pfeffer und Muskat würzen, mit dem Emmentaler bestreuen und in dem auf 180–200 °C vorgeheizten Backofen 35 Minuten abgedeckt garen, aufdecken und weite re 10 Minuten weitergaren.

9. Nach Ende der Garzeit den Hackfleischauflauf mit Wirsing herausnehmen, dekorativ anrichten und sofort servieren.

Sehr gut schmeckt zum Wirsingauflauf eine Tomatensosse:

Hierfür 2 EL Olivenöl erhitzen. Eine Zwiebel und zwei Knoblauchzehen schälen, fein würfeln, ins Fett geben und glasig schwitzen. 500 g Tomaten waschen, den Strunk herausschneider die Tomaten in mundgerechte Stücke schneiden, zu den Knoblauchzwiebeln geben und kurz anschwitzen. Mit Salz Pfeffer, Cayennepfeffer und Kräutern der Provence würzen und bei mäßiger Hitze 6–8 Minuten köcheln lassen.

Maniche rigate mit Hackfleischfüllung

Für 4 Personen:

300 g Maniche rigate (kurze, dicke Röhrennudeln), Salzwasser
einige Tropfen Olivenöl

Für die Füllung:
250 g gemischtes Hackfleisch
1 Zwiebel, 1 Knoblauchzehe
1 rote Paprikaschote
1 TL Sonnenblumenöl
2 TL Kräuter der Provence
1 TL Kümmel
1 TL Paprikapulver rosenscharf
Salz, Pfeffer aus der Mühle
Fett für die Form

Für den Guss:
200 ml süße Sahne, 4 Eier
50 g geriebener Parmesan
100 g geriebener Emmentaler
1 Bund Schnittlauch

1. Die Nudeln im Salzwasser mit dem Olivenöl bissfest garen, abgießen, abschrecken, gut abtropfen lassen und bereitstellen.

2. Das Hackfleisch in eine Schüssel geben. Die Zwiebel und die Knoblauchzehe schälen und in feine Würfel schneiden. Die Paprikaschote halbieren, entkernen, waschen und ebenfalls in feine Würfel schneiden.

3. Das Sonnenblumenöl in einer Pfanne erhitzen. Zwiebel-, Knoblauch- und Paprikawürfel im Öl glasig schwitzen, mit Kräutern der Provence, Kümmel, Paprikapulver, Salz und Pfeffer würzen, vom Herd nehmen und erkalten lassen.

4. Das Gemüse zum Hackfleisch geben und alles zu einer glatten Masse verrühren, nochmals nachwürzen.

5. Die Masse gleichmäßig in die Nudeln füllen und die gefüllten Nudeln in eine ausgefettete, flache Auflaufform setzen.

6. Die Sahne mit den Eiern und dem geriebenen Parmesan sowie dem Emmentaler in einer Schüssel verrühren, salzen und pfeffern und gleichmäßig auf dem Auflauf verteilen.

7. Den Auflauf im auf 180–200 °C vorgeheizten Backofen 30–35 Minuten garen. Nach etwa 20 Minuten mit Alufolie abdecken.

8. Den fertigen Auflauf aus dem Ofen nehmen, dekorativ anrichten, mit dem verlesenen, gewaschenen und fein geschnittenen Schnittlauch bestreuen und mit einem gemischten Salat sofort servieren.

Zu den gefüllten Nudeln schmeckt eine Sauce Mornay sehr gut:

Hierfür 400 ml Béchamelsoße in einem Topf erhitzen. 150 g Bel Paese grob raspeln. Die Käseraspel in die Béchamelsoße einrühren und schmelzen lassen. Die Sauce Mornay nachwürzen und servieren.

Geschnetzeltes – Köstlichkeiten aus aller Welt

Paprikageschnetzeltes mit Chili

Für 4 Personen:

600 g Schweinefilet
1 EL Butterschmalz
Salz, Pfeffer aus der Mühle
2 Zwiebeln
2 Knoblauchzehen
je 1 große rote und grüne Paprikaschote
1 rote Chilischote
1–2 EL Paprikapulver edelsüß
½ TL Paprikapulver rosenscharf
100 ml Weißwein
200 ml Gemüsebrühe
200 ml süße Sahne
Speisestärke zum Binden
2 EL mittelscharfer Senf
1 EL Honig

Außerdem:
½ Bund Schnittlauch
Basilikumblättchen zum Garnieren

1. Das Schweinefilet waschen, trocken tupfen und in Scheiben schneiden.

2. Das Butterschmalz in einer Pfanne erhitzen, das Fleisch darin anbraten, salzen, pfeffern, herausnehmen und warm stellen.

3. Die Zwiebeln und die Knoblauchzehen schälen, in feine Scheiben schneiden und im verbliebenen Bratfett kurz dünsten.

4. Die Paprikaschoten halbieren, entkernen, waschen, abtropfen lassen und in mundgerechte Stücke schneiden.

5. Die Chilischote halbieren, entkernen, waschen, klein schneiden, mit den Paprikaschoten zu den Knoblauchzwiebeln geben und kurz mitschwitzen.

6. Mit dem Paprikapulver edelsüß und dem Paprikapulver rosenscharf bestäuben und kurz dünsten.

7. Den Weißwein angießen, die Brühe und die Sahne dazugeben und bei mäßiger Hitze fünf Minuten köcheln lassen.

8. Die Paprikasoße mit etwas angerührter Speisestärke leicht binden, mit Senf, Honig, Salz und Pfeffer kräftig abschmecken.

9. Das Fleisch in die Soße geben, nochmals erhitzen, aber nicht mehr kochen lassen.

10. Das Paprikageschnetzelte dekorativ anrichten, mit frisch geschnittenem Schnittlauch bestreuen, mit Basilikumblättchen garnieren und mit Butterreis sofort servieren.

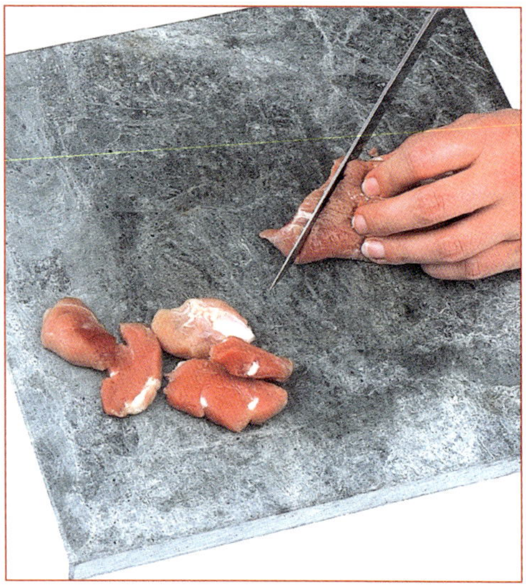

Putengeschnetzeltes mit Gemüse

Für 4 Personen:

600 g Putenbrustfilet
1–2 EL Butterschmalz
Salz, Pfeffer aus der Mühle
4 cl Grappa
1 Zwiebel
je 1 rote und grüne Paprikaschote
100 ml Weißwein
400 ml Gemüse- oder Fleischbrühe
1 Zucchini
1 kleine Dose dicke weiße Bohnen
Saft von 1 Zitrone
1–2 EL mittelscharfer Senf
Speisestärke zum Binden
1 Prise Cayennepfeffer
1 Prise Zucker

Außerdem:
1 Bund Petersilie
Kräuterzweige zum Garnieren

1. Das Putenbrustfilet unter fließendem Wasser waschen, trocken tupfen und in Streifen schneiden.

2. Das Schmalz in einer Pfanne erhitzen und das Putenbrustfilet darin unter ständigem Rühren braten.

3. Das Fleisch mit Salz und Pfeffer würzen, mit Grappa beträufeln, aus der Pfanne nehmen und warm stellen.

4. Die Zwiebel schälen, die Paprikaschoten halbieren, entkernen, waschen und beides in feine Streifen schneiden, ins verbliebene Bratfett geben und glasig schwitzen.

5. Den Weißwein und die Gemüse- oder Fleischbrühe angießen, zum Kochen bringen und fünf Minuten köcheln lassen.

6. Die Zucchini putzen, waschen, vierteln und in Scheiben schneiden, mit den Bohnen zum Gemüse geben und weitere 8–10 Minuten garen. Den Zitronensaft und den Senf in die Soße rühren und einmal aufkochen lassen.

7. Anschließend die Soße mit angerührter Speisestärke binden, mit Salz, Pfeffer, Cayennepfeffer und Zucker kräftig abschmecken.

8. Das Fleisch in die Soße geben, nochmals erhitzen, dekorativ anrichten, mit gehackter Petersilie bestreuen, mit Kräuterzweigen garnieren und mit Reisbällchen sofort servieren.

Einfach und schnell kann man ein Putengeschnetzeltes mit Zigeunersoße zubereiten:

Hierfür eine grüne Paprikaschote und eine Chilischote halbieren, entkernen, waschen und in feine Streifen schneiden. Eine Zwiebel schälen und in feine Streifen schneiden. 1 EL Olivenöl erhitzen, das Gemüse dazugeben und anschwitzen. 100 g Kochschinken und 100 g gepökelte, gekochte Zunge in Streifen schneiden, hinzufügen und mitschwitzen. 400 ml Kalbsjus in einen Topf geben. Die Gemüsemischung einrühren und erhitzen. Das gebratene Putenfleisch in die Soße geben, nochmals erhitzen, aber nicht mehr kochen lassen, mit Salz, Pfeffer und Cayennepfeffer abschmecken und servieren.

Ofenkartoffeln mit Geschnetzeltem

Für 4 Personen:

Für die Ofenkartoffeln:
1,5 kg Kartoffeln, Salzwasser
Alufolie oder Pergamentpapier
flüssige Butter zum Bestreichen und Beträufeln
Salz, Pfeffer aus der Mühle
1 EL Kümmel

Für das Geschnetzelte:
600 g Hähnchenbrustfilet
1 EL Paprikapulver
2 Zwiebeln, 2 Knoblauchzehen
2 Karotten
½ Bund Frühlingszwiebeln
2 EL Olivenöl, 100 ml Weißwein
300 ml Gemüse- oder Geflügelbrühe
einige Tropfen Zitronensaft
einige Tropfen Worcestersoße
1 Prise Zucker

Außerdem:
Kräuterzweige zum Garnieren

1. Die Kartoffeln gründlich waschen, in Salzwasser 15 Minuten garen und abgießen. Entsprechend große Stücke Alufolie oder Pergamentpapier mit Butter bestreichen. Die Kartoffeln einzeln darauflegen, mit Salz, Pfeffer und Kümmel bestreuen, mit Butter beträufeln und in die Folie einwickeln.

2. Die Kartoffeln in den auf 180–200 °C vorgeheizten Backofen schieben und 15–20 Minuten garen.

3. Die küchenfertigen Hähnchenbrustfilets unter fließendem Wasser waschen, trocken tupfen, in Scheiben schneiden, mit Salz, Pfeffer und Paprikapulver würzen.

4. Die Zwiebeln, die Knoblauchzehen und die Karotten schälen und in feine Würfel oder dünne Scheiben schneiden. Die Frühlingszwiebeln putzen, waschen und in mundgerechte Stücke schneiden.

5. Das Olivenöl in einer Pfanne erhitzen und das Fleisch darin unter ständigem Rühren braten, herausnehmen und bereitstellen.

6. Das Gemüse ins verbliebene Bratfett geben, glasig schwitzen und unter ständigem Rühren 2–3 Minuten braten.

7. Den Wein und die Gemüse- oder Geflügelbrühe angießen, aufkochen lassen und 8–10 Minuten köcheln lassen.

8. Das Hähnchenfleisch dazugeben und das Ganze zum Kochen bringen. Mit Zitronensaft, Worcestersoße, Zucker, Salz und Pfeffer kräftig abschmecken.

9. Die Kartoffeln aus dem Ofen nehmen und die Folie aufreißen. Die Kartoffeln dekorativ anrichten, mit dem Geschnetzelten überziehen, mit Kräutern garnieren und sofort servieren.

Verfeinert werden die Ofenkartoffeln mit einer Tatarensoße:

Hierfür 250 g saure Sahne in eine Schüssel geben. Drei Eier pellen und fein hacken, einen Bund Petersilie verlesen, waschen und fein schneiden. Die Eier und die Petersilie unter die saure Sahne rühren. Mit Salz, Pfeffer und Cayennepfeffer kräftig abschmecken. Die Tatarensoße kurz vor dem Servieren auf die Kartoffeln und über das Geschnetzelte geben.

Zwiebelgeschnetzeltes mit Paprika

Für 4 Personen:

600 g gut abgehangene Rinderlende
1 EL geschrotete schwarze Pfefferkörner
1 EL Butterschmalz
Salz, Pfeffer aus der Mühle
2 Zwiebeln, je ½ rote, gelbe und grüne Paprikaschote
1 EL Paprikapulver edelsüß
1 TL Paprikapulver rosenscharf
600 ml gebundene Bratensoße
4 cl Kirschlikör
Kräuterzweige zum Garnieren
Frühlingszwiebelscheiben zum Bestreuen

1. Die Rinderlende unter fließendem Wasser waschen, trocken tupfen und in feine Streifen schneiden. Mit den geschroteten Pfefferkörnern vermischen.

2. Das Butterschmalz in einer Pfanne erhitzen und das Fleisch darin unter ständigem Rühren je nach Geschmack medium oder durchbraten, herausnehmen, mit Salz und Pfeffer kräftig würzen und warm stellen.

3. Die Zwiebeln schälen und in feine Würfel schneiden. Die Paprikaschoten entkernen, waschen und in Streifen schneiden.

4. Mit den Zwiebeln ins verbliebene Bratfett geben und unter ständigem Rühren braten. Das Paprikapulver darüberstreuen, die Bratensoße angießen, alles zum Kochen bringen und bei mäßiger Hitze ca. fünf Minuten köcheln lassen.

5. Das Fleisch und den Kirschlikör in die Soße geben und erhitzen, aber nicht mehr kochen lassen.

6. Das Zwiebelgeschnetzelte dekorativ mit Paprika anrichten, mit Kräuterzweigen garnieren, mit Frühlingszwiebelscheiben bestreuen und mit Salzkartoffeln sofort servieren.

Filetgeschnetzeltes mit Spargel

Für 4 Personen:

800 g Rinderfilet
Butterschmalz zum Braten
Salz, Pfeffer aus der Mühle
2–3 Schalotten
600 g bissfest gegarter Spargel
4 Essiggurken, 2 EL Tomatenmark
1 l fertige Bratensoße
einige Tropfen Zitronensaft
einige Tropfen Worcestersoße
1 Tasse gemischte, gehackte Kräuter zum Bestreuen

1. Das Rinderfilet waschen, trocken tupfen, in Streifen schneiden und in etwas erhitztem Butterschmalz braten. Das Fleisch mit Salz und Pfeffer würzen, aus der Pfanne nehmen und warm stellen.

2. Die Schalotten schälen, fein hacken, ins verbliebene Bratfett geben und glasig schwitzen. Den Spargel in mundgerechte Stücke schneiden, dazugeben und kurz mitschwitzen. Die Essiggurken abtropfen lassen, in dünne Streifen schneiden und ebenfalls hinzufügen.

3. Das Tomatenmark einrühren und kurz rösten. Die Bratensoße angießen, zum Kochen bringen und das Ganze mit Salz, Pfeffer, Zitronensaft und Worcestersoße abschmecken. Das Fleisch dazugeben und erhitzen, aber nicht mehr kochen lassen.

4. Das Filetgeschnetzelte dekorativ anrichten, mit den verlesenen, gewaschenen und fein geschnittenen Kräutern bestreuen und sofort servieren.

(ohne Abbildung)

Geschnetzeltes mit Majoransahne

Für 4 Personen:

600 g mageres Schweinefleisch
1 EL gerebelter Majoran
2 EL Butterschmalz
Salz, Pfeffer aus der Mühle

Für die Soße:
1 Zwiebel, 2 Knoblauchzehen
1 rote Chilischote
2–3 Karotten, 200 g Sellerie
2–3 EL Paprikamark
300 ml Gemüse- oder Fleischbrühe
200 ml süße Sahne
1 Zucchini
Speisestärke zum Binden
1 Bund frischer Majoran oder
1–2 EL gerebelter Majoran
einige Tropfen Weinbrand
1 Prise Zucker
1 Prise Cayennepfeffer

Außerdem:
Kräuterzweige zum Garnieren

1. Das Schweinefleisch unter fließendem Wasser waschen, trocken tupfen, in feine Streifen schneiden und mit Majoran bestreuen.

2. Das Butterschmalz in einer Pfanne erhitzen, das Fleisch darin unter ständigem Rühren braten, salzen, pfeffern, herausnehmen und bereitstellen.

3. Die Zwiebel und die Knoblauchzehen schälen, fein würfeln, ins verbliebene Bratfett geben und glasig schwitzen.

4. Die Chilischote, die Karotten und den Sellerie putzen, waschen, die Chilischote in feine Streifen das restliche Gemüse in Stücke schneiden.

5. Das Gemüse zu den Knoblauchzwiebeln geben und mitschwitzen.

6. Die Brühe und die Sahne angießen, das Ganze zum Kochen bringen und das Gemüse darin bissfest garen.

7. Anschließend die geputzte, gewaschene und in Würfel geschnittene Zucchini dazugeben und 4–5 Minuten mitgaren.

8. Die Soße mit etwas angerührter Speisestärke leicht binden. Den verlesenen, gewaschenen und zerpflückten oder den gerebelten Majoran in die Soße geben. Mit Weinbrand aromatisieren, mit Salz, Pfeffer, Zucker und Cayennepfeffer abschmecken.

9. Das Fleisch in die Soße geben, nochmals erhitzen, aber nicht mehr kochen lassen. Anschließend das Geschnetzelte dekorativ anrichten, mit Kräuterzweigen garnieren, mit Curryreis und gemischtem Salat sofort servieren.

Putenpfanne mit Gemüse

Für 4 Personen:

600 g Putenbrustfilet
Salz, Pfeffer aus der Mühle
Butterschmalz zum Braten

Für die Soße:
1 rote Zwiebel
2 Knoblauchzehen
1 rote Chilischote
2 Karotten
100 ml Weißwein
400 ml Gemüse- oder Geflügelbrühe
3 EL Sojasoße
2 EL Honig
1 Zucchini
4 Tomaten
Speisestärke zum Binden

Außerdem:
1 Bund Basilikum

1. Das küchenfertige Putenbrustfilet unter fließendem Wasser waschen, trocken tupfen und in feine Scheiben schneiden. Mit Salz und Pfeffer kräftig würzen.

2. Wenig Butterschmalz in einer Pfanne erhitzen und das Fleisch darin unter ständigem Rühren braten, herausnehmen und bereitstellen.

3. Die Zwiebel und die Knoblauchzehen schälen, in feine Streifen schneiden, ins verbliebene Bratfett geben und glasig schwitzen.

4. Die Chilischote putzen, halbieren, entkernen, waschen, fein würfeln, mit den geschälten und in feine Scheiben geschnittenen Karotten zu den Knoblauchzwiebeln geben und mitbraten.

5. Mit Weißwein ablöschen, die Gemüse- oder Geflügelbrühe angießen und zum Kochen bringen.

6. Die Sojasoße und den Honig einrühren und die Soße bei mäßiger Hitz 6–8 Minuten köcheln lassen.

7. Die Zucchini putzen, waschen, halbieren und in feine Scheiben schneiden.

8. Die Tomaten waschen, vom Strunk befreien und die Tomaten in Streifen schneiden, mit den Zucchinischeiben in die Soße geben und weitere fünf Minuten garen.

9. Anschließend das Ganze mit etwas angerührter Speisestärke leicht binder Das Fleisch in die Soße geben, erhitzen, aber nicht mehr kochen lassen und mit Salz und Pfeffer nachwürzen.

10. Das Putengeschnetzelte mit Gemüse dekorativ anrichten, mit dem ver lesenen, gewaschenen und zerpflückten Basilikum belegen und sofort servieren.

Garnitur – Lauchmännchen:

Den Lauch verlesen, waschen, gut abtropfen lassen und das obere Grün abschneiden. Am unteren Stängelende mit zwei Nelken die Augen eindrücken. Mit einem Messer den Mund leicht vorschneiden und anschließend mit Tomaten- oder Paprikastückchen füllen.

Zürcher Kalbsrahm-geschnetzeltes

Für 4 Personen:

600 g Kalbsoberschale
1 EL Butterschmalz
Salz, Pfeffer aus der Mühle

Für die Soße:
1 Zwiebel
200 g frische Champignons
Saft von 1 Zitrone
100 ml Weißwein
400 ml gebundene Bratensoße
200 ml süße Sahne
50 g geriebener Parmesankäse

Außerdem:
2 Tomaten
Kräuterzweige und Salatblätter zum Garnieren

1. Die Kalbsoberschale unter fließendem Wasser waschen, trocken tupfen und in feine Streifen oder Scheiben schneiden.

2. Das Butterschmalz in einer Pfanne erhitzen, das Fleisch darin unter ständigem Rühren braten, herausnehmen, mit Salz und Pfeffer kräftig würzen und warm stellen.

3. Die Zwiebel schälen, fein würfeln, ins verbliebene Bratfett geben und glasig schwitzen.

4. Die Champignons putzen, in Scheiben schneiden, mit Zitronensaft beträufeln, zu der Zwiebel geben und kurz mitbraten.

5. Den Weißwein, die Bratensoße und die Sahne angießen, zum Kochen bringen und kurz einreduzieren lassen.

6. Das Fleisch mit dem geriebenen Parmesankäse unter die Soße heben, erhitzen, aber nicht mehr kochen lassen. Mit Salz und Pfeffer abrunden.

7. Die Tomaten waschen, den Strunk entfernen, die Tomaten halbieren, entkernen und in Würfel schneiden.

8. Das Zürcher Kalbsrahmgeschnetzelte dekorativ anrichten, mit den Tomatenwürfeln bestreuen, mit Kräuterzweigen und Salatblättern garnieren und mit Röstis oder Kartoffelplätzchen sofort servieren.

Geschnetzeltes mit scharfer Sosse

Für 4 Personen:

600 g Putenbrust
Salz, Pfeffer aus der Mühle
1 EL Butterschmalz

Für die Soße:
1 Zwiebel, 2 Knoblauchzehen
2 Karotten
1 kleine Stange Lauch
1 Chilischote, 100 ml Weißwein
400 ml Gemüse- oder Geflügelbrühe
heller Soßenbinder
30 g grüne Pfefferkörner

Außerdem:
4 Portionen bissfest gegarte Spaghetti, 1 EL Olivenöl
75 g geriebener Parmesankäse
Kräuterzweige zum Garnieren

1. Die Putenbrust unter fließendem Wasser waschen, trocken tupfen, in feine Streifen oder Würfel schneiden, mit Salz und Pfeffer kräftig würzen.

2. Das Schmalz erhitzen, das Fleisch darin unter ständigem Rühren braten, herausnehmen und warm stellen.

3. Die Zwiebel und die Knoblauchzehen schälen, fein würfeln, ins verbliebene Bratfett geben und braten.

4. Die Karotten schälen, den Lauch putzen und waschen, die Chilischote halbieren, entkernen und waschen.

5. Das Gemüse in feine Streifen schneiden, zu den Knoblauchzwiebeln geben und kurz mitbraten.

6. Den Wein und die Gemüse- oder Geflügelbrühe angießen, zum Kochen bringen und bei mäßiger Hitze etwa 10 Minuten köcheln lassen.

7. Die Soße mit Soßenbinder leicht binden. Die Pfefferkörner und das Fleisch in die Soße geben, erhitzen, aber nicht mehr kochen lassen. Mit Salz und Pfeffer abrunden.

8. Die bissfest gegarten Spaghetti in erhitztem Olivenöl durchschwenken und heiß werden lassen. Den Parmesankäse untermischen und die Nudeln mit Salz und Pfeffer würzen.

9. Die Parmesanspaghetti dekorativ anrichten, das Truthahngeschnetzelte darauf verteilen, mit Kräuterzweigen garnieren und sofort servieren.

Das Geschnetzelte schmeckt auch mit einer Tomaten-Knoblauch-Sosse:

Hierfür 400 ml Bratensoße in einem Topf erhitzen. 3–4 Tomaten waschen, den Strunk entfernen, die Tomaten entkernen und in Streifen schneiden. 2 EL Olivenöl erhitzen, die Tomaten dazugeben und anschwitzen. 3–4 Knoblauchzehen schälen, durch die Knoblauchpresse treiben und zu den Tomaten geben. In die Bratensoße einrühren, salzen und pfeffern. ½ Bund Petersilie verlesen, waschen, hacken und in die Tomaten-Knoblauch-Soße einrühren. Das Fleisch in die Soße geben, erhitzen, aber nicht mehr kochen lassen. Mit Salz und Pfeffer abrunden.

Bauerngeschnetzeltes mit Paprikasalami

Für 4 Personen:

500 g Schweinefilet
Salz, Pfeffer aus der Mühle
1 EL Paprikapulver edelsüß
200 g Paprikasalami

Für die Soße:
1 Zwiebel, 2 Knoblauchzehen
1 kleine Peperoni
je 1 rote und gelbe Paprikaschote
1 EL Butterschmalz
50 g Paprikamark, 200 ml Rotwein
400 ml gebundene Bratensoße (Fertigprodukt)

Außerdem:
Salatblätter und Petersilie zum Garnieren

1. Das Schweinefilet unter fließendem Wasser waschen, trocken tupfen, in Streifen oder Würfel schneiden, mit Salz, Pfeffer und Paprikapulver kräftig würzen.

2. Die Paprikasalami in Würfel oder Scheibchen schneiden. Die Zwiebel und die Knoblauchzehen schälen und fein würfeln.

3. Die Peperoni und die Paprikaschoten halbieren, entkernen, waschen und in feine Streifen schneiden.

4. Das Butterschmalz in einer Pfanne erhitzen, das Fleisch darin unter ständigem Rühren braten, herausnehmen und warm stellen.

5. Die Paprikasalami ins verbliebene Bratfett geben und anbraten. Das Gemüse dazugeben und unter ständigem Rühren ca. fünf Minuten braten.

6. Das Paprikamark einrühren, den Rotwein und die Bratensoße angießer zum Kochen bringen und bei mäßiger Hitze ca. acht Minuten köcheln lassen

7. Das Fleisch hinzufügen und erhitzen, aber nicht mehr kochen lassen.

8. Das Bauerngeschnetzelte nachwürzen, dekorativ anrichten, mit Salatblättern und Petersilie garnieren und mit Kartoffelwedges sofort servieren.

Das Geschnetzelte schmeckt auch mit einer Tomaten-Oliven-Sosse:

Hierfür 500 ml Tomaten-Grundsoße in einem Topf erhitzen. 50 g grüne und 50 g schwarze Oliven entkernen und fein hacken. Die Oliven in die Tomatensoße rühren, mit Salz, Pfeffer und einer Prise Cayennepfeffer nachwürzen. Das Fleisch in die Soße geben, erhitzen, aber nicht mehr kochen lassen. Mit Salz und Pfeffer abrunden.

Senfgeschnetzeltes mit Würstchen

Für 4 Personen:

600 g Wiener Würstchen
1 TL Butterschmalz
3 Karotten
½ Bund Frühlingszwiebeln
100 ml Orangensaft
300 ml Gemüsebrühe
100 g mittelscharfer Senf
200 ml süße Sahne
Salz, Pfeffer aus der Mühle
1 Prise Zucker
Speisestärke zum Binden
1 Bund Schnittlauch

1. Die Wiener Würstchen in mundgerechte Stücke oder Scheiben schneiden. Das Schmalz erhitzen und die Würstchen darin anbraten, herausnehmen und warm stellen.

2. Die Karotten schälen und in dünne Scheiben schneiden. Die Frühlingszwiebeln putzen, waschen und in Stücke schneiden. Das Gemüse ins verbliebene Bratfett geben und anschwitzen.

3. Den Orangensaft und die Gemüsebrühe angießen, zum Kochen bringen und bei mäßiger Hitze ca. acht Minuten köcheln lassen.

4. Den Senf und die Sahne in die Soße einrühren, einmal aufkochen lassen, mit Salz, Pfeffer und Zucker kräftig abschmecken und mit etwas angerührter Speisestärke leicht binden.

5. Die Würstchen in die Soße geben, erhitzen, nachwürzen, dekorativ anrichten, mit dem verlesenen, gewaschenen und fein geschnittenen Schnittlauch bestreuen und sofort servieren.

Schnelles Wein-Rahm-Geschnetzeltes

Für 4 Personen:

800 g Kalbs- oder Schweinefilet
Salz, Pfeffer aus der Mühle
1-2 EL Butterschmalz
2-3 Zwiebeln
1 Glas Weißwein
2 Becher süße Sahne
dunkler Soßenbinder
1 Prise Cayennepfeffer
1 Prise Zucker

Außerdem:
100 g durchwachsener, geräucherter Speck
1 Bund Petersilie zum Garnieren

1. Das Kalbs- oder Schweinefilet unter fließendem Wasser waschen, trocken tupfen und in dünne Scheiben schneiden.

2. Mit Salz und Pfeffer würzen und im erhitzten Butterschmalz unter ständigem Rühren braten. Das Fleisch herausnehmen und warm stellen.

3. Die Zwiebeln schälen und fein hacken, ins verbliebene Bratfett geben und glasig schwitzen.

4. Mit dem Weißwein ablöschen, die Sahne angießen, erhitzen, nach Geschmack mit etwas dunklem Soßenbinder binden und mit Salz, Pfeffer, Cayennepfeffer und Zucker kräftig abschmecken.

5. Das Fleisch einlegen und erhitzen, aber nicht mehr kochen lassen.

6. Den Speck in dünne Streifen schneiden und in einer Pfanne auslassen. Das Geschnetzelte dekorativ anrichten, mit den gebratenen Speckstreifen bestreuen, mit Petersilienzweigen garnieren und mit Röstis sofort servieren.

(ohne Abbildung)

Geschnetzeltes Gärtnerinnenart

Für 4 Personen:

600 g Schweineoberschale
Salz, Pfeffer aus der Mühle
1 EL gerebelter Majoran
2 EL Butterschmalz

Für die Soße:
1 Zwiebel
2 Frühlingszwiebeln
50 g Paprikamark
200 ml Weißwein
100 ml Gemüse- oder Fleischbrühe
1 TL Speisestärke zum Binden
je 150 g Erbsen und Karotten (TK-Produkt)
1 Bund Estragon

Außerdem:
4 Portionen bissfest gegarte Nudeln
Petersilienzweige zum Garnieren

1. Das Fleisch unter fließendem Wasser waschen, trocken tupfen, in feine Streifen schneiden, mit Salz, Pfeffer und Majoran kräftig würzen.

2. Das Butterschmalz in einer Pfanne erhitzen, das Fleisch darin unter ständigem Rühren braten, herausnehmen und warm stellen.

3. Die Zwiebel und die Frühlingszwiebeln putzen, in feine Scheiben oder Würfel schneiden, ins verbliebene Bratfett geben und anbraten.

4. Das Paprikamark einrühren und kurz rösten. Den Weißwein und die Gemüse- oder Fleischbrühe angießen, zum Kochen bringen und bei starker Hitze ca. sechs Minuten kräftig einreduzieren lassen.

5. Die Soße mit etwas angerührter Speisestärke leicht binden.

6. Die Erbsen und Karotten in die Soße geben und bissfest garen.

7. Das Fleisch mit dem verlesenen, gewaschenen und fein geschnittenen Estragon in die Soße geben, erhitzen, aber nicht mehr kochen lassen. Mit Salz und Pfeffer nachwürzen.

8. Das Geschnetzelte Gärtnerinnenart mit den erhitzten Nudeln dekorativ anrichten, mit Kräuterzweigen garnieren und sofort servieren.

Estragon

Vor allem in der französischen Küche nimmt Estragon den Ehrenplatz unter den Küchenkräutern ein und gehört zu den „Fines herbes", d. h. einer Mischung aus 4 EL Petersilie, je 2 EL Schnittlauch und Verbene, 2 TL Estragon, fein gehackt, sofort verwendet und mit Essig vermengt, wobei sich ein feines Aroma entfaltet. Er gibt Soßen, grünen Salaten, Salatdressings und gekochtem Huhn die spezifische, wohlschmeckende Würze. Estragon wird auch Füllungen, Suppen, Fischsoßen, Fleisch-, Geflügel-, Eier- und Gemüsegerichten beigegeben und verleiht den verschiedenen Speisen den eigentlichen herben aromatischen Geschmack. Da Estragon ausgesprochen würzintensiv ist, sollte von ihm nur sparsam Gebrauch gemacht werden, um den Geschmack der Speisen nicht zu verderben.

Lauch-Tomaten-Geschnetzeltes

Für 4 Personen:

Für die Käsenudeln:
300 g kleine Nudeln
Salzwasser
einige Tropfen Olivenöl
1 EL Butter, 1 Zwiebel
125 g geriebener Butterkäse
100 ml Milch

Für das Geschnetzelte:
600 g Schweineoberschale
Salz, Pfeffer aus der Mühle
1 EL Paprikapulver edelsüß
je 1 TL gerebelter Majoran
und Thymian
1 EL Butterschmalz
1 Zwiebel, 1 kleine Stange Lauch
50 g Tomatenmark
100 ml Rotwein, 500 ml Gemüse- oder Geflügelbrühe
10 g Speisestärke zum Binden
2 Tomaten

Außerdem:
Basilikum zum Garnieren

1. Für die Käsenudeln die Nudeln im Salzwasser mit dem Olivenöl bissfest garen, abgießen, abschrecken und gut abtropfen lassen.

2. Die Butter in einer Auflaufform erhitzen. Die Zwiebel schälen, fein würfeln, ins Fett geben und glasig schwitzen.

3. Die Nudeln dazugeben und kurz mitschwitzen. Den geriebenen Butterkäse mit der Milch vermischen, gleichmäßig auf den Nudeln verteilen und diese im auf 200 °C vorgeheizten Backofen 20 Minuten backen.

4. Das Fleisch unter fließendem Wasser waschen, trocken tupfen und in feine Streifen oder Würfel schneiden. Mit Salz, Pfeffer, Paprikapulver, Majoran und Thymian kräftig würzen.

5. Das Butterschmalz in einer Pfanne erhitzen, das Fleisch darin unter ständigem Rühren braten, herausnehmen und warm stellen.

6. Die Zwiebel schälen und in feine Würfel schneiden. Den Lauch putzen, waschen, in Streifen schneiden, mit de[r] Zwiebel ins verbliebene Bratfett geben und anbraten.

7. Das Tomatenmark einrühren, mit Rotwein ablöschen, die Brühe angießen und zum Kochen bringen.

8. Die Soße bei starker Hitze ca. fünf Minuten einreduzieren lassen und mit etwas angerührter Speisestärke leicht binden.

9. Die Tomaten enthäuten, entkernen in Stücke schneiden, mit dem Fleisch in die Soße geben, erhitzen, aber nich[t] mehr kochen lassen, mit Salz und Pfeffer nachwürzen.

10. Die Käsenudeln aus dem Ofen nehmen, in Stücke schneiden, dekorativ anrichten, das Geschnetzelte dazugeben, mit Basilikum garnieren und sofort servieren.

Garnitur – Tomatenkorb:

Die Tomate waschen und trocken tupfen. Von der Oberseite her mit einem scharfen Messer in der Mitte im Abstand von 1 cm die Tomate bis zur Hälfte einschneiden. Auf beiden Seiten der Einschnitte die Tomate zickzackförmig einschneiden und die Außenhaut lösen. Die so entstandenen „Flügel" in das Körbchen setzen und mit Kräuterzweigen garnieren.

Gänseragout in Wacholderrahm

Für 4 Personen:

2–3 Gänsekeulen
Salz, Pfeffer aus der Mühle
1 EL gerebelter Majoran
1 EL gerebelter Beifuß
Butterschmalz zum Braten
2 EL Wacholderbeeren
1 Bund Suppengemüse
1 Zwiebel
1 l Gemüse- oder Geflügelbrühe

Außerdem:
100 g Schalotten
1 EL Butter
50 ml Madeira
200 ml süße Sahne
heller Soßenbinder
½ Bund Majoran

1. Die küchenfertigen Gänsekeulen unter fließendem Wasser waschen, trocken tupfen, die Haut entfernen und die Keulen mit Salz, Pfeffer, Majoran und Beifuß würzen.

2. Das Butterschmalz in einem Bräter erhitzen, die Gänsekeulen darin rundherum Farbe nehmen lassen, die Wacholderbeeren dazugeben und kurz mitbraten.

3. Das Suppengemüse putzen und nach Bedarf klein schneiden. Die Zwiebel schälen, fein würfeln, mit dem Suppengemüse zu den Gänsekeulen geben und kurz mitbraten.

4. Die Gemüse- oder Geflügelbrühe angießen, zum Kochen bringen, den Bräter verschließen und das Ganze im auf 180 °C vorgeheizten Backofen 90 Minuten schmoren lassen.

5. In der Zwischenzeit die Schalotten schälen und fein würfeln. Die Butter in einer Pfanne erhitzen und die Schalottenwürfel darin anschwitzen.

6. Mit Madeira ablöschen und die Sahne angießen, einmal aufkochen lassen, vom Herd nehmen und bereitstellen.

7. Die fertig gegarten Gänsekeulen aus der Soße nehmen, das Fleisch von den Knochen lösen und in mundgerechte Stücke schneiden.

8. Die Soße durch ein Sieb passieren, mit der Sahnemischung verrühren, zum Kochen bringen, mit hellem Soßenbinder leicht binden und mit Salz und Pfeffer abrunden.

9. Das Gänsefleisch in der Soße erwärmen und den verlesenen, gewaschenen und fein geschnittenen Majoran unterrühren. Das Gänseragout dekorativ anrichten, mit Kartoffelpüree und Brokkoliröschen sofort servieren.

Wacholder

Speziell die nordischen Länder haben den Wacholder in der Beliebtheitsskala ganz nach oben gestellt, hier gibt es viele wohlschmeckende Gerichte. Wacholder wird grundsätzlich zum Würzen von dunklem Fleisch bevorzugt. Wir erhalten den Wacholder als ganze, getrocknete Beeren, die bei der Weiterverarbeitung zerdrückt werden sollten. Geschroteten Wacholder können Sie dann in verschiedene Gewürzmischungen aufnehmen. Die Wacholderbeeren sind Grundlage von Beizen und Marinaden, speziell aus der Wildküche kennen wir hier die Rotwein- oder Buttermilchbeize, die mit Wacholder erst ihren besonderen Geschmack bekommt. Im Bereich der Schmorgerichte kann Wacholder auch für Schweine- und Rinderbraten mit in den Gewürzreigen aufgenommen werden. Wacholder zählt des Weiteren zu den Einmach- und Einlegegewürzen, hier wird er in Verbindung mit Nelken, Lorbeerblättern, Pimentkörnern, Pfefferkörnern und Senfsamen eingesetzt. Als Hauptgewürz für Sauerkraut und Rotkohl ist Wacholder geläufig, er kann aber auch bei anderen Gemüsezubereitungen gute Dienste erweisen.

Möhrengemüse mit Rindergeschnetzeltem

Für 4 Personen:

Für das Gemüse:
250 g Kartoffeln
750 g Möhrchen
2-3 EL Butter
1 Zwiebel
1-2 EL Zucker
125 ml Weißwein
Saft von 1 Zitrone
300 ml Gemüsebrühe
200 ml süße Sahne
Speisestärke zum Binden
Salz, Pfeffer aus der Mühle
1 Prise Cayennepfeffer
1 Prise Muskat

Für das Geschnetzelte:
600 g Rinderfilet
2-3 EL Butterschmalz
2 Zwiebeln
2-3 EL Sahnemeerrettich
100 ml Weißwein
200 ml süße Sahne

Außerdem:
Kräuterzweige zum Garnieren

1. Die Kartoffeln waschen, schälen und in Stifte schneiden. Die Möhrchen putzen, waschen und in Scheiben schneiden.

2. Die Butter in einem Topf erhitzen. Die Zwiebel schälen, fein würfeln, ins Fett geben und glasig schwitzen.

3. Die Kartoffeln und die Möhrchen dazugeben und kurz mitschwitzen. Mit Zucker bestreuen, mit Weißwein und Zitronensaft ablöschen und die Gemüsebrühe angießen.

4. Das Gemüse zugedeckt bei mäßiger Hitze 12-15 Minuten köcheln lassen. Zum Schluss die Sahne einrühren und einmal kräftig aufkochen lassen.

5. Das Gemüse mit etwas angerührter Speisestärke leicht binden. Mit Salz, Pfeffer, Cayennepfeffer und Muskat würzen.

6. Das Rinderfilet unter fließendem Wasser waschen, trocken tupfen und in Streifen schneiden.

7. Das Butterschmalz in einer Pfanne erhitzen und das Filet darin unter stän digem Rühren braten, salzen, pfeffern, herausnehmen und warm stellen.

8. Die Zwiebeln schälen, in feine Würfel schneiden, ins verbliebene Bratfett geben und kräftig rösten.

9. Den Sahnemeerrettich einrühren, mit Weißwein ablöschen und die Sahne angießen. Die Soße kurz einreduzieren lassen.

10. Die Soße mit Salz, Pfeffer und Cayennepfeffer würzen, das Fleisch dazugeben, erhitzen, aber nicht mehr kochen lassen.

11. Das Gemüse dekorativ anrichten, das Rindergeschnetzelte darauf verteilen, mit Kräuterzweigen garnieren und sofort servieren.

Rindfleisch

Rindfleisch ist nicht gleich Rindfleisch. Die Qualität wird vom Alter, dem Geschlecht und der Rasse der Tiere beeinflusst, aber auch die Fleischreifung spielt eine wichtige Rolle.
Wir unterscheiden:
- Jungrindfleisch (von noch nicht ausgewachsenen männlichen und weiblichen Tieren) ist feinfaserig, zart und gut marmoriert.
- Jungbullenfleisch (von ausgewachsenen männlichen Tieren, bis zu zwei Jahre alt) wird am häufigsten angeboten.
- Färsenfleisch (von ausgewachsenen weiblichen Tieren) ist meistens etwas fetter und besser marmoriert als Jungbullenfleisch.
- Ochsenfleisch (von ausgewachsenen männlichen, kastrierten Tieren) mit gut marmoriertem Fleisch von bester Qualität.

Filetgeschnetzeltes Mexicana

Für 4 Personen:

600 g Schweinefilet
Salz, Pfeffer aus der Mühle
2 EL Olivenöl

Für die Soße:
1 Zwiebel
je 1 rote, gelbe und grüne Paprikaschote
1 rote Chilischote
200 ml Gemüse- oder Fleischbrühe
1 Dose Kidneybohnen (260 g netto)
1 Dose Zuckermais (280 g netto)
1 Packung Tico Seasoning Mix (mexikanische Würzmischung)

Außerdem:
1 Packung Tortillafladen
200 g Sauerrahm

1. Das küchenfertige Schweinefilet unter fließendem Wasser waschen, trocken tupfen, in dünne Scheibchen oder Streifen schneiden, mit Salz und Pfeffer würzen.

2. Das Olivenöl in einer Pfanne erhitzen, das Fleisch darin braten, herausnehmen und warm stellen.

3. Die Zwiebel schälen, fein würfeln, ins verbliebene Bratfett geben und glasig schwitzen.

4. Die Paprikaschoten und die Chilischote halbieren, entkernen, waschen, gut abtropfen lassen, in feine Streifen schneiden, zu der Zwiebel geben und kurz mitschwitzen.

5. Die Brühe angießen und das Ganze bei mäßiger Hitze ca. sieben Minuten köcheln lassen.

6. Die gut abgetropften Kidneybohnen und den Zuckermais einrühren und bei mäßiger Hitze fünf Minuten köcheln lassen.

7. Das Fleisch dazugeben und erhitzen. Mit der mexikanischen Würzmischung, Salz und Pfeffer kräftig abschmecken.

8. Die Tortillafladen nach Packungsanweisung zubereiten, auf Teller legen, mit dem Geschnetzelten füllen, zusammenklappen und mit Sauerrahm sofort servieren.

Zum Filetgeschnetzelten schmeckt auch eine Paprikacreme sehr gut:

Hierfür drei rote Paprikaschoten halbieren, entkernen, waschen, gut abtropfen lassen und im Ofen so lange rösten, bis die Haut schwarz ist. Die Paprikaschoten enthäuten, würfeln und in eine Schüssel geben. Eine Zwiebel schälen, fein würfeln, mit dem Saft von ½ Zitrone und 250 g Crème fraîche zu den Paprikawürfel geben. Die Zutaten mit dem Stabmixer mixen, mit Salz, Pfeffer und Cayennepfeffer kräftig würzen. 2–3 EL gemischte, gehackte Kräuter (Schnittlauch, Petersilie, Basilikum) unter die Creme heben und die Paprikacreme zum Geschnetzelten servieren.

Safrangeschnetzeltes mit Linsengemüse

Für 4 Personen:

200 g Pardina-Linsen
600 g Hähnchenbrustfilet
Salz, Pfeffer aus der Mühle

Für die Soße:
2 EL Olivenöl
1 Zwiebel, 2 Karotten
500 g Staudensellerie
1 EL Curry
1 Briefchen Safran
1 TL gemahlener Kreuzkümmel
1 TL geschroteter Koriander
½ TL Zimtpulver

Außerdem:
3 Frühlingszwiebeln

1. Die Pardina-Linsen unter fließendem Wasser waschen und in kochendem Wasser 30 Minuten ohne Einweichen bissfest garen.

2. Die Hähnchenbrustfilets unter fließendem Wasser waschen, trocken tupfen und in Stücke schneiden. Mit Salz und Pfeffer kräftig würzen.

3. Das Olivenöl in einer Pfanne erhitzen und das Fleisch darin unter ständigem Rühren braten.

4. Die Zwiebel schälen, fein würfeln, zum Fleisch geben und kurz mitbraten.

5. Die Karotten schälen, halbieren, den Staudensellerie putzen und waschen. Das Gemüse in dünne Scheiben schneiden, zum Fleisch geben und mitbraten.

6. Mit Curry bestäuben und 300 ml Linsensud angießen. Den Safran, den Kreuzkümmel, den Koriander und den Zimt einrühren und das Geschnetzelte bei mäßiger Hitze 10 Minuten köcheln lassen.

7. Die Linsen abgießen, gut abtropfen lassen, zum Geschnetzelten geben und fertig garen.

8. Das Safrangeschnetzelte dekorativ anrichten, mit den gewaschenen, in Scheiben geschnittenen Frühlingszwiebeln bestreuen und sofort servieren.

Bleichsellerie

Der Bleichsellerie ist auch als Stauden- oder Stangensellerie bekannt und wird als Gemüse bei uns meist noch stiefmütterlich behandelt. Vor allen in der italienischen Küche hat er seinen Stammplatz. Der Bleichsellerie ist weit milder als der Knollensellerie und kann deshalb auch in Kombination mit verschiedenen anderen Gemüsesorten Verwendung finden. Bleichsellerie bekommen wir das ganze Jahr über, in heimischen Gefilden wird er von Juli bis November geerntet.

CHILIGESCHNETZELTES MIT FRÜCHTEN

FÜR 4 PERSONEN:

800 g Schweinefilet
Salz, Pfeffer aus der Mühle
2 EL Sesamöl
150 g Schalotten
1 rote Chilischote
200 ml Orangensaft
300 ml Gemüse- oder Fleischbrühe

Für die Soße:
1 kleine Mango
1 süßsäuerlicher Apfel
½ Ananas
75 ml süße Chilisoße
1 TL Speisestärke zum Binden

Außerdem:
1 Bund Schnittlauch

1. Das küchenfertige Schweinefilet unter fließendem Wasser waschen, trocken tupfen, in Würfel oder Streifen schneiden, mit Salz und Pfeffer kräftig würzen.

2. Das Sesamöl in einer großen Pfanne erhitzen, das Fleisch darin unter ständigem Rühren braten, herausnehmen und warm stellen.

3. Die Schalotten schälen und vierteln. Die Chilischote halbieren, entkernen, waschen, klein schneiden, mit den Schalotten ins verbliebene Bratfett geben und kurz braten.

4. Den Orangensaft und die Brühe angießen, zum Kochen bringen und bei mäßiger Hitze fünf Minuten köcheln lassen.

5. Die Mango schälen, das Fruchtfleisch vom Kern lösen und würfeln. Den Apfel waschen, entkernen und in feine Schnitze schneiden.

6. Die Ananas schälen, den Strunk herausschneiden und das Fruchtfleisch würfeln. Das Obst und das Fleisch in die Soße geben und erhitzen.

7. Die Chilisoße einrühren, mit Salz und Pfeffer kräftig würzen. Das Ganze einmal aufkochen lassen und mit etwas angerührter Speisestärke leicht binden.

8. Das Chiligeschnetzelte dekorativ anrichten, mit dem verlesenen, gewaschenen und fein geschnittenen Schnittlauch bestreuen und mit bissfest gegartem Basmatireis sofort servieren.

ANANAS

Es gibt zwei Methoden, die Frucht von der Schale und dem Stiel zu befreien: Entweder man schneidet den Schopf ab und teilt die Frucht der Länge nach in Hälften, danach in Viertel. Jetzt lassen sich der Mittelstiel leicht abschneiden und das Fruchtfleisch von der Schale lösen. Sodann kann man – je nach Bedarf – die Frucht in Stücke, Scheiben oder Keile teilen. Oder man schneidet die Ananas in dickere Scheiben, entfernt dann mit einem Apfelausstecher den Mittelstiel und trennt die Schale von den Scheiben.

Geschnetzeltes Kräuterfilet

Für 4 Personen:

800 g Schweinefilet
2-3 EL Butterschmalz
1 TL gerebelter Majoran
1 EL Kräuter der Provence
Salz, Pfeffer aus der Mühle
4 cl Weinbrand

Für die Soße:
1 Zwiebel
2-3 Karotten
1 kleine Zucchini
100 ml Weißwein
200 ml Gemüse- oder Fleischbrühe
200 ml süße Sahne
50 g gemischte, frische Kräuter (Basilikum, Majoran, Petersilie, Estragon)
Speisestärke zum Binden

Außerdem:
Kräuterzweige zum Garnieren

1. Das küchenfertige Schweinefilet unter fließendem Wasser waschen, trocken tupfen und in Scheiben oder Würfel schneiden.

2. Das Butterschmalz in einer Pfanne erhitzen und das Fleisch darin unter ständigem Rühren braten.

3. Das Fleisch mit Majoran, Kräutern der Provence, Salz und Pfeffer kräftig würzen.

4. Den Weinbrand in einer Suppenkelle erhitzen und anzünden. Das Fleisch damit flambieren, aus der Pfanne nehmen und warm stellen.

5. Die Zwiebel und die Karotten schälen, in feine Würfel schneiden, ins verbliebene Bratfett geben und 4-5 Minuten dünsten.

6. Die Zucchini putzen, waschen, in feine Würfel schneiden, zum Gemüse geben und kurz mitschwitzen.

7. Den Wein, die Brühe und die Sahne angießen, einmal aufkochen lassen und die verlesenen, gewaschenen und fein gehackten Kräuter untermischen.

8. Die Soße mit Salz und Pfeffer würzen und mit etwas angerührter Speisestärke leicht binden. Das Fleisch in die Soße geben und darin erhitzen, aber nicht mehr kochen lassen.

9. Das Geschnetzelte dekorativ anrichten, mit Kräuterzweigen garnieren und mit geröstetem Kräuterbrot sofort servieren.

Garnitur – Zucchiniblüte:

Die Zucchini waschen, trocken tupfen und ein 6 cm großes Stück abschneiden. Mithilfe eines Julienneschneiders zweidrittel der Schale von einer zur anderen Seite abziehen. Die Zucchini in der Mitte rundherum im Zickzackschnitt einschneiden und die beiden Hälften auseinandernehmen. So entsteht die Zucchiniblüte.

GROSSMUTTERS HÜHNERFRIKASSEE

FÜR 4 PERSONEN:

1 kleines Suppenhuhn (ca. 1,5 kg)
1,5 l Salzwasser
1 gespickte Zwiebel (Lorbeerblätter und Nelken)
1 Bund Suppengemüse
Salz, Pfeffer aus der Mühle
1 Prise Muskat

Für die Soße:
40 g Butter
40 g Mehl
500 ml Geflügelfond
200 ml süße Sahne
einige Tropfen Zitronensaft
einige Tropfen Worcestersoße
je 150 g Erbsen und Karotten (TK-Produkt)

Außerdem:
Kräuterzweige zum Garnieren

1. Das küchenfertige Suppenhuhn unter fließendem Wasser waschen und abtropfen lassen.

2. Das Salzwasser in einem Topf zum Kochen bringen. Die gespickte Zwiebel, das geputzte Gemüse und das Suppenhuhn einlegen, mit Salz, Pfeffer und Muskat würzen und bei mäßiger Hitze ca. 1 ½ Stunden köcheln lassen.

3. Nach Ende der Garzeit das Suppenhuhn herausnehmen, gut abtropfen lassen, das Fleisch von den Knochen lösen und in mundgerechte Stücke schneiden.

4. Die Butter in einem Topf erhitzen und das Mehl mit dem Schneebesen einrühren.

5. 500 ml Geflügelfond abmessen und mit dem Schneebesen in die Mehlbutter einrühren. Das Ganze zum Kochen bringen und bei mäßiger Hitze ca. acht Minuten köcheln lassen.

6. Die Soße durch ein Sieb streichen, die Sahne angießen und erneut aufkochen lassen.

7. Die Soße mit Salz, Pfeffer, Zitronensaft und Worcestersoße kräftig abschmecken. Die Erbsen und Karotten in die Soße geben und bissfest garen. Das Fleisch unterheben, erhitzen und nachwürzen.

8. Das Hühnerfrikassee dekorativ anrichten, mit Kräuterzweigen garnieren, mit Petersilienkartoffeln und gemischtem Salat sofort servieren.

Gulasch – alles aus einem Topf, mal deftig, mal pikant

Rindergulasch mit Rübchen

Für 4 Personen:

600 g Rindergulasch
Salz, Pfeffer aus der Mühle
1 TL Ingwerpulver
1 TL Fünfgewürzpulver
1 TL gemahlener Kreuzkümmel
2-3 EL Butterschmalz
1 Zwiebel
1 Stück Ingwerwurzel
2-3 Knoblauchzehen
1 rote Chilischote
2-3 EL Tomatenmark
100 ml Weißwein
600 ml Gemüsebrühe
600 g gemischte junge Rübchen

Außerdem:
Thymianblättchen zum Garnieren

1. Das küchenfertige Rindergulasch unter fließendem Wasser waschen, trocken tupfen, mit Salz, Pfeffer, Ingwer, Fünfgewürzpulver und Kreuzkümmel kräftig würzen.

2. Das Butterschmalz in einem Topf erhitzen und das Rindfleisch darin rundherum Farbe nehmen lassen.

3. Die Zwiebel schälen und fein würfeln. Die Ingwerwurzel schälen und fein hacken.

4. Die Knoblauchzehen schälen und hacken. Mit dem Ingwer und der Zwiebel zum Fleisch geben und kurz mitbraten.

5. Die Chilischote halbieren, entkernen, waschen, fein schneiden, zum Fleisch geben und kurz mitbraten. Das Tomatenmark einrühren und kurz rösten.

6. Mit dem Weißwein ablöschen, die Gemüsebrühe angießen, zum Kochen bringen und das Fleisch bei mäßiger Hitze 30-35 Minuten köcheln lassen.

7. Die Rübchen schälen, waschen, in Würfel schneiden, zum Fleisch geben und 15-20 Minuten mitgaren.

8. Nach Ende der Garzeit das Rindergulasch nochmals kräftig nachwürzen. Anschließend dekorativ anrichten, mit Thymianblättchen garnieren und sofort servieren.

Gulasch

Heute können wir fünf verschiedene Grundzubereitungen den Zubereitungsarten von Gulasch zuordnen: das Gulasch, das Ragout, das Blankett, das Frikassee und das Geschnetzelte. Für welche dieser Kochweisen Sie sich entscheiden, bleibt letztlich Ihrem Geschmack überlassen. Ob Paprikás, Pörkölt oder Gulyás, ob Gulasch, Ragout, Curry oder Geschnetzeltes – alle haben eines gemeinsam: Die Zutaten werden in reichlich Soße geschmort. Alles in einem Topf ist die Devise und so werden Sie ein Feuerwerk auf Ihrer Zunge und an Ihrem Gaumen erleben, vor allem dann, wenn Sie die gewünschte Schärfe durch Paprika, Pfeffer, Chili oder Peperoni in Ihr Gulasch geben.

Neben dem Fleisch zählen wir zwei ganz wichtige Grundzutaten zum Gulasch, nämlich die Zwiebeln und den Knoblauch. Als Gewürze brauchen wir dann noch Paprikapulver edelsüß, Kümmel, etwas Majoran und geriebene Zitronenschale – und schon ist das original Wiener Saftgulasch fast fertig, nur noch kochen und mit Salz und Pfeffer abrunden.

Aber nicht nur aus Rindfleisch, sondern auch vom Kalb, vom Schwein, vom Lamm- und Schaffleisch, vom Geflügel, vom Wild, ja sogar von Fischen und Meeresfrüchten lassen sich vorzügliche Gulaschvarianten zaubern.

Kartoffelgulasch mit Sauerkraut

Für 4 Personen:

1 große Dose Sauerkraut
1 Zwiebel
4 EL Schweineschmalz
50 g durchwachsener, geräucherter Speck
1 Lorbeerblatt
1,25 l Gemüse- oder Fleischbrühe
Salz, Pfeffer aus der Mühle
1 Prise Cayennepfeffer
4 EL Apfelmus

Außerdem:
500 g Karotten
2 Paprikaschoten
2–3 Knoblauchzehen
500 g Kartoffeln
je 2 Zweige Rosmarin und Oregano
1 EL Paprikapulver edelsüß
1 TL Paprikapulver rosenscharf
250 g in dünne Scheiben geschnittene Salami
Kräuter zum Garnieren

1. Das Sauerkraut je nach Säuregrad unter fließendem Wasser waschen, gut abtropfen lassen und bereitstellen.

2. Die Zwiebel schälen und fein würfeln. 2 EL Schmalz erhitzen, den in feine Würfel geschnittenen Speck darin auslassen.

3. Die Zwiebel und das Sauerkraut dazugeben und kurz mitschwitzen. Das Lorbeerblatt hinzufügen, 250 ml Brühe angießen und das Ganze zum Kochen bringen.

4. Mit Salz, Pfeffer, Cayennepfeffer und Apfelmus abschmecken und bei mäßiger Hitze 30 Minuten garen.

5. Die Karotten schälen und in Würfel oder Scheiben schneiden. Die Paprikaschoten halbieren, entkernen, waschen, gut abtropfen lassen und in mundgerechte Stücke schneiden.

6. Die Knoblauchzehen schälen und fein hacken, die Kartoffeln schälen, waschen und würfeln.

7. 2 EL Schmalz erhitzen, das Gemüse mit den Kartoffeln dazugeben und kurz anschwitzen.

8. Die restliche Brühe angießen und zum Kochen bringen. Die Kräuterzweige und das Paprikapulver untermischen, das Gemüse mit Salz, Pfeffer und Cayennepfeffer würzen und bei mäßiger Hitze 20 Minuten köcheln lassen.

9. Das Sauerkraut unter den Eintopf mischen und die in Scheiben geschnittene Salami unterheben. Das Ganze einmal aufkochen lassen, nochmals nachwürzen, dekorativ anrichten, mit Kräutern garnieren und sofort servieren.

Sauerkraut

Was die Witwe Bolte damals noch nicht wusste, aber die Ernährungswissenschaftler mittlerweile herausgefunden haben: Sauerkraut ist durch die Vergärung der Kohlenhydrate bei seiner Herstellung hervorragend für die Ernährung von Diabetikern geeignet. 100 Gramm Sauerkraut enthalten lediglich 15 Kalorien, was sicher auch diejenigen interessiert, die ihr Gewicht reduzieren müssen und ein paar Pfund abnehmen wollen.

Zusätzlich ist Sauerkraut durch seinen hohen Gehalt an Ballaststoffen außerordentlich sättigend. Weil der Kohl auch ungekocht haltbar gemacht werden kann, bleiben normalerweise alle seine Vitamine und Mineralstoffe erhalten und es entsteht bis zum endgültigen Verbrauch kein nennenswerter Verlust dieser für den menschlichen Organismus so wertvollen Nährstoffe.

Pfundstopf mit Paprika und Zwiebeln

Für 6–8 Personen:

500 g Rindfleisch
500 g Schweinefleisch
500 g Schweinebauch
500 g Zwiebeln
500 g rote und gelbe Paprikaschoten
Salz, Pfeffer aus der Mühle
1 EL gerebelter Majoran
1 TL gerebelter Thymian
Fett für die Form
3–4 Knoblauchzehen, 1 TL Salz
1 große Flasche Schaschliksoße
2 Becher süße Sahne

Außerdem:
Rosmarinzweige zum Garnieren

1. Das Rindfleisch, das Schweinefleisch und den Schweinebauch unter fließendem Wasser waschen, trocken tupfen und in mundgerechte Würfel schneiden.

2. Die Zwiebeln schälen und mit einem scharfen Messer in dünne Scheiben schneiden.

3. Die Paprikaschoten halbieren, entkernen, waschen und in feine Streifen schneiden.

4. Das Fleisch mit Salz, Pfeffer, Majoran und Thymian kräftig würzen.

5. Eine große Auflaufform ausfetten und das Fleisch schichtweise in die Form geben.

6. Die Zwiebelscheiben und die Paprikastreifen gleichmäßig darauf verteilen.

7. Die Knoblauchzehen schälen, auf einer Arbeitsfläche in feine Würfel schneiden, mit Salz bestreuen, mit dem Messerrücken zu einer Paste zerreiben und die Knoblauchpaste in eine Schüssel geben.

8. Die Schaschliksoße und die Sahne hinzufügen und alles gut miteinander verrühren.

9. Die Soße auf dem Gulasch verteilen und das Ganze in dem auf 180 °C vorgeheizten Backofen etwa zwei Stunden zugedeckt schmoren lassen.

10. Den fertig gegarten Pfundstopf aus dem Ofen nehmen, dekorativ anrichten, mit Rosmarinzweigen garnieren und mit bissfest gegartem Butterreis sofort servieren.

Filetgulasch Stroganoff

Für 4 Personen:

800 g Rinderfilet
1 EL geschrotete schwarze Pfefferkörner
2 EL Butterschmalz
Salz, Pfeffer aus der Mühle

Für die Soße:
200 g Schalotten
100 g Essig- oder Senfgurken
100 ml Weißwein
200 ml gebundene Bratensoße
2 EL Honig
2 EL Weißweinessig
1–2 EL mittelscharfer Senf
200 g Schmand

Außerdem:
1 EL rosa Pfefferkörner
Kräuterzweige und Tomatenrosen zum Garnieren

1. Das Filet unter fließendem Wasser waschen, trocken tupfen und mundgerecht würfeln.

2. Die Filetwürfel mit dem geschroteten Pfeffer einreiben und im erhitzten Butterschmalz braten. Mit Salz und Pfeffer würzen, herausnehmen und bereitstellen.

3. Die Schalotten schälen, fein würfeln, ins verbliebene Bratfett geben und anschwitzen.

4. Die Essig- oder Senfgurken klein schneiden, zu den Schalotten geben und kurz mitschwitzen.

5. Den Weißwein und die gebundene Bratensoße angießen, einmal aufkochen lassen.

6. Den Honig, den Essig und den Senf einrühren und so lange köcheln lassen, bis sich der Honig vollständig aufgelöst hat.

7. Den Schmand und die Filetwürfel einrühren, erhitzen, aber nicht mehr kochen lassen.

8. Das Filetgulasch mit Salz und Pfeffer abschmecken und dekorativ anrichten. Mit rosa Pfefferkörnern bestreuen, mit Kräuterzweigen und Tomatenrosen garnieren und mit bunten Gemüsenudeln sofort servieren.

Garnitur – Gurkengirlande:

Die Gurke waschen, halbieren, mit einem scharfen Messer hauchdünne Scheiben so abschneiden, dass sie an einer Seite noch zusammenhängen. Jede zweite Scheibe mit dem Messer nach innen stecken. Die Gurkengirlande auseinanderbiegen, zusammendrehen und mit einem Zahnstocher feststecken.

Kärntner Zwiebel-schmortopf

Für 4 Personen:

800 g Wildgulasch
Salz, Pfeffer aus der Mühle
1 TL Kardamompulver
1 TL Pimentpulver
2 EL Butterschmalz
500 g Zwiebeln
4 Karotten
1 Stange Lauch
2–3 EL Tomatenmark
2–3 EL Mehl
500 ml Rotwein
500 ml Gemüsebrühe
2 Lorbeerblätter
1 TL gemahlene Wacholderbeeren
1 EL gerebelter Thymian
1 EL gerebelter Rosmarin
2–3 EL Johannisbeergelee
2–3 EL Obstessig
1 Prise Cayennepfeffer

Außerdem:
Kresse zum Bestreuen

1. Das Wildgulasch unter fließendem Wasser waschen, trocken tupfen, mit Salz, Pfeffer, Kardamom- und Pimentpulver kräftig würzen.

2. Das Butterschmalz in einem Bräter erhitzen und das Fleisch darin Farbe nehmen lassen.

3. Die Zwiebeln schälen, in Scheiben schneiden, zum Fleisch geben und kräftig mitbraten.

4. Die Karotten und den Lauch putzen, in Scheiben schneiden, zum Fleisch geben und mitbraten.

5. Das Tomatenmark einrühren und kurz rösten, das Mehl darüber stäuben und ebenfalls kurz rösten. Mit dem Rotwein ablöschen und die Gemüsebrühe angießen.

6. Die Lorbeerblätter, die Wacholderbeeren, den Thymian, den Rosmarin und das Johannisbeergelee unterrühren und das Ganze bei mäßiger Hitze 70–80 Minuten schmoren lassen.

7. Den Kärntner Zwiebelschmortopf mit Obstessig süßsauer abschmecken, mit Salz, Pfeffer und Cayennepfeffer abrunden, dekorativ anrichten, mit Kresse bestreuen und mit frischen Brezeln sofort servieren.

Kardamom

Kardamom ist eines der teuersten Gewürze in der Welt, er wird in Nordindien in festlichen Reisgerichten sehr häufig verwendet. In Verbindung mit Mandeln, Safran und anderen Gewürzen, genauso wie in den feinen Mongolentopfgerichten, die eher duftend gewürzt als scharf sind, entfaltet er sein Aroma. Kardamom ist ebenfalls Bestandteil verschiedener Currys. Eine besondere Gewürzmischung aus Indien ist das Garam masala. Auch aus der persischen Küche kennen wir den Kardamom, hier wird er meist in Verbindung mit Früchten und Nüssen verwendet. Die arabische Küche verwendet den Kardamom in Verbindung mit Kaffee. Wenn Sie diesen berühmten arabischen Kaffee ansetzen wollen, so verwenden Sie einen Teelöffel Kardamomsamen auf eine Kaffeekanne starken Kaffee. Im Handel bekommen wir weißen, grünen und braunen Kardamom, ebenso wie den geriebenen. Kardamom passt sehr gut zu den orientalischen Gewürzen, hier aufzuzählen sind Zimt, Safran und Koriander ebenso wie der Ingwer. In der Likörherstellung hat Kardamom einen sehr großen Stellenwert bekommen. Hier gibt es verschiedene Produkte aus Nordeuropa, vor allen Dingen in Skandinavien und in Norddeutschland werden diese hergestellt. Besonders in der nordindischen und pakistanischen Küche ist der Kardamom für Currys und Pilaws beliebt. Bei uns wird der Kardamom sehr gerne für den Ansatz von Suppen und Soßen mitverwendet, hier in Verbindung mit Piment und Koriander sowie den Nelken und dem schwarzen Pfeffer.

Ungarisches Paprikagulasch

Für 4 Personen:

1,2 kg Rindergulasch
4 Zwiebeln
1 Pfefferschote
2–3 EL Butterschmalz
2–3 EL Tomatenmark
je 250 ml Rotwein und Gemüse- oder Fleischbrühe
1 große Dose geschälte Tomaten
2 EL geriebene Zitronenschale
1 EL Kümmel
1 TL Paprikapulver rosenscharf
Salz, Pfeffer aus der Mühle
1 Prise Zucker
je 1 große rote und gelbe Paprikaschote

Außerdem:
200 g saure Sahne
1 Bund Schnittlauch
Kräuterzweige zum Garnieren

1. Das Rindergulasch unter fließendem Wasser waschen und trocken tupfen. Die Zwiebeln schälen und in Scheiben schneiden. Die Pfefferschote halbieren, entkernen, waschen und klein schneiden.

2. Das Butterschmalz in einem Topf erhitzen und das Rindergulasch darin unter ständigem Rühren Farbe nehmen lassen. Anschließend die Zwiebeln und die Pfefferschote dazugeben und mitbraten.

3. Das Tomatenmark einrühren und kurz rösten. Den Rotwein, die Gemüse- oder Fleischbrühe und die geschälten Tomaten angießen und zum Kochen bringen.

4. Die geriebene Zitronenschale mit dem gehackten Kümmel und dem Paprikapulver unter das Gulasch rühren.

5. Das Ganze mit Salz, Pfeffer und Zucker abschmecken und bei mäßiger Hitze 80–90 Minuten schmoren lassen.

6. In der Zwischenzeit die Paprikaschoten halbieren, entkernen, waschen in Streifen schneiden und 20 Minuten vor Garende zum Gulasch geben.

7. Das Gulasch nachwürzen, dekorati anrichten, mit saurer Sahne überziehen, mit geschnittenem Schnittlauch bestreuen, mit Kräuterzweigen garnieren und mit Reis sofort servieren.

Kümmel

Den Kümmel bekommen Sie im Handel als Samen, aber auch als Pulver. Wie bei vielen Gewürzen und Würzkräutern sollten Sie die Samen kaufen und erst kurz vor dem Gebrauch hacken oder zu Pulver vermahlen. Der Kümmelsamen hat einen leicht süßlichen, nicht ganz so scharfen Geschmack wie der Kreuzkümmel. Er ist eher milder. Für deftige Hausmannskost wie Eintöpfe, Suppen und Aufläufe ist er verwendbar. Kümmel ist auch aus der Backstube nicht wegzudenken, besonders bei den deftigeren Brotsorten, dem Bauernbrot oder den verschiedenen Vollkornprodukten ist er fast ein Muss. Das gilt auch für die Gemüseküche. Für Kohl- und Krautzubereitungen, für Kartoffeln, für Sellerie, aber auc speziell für Zwiebeln und Lauch ist der Kümmel zu empfehlen. In der Fleischküche ist er ein bevorzugtes Würzmittel bei der Herstellung von Gulasch und Ragouts. Schweinebraten mit Kümmelsoße, gefüllter Schweinebauch mit einer Kümmel-Brot-Füllung oder die berühmte Schweinshaxe mit Kümmel sind bekannte Gerichte. Kümmel kann für alle fetteren Fleischstücke verwendet werden, auch für die Gans, die Ent oder ein gepökeltes Stück vom Rind. Mit Kümmel werden auch Soßen und Dips verfeinert. Weniger verwendet wird er zum Würzen von Salatdressings. Beim Einlegen und Einmachen von Gemüse sowie bei de Herstellung von Gewürzölen und Kräuteressigen kommt er zum Einsatz.

Kalbsgulasch mit Pfeffersoße

Für 4 Personen:

1 kg Kalbsgulasch
Salz, Pfeffer aus der Mühle
2 EL Butterschmalz
3 Zwiebeln
2 Knoblauchzehen
300 ml Weißwein
500 ml Gemüse- oder Fleischbrühe
2 Lorbeerblätter
1 TL geriebene Zitronenschale
1 Prise Muskat
½ TL gerebelter Thymian
½ TL gerebelter Majoran
je 1 EL grob zerdrückte grüne und rosa Pfefferkörner
200 ml süße Sahne
heller Soßenbinder
einige Tropfen Zitronensaft
einige Tropfen Worcestersoße

Außerdem:
rosa Pfefferkörner zum Bestreuen
Basilikumblättchen zum Garnieren

1. Das Kalbsgulasch unter fließendem Wasser waschen, trocken tupfen, mit Salz und Pfeffer kräftig würzen.

2. Das Butterschmalz in einem Topf erhitzen und das Fleisch darin rundherum Farbe nehmen lassen.

3. Die Zwiebeln und die Knoblauchzehen schälen, in Würfel schneiden, zum Fleisch geben und kurz mitbraten.

4. Den Weißwein und die Brühe angießen und zum Kochen bringen.

5. Die Lorbeerblätter und die Zitronenschale einrühren, mit Salz, Pfeffer, Muskat, Thymian und Majoran würzen und die zerdrückten Pfefferkörner dazugeben.

6. Das Gulasch bei mäßiger Hitze 60–70 Minuten schmoren lassen. Nach Ende der Garzeit die Sahne angießen, einmal aufkochen lassen und die Soße mit etwas hellem Soßenbinder leicht binden.

7. Das Gulasch mit Zitronensaft und Worcestersoße abrunden, dekorativ anrichten, mit rosa Pfefferkörnern bestreuen, mit Basilikumblättchen garnieren und mit Brokkoligemüse und Röstiecken sofort servieren.

Muskat

Muskat ist wie so viele Gewürze auch in unserer Küche mittlerweile unentbehrlich. Für Brühen und Bouillons wird Muskat zum Abrunden des Geschmacks beigefügt. Als ganze, dunkelbraune oder weiße (gekalkte) Kerne oder gemahlen kommt er bei uns im Handel vor. Muskatpulver hat nur kurze Zeit eine optimale Qualität und sollte deshalb nur im äußersten Notfall verwendet werden. Auch die Muskat- oder Macisblüte wird gemahlen oder in schmalen Streifen angeboten. Im Ganzen kann sie nur sehr schwer zuhause gemahlen werden, deshalb können Sie sie als Ganzes in die Speisen geben und mitgaren. Muskatnuss und Muskatblüte werden für ähnliche Zwecke verwendet. Hier sind neben den Brühen auch die Zubereitungen von Eintöpfen und Aufläufen zu nennen. Sehr gerne wird Muskat auch für das Abrunden von Eier- und Milchgerichten genommen. Muskat wird außerdem beim Ansatz von Kochsud für Fleisch und Fisch verwendet, diesen gibt er ein rundes Aroma. Schweine-, Rind- und Kalbfleisch, aber auch Fisch können in einem solchen gut gewürzten Muskatsud zubereitet werden. Ein weiteres Anwendungsgebiet sind die Beilagen; neben Nudeln und Reis können auch Kartoffeln mit Muskat gewürzt werden. Gedünstetes, blanchiertes oder in Butter oder Margarine geschwenktes Gemüse liebt Muskat genauso. Neben den deftigen Gerichten wird Muskat auch für süße Speisen und Getränke verwendet. Gerade in der Weihnachtszeit werden Gewürzkuchen, Puddings, Cremes und Fruchtgelees mit Muskat aromatisiert. Darüber hinaus wird Muskat beim Einlegen und Einmachen wie auch bei der Herstellung von Chutneys und Relishs verwendet.

PAPRIKAGULASCH

FÜR 4 PERSONEN:

1 kg Rindergulasch
Salz, Pfeffer aus der Mühle
2 EL Butterschmalz
3 Zwiebeln
4 Knoblauchzehen
2 EL Tomatenmark
1 EL Paprikapulver edelsüß
1 TL Paprikapulver rosenscharf
300 ml Rotwein
500 ml Gemüse- oder Fleischbrühe
2 Lorbeerblätter
je 1 TL gerebelter Rosmarin und Majoran
1 TL Kümmelpulver
je 2 rote und grüne Paprikaschoten
dunkler Soßenbinder

Außerdem:
Kräuterzweige zum Garnieren

1. Das Rindergulasch unter fließendem Wasser waschen, trocken tupfen, mit Salz und Pfeffer kräftig würzen.

2. Das Butterschmalz in einem Bräter erhitzen und das Fleisch darin rundherum Farbe nehmen lassen.

3. Die Zwiebeln und die Knoblauchzehen schälen, in feine Würfel schneiden, zum Fleisch geben und kurz mitbraten.

4. Das Tomatenmark einrühren, kurz rösten, mit Paprikapulver edelsüß und rosenscharf bestäuben, mit Rotwein ablöschen und die Gemüse- oder Fleischbrühe angießen.

5. Die Lorbeerblätter, den Rosmarin und den Majoran dazugeben und das Ganze zum Kochen bringen.

6. Mit Salz, Pfeffer und Kümmelpulver würzen und bei mäßiger Hitze 80–90 Minuten schmoren lassen.

7. Die Paprikaschoten halbieren, entkernen, waschen, abtropfen lassen, in Würfel schneiden, ins Gulasch geben und weitere 20 Minuten köcheln lassen.

8. Das Gulasch mit Salz und Pfeffer nachwürzen und mit dunklem Soßenbinder leicht binden. Dekorativ anrichten, mit Kräuterzweigen garnieren und mit bissfest gegarten Bandnudeln sofort servieren.

PAPRIKAPULVER

Paprikapulver gibt es in verschiedenen Schärfegraden und unterschiedlichen Farbtönen. Wenn Paprika zu Pulver verarbeitet wird, wird darauf geachtet, dass die Herz- und Samenteile entfernt werden, denn so wird das Produkt milder. Paprikapulver wird aus getrocknetem Fruchtfleisch hergestellt. Erstklassiger Paprika in guter Qualität sollte eine sehr leuchtend rote Farbe haben. Im Handel erhalten Sie den milden Delikatesspaprika, den schärferen Edelsüßpaprika, als Gulaschgewürz den Halbsüßpaprika, und wenn Sie es schärfer mögen, den kräftigen Rosenpaprika. Nicht nur für die verschiedenen Gulaschsorten, sondern auch für Zubereitungen aus der Pfanne, die Paella oder für Chilis und Currys kann Paprika Verwendung finden. Bei uns wird der Paprika in seinen Schärfegraden für verschiedene Soßenzubereitungen eingesetzt, ebenso für Dips und Vinaigrettes. Paprika kann auch in größeren Mengen verwendet werden, dann allerdings sollten Sie den milden Delikatesspaprika bevorzugen. Als Grundgewürz mischt man Paprika neben Pfeffer mit Salz und würzt damit die Bratenstücke. Diese Gewürzmischung können Sie als Basiswürzung in Ihre Küche aufnehmen und damit fast alle Fleischsorten einreiben. Rind, Schwein, Pute, Hähnchen und Wildbret werden dadurch feiner.

Kartoffel-Gulasch-Topf

Für 4 Personen:

600 g Rindergulasch
Salz, Pfeffer aus der Mühle
1 EL Butterschmalz
2 Zwiebeln
2 Knoblauchzehen
2 EL Tomatenmark
2 TL Paprikapulver edelsüß
1 TL Paprikapulver rosenscharf
2 EL Weizenmehl
1,5 l Gemüse- oder Fleischbrühe
2 Lorbeerblätter
1 TL Kümmelpulver
1 EL gerebelter Majoran
500 g Karotten
500 g Kartoffeln
1 Stück Sellerie

Außerdem:
2 Frühlingszwiebeln
Petersilienzweige zum Garnieren

1. Das Rindergulasch unter fließendem Wasser waschen und trocken tupfen.

2. Das Gulasch mit Salz und Pfeffer würzen. Das Butterschmalz in einem Topf erhitzen und das Fleisch darin rundherum Farbe nehmen lassen.

3. Die Zwiebeln und die Knoblauchzehen schälen, fein würfeln, zum Fleisch geben und kurz mitbraten.

4. Das Tomatenmark einrühren, mit Paprikapulver edelsüß und rosenscharf bestäuben und kurz rösten. Das Weizenmehl darüberstreuen und ebenfalls kurz rösten.

5. Die Brühe angießen, die Lorbeerblätter einlegen, das Kümmelpulver und den Majoran unterrühren. Das Ganze mit Salz und Pfeffer würzen und zum Kochen bringen.

6. Den Gulaschtopf bei mäßiger Hitze 60 Minuten köcheln lassen.

7. In der Zwischenzeit die Karotten und die Kartoffeln sowie den Sellerie schälen, waschen, in mundgerechte Würfel schneiden und anschließend in Gulasch geben. Das Gulasch weitere 20–25 Minuten garen.

8. Nach Ende der Garzeit das Gulasch nochmals nachwürzen, dekorativ anrichten, mit den geputzten, gewaschenen und in Scheiben geschnittenen Frühlingszwiebeln bestreuen, mit Petersilienzweigen garnieren und sofort servieren.

Rindergulasch mit Trockenobst

Für 4 Personen:

600 g Rindergulasch
400 g Zwiebeln
2–3 EL Butterschmalz
2 Knoblauchzehen
2 EL Tomatenmark
1 Lorbeerblatt, einige Nelken
einige Pfefferkörner
einige Pimentkörner
250 ml Rotwein, 250 ml Apfelsaft
Salz, Pfeffer aus der Mühle
1 Prise Cayennepfeffer
250 g getrocknete Backpflaumen und Aprikosen
2 säuerliche Äpfel
100 g Apfelmus

1. Das küchenfertige Rindergulasch unter fließendem Wasser waschen, trocken tupfen und je nach Bedarf die Fleischstücke in mundgerechte Würfel schneiden.

2. Die Zwiebeln schälen und in feine Würfel schneiden. Das Butterschmalz in einem Bräter erhitzen und das Rindergulasch darin unter ständigem Rühren braten.

3. Die Zwiebeln und die geschälten, fein gehackten Knoblauchzehen dazugeben und kurz mitbraten.

4. Das Tomatenmark einrühren. Das Lorbeerblatt, die Nelken, die Pfefferkörner und die Pimentkörner im Mörser zerreiben und das Fleisch damit bestreuen.

5. Den Rotwein und den Apfelsaft angießen. Das Gulasch mit Salz, Pfeffer und Cayennepfeffer abschmecken und zugedeckt im auf 180 °C vorgeheizten Backofen 60–70 Minuten schmoren lassen.

6. Die Backpflaumen und die Aprikosen je nach Bedarf klein schneiden oder ganz in das Rindergulasch geben, weitere 20 Minuten garen.

7. Die Äpfel schälen, entkernen, in feine Würfel schneiden, 10 Minuten vor Garende mit dem Apfelmus zum Gulasch geben und fertig garen.

8. Das Rindergulasch mit Trockenobst nochmals kräftig abschmecken, dekorativ anrichten, garnieren und sofort servieren.

Nelken

Nelken sind neben Muskat und Lorbeer das Gewürz, das am meisten für die Herstellung von Brühen verwendet wird. Schon in alten Kochbüchern finden wir die gespickte Zwiebel. Hierfür werden Lorbeerblätter mithilfe von Nelken auf Zwiebeln gesteckt und in den Sud gegeben. Auch bei der Herstellung von Punsch kann man ähnlich verfahren, nur werden dafür Orangenhälften und Zitronenhälften sowie Zimt verwendet. Nelken finden wir in allen Kombinationen, in deftigen Gerichten wie auch in Süßspeisen. Nelken sind im Ganzen oder gemahlen im Handel erhältlich. Gemahlene Nelken sollten Sie nicht zu lange lagern, denn das Pulver verliert sehr schnell an Aroma. In der Fleischküche sollten Sie die deftigen Fleischarten mit diesem Gewürz abrunden, die feineren Fleischstücke, beispielsweise von Hähnchen und Pute, werden durch das intensive Aroma der Nelken überdeckt. Zum Abrunden von warmen oder kalten Soßen, für die verschiedenen Chutneys und Relishs, aber auch zur Herstellung von Essig- und Ölwürzen wird das Nelkenpulver wie auch die ganze Nelke verwendet.

Gefüllte Bauernbrote

Für 4 Personen:

1 kg Rindergulasch
Salz, Pfeffer aus der Mühle
2 EL Butterschmalz
2 Zwiebeln
2 Knoblauchzehen
2 EL Tomatenmark
1 gehäufter EL Weizenmehl
200 ml Rotwein
500 ml Gemüse- oder Fleischbrühe
1 TL Paprikapulver rosenscharf
1 EL geriebene Zitronenschale
1 EL gerebelter Majoran
je ½ TL gerebelter Thymian und Rosmarin
3 Tomaten
1 Bund glatte Petersilie

Außerdem:
4 kleine Bauernbrote
Petersilienzweige zum Garnieren

1. Das Rindergulasch unter fließendem Wasser waschen und trocken tupfen. Die Fleischstücke bei Bedarf in mundgerechte Würfel schneiden. Das Gulasch mit Salz und Pfeffer kräftig würzen. Das Butterschmalz in einem Topf erhitzen und das Fleisch darin rundherum Farbe nehmen lassen.

2. Die Zwiebeln und die Knoblauchzehen schälen, fein würfeln, zum Fleisch geben und kurz mitbraten.

3. Das Tomatenmark einrühren, kurz rösten, das Weizenmehl darüberstreuen und ebenfalls kurz rösten. Mit Rotwein ablöschen und die Gemüse- oder Fleischbrühe angießen.

4. Das Gulasch mit Paprikapulver, der Zitronenschale, dem Majoran, dem Thymian und dem Rosmarin würzen, mit Salz und Pfeffer abrunden und bei mäßiger Hitze 80–90 Minuten schmoren lassen.

5. Die Tomaten waschen, vom Strunk befreien, in Stücke schneiden, ins Gulasch geben und weitere 10 Minuten garen.

6. Zum Schluss die verlesene, gewaschene und fein gehackte Petersilie untermischen, mit Salz und Pfeffer nochmals nachwürzen.

7. Von den Bauernbroten eine Haube abschneiden und die Brote aushöhlen. Das Gulasch einfüllen, dekorativ anrichten, mit Petersilienzweigen garnieren und sofort servieren.

Pfeffer

Der Pfeffer ist neben den vielen Gewürzen eigentlich das gebräuchlichste, das in unserer Küche verarbeitet wird. Je nach Schärfegrad und Art des verwendeten Pfeffers kann er in alle Gerichte von süß bis salzig aufgenommen werden. Pfeffer dient in erster Linie zum Abrunden; grundsätzlich sollten Sie den schwarzen Pfeffer eher für kräftigere Soßen, den weißen dagegen für feinere verwenden. Grüne Pfefferkörner werden zum Marinieren und Einreiben wie auch als Basisgewürz für Soßen und Suppen eingesetzt. Weißen wie auch schwarzen Pfeffer können Sie für alle Fleischsorten verwenden, ob Hähnchen oder Poularde, Schweine-, Rind- oder Kalbfleisch, aber auch das Wildbret muss gepfeffert werden. In der Fischküche sollten Sie eher den weißen Pfeffer einsetzen. Kurzgebratenes mag den Pfeffer genauso gern wie die Schmorgerichte. Ob für Suppen, Eintöpfe, für das Gemüse – geschmort, gekocht oder gebraten –, für Beilagen wie Kartoffeln, Reis und Nudeln oder für köstliche Aufläufe, überall wird der Pfeffer gebraucht.

SZEGEDINER GULASCH

FÜR 4 PERSONEN:

1 kg Rindergulasch
Salz, Pfeffer aus der Mühle
2 EL Butterschmalz
2 Zwiebeln
1 Chilischote
2 EL Tomatenmark
1 EL Paprikapulver edelsüß
1 TL Paprikapulver rosenscharf
½ TL Pimentpulver
2 EL Weizenmehl
400 ml Rotwein
400 ml Gemüse- oder Fleischbrühe
2 Lorbeerblätter
1 EL gerebelter Majoran
1 Stange Lauch
je 1 rote und grüne Paprikaschote
400 g bissfest gegartes Sauerkraut

Außerdem:
1 Bund Schnittlauch
125 g Crème fraîche
Petersilienzweige zum Garnieren

1. Das Rindergulasch unter fließendem Wasser waschen, trocken tupfen, mit Salz und Pfeffer kräftig würzen.

2. Das Butterschmalz in einem Bräter erhitzen und das Fleisch darin rundherum Farbe nehmen lassen.

3. Die Zwiebeln schälen, in Scheiben oder Würfel schneiden. Die Chilischote halbieren, entkernen, waschen, fein würfeln, mit den Zwiebeln zum Fleisch geben und kurz mitbraten.

4. Das Tomatenmark einrühren, mit Paprikapulver edelsüß und rosenscharf sowie Pimentpulver bestäuben, kurz rösten, das Mehl darüberstäuben und ebenfalls kurz rösten.

5. Das Ganze mit Rotwein ablöschen und die Brühe angießen.

6. Die Lorbeerblätter einlegen, mit Majoran, Salz und Pfeffer würzen und das Gulasch bei mäßiger Hitze 70–80 Minuten schmoren lassen.

7. Den Lauch putzen, waschen und in Scheiben schneiden. Die Paprikaschoten halbieren, entkernen, waschen, in Streifen schneiden, mit den Lauchscheiben und dem gehackten Sauerkraut unter das Gulasch rühren und weitere 10–20 Minuten garen.

8. Das Gulasch nochmals nachwürzen und dekorativ anrichten. Mit dem verlesenen, gewaschenen und fein geschnittenen Schnittlauch bestreuen, mit je einem Klacks Crème fraîche überziehen, mit Petersilienzweigen garnieren und sofort servieren.

PIMENT

Den Piment bekommt man im Handel als ganze Beeren oder gemahlen. Vorzugsweise sollten Sie die Beeren kaufen, denn sie lassen sich ähnlich dem Pfeffer mithilfe einer Pfeffermühle sehr einfach mahlen. Für Gewürzmischungen eignen sich die Pimentbeeren hervorragend; Sie können diese zusammen im Mörser mit den anderen Gewürzen schroten. Piment passt sich sehr gut verschiedenen Würzmischungen an, in erster Linie sind hier die Mischungen mit Nelken, Zimt, Muskat, Pfeffer, Wacholder und Lorbeer zu nennen. Gemahlener Piment ist ein sehr beliebtes Gewürz zur Abrundung von Grundsoßen, Suppen und kräftigen Gemüsegerichten. Die Beize, die Marinade wie auch der Ansatz für Eingemachtes und Eingelegtes danken es, wenn Sie Piment verwenden. Bei der Herstellung von Kräuteröl und -essigen können Sie Piment neben Nelken und Lorbeer ebenfalls verwenden. Piment passt sich sehr gut den deftigen Fleischsorten mit fettreichem Gewebe an, Rindfleisch und Schweinefleisch, Lamm und Hammel sind hier zu nennen.

Borschtsch po Kievski

Für 4 Personen:

400 g Rindergulasch
1–2 EL Butterschmalz
100 ml Rotwein
500 ml Gemüse- oder Fleischbrühe
400 g Schweinegulasch
1–2 EL Butterschmalz
2–3 Zwiebeln
1 EL Kümmel
1 EL geriebene Zitronenschale
1 EL gerebelter Majoran
2 Knoblauchzehen

Außerdem:
200 g Kartoffeln
400 g Weißkraut
1 Karotte
1 Stück Steckrübe
1 Stück Staudensellerie
1 Stück Lauch
Salz, Pfeffer aus der Mühle
1 Prise Muskat
1 Prise Cayennepfeffer
2 Rote Bete (geschält und vorblanchiert)
200 g saure Sahne
Petersilie zum Garnieren

1. Das Rindergulasch unter fließendem Wasser waschen und trocken tupfen. Das Butterschmalz in einem Topf erhitzen und das Fleisch darin rundherum Farbe nehmen lassen.

2. Den Rotwein und die Gemüse- oder Fleischbrühe angießen und das Gulasch bei mäßiger Hitze 40 Minuten köcheln lassen.

3. Das Schweinegulasch unter fließendem Wasser waschen und trocken tupfen. Das Butterschmalz in einer Pfanne erhitzen und das Fleisch darin rundherum Farbe nehmen lassen.

4. Die Zwiebeln schälen, in feine Scheiben schneiden, zum Schweinegulasch geben und mitbraten.

5. Den Kümmel, die Zitronenschale, den Majoran und die geschälten Knoblauchzehen auf einer Arbeitsfläche mit dem Messerrücken zerreiben. Zum Schweinegulasch geben und kurz mitbraten.

6. Das Schweinegulasch zum Rindergulasch geben. Die Kartoffeln, das Weißkraut, die Karotte, die Steckrübe, den Staudensellerie und den Lauch putzen bzw. schälen, waschen und in mundgerechte Stücke schneiden. Zum Fleisch geben und das Ganze mit Salz, Pfeffer, Muskat und Cayennepfeffer würzen.

7. Den Borschtsch bei mäßiger Hitze weitere 30–40 Minuten köcheln lassen. Die Rote Bete klein schneiden und untermischen, weitere 10–15 Minuten garen.

8. Nach Ende der Garzeit den Borschtsch nachwürzen, dekorativ anrichten, mit je einem Klacks saurer Sahne überziehen, mit Petersilie garnieren und sofort servieren.

Gemüsegulasch

Für 4 Personen:

1,2 kg Schweinegulasch
2 große Zwiebeln
2 Knoblauchzehen
1–2 EL Schweineschmalz
2 EL Tomatenmark
750 ml Gemüse- oder Fleischbrühe
1 EL Paprikapulver edelsüß
1 EL gemahlener Kümmel
2 Lorbeerblätter
je 1 Zweig Thymian, Liebstöckel und Rosmarin
300 g Kartoffeln
300 g Karotten
½ Kopf Weißkraut
Salz, Pfeffer aus der Mühle
1 Prise Cayennepfeffer

Außerdem:
Kräuterzweige zum Garnieren

1. Das küchenfertige Schweinegulasch unter fließendem Wasser waschen und trocken tupfen. Die Zwiebeln und die Knoblauchzehen schälen, würfeln oder in Scheiben schneiden.

2. Das Schweineschmalz in einem Topf erhitzen. Zuerst das Fleisch darin unter ständigem Rühren Farbe nehmen lassen. Die Zwiebeln und den Knoblauch dazugeben und kurz mitbraten.

3. Das Tomatenmark einrühren und kurz rösten. Die Gemüse- oder Fleischbrühe angießen und das Ganze zum Kochen bringen.

4. Das Paprikapulver, den Kümmel, die Lorbeerblätter und die Kräuterzweige hinzufügen und das Gulasch bei mäßiger Hitze 30–40 Minuten garen.

5. In der Zwischenzeit die Kartoffeln und die Karotten schälen und in mundgerechte Würfel schneiden. Das Weißkraut putzen, waschen und in Streifen schneiden.

6. Das Gemüse zum Fleisch geben und weitere 20–25 Minuten garen.

7. Nach Ende der Garzeit das Gemüsegulasch mit Salz, Pfeffer und Cayennepfeffer kräftig abschmecken, dekorativ anrichten, mit Kräuterzweigen garnieren und mit bissfest gegarten Schmetterlingsnudeln sofort servieren.

Liebstöckel

Der Liebstöckel hat einen würzigen, süßbitterlichen Geschmack, enthält im Wesentlichen ätherische Öle, Gerbstoffe und einen beträchtlichen Anteil an Vitamin C. In der Küche verwenden wir die getrockneten Blätter in Verbindung mit allen kräftigen Speisen. Zu Hammel, Rinderbraten, Geflügel, Ente und Gans hat er eine besondere Beziehung. Liebstöckel kann sehr gut zu Gemüse verwendet werden. In Verbindung mit anderen Kräutern kann eine Kräutermischung mit Liebstöckel Kräuterbutter, Mayonnaisen, Kräuterquarks und Dips verfeinern. Liebstöckelsamen werden ebenfalls in der Bäckerei verwendet, speziell zum Würzen von Broten und Vollkorngebäcksorten. Als besondere Aufwertung wird der Liebstöckel in Eintöpfen und Suppen wie auch zu Reis- und Nudelgerichten eingesetzt. Bei der Essenz- und Alkoholherstellung hat er ebenfalls seine Bedeutung.

Schweinegulasch mit Mango

Für 4 Personen:

600 g Schweineschulter
Salz, Pfeffer aus der Mühle
1 TL Ingwerpulver
1 TL Fünfgewürzpulver
1 TL gemahlener Kreuzkümmel
1 EL Kurkuma
2–3 EL Butterschmalz
1 Zwiebel
1 Stück Ingwerwurzel
2–3 Knoblauchzehen
1 rote Chilischote
100 ml Weißwein
600 ml Gemüsebrühe
400 g neue Kartoffeln
2–3 Frühlingszwiebeln
1 Mango
75 g Rosinen

Außerdem:
Basilikum zum Garnieren

1. Die Schweineschulter unter fließendem Wasser waschen, trocken tupfen, in Würfel schneiden, mit Salz, Pfeffer, Ingwer, Fünfgewürzpulver, Kreuzkümmel und Kurkuma kräftig würzen.

2. Das Butterschmalz in einem Topf erhitzen und das Schweinefleisch darin Farbe nehmen lassen.

3. Die Zwiebel schälen und fein würfeln. Die Ingwerwurzel und die Knoblauchzehen schälen und fein hacken. Mit der Zwiebel zum Fleisch geben und kurz mitbraten.

4. Die Chilischote putzen, halbieren, entkernen, waschen, fein schneiden, zum Fleisch geben und kurz mitbraten.

5. Mit Weißwein ablöschen, die Gemüsebrühe angießen, zum Kochen bringen und das Fleisch bei mäßiger Hitze 30–35 Minuten köcheln lassen.

6. Die Kartoffeln schälen, waschen, in Würfel schneiden, zum Fleisch geben und 10–15 Minuten mitgaren.

7. Die Frühlingszwiebeln putzen, waschen und in mundgerechte Stücke schneiden.

8. Die Mango schälen, das Fruchtfleisch vom Kern lösen, würfeln und mit den Frühlingszwiebeln zum Gulasch geben. Die Rosinen unterrühren und das Ganze weitere 10–15 Minuten köcheln lassen.

9. Nach Ende der Garzeit das Schweinegulasch mit Salz, Pfeffer, Ingwer, Fünfgewürzpulver und Kreuzkümmel nochmals kräftig nachwürzen. Anschließend dekorativ anrichten, mit Basilikum garnieren und sofort servieren.

Kurkuma

Die Hauptverwendung des Kurkumapulvers sieht die indische Küche bei der Herstellung von verschiedenen Currymischungen, so wird Kurkuma dann auch für Fleisch-, Fisch-, Gemüse- und Reisvariationen in der indischen und chinesischen Küche verwendet. Kurkuma wird für das Einlegen, bei Relishes und Chutneys wie auch für das Einfärben von Soßen eingesetzt. Als ein sehr preiswertes Gewürz wird Kurkuma häufig auch als Indischer Safran bezeichnet. Als Würzmittel wird Kurkuma auch in der Küche des Mittleren Ostens speziell bei der Zubereitung von (Couscous) und Reisgerichten empfohlen. Besonders interessant ist Kurkuma bei der Herstellung von Mixed Pickles, hier kennen wir verschiedene Zubereitungen. Eine der wohl bekanntesten ist das Piccalilli-Relish. In der amerikanischen Küche wird Kurkuma häufig bei der Herstellung von Mayonnaisen und Cremesoßen, bei Brotaufstrichen, Fischsalaten und Eiergerichten eingesetzt.

SCHWEINERAGOUT MIT TRAUBEN

FÜR 4 PERSONEN:

800 g Schweinegulasch
30 g Butterschmalz
2 Zwiebeln
2 EL Tomatenmark
30 g Mehl
1 große Dose geschälte Tomaten
400 ml Gemüse- oder Fleischbrühe
Salz, Pfeffer aus der Mühle
Cayennepfeffer
1 Lorbeerblatt
einige Nelken
einige Pfefferkörner
einige Wacholderbeeren
2 EL Senfkörner
100 g Crème fraîche

Außerdem:
2–3 EL Butter
200 g weiße Trauben
200 g frische Pfifferlinge
Kräuterzweige zum Garnieren

1. Das Schweinegulasch unter fließendem Wasser waschen und trocken tupfen. Die Fleischstücke nach Bedarf in mundgerechte Würfel schneiden.

2. Das Butterschmalz in einem Topf erhitzen und das Fleisch darin unter ständigem Rühren braten.

3. Die Zwiebeln schälen, in feine Würfel schneiden, zum Fleisch geben und kurz mitbraten.

4. Das Tomatenmark einrühren, mit Mehl bestäuben, die geschälten Tomaten durch ein Sieb streichen und mit der Soße und der Brühe angießen.

5. Das Ganze mit Salz, Pfeffer und Cayennepfeffer kräftig würzen. Das Lorbeerblatt, die Nelken, die Pfefferkörner, die Wacholderbeeren und die Senfkörner in einen Gewürzbeutel geben, hinzufügen und das Ragout bei mäßiger Hitze 70–80 Minuten köcheln lassen.

6. Nach Ende der Garzeit das Schweineragout nochmals abschmecken, den Gewürzbeutel entfernen und das Ragout mit Crème fraîche verfeinern.

7. Die Butter in einer Pfanne erhitzen, die gewaschenen Trauben ins Fett geben und kurz anschwitzen.

8. Die geputzten, gewaschenen, nach Bedarf klein geschnittenen Pfifferlinge dazugeben und kurz mitschwitzen.

9. Die Trauben und die Pfifferlinge unter das Schweineragout heben und dieses nochmals abschmecken.

10. Das Schweineragout mit Trauben dekorativ anrichten, mit Kräuterzweigen garnieren und mit Bandnudeln mit Tomatenwürfeln sofort servieren.

SENFKÖRNER

Wir unterscheiden drei verschiedene Sorten, die nach der Farbe bestimmt werden: den schwarzen, den indischen und den weißen Senf. Der schwarze Senf ist derjenige mit dem besten und stärksten Aroma. Weiße Senfsamen sind mild und werden häufig zum Einlegen verwendet. Das gelbe Senfpulver ist eine Mischung aus weißen und schwarzen Senfsamen, die gemahlen und mit Wasser vermischt wurden. Die Senfsamen werden heute in der Küche zu verschiedenen Mischungen verarbeitet. Senfmischungen gibt es grob oder fein gemahlen und sie variieren in der Schärfe von mild bis sehr scharf. Die Senfsamen allerdings können zusätzlich zum Einlegen und Würzen verwendet werden. Bei der Herstellung von Essigen, Ölen, zum Einlegen, als Grundgewürz für Beizen und Marinaden, aber auch für Chutneys und Relishs sind die Senfkörner willkommen. In der italienischen Küche kennen wir den Mostardo di Frutta, eine Zubereitung mit Früchten und Senf. Eine andere Würzmischung aus Senf, das Piccalilli, das ebenfalls mit Früchten, Gemüsen und den verschiedensten Gewürzen zubereitet wird, hat als Hauptaromaträger die Senfkörner.

Putengulasch mit Tomatenpesto

Für 4 Personen:

800 g Putenbrust
Salz, Pfeffer aus der Mühle
1 EL geriebene Zitronenschale
1 EL gemahlener Kümmel
2 Knoblauchzehen
2–3 EL Butterschmalz
2 Zwiebeln
je 1 rote und gelbe Paprikaschote
250 g Staudensellerie
125 ml Weißwein
375 ml Gemüse- oder Geflügelbrühe
4–6 Tomaten
1 Bund Basilikum
75 g geriebener Parmesankäse
30 g gehackte Pinienkerne

Außerdem:
Basilikum zum Garnieren

1. Die küchenfertige Putenbrust unter fließendem Wasser waschen, trocken tupfen, in mundgerechte Würfel schneiden, mit Salz und Pfeffer würzen.

2. Die Zitronenschale, den Kümmel und die geschälten Knoblauchzehen auf einer Arbeitsfläche fein hacken, mit dem Messerrücken zerreiben und die Fleischwürfel damit einreiben.

3. Das Butterschmalz in einem Topf erhitzen und die Putenwürfel darin rundherum Farbe nehmen lassen.

4. Die Zwiebeln schälen, fein würfeln, die Paprikaschoten halbieren, entkernen, waschen und in mundgerechte Stücke schneiden.

5. Den Staudensellerie putzen, waschen und in 1 cm dicke Scheiben schneiden. Das Gemüse zum Fleisch geben und kurz mitbraten.

6. Den Weißwein und die Gemüse- oder Geflügelbrühe angießen und das Ganze bei mäßiger Hitze 25–30 Minuten garen.

7. Die Tomaten enthäuten, entkernen und in Würfel schneiden.

8. Mit dem verlesenen, gewaschenen und fein geschnittenen Basilikum, dem Parmesankäse und den Pinienkernen unter das Gulasch heben und einmal kräftig aufkochen lassen.

9. Das Putengulasch mit Salz und Pfeffer nachwürzen, dekorativ anrichten, mit Basilikumblättchen garnieren und sofort servieren.

Gemüsehähnchen aus dem Wok

Für 4 Personen:

50 g getrocknete Wolkenohrpilze
500 ml heiße Geflügelbrühe
500 g Hähnchenbrustfilets
Salz, Pfeffer aus der Mühle
1 EL Fünfgewürzpulver
1 Msp. Anispulver
50 ml Sojasoße
2–3 EL Sesamöl
4 Frühlingszwiebeln
1 rote Paprikaschote
1 kleine rote Chilischote
250 g Spargel
200 g Shiitake-Pilze
2 Knoblauchzehen
1 Stück Ingwerwurzel
Speisestärke zum Binden

Außerdem:
Kräuterzweige zum Garnieren

1. Die Wolkenohrpilze in eine Schüssel geben, die Geflügelbrühe angießen und die Pilze mindestens eine halbe Stunde quellen lassen.

2. Die Hähnchenbrustfilets unter fließendem Wasser waschen, trocken tupfen, in Streifen schneiden, mit Salz, Pfeffer, Fünfgewürzpulver und Anispulver kräftig würzen. In eine Schüssel geben, mit Sojasoße beträufeln und eine halbe Stunde marinieren.

3. Das Sesamöl im Wok erhitzen. Das Fleisch gut abtropfen lassen und unter Rühren braten, herausnehmen und warm stellen.

4. Die Frühlingszwiebeln putzen und in mundgerechte Stücke schneiden. Die Paprikaschote und die Chilischote halbieren, entkernen, waschen, gut abtropfen lassen, in Streifen schneiden, mit den Frühlingszwiebeln in den Wok geben und 2–3 Minuten pfannenrühren.

5. Den Spargel putzen, dünn schälen und die unteren Enden abschneiden. Den Spargel in Streifen schneiden, mit den geputzten Shiitake-Pilzen zum Gemüse geben und weitere 3–4 Minuten pfannenrühren.

6. Die Knoblauchzehen schälen und fein hacken. Die Ingwerwurzel schälen und reiben, beides zum Gemüse geben und kurz braten.

7. Die Wolkenohrpilze mit der Geflügelbrühe angießen und das Ganze bei starker Hitze 6–8 Minuten kochen. Anschließend das Gemüse mit Salz, Pfeffer, Fünfgewürzpulver und Sojasoße abschmecken und mit etwas angerührter Speisestärke leicht binden.

8. Das Hähnchenfleisch zum Gemüse geben, nochmals erhitzen, nachwürzen, dekorativ anrichten, mit Kräuterzweigen garnieren und sofort servieren.

Anis

Schon die alten Griechen und Römer wussten den Anis zu schätzen. Er wurde speziell in der Gemüseküche verwendet. Aber auch für Hühner- oder Schweinefleischgerichte und für di[e] Herstellung von Gewürzkuchen war dieses Kraut bekannt. In Zuckerkaramell getauchte Anissamen, die dann gekaut werden, helfen der Verdauung nach. Speziell in Indien kennt man diese Zubereitung von alters her. Als Gewürz wird Anis heute in Brot- und Backwaren, aber auch in Süßspeisen, Soßen, Salaten, für Gemüse und für verschiedene Fleischgerichte verwendet. Ein sehr großer Anwendungsbereich von Anis ist der bei der Herstellung alkoholischer Getränke wie Pernod, Pastis und Ouzo. Bei uns ist der Anis ein wesentlicher Bestandteil der Weihnachtsküche. Für die bekannten Anisplätzchen, in Lebkuchen, aromatischen Weihnachtstorten oder für spezielle Weihnachtssoßen ist Anis unverzichtbar.

Griechischer Lammtopf

Für 4 Personen:

1,2 kg Lammschulter ohne Knochen
2 große Zwiebeln
5 Knoblauchzehen
1 rote Chilischote
2–3 EL Olivenöl
2 EL Tomatenmark
250 ml Rotwein
250 ml Gemüse- oder Fleischbrühe
1 große Dose passierte Tomaten
1 EL Paprikapulver edelsüß
Salz, Pfeffer aus der Mühle
1 Prise Cayennepfeffer
1 EL Fenchelsamen

Außerdem:
200 g Kritharaki (griechische Nudeln)
Salzwasser
einige Tropfen Olivenöl
2 grüne Paprikaschoten
3 große Tomaten
150 g geriebener Schafskäse
1 Bund Kerbel

1. Die Lammschulter unter fließendem Wasser waschen, trocken tupfen, in mundgerechte Würfel schneiden.

2. Die Zwiebeln und die Knoblauchzehen schälen und würfeln.

3. Die Chilischote halbieren, entkernen, waschen und fein schneiden.

4. Das Olivenöl in einem Topf erhitzen und das Lammfleisch darin unter ständigem Rühren anbraten.

5. Die Zwiebeln, den Knoblauch und die Chilischote dazugeben und kurz mitbraten.

6. Das Tomatenmark einrühren und kurz rösten. Den Rotwein, die Gemüse- oder Fleischbrühe und die passierten Tomaten angießen und alles zum Kochen bringen.

7. Das Paprikapulver einrühren, das Gulasch mit Salz, Pfeffer und Cayennepfeffer würzen, die Fenchelsamen hinzufügen und das Ganze bei mäßiger Hitze 70–80 Minuten schmoren lassen.

8. Die Kritharaki-Nudeln im Salzwasser mit dem Olivenöl bissfest garen, abgießen, abschrecken und gut abtropfen lassen.

9. Die Paprikaschoten in dem auf 180–200 °C vorgeheizten Backofen 20 Minuten braten, herausnehmen, schälen, halbieren, entkernen und in mundgerechte Stücke schneiden. Die Tomaten enthäuten, entkernen und würfeln.

10. Nach Ende der Garzeit die Kritharaki-Nudeln, die Paprikaschoten und die Tomaten unter den Lammtopf ziehen. Diesen nachwürzen, dekorativ anrichten und mit dem geriebenen Schafskäse bestreuen.

11. Den verlesenen, gewaschenen und fein geschnittenen Kerbel darüberstreuen, den Griechischen Lammtopf garnieren und sofort servieren.

Fenchel

Die getrockneten Fenchelblätter sowie die Samen sind in der Mittelmeerküche bestens bekannt. Bei uns hält diese Geschmacksrichtung erst langsam Einzug. Die Samen allerdings haben wir schon lange in die Küche aufgenommen, da sie in verschiedenen Currymischungen enthalten sind. Eines der bekanntesten Gewürze, das wir aus der chinesischen Küche kennen, das Fünfgewürzpulver, wird ebenfalls mit Fenchelsamen zubereitet. Der Geschmack des Fenchels variiert je nach Sorte erheblich. Wilder Fenchel ist z. B. leicht bitter und hat nicht das bekannte Anisaroma. Dem römischen Fenchel fehlt der Bitterstoff, dafür schmeckt er stark nach Anis. Fenchel passt sehr gut zu Schweinefleisch sowie in die Marinaden und Beizen für die Wildküche. Fein gehackt kann man ihn genauso gut für die feinen Fleischarten wie Kalbfleisch und Geflügel verwenden, ebenso in der Fischküche.

SCHNITZEL – BELIEBT IN DER GANZEN WELT

GEMÜSESCHNITZEL

FÜR 4 PERSONEN:

4 Putenschnitzel (à 200 g)
Salz, Pfeffer aus der Mühle
Mehl zum Wenden
2 Eier
150 g Semmelbrösel
Butterschmalz zum Braten

Für das Gemüse:
1 Zwiebel
2 Knoblauchzehen
3 bunte Paprikaschoten
500 g Tomaten
2 TL gerebelte Kräuter der Provence
250 ml Tomatensaft

Außerdem:
Kräuterzweige zum Garnieren

1. Die Putenschnitzel unter fließendem Wasser waschen, trocken tupfen, gut klopfen, mit Salz und Pfeffer würzen und in Mehl wenden.

2. Die Eier in einem tiefen Teller verschlagen und die Semmelbrösel in einen zweiten Teller geben. Die Schnitzel durch die Eier ziehen und mit den Semmelbröseln panieren.

3. Das Butterschmalz in einer Pfanne erhitzen, die Schnitzel darin goldgelb ausbacken, herausnehmen und warm stellen.

4. Die Zwiebel und die Knoblauchzehen schälen, würfeln, ins verbliebene Bratfett geben und glasig schwitzen.

5. Die Paprikaschoten halbieren, entkernen, waschen, klein schneiden, zu den Knoblauchzwiebeln geben und glasig schwitzen.

6. Die Tomaten waschen, vom Strunk befreien, in Würfel schneiden und mit den Kräutern unter das Gemüse mischen. Mit dem Tomatensaft ablöschen, mit Salz und Pfeffer abschmecken und fünf Minuten köcheln.

7. Die Schnitzel auf Tellern dekorativ anrichten und das Gemüse darauf verteilen. Das Ganze mit Kräuterzweigen garnieren und sofort servieren.

Panierte Schnitzel mit Paprikagemüse

Für 4 Personen:

4 Schweineschnitzel (à 160–180g)
Salz, Pfeffer aus der Mühle
2 EL mittelscharfer Senf
Mehl zum Wenden
2 Eier
150 g Semmelbrösel
Butterschmalz zum Braten

Für das Gemüse:
je 1 rote, gelbe und grüne Paprikaschote
2 Knoblauchzehen
4 Schalotten
2–3 EL Olivenöl
500 ml gebundene Bratensoße
1 EL Paprikapulver edelsüß
1 Prise Muskat

Außerdem:
Kräuterzweige zum Garnieren

1. Die küchenfertigen Schweineschnitzel unter fließendem Wasser waschen, trocken tupfen und dünn klopfen. Mit Salz und Pfeffer würzen und mit Senf bestreichen.

2. Die Schnitzel im Mehl wenden, durch die verschlagenen Eier ziehen und mit den Semmelbröseln panieren.

3. Das Butterschmalz in einer Pfanne erhitzen und die Schnitzel darin auf beiden Seiten goldgelb ausbacken.

4. Für das Gemüse die Paprikaschoten halbieren, entkernen, waschen und in Streifen schneiden.

5. Die Knoblauchzehen und die Schalotten schälen und fein würfeln.

6. Das Olivenöl in einer Pfanne erhitzen und das Gemüse darin anschwitzen.

7. Die Bratensoße angießen, erhitzen mit Salz, Pfeffer, Paprikapulver und Muskat würzen und das Gemüse 8–10 Minuten köcheln lassen.

8. Das Paprikagemüse mit den Schnitzeln dekorativ anrichten, mit Kräuterzweigen garnieren und mit Kroketten sofort servieren.

Schnitzelspiesschen mit Tomaten

Für 4 Personen:

4 Putenschnitzel (à 160–180 g)
Salz, Pfeffer aus der Mühle
Mehl zum Wenden, 2 Eier
1 TL Öl, 1 EL Milch
Semmelbrösel zum Panieren
Butterschmalz zum Ausbacken
1–2 Zucchini
1 Bund Radieschen
200 g Kirschtomaten

Für die Soße:
1–2 EL Butter, 1 Zwiebel
2 EL rosa Pfefferkörner
Saft von 1 Zitrone
100 ml Weißwein
300 ml gebundene Bratensoße
200 ml süße Sahne
2–3 EL grober Dijon-Senf
1 Prise Zucker

Außerdem:
rosa Pfefferkörner zum Bestreuen

1. Die Putenschnitzel unter fließendem Wasser abwaschen, trocken tupfen, mit Salz und Pfeffer würzen und im Mehl wenden.

2. Die Eier in einen tiefen Teller geben und mit dem Öl und der Milch verschlagen.

3. Die Schnitzel durch die Eier ziehen und zum Schluss mit den Semmelbröseln panieren.

4. Reichlich Butterschmalz in einer Pfanne erhitzen und die Schnitzel darin goldgelb ausbacken, herausnehmen und in mundgerechte Stücke schneiden.

5. Die Zucchini und die Radieschen putzen, waschen, in Stücke schneiden und mit den halbierten Kirschtomaten und den Schnitzelstückchen auf Spieße stecken.

6. Die Spieße ins verbliebene Bratfett geben und weitere 4–5 Minuten braten.

7. Für die Soße die Butter in einem Topf erhitzen. Die Zwiebel schälen, fein würfeln, mit den Pfefferkörnern ins Fett geben und glasig schwitzen.

8. Den Zitronensaft, den Weißwein, die Bratensoße und die Sahne angießen, zum Kochen bringen und kurz einreduzieren lassen.

9. Den Dijonsenf einrühren, mit Salz, Pfeffer, Cayennepfeffer und Zucker abschmecken.

10. Die Soße auf Tellern verteilen, die Schnitzelspießchen dekorativ einsetzen, mit rosa Pfefferkörnern bestreuen und mit Baguette und gemischtem Salat sofort servieren.

Zu den Schnitzelspiesschen schmeckt auch ein Kartoffelsalat mit Gurken:

1 kg festkochende Kartoffeln unter fließendem Wasser abbürsten, mit Salzwasser in einen Topf geben und in 20 Minuten garen. Die Kartoffeln abgießen, abkühlen lassen, pellen, in Scheiben schneiden und in eine Schüssel geben. 50 ml Olivenöl in einem Topf erhitzen. Eine Zwiebel schälen, in feine Scheiben schneiden, ins Fett geben und glasig schwitzen. Eine Salatgurke waschen, in Scheiben schneiden, zur Zwiebel geben und mitschwitzen. 250 ml Gemüse- oder Fleischbrühe und 50 ml Branntweinessig angießen und einmal aufkochen lassen. 2 EL mittelscharfen Senf einrühren, das Dressing mit Salz, Pfeffer und Zucker würzen und den Kartoffelsalat damit anmachen. Den Kartoffelsalat anrichten, mit Tomatenscheiben garnieren und servieren.

Schweineschnitzel „Cordon bleu"

Für 4 Personen:

4 küchenfertige Schweineschnitzel (à 200 g)
4 Scheiben gekochter Schinken
4 Scheiben würziger Käse
Salz, Pfeffer aus der Mühle
Mehl zum Wenden
2 Eier, 150 g Semmelbrösel

Außerdem:
Butterschmalz zum Braten
Zitronenscheiben zum Garnieren

1. Die Schweineschnitzel unter fließendem Wasser waschen, trocken tupfen, dünn klopfen, mit je einer Scheibe Schinken und Käse belegen und zusammenklappen.

2. Die Schweineschnitzel mit Rouladennadeln oder Zahnstochern zusammenstecken, mit Salz und Pfeffer würzen und in Mehl wenden.

3. Die Eier in einen tiefen Teller geben und verschlagen, die Semmelbrösel in einen zweiten Teller geben. Die Schweineschnitzel zuerst durch die Eier ziehen und dann mit den Semmelbröseln panieren.

4. Das Butterschmalz in einer Pfanne erhitzen und die Schweineschnitzel darin goldgelb ausbacken. Herausnehmen, trocken tupfen, dekorativ anrichten, mit Zitronenscheiben garnieren und mit Buttergemüse und Pommes frites sofort servieren.

Saltimbocca auf Spaghetti

Für 4 Personen:

8 kleine Kalbsschnitzel (à 160–180 g)
Salz, Pfeffer aus der Mühle
8 dünne Scheiben Parmaschinken
8 große Salbeiblätter

Außerdem:
200 g Spaghetti, Salzwasser
einige Tropfen Olivenöl
4 EL Olivenöl
4 EL Basilikumpesto (Fertigprodukt)
Kirschtomatenhälften, gebratene Zucchinischeiben und Salbeiblättchen zum Garnieren

1. Die Kalbsschnitzelchen unter fließendem Wasser waschen, trocken tupfen, leicht klopfen, mit Salz und Pfeffer kräftig würzen.

2. Jedes Schnitzel mit einer Schinkenscheibe und einem Salbeiblatt belegen, mit Zahnstochern feststecken.

3. Die Spaghetti im Salzwasser mit dem Olivenöl bissfest garen, abgießen, abschrecken, gut abtropfen lassen und bereitstellen.

4. 2 EL Olivenöl in einer Pfanne erhitzen, die Kalbsschnitzelchen darin braten, herausnehmen und warm stellen.

5. Das restliche Olivenöl ins verbliebene Bratfett geben, die Spaghetti hinzufügen, durchschwenken und erhitzen.

6. Das Basilikumpesto untermischen, die Spaghetti mit Salz und Pfeffer kräftig abschmecken.

7. Die Saltimbocca mit den Spaghetti dekorativ anrichten, mit Kirschtomatenhälften, gebratenen Zucchinischeiben und Salbeiblättchen garnieren und sofort servieren.

(ohne Abbildung)

Mandelschnitzel auf Tomatenspaghetti

Für 4 Personen:

4 Kalbs- oder Schweineschnitzel
(à 180 g), Salz, Pfeffer aus der Mühle
Mehl zum Wenden, 3 Eier
100 g Semmelbrösel
50 g Mandelblättchen
Butterschmalz zum Braten

Für die Soße:
1 Zwiebel, 2 Knoblauchzehen
50 g Tomatenmark
200 ml Gemüse- oder Fleischbrühe
½ Dose Pizzatomaten (200 g)
1 Prise Zucker
Speisestärke zum Binden

Außerdem:
4 Portionen bissfest gegarte
Spaghetti, ½ Bund Basilikum
frisch geriebener Parmesankäse
zum Bestreuen

1. Die küchenfertigen Schnitzel unter fließendem Wasser waschen, trocken tupfen, leicht klopfen, mit Salz und Pfeffer würzen und in Mehl wenden.

2. Die Eier in einen tiefen Teller geben und verschlagen, die Semmelbrösel in einem zweiten Teller mit den Mandelblättchen vermischen. Die Schnitzel durch die Eier ziehen und anschließend mit den Mandelbröseln panieren.

3. Das Butterschmalz in einer Pfanne erhitzen, die Mandelschnitzel darin goldgelb ausbacken, herausnehmen und warm stellen.

4. Für die Soße die Zwiebel und die Knoblauchzehen schälen, fein würfeln, ins verbliebene Bratfett geben und glasig schwitzen.

5. Das Tomatenmark einrühren, die Gemüse- oder Fleischbrühe und die Pizzatomaten angießen, zum Kochen bringen, mit Salz, Pfeffer und Zucker kräftig abschmecken und fünf Minuten kräftig einreduzieren lassen.

6. Die Soße mit etwas angerührter Speisestärke leicht binden. Die bissfest gegarten Spaghetti in einer Pfanne mit etwas Butterschmalz erhitzen, die Soße angießen, durchschwenken, nochmals nachwürzen und etwas fein geschnittenes Basilikum untermischen.

7. Die Mandelschnitzel mit den Tomatenspaghetti dekorativ anrichten, mit Basilikumblättchen garnieren, mit frisch geriebenem Parmesankäse bestreuen und sofort servieren.

Zu den Mandelschnitzeln schmecken auch ein Tomaten-Kopfsalat und Spaghetti:

500 g Tomaten waschen, den Strunk herausschneiden, die Tomaten in Scheiben schneiden. Einen Kopfsalat verlesen, waschen, gut abtropfen lassen und in mundgerechte Stücke zerpflücken. Einen Bund Schnittlauch fein schneiden. Eine weiße Zwiebel schälen und in dünne Scheiben schneiden. Die Tomatenscheiben auf dem Kopfsalat anrichten, mit dem Schnittlauch, den Zwiebelringen und 30 g frisch gehobeltem Parmesan bestreuen. 75 ml weißen Balsamicoessig mit 75 ml Gemüse- oder Geflügelbrühe vermischen, mit Salz, Pfeffer, Zucker und Cayennepfeffer abschmecken. Zum Schluss 75 ml Olivenöl einrühren. Den Salat mit dem Dressing beträufeln, mit Kräuterzweigen und Artischockenherzen garnieren und servieren.

Jägerschnitzel mit Champignonsosse

Für 4 Personen:

4 Schweineschnitzel (à 180 g)
Salz, Pfeffer aus der Mühle
1 TL Paprikapulver edelsüß
Butterschmalz zum Braten

Für die Soße:
100 g durchwachsener, geräucherter Speck, 1 Zwiebel
400 g frische Champignons
Saft von 1 Zitrone
400 ml gebundene Bratensoße
100 ml süße Sahne
2 EL mittelscharfer Senf

Außerdem:
Salatblätter, Radieschenblüten und Petersilienzweige zum Garnieren

1. Die Schweineschnitzel unter fließendem Wasser waschen, trocken tupfen, mit Salz, Pfeffer und Paprikapulver würzen.

2. Das Butterschmalz in einer Pfanne erhitzen, die Schnitzel darin braten, herausnehmen und warm stellen.

3. Den Speck in feine Würfel schneiden, ins verbliebene Bratfett geben und auslassen. Die Zwiebel schälen, in feine Würfel schneiden, zum Speck geben und kurz mitbraten.

4. Die Champignons verlesen, je nach Bedarf klein schneiden, mit Zitronensaft beträufeln, zu den Speckzwiebeln geben und kurz mitbraten.

5. Die Bratensoße angießen, zum Kochen bringen und die Champignons bei mäßiger Hitze 6–8 Minuten köcheln lassen. Die Sahne mit dem Senf einrühren und die Soße mit Salz und Pfeffer würzen.

6. Die Schnitzel mit der Soße dekorativ anrichten, mit Salatblättern, Radieschenblüten und Petersilienzweigen garnieren und mit Spätzle und einem gemischten Salat sofort servieren.

Zu den Schnitzeln schmeckt auch eine Austernpilzsosse sehr gut:

Hierfür zwei Zwiebeln schälen und in feine Streifen schneiden. 100 g geräucherten Bauchspeck ebenfalls in feine Streifen schneiden. 150 g Austernpilze putzen, waschen, trocken tupfen und in feine Streifen schneiden. 1 EL Olivenöl in einer Pfanne erhitzen, die Zwiebeln und den Bauchspeck darin anschwitzen. Die Pilze dazugeben und mitbraten. 40 ml Kalbsjus angießen, zum Kochen bringen, salzen und pfeffern. Einen Bund glatte Petersilie verlesen, waschen, fein schneiden und in die Soße einrühren. Die Soße zu den Schnitzeln servieren.

Böhmische Schnitzel mit Wurzelgemüse

Für 4 Personen:

8 küchenfertige Schweineschnitzel (à 100 g), Salz, Pfeffer aus der Mühle
1 TL Paprikapulver rosenscharf
Butterschmalz zum Braten
2 Lorbeerblätter, 300 g Sauerrahm
2 TL Kümmel

Für das Gemüse:
1 kleine Sellerieknolle
500 g Karotten, 3 Zwiebeln
3 EL Butter, 2 Zweige Rosmarin
1 TL Zucker
250 ml Gemüse- oder Fleischbrühe
1 Prise Cayennepfeffer
1 Prise Muskat

Außerdem:
½ Bund Petersilie

1. Die Schweineschnitzel unter fließendem Wasser waschen, trocken tupfen, leicht klopfen, mit Salz, Pfeffer und Paprikapulver würzen.

2. Das Butterschmalz in einer Pfanne erhitzen. Die Schnitzel auf beiden Seiten anbraten und die Lorbeerblätter dazugeben.

3. Den Sauerrahm mit dem Kümmel verrühren, mit Salz und Pfeffer würzen, gleichmäßig über die Schnitzel verteilen und diese im auf 200 °C vorgeheizten Backofen 15 Minuten backen.

4. Für das Gemüse den Sellerie, die Karotten und die Zwiebeln schälen, Sellerie und Karotten waschen und alles in Würfel schneiden.

5. Die Butter in einem Topf erhitzen und das Gemüse darin anschwitzen. Den Rosmarin und den Zucker dazug ben, die Gemüse- oder Fleischbrühe a gießen und alles zum Kochen bringe

6. Das Gemüse mit Salz, Pfeffer, Cayennepfeffer und Muskat kräftig würzen und bei mäßiger Hitze bissfest garen.

7. Die böhmischen Schnitzel mit dem Wurzelgemüse dekorativ anrichten, m der verlesenen, gewaschenen und fei gehackten Petersilie bestreuen, garnie ren und sofort servieren.

Zu den böhmischen Schnitzeln passt auch ein Bohnen-Schalotten-Gemüs sehr gut:

400 g grüne Bohnen in kochendem Salzwasser bissfest garen. 150 g Schalotten schälen, halbieren und in 2 EL heißer Butter anschwitzen. Mit 200 ml Gemüsebrühe ablöschen und fünf Minuten dünsten. Die Bohnen zugeben, erhitzen und das Bohnengemüse mit Salz, Pfeffer, Muskat und Zucker abschmecken. Anschließend ½ Bund gehackte Petersilie unterziehen. Das Gemüse dekorativ anrichten und servieren.

Tiroler Schnitzel

Für 4 Personen:

8 Schweineschnitzel (à 100 g)
Salz, Pfeffer aus der Mühle
Mehl zum Wenden
3 Eier
3 EL süße Sahne
½ Bund Petersilie
1 Zweig Rosmarin
1 kleine Zwiebel
150 g Semmelbrösel
Butterschmalz zum Braten

Für die Soße:
3–4 Knoblauchzehen
1 EL Olivenöl
600 g Tomaten
2 Zwiebeln
1 EL Mehl
1 TL Paprikapulver edelsüß

Außerdem:
Fett zum Frittieren
Rosmarinzweige zum Garnieren

1. Die Schweineschnitzel unter fließendem Wasser waschen, trocken tupfen, leicht klopfen, mit Salz und Pfeffer kräftig würzen und in Mehl wenden.

2. Die Eier mit der Sahne in einen tiefen Teller geben und verschlagen. Die Petersilie und den Rosmarinzweig verlesen, waschen und gut abtropfen lassen, die Zwiebel schälen und alles sehr fein hacken. Das Ganze mit den Semmelbröseln vermischen.

3. Die Schweineschnitzel durch die Eier ziehen und mit den Semmelbröseln panieren. Das Butterschmalz in einer Pfanne erhitzen, die Schweineschnitzel darin goldgelb ausbacken, herausnehmen und warm stellen.

4. Die Knoblauchzehen schälen, in Scheiben schneiden und mit dem Olivenöl in einer Pfanne kurz anschwitzen.

5. Die Tomaten waschen, vom Strunk befreien und in grobe Würfel schneiden. Zum Knoblauch geben, fünf Minuten mitdünsten und mit Salz und Pfeffer würzen.

6. Die Zwiebeln schälen und in Ringe schneiden. Das Mehl mit dem Paprikapulver vermischen, die Zwiebeln darin wenden und schwimmend im erhitzten Fett ausbacken.

7. Die Schnitzel dekorativ anrichten, das Tomatenragout und die Röstzwiebeln darauf verteilen, mit Rosmarinzweigen garnieren und sofort servieren.

Wiener Schnitzel

Für 4 Personen:

8 Kalbsschnitzel (à 100 g)
Salz, Pfeffer aus der Mühle
2 EL Mehl
3 Eier
150 g Semmelbrösel
Butterschmalz zum Braten

Außerdem:
8 Zitronenscheiben
Salatblätter, Zwiebelringe und Kirschtomatenhälften zum Garnieren

1. Die Kalbsschnitzel unter fließendem Wasser waschen, trocken tupfen, leicht klopfen, mit Salz und Pfeffer würzen und in Mehl wenden.

2. Die Schnitzel zuerst durch die verschlagenen Eier ziehen und dann mit den Semmelbröseln panieren.

3. Reichlich Butterschmalz in einer Pfanne erhitzen und die Schnitzel darin langsam auf beiden Seiten goldbraun braten.

4. Die Wiener Schnitzel auf heißen Tellern dekorativ anrichten. Jedes Schnitzel mit einer Zitronenscheibe belegen, das Ganze mit Salatblättern, Zwiebelringen und Kirschtomatenhälften garnieren und mit Bratkartoffeln und einem gemischten Salat sofort servieren.

Paprika-Sahne-Schnitzel

Für 4 Personen:

8 Schweineschnitzel (à 80 g)
Salz, Pfeffer aus der Mühle
1 Prise Cayennepfeffer
1 TL Paprikapulver edelsüß
Butterschmalz zum Braten
2 Schalotten
100 ml Weißwein
300 ml gebundene Bratensoße
100 ml Crème fraîche
1 EL Paprikapulver edelsüß
1 EL Karamellsirup
einige Tropfen Weinbrand

Außerdem:
Kräuterzweige zum Garnieren

1. Die küchenfertigen Schweineschnitzel unter fließendem Wasser waschen, trocken tupfen, mit Salz, Pfeffer, Cayennepfeffer und Paprikapulver kräftig würzen.

2. Das Butterschmalz in einer Pfanne erhitzen, die Schweineschnitzel darin braten, herausnehmen und warm stellen.

3. Die Schalotten schälen, fein würfeln, ins verbliebene Bratfett geben und glasig schwitzen. Mit Weißwein ablöschen und die gebundene Bratensoße angießen.

4. Die Soße zum Kochen bringen und fünf Minuten köcheln lassen. Die Crème fraîche einrühren und erhitzen. Die Soße mit Paprikapulver, Karamellsirup, Salz und Pfeffer abschmecken und mit Weinbrand aromatisieren.

5. Die Paprikaschnitzel mit der Soße dekorativ anrichten, mit Kräuterzweigen garnieren und mit je einer Portion Buttergemüse und bissfest gegartem Reis sofort servieren.

(ohne Abbildung)

PARMESANSCHNITZEL

FÜR 4 PERSONEN:

4 küchenfertige Kalbsschnitzel
(à 180 g)
Salz, Pfeffer aus der Mühle
1 TL gerebelte italienische Kräuter
2 Schalotten
2 Knoblauchzehen
1 EL Olivenöl
1 EL Tomatenmark
100 g frisch geriebener
Parmesankäse
2 Tomaten
Mehl zum Wenden
3 Eier
50 ml süße Sahne
150 g Semmelbrösel
Butterschmalz zum Braten

Außerdem:
Kräuterzweige zum Garnieren

1. Die Kalbsschnitzel unter fließendem Wasser waschen, trocken tupfen, dünn klopfen, mit Salz, Pfeffer und den italienischen Kräutern würzen.

2. Die Schalotten und die Knoblauchzehen schälen und fein würfeln. Das Olivenöl in einer Pfanne erhitzen und die Schalotten- und Knoblauchwürfel darin anschwitzen.

3. Das Tomatenmark einrühren, vom Herd nehmen, den geriebenen Parmesankäse und die enthäuteten, entkernten und in Würfel geschnittenen Tomaten ebenfalls untermischen.

4. Mit Salz und Pfeffer würzen und die Füllung auf die Schnitzel streichen. Diese zusammenklappen und mit Rouladennadeln oder Zahnstochern zusammenstecken.

5. Die gefüllten Schnitzel in Mehl wenden. Die Eier mit der Sahne in einem tiefen Teller verschlagen und die Semmelbrösel in einen zweiten Teller geben.

6. Die Schnitzel zuerst durch die Eier ziehen und dann mit den Semmelbröseln panieren. Das Butterschmalz in einer Pfanne erhitzen und die Schnitzel darin goldgelb ausbacken.

7. Die Parmesanschnitzel dekorativ anrichten, mit Kräuterzweigen garnieren und mit Rosmarinkartoffeln sofort servieren.

SALBEISCHNITZEL MIT GEMÜSEPÜREE

FÜR 4 PERSONEN:

8 küchenfertige Kalbsschnitzel (à 100 g)
Salz, Pfeffer aus der Mühle
Olivenöl zum Braten
100 g roh geräucherter Schinken
½ Bund Salbei

Für die Soße:
2 Knoblauchzehen
1 Zwiebel
2 Karotten
1 rote Chilischote
1 rote Paprikaschote
½ Stange Lauch
250 ml Gemüse- oder Fleischbrühe
1 Prise Cayennepfeffer
1 Prise Muskat
1 Prise Zucker

Außerdem:
Salbeiblättchen zum Garnieren

1. Die Kalbsschnitzel unter fließendem Wasser waschen, trocken tupfen, mit Salz und Pfeffer kräftig würzen.

2. Das Olivenöl in einer Pfanne erhitzen, die Kalbsschnitzel darin anbraten, herausnehmen und warm stellen.

3. Die Schinkenscheiben und die verlesenen, gewaschenen Salbeiblättchen ins verbliebene Bratfett geben und ebenfalls kurz anbraten.

4. Den Schinken und die Salbeiblättchen aus der Pfanne nehmen und je zwei Kalbsschnitzel mit Schinken und Salbeiblättern füllen.

5. Die Schnitzel in eine feuerfeste Form legen und im auf 150 °C vorgeheizten Backofen 15 Minuten garen.

6. Die Knoblauchzehen, die Zwiebel und die Karotten schälen, die Karotten waschen und alles in sehr feine Würfel schneiden.

7. Die Chilischote und die Paprikaschote halbieren, entkernen, waschen, in feine Würfel schneiden, den Lauch putzen, waschen und ebenfalls fein würfeln.

8. Etwas Olivenöl in einer Pfanne erhitzen und das Gemüse darin fünf Minuten dünsten. Die Gemüsebrühe angießen, zum Kochen bringen und weitere fünf Minuten garen.

9. Das Gemüse im Mixer oder mit dem Pürierstab pürieren, mit Salz, Pfeffer, Cayennepfeffer, Muskat und Zucker kräftig abschmecken.

10. Die Salbeischnitzel mit dem Gemüsepüree dekorativ anrichten, mit Salbeiblättchen garnieren und mit Kartoffelkugeln sofort servieren.

ZU DEN SALBEISCHNITZELN PASSEN AUCH GRILLTOMATEN SEHR GUT:

Von vier großen Tomaten einen Deckel abschneiden. Die Schnittfläche mit Salz und Pfeffer würzen. 3 EL Semmelbrösel mit 3 EL frisch geriebenem Parmesan, 30 g flüssiger Butter und 1 TL getrockneten italienischen Kräutern verrühren und auf den Tomaten verteilen. Die Tomaten im auf 200 °C vorgeheizten Backofen 20–25 Minuten garen.

Portweinschnitzel mit Schalotten

Für 4 Personen:

8 küchenfertige Kalbsschnitzel (à 100 g)
Salz, Pfeffer aus der Mühle
Butterschmalz zum Braten

Für die Soße:
150 g Schalotten
je 2 Zweige Rosmarin und Thymian
2 EL Weizenmehl
150 ml roter Portwein
350 ml Gemüse- oder Fleischbrühe
1 Prise Cayennepfeffer

Außerdem:
Kräuterzweige zum Garnieren

1. Die Kalbsschnitzel unter fließendem Wasser waschen, trocken tupfen, leicht klopfen, mit Salz und Pfeffer kräftig würzen.

2. Das Butterschmalz in einer Pfanne erhitzen, die Kalbsschnitzel darin braten, herausnehmen und warm stellen.

3. Die Schalotten schälen, vierteln oder achteln, ins verbliebene Bratfett geben und glasig schwitzen.

4. Die Kräuterzweige verlesen, waschen, zerpflücken, zu den Schalotten geben und kurz mitschwitzen.

5. Das Ganze mit Weizenmehl bestäuben, mit Portwein ablöschen und die Gemüse- oder Fleischbrühe angießen.

6. Die Soße zum Kochen bringen, mit Salz, Pfeffer und Cayennepfeffer kräftig würzen und die Schalotten darin bissfest garen.

7. Die Kalbsschnitzel in die Soße legen, nochmals erhitzen, aber nicht kochen lassen. Anschließend mit der Soße dekorativ anrichten, mit Kräuterzweigen garnieren und mit Buttergemüse und Kroketten sofort servieren.

Zu den Schnitzeln schmeckt auch eine indische Zwiebelsosse sehr gut:

Hierfür zwei Zwiebeln schälen, fein hacken und in wenig erhitzter Butter glasig schwitzen. 500 ml Gemüsebrühe angießen und 500 g geschälte Schalotten sowie 3–4 EL eingeweichte Rosinen dazugeben. Das Ganze 20 Minuten dünsten, mit 200 g Sahnedickmilch verfeinern und mit Salz, Pfeffer und 1-2 EL Curry abschmecken. Die Kalbsschnitzel in die Soße legen, nochmals erhitzen, aber nicht kochen lassen, anschließend mit der Soße dekorativ anrichten und sofort servieren.

Lauch-Käse-Schnitzel

Für 4 Personen:

8 küchenfertige Schweineschnitzel (à 90 g)
Salz, Pfeffer aus der Mühle
Mehl zum Wenden
3 Eier
150 g Semmelbrösel
Butterschmalz zum Braten
1 Bund Lauchzwiebeln
8 kleine Tomaten
150 g geriebener Emmentaler

Außerdem:
Kräuterzweige zum Garnieren

1. Die Schweineschnitzel unter fließendem Wasser waschen, trocken tupfen, leicht klopfen, mit Salz und Pfeffer kräftig würzen und in Mehl wenden.

2. Die Eier in einem tiefen Teller verschlagen und die Semmelbrösel in einen zweiten Teller geben. Die Schweineschnitzel durch die Eier ziehen und mit den Semmelbröseln panieren.

3. Das Butterschmalz in einer Pfanne erhitzen, die Schnitzel darin goldgelb ausbacken, herausnehmen und auf eine feuerfeste Platte setzen.

4. Die Lauchzwiebeln putzen, waschen, in mundgerechte Stücke schneiden, ins verbliebene Bratfett geben und glasig schwitzen.

5. Die Lauchzwiebeln herausnehmen und auf den Schnitzel anrichten.

6. Die Tomaten waschen, vom Strunk befreien, oben über Kreuz einschneiden und zu den Schnitzeln legen.

7. Die Schnitzel und die Tomaten mit dem geriebenen Käse bestreuen und im auf 200 °C vorgeheizten Backofen 15 Minuten backen.

8. Die Lauch-Käse-Schnitzel mit den Tomaten dekorativ anrichten, mit Kräuterzweigen garnieren und mit frisch gebackenen Baguettes sofort servieren

Zu den Lauch-Käse-Schnitzeln passt auch ein Rahmlauch mit rosa Pfeffer sehr gut:

2–3 Stangen Lauch putzen, waschen und schräg in Scheiben schneiden. 2–3 Schalotten schälen und fein würfeln. Butter in einer Pfanne erhitzen und die Schalottenwürfel darin glasig anschwitzen. Den Lauch dazugeben und kurz mitschwitzen. 150 ml Weißwein und 200 ml süße Sahne angießen und das Ganze ca. acht Minuten dünsten. Mit Salz, Pfeffer und Muskat abschmecken 1 EL rosa Pfeffer und 2 EL gemischte, gehackte Kräuter unterziehen. Das Gemüse anrichten und servieren.

Panierte Zigeuner-schnitzel

Für 4 Personen:

8 Schweineschnitzel (à 80 g)
Salz, Pfeffer aus der Mühle
1 Prise Cayennepfeffer
1 TL Paprikapulver edelsüß
Mehl zum Wenden, 2 Eier
150 g Semmelbrösel
Butterschmalz zum Braten

Für die Soße:
2 Zwiebeln, je 1 gelbe und orange Paprikaschote
4 Frühlingszwiebeln
100 ml Weißwein
300 ml gebundene Bratensoße
100 ml Tomatenketchup
1 EL Paprikapulver edelsüß
1 EL Karamellsirup
einige Tropfen Weinbrand

Außerdem:
Kräuterzweige und Zitronenschnitze zum Garnieren

1. Die Schweineschnitzel unter fließendem Wasser waschen, trocken tupfen, mit Salz, Pfeffer, Cayennepfeffer und Paprikapulver würzen und in Mehl wenden.

2. Die Schnitzel zuerst durch die verschlagenen Eier ziehen und dann mit den Semmelbröseln panieren.

3. Das Butterschmalz in einer Pfanne erhitzen, die Schnitzel darin braten, herausnehmen und warm stellen.

4. Die Zwiebeln schälen, fein würfeln, ins verbliebene Bratfett geben und glasig schwitzen.

5. Die Paprikaschoten halbieren, entkernen, waschen, in feine Streifen schneiden, zu den Zwiebeln geben und kurz mitbraten.

6. Die Frühlingszwiebeln putzen, waschen, in mundgerechte Stücke schneiden, zu den Paprikastreifen geben und ebenfalls kurz mitschwitzen. Das Ganze mit Weißwein ablöschen und die gebundenen Bratensoße angießen.

7. Die Soße zum Kochen bringen, den Tomatenketchup unterrühren und alles acht Minuten köcheln lassen. Die Soße mit Paprikapulver, Karamellsirup, Salz und Pfeffer abschmecken und mit Weinbrand aromatisieren.

8. Die panierten Schnitzel mit der Soße dekorativ anrichten, mit Kräuterzweigen und Zitronenschnitzen garnieren und mit je einer Portion bissfest gegartem Reis sofort servieren.

Zu den Zigeunerschnitzeln passt auch ein gemischter Salat sehr gut:

Einen kleinen Kopfsalat und einen kleinen Endiviensalat waschen, gut abtropfen lassen und in mundgerechte Stücke zerpflücken. Vier Tomaten und einen kleinen Rettich waschen und in Scheiben schneiden. ½ Gurke waschen längs halbieren und in Scheiben schneiden. Eine rote Zwiebel schälen und in Ringe schneiden. 100 g Champignons putzen, in Scheiben schneiden und mit Zitronensaft beträufeln. Die Salatzutaten mischen und mit einem Dressing nach Wahl servieren.

Champignonschnitzel mit Kressesosse

Für 4 Personen:

4 Schweineschnitzel (à 200 g)
Salz, Pfeffer aus der Mühle
Mehl zum Wenden
2 Eier
150 g Semmelbrösel
Butterschmalz zum Braten

Für die Champignons:
400 g Champignons
Saft von ½ Zitrone
200 g Kirschtomaten

Für die Soße:
100 g Schalotten
2 EL Butter
100 ml Weißwein
300 ml Gemüsebrühe
2 Kästchen Kresse
125 g Kräuter-Crème-fraîche
1 Prise Muskat

1. Die Schweineschnitzel unter fließendem Wasser waschen, trocken tupfen, leicht klopfen, mit Salz und Pfeffer würzen und in Mehl wenden.

2. Die Eier in einem tiefen Teller verschlagen und die Semmelbrösel in einen zweiten Teller geben. Die Schweineschnitzel durch die Eier ziehen und mit den Semmelbröseln panieren.

3. Das Butterschmalz in einer Pfanne erhitzen, die Schnitzel darin goldgelb ausbacken, herausnehmen und warm stellen.

4. Die Champignons verlesen, waschen, gut abtropfen lassen, in Scheiben schneiden, mit Zitronensaft beträufeln und im verbliebenen Bratfett anbraten.

5. Die Kirschtomaten waschen, vom Strunk befreien, halbieren, zu den Champignons geben und kurz mitbraten. Mit Salz und Pfeffer würzen und warm stellen.

6. Für die Soße die Schalotten schälen, fein würfeln und in der erhitzten Butter glasig schwitzen.

7. Mit Weißwein ablöschen, die Gemüsebrühe angießen, zum Kochen bringen, fünf Minuten köcheln lassen und das Ganze im Mixer oder mit dem Pürierstab pürieren.

8. Die Kresse verlesen, waschen und gut abtropfen lassen. Die Kräuter-Crème-fraîche mit der Kresse einrühren und die Soße mit Salz, Pfeffer und Muskat würzen.

9. Die Kräutersoße auf Tellern verteilen, die Schnitzel mit den Champignons dekorativ darauf anrichten, mit Kresse garnieren und mit Spätzle sofort servieren.

Zu den Schnitzeln schmeckt auch eine Dillsosse sehr gut:

Hierfür 2–3 Schalotten schälen und in feine Würfel schneiden. 1 EL Olivenöl in einer Pfanne erhitzen und die Schalotten darin anschwitzen. Mit 4 cl Wermut ablöschen, 500 ml gebundene Fischsoße angießen und zum Kochen bringen. Die Soße salzen und pfeffern und vom Herd nehmen. 1 Bund Dill verlesen, waschen, gut abtropfen lassen, fein schneiden, mit 1 EL rosa Pfefferkörnern in die Soße rühren und diese servieren.

Putenschnitzel mit Champignongemüse

Für 4 Personen:

4 küchenfertige Putenschnitzel (à 200 g)
Salz, Pfeffer aus der Mühle
Mehl zum Wenden
3 Eier, 50 ml Milch
150 g Semmelbrösel
Butterschmalz zum Braten

Für das Gemüse:
2 grüne Paprikaschoten
1 Zwiebel
2 EL Olivenöl
250 g Champignons
Saft von 1 Zitrone
500 ml gebundene dunkle Geflügelsoße

Außerdem:
4 Tomaten
50 g Semmelbrösel
2 EL gemischte, gehackte Kräuter
30 g geriebener Parmesan
50 g gehobelter Parmesan
Basilikumblättchen zum Garnieren

1. Die Putenschnitzel unter fließendem Wasser waschen, trocken tupfen, mit Salz und Pfeffer würzen und in Mehl wenden.

2. Die Eier mit der Milch in einem tiefen Teller verschlagen, die Semmelbrösel in einen zweiten Teller geben. Die Putenschnitzel durch die Eier ziehen und mit den Semmelbröseln panieren.

3. Das Butterschmalz in einer Pfanne erhitzen, die Putenschnitzel darin goldgelb ausbacken, herausnehmen und warm stellen.

4. Für das Gemüse die Paprikaschoten halbieren, entkernen, waschen, abtropfen lassen und in Streifen schneiden.

5. Die Zwiebel schälen und fein würfeln. Das Olivenöl in einer Pfanne erhitzen und die Zwiebelwürfel sowie die Paprikastreifen darin anschwitzen.

6. Die Champignons putzen, in Scheiben schneiden, mit Zitronensaft beträufeln, zum Gemüse geben und kurz mitschwitzen.

7. Die Geflügelsoße angießen, das Ganze zum Kochen bringen und das Gemüse darin bissfest garen, mit Salz und Pfeffer abschmecken.

8. Die Tomaten waschen, vom Strunk befreien, eine Haube abschneiden und die Tomaten auf eine feuerfeste Platte setzen.

9. Die Semmelbrösel mit den gehackten Kräutern und dem geriebenen Parmesan vermischen, auf die Tomaten streuen und diese unter dem Grill oder im auf 220 °C vorgeheizten Backofen zehn Minuten überbacken.

10. Die panierten Putenschnitzel mit dem Gemüse und der Soße sowie den überbackenen Tomaten dekorativ anrichten, mit frisch gehobeltem Parmesan bestreuen, mit Basilikumblättchen garnieren und sofort servieren.

Zu den Schnitzeln passen auch Sesamkartoffeln mit Lauch und Speck sehr gut:

600 g vorwiegend festkochende Kartoffeln unter fließendem Wasser waschen, gut abbürsten und schälen. Die Kartoffeln in hauchdünne Scheiben hobeln oder schneiden. 3 EL Butterschmalz in einer Pfanne erhitzen, 100 g durchwachsenen, geräucherten, in feine Würfel oder Streifen geschnittenen Speck ins Fett geben und kurz anbraten. Die Kartoffelscheiben dazugeben und bei mäßiger Hitze 10 Minuten braten. Eine Zwiebel schälen, fein hacken oder in Scheiben schneiden. Eine Stange Lauch putzen, waschen, in Scheiben schneiden. Mit der Zwiebel zu den Kartoffeln geben und kurz mitbraten. Die Kartoffeln mit Salz und Pfeffer kräftig würzen und zugedeckt 6–8 Minuten weiterbraten. 2 EL Sesam darüberstreuen, kurz durchschwenken, dekorativ anrichten, mit frisch geschnittenem Schnittlauch bestreuen, garnieren und sofort servieren.

Gefüllte Gemüseschnitzel

Für 4 Personen:

4 dünne Schweineschnitzel (à 200 g)
Salz, Pfeffer aus der Mühle
2 EL Kräuterbutter
1 Knoblauchzehe
150 g TK-Gemüsemischung (Fertigprodukt)
einige Zweige Kerbel
1 Prise Muskat

Außerdem:
Mehl zum Wenden
3 Eier, 30 ml süße Sahne
150 g Semmelbrösel
Butterschmalz zum Braten
Kerbelzweige zum Garnieren

1. Die Schweineschnitzel unter fließendem Wasser waschen, trocken tupfen, gut flach klopfen und mit Salz und Pfeffer kräftig würzen.

2. Für die Füllung die Kräuterbutter in einer Pfanne erhitzen und die geschälte und fein gehackte Knoblauchzehe darin glasig schwitzen. Die aufgetaute Gemüsemischung dazugeben und bissfest garen.

3. Den Kerbel verlesen, waschen, fein hacken, unter das Gemüse mischen und das Ganze mit Salz, Pfeffer und Muskat würzen. Das Gemüse vom Herd nehmen und erkalten lassen.

4. Das Gemüse auf die Schnitzel verteilen, diese zusammenklappen, mit Zahnstochern zusammenstecken und die Schnitzel in Mehl wenden.

5. Die Eier in einem tiefen Teller verschlagen und die Semmelbrösel in einen zweiten Teller geben. Die Schwe neschnitzel durch die Eier ziehen und mit den Semmelbröseln panieren.

6. Das Butterschmalz in einer Pfanne erhitzen, die Schweineschnitzel darin goldgelb ausbacken, herausnehmen und dekorativ anrichten. Mit Kerbelzweigen garnieren und mit Petersilienkartoffeln sofort servieren.

Geschmorte Bierschnitzel

Für 4 Personen:

8 küchenfertige Schweineschnitzel (à 100 g)
Salz, Pfeffer aus der Mühle
Butterschmalz zum Braten
3 Zwiebeln
1 süßsäuerlicher Apfel
300 ml dunkles Bier
200 ml Gemüse- oder Fleischbrühe
2 Lorbeerblätter, 3 TL Kümmel
3 Thymianzweige
Thymianblättchen zum Garnieren

1. Die Schnitzel waschen, trocken tupfen, leicht klopfen, mit Salz und Pfeffer kräftig würzen. Das Schmalz erhitzen, die Schnitzel darin auf beiden Seiten Farbe nehmen lassen, herausnehmen und bereitstellen.

2. Die Zwiebeln schälen, in Spalten schneiden, ins Bratfett geben und glasig schwitzen. Den Apfel waschen, das Kerngehäuse herausstechen, den Apfel in Scheiben schneiden, zu den Zwiebeln geben und kurz mitbraten.

3. Bier und Brühe angießen, die Gewürze dazugeben, zum Kochen bringen und mit Salz und Pfeffer würzen.

4. Schnitzel, Apfel und Zwiebeln in eine Auflaufform schichten, die Brühe angießen und das Ganze im auf 200 ° vorgeheizten Backofen 30 Minuten zugedeckt schmoren lassen. Die Bierschnitzel dekorativ anrichten, mit Thymianblättchen garnieren und mit Kräuterspätzle sofort servieren.
(ohne Abbildung)

Schnitzel Esterhazy

Für 4 Personen:

8 küchenfertige Schweineschnitzel (à 100 g)
Salz, Pfeffer aus der Mühle
1 TL Paprikapulver edelsüß
Mehl zum Wenden, 4 Eier
150 g Semmelbrösel
Butterschmalz zum Braten

Für das Gemüse:
1 kleine Sellerieknolle
500 g Karotten
1 Stange Lauch, 2 EL Butter
150 ml Gemüsebrühe
1 Prise Cayennepfeffer
1 Prise Muskat

Außerdem:
4 Portionen Bratensoße
Kräuterzweige und Zitronenscheiben zum Garnieren

1. Die Schweineschnitzel unter fließendem Wasser waschen, trocken tupfen, leicht klopfen, mit Salz, Pfeffer und Paprikapulver würzen und in Mehl wenden.

2. Die Eier in einem tiefen Teller verschlagen und die Semmelbrösel in einen zweiten Teller geben. Die Schweineschnitzel durch die Eier ziehen und mit den Semmelbröseln panieren.

3. Das Butterschmalz in einer Pfanne erhitzen, die Schweineschnitzel darin goldgelb ausbacken, herausnehmen und warm stellen.

4. Für das Gemüse die Sellerieknolle und die Karotten schälen, den Lauch putzen, das Gemüse waschen, gut abtropfen lassen und in feine Streifen schneiden.

5. Die Butter in einer Pfanne erhitzen und das Gemüse darin glasig schwitzen. Die Gemüsebrühe angießen, zum Kochen bringen, das Gemüse bissfest garen, mit Salz, Pfeffer, Cayennepfeffer und Muskat würzen.

6. Die panierten Schnitzel dekorativ anrichten, mit dem Gemüse belegen und die erhitzte Bratensoße angießen. Das Ganze mit Kräuterzweigen und Zitronenscheiben garnieren und mit Bratkartoffeln sofort servieren.

Zu den Schnitzeln passt auch ein Kartoffelsalat mit getrockneten Tomaten sehr gut:

800 g vorwiegend festkochende Kartoffeln unter fließendem Wasser waschen, mit Salzwasser in einen Topf geben, zum Kochen bringen und in 20 Minuten garen. Die Kartoffeln abgießen, leicht erkalten lassen, pellen und in Scheiben oder Würfel schneiden. Einen kleinen Kopf grünen Salat (z. B. Römer, Lollo biondo oder Eisbergsalat) verlesen, waschen, gut abtropfen lassen und in mundgerechte Stücke zerpflücken. 2–3 EL Olivenöl in einer Pfanne erhitzen. Eine Zwiebel und zwei Knoblauchzehen schälen, fein würfeln, ins Fett geben und glasig schwitzen. 100 g getrocknete, in Öl eingelegte Tomaten gut abtropfen lassen, klein schneiden, zu den Knoblauchzwiebeln geben und kurz mitschwitzen. 200 ml Gemüsebrühe und 50 ml Weinessig angießen. Einen Bund verlesenen, gewaschenen und fein geschnittenen Schnittlauch untermischen. Mit Salz und Pfeffer würzen und zum Schluss 50 ml Olivenöl einrühren. 100 g Schafskäse in Würfel schneiden, mit dem Dressing und dem grünen Salat zu den Kartoffeln geben und alles vorsichtig vermischen. Mit Salz und Pfeffer nachwürzen. Den Kartoffelsalat mit getrockneten Tomaten dekorativ anrichten, mit Kräuterzweigen garnieren und servieren.

Asia-Schnitzel

Für 4 Personen:

4 Schweine- oder Putenschnitzel (à 180–200 g), Salz, Pfeffer aus der Mühle, 1 Packung Tempura-Teig zum Anrühren (Fertigprodukt aus dem Asia-Laden)
kaltes Wasser nach Bedarf
2 EL Semmelbrösel, 1 TL Curry
1 TL gemahlener Koriander
1 TL Ingwerpulver
Öl zum Braten

Für die Gemüsenudeln:
400 g Reisnudeln, Salzwasser
2–3 Karotten
150 g Zuckererbsenschoten
1 Bund Frühlingszwiebeln
Salzwasser zum Blanchieren
3–4 EL Sesamöl
150 g frische Sojasprossen
Saft von 1 Limette
2–3 EL helle Sojasoße

Außerdem:
Minzeblättchen zum Garnieren
süße Chilisoße

Unser Tipp zum Braten: Asia-Gewürz-Öl

1–2 Pfefferschoten unter fließendem Wasser waschen, trocken tupfen und der Länge nach einmal aufschneiden. Die Pfefferschoten mit 1 EL Korianderkörnen, 2 EL Sesamsamen, 1 TL getrockneten Chiliflocken und einem Stück geriebener Zitronenschale in eine Flasche geben. 750 ml helles Sesamöl angießen, die Flasche verschließen und dann an einem kühlen, dunklen Ort mindestens eine Woche ziehen lassen.

1. Die Schnitzel unter fließendem Wasser waschen, trocken tupfen, mit Salz und Pfeffer würzen.

2. Den Tempura-Teig mit dem kalten Wasser nach Packungsanweisung zubereiten. Die Semmelbrösel und die Gewürze unterrühren.

3. Die Schnitzel durch den Teig ziehen. Reichlich Öl in einer Pfanne erhitzen, die Schnitzel darin auf beiden Seiten goldbraun braten und warm stellen

4. Die Reisnudeln im Salzwasser nach Packungsanweisung zubereiten.

5. Die Karotten schälen und in dünne Streifen schneiden. Die Zuckererbsenschoten putzen, waschen und in mundgerechte Stücke schneiden.

6. Die Frühlingszwiebeln putzen, waschen, in etwa 10 cm lange Stücke schneiden und diese längs halbieren.

7. Das Gemüse im Salzwasser kurz blanchieren, in Eiswasser abschrecken und gut abtropfen lassen.

8. Das Sesamöl in einer Pfanne erhitzen, das Gemüse und die Sojasprossen dazugeben und anschwitzen.

9. Mit dem Limettensaft und der Sojasoße abschmecken, die Nudeln untermischen und erhitzen.

10. Die Asia-Schnitzel auf Tellern dekorativ anrichten, die Gemüsenudeln dazugeben, das Ganze mit Minzeblättchen garnieren und mit der Chilisoße sofort servieren.

Rouladen – gerollt und geschmort, durch die ganze Welt

Parmarouladen mit Weissweinrahm

Für 4 Personen:

8 Kalbsrouladen (à 80–100 g)
Salz, Pfeffer aus der Mühle
8 Scheiben Parmaschinken
½ Bund Basilikum
1 EL Olivenöl

Für die Soße:
2 Zwiebeln
je 300 ml Weißwein und Gemüsebrühe
Saft von 1 Zitrone
2 Lorbeerblätter
1 TL Pfefferkörner
200 ml süße Sahne
Speisestärke zum Binden
50 g geriebener Parmesankäse

Außerdem:
Parmaschinken, Parmesan und Basilikum zum Garnieren

1. Die Kalbsrouladen unter fließendem Wasser waschen, trocken tupfen und leicht klopfen. Mit Salz und Pfeffer würzen.

2. Je eine Scheibe Parmaschinken auf die Rouladen legen, das Basilikum zerpflücken und auf den Schinken legen.

3. Das Fleisch zusammenrollen, mit Küchenschnur binden oder mit Rouladennadeln feststecken.

4. Das Olivenöl in einem Bräter erhitzen und die Rouladen darin Farbe nehmen lassen.

5. Die Zwiebeln schälen, in feine Würfel schneiden, zu den Rouladen geben und kurz mitbraten.

6. Den Weißwein, die Gemüsebrühe und den Zitronensaft angießen. Die Lorbeerblätter und die Pfefferkörner dazugeben und die Rouladen in dem auf 180–200 °C vorgeheizten Backofen 40–50 Minuten garen.

7. Nach Ende der Garzeit die Rouladen herausnehmen und warm stellen. Die Soße durch ein Sieb passieren, die Sahne einrühren und kurz einreduzieren lassen.

8. Die Soße mit etwas angerührter Speisestärke leicht binden, zum Schluss den geriebenen Parmesankäse unterziehen.

9. Die Rouladen mit der Soße auf heißen Tellern dekorativ anrichten, mit Parmaschinken, Parmesan und Basilikum garnieren, mit Romanescogemüse und gebackenen Kartoffelrosetten sofort servieren.

Unser Tipp: Kartoffelrosetten

800 g mehligkochende Kartoffeln mit Salzwasser in einem Topf zugedeckt 20 Minuten garen. Die Kartoffeln abgießen, leicht abkühlen lassen, pellen und durch die Kartoffelpresse treiben. Zwei Eier mit 50 g Speisestärke unter die erkaltete Kartoffelmasse rühren, mit Salz, Pfeffer und Muskat würzen. Die Masse in einen Spritzbeutel mit großer Sterntülle füllen. Ein Backblech ausfetten und die Kartoffelmasse in Rosetten daraufspritzen. Zwei Eigelbe mit 50 ml Milch glatt rühren, die Kartoffelrosetten damit bestreichen und im auf 180–200 °C vorgeheizten Backofen in 8–10 Minuten backen. Die Kartoffelrosetten eignen sich sehr gut zu allen Gerichten mit feiner Soße, zu Braten oder Kurzgebratenem.

SCHWEINEROULADEN MIT PAPRIKAFÜLLUNG

FÜR 4 PERSONEN:

4 küchenfertige Schweinerouladen
(à 160–180 g)
Salz, Pfeffer aus der Mühle
1 EL Knoblauchpaste
(Fertigprodukt)

Für die Füllung:
1 EL Olivenöl
je 1 rote und gelbe Paprikaschote
1 Prise Muskat
1 EL Paprikapulver edelsüß
2 Eier, 4 EL frisch geriebene
Semmelbrösel

Für die Soße:
1 EL Butterschmalz
2 Zwiebeln, 2 Karotten
1 Stück Sellerie
50 g Tomatenmark
200 ml Rotwein
400 ml Gemüse- oder Fleischbrühe
Speisestärke oder dunkler
Soßenbinder zum Binden
2–3 EL geriebener Parmesankäse
½ Bund Petersilie

Außerdem:
Petersilienzweige zum Garnieren

1. Die Schweinerouladen unter fließendem Wasser waschen, trocken tupfen und leicht klopfen. Mit Salz und Pfeffer würzen und die Innenseiten mit der Knoblauchpaste bestreichen.

2. Das Olivenöl in einer Pfanne erhitzen. Die Paprikaschoten putzen, halbieren, entkernen, waschen, fein würfeln, ins Fett geben und kurz mitbraten. Vom Feuer nehmen und in eine Schüssel geben.

3. Mit Salz, Pfeffer, Muskat und Paprikapulver würzen. Die Eier und die Semmelbrösel unter die Masse rühren.

4. Die Masse gleichmäßig auf die Schweinerouladen streichen, diese zusammenrollen und mit Küchenschnur binden oder mit Rouladenklammern zusammenklammern.

5. Das Butterschmalz in einem Bräter erhitzen und die Rouladen darin rundherum Farbe nehmen lassen.

6. Die Zwiebeln, die Karotten und den Sellerie schälen und würfeln, zu den Rouladen geben und kurz mitbraten. Das Tomatenmark unterrühren.

7. Den Rotwein und die Gemüse- ode Fleischbrühe angießen. Die Schweinerouladen im auf 180–200 °C vorgehei ten Backofen zugedeckt 60 Minuten schmoren lassen.

8. Nach Ende der Garzeit die Rouladen herausnehmen und warm stellen. Die Soße im Mixer oder mit dem Pürierstab pürieren und in einem Top zum Kochen bringen.

9. Die Soße mit etwas angerührter Speisestärke oder dunklem Soßenbinder leicht binden. Den Parmesankäse und die verlesene, gewaschene und fein gehackte Petersilie unterheben.

10. Die Soße mit Salz und Pfeffer nachwürzen, mit den Rouladen auf heißen Tellern dekorativ anrichten. Da Ganze mit Petersilienzweigen garnieren, mit Kartoffelpüree und Butterkarotten sofort servieren.

UNSER TIPP: KARTOFFELPÜREE

800 g mehligkochende Kartoffeln mit Salzwasser in einem Topf zugedeckt 20 Minuten garen. Die Kartoffeln abgießen leicht abkühlen lassen, pellen und durch di Kartoffelpresse treiben. In einer Schüssel mit 150 ml heißer Milch und 2 EL Butter kräftig verschlagen, mit Salz, Pfeffer und Muskat würzen und warm stellen.

Putenrouladen mit Schafskäse

Für 4 Personen:

4 dünne Putenschnitzel
(à 160–180 g)
Salz, Pfeffer aus der Mühle
1 Stange Lauch
Salzwasser zum Blanchieren
200 g Fetakäse
2–3 EL Butterschmalz
Weißwein zum Ablöschen

Für die Tomatensoße:
2 EL getrocknete Steinpilze
1 Zwiebel, 2 Knoblauchzehen
500 g Tomaten
2–3 EL Tomatenmark
250 ml Gemüsebrühe
Speisestärke zum Binden
Salz, Pfeffer aus der Mühle
1 Prise Cayennepfeffer

Außerdem:
Basilikumblättchen zum Garnieren

1. Die Putenschnitzel unter fließendem Wasser waschen, trocken tupfen und leicht klopfen. Mit Salz und Pfeffer würzen.

2. Den Lauch putzen, waschen, in Streifen schneiden und im kochenden Salzwasser blanchieren. Herausnehmen, gut abtropfen lassen und in eine Schüssel geben.

3. Den Fetakäse in Würfel schneiden, mit dem Lauch vermischen, salzen und pfeffern und gleichmäßig auf den Putenschnitzeln verteilen.

4. Die Putenschnitzel zu Rouladen zusammenrollen und mit Küchenschnur binden oder mit Rouladenklammern zusammenklammern.

5. Das Butterschmalz in einer Pfanne erhitzen, die Putenrouladen darin anbraten und mit Weißwein ablöschen.

6. Die getrockneten Steinpilze mit dem Messerrücken zerreiben.

7. Die Zwiebel und die Knoblauchzehen schälen, fein würfeln, mit den Steinpilzen zu den Rouladen geben und kurz anschwitzen.

8. Die Tomaten enthäuten, entkernen, in Würfel schneiden, zu den Rouladen geben und kurz mitschwitzen.

9. Das Tomatenmark einrühren, die Gemüsebrühe angießen, einmal kräftig aufkochen lassen und im auf 180–200 °C vorgeheizten Backofen in 30–35 Minuten garen.

10. Die Putenrouladen aus der Soße nehmen, warm stellen, die Soße anschließend im Mixer oder mit dem Pürierstab pürieren.

11. Die Soße erneut erhitzen, mit etwas angerührter Speisestärke oder dunklem Soßenbinder leicht binden, mit Salz, Pfeffer und Cayennepfeffer kräftig abschmecken.

12. Die Rouladen mit der Soße dekorativ anrichten, mit Basilikumblättchen garnieren, mit gebratenen Auberginenscheiben und geschmolzenen Tomatenecken sofort servieren.

Zu den Putenrollbraten schmeckt auch eine Tomaten-Auberginen-Pfanne sehr gut:

1 kg Auberginen putzen, waschen, in Würfel schneiden, mit Salz bestreuen und 10 Minuten stehen lassen. 1 EL Olivenöl in einer beschichteten Pfanne erhitzen. Zwei geschälte und fein gewürfelte Zwiebeln und die Auberginenwürfel darin anbraten. 1 kg Tomaten waschen, halbieren, zu den Auberginen geben und das Ganze zugedeckt fünf Minuten bei mittlerer Hitze köcheln lassen. Zwei Knoblauchzehen schälen, fein hacken, mit Salz zu einer Paste zerreiben, zum Gemüse geben und zugedeckt weitere 10 Minuten garen. Die Tomaten-Auberginen-Pfanne mit Thymian, Salbei, Salz und Pfeffer kräftig abschmecken, mit Basilikum bestreuen und mit Toastbrot servieren.

Rinderrouladen Hausfrauenart

Für 4 Personen:

4 dünne Rinderrouladen (à 180 g)
Salz, Pfeffer aus der Mühle
4 EL mittelscharfer Senf
4 dünne Scheiben durchwachsener, geräucherter Speck
1 Zwiebel, 1 Karotte
4 kleine Essiggurken
1 Stange Staudensellerie
2–3 EL Butterschmalz

Außerdem:
1 Zwiebel
1 Bund Suppengemüse
2–3 EL Tomatenmark
250 ml Rotwein
375 ml gebundene Bratensoße
1 Gewürzsäckchen (Lorbeer, Wacholderbeeren, Pfefferkörner und Nelken)
Kräuterzweige zum Garnieren

1. Die küchenfertigen Rinderrouladen unter fließendem Wasser waschen, trocken tupfen und dünn klopfen. Die Rouladen mit Salz und Pfeffer würzen und mit Senf bestreichen. Je eine Scheibe Speck darauflegen.

2. Die Zwiebel schälen, in Scheiben schneiden, die Karotte schälen und in vier Stifte schneiden. Die Zwiebelscheiben, die Karottenstifte und die Essiggurken auf die Rouladen legen.

3. Den Staudensellerie putzen, waschen, ebenfalls in Stücke schneiden und auf die Rouladen legen. Diese zusammenrollen, mit Zahnstochern zustecken oder mit Küchengarn binden.

4. Das Butterschmalz in einem Bräter erhitzen und die Rouladen darin rundherum Farbe nehmen lassen.

5. Die Zwiebel schälen, das Suppengemüse putzen, waschen und beides klein schneiden, zu den Rouladen geben und kurz mitbraten. Das Tomatenmark einrühren, mit Rotwein ablöschen und Bratensoße angießen.

6. Das Gewürzsäckchen in die Soße legen und das Ganze im auf 180–200 °C vorgeheizten Backofen zugedeckt 1–1 ½ Stunden schmoren lassen.

7. Danach die Rouladen herausnehmen, warm stellen, das Gewürzsäckchen entfernen, die Soße im Mixer oder mit dem Pürierstab pürieren, mit Salz und Pfeffer kräftig würzen.

8. Die Rouladen mit der Soße dekorativ anrichten, mit Kräuterzweigen garnieren und mit Karottengemüse und Kartoffelpüree sofort servieren.

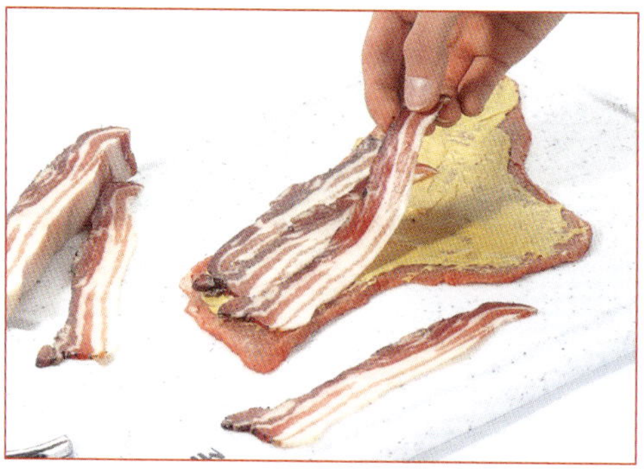
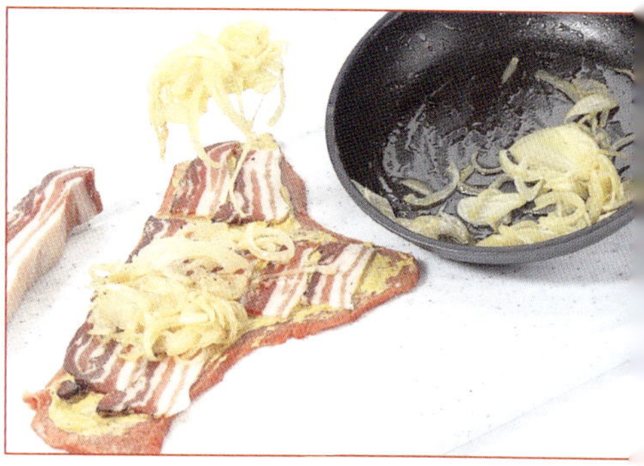
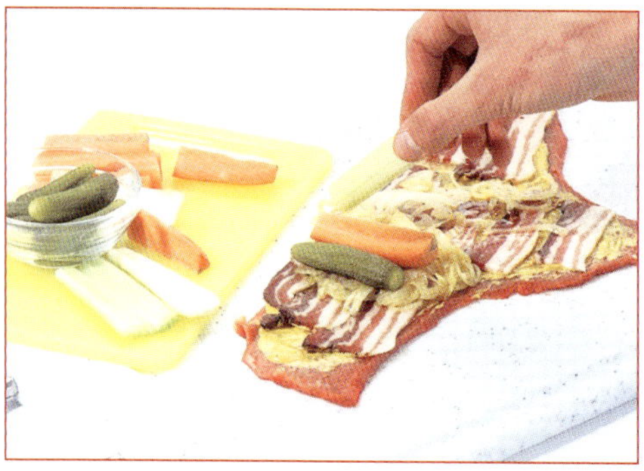

Rinderrouladen mit Brötchenfüllung

Für 4 Personen:

4 dünne Rinderrouladen (à 180 g)
Salz, Pfeffer aus der Mühle
4 altbackene Brötchen
150 ml heiße Milch
1 Zwiebel
2 EL Mehl, 1 Ei
½ Bund Petersilie
1 Prise Muskat
1 Prise Cayennepfeffer
Butterschmalz zum Braten

Für die Soße:
2 Zwiebeln
200 ml Rotwein
400 ml Gemüse- oder Fleischbrühe
2 Lorbeerblätter
1 TL Pfefferkörner
500 g Karotten
1 Stange Staudensellerie
dunkler Soßenbinder

1. Die küchenfertigen Rinderrouladen unter fließendem Wasser waschen, trocken tupfen, mit Salz und Pfeffer würzen und auf eine Arbeitsfläche legen.

2. Die Brötchen in Würfel schneiden und in eine Schüssel geben, mit der heißen Milch übergießen und kurz einweichen.

3. Die Zwiebel schälen, fein würfeln, mit dem Mehl, dem Ei und der verlesenen, gewaschenen und fein gehackten Petersilie zu den Brötchen geben und alles gut miteinander verarbeiten.

4. Die Masse mit Salz, Pfeffer, Muskat und Cayennepfeffer kräftig würzen und auf die Rouladen geben. Die Rouladen zusammenrollen und mit Küchenschnur binden oder mit Rouladenklammern zusammenklammern.

5. Das Butterschmalz in einem Bräter erhitzen und die Rouladen darin rundherum Farbe nehmen lassen. Die Zwiebeln schälen, fein würfeln, zu den Rouladen geben und kurz mitbraten.

6. Mit Rotwein ablöschen, die Gemüse- oder Fleischbrühe angießen, zum Kochen bringen, die Lorbeerblätter und die Pfefferkörner dazugeben und das Ganze zugedeckt im auf 180 °C vorgeheizten Backofen 70 Minuten schmoren.

7. Die Karotten schälen, den Staudensellerie putzen, Karotten und Sellerie waschen und in Scheiben schneiden.

8. Die Rouladen aus der Soße nehmen, die Soße durch ein Sieb streichen, mit den Rouladen, den Karotten- und Selleriescheiben in den Bräter zurückgeben und zugedeckt weitere 30 Minuten schmoren.

9. Die Rouladen aus der Soße nehmen und die Küchenschnur oder die Rouladenklammern entfernen. Die Soße mit dunklem Soßenbinder binden und nochmals nachwürzen.

10. Die Rouladen, die Soße und das Gemüse dekorativ anrichten und mit Salzkartoffeln sofort servieren.

Rinderrouladen mit Essiggurken

Für 4 Personen:

4 dünne Rinderrouladen (à 180 g)
Salz, Pfeffer aus der Mühle
4 TL mittelscharfer Senf
4 Scheiben Frühstücksspeck
4 Schalotten
2 Knoblauchzehen
4 Essiggurken
Butterschmalz zum Braten

Für die Soße:
2 Zwiebeln
50 g Tomatenmark
200 ml Rotwein
400 ml Gemüse- oder Fleischbrühe
2 Lorbeerblätter
1 TL Wacholderbeeren
2 Zweige Rosmarin
dunkler Soßenbinder
4 Essiggurken

Außerdem:
Rosmarinzweige zum Garnieren

1. Die küchenfertigen Rinderrouladen unter fließendem Wasser waschen und trocken tupfen. Mit Salz und Pfeffer würzen, auf eine Arbeitsfläche legen, mit je einem TL Senf bestreichen und mit je einer Scheibe Speck belegen.

2. Die Schalotten und die Knoblauchzehen schälen, fein würfeln, die Essiggurken ebenfalls würfeln, mit den Schalotten- und Knoblauchwürfeln vermischen und auf die Rouladen streuen.

3. Die Rouladen zusammenrollen, mit Küchenschnur binden oder mit Rouladenklammern zusammenklammern. Das Butterschmalz in einem Bräter erhitzen und die Rouladen darin rundherum Farbe nehmen lassen.

4. Die Zwiebeln schälen, in Würfel schneiden, zu den Rouladen geben und kurz mitbraten. Das Tomatenmark einrühren und rösten.

5. Mit Rotwein ablöschen, die Gemüse- oder Fleischbrühe angießen und zum Kochen bringen.

6. Die Lorbeerblätter, die Wacholderbeeren und die Rosmarinzweige dazugeben und das Ganze zugedeckt im auf 180 °C vorgeheizten Backofen 90 Minuten schmoren lassen.

7. Die fertig gegarten Rouladen aus der Soße nehmen, die Küchenschnur oder die Rouladenklammern entfernen und die Rouladen warm stellen.

8. Die Soße durch ein Sieb streichen, in einem Topf erhitzen und mit dunklem Soßenbinder binden.

9. Die Essiggurken in feine Würfel schneiden, in die Soße geben und erhitzen. Die Soße nochmals nachwürzen, mit den Rouladen dekorativ anrichten, mit Rosmarinzweigen garnieren und mit einem Kartoffel-Kräuter-Püree sofort servieren.

Spargelrouladen in Senfsosse

Für 4 Personen:

4 dünne Kalbsrouladen (à 180 g)
Salz, Pfeffer aus der Mühle
200 g Kalbsbrät
1 Schuss süße Sahne
1 Prise Muskat
50 g gemischte Küchenkräuter
500 g bissfest gegarter Spargel
2–3 EL Butterschmalz zum Braten

Für die Soße:
2–3 Schalotten
250 ml Weißwein
375 ml Kalbsfond
2–3 EL scharfer Senf
dunkler Soßenbinder
4 cl Madeira

Außerdem:
Kräuterzweige zum Garnieren

1. Die küchenfertigen Kalbsrouladen unter fließendem Wasser waschen, trocken tupfen, mit Salz und Pfeffer kräftig würzen und auf eine Arbeitsfläche legen.

2. Das Kalbsbrät in eine Schüssel geben, die Sahne angießen und das Brät abschlagen. Mit Salz, Pfeffer und Muskat würzen und gleichmäßig auf die Rouladen streichen.

3. Die Küchenkräuter waschen, gut abtropfen lassen, klein schneiden und auf das Brät streuen.

4. Den Stangenspargel gut abtropfen lassen, je nach Bedarf klein schneiden und auf die Rouladen legen.

5. Das Butterschmalz in einem Bräter erhitzen, die Rouladen darin rundherum anbraten und Farbe nehmen lassen. Die geschälten, fein gehackten Schalotten dazugeben und kurz mitbraten.

6. Mit Weißwein ablöschen, den Kalbsfond angießen, den scharfen Senf einrühren und das Ganze im auf 180 bis 200 °C vorgeheizten Backofen zugedeckt 40–45 Minuten schmoren lassen.

7. Nach Ende der Garzeit die Rouladen herausnehmen und warm stellen. Die Soße mit etwas Soßenbinder binden, mit Madeira verfeinern, mit Salz und Pfeffer abrunden.

8. Die Spargelrouladen dekorativ anrichten, mit der Madeirasoße überziehen, mit Kräuterzweigen garnieren und mit Spargel-Karotten-Gemüse und Kartoffelpüree sofort servieren.

Unser Tipp: Spargelgemüse mit Krebsschwänzen

500 g Spargel dünn schälen und die unteren Enden abschneiden. Salzwasser oder Gemüsebrühe mit Butter und einer Zitronenhälfte in einem Topf zum Kochen bringen. Mit Zucker, Salz, Pfeffer, Muskat und Cayennepfeffer kräftig würzen. Die Spargelstangen in den Sud legen und bei mäßiger Hitze bissfest garen, herausnehmen, gut abtropfen lassen und in mundgerechte Stücke schneiden. 100 g Kartoffeln schälen, waschen und mit einem Kugelausstecher ausstechen. 100 g Karotten dünn schälen und in mundgerechte Stücke schneiden. 100 g Sellerie putzen, waschen und in Stücke schneiden. Mit den Kartoffelkugeln und den Karotten im Spargelsud bei mäßiger Hitze 10 Minuten köcheln lassen. In der Zwischenzeit 100 g Rosenkohl putzen, waschen, nach Bedarf halbieren oder vierteln, 100 g Bohnen putzen, waschen, mit dem Rosenkohl zum Gemüse geben und weitere 10–15 Minuten garen. Nach Ende der Garzeit die Spargelstücke und 200 g gekochte, geschälte und klein geschnittene Krebsschwänze zum Gemüse geben und erhitzen, nochmals abschmecken, anrichten, mit verlesener, gewaschener und fein gehackter Petersilie bestreuen und servieren.

Schinkenrouladen mit Karotten

Für 4 Personen:

4 dünne Putenrouladen (à 180 g)
Salz, Pfeffer aus der Mühle
1 TL Paprikapulver rosenscharf
4 Scheiben gekochter Schinken
2 Karotten
1 Zwiebel
Butterschmalz zum Braten

Für die Soße:
2 Zwiebeln
50 g Tomatenmark
je 2 Zweige Thymian, Rosmarin und Oregano
300 ml Rotwein
300 ml Gemüse- oder Fleischbrühe
dunkler Soßenbinder
zwei EL Johannisbeergelee

Außerdem:
Thymianzweige zum Garnieren

1. Die küchenfertigen Putenrouladen unter fließendem Wasser waschen, trocken tupfen, mit Salz, Pfeffer und Paprikapulver kräftig würzen.

2. Die Rouladen mit je einer Scheibe Schinken belegen. Die Karotten schälen, waschen und in dünne lange Scheiben schneiden.

3. Die Zwiebel schälen, fein würfeln und mit den Karottenscheiben auf die Rouladen legen. Diese zusammenrollen und mit Küchenschnur binden oder mit Rouladenklammern zusammenklammern.

4. Das Butterschmalz in einem Bräter erhitzen und die Rouladen darin rundherum Farbe nehmen lassen.

5. Die Zwiebeln schälen, fein würfeln, zu den Rouladen geben und kurz mitbraten.

6. Das Tomatenmark einrühren, kurz rösten, die verlesenen, gewaschenen und zerpflückten Kräuter dazugeben, mit Rotwein ablöschen und die Gemüse- oder Fleischbrühe angießen.

7. Das Ganze zum Kochen bringen und im auf 180 °C vorgeheizten Backofen zugedeckt 35 Minuten schmoren lassen.

8. Die Rouladen aus der Soße nehmen, die Küchenschnur oder die Rouladenklammern entfernen und die Rouladen warm stellen.

9. Die Soße durch ein Sieb passieren, erneut erhitzen und mit dunklem Soßenbinder leicht binden. Die Soße mit Salz, Pfeffer und Paprikapulver nochmals nachwürzen und mit Johannisbeergelee verfeinern.

10. Die Soße mit den Rouladen dekorativ anrichten, mit Thymianzweigen garnieren und mit Zucchini-Tomaten-Gemüse sofort servieren.

Unser Tipp: Zucchinigemüse mit Tomaten

800 g Zucchini putzen, waschen, der Länge nach halbieren oder vierteln und in Scheiben schneiden. Zwei Zwiebeln und zwei Knoblauchzehen schälen und in feine Scheiben schneiden. 2 EL Butter in einer Pfanne erhitzen. Die Zwiebeln und den Knoblauch dazugeben und glasig schwitzen. Die Zucchinischeiben hinzufügen und kurz mitschwitzen. 250 g Kirschtomaten waschen, den Strunk herausschneiden, die Tomaten halbieren, zu den Zucchini geben und kurz mitschwitzen. 250 ml Gemüsebrühe angießen und das Ganze bei mäßiger Hitze 6–8 Minuten köcheln lassen. Mit Salz, Pfeffer, Cayennepfeffer, Muskat, Zucker und Limettensaft abschmecken. Zum Schluss 50 g verlesene, gewaschene und gehackte Kräuter untermischen, garnieren und das Gemüse sofort servieren.

Pikante Kalbsvögerl

Für 4 Personen:

4 dünne Kalbsschnitzel (à 150 g)
Salz, Pfeffer aus der Mühle
2–3 EL mittelscharfer Senf
4 dünne Scheiben gekochter Schinken
2 Essiggurken
4 hart gekochte Eier
2 EL Butterschmalz

Für die Soße:
1 Zwiebel
2 Karotten
1 Stück Sellerie
1 kleine Chilischote
2 EL Tomatenmark
2–3 EL Mehl
200 ml Weißwein
400 ml Gemüse- oder Fleischbrühe
200 ml süße Sahne

Außerdem:
Kräuterzweige zum Garnieren

1. Das Kalbfleisch unter fließendem Wasser waschen, trocken tupfen und dünn klopfen.

2. Die Kalbsschnitzel auf eine Arbeitsfläche legen, mit Salz und Pfeffer würzen und mit Senf bestreichen.

3. Mit je einer Scheibe gekochtem Schinken belegen und mit den gehackten Gurken bestreuen.

4. Die Eier pellen, je ein Ei auf ein Kalbsschnitzel legen, die Schnitzel zusammenrollen und mit Zahnstochern zustecken.

5. Das Butterschmalz in einem Bräter erhitzen und die Kalbsvögerl darin rundherum Farbe nehmen lassen.

6. Die Zwiebel, die Karotten und den Sellerie schälen, in Würfel schneiden, mit der halbierten, entkernten, gewaschenen, klein geschnittenen Chilischote zum Fleisch geben und kurz mitbraten.

7. Das Tomatenmark einrühren, das Ganze mit Mehl bestäuben, mit Weißwein ablöschen und die Gemüse- oder Fleischbrühe angießen.

8. Die Kalbsvögerl im auf 180–200 °C vorgeheizten Backofen 25–30 Minuten garen.

9. Die Sahne angießen, die Soße gut verrühren und weitere 20 Minuten garen. Nach Ende der Garzeit die Kalbsvögerl herausnehmen und warm stellen.

10. Die Soße im Mixer oder mit dem Pürierstab pürieren, erhitzen, mit Salz und Pfeffer abrunden.

11. Die Kalbsvögerl halbieren, mit der Soße dekorativ anrichten, mit Kräuterzweigen garnieren und mit Buttergemüse und Rosmarinkartoffeln sofort servieren.

Unser Tipp: Rosmarinkartoffeln

1 kg Kartoffeln gründlich waschen, halbieren und auf ein mit Alufolie ausgelegtes Backblech setzen. Mit Olivenöl bestreichen, mit Salz und Pfeffer würzen, mit Kümmel, Majoran und Thymian bestreuen. ½ Bund frischen Rosmarin verlesen, waschen, klein schneiden und über die Kartoffeln geben. Diese im auf 180–200 °C vorgeheizten Backofen 30–40 Minuten garen.

Rinderrouladen mit Erdbeerfüllung

Für 4 Personen:

4 küchenfertige Rinderrouladen
(à 180–200 g)
Salz, Pfeffer aus der Mühle
2–3 EL geriebener Meerrettich aus dem Glas
1 EL grüne Pfefferkörner
200 g Erdbeeren
Semmelbrösel zum Binden
1 Prise Muskat
1 Prise Cayennepfeffer
2–3 EL Butterschmalz

Für die Soße:
1 Zwiebel
2 Knoblauchzehen
2 Karotten
1 Stück Sellerie
je 500 ml Rotwein und Gemüse- oder Fleischbrühe
2 Lorbeerblätter
einige Pfefferkörner
dunkler Soßenbinder, 1 TL Butter
4 Schalotten
1 EL grüne Pfefferkörner

Außerdem:
Basilikumblättchen und halbierte Erdbeeren zum Garnieren

1. Die küchenfertigen Rinderrouladen unter fließendem Wasser waschen, trocken tupfen, mit Salz und Pfeffer würzen und die Innenseite mit Meerrettich bestreichen.

2. Die Pfefferkörner mit den verlesenen, gewaschenen und klein geschnittenen Erdbeeren in einer Schüssel vermischen, mit Semmelbröseln leicht binden, mit Salz, Pfeffer, Muskat und Cayennepfeffer würzen.

3. Die Masse gleichmäßig auf den Rouladen verteilen, glatt streichen, das Fleisch zusammenrollen und mit Küchenschnur binden.

4. Butterschmalz in einem Bräter erhitzen und die Rouladen darin rundherum Farbe nehmen lassen.

5. Die Zwiebel und die Knoblauchzehen schälen und fein würfeln. Die Karotten und den Sellerie putzen und in Würfel schneiden, mit den Zwiebel- und Knoblauchwürfeln zum Fleisch geben und kurz mitbraten.

6. Den Rotwein und die Brühe angießen, die Lorbeerblätter und die Pfefferkörner dazugeben.

7. Die Rouladen zugedeckt im auf 180–200 °C vorgeheizten Backofen 70–80 Minuten schmoren lassen.

8. Nach Ende der Garzeit die Rouladen herausnehmen und warm stellen. Die Soße durch ein Sieb streichen, nochmals erhitzen und mit dunklem Soßenbinder leicht binden.

9. Die Butter erhitzen, die geschälten und in Scheiben geschnittenen Schalotten mit den Pfefferkörnern anschwitzen und in die Rouladensoße geben.

10. Die Soße mit Salz und Pfeffer abrunden, auf heiße Teller geben und die Erdbeerrouladen dekorativ einsetzen.

11. Das Ganze mit Basilikumblättchen und halbierten Erdbeeren garnieren und mit Meerrettich-Kartoffel-Knödeln sofort servieren.

Unser Tipp: Kartoffelknödel

1 ½ kg mehligkochende Kartoffeln schälen und in eine Schüssel reiben. Anschließend die Kartoffeln mithilfe eines sauberen Küchentuches auspressen und in die Schüssel zurückgeben. 100 g Mehl über die Kartoffeln sieben und untermischen. Anschließend 250 ml heiße Milch dazugeben und alles zu einem kompakten Teig verarbeiten. Den Teig mit Salz, Pfeffer und Muskat würzen und ½ Stunde quellen lassen. Anschließend mit nassen Händen Knödel formen und diese in kochendes Salzwasser geben. Bei mäßiger Hitze 20–25 Minuten garen. Die Kartoffelknödel aus dem Wasser nehmen, gut abtropfen lassen und sofort servieren.

Schweinerouladen mit Kräuterfüllung

Für 4 Personen:

4 Schweinerouladen (à 200 g)
Salz, Pfeffer aus der Mühle
1-2 EL mittelscharfer Senf
4 Scheiben Frühstücksspeck

Für die Füllung:
2 altbackene, in Milch eingeweichte Brötchen, 1 kleine Zwiebel, 1 Ei
1 Tasse gemischte, gehackte Kräuter, 1 Prise Muskatpulver
2–3 EL Butterschmalz

Für die Soße:
1 Zwiebel, 1 Stück Lauch
2 Karotten, 200 g Sellerie
2 EL Tomatenmark, 1 Lorbeerblatt
je 1 Zweig Rosmarin und Thymian
250 ml Rotwein, 250 ml Brühe
dunkler Soßenbinder

Außerdem:
Kräuterzweige zum Garnieren

1. Die Schweinerouladen dünn klopfen, mit Salz und Pfeffer würzen und mit Senf bestreichen. Je eine Scheibe Frühstücksspeck darauflegen.

2. Die eingeweichten Brötchen gut ausdrücken. Mit der fein gehackten Zwiebel, dem Ei und den Kräutern vermischen, mit Salz, Pfeffer und Muskat abschmecken.

3. Die Füllung gleichmäßig auf die Rouladen verteilen, diese zusammenrollen, mit Küchenschnur binden oder mit Rouladenklammern zusammenstecken.

4. Die Rouladen in einem Bräter im erhitzten Butterschmalz gut anbraten, das in Würfel geschnittene Gemüse zugeben und kurz mitbraten.

5. Das Tomatenmark unterrühren, das Lorbeerblatt und die Kräuterzweige dazugeben. Das Ganze mit Rotwein ablöschen und die Brühe angießen.

6. Den Bräter verschließen und im auf 180–200 °C vorgeheizten Backofen 60–70 Minuten schmoren lassen. Anschließend die Rouladen aus der Soße nehmen und warm stellen.

7. Die Soße durch ein Sieb streichen, erneut erhitzen und mit dem Soßenbinder leicht binden.

8. Die Rouladen mit der Soße dekorativ anrichten, mit Kräutern garnieren und mit geschmorten Tomaten und Salzkartoffeln sofort servieren.

Unser Tipp: Tomatentaglioline

250 g Mehl auf eine Arbeitsfläche geben, eine Mulde eindrücken, eine Prise Salz dazugeben. zwei Eier, 2 EL Olivenöl und 2–3 EL Tomatenmark darauf verteilen und das Ganze mit bemehlten Händen zu einem glatten, kompakten Teig verarbeiten. Den Teig zugedeckt an einem warmen Ort ½ Stunde ruhen lassen. Anschließend den Teig auf einer bemehlten Arbeitsfläche hauchdünn ausrollen oder durch die Nudelmaschine treiben. Mit einem Teigschneider schmale Bandnudeln abschneiden und bereitstellen. Salzwasser in einem Topf erhitzen und die Tomatentagliolini darin bissfest garen. Herausnehmen, gut abtropfen lassen und bereitstellen. Butter in einer Pfanne erhitzen, die Tomatentagliolini dazugeben, durchschwenken und sofort servieren.

RINDERROULADEN MIT BRÄTFÜLLUNG

FÜR 4 PERSONEN:

4 dünne Rinderrouladen (à 200 g)
Salz, Pfeffer aus der Mühle
1 TL gerebelte Kräuter der Provence

Für die Füllung:
250 g Kalbsbrät, 1 Ei
1 Schuss süße Sahne
2 EL gehackte Petersilie
1 TL geriebene Zitronenschale
1 Prise Muskat
1 Prise Cayennepfeffer
1 Karotte
1 Stück Sellerie
Gemüsebrühe zum Blanchieren

Für die Soße:
Butterschmalz zum Braten
1 Zwiebel, 2 Knoblauchzehen
50 g Tomatenmark
400 ml Gemüse- oder Fleischbrühe
600 g Tomaten
einige Zweige Basilikum
dunkler Soßenbinder

Außerdem:
Basilikumblättchen zum Garnieren

1. Die küchenfertigen Rinderrouladen unter fließendem Wasser waschen, trocken tupfen, mit Salz, Pfeffer und Kräutern der Provence kräftig würzen und auf eine Arbeitsfläche legen.

2. Das Kalbsbrät mit dem Ei, der Sahne, der gehackten Petersilie und der geriebenen Zitronenschale in eine Schüssel geben und abschlagen. Mit Salz, Pfeffer, Muskat und Cayennepfeffer kräftig würzen.

3. Die Karotte und den Sellerie schälen, waschen und fein würfeln. In der erhitzten Gemüsebrühe blanchieren, herausnehmen, abtropfen lassen und unter die Brätmasse rühren.

4. Die Masse auf die Rouladen streichen, diese zusammenrollen und mit Küchenschnur binden oder mit Rouladenklammern zusammenklammern.

5. Das Butterschmalz in einem Bräter erhitzen und die Rouladen darin rundherum Farbe nehmen lassen.

6. Die Zwiebel und die Knoblauchzehen schälen, fein würfeln, zu den Rouladen geben und kurz mitbraten.

7. Das Tomatenmark einrühren und rösten. Die Gemüse- oder Fleischbrühe angießen, zum Kochen bringen und die Rouladen zugedeckt in dem auf 180 °C vorgeheizten Backofen 80 Minuten schmoren lassen.

8. Die Tomaten waschen, vom Strunk befreien und in Würfel schneiden. Das Basilikum verlesen, waschen, die Blätter ablösen, mit den Tomaten in die Soße geben und weitere 30 Minuten schmoren lassen.

9. Anschließend die Rouladen aus der Soße nehmen. Die Küchenschnur oder die Rouladenklammern entfernen.

10. Die Soße mit dunklem Soßenbinder leicht binden, mit den Rouladen dekorativ anrichten, mit Basilikumblättchen garnieren und mit Spätzle oder Kartoffelkroketten sofort servieren.

UNSER TIPP: KARTOFFELKROKETTEN

800 g mehligkochende Kartoffeln unter fließendem Wasser waschen, abbürsten, mit Salzwasser in einen Topf geben und zugedeckt 20 Minuten garen. Die Kartoffeln abgießen, leicht abkühlen lassen, pellen, durch die Kartoffelpresse treiben und erkalten lassen. Zwei Eier mit 50 g Speisestärke unter die Masse rühren, mit Salz, Pfeffer und Muskat würzen. Die Masse in einen Spritzbeutel mit großer Lochtülle füllen und einen Strang auf die Arbeitsfläche spritzen. Jeweils 6 cm große Stücke abschneiden und in Mehl wenden. Zwei Eier in einem tiefen Teller verschlagen. Die Kroketten durch die verschlagenen Eier ziehen und mit 150 g Semmelbröseln panieren. Die Kroketten im heißen Fett schwimmend goldgelb ausbacken.

Doppeltes Lottchen mit Pilzen

Für 4 Personen:

4 dünne Rinderrouladen (à 120 g)
4 dünne Putenrouladen (à 100 g)
Salz, Pfeffer aus der Mühle
4 TL mittelscharfer Senf
4 TL Honig
Butterschmalz zum Braten

Für die Soße:
2 Zwiebeln
2 Knoblauchzehen
200 ml Weißwein
400 ml Gemüse- oder Fleischbrühe
je 2 Zweige Rosmarin und Thymian
2 EL Honig
1 Prise Cayennepfeffer

Außerdem:
500 g Mischpilze
2 EL Butter
Saft von 1 Zitrone
1 Prise Muskat
½ Bund Schnittlauch
Kräuterzweige zum Garnieren

1. Die küchenfertigen Rinder- und Putenrouladen unter fließendem Wasser waschen, trocken tupfen, mit Salz und Pfeffer kräftig würzen und auf eine Arbeitsfläche legen.

2. Den Senf mit dem Honig verrühren, die Rouladen damit bestreichen, die Putenrouladen auf die Rinderrouladen legen, diese zusammenrollen und mit Küchenschnur binden oder mit Rouladenklammern zusammenklammern.

3. Das Butterschmalz in einem Bräter erhitzen und die Rouladen darin rundherum Farbe nehmen lassen.

4. Die Zwiebeln und die Knoblauchzehen schälen, fein würfeln, zu den Rouladen geben und kurz mitbraten.

5. Mit Weißwein ablöschen, die Gemüse- oder Fleischbrühe angießen, die Kräuterzweige und den Honig dazugeben.

6. Mit Salz, Pfeffer und Cayennepfeffe würzen und das Ganze zugedeckt in dem auf 180 °C vorgeheizten Backofe 90 Minuten schmoren lassen.

7. Die Mischpilze putzen, in mundgerechte Stücke schneiden und in der erhitzten Butter unter ständigem Rühren 5–6 Minuten braten. Mit Zitronensaft beträufeln, mit Salz, Pfeffer, Cayennepfeffer und Muskat würzen.

8. Die fertigen Rouladen aus der Soß nehmen und die Küchenschnur oder die Rouladenklammern entfernen. Die Soße nochmals nachwürzen und mit den Rouladen dekorativ anrichten.

9. Die Rouladen mit den Pilzen überziehen. Mit dem verlesenen, gewaschenen und fein geschnittenen Schnittlauch bestreuen, mit Kräuterzweigen garnieren und mit gebackenen Semmelknödeln sofort servieren.

Unser Tipp: Semmelknödel

Acht altbackene Brötchen in Würfel schneiden, in eine Schüssel geben, mit 150 ml heißer Milch übergießen und kurz ziehen lassen. Eine Zwiebel schälen und fein würfel Butter erhitzen und die Zwiebel darin glasig schwitzen, vom Herd nehmen, abkühlen lassen und zu den Brötchen geben. Zwei Eier, zwei gehäufte EL Mehl und 50 g verlesene, gewaschene und fein geschnittene Petersilie dazugeben und alles zu einer kompakten Masse verarbeiten. Mit Salz, Pfeffer und Muskat würzen. Aus der Masse mit nasse Händen acht Knödel abdrehen und diese ins kochende Salzwasser legen. Die Knödel bei mäßiger Hitze 15–20 Minute gar ziehen lassen, aus dem Wasser nehmen, abtropfen lassen, 2–3 Minuten auf ein sauberes Küchentuch legen und erst dann im erhitzten Fett schwimmend ausbacken.

Würstchenrouladen mit Speckbohnen

Für 4 Personen:

4 dünne Rinderrouladen (à 180 g)
Salz, Pfeffer aus der Mühle
4 TL scharfer Senf
100 g in Scheiben geschnittene Salami
je 1 Paar Debreziner und Wiener Würstchen
Butterschmalz zum Braten

Für die Soße:
2 Zwiebeln
1 Bund Suppengemüse
200 ml Rotwein
400 ml Gemüse- oder Fleischbrühe
1 TL Wacholderbeeren
1 Prise Muskat
1 Prise Cayennepfeffer
dunkler Soßenbinder

Für die Bohnen:
500 g grüne Stangenbohnen
Salzwasser oder Gemüsebrühe
100 g Frühstücksspeck
2 EL Butter

Außerdem:
Petersilienzweige zum Garnieren

1. Die Rinderrouladen unter fließendem Wasser waschen, trocken tupfen, mit Salz und Pfeffer würzen, auf eine Arbeitsfläche legen und mit je einem Teelöffel Senf bestreichen.

2. Die Rouladen mit den Salamischeiben belegen. Die Würstchen halbieren, je ein halbes Debreziner und Wiener Würstchen auf die Rouladen legen, diese zusammenrollen und mit Küchenschnur binden oder mit Rouladenklammern zusammenklammern.

3. Das Butterschmalz in einem Bräter erhitzen und die Rouladen darin rundherum Farbe nehmen lassen. Die Zwiebeln schälen, fein würfeln, das Suppengemüse putzen, waschen, ebenfalls würfeln, mit den Zwiebeln zu den Rouladen geben und kurz mitbraten.

4. Mit Rotwein ablöschen, die Gemüse- oder Fleischbrühe angießen und zum Kochen bringen. Die Wacholderbeeren einrühren, mit Salz, Pfeffer, Muskat und Cayennepfeffer würzen und das Ganze zugedeckt in dem auf 180 °C vorgeheizten Backofen 90 Minuten schmoren lassen.

5. Die fertigen Rouladen aus der Soße nehmen, die Küchenschnur oder die Rouladenklammern entfernen und die Rouladen warm stellen.

6. Die Soße durch ein Sieb passieren, erneut erhitzen, nochmals nachwürzen und mit dunklem Soßenbinder leicht binden.

7. Die Bohnen putzen, die Enden abschneiden und die Bohnen waschen. Salzwasser oder Gemüsebrühe in einem Topf zum Kochen bringen, die Bohnen darin bei mäßiger Hitze bissfest garen.

8. Den Frühstücksspeck in Würfel schneiden. Die Butter in einer Pfanne erhitzen, die Speckwürfel dazugeben und auslassen. Die gut abgetropften Bohnen hinzufügen, durchschwenken, kurz mitschwitzen, mit Salz, Pfeffer, Muskat und Cayennepfeffer würzen.

9. Die Rouladen mit der Soße dekorativ anrichten. Die Speckbohnen darüber verteilen, das Ganze mit Petersilienzweigen garnieren und mit Kartoffelpüree sofort servieren.

Unser Tipp: Kartoffelplätzchen

800 g mehligkochende Kartoffeln in Salzwasser zugedeckt 20 Minuten garen, abgießen, leicht abkühlen lassen, pellen und durch die Kartoffelpresse treiben. Zwei Eier mit 50 g Speisestärke unter die erkaltete Kartoffelmasse rühren, mit Salz, Pfeffer und Muskat würzen. 150 g Frühstücksspeck und eine Zwiebel würfeln und in heißem Öl anschwitzen. Die Speckzwiebeln mit 50 g gehackter Petersilie und 50 g fein geschnittenem Schnittlauch unter die Kartoffelmasse arbeiten. Die Kartoffelmasse zu Plätzchen formen und diese in Mehl wenden. Öl in einer Pfanne erhitzen und die Plätzchen bei mittlerer Hitze auf beiden Seiten goldgelb braten.

Zwiebelrouladen mit Kräutern

Für 4 Personen:

4 Schweinerouladen (à 180 g)
Salz, Pfeffer aus der Mühle
1 EL Paprikapulver edelsüß

Für die Füllung:
1 Bund Petersilie
100 g Semmelbrösel
100 g Röstzwiebeln
1 TL gerebelte Kräuter der Provence, 1 Ei

Für die Soße:
Butterschmalz zum Braten
2 Zwiebeln
200 ml Weißwein
200 ml Gemüse- oder Fleischbrühe
200 ml süße Sahne
2 Zucchini

Außerdem:
Petersilienzweige zum Garnieren

1. Die küchenfertigen Schweinerouladen unter fließendem Wasser waschen, trocken tupfen, mit Salz, Pfeffer und Paprikapulver kräftig würzen und auf eine Arbeitsfläche legen.

2. Die Petersilie verlesen, waschen, gut abtropfen lassen und fein hacken. Mit den Semmelbröseln, den gehackten Röstzwiebeln, den Kräutern der Provence und dem Ei in eine Schüssel geben und alles gut verrühren.

3. Die Masse mit Salz und Pfeffer kräftig würzen und gleichmäßig auf die Rouladen verteilen. Diese zusammenrollen und mit Küchenschnur binden oder mit Rouladenklammern zusammenklammern.

4. Das Butterschmalz in einem Bräter erhitzen und die Rouladen darin rundherum Farbe nehmen lassen.

5. Die Zwiebeln schälen, in Scheiben schneiden, zu den Rouladen geben und mitbraten.

6. Mit Weißwein ablöschen, die Gemüse- oder Fleischbrühe angießen, zum Kochen bringen und im auf 180 °C vorgeheizten Backofen zugedeckt 45 Minuten schmoren lassen.

7. Die Sahne einrühren, die geputzten gewaschenen und in Streifen geschnittenen Zucchini dazugeben und das Ganze weitere 30 Minuten schmoren.

8. Die Rouladen aus der Soße nehmen und die Küchenschnur oder die Rouladenklammern entfernen.

9. Die Soße nochmals nachwürzen, mit den Rouladen dekorativ anrichten, mit Petersilienzweigen garnieren und mit Bandnudeln sofort servieren.

Unser Tipp: Mandelbällchen

800 g mehligkochende Kartoffeln mit Salzwasser in einen Topf geben und zugedeckt 20 Minuten garen. Die Kartoffeln abgießen, leicht abkühlen lassen, pellen und durch die Kartoffelpresse treiben. Zwei Eier mit 50 g Speisestärke unter die erkaltete Kartoffelmasse rühren, mit Salz, Pfeffer und Muskat würzen. Von der Kartoffelmasse Portionen von jeweils 50 g abwiegen, Bällchen formen und diese in Mehl wenden. Zwei Eier in einem tiefen Teller verschlagen, etwa 50 g Semmelbrösel und 100 g Mandelblättchen mischen. Die Bällchen durch die verschlagenen Eier ziehen und mit der Semmelbrösel-Mandelmischung panieren. Die Bällchen in heißem Fett schwimmend goldgelb ausbacken.

Rinderrouladen mit Pfifferlingen

Für 4 Personen:

4 dünne Rinderrouladen (à 200 g)
Salz, Pfeffer aus der Mühle
2 EL mittelscharfer Senf
4 dünne Scheiben fetter Speck
100 g Pfifferlinge
100 g Champignons
Saft von ½ Zitrone
Butterschmalz zum Braten

Für die Soße:
2 Zwiebeln
2 Karotten
1 Stück Sellerie
300 ml Rotwein
300 ml Gemüse- oder Fleischbrühe
1 TL Wacholderbeeren
1 TL schwarze Pfefferkörner
dunkler Soßenbinder

Außerdem:
250 g Pfifferlinge
2 EL Butter
½ Bund Petersilie
4 Preiselbeerbirnen
Petersilienzweige zum Garnieren

1. Die küchenfertigen Rinderrouladen unter fließendem Wasser waschen, trocken tupfen, mit Salz und Pfeffer würzen. Auf eine Arbeitsfläche legen, mit Senf bestreichen und mit je einer Speckscheibe belegen.

2. Die Pfifferlinge und die Champignons putzen, nach Bedarf klein schneiden, mit Zitronensaft beträufeln und auf die Rouladen legen.

3. Die Rouladen zusammenrollen, mit Küchenschnur binden oder mit Rouladenklammern zusammenklammern.

4. Das Butterschmalz in einem Bräter erhitzen und die Rouladen darin rundherum Farbe nehmen lassen.

5. Die Zwiebeln, die Karotten und den Sellerie schälen, Karotten und Sellerie waschen und das Gemüse in Würfel schneiden.

6. Die Gemüsewürfel zu den Rouladen geben und kurz mitbraten. Mit Rotwein ablöschen, die Gemüse- oder Fleischbrühe angießen und das Ganze zum Kochen bringen.

7. Die Wacholderbeeren und die Pfefferkörner dazugeben und alles in dem auf 180 °C vorgeheizten Backofen 90 Minuten schmoren lassen.

8. Die fertigen Rouladen aus der Soße nehmen, die Küchenschnur oder die Rouladenklammern entfernen und die Rouladen warm stellen.

9. Die Soße durch ein Sieb passieren und erneut erhitzen, mit dunklem Soßenbinder binden und nochmals nachwürzen.

10. Die Pfifferlinge putzen und je nach Bedarf klein schneiden. Die Butter in einer Pfanne erhitzen und die Pfifferlinge darin anschwitzen.

11. Mit Salz und Pfeffer würzen und die verlesene, gewaschene und fein gehackte Petersilie untermischen.

12. Die Rouladen mit der Soße dekorativ anrichten und mit den Pfifferlingen überziehen. Die Preiselbeerbirnen dazulegen, mit Petersilienzweigen garnieren und mit Butternudeln und Blaukraut sofort servieren.

Unser Tipp: Blaukraut

1 kg Blaukraut putzen und in feine Streifen schneiden oder hobeln. Zwei Äpfel schälen, entkernen und in Würfel schneiden. Butterschmalz in einem Topf erhitzen und die Äpfel darin anschwitzen. Das Blaukraut dazugeben und kurz mitschwitzen. Eine Zwiebel schälen, halbieren, mit zwei Nelken spicken und zum Blaukraut geben. 200 ml Wasser, 200 ml Rotwein, 200 ml Orangensaft und 2 EL Essig angießen und das Kraut zugedeckt gar dünsten. Das Blaukraut mit Salz, Pfeffer und Zucker nach Geschmack würzen und die gespickte Zwiebel entfernen. Das Blaukraut dekorativ anrichten und servieren.

Rinderrouladen auf Zucchinigemüse

Für 4 Personen:

4 Rinderrouladen (à 200 g)
Salz, Pfeffer aus der Mühle
4 TL mittelscharfer Senf
8 dünne Scheiben Frühstücksspeck
1 große Karotte
4 Essiggurken
Butterschmalz zum Braten

Für die Soße:
2 Zwiebeln
1 Stück Sellerie
2–3 EL Tomatenmark
je 2 Zweige Rosmarin und Thymian
250 ml Weißwein
350 ml Gemüse- oder Fleischbrühe

Außerdem:
100 g Schalotten
500 g Zucchini
2 EL Olivenöl
500 g Tomaten
dunkler Soßenbinder
Kräuterzweige zum Garnieren

1. Die küchenfertigen Rinderrouladen unter fließendem Wasser waschen, trocken tupfen, mit Salz und Pfeffer würzen, auf eine Arbeitsfläche legen.

2. Die Rouladen mit dem Senf bestreichen und mit je zwei Scheiben Frühstücksspeck belegen.

3. Die Karotte schälen und in grobe Stücke schneiden. Die Essiggurken gut abtropfen lassen und ebenfalls in Stücke schneiden.

4. Karotten- und Essiggurkenstücke auf den Rouladen verteilen, diese zusammenrollen und mit Küchenschnur binden oder mit Rouladenklammern zusammenklammern.

5. Das Butterschmalz in einem Bräter erhitzen und die Rouladen darin rundherum Farbe nehmen lassen.

6. Zwiebeln und Sellerie schälen, in kleine Stücke schneiden, zu den Rouladen geben und kurz mitbraten.

7. Das Tomatenmark einrühren und kurz rösten, die Kräuterzweige dazugeben. Mit Weißwein ablöschen und die Gemüse- oder Fleischbrühe angießen. Das Ganze zugedeckt in dem auf 180–200 °C vorgeheizten Backofen 70–80 Minuten schmoren lassen.

8. Die Schalotten schälen, die Zucchini putzen und beides in mundgerechte Stücke schneiden. Das Öl erhitzen und die Schalotten- und Zucchinistücke darin anschwitzen.

9. Die Tomaten waschen, vom Strunk befreien und die Tomaten in Stücke schneiden, dazugeben, kurz mitschwitzen, mit Salz und Pfeffer würzen.

10. Nach Ende der Garzeit die Rouladen aus der Soße nehmen und warm stellen. Die Soße durch ein Sieb streichen, mit dem Zucchini-Tomaten-Gemüse in einen Topf geben und einmal aufkochen lassen.

11. Die Soße mit dunklem Soßenbinder leicht binden, mit den Rouladen dekorativ anrichten, mit Kräuterzweigen garnieren und mit Butternudeln sofort servieren.

Unser Tipp: Kartoffelrösti

600 g Kartoffeln waschen, schälen und grob raspeln. Die Kartoffelraspel mit Salz, Pfeffer, Cayennepfeffer und Muskat würzen. Butterschmalz in einer Pfanne erhitzen, die Kartoffelmasse portionsweise einfüllen, glatt streichen und auf beiden Seiten goldgelb ausbacken.

Schweinerouladen mit Mozzarella

Für 4 Personen:

8 dünne Schweinerouladen
(à 100 g)
Salz, Pfeffer aus der Mühle
1 TL Paprikapulver edelsüß
8 Scheiben roh geräucherter Schinken
250 g Mozzarella
1 grüne Paprikaschote
2 Zweige Basilikum
Butterschmalz zum Braten

Für die Soße:
1 Zwiebel
2 Knoblauchzehen
200 ml Weißwein
200 ml Gemüse- oder Fleischbrühe
1 Dose passierte Tomaten
500 g frische Tomaten

Außerdem:
Basilikumblättchen zum Garnieren

1. Die küchenfertigen Schweinerouladen unter fließendem Wasser waschen, trocken tupfen, mit Salz, Pfeffer und Paprikapulver würzen und auf eine Arbeitsfläche legen.

2. Die Rouladen mit je einer Scheibe Schinken und dem in Scheiben geschnittenen Mozzarella belegen.

3. Die Paprikaschote halbieren, entkernen, waschen, in Streifen schneiden und mit den verlesenen, gewaschenen Basilikumblättchen auf den Mozzarella legen.

4. Die Rouladen zusammenrollen, mit Küchenschnur binden oder mit Rouladenklammern zusammenklammern.

5. Das Butterschmalz in einem Bräter erhitzen und die Rouladen darin rundherum Farbe nehmen lassen.

6. Die Zwiebel und die Knoblauchzehen schälen, fein würfeln, zu den Rouladen geben und kurz mitbraten. Mit Weißwein ablöschen und die Gemüse- oder Fleischbrühe angießen.

7. Die passierten Tomaten hinzufügen und das Ganze zugedeckt in dem auf 180 °C vorgeheizten Backofen 30 Minuten schmoren lassen.

8. Die frischen Tomaten enthäuten, entkernen, in Würfel schneiden, zu den Rouladen geben und weitere 25 Minuten schmoren lassen.

9. Die Rouladen aus der Soße nehmen und die Küchenschnur oder die Rouladenklammern entfernen. Die Soße nochmals nachwürzen, mit den Rouladen dekorativ anrichten, mit Basilikumblättchen garnieren und mit Gnocchi sofort servieren.

Unser Tipp: Kartoffelgnocchi

1 kg mehligkochende Kartoffeln waschen, mit Salzwasser, 1 TL Kümmel und zwei Lorbeerblättern in einen Topf geben und etwa 20 Minuten garen. Die Kartoffeln abgießen, leicht abkühlen lassen, pellen und durch die Kartoffelpresse treiben. 25 g Butter unter das Püree rühren, mit Salz, Pfeffer, Muskat und Cayennepfeffer kräftig würzen. Die Masse unter Rühren auf dem Herd etwas abtrocknen lassen und anschließend mit 200 g Mehl und zwei Eiern zu einem glatten Teig verarbeiten. Den Teig zu einer Rolle formen, in Scheiben schneiden und diese auf einer Seite mit einer Gabel flachdrücken. Die Gnocchi in erhitzter Brühe 6–8 Minuten gar ziehen lassen, herausnehmen, gut abtropfen lassen, in heißer Butter kurz schwenken und servieren.

Bauernrouladen mit Leberwurstfüllung

Für 4 Personen:

4 Schweinerouladen (à 180 g)
Salz, Pfeffer aus der Mühle

Für die Füllung:
150 g Bauernbrot, 1 Ei
150 g grobe Leberwurst
3 Schalotten
3 Knoblauchzehen
Butterschmalz zum Braten

Für die Soße:
3 Zwiebeln, 200 ml Weißwein
400 ml Gemüse- oder Fleischbrühe
2 Lorbeerblätter
1 EL gerebelter Majoran
2 EL grober Senf
dunkler Soßenbinder
4 EL Sauerrahm

Außerdem:
4 Portionen Paprika-Zwiebelringe
Kräuterzweige zum Garnieren

1. Die küchenfertigen Rouladen unter fließendem Wasser waschen, trocken tupfen, mit Salz und Pfeffer würzen und auf eine Arbeitsfläche legen.

2. Das Bauernbrot in Würfel schneiden, mit dem Ei und der Leberwurst in eine Schüssel geben und verrühren.

3. Die Schalotten und die Knoblauchzehen schälen, fein würfeln, unter die Masse rühren, mit Salz und Pfeffer kräftig würzen.

4. Die Masse auf die Rouladen geben, diese zusammenrollen, mit Küchenschnur binden oder mit Rouladenklammern zusammenklammern.

5. Das Butterschmalz in einem Bräter erhitzen und die Rouladen darin rundherum Farbe nehmen lassen. Die Zwiebeln schälen, fein würfeln, zum Fleisch geben und kurz mitbraten.

6. Mit Weißwein ablöschen, die Gemüse- oder Fleischbrühe angießen und zum Kochen bringen. Die Lorbeerblätter, den Majoran und den Senf einrühren und das Ganze zugedeckt im auf 180 °C vorgeheizten Backofen 60 Minuten schmoren lassen.

7. Die fertigen Rouladen aus der Soße nehmen, die Küchenschnur oder die Rouladenklammern entfernen und die Rouladen warm stellen.

8. Die Soße durch ein Sieb passieren, erneut erhitzen und mit dunklem Soßenbinder leicht binden.

9. Den Sauerrahm einrühren, die Soße mit den Rouladen dekorativ anrichten und mit je einer Portion Paprika-Zwiebelringen belegen. Mit Kräuterzweigen garnieren und mit einem Champignon-Kartoffel-Gratin und gemischtem Salat sofort servieren.

Unser Tipp: Champignon-Kartoffel-Gratin

600 g Kartoffeln unter fließendem Wasser abbürsten, mit Salzwasser in einen Topf geben und 20 Minuten garen. Die Kartoffeln abgießen, leicht erkalten lassen, pellen und in Scheiben schneiden. Butter in einer Pfanne erhitzen. 100 g Frühstücksspeck in feine Würfel schneiden, ins Fett geben und glasig schwitzen. Eine Zwiebel und zwei Knoblauchzehen schälen, fein würfeln, zum Speck geben und mitbraten. 400 g Champignons putzen, waschen und würfeln. Mit Zitronensaft beträufeln, zu den Speckzwiebeln geben und kurz braten. Die Champignons mit Salz, Pfeffer, Muskat und Cayennepfeffer würzen. Eine Auflaufform ausfetten, die Kartoffeln einschichten, mit den Champignons überziehen, mit 250 ml süßer Sahne beträufeln und im auf 180–200 °C vorgeheizten Backofen 15–20 Minuten backen. Nach Ende der Garzeit das Champignon-Kartoffel-Gratin aus dem Ofen nehmen, dekorativ anrichten, mit Kräuterzweigen garnieren und zu den Rouladen servieren.

Koteletts – Schnell, preiswert und lecker

Knusperkoteletts mit Dips

Für 4 Personen:

4 Schweinekoteletts (à 200–220 g)
Salz, Pfeffer aus der Mühle
1 TL Paprikapulver rosenscharf
Mehl zum Wenden
2 Eier
150 g Cornflakes
Butterschmalz zum Braten

Für den Farmerdip:
100 g Tomatenmark
200 g Tomatenketchup
1 Zwiebel
3 Essiggurken
1 kleine Dose Zuckermais
1 Prise Cayennepfeffer

Für den Kräuterquark:
250 g Magerquark
Saft von einer halben Zitrone
2 Knoblauchzehen
1 Schalotte
2 Bund Schnittlauch

Außerdem:
Zitronenscheiben zum Garnieren

1. Die Koteletts unter fließendem Wasser waschen, trocken tupfen, mit Salz, Pfeffer und Paprikapulver würzen.

2. Die Koteletts in Mehl wenden, durch die verschlagenen Eier ziehen und mit den zerbröselten Cornflakes panieren.

3. Das Butterschmalz in einer Pfanne erhitzen und die panierten Koteletts darin ausbacken.

4. Für den Farmerdip das Tomatenmark mit dem Tomatenketchup in einer Schüssel verrühren.

5. Die Zwiebel schälen und fein würfeln. Mit den gewürfelten Essiggurken und dem gut abgetropften Mais unter das Tomatenketchup rühren und mit Salz, Pfeffer und Cayennepfeffer würzen.

6. Für den Kräuterquark den Magerquark mit dem Zitronensaft glatt rühren.

7. Die Knoblauchzehen und die Schalotte schälen, fein würfeln, mit dem verlesenen, gewaschenen und fein geschnittenen Schnittlauch unter den Quark ziehen, salzen und pfeffern.

8. Die Knusperkoteletts mit den Dips dekorativ anrichten, mit Zitronenscheiben garnieren und mit Kartoffelwedges sofort servieren.

Zu den Knusperkoteletts schmeckt auch eine Joghurt-Senf-Mayonnaise:

Hierfür 150 g Joghurt mit dem Saft von ½ Zitrone in einer Schüssel glatt rühren. 150 g Mayonnaise und 2 TL groben Senf einrühren. Einen Bund verlesenen, gewaschenen und fein geschnittenen Schnittlauch untermischen. Die Joghurt-Senf-Mayonnaise mit Salz und Pfeffer kräftig würzen und bis zum Verzehr kühl aufbewahren.

Paprika-Schafskäse-Koteletts

Für 4 Personen:

4 küchenfertige Schweinekoteletts (à 200 g)
Salz, Pfeffer aus der Mühle
Butterschmalz zum Braten
je 1 rote und orange Paprikaschote
2 Knoblauchzehen
1 TL gerebelte Kräuter der Provence
einige Zweige Basilikum
200 g Feta (Schafskäse)
einige Tropfen Pfeffersoße

Außerdem:
1 Bund Schnittlauch
eingelegte schwarze Oliven und Basilikumblättchen zum Garnieren

1. Die küchenfertigen Schweinekoteletts unter fließendem Wasser waschen, trocken tupfen und mit Salz und Pfeffer kräftig würzen.

2. Das Butterschmalz in einer Pfanne erhitzen und die Koteletts darin rundherum Farbe nehmen lassen.

3. Die Koteletts aus der Pfanne nehmen und in eine Auflaufform setzen.

4. Die Paprikaschoten halbieren, entkernen, waschen, in Streifen schneiden und ins verbliebene Bratfett geben.

5. Die Knoblauchzehen schälen, fein würfeln, zu den Paprikaschoten geben und kurz mitbraten.

6. Die Kräuter der Provence und das verlesene, gewaschene und klein geschnittene Basilikum untermischen, den Schafskäse würfeln und unterheben.

7. Die Schafskäsemasse mit Pfeffersoße, Salz und Pfeffer nach Geschmack würzen und gleichmäßig auf den Koteletts verteilen.

8. Die Koteletts im auf 220 °C vorgeheizten Backofen 10 Minuten backen.

9. Die Paprika-Schafskäse-Koteletts aus dem Ofen nehmen, dekorativ anrichten und mit dem verlesenen, gewaschenen und fein geschnittenen Schnittlauch bestreuen.

10. Mit den eingelegten schwarzen Oliven und Basilikumblättchen garnieren und sofort servieren.

Zu den Schafskäsekoteletts schmecken Schmorkartoffeln mit Oliven sehr gut:

1 kg Kartoffeln unter fließendem Wasser abbürsten, gut abtropfen lassen, schälen und in Schnitze schneiden. Eine Auflaufform mit Olivenöl ausstreichen und die Kartoffeln einfüllen, mit Salz und Pfeffer würzen und im auf 180–200 °C vorgeheizten Backofen 10–12 Minuten braten. Zwei Knoblauchzehen schälen, fein würfeln, mit 100 g geschälten Silberzwiebeln, je zwei halbierten, entkernten, gewaschenen und klein geschnittenen Peperoni und Zucchini zu den Kartoffeln geben. 100 g entsteinte schwarze Oliven in Scheiben schneiden, ein Glas Sardellenfilets unter fließendem Wasser waschen und hacken. Je ½ Bund Rosmarin und Petersilie verlesen, waschen und klein schneiden. Die Kräuter mit den Sardellen und den Oliven unter die Kartoffeln mischen und alles weitere 10–15 Minuten garen. 50 g Riesenkapern fünf Minuten vor Garende dazugeben, das Ganze nochmals salzen und pfeffern, fertig garen, herausnehmen, dekorativ anrichten, mit Kräuterzweigen garnieren und sofort servieren.

Parmesankoteletts

Für 4 Personen:

4 Schweine- oder Kalbskoteletts
(à 200–220 g)
Salz, Pfeffer aus der Mühle
Saft von 1 Zitrone
Mehl zum Wenden
3 Eier, 50 ml süße Sahne
50 g gemischte, frische Kräuter
1 Bund Schnittlauch
100 g geriebener Parmesankäse

Außerdem:
Butterschmalz zum Braten
Basilikumblättchen zum Garnieren

1. Die Schweine- oder Kalbskoteletts unter fließendem Wasser waschen und trocken tupfen.

2. Die Koteletts mit Salz und Pfeffer würzen, mit Zitronensaft beträufeln und kurz ziehen lassen.

3. Anschließend die Koteletts in Mehl wenden.

4. Die Eier mit der Sahne, den verlesenen, gewaschenen und fein gehackten Kräutern, dem verlesenen, gewaschenen und fein geschnittenen Schnittlauch und dem Parmesankäse in eine Schüssel geben und verschlagen.

5. Butterschmalz in einer Pfanne erhitzen. Die Koteletts durch die Eimasse ziehen und bei mäßiger Hitze langsam im Butterschmalz ausbacken.

6. Die fertigen Koteletts aus der Pfanne nehmen, dekorativ anrichten, mit Basilikumblättchen garnieren und mit Grilltomaten sofort servieren.

Würzige Zwiebelkoteletts

Für 4 Personen:

4 küchenfertige Schweinekoteletts
(à 180–200 g)
Salz, Pfeffer aus der Mühle
1 EL Pimentkörner
1 EL schwarze Pfefferkörner
2–3 Lorbeerblätter
einige Wacholderbeeren
1 Msp. Zimtpulver
1 Zwiebel

Außerdem:
Olivenöl zum Braten
Salatblätter und Kräuterzweige zum Garnieren

1. Die Schweinekoteletts unter fließendem Wasser waschen, trocken tupfen, mit Salz und Pfeffer kräftig würzen.

2. Die Pimentkörner, die Pfefferkörner, die Lorbeerblätter und die Wacholderbeeren im Mörser fein schroten.

3. Eine trockene Pfanne erhitzen und die Gewürzmischung darin kurz rösten. Mit dem Zimt und der geschälten, sehr fein gehackten Zwiebel in einer Schüssel vermischen.

4. Die Koteletts mit der Gewürzmischung bestreichen und im Kühlschrank zugedeckt mindestens eine Stunde ziehen lassen.

5. Die Zwiebelkoteletts auf dem Grill oder in der Pfanne mit etwas Öl garen, herausnehmen, auf Salatblättern dekorativ anrichten, mit Kräuterzweigen garnieren und sofort servieren.

(ohne Abbildung)

Überbackene Tomatenkoteletts

Für 4 Personen:

4 küchenfertige Schweinekoteletts (à 200–220 g)
Salz, Pfeffer aus der Mühle
1 Prise Cayennepfeffer
Butterschmalz zum Braten
2 Zwiebeln
250 g Kirschtomaten
150 g Butterkäse

Für die Spaghetti:
200 g Spaghetti, Salzwasser
einige Tropfen Olivenöl
Butter zum Braten
2–3 Knoblauchzehen
1 Bund Basilikum

Außerdem:
Kräuterzweige zum Garnieren

1. Die Schweinekoteletts unter fließendem Wasser waschen, trocken tupfen, mit Salz, Pfeffer und Cayennepfeffer würzen.

2. Das Butterschmalz in einer Pfanne erhitzen, die Koteletts darin anbraten, herausnehmen und in eine feuerfeste Form legen.

3. Die Zwiebeln schälen, in Scheiben schneiden, ins verbliebene Bratfett geben und anbraten.

4. Die Tomaten waschen, vom Strunk befreien, zu den Zwiebeln geben, kurz mitbraten und mit Salz, Pfeffer und Cayennepfeffer würzen.

5. Das Ganze gleichmäßig auf den Schweinekoteletts verteilen, mit dem geriebenen Butterkäse bestreuen und im auf 200–220 °C vorgeheizten Backofen 15–18 Minuten überbacken.

6. Die Spaghetti im Salzwasser mit dem Olivenöl bissfest garen, abgießen, abschrecken und bereitstellen.

7. Die Butter in einer Pfanne erhitzen, die geschälten und fein gehackten Knoblauchzehen darin anschwitzen.

8. Das verlesene, gewaschene und fein geschnittene Basilikum mit den Spaghetti ins Knoblauchfett geben und erhitzen.

9. Die Knoblauchspaghetti mit den überbackenen Tomatenkoteletts dekorativ anrichten, mit Kräuterzweigen garnieren und sofort servieren.

Zu den Tomatenkoteletts schmecken Spaghetti „Aglio e Olio“ sehr gut:

300 g Spaghetti in Salzwasser bissfest garen, abgießen, abschrecken und gut abtropfen lassen. Butter mit Olivenöl in einer Pfanne erhitzen. Eine Zwiebel und sechs Knoblauchzehen schälen, fein würfeln, ins Fett geben und glasig schwitzen. Zwei rote Peperoni halbieren, entkernen, waschen, fein schneiden, zu den Knoblauchzwiebeln geben und kurz mitbraten. 100 g getrocknete Tomaten in feine Würfel schneiden, zu den Knoblauchzwiebeln geben und kurz mitschwitzen. 250 ml Gemüse- oder Fleischbrühe angießen und das Ganze bei mäßiger Hitze 4–5 Minuten köcheln lassen. Die Spaghetti untermischen, durchschwenken, erhitzen, mit Salz, Pfeffer, Muskat, Cayennepfeffer und Zitronensaft abschmecken. Einen Bund Basilikum verlesen, waschen, schneiden und unter die Nudeln heben. Die Spaghetti Aglio e Olio zu den Tomatenkoteletts servieren.

Lammkoteletts mit Bohnenbündeln

Für 4 Personen:

8–12 küchenfertige Lammkoteletts
(à 80–100 g), 2 Knoblauchzehen
1 TL Kräuter der Provence
je einige Zweige Rosmarin,
Thymian und Oregano
2–3 Salbeiblätter
1–2 TL geschroteter schwarzer
Pfeffer, 75 ml Olivenöl
Salz, Pfeffer aus der Mühle

Für die Bohnen:
600 g grüne Bohnen
Gemüsebrühe zum Garen
100 g durchwachsener, geräucherter, in dünne Scheiben geschnittener Speck
Butter zum Braten

Außerdem:
2 EL Butterschmalz
Kräuterzweige zum Garnieren

1. Die küchenfertigen Lammkoteletts unter fließendem Wasser waschen, trocken tupfen und bereitstellen.

2. Die Knoblauchzehen schälen, fein hacken, mit den Kräutern der Provence mischen und in eine Schüssel geben.

3. Die frischen Kräuter verlesen, waschen, gut abtropfen lassen, fein schneiden, mit dem geschroteten Pfeffer und dem Olivenöl zum Knoblauch geben und gut verrühren.

4. Die Lammkoteletts damit bestreichen und zugedeckt im Kühlschrank mindestens eine Stunde marinieren.

5. Die grünen Bohnen putzen, waschen und gut abtropfen lassen. Die Gemüsebrühe erhitzen und die Bohnen darin bissfest garen.

6. Die Bohnen herausnehmen, gut abtropfen lassen und jeweils 6–8 Bohnen in eine dünne Speckscheibe einwickeln.

7. Die Butter in einer Pfanne erhitzen und die Bohnenbündel darin bei mäßiger Hitze braten.

8. Die Lammkoteletts aus der Marinade nehmen. Das Butterschmalz in einer Pfanne erhitzen und die Koteletts darin je nach Geschmack medium oder durch braten.

9. Die Lammkoteletts aus der Pfanne nehmen, salzen und pfeffern, mit den Bohnenbündeln dekorativ anrichten, mit Kräuterzweigen garnieren und mit geschmolzenen Kirschtomaten und Röstiecken sofort servieren.

Zu den Lammkoteletts schmecken pikante Backkartoffeln sehr gut:

1,5 kg neue Kartoffeln unter fließendem Wasser abbürsten, mit der Schale in Spalten schneiden, auf ein sauberes Küchentuch legen und trocken tupfen. Erdnussöl in einem Frittiertopf auf ca. 170 °C erhitzen, die Kartoffelspalten portionsweise darin fünf Minuten vorbacken, herausnehmen und etwas abkühlen lassen. 1 EL Paprikapulver edelsüß mit 1 EL Curry, 1 TL Korianderpulver, 1 TL Kardamom, 1 TL fein geschroteten Pfefferkörnern, 1 Msp. Chilipulver und 1 EL Salz vermischen. Kurz vor dem Servieren die Kartoffelspalten in das auf ca. 180 °C vorgeheizte Frittierfett geben und portionsweise goldgelb ausbacken. Die Kartoffelspalten mit der Gewürzmischung vermischen und zu den Lammkoteletts servieren.

ITALIENISCHE TOMATENKOTELETTS

FÜR 4 PERSONEN:

4 Schweinekoteletts (à 200 g)
Salz, Pfeffer aus der Mühle
Butterschmalz zum Braten

Für die Soße:
1 Zwiebel
2 Knoblauchzehen
100 ml Weißwein
100 ml Gemüse- oder Fleischbrühe
1 große Dose geschälte Tomaten
1 EL Zucker
1 Prise Cayennepfeffer
50 g geriebener Parmesankäse

Außerdem:
Basilikumblättchen zum Garnieren

1. Die küchenfertigen Schweinekoteletts unter fließendem Wasser waschen, trocken tupfen, mit Salz und Pfeffer kräftig würzen.

2. Das Butterschmalz in einer Pfanne erhitzen, die Schweinekoteletts darin auf beiden Seiten Farbe nehmen lassen, in den auf 180 °C vorgeheizten Backofen geben und 15 Minuten garen.

3. Die fertigen Schweinekoteletts aus der Pfanne nehmen und warm stellen.

4. Die Zwiebel und die Knoblauchzehen schälen, würfeln, ins verbliebene Bratfett geben und glasig schwitzen.

5. Die Knoblauchzwiebeln mit Weißwein ablöschen und die Gemüse- oder Fleischbrühe angießen.

6. Die geschälten Tomaten mit einer Gabel zerdrücken, in die Soße geben und zum Kochen bringen.

7. Die Soße bei mäßiger Hitze 6–8 Minuten einreduzieren lassen und mit Salz, Pfeffer, Zucker und Cayennepfeffer abschmecken. Zum Schluss die Soße mit dem geriebenen Parmesankäse verfeinern.

8. Die Schweinekoteletts mit der Tomatensoße dekorativ anrichten, mit Basilikumblättchen garnieren und mit je einer Portion bissfest gegarten Spaghetti sofort servieren.

ZU DEN TOMATENKOTELETTS PASSEN SPAGHETTI MIT MASCARPONESOSSE SEHR GUT:

300 g Spaghetti in Salzwasser bissfest garen, abgießen und gut abtropfen lassen. 250 g Mascarpone mit 200 ml hellem Kalbsfond, 100 ml süßer Sahne und 1 EL geriebener Zitronenschale in einen Topf geben und bei starker Hitze kurz einreduzieren lassen. Die Soße mit Salz, Pfeffer und Cayennepfeffer kräftig würzen und je 30 g geröstete Pinien- und Pistazienkerne untermischen. Die Spaghetti dazugeben, durch schwenken, erhitzen, nachwürzen und zu den Tomatenkoteletts servieren.

Kräuterkoteletts mit Champignons

Für 4 Personen:

4 küchenfertige Schweinekoteletts (à 200–220 g)
Salz, Pfeffer aus der Mühle
Butterschmalz zum Braten
50 g frische, gemischte Kräuter

Für die Soße:
3–4 Schalotten
Butter zum Braten
400 g frische Champignons
Saft von 1 Zitrone
100 ml Weißwein
200 ml gebundene Bratensoße
200 ml süße Sahne, 1 Lorbeerblatt
1–2 Zweige Thymian
1 Bund Schnittlauch
1 Prise Muskat

Außerdem:
Kräuterzweige zum Garnieren

1. Die Schweinekoteletts unter fließendem Wasser waschen, trocken tupfen und mit Salz und Pfeffer würzen.

2. Das Butterschmalz in einer Pfanne erhitzen, die Koteletts darin anbraten, herausnehmen und in eine feuerfeste Form legen.

3. Die Koteletts in dem auf 180 °C vorgeheizten Backofen 15–18 Minuten garen. Kurz vor Garende die verlesenen, gewaschenen und fein geschnittenen Kräuter über die Koteletts streuen.

4. Die Schalotten schälen und fein würfeln. Die Butter in einer Pfanne erhitzen und die Schalotten darin glasig schwitzen.

5. Die Champignons putzen, in Scheiben schneiden, mit Zitronensaft beträufeln, zu den Schalotten geben und fünf Minuten mitbraten.

6. Die Champignons mit Weißwein ablöschen, die Bratensoße und die Sahne angießen.

7. Das Lorbeerblatt und die Thymianzweige in die Soße geben und das Ganze bei mäßiger Hitze fünf Minuten köcheln lassen.

8. Den verlesenen, gewaschenen und fein geschnittenen Schnittlauch unter die Soße ziehen.

9. Die Kräuterkoteletts dekorativ anrichten, die Champignonsoße dazugeben, mit Kräuterzweigen garnieren und mit Butter- oder Käsespätzle sofort servieren.

Unser Tipp: Käsespätzle

Butter in einer großen Pfanne erhitzen. Zwei Zwiebeln schälen und in Scheiben schneiden, diese ins Fett geben und glasig schwitzen. Einen Schuss Weißwein angießen und die Zwiebeln dünsten. Mit Salz, Pfeffer, Cayennepfeffer und Muskat würzen. Eine Auflaufform oder eine große Pfanne ausfetten. 800 g gegarte Spätzle mit 200 g in Scheiben geschnittenem Romadur und 200 g geriebenem Emmentaler schichtweise in die Form geben. Die Zwiebeln darauf verteilen, das Ganze im auf 180–200 °C vorgeheizten Backofen 20–25 Minuten garen und zu den Kräuterkoteletts servieren.

Koteletts „Cordon bleu“

Für 4 Personen:

4 küchenfertige Schweinekoteletts (à 200 g)
4 Scheiben gekochter Schinken
4 Scheiben würziger Käse
Salz, Pfeffer aus der Mühle
Mehl zum Wenden
2 Eier, 150 g Semmelbrösel
Butterschmalz zum Braten

Außerdem:
Salatblätter und Kräuterzweige zum Garnieren

1. Die Schweinekoteletts unter fließendem Wasser waschen und trocken tupfen. Mit einem scharfen Messer in jedes Kotelett eine Tasche einschneiden und diese mit je einer Scheibe Schinken und Käse füllen.

2. Die Taschen mit Rouladennadeln oder Zahnstochern zustecken, die Koteletts mit Salz und Pfeffer würzen und in Mehl wenden.

3. Die Eier in einen tiefen Teller geben und verschlagen, die Semmelbrösel in einen zweiten Teller geben. Die Koteletts zuerst durch die Eier ziehen und dann mit den Semmelbröseln panieren.

4. Das Butterschmalz in einer Pfanne erhitzen und die Koteletts darin goldgelb ausbacken.

5. Die Koteletts aus der Pfanne nehmen, trocken tupfen, dekorativ anrichten, mit Salatblättern und Kräuterzweigen garnieren und mit Bratkartoffeln und gemischtem Salat sofort servieren.

Koteletts „Wiener Art“

Für 4 Personen:

4 küchenfertige Schweinekoteletts (à 200 g)
Salz, Pfeffer aus der Mühle
Mehl zum Wenden
3 Eier, 50 ml Milch
150 g Semmelbrösel
Butterschmalz zum Braten

Außerdem:
4 dünne Zitronenscheiben
4 Sardellenfilets
1 Röhrchen Kapern
Petersilienzweige zum Garnieren

1. Die Schweinekoteletts unter fließendem Wasser waschen, trocken tupfen, leicht klopfen, mit Salz und Pfeffer würzen und in Mehl wenden.

2. Die Eier mit der Milch in einen tiefen Teller geben und verschlagen, die Semmelbrösel in einen zweiten Teller geben. Die Schweinekoteletts zuerst durch die Eier ziehen und dann mit den Semmelbröseln panieren.

3. Das Butterschmalz in einer Pfanne erhitzen und die Schweinekoteletts darin goldgelb ausbacken, herausnehmen und dekorativ anrichten.

4. Die Schweinekoteletts mit je einer Zitronenscheibe belegen. Die Sardellenfilets mit den Kapern zu kleinen Röllchen zusammendrehen und diese auf die Zitronenscheiben legen.

5. Die Koteletts „Wiener Art“ mit Petersilienzweigen garnieren und mit Kartoffelsalat sofort servieren.

(ohne Abbildung)

Tortilla-koteletts

Für 4 Personen:

4 küchenfertige Schweinekoteletts (à 200 g), Salz, Pfeffer aus der Mühle, 1 Prise Cayennepfeffer
1 TL Paprikapulver edelsüß
Mehl zum Wenden, 3 Eier
50 ml Milch, 300 g Tortilla-Chips
Butterschmalz zum Braten

Außerdem:
Zitronenscheiben, Petersilienzweige, Salatblätter, Paprikastreifen und Tomatenecken zum Garnier

1. Die Schweinekoteletts unter fließendem Wasser waschen, trocken tupfen, leicht klopfen, mit Salz, Pfeffer, Cayennepfeffer und Paprikapulver kräftig würzen und in Mehl wenden.

2. Die Eier mit der Milch in einen tiefen Teller geben und verschlagen, die Tortilla-Chips grob zerbröseln und in einen zweiten Teller geben.

3. Die Schweinekoteletts zuerst durch die Eier ziehen und dann mit den Tortilla-Chips panieren.

4. Das Butterschmalz in einer Pfanne erhitzen und die Tortillakoteletts darin goldgelb ausbacken.

5. Die Tortillakoteletts dekorativ anrichten, mit Zitronenscheiben, Petersilienzweigen, Salatblättern, Paprikastreifen und Tomatenecken garnieren, mit je einer Portion Paprikasalsa und gemischtem Salat sofort servieren.

Grillkoteletts mit Honigzwiebeln

Für 4 Personen:

4 Schweinekoteletts (à 180 g)
100 ml Weißwein
2 TL geschrotete Pfefferkörner
2 Lorbeerblätter
1 TL zerdrückte Wacholderbeeren
4 cl Weinbrand
Salz, Pfeffer aus der Mühle
4 EL Sonnenblumenöl

Für die Weinzwiebeln:
4 Zwiebeln, 2 EL Butterschmalz
100 ml Weißwein
2–3 EL Honig

1. Die Schweinekoteletts unter fließendem Wasser waschen, trocken tupfen und in eine Schüssel legen.

2. Den Weißwein mit den Pfefferkörnern, den Lorbeerblättern, den Wacholderbeeren und dem Weinbrand verrühren. Die Marinade zu den Koteletts geben und diese im Kühlschrank mindestens zwei Stunden ziehen lassen.

3. Die Koteletts aus der Marinade nehmen, trocken tupfen, mit Salz und Pfeffer würzen, mit Sonnenblumenöl bestreichen und auf dem Grill oder in der Pfanne braten.

4. Für die Honigzwiebeln die Zwiebeln schälen und in Scheiben schneiden.

5. Das Butterschmalz in einer Pfanne erhitzen und die Zwiebeln darin glasig schwitzen. Den Weißwein angießen, den Honig einrühren, die Zwiebeln salzen und pfeffern und fünf Minuten dünsten.

6. Die Schweinekoteletts dekorativ anrichten, die Honigzwiebeln darauf verteilen, das Ganze garnieren und mit Folienkartoffeln sofort servieren.

(ohne Abbildung)

Koteletts mit Leberwurstfüllung

Für 4 Personen:

4 küchenfertige Schweinekoteletts (à 200 g)
150 g grobe Leberwurst
2 Schalotten
½ Bund Petersilie
Salz, Pfeffer aus der Mühle
1 Prise Cayennepfeffer
Mehl zum Wenden
3 Eier
50 ml Milch
150 g Semmelbrösel
Butterschmalz zum Braten

1. Die Schweinekoteletts unter fließendem Wasser waschen, trocken tupfen und eine Tasche einschneiden.

2. Die Leberwurst in eine Schüssel geben. Die Schalotten schälen, fein würfeln, mit der Hälfte der verlesenen, gewaschenen und gehackten Petersilie unter die Leberwurst mischen.

3. Die Leberwurstmischung in die Taschen füllen und die Taschen mit Rouladennadeln oder Zahnstochern zustecken.

4. Die Schweinekoteletts mit Salz, Pfeffer und Cayennepfeffer kräftig würzen und in Mehl wenden.

5. Die Eier mit der Milch in einem tiefen Teller verschlagen und die Semmelbrösel in einen zweiten Teller geben. Die Schweinekoteletts zuerst durch die Eier ziehen und dann mit den Semmelbröseln panieren.

6. Das Butterschmalz in einer Pfanne erhitzen und die Schweinekoteletts darin goldgelb ausbacken.

7. Die Schweinekoteletts dekorativ anrichten, mit der restlichen Petersilie bestreuen und mit Schupfnudeln und Bayerisch Kraut sofort servieren.

Unser Tipp: Kartoffel-Schupfnudeln mit Kraut

1 kg Kartoffeln unter fließendem Wasser waschen, gut abbürsten, in Salzwasser in 20 Minuten garen. Die Kartoffeln abgießen, abkühlen lassen, pellen und durch die Kartoffelpresse treiben. Das Kartoffelpüree mit 60 g Mehl, 40 g Speisestärke, 1 EL Salz, Pfeffer und Muskat zu einem glatten Teig verarbeiten. Den Teig auf einer bemehlten Arbeitsfläche zu einer ca. 2 cm dicken Rolle formen und diese in 1 cm dicke Scheiben schneiden. Die Scheiben zu fingerdicken Nudeln rollen und diese portionsweise in kochendes Salzwasser geben. Sobald die Nudeln an der Oberfläche schwimmen, mit einem Schaumlöffel herausnehmen, mit kaltem Wasser abbrausen und gut abtropfen lassen. Zwei Stunden auf ein Küchentuch zum Abtrocknen legen. Butterschmalz in einem Topf erhitzen und 100 g durchwachsenen, geräucherten, in feine Würfel geschnittenen Speck darin anbraten. Eine Zwiebel schälen, fein hacken, zum Speck geben und kurz mitbraten. 500 g vorgegartes Sauerkraut dazugeben, kurz durchschwenken, mit Salz und Pfeffer würzen. Butterschmalz in einer großen Pfanne erhitzen und die Schupfnudeln darin portionsweise kurz braten. Das Sauerkraut portionsweise zu den Schupfnudeln geben, durchschwenken, mit Salz und Pfeffer würzen und das Ganze zu den Schweinekoteletts servieren.

Burgunder Koteletts mit Zwiebelsosse

Für 4 Personen:

4 küchenfertige Schweinekoteletts (à 200 g)
Salz, Pfeffer aus der Mühle
Mehl zum Wenden
2 Eier
150 g Semmelbrösel
Butterschmalz zum Braten

Für die Soße:
3 Zwiebeln
100 ml Burgunder
400 ml gebundene Bratensoße
je einige Zweige Thymian und Rosmarin
2 EL Johannisbeergelee

Außerdem:
Zitronenscheiben und Petersilienzweige zum Garnieren

1. Die Schweinekoteletts unter fließendem Wasser waschen, trocken tupfen, mit Salz und Pfeffer würzen und in Mehl wenden.

2. Die Eier in einen tiefen Teller geben und verschlagen.

3. Die Semmelbrösel in einen zweiten Teller geben, die Koteletts zuerst durch die Eier ziehen und dann mit den Semmelbröseln panieren.

4. Etwas Butterschmalz in einer Pfanne erhitzen, die Schweinekoteletts darin goldgelb ausbacken, herausnehmen und warm stellen.

5. Die Zwiebeln schälen und fein würfeln. Etwas Butterschmalz in einer Pfanne erhitzen und die Zwiebelwürfel darin glasig schwitzen.

6. Die Zwiebeln mit Rotwein ablösche und die gebundene Bratensoße angießen.

7. Die verlesenen, gewaschenen und fein gehackten Kräuter untermischen, das Johannisbeergelee einrühren und die Soße bei mäßiger Hitze 10 Minute köcheln lassen.

8. Die Soße mit Salz und Pfeffer nach würzen.

9. Die Schweinekoteletts mit der Soße dekorativ anrichten, mit Zitronenscheiben und Petersilienzweigen garnieren und mit einem Karotten-Zucchini-Gemüse und Kartoffelkroketten sofort servieren.

Zu den Koteletts passen Gemüserösti sehr gut:

500 g Süßkartoffeln, zwei Karotten und 200 g Pastinaken schälen und in feine Würfel schneiden. Salzwasser in einem Topf erhitzen, die Süßkartoffeln, die Karotten und die Pastinaken darin bissfes garen, herausnehmen, gut abtropfen lassen und in eine Schüssel geben. Eine Zucchini putzen und würfeln, eine Zwiebe schälen, fein hacken, mit den Zucchiniwü feln zum Gemüse geben. 100 g Kartoffelpüreeflocken und zwei Eier dazugeben, das Ganze gut verrühren, mit Salz, Pfeffe Muskat und Cayennepfeffer abschmecken Butterschmalz in einer Pfanne erhitzen und portionsweise die Gemüserösti auf beiden Seiten goldgelb ausbacken, heraus nehmen und zu den Koteletts servieren.

Schweinekoteletts mit Erbsengemüse

Für 4 Personen:

250 g gelbe Schälerbsen
1 Zwiebel
1 EL Olivenöl
3 Tomaten
½ Bund gehackte Petersilie
100 ml Gemüsebrühe
Salz, Pfeffer aus der Mühle
einige Tropfen Zitronensaft

Außerdem:
4 Schweinekoteletts (à 150 g)
1 TL Paprikapulver rosenscharf
Mehl zum Wenden
Butterschmalz zum Braten
Kräuterzweige zum Garnieren

1. Die Erbsen unter fließendem Wasser waschen, gut abtropfen lassen und in einen Schüssel geben.

2. Kaltes Wasser ohne Salz angießen – die Erbsen sollen gut bedeckt sein – und über Nacht ausquellen lassen.

3. Für die Zubereitung die Erbsen mit dem Einweichwasser in einen Topf geben und die Erbsen 80–90 Minuten garen. Anschließend die Schälerbsen über einem Sieb abgießen und bereitstellen.

4. Die Zwiebel schälen, fein hacken und im erhitzten Olivenöl anschwitzen. Die Tomaten waschen, trocken tupfen, den Strunk entfernen, die Tomaten vierteln, entkernen und würfeln.

5. Die Petersilie verlesen, waschen, fein hacken, mit den Tomatenwürfeln und den Erbsen zur Zwiebel geben und kurz anschwitzen.

6. Die Gemüsebrühe angießen, erhitzen und das Gemüse mit Salz, Pfeffer und Zitronensaft abschmecken.

7. Die Schweinekoteletts unter fließendem Wasser waschen, trocken tupfen, salzen, pfeffern, mit Paprika bestäuben und in Mehl wenden.

8. Die Schweinekoteletts im erhitzten Butterschmalz auf beiden Seiten langsam goldgelb braten.

9. Die fertigen Schweinekoteletts mit dem Erbsengemüse auf Tellern dekorativ anrichten, mit Kräuterzweigen garnieren und sofort servieren. Dazu schmecken frisches Brot, Baguette oder Folienkartoffeln.

Unser Tipp: Folienkartoffeln

1 kg große Kartoffeln unter fließendem Wasser mit einer Bürste abbürsten und gründlich waschen. Die Kartoffeln auf entsprechend große Stücke Alufolie legen, mit Kümmel bestreuen, in die Folie einwickeln, auf ein Backblech setzen und im auf 180–200 °C vorgeheizten Backofen in 40–45 Minuten backen. Eine Zwiebel schälen, fein hacken, mit 250 g Magerquark und 50 ml Milch in eine Schüssel geben und glatt rühren. 3–4 EL geriebenen Meerrettich einrühren und das Ganze mit Zitronensaft, Worcestersoße, Salz, Pfeffer und Cayennepfeffer kräftig würzen. Die fertigen Kartoffeln aus dem Ofen nehmen, mit einem Messer über Kreuz einschneiden, zusammendrücken in die Öffnung den Meerrettichdip füllen und die Kartoffeln zu den Schweinekoteletts servieren.

Pfefferkoteletts mit Erdbeeren

Für 4 Personen:

4 Schweinekoteletts (à 180 g)
Salz, Pfeffer aus der Mühle
40 g Mehl zum Wenden
1 EL Butterschmalz zum Braten
1 Zwiebel
2 EL grüne Pfefferkörner
100 ml Rotwein
400 ml gebundene Bratensoße
125 g Crème fraîche

Außerdem:
250 g Erdbeeren
1 EL Butter
2 cl Weißwein

1. Die Schweinekoteletts unter fließendem Wasser waschen, trocken tupfen, mit Salz und Pfeffer würzen und im Mehl wenden.

2. Das Butterschmalz in einer Pfanne erhitzen, die Koteletts darin braten, herausnehmen und warm stellen.

3. Die Zwiebel schälen und in feine Würfel schneiden. Mit den Pfefferkörnern ins verbliebene Bratfett geben und glasig schwitzen.

4. Den Rotwein und die Bratensoße angießen und zum Kochen bringen.

5. Die Crème fraîche einrühren und bei mäßiger Hitze drei Minuten köcheln lassen. Mit Salz und Pfeffer abrunden.

6. Die Erdbeeren putzen, waschen und gut abtropfen lassen. Die Butter in einer Pfanne erhitzen und die Erdbeeren darin kurz dünsten.

7. Die Erdbeeren mit Weißwein beträufeln, mit Salz und Pfeffer würzen.

8. Die Pfefferkoteletts mit der Soße dekorativ anrichten, mit den gedünsteten Erdbeeren belegen, mit Kartoffelnudeln und Zucchinigemüse oder einer pikanten Zucchini-Peperonata sofort servieren.

Unser Tipp: Zucchini-Peperonata

500 g Auberginen putzen, waschen, je nach Größe halbieren oder vierteln und anschließend in dünne Scheiben schneiden. 1 kg Zucchini putzen, waschen und in Scheiben schneiden. Je eine rote, gelbe und grüne Paprikaschote halbieren, entkernen, waschen und in 1–2 cm dicke Streifen schneiden. 2–3 EL Olivenöl in einer Pfanne erhitzen, sortenweise die Auberginen- und Zucchinischeiben darin braten, herausnehmen und bereitstellen. 4–5 Knoblauchzehen schälen und in Scheiben schneiden, mit den Paprikastreifen ins verbliebene Bratfett geben und kurz braten. Je 3–4 Zweige Rosmarin und Thymian verlesen, waschen, klein schneiden und zum Paprika geben. Zum Schluss die Auberginen und Zucchini hinzufügen und durchschwenken. Mit Salz und Pfeffer kräftig würzen und zu den Koteletts servieren.

KOTELETTS MIT SCHAFSKÄSEFÜLLUNG

FÜR 4 PERSONEN:

4 Schweinekoteletts (à 200 g)
Salz, Pfeffer aus der Mühle
2 Frühlingszwiebeln
200 g Schafskäse
Butterschmalz zum Braten

Für die Soße:
100 g Tomatenmark
150 ml Rotwein
300 ml Gemüse- oder Fleischbrühe
dunkler Soßenbinder

Außerdem:
Kräuterzweige zum Garnieren

1. Die küchenfertigen Schweinekoteletts unter fließendem Wasser waschen, trocken tupfen, leicht klopfen und mit einem scharfen Messer eine Tasche einschneiden. Innen und außen mit Salz und Pfeffer würzen.

2. Die Frühlingszwiebeln putzen, waschen und in feine Scheiben schneiden. Den Schafskäse in Würfel schneiden, mit den Zwiebelscheiben vermischen und in die Taschen füllen. Diese mit Zahnstochern zustecken.

3. Das Butterschmalz in einer Pfanne erhitzen. Die Schweinekoteletts auf beiden Seiten darin anbraten und im auf 180–200 °C vorgeheizten Backofen 10–12 Minuten garen.

4. Für die Soße das Tomatenmark mit dem Rotwein und der Gemüse- oder Fleischbrühe in einen Topf geben und zum Kochen bringen.

5. Bei mäßiger Hitze 2–3 Minuten köcheln lassen. Mit etwas dunklem Soßenbinder leicht binden, mit Salz und Pfeffer abrunden.

6. Die gegarten Koteletts mit Schafskäsefüllung dekorativ anrichten, mit der Soße überziehen, mit Kräuterzweigen garnieren und mit Kartoffelkroketten und einem gemischten Salat sofort servieren.

ETWAS GANZ BESONDERES SIND ZUCCHINIBLÜTEN IN TEIGHÜLLE:

Acht Zucchiniblüten verlesen, vorsichtig auseinanderdrücken und die Stempel entfernen. 150 g Ziegenfrischkäse in eine Schüssel geben und mit dem Schneebesen kurz verschlagen. 50 g in Öl eingelegte, getrocknete Tomaten abtropfen lassen, sehr fein würfeln und untermischen. Mit Salz, Pfeffer, Muskat und Cayennepfeffer würzen und mit Semmelbröseln leicht binden. Die Masse in die Zucchiniblüten einfüllen und bereitstellen. Eine Packung Tempurateig (aus dem Asialaden) mit kaltem Wasser nach Packungsanweisung anrühren. Fett in einem Topf erhitzen. Die gefüllten Zucchiniblüten durch den Tempurateig ziehen und im Fett schwimmend goldgelb ausbacken.

Koteletts mit Ziegenkäse und Mandeln

Für 4 Personen:

4 große oder 8 kleinere Schweinekoteletts
Salz, Pfeffer aus der Mühle
200 g Ziegenkäse
2–3 EL geschälte Mandeln
½ Bund Pfefferminze
1 Prise Cayennepfeffer
2–3 EL Butterschmalz
1 Zwiebel
2 Knoblauchzehen
500 ml gebundene Bratensoße

Außerdem:
Kräuterzweige zum Garnieren

1. Die küchenfertigen Schweinekoteletts unter fließendem Wasser waschen, trocken tupfen, von der Seite her je eine Tasche einschneiden, innen und außen salzen und pfeffern.

2. Den Ziegenkäse in feine Würfel schneiden, mit den gehackten, geschälten Mandeln und der verlesenen, gewaschenen und fein geschnittenen Pfefferminze vermischen. Mit Salz, Pfeffer und Cayennepfeffer würzen.

3. Die Ziegenkäsemischung in die Taschen füllen und diese mit Zahnstochern zustecken.

4. Das Butterschmalz in einer Pfanne erhitzen, die Schweinekoteletts darin rundherum Farbe nehmen lassen, in den auf 180–200 °C vorgeheizten Backofen schieben und 8–10 Minuten braten.

5. Anschließend die fertigen Schweine koteletts aus der Pfanne nehmen und warm stellen.

6. Die Zwiebel und die Knoblauchzehen schälen und in feine Würfel schneiden.

7. Die Knoblauch- und Zwiebelwürfel ins verbliebene Bratfett geben und glasig schwitzen. Die Bratensoße angießen und einmal aufkochen lassen.

8. Die Soße mit Salz, Pfeffer und Cayennepfeffer abschmecken und auf heißen Tellern verteilen.

9. Die gefüllten Schweinekoteletts einsetzen, mit Kräuterzweigen garnieren und mit Gemüse von roten und grüner Tomaten oder mit Tomaten-Mozzarella Gratin sofort servieren.

Unser Tipp: Tomaten-Mozzarella-Gratin

1 kg Tomaten waschen, den Strunk entfernen und die Tomaten in Scheiben schneiden. Drei Kugeln Mozzarella (ca. 375 g) gut abtropfen lassen und in Scheiben schneiden. Eine Auflaufform mit Butter ausfetten, Tomaten- und Mozzarellascheiben schichtweise einfüllen. Zwei Knoblauchzehen schälen, in Scheiben schneiden und über das Gratin streuen. Mi Basilikumpesto (Fertigprodukt) und Olivenöl beträufeln, mit Salz, Pfeffer und Cayennepfeffer kräftig wür zen und im auf 180–200 °C vorgeheizten Backofen 12–15 Minuten überbacken. Nach Ende der Garzeit das Tomaten-Mozzarella-Gratin aus dem Ofen nehmen. Zwei geputzte, gewaschene und in feine Ringe geschnittene Frühlingszwiebeln über das Gratin streuen, diese mit Basilikumblättchen garnieren und zu den Schweinekoteletts servieren.

Schweinekoteletts mit rotem Zwiebelgemüse

Für 4 Personen:

4 küchenfertige Schweinekoteletts
(à 180–200 g)
Salz, Pfeffer aus der Mühle
Mehl zum Wenden, 2 Eier
150 g Semmelbrösel
Butterschmalz zum Ausbacken

Für das Gemüse:
600 g rote Zwiebeln
1–2 EL Olivenöl
1 Zweig Rosmarin, 100 ml Portwein
200 ml Gemüse- oder Fleischbrühe
1 Prise Zucker
150 g grüne Bohnen
150 g Zuckerschoten
Salzwasser zum Blanchieren
2 Tomaten

Außerdem:
Rosmarin, Basilikum und Zitronenschnitze zum Garnieren

1. Die Schweinekoteletts unter fließendem Wasser waschen, trocken tupfen und leicht klopfen. Mit Salz und Pfeffer würzen und in Mehl wenden.

2. Die Eier in einer Schüssel verschlagen, die Koteletts durch die Eier ziehen und anschließend mit den Semmelbröseln panieren.

3. Das Butterschmalz in einer Pfanne erhitzen, die Schweinekoteletts darin goldgelb ausbacken und warm stellen.

4. Für das Gemüse die Zwiebeln schälen und in mundgerechte Stücke schneiden. Das Olivenöl in einer Pfanne erhitzen und die Zwiebeln darin anschwitzen.

5. Den Rosmarin verlesen, waschen, fein schneiden, zu den Zwiebeln geben, mit dem Portwein ablöschen und die Gemüse- oder Fleischbrühe angießen.

6. Die Zwiebeln mit Salz, Pfeffer und Zucker würzen und bei mäßiger Hitze 6–8 Minuten dünsten.

7. Die Bohnen und die Zuckerschoten putzen, waschen und in Salzwasser blanchieren. Herausnehmen, abtropfen lassen, mit den enthäuteten, entkernten und in Würfel geschnittenen Tomaten unter die Zwiebeln heben.

8. Das Zwiebelgemüse durchschwenken, nochmals erhitzen und dekorativ anrichten.

9. Die gebackenen Koteletts dazulegen, mit Rosmarin, Basilikum und Zitronenschnitzen garnieren und sofort servieren.

Unser Tipp: – Indisches Bohnencurry

400 g Kartoffeln schälen und würfeln. 400 g Schnittbohnen putzen, waschen und in 2–3 cm lange Stücke schneiden. Eine Zwiebel und zwei Knoblauchzehen schälen, fein hacken, ein Stück Ingwer schälen und fein reiben. Butterschmalz in einem Topf erhitzen, die Zwiebel, den Knoblauch, den Ingwer und die Kartoffeln dazugeben und kurz anschwitzen. 75 g Rosinen hinzufügen, mit 2 EL Curry bestäuben und 300 ml Gemüsebrühe angießen. Die Kartoffeln darin bei mäßiger Hitze bissfest garen. Anschließend die Schnittbohnen untermischen, mit Salz, Pfeffer, Kreuzkümmel, Piment, Zimt und Kurkuma abschmecken und bei mäßiger Hitze 6–8 Minuten köcheln lassen. Nach Garende 300 g Joghurt mit 1 EL Speisestärke verrühren und unter das Bohnencurry heben. Das indische Bohnencurry nochmals erhitzen, aber nicht kochen lassen, abschmecken und zu den Schweinekoteletts servieren.

Lammkoteletts in Paprikarahm

Für 4 Personen:

8–12 küchenfertige Lammkoteletts
2 Knoblauchzehen
1 TL Kräuter der Provence
Pfeffer aus der Mühle
2–3 EL Olivenöl
Salz

Für die Soße:
2 EL Butter
75 g gekochter Schinken
1 Zwiebel
2 Knoblauchzehen
je 1 rote, gelbe und grüne Paprikaschote
4 Tomaten
125 ml Weißwein
250 ml süße Sahne
125 g Crème fraîche

Außerdem:
Kräuterzweige zum Garnieren

1. Die küchenfertigen Lammkoteletts unter fließendem Wasser waschen, trocken tupfen und bereitstellen.

2. Die Knoblauchzehen schälen, fein hacken, mit den Kräutern der Provence mischen und die Lammkoteletts damit einreiben.

3. Die Lammkoteletts mit Pfeffer würzen und das Olivenöl in einer Pfanne erhitzen.

4. Die Koteletts je nach Geschmack medium oder durchbraten, herausnehmen, salzen und warm stellen.

5. Die Butter ins verbliebene Bratfett geben, den in feine Würfel oder Streifen geschnittenen Schinken hinzufügen und kurz mitschwitzen.

6. Die Zwiebel und die Knoblauchzehen schälen, fein hacken, zum Schinken geben und kurz mitschwitzen.

7. Die Paprikaschoten halbieren, entkernen, waschen, in Streifen schneiden, zum Schinken geben und kurz mitschwitzen.

8. Die Tomaten enthäuten, entkernen, in Würfel schneiden, zum Gemüse geben und durchschwenken. Den Weißwein, die Sahne und die Crème fraîche angießen und das Ganze bei mäßiger Hitze 6–8 Minuten köcheln lassen.

9. Die Soße mit Salz und Pfeffer abschmecken, mit den Lammkoteletts dekorativ anrichten, mit Kräuterzweigen garnieren und sofort servieren.

Unser Tipp: Geschmortes Paprikagemüse

Je zwei rote, gelbe und grüne Paprikaschoten halbieren, entkernen, waschen, gut abtropfen lassen und in Würfel schneiden. Etwas Olivenöl in einer Pfanne erhitzen. Vier Knoblauchzehen schälen, fein hacken, ins Fett geben und glasig schwitzen. Die Paprikaschoten dazugeben und kurz mitschwitzen. 50 g verlesene, gewaschene, fein geschnittene Kräuter untermischen und das Ganze mit Salz, Pfeffer Cayennepfeffer und Zucker würzen. Die Pfanne mit einem Deckel verschließen und die Paprikaschoten darin 8–10 Minuten schmoren. Dasgeschmorte Paprikagemüse dekorativ anrichten, mit Kräuterzweigen garnieren und zu den Lammkoteletts servieren.

Lammkoteletts mit Gurkensalsa

Für 4 Personen:

Für die Salsa:
2 Knoblauchzehen
1 Zwiebel
1 kleine grüne Paprikaschote
1 kleine Salatgurke
1 grüne Chilischote
Saft von 1 Zitrone
1 TL Sambal Oelek
2–3 EL Sojasoße
2 EL Honig
Salz, Pfeffer aus der Mühle
1 Prise Cayennepfeffer
1 Prise Muskat
1 Prise Zimtpulver

Außerdem:
8–12 Lammkoteletts
2 Knoblauchzehen
1 rote Chilischote
2–3 EL Butterschmalz
4 Frühlingszwiebeln
1 EL eingelegte rote Pfefferkörner
200 ml Gemüse- oder Fleischbrühe
4 Paprikahälften
Kräuterzweige zum Garnieren

1. Die Knoblauchzehen und die Zwiebel schälen, würfeln und in eine Schüssel geben.

2. Die Paprikaschote halbieren, entkernen, waschen und in feine Würfel schneiden. Die geputzte, gewaschene und klein geschnittene Salatgurke würfeln und mit der Paprikaschote zu den Knoblauchzwiebeln geben.

3. Die Chilischote putzen, halbieren, entkernen, waschen, klein schneiden, mit dem Zitronensaft, dem Sambal Oelek, der Sojasoße und dem Honig zum Gemüse geben.

4. Das Ganze im Mixer grob pürieren, mit Salz, Pfeffer, Cayennepfeffer, Muskat und Zimt abschmecken.

5. Die Lammkoteletts unter fließendem Wasser waschen und trocken tupfen.

6. Die Knoblauchzehen schälen und fein würfeln. Die Chilischote putzen, halbieren, entkernen, waschen und würfeln.

7. Das Butterschmalz in einer Pfanne erhitzen und die Lammkoteletts darin je nach Geschmack medium oder durchbraten. Kurz vor Garende Knoblauch und Chili dazugeben und fertig garen.

8. Die Lammkoteletts herausnehmen und warm stellen. Die geputzten, gewaschenen und klein geschnittenen Frühlingszwiebeln ins verbliebene Bratfett geben und kurz dünsten.

9. Die eingelegten roten Pfefferkörner und die Gemüse- oder Fleischbrühe dazugeben und alles bei mäßiger Hitze 4–5 Minuten köcheln lassen.

10. Die Lammkoteletts dekorativ anrichten und mit den Frühlingszwiebeln belegen.

11. Die Gurkensalsa in halbierten Paprikaschoten anrichten, zu den Lammkoteletts geben, mit Kräuterzweigen garnieren und sofort servieren.

Unser Tipp: Avocado-Mango-Salsa

Zwei Mangos dünn schälen, das Fruchtfleisch vom Kern schneiden und würfeln. Zwei Avocados dünn schälen, halbieren, entkernen, das Fruchtfleisch würfeln, mit Zitronensaft beträufeln und zu den Mangos geben. Eine rote Zwiebel schälen, fein würfeln, eine grüne Chilischote halbieren, entkernen, waschen und würfeln. Beides unter den Salat mischen. 50 ml weißen Balsamicoessig mit dem Saft von einer Limette und ½ Bund verlesener, gewaschener und fein geschnittener Minze vermischen. Mit Salz, Pfeffer und Zucker würzen. 50 ml Olivenöl tropfenweise einrühren und das Dressing mit etwas Pfeffersoße schärfen.Die Avocado-Mango-Salsa kurz ziehen lassen, nachwürzen, dekorativ anrichten, mit Kräuterzweigen garnieren und zu den Lammkoteletts servieren.

KALBSKOTELETTS BOURGINIGNONNE

FÜR 4 PERSONEN:

4 Kalbskoteletts (à 180–200 g)
Salz, Pfeffer aus der Mühle
2–3 EL Butterschmalz
1–2 EL Butter, 1 Zwiebel
100 g eingeweichte oder frische Morcheln, 100 ml Weißwein
200 ml Gemüse- oder Fleischbrühe
200 ml süße Sahne
Speisestärke zum Binden
einige Tropfen Zitronensaft
einige Tropfen Worcestersoße
250 ml gebundener Kalbsfond

Außerdem:
Kräuterzweige und Tomatenhälften zum Garnieren

1. Die küchenfertigen Kalbskoteletts unter fließendem Wasser waschen, trocken tupfen, mit Salz und Pfeffer kräftig würzen.

2. Das Butterschmalz in einer Pfanne erhitzen und die Koteletts darin braten, herausnehmen und im Ofen warm stellen.

3. Die Butter ins verbliebene Bratfett geben. Die Zwiebel schälen, fein würfeln, ins Fett geben und glasig schwitzen.

4. Die Morcheln gründlich waschen, klein schneiden, zu der Zwiebel geben und kurz mitschwitzen.

5. Den Weißwein, die Gemüse- oder Fleischbrühe und die Sahne angießen, zum Kochen bringen und kurz einreduzieren lassen.

6. Die Soße mit etwas angerührter Speisestärke leicht binden. Mit Salz, Pfeffer, Zitronensaft und Worcestersoße würzen.

7. Die Kalbskoteletts dekorativ anrichten, mit der Soße überziehen, mit heißem Kalbsfond beträufeln, mit Kräuterzweigen und Tomatenhälften garnieren und sofort servieren.

KALBSKOTELETTS AUF RAHMCHAMPIGNONS

FÜR 4 PERSONEN:

4 Kalbskoteletts (à 180–200 g)
100 ml Weißwein, 2 EL Dijon-Senf
2 EL Sojasoße
Salz, Pfeffer aus der Mühle
2–3 EL Butterschmalz
1 Zwiebel
250 g frische Champignons
Saft von 1 Zitrone
1 Prise Cayennepfeffer
100 ml süße Sahne
200 g Crème fraîche
Feldsalat zum Garnieren

1. Die Koteletts waschen und trocken tupfen. Den Weißwein mit dem Senf und der Sojasoße verrühren, über die Koteletts geben und zugedeckt im Kühlschrank marinieren.

2. Die Koteletts aus der Marinade nehmen, gut abtropfen lassen, mit Salz und Pfeffer würzen. Butterschmalz erhitzen und die Koteletts darin braten, herausnehmen und warm stellen.

3. Die Zwiebel schälen, würfeln, ins Bratfett geben und glasig schwitzen.

4. Die Champignons putzen, waschen, in Scheiben schneiden, mit Zitronensaft beträufeln, zu den Zwiebeln geben und kurz mitbraten. Die Sahne und die Crème fraîche unterrühren und das Ganze kurz einreduzieren lassen.

5. Die Soße würzen. Die Koteletts mit den Rahmchampignons dekorativ anrichten, mit Feldsalat garnieren und mit einem Kartoffelsalat mit Schnittlauch-Jogurtdressing sofort servieren.

(ohne Abbildung)

Braten – das Beste für Gäste und Feste

Spanferkelrollbraten mit Brotknöpfle

Für 4 Personen:

800 g Spanferkelrollbraten (vom Bauch, vom Fleischer vorbereiten lassen)
Salz, Pfeffer aus der Mühle
1 Prise Cayennepfeffer
1 TL gerebelter Rosmarin
250 g gut gewürztes Kalbsbrät
1 rote Chilischote
30 g Pistazienkerne
50 ml süße Sahne
1 EL Butterschmalz
300 ml dunkles Bier
300 ml Gemüse- oder Fleischbrühe
2 EL grüne Pfefferkörner

Für die Brotknöpfle:
300 g altbackenes Bauernbrot
200 ml heiße Milch
1 Zwiebel
1 TL Butter
1 Bund Petersilie
2 Eier
200 g Mehl
1 Prise Muskat
Salzwasser
20 g Butter zum Braten

Außerdem:
Salatblätter, Tomatenscheiben und Kräuterzweige zum Garnieren

1. Den küchenfertigen Spanferkelrollbraten unter fließendem Wasser waschen, trocken tupfen, auf eine Arbeitsfläche legen, mit Salz, Pfeffer, Cayennepfeffer und Rosmarin würzen.

2. Das Kalbsbrät mit der halbierten, entkernten, gewaschenen und klein geschnittenen Chilischote, den gehackten Pistazien und der Sahne in einer Schüssel kräftig verschlagen. Mit Salz, Pfeffer und Cayennepfeffer würzen.

3. Das Brät gleichmäßig auf dem Fleisch verstreichen, dieses zusammenrollen und mit Küchenschnur binden.

4. Das Butterschmalz in einem Bräter erhitzen und das Fleisch darin rundherum Farbe nehmen lassen. Anschließend im auf 180 °C vorgeheizten Backofen ca. 70 Minuten braten.

5. Während der Garzeit mit dunklem Bier und Brühe mehrmals ablöschen. Zum Schluss das restliche Bier und die Brühe angießen und einmal aufkochen lassen.

6. Den Spanferkelrollbraten herausnehmen. Die Pfefferkörner in die Soße geben und diese mit Salz, Pfeffer und Cayennepfeffer abrunden.

7. In der Zwischenzeit für die Brotknöpfle das in Würfel geschnittene Bauernbrot in eine Schüssel geben und mit der heißen Milch übergießen.

8. Die Zwiebel schälen und fein würfeln. Die Butter in einer Pfanne erhitzen und die Zwiebel darin glasig schwitzen. Die verlesene, gewaschene und fein geschnittene Petersilie dazugeben.

9. Die Zwiebelmischung vom Herd nehmen, abkühlen lassen, mit den Eiern und dem Mehl zum Brot geben und das Ganze zu einer glatten Masse verarbeiten. Mit Salz, Pfeffer und Muskat würzen.

10. Salzwasser in einem Topf zum Kochen bringen, aus der Masse Klößchen abstechen und im kochenden Salzwasser gar ziehen lassen.

11. Nach Ende der Garzeit die Brotknöpfle herausnehmen und gut abtropfen lassen. Butter in einer Pfanne erhitzen und die Brotknöpfle darin rösten.

12. Den in Scheiben geschnittenen Spanferkelrollbraten mit der Soße dekorativ anrichten, mit Salatblättern, Tomatenscheiben und Kräuterzweigen garnieren und mit den Brotknöpfle sofort servieren.

Appenzeller Putenrollbraten

Für 4 Personen:

800 g Putenbrust
Salz, Pfeffer aus der Mühle
1 Prise Cayennepfeffer
1 EL Paprikapulver edelsüß
2 EL Semmelbrösel
150 g geriebener Bergkäse
1 TL gerebelter Thymian
1 Prise Muskat
1 EL Butterschmalz
2 Zwiebeln
300 ml Weißwein
300 ml Gemüse- oder Geflügelbrühe
2 EL mittelscharfer Senf
dunkler Soßenbinder

Außerdem:
Thymian- und Basilikumzweige zum Garnieren

1. Die küchenfertige Putenbrust unter fließendem Wasser waschen, trocken tupfen und in der Mitte so halbieren, dass die Putenbrust an einer Seite noch zusammenhängt. Das Ganze anschließend flach klopfen.

2. Das Fleisch auf beiden Seiten mit Salz, Pfeffer, Cayennepfeffer und Paprikapulver kräftig würzen.

3. Die Semmelbrösel mit dem Bergkäse und dem Thymian vermischen, mit Muskat abrunden und die Käsemasse gleichmäßig auf dem Fleisch verteilen.

4. Das Fleisch zusammenrollen und mit Küchenschnur binden. Butterschmalz in einem Bräter erhitzen und den Putenrollbraten darin rundherum Farbe nehmen lassen.

5. Die Zwiebeln schälen und in Würfel schneiden, zum Fleisch geben und kurz mitbraten. Im auf 180 °C vorgeheizten Backofen 30 Minuten garen.

6. Den Weißwein und die Brühe angießen, zum Kochen bringen, den Senf einrühren und weitere 30 Minuten garen.

7. Den Putenrollbraten herausnehmen. Die Soße durch ein Sieb passieren, erhitzen und mit dunklem Soßenbinder leicht binden.

8. Die Soße mit Salz, Pfeffer, Cayennepfeffer und Paprika abschmecken.

9. Den Putenrollbraten in Scheiben schneiden, mit der Soße dekorativ anrichten, mit Thymian und Basilikum garnieren, mit Paprikagemüse und Röstiecken sofort servieren.

Unser Tipp: Putenrollbraten mit Spinat-Käsefüllung

Eine Packung TK-Blattspinat (450 g) auftauen lassen und fein hacken. Eine Zwiebel und zwei Knoblauchzehen schälen und fein würfeln. Butter in einer Pfanne erhitzen, Zwiebel und Knoblauch darin glasig schwitzen. Den Blattspinat mit 100 g gekochtem, in feine Würfel geschnittenem Schinken dazugeben und kurz durchschwenken, vom Herd nehmen und in eine Schüssel geben. Zwei Eigelbe mit 150 g geriebenem Käse untermischen, mit Salz, Pfeffer, Muskat und Cayennepfeffer würzen. Die Masse mit Semmelbröseln binden und den Putenrollbraten damit füllen

RINDERBRATEN BURGUNDERART

FÜR 4 PERSONEN:

800 g gespickter Rinderbraten
Salz, Pfeffer aus der Mühle
1 TL gerebelter Majoran
1 TL gerebelter Thymian
1 EL Butterschmalz
2 Zwiebeln, 2 Knoblauchzehen
2 Karotten
1 Stück Sellerie
2 Lorbeerblätter
2 Nelken, einige Pfefferkörner
50 g Tomatenmark
200 ml Burgunder Rotwein
500 ml Gemüse- oder Fleischbrühe

Außerdem:
4 Tomaten
1 Prise Cayennepfeffer
1 Prise Zucker
dunkler Soßenbinder
1 Becher Crème fraîche mit Kräutern (125 g)
Basilikum zum Garnieren

1. Den küchenfertigen Rinderbraten unter fließendem Wasser waschen, trocken tupfen, mit Salz, Pfeffer, Majoran und Thymian würzen.

2. Das Butterschmalz in einem Bräter erhitzen und das Fleisch darin rundherum Farbe nehmen lassen.

3. Die Zwiebeln, die Knoblauchzehen, die Karotten und den Sellerie schälen. Karotten und Sellerie waschen, das Gemüse klein schneiden, zum Fleisch geben und mitbraten.

4. Die Lorbeerblätter, die Nelken und die Pfefferkörner dazugeben, das Tomatenmark einrühren und kurz rösten.

5. Den Rotwein und die Brühe angießen und den Braten im auf 180 °C vorgeheizten Backofen ca. 90 Minuten schmoren lassen.

6. Nach Ende der Garzeit den Braten herausnehmen und warm stellen. Die Soße durch ein Sieb passieren, in einen Topf geben und erhitzen.

7. Die Tomaten enthäuten, entkernen, in Würfel schneiden, unter die Soße rühren und einmal aufkochen lassen. Mit Salz, Pfeffer, Cayennepfeffer und Zucker abrunden und mit dunklem Soßenbinder leicht binden.

8. Die Soße mit der Kräuter-Crème-fraîche verfeinern. Den Braten in Scheiben schneiden und mit der Soße dekorativ anrichten.

9. Mit Basilikum garnieren, mit Mandelbrokkoli und Kartoffelkroketten sofort servieren.

UNSER TIPP: FRANZÖSISCHER ROSENKOHL

600 g Rosenkohl putzen, waschen, trocken tupfen und den Strunk mit einem Messer kreuzweise einschneiden. Salzwasser oder Gemüsebrühe in einem Topf zum Kochen bringen. Den Rosenkohl darin bissfest garen, abgießen und gut abtropfen lassen. 150 g durchwachsenen, geräucherten Speck in Würfel oder in Streifen schneiden. Olivenöl in einer Pfanne erhitzen und den Speck darin auslassen. 150 g Schalotten schälen, in feine Würfel oder Scheiben schneiden, zum Speck geben und kurz mitbraten. Den Rosenkohl kurz mitschwitzen. Je 125 ml Weißwein und Gemüsebrühe angießen und einmal aufkochen lassen. Zwei säuerliche Äpfel schälen, entkernen, in Schnitze schneiden, mit Zitronensaft beträufeln, zum Rosenkohl geben und kurz dünsten. Den Rosenkohl mit Salz, Pfeffer, Muskat und Cayennepfeffer kräftig abschmecken. ½ Bund verlesene, gewaschene und fein gehackte Petersilie und 30 g geröstete Mandelblättchen untermischen. Den Rosenkohl dekorativ anrichten und zum Rinderbraten servieren.

SCHINKENBRATEN IN ROSMARINSOSSE

FÜR 4 PERSONEN:

1 kg leicht gepökelter Schinkenbraten mit Schwarte
2 l Gemüsesud
2 EL Butterschmalz
1 Zwiebel
1 Stück Sellerie, 2 Karotten
einige Pfefferkörner
einige Wacholderbeeren
einige Senfkörner
2 Lorbeerblätter
2 Zweige Rosmarin
250 ml Burgunder Rotwein
250 ml Gemüse- oder Fleischbrühe
Salz, Pfeffer aus der Mühle
2–3 EL Orangenblütenhonig
Saft von 1 Orange

Außerdem:
Tomatenecken und Kräuterzweige zum Garnieren

1. Den Schinkenbraten unter fließendem Wasser waschen, in den kochenden Gemüsesud geben und 40 Minuten darin bei mäßiger Hitze garen.

2. Anschließend aus dem Sud nehmen, leicht erkalten lassen, trocken tupfen und die Schwarte mit einem scharfen Messer karoartig einschneiden.

3. Das Butterschmalz in einem Bräter erhitzen und das Fleisch darin anbraten. Die Zwiebel, den Sellerie und die Karotten schälen, in Würfel schneiden, zum Fleisch geben und kurz mitbraten.

4. Die Gewürze in einen Gewürzbeutel geben und zum Gemüse legen. Den Rotwein und die Gemüse- oder Fleischbrühe angießen. Das Ganze in den auf 180–200 °C vorgeheizten Backofen schieben und 40 Minuten garen.

5. Nach Ende der Garzeit den Schinkenbraten herausnehmen und warm stellen.

6. Den Gewürzbeutel aus der Soße nehmen, die Soße durch ein Sieb passieren oder im Mixer oder mit dem Pürierstab pürieren. Die Soße erneut erhitzen, mit Salz und Pfeffer abschmecken.

7. Den Orangenblütenhonig mit dem Orangensaft verrühren, den Schinkenbraten damit bestreichen und unter dem Grill kurz knusprig braten.

8. Den Schinkenbraten in Scheiben schneiden, mit der Soße dekorativ anrichten, mit Tomatenecken und Kräuterzweigen garnieren und mit Petersilienkartoffeln sofort servieren.

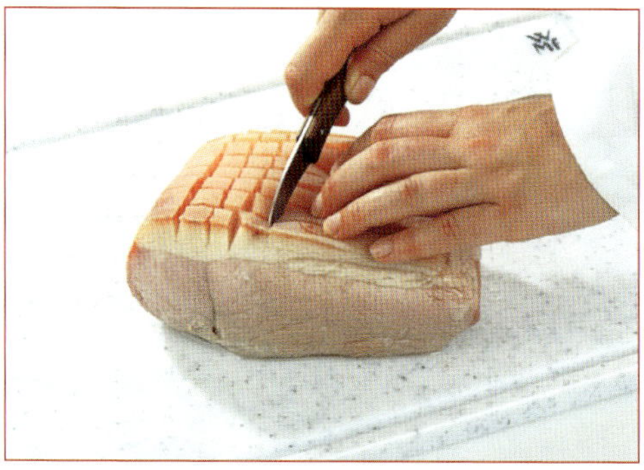

Gespickter Spiessbraten

Für 4 Personen:

1,2 kg Schweinenacken
4-6 Knoblauchzehen
2-3 Karotten, 1 Stück Sellerie

Für die Soße:
1 Zwiebel, 1 Stück Lauch
1 Petersilienwurzel
2 Knoblauchzehen
1 Lorbeerblatt
einige Wacholderbeeren
einige Nelken
einige Pfefferkörner
einige Senfkörner
3-4 EL körniger Senf
1 l dunkles Bier
Salz, Pfeffer aus der Mühle

Außerdem:
Olivenöl zum Bestreichen
Kräuterzweige zum Garnieren

1. Den küchenfertigen Schweinenacken unter fließendem Wasser waschen, trocken tupfen und auf eine Arbeitsfläche legen.

2. Die Knoblauchzehen schälen und in Stifte schneiden. Die Karotten und den Sellerie putzen, schälen und in dickere Streifen schneiden.

3. Den Schweinenacken mit den Knoblauch-, Karotten- und Selleriestücken spicken und in eine Schüssel legen.

4. Die Zwiebel schälen und in Scheiben schneiden. Den Lauch putzen, waschen und in feine Ringe schneiden. Die Petersilienwurzel und die Knoblauchzehen schälen und fein würfeln.

5. Das Gemüse mit dem Lorbeerblatt, den Wacholderbeeren, den Nelken, den Pfefferkörnern und den Senfkörnern zum Braten geben.

6. Den Senf mit dem dunklen Bier verrühren und über den Spießbraten gießen. Den Braten zugedeckt über Nacht marinieren.

7. Den Spießbraten aus der Marinade nehmen, gut abtropfen lassen, salzen, pfeffern und auf einen Bratspieß stecken. Mit Öl bestreichen und über dem Grill garen.

8. Während der Garzeit öfter mit der Biermarinade ablöschen und mit Olivenöl bestreichen.

9. Nach Ende der Garzeit den Spießbraten vom Grill nehmen, in Scheiben schneiden, dekorativ anrichten, mit Kräuterzweigen garnieren und sofort servieren.

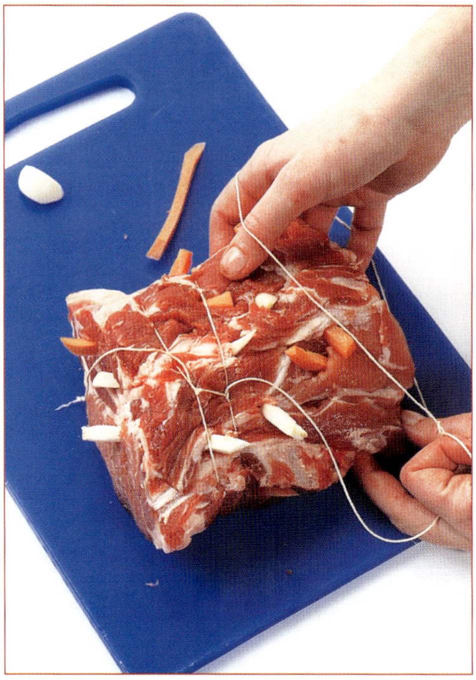

Kalbshaxe mit Zwiebelgemüse

Für 4 Personen:

1 große oder 2 kleine Kalbshaxen (ca. 1,5 kg)
Salz, Pfeffer aus der Mühle
1 EL gerebelter Majoran
1 TL gerebelter Thymian
1 EL Butterschmalz
300 ml Weißwein
300 ml Gemüse- oder Fleischbrühe

Für das Gemüse:
4 Zwiebeln
1 EL Butter
1 Bund Frühlingszwiebeln
200 ml süße Sahne
2 TL gerebelte italienische Kräuter
2 Tomaten
Speisestärke zum Binden

Außerdem:
Kräuterzweige zum Garnieren

1. Die küchenfertigen Kalbshaxen unter fließendem Wasser waschen, trocken tupfen, mit Salz, Pfeffer, Majoran und Thymian kräftig würzen.

2. Das Butterschmalz in einem Bräter erhitzen, die Kalbshaxen darin rundherum Farbe nehmen lassen und im auf 180 °C vorgeheizten Backofen ca. 90 Minuten braten.

3. Während der Garzeit mit dem Weißwein und der Brühe mehrmals ablöschen. 20 Minuten vor Garende den restlichen Weißwein und die Brühe angießen.

4. Für das Gemüse die Zwiebeln schälen und in mundgerechte Stücke schneiden. Die Butter in einer Pfanne erhitzen und die Zwiebeln darin glasig schwitzen.

5. Die Frühlingszwiebeln putzen, waschen, in Stücke schneiden, zu den Zwiebeln geben und mitschwitzen.

6. Die Sahne angießen, die Kräuter einrühren, die enthäuteten, entkernten und in Streifen geschnittenen Tomaten untermischen.

7. Nach Ende der Garzeit die Kalbshaxen herausnehmen und warm stellen. Das Gemüse unter die Bratensoße mischen, einmal aufkochen lassen und mit etwas angerührter Speisestärke leicht binden. Mit Salz, Pfeffer, Majoran und Thymian nachwürzen.

8. Die Kalbshaxen mit dem Zwiebelgemüse dekorativ anrichten, mit Kräuterzweigen garnieren und mit Petersilienkartoffeln sofort servieren.

So wird eine Fleischbrühe gemacht:

1 kg Knochen (Kalbs-, Rinds- und Schweineknochen) klein hacken. Eine Zwiebel, zwei Karotten und ein Stück Sellerie schälen und in Stücke schneiden. Die Knochen und das Gemüse mit kaltem Wasser in einen Topf geben. 250 ml Weißwein, Salz, 1 TL Pfefferkörner, 1 TL Wacholderbeeren und 2 Lorbeerblätter hinzufügen und das Ganze bei schwacher Hitze etwa drei Stunden köcheln lassen. Anschließend die Brühe durch ein Sieb gießen und zum Verbrauch bereitstellen.

Zitronen-Knoblauch-Braten

Für 4 Personen:

1 kg Schweinebraten aus der Keule
Salz, Pfeffer aus der Mühle
3 Knoblauchzehen
je 3 Zweige Rosmarin, Thymian und Oregano
Saft von 1 Zitrone
1 EL Butterschmalz
500 ml Gemüsebrühe
1 kg kleine, möglichst gleich große Kartoffeln
1 unbehandelte Zitrone

Außerdem:
Kräuterzweige zum Garnieren

1. Den küchenfertigen Schweinebraten waschen, trocken tupfen, mit Salz und Pfeffer kräftig würzen und in eine Schüssel geben.

2. Die Knoblauchzehen schälen und fein hacken. Die Kräuter verlesen, waschen und ebenfalls fein hacken. Beides in eine Schüssel geben und mit dem Zitronensaft verrühren.

3. Den Braten mit der Marinade bestreichen und im Kühlschrank zugedeckt mindestens drei Stunden marinieren.

4. Das Butterschmalz in einem Bräter erhitzen und das Fleisch darin rundherum Farbe nehmen lassen.

5. Die Marinade und die Brühe angießen und das Fleisch in dem auf 180–200 °C vorgeheizten Backofen ca. 80–90 Minuten garen.

6. Die Kartoffeln schälen, waschen und abtropfen lassen. Die Zitrone mit der Schale in Scheiben schneiden. Nach der Hälfte der Garzeit die Kartoffeln zum Fleisch geben. Das Fleisch mit den Zitronenscheiben belegen und fertig garen.

7. Nach Ende der Garzeit den Braten aus dem Ofen nehmen, in Scheiben schneiden, mit den Kartoffeln und den Zitronenscheiben dekorativ anrichten, mit Kräutern garnieren und mit einem gemischten Salat sofort servieren.

Unser Tipp: Limettensalat

Vier Limetten unter heißem Wasser kräftig abbürsten und in hauchdünne Scheiben schneiden. Die Limettenscheiben in eine Schüssel geben, mit Wasser übergießen, 10 Minuten wässern, herausnehmen und gut abtropfen lassen. Mit Salz, Pfeffer und Zucker würzen in eine Schüssel geben und 100 ml Olivenöl darüberträufeln. Zwei orangefarbene Chilischoten halbieren, entkernen, waschen und in feine Scheiben schneiden. Mit 250 g gewaschenen und klein geschnittenen Kirschtomaten zu den Limettenscheiben geben. Eine Avocado schälen, halbieren, den Kern herauslösen, das Fruchtfleisch fein würfeln, mit Limettensaft beträufeln und zum Salat geben. 50 g Kräuter verlesen, waschen, zerpflücken und untermischen. Mit Salz und Pfeffer nachwürzen und im Kühlschrank 10–15 Minuten ziehen lassen. Den Limettensalat dekorativ anrichten, mit frisch gemahlenem Pfeffer nach Geschmack bestreuen, mit Kräuterzweigen garnieren und zum Zitronen-Knoblauch-Braten servieren.

Wacholder-Rahmbraten

Für 4 Personen:

1 kg Kalbsbraten aus der Keule
Salz, Pfeffer aus der Mühle
1 EL Butterschmalz
400 g Röstgemüse (Zwiebeln, Karotten, Sellerie)
2 EL Tomatenmark
je 300 ml Weißwein und Gemüsebrühe
2 Lorbeerblätter
1 EL Wacholderbeeren
1 TL Pfefferkörner
200 ml süße Sahne
Speisestärke zum Binden

Außerdem:
Basilikum zum Garnieren

1. Den küchenfertigen Kalbsbraten unter fließendem Wasser waschen, trocken tupfen, mit Salz und Pfeffer kräftig würzen.

2. Das Butterschmalz in einem Bräter erhitzen und das Fleisch darin rundherum Farbe nehmen lassen.

3. Das Röstgemüse putzen, waschen, klein schneiden, zum Fleisch geben und kurz mitbraten. Das Tomatenmark einrühren, den Weißwein und die Gemüsebrühe angießen.

4. Die Lorbeerblätter, die Wacholderbeeren und die Pfefferkörner dazugeben und das Ganze im auf 180 °C vorgeheizten Backofen 60–70 Minuten schmoren lassen.

5. Das Fleisch herausnehmen und warm stellen. Die Soße durch ein Sieb passieren, in einen Topf geben, erneut erhitzen, die Sahne einrühren und kurz köcheln lassen.

6. Die Soße mit etwas angerührter Speisestärke leicht binden. Den Wacholderrahmbraten in Scheiben schneiden, mit der Soße auf heißen Tellern dekorativ anrichten, mit Basilikum garnieren und mit Kartoffelplätzchen und Zucchinigemüse sofort servieren.

Unser Tipp: Kartoffelplätzchen mit Sonnenblumenkernen

1 kg mehligkochende Kartoffeln unter fließendem Wasser abbürsten, mit Salzwasser in einen Topf geben, zum Kochen bringen und bei mäßiger Hitze 18–20 Minuten garen. Die Kartoffeln abgießen, leicht abkühlen lassen, pellen und durch die Kartoffelpresse treiben. Zwei Eier und 2–3 gehäufte EL Mehl dazugeben und alles zu einer glatten Masse verarbeiten. Mit Salz, Pfeffer und Muskat würzen. Zwei Knoblauchzehen schälen, durch die Knoblauchpresse drücken, mit 150 g fein geriebenem Gouda unter die Kartoffelmasse rühren. Aus der Kartoffelmasse kleine Plätzchen formen und in 100 g geschälten Sonnenblumenkernen wenden. Mit etwas flüssiger Butter oder Olivenöl bestreichen, auf ein ausgefettetes Backblech setzen und im auf 180 °C vorgeheizten Backofen 25–30 Minuten backen. Nach Ende der Backzeit die Kartoffelplätzchen herausnehmen, dekorativ anrichten, mit verlesener, gewaschener und fein geschnittener Kresse bestreuen, mit Kirschtomaten garnieren und zum Wacholderrahmbraten servieren.

Putenrollbraten mit Pilzfüllung

Für 4 Personen:

800 g Putenbrust am Stück
Salz, Pfeffer aus der Mühle
2 EL Kräuterpesto (Fertigprodukt)
4 Scheiben gekochter Schinken
200 g frische Champignons
Saft von 1 Zitrone
1 Zwiebel
1 TL Butter
1 Prise Muskat
1 Prise Cayennepfeffer

Außerdem:
1 EL Butterschmalz
1 Bund Suppengemüse
200 ml Weißwein
500 ml Gemüse- oder Geflügelbrühe
Speisestärke zum Binden
200 g Doppelrahmfrischkäse
50 g gemischte, frische Kräuter (Salbei, Basilikum, Melisse)
Tomatenwürfel und Kräuterzweige zum Garnieren

1. Die Putenbrust unter fließendem Wasser waschen, trocken tupfen und in der Mitte der Länge nach so halbieren, dass das Fleisch am anderen Ende noch zusammenhält.

2. Die Putenbrust auseinanderklappen und klopfen. Mit Salz und Pfeffer würzen, mit Kräuterpesto bestreichen.

3. Die Putenbrust mit den Schinkenscheiben belegen. Die Champignons putzen, waschen, in Scheiben schneiden und mit Zitronensaft beträufeln.

4. Die Zwiebel schälen und fein würfeln. Die Butter in einer Pfanne erhitzen, Zwiebel und Champignons darin glasig schwitzen. Mit Salz, Pfeffer, Muskat und Cayennepfeffer würzen, vom Herd nehmen und abkühlen lassen.

5. Die Pilze gleichmäßig auf der Putenbrust verteilen, diese zusammenrollen und mit Küchenschnur binden.

6. Das Butterschmalz in einem Bräter erhitzen und den Putenrollbraten darin rundherum Farbe nehmen lassen.

7. Das geputzte, gewaschene, klein geschnittene Suppengemüse dazugeben und kurz mitbraten.

8. Den Weißwein und die Brühe angießen und das Ganze in dem auf 180–200 °C vorgeheizten Backofen 60–70 Minuten schmoren lassen.

9. Nach Ende der Garzeit den Putenrollbraten aus dem Ofen nehmen und warm stellen. Die Soße durch ein Sieb passieren, erhitzen und mit etwas angerührter Speisestärke leicht binden

10. Den Doppelrahmfrischkäse und die verlesenen, gewaschenen und fein geschnittenen Kräuter unterziehen. Die Soße mit Salz, Pfeffer und Cayennepfeffer nachwürzen.

11. Den Putenrollbraten in Scheiben schneiden, mit der Soße dekorativ anrichten, mit Tomatenwürfeln bestreuen, mit Kräuterzweigen garnieren und mit Buttergemüse und Tomatenreis sofort servieren.

Unser Tipp: Oliven-Nuss-Füllung

Eine Zwiebel und eine Knoblauchzehe schälen und fein hacken. Butter in einer Pfanne erhitzen, Zwiebel und Knoblauch darin glasig schwitzen. 200 g Toastbrot in Würfel schneiden. Butter in einer Pfanne erhitzen und das Toastbrot darin rösten. Die Knoblauchzwiebeln und die Brotwürfel in eine Schüssel geben, mit 75 ml heißer Milch übergießen und kurz ziehen lassen. 100 g Geflügelleber waschen, gut abtropfen lassen, fein hacken und im Mixer pürieren. Mit 50 g gehackten Walnüssen und 30 g fein gehackten Oliven zur Brotmasse geben. Je zwei Rosmarin- und Thymianzweige verlesen, waschen, gut abtropfen lassen, fein schneiden, mit zwei Eiern dazugeben und alles zu einer glatten Masse verarbeiten. Mit Salz und Pfeffer kräftig würzen, mit Semmelbröseln leicht binden und in das vorbereitete Bratenstück füllen.

Wiener Sauerbraten

Für 4 Personen:

1 kg Rinderschmorbraten aus der Keule
1 l Gemüsebrühe
150 ml Weißwein
150 ml Weißweinessig
2 Zwiebeln
2 Karotten
4 Lorbeerblätter
1 EL Wacholderbeeren
je 1 TL gerebelter Oregano und Thymian
100 g Schwarzbrot
1 EL Butterschmalz
Salz, Pfeffer aus der Mühle
1 Prise Cayennepfeffer
Speisestärke zum Binden

Außerdem:
Kräuterzweige zum Garnieren

1. Den Rinderschmorbraten unter fließendem Wasser waschen, trocken tupfen und in eine Schüssel legen.

2. Die Gemüsebrühe, den Weißwein und den Weißweinessig erhitzen. Die Zwiebeln und die Karotten schälen und in Würfel schneiden.

3. Mit den Lorbeerblättern, den Wacholderbeeren, dem Oregano und dem Thymian in die Marinade geben.

4. Das Schwarzbrot würfeln, dazugeben, einmal aufkochen lassen, vom Herd nehmen und den Sud erkalten lassen. Das Ganze über das Fleisch gießen und dieses im Kühlschrank zugedeckt mindestens zwei Tage marinieren.

5. Das Fleisch aus der Marinade nehmen, trocken tupfen und salzen und pfeffern. Das Butterschmalz in einem Bräter erhitzen und das Fleisch darin rundherum Farbe nehmen lassen. Das gut abgetropfte Gemüse dazugeben und kurz mitbraten.

6. Die Marinade mit den Gewürzen angießen und den Rinderbraten im auf 180–200 °C vorgeheizten Backofen 80–90 Minuten schmoren lassen.

7. Nach Ende der Garzeit den Braten herausnehmen und warm stellen. Die Soße durch ein Sieb passieren, in einen Topf geben, erhitzen, mit Salz, Pfeffer und Cayennepfeffer würzen und mit etwas angerührter Speisestärke leicht binden.

8. Den Braten in Scheiben schneiden, mit der Soße auf heißen Tellern dekorativ anrichten, mit Kräuterzweigen garnieren und mit Buttergemüse und Salzkartoffeln sofort servieren.

Unser Tipp: Wirsing-Käse-Füllung für einen grossen Braten

250 g Wirsing putzen, waschen und in Streifen schneiden. In Salzwasser oder Gemüsebrühe kurz blanchieren, herausnehmen, abtropfen lassen und in eine Schüssel geben. 200 g Weißbrot würfeln. Butter in einer Pfanne erhitzen, die Brotwürfel darin rösten und zum Wirsing geben. 100 g geriebenen Emmentaler mit zwei Eiern, 1–2 EL gerösteten Sonnenblumenkernen und 1 EL Curry zur Masse geben und vermischen. Mit Salz und Pfeffer kräftig würzen, mit Semmelbröseln leicht binden und in den vorbereiteten Braten füllen.

Kalbsbrust mit Brotfüllung

Für 4 Personen:

1 kg Kalbsbrust (vom Metzger zum Füllen vorbereiten lassen)
Salz, Pfeffer aus der Mühle

Für die Füllung:
200 g Bauernbrot
100 ml heiße Milch
50 g Wirsing
1 Zwiebel
1 EL Butter
1 Ei
1 Prise Cayennepfeffer
1 Prise Muskat

Außerdem:
1 EL Butterschmalz
300 ml Rotwein
300 ml Gemüsebrühe
je 1 TL Pfefferkörner und Wacholderbeeren
2 Lorbeerblätter
dunkler Soßenbinder
Basilikum zum Garnieren

1. Die küchenfertige Kalbsbrust unter fließendem Wasser waschen, trocken tupfen, innen und außen mit Salz und Pfeffer würzen.

2. Das Bauernbrot in Würfel schneiden, in eine Schüssel geben und mit der heißen Milch übergießen.

3. Den Wirsing putzen, waschen, in feine Streifen schneiden, die Zwiebel schälen und fein würfeln.

4. Die Butter in einer Pfanne erhitzen, die Zwiebel und den Wirsing darin glasig schwitzen.

5. Das Gemüse vom Herd nehmen, abkühlen lassen, mit dem Ei zum Brot geben und zu einer glatten Masse verarbeiten. Mit Salz, Pfeffer, Cayennepfeffer und Muskat kräftig würzen.

6. Die Masse in die Kalbsbrust füllen, diese zunähen oder mit Rouladennadeln zustecken.

7. Das Butterschmalz in einem Bräter erhitzen und die Kalbsbrust darin rundherum Farbe nehmen lassen.

8. Den Rotwein und die Brühe angießen, die Pfefferkörner, die Wacholderbeeren und die Lorbeerblätter dazugeben und das Ganze im auf 180–200 °C vorgeheizten Backofen 80–90 Minuten garen. Während der Garzeit das Fleisch mehrmals mit der Soße begießen.

9. Nach Ende der Garzeit die Kalbsbrust aus dem Ofen nehmen und warm stellen. Die Soße durch ein Sieb passieren, erhitzen und mit dunklem Soßenbinder leicht binden.

10. Die Kalbsbrust in Scheiben schneiden, mit der Soße dekorativ anrichten, mit Basilikum garnieren, mit Karottengemüse und gemischtem Salat sofort servieren.

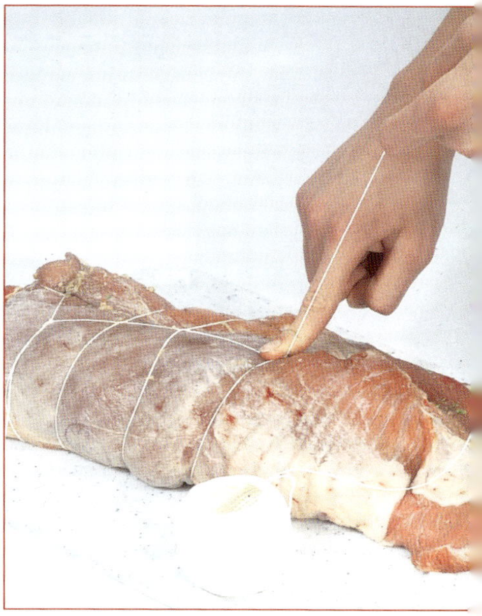

Kalbsbraten in Wacholderrahm

Für 4 Personen:

1 kg Kalbsbraten (aus Schulter oder Keule)
Salz, Pfeffer aus der Mühle
1 EL Butterschmalz

Für die Soße:
1 Zwiebel, 2 Karotten
50 g Sellerie, 2 EL Tomatenmark
200 ml Weißwein
300 ml Gemüse- oder Fleischbrühe
1 Lorbeerblatt, 3 Nelken
1 EL Wacholderbeeren
1 TL Pfefferkörner
200 ml süße Sahne
dunkler Soßenbinder

Außerdem:
Tomatenscheiben und Kräuterzweige zum Garnieren

1. Den küchenfertigen Kalbsbraten unter fließendem Wasser waschen, trocken tupfen, mit Salz und Pfeffer kräftig würzen.

2. Das Butterschmalz in einem Bräter erhitzen und das Fleisch darin rundherum Farbe nehmen lassen.

3. Die Zwiebel, die Karotten und den Sellerie schälen, in Würfel schneiden, zum Fleisch geben und kurz mitbraten.

4. Das Tomatenmark einrühren, mit Weißwein ablöschen und die Gemüse- oder Fleischbrühe angießen.

5. Die Gewürze in die Soße geben und den Braten im auf 190 °C vorgeheizten Backofen ca. 80–90 Minuten schmoren lassen.

6. Nach Ende der Garzeit den Kalbsbraten herausnehmen. Die Soße durch ein Sieb streichen, in einem Topf mit der Sahne nochmals erhitzen und mit dem Soßenbinder leicht binden.

7. Den in Scheiben geschnittenen Kalbsbraten mit der Wacholderrahmsoße auf heißen Tellern dekorativ anrichten, mit Tomatenscheiben und Kräuterzweigen garnieren, mit Kräuterspätzle und Zucchinigemüse sofort servieren.

Unser Tipp: Feine Mangofüllung für einen grossen Putenbraten

Butter in einer Pfanne erhitzen. Eine Mango schälen, das Fruchtfleisch vom Kern lösen und in Würfel schneiden. In die Butter geben und kurz anschwitzen. 100 g gekochten Reis, 40 g fein gehackte Mandeln, drei geputzte, gewaschene, in feine Würfel geschnittene Frühlingszwiebeln dazugeben und kurz mitschwitzen. 1 TL bunte Pfefferkörner zerdrücken, mit einer geputzten, entkernten, gewaschenen und fein geschnittenen Pfefferschote zur Füllung geben. Ein Stück Ingwerwurzel schälen und fein reiben, mit 1 EL Curry dazugeben, vom Herd nehmen und vermischen. Die Masse mit Salz und Pfeffer kräftig würzen, mit Semmelbröseln leicht binden und in den Braten füllen.

Ochsenschwanz mit dicken Bohnen

Für 4 Personen:

4 Scheiben Ochsenschwanz à 400 g
Salz, Pfeffer aus der Mühle
1 Prise Cayennepfeffer
Mehl zum Wenden
Butterschmalz zum Braten
2 Zwiebeln
2 Knoblauchzehen
50 g Tomatenmark
300 ml Rotwein
500 ml Gemüse- oder Fleischbrühe
2 Lorbeerblätter
1 TL Wacholderbeeren
1 TL Pfefferkörner
1 TL Korianderkörner

Außerdem:
500 g Karotten
1 kleine Sellerieknolle
2 Zweige Rosmarin
400 g dicke Bohnen aus dem Glas
1 Bund Petersilie
Rosmarinzweige zum Garnieren

1. Die küchenfertigen Ochsenschwanzscheiben unter fließendem Wasser waschen, trocken tupfen, mit Salz, Pfeffer und Cayennepfeffer kräftig würzen und in Mehl wenden.

2. Das Schmalz in einem Bräter erhitzen und die Ochsenschwanzscheiben darin auf beiden Seiten anbraten.

3. Die Zwiebeln und die Knoblauchzehen schälen, fein würfeln, zum Ochsenschwanz geben und mitbraten.

4. Das Tomatenmark einrühren, kurz rösten und mit Rotwein ablöschen.

5. Die Gemüse- oder Fleischbrühe angießen und zum Kochen bringen. Die Lorbeerblätter, die Wacholderbeeren, die Pfefferkörner und die Korianderkörner dazugeben.

6. Den Bräter mit einem Deckel verschließen und den Ochsenschwanz in dem auf 180 °C vorgeheizten Backofen 90 Minuten schmoren lassen.

7. Anschließend die Ochsenschwanzscheiben aus der Soße nehmen, die Soße durch ein Sieb passieren und mit den Ochsenschwanzscheiben erneut in den Bräter geben.

8. Die Karotten und den Sellerie putzen, schälen, waschen und in Würfel oder Scheiben schneiden.

9. Das Gemüse in die Soße geben, die Rosmarinzweige hinzufügen und das Ganze zugedeckt weitere 30 Minuten bei 180 °C schmoren lassen.

10. Die dicken Bohnen gut abtropfen lassen, zu den Ochsenschwanzscheiben geben, nochmals nachwürzen und zugedeckt weitere 15 Minuten schmoren lassen.

11. Den Ochsenschwanz mit der Gemüsesoße dekorativ anrichten, mit der verlesenen, gewaschenen und fein gehackten Petersilie bestreuen, mit Rosmarinzweigen garnieren und sofort servieren.

Unser Tipp: Pistazien-Orangen-Füllung für einen grossen Kalbsbraten

200 g Putenleber und 200 g Kalbfleisch unter fließendem Wasser waschen, trocken tupfen und fein würfeln. Im Mixer oder mit dem Pürierstab pürieren. 300 ml süße Sahne dazugeben und kräftig darunterschlagen. 200 g Weißbrot in Würfel schneiden. Mit der Fleischfarce in eine Schüssel geben. Ein Stück Ingwerwurzel schälen und fein reiben. Mit 1 EL geriebener Orangenschale zur Masse geben und vermischen. Die Masse mit Salz, Pfeffer und Cayennepfeffer kräftig würzen. 50 g gehackte Pistazien und zwei Eier untermischen und mit Semmelbröseln leicht binden. Anschließend in den vorbereiteten Braten füllen.

Sauerbraten mit Kastanienhonigsoße

Für 4 Personen:

1 kg küchenfertiger Rinderbraten
1 l Salzwasser
500 ml Weißwein
300 ml Weißweinessig
2 Zwiebeln
2 Karotten
1 Stück Lauch
1 EL schwarze Pfefferkörner
1 EL Wacholderbeeren
2 Lorbeerblätter

Außerdem:
Salz, Pfeffer aus der Mühle
1 EL Paprikapulver edelsüß
2 EL Butterschmalz
500 ml Gemüsebrühe
4 EL Kastanienhonig
je 2 Zweige Rosmarin, Majoran und Thymian
dunkler Soßenbinder
Kräuterzweige zum Garnieren

1. Den Rinderbraten unter fließendem Wasser waschen, trocken tupfen und in eine Schüssel legen. Das Salzwasser, den Weißwein und den Weißweinessig angießen.

2. Die Zwiebeln und die Karotten schälen und in Würfel schneiden. Den Lauch putzen, waschen und in Stücke schneiden.

3. Das Gemüse mit den Pfefferkörnern, den Wacholderbeeren und den Lorbeerblättern in den Sud einlegen.

4. Das Ganze zugedeckt im Kühlschrank mindestens zwei Tage marinieren. Anschließend das Fleisch aus der Marinade nehmen, abtropfen lassen und trocken tupfen.

5. Den Braten mit Salz, Pfeffer und Paprikapulver würzen. Das Butterschmalz in einem Bräter erhitzen und das Fleisch darin rundherum Farbe nehmen lassen.

6. Die Marinade über ein Sieb abgießen und 500 ml abmessen, das Gemüse und die Gewürze zum Fleisch geben und kurz mitbraten.

7. Die abgemessene Marinade mit der Gemüsebrühe angießen. Den Honig einrühren, die Kräuterzweige in die Soße legen und das Ganze in dem auf 180 °C vorgeheizten Backofen zugedeckt 80–90 Minuten schmoren lassen.

8. Nach Ende der Garzeit das Fleisch aus der Soße nehmen, warm stellen, die Soße durch ein Sieb passieren und erneut erhitzen.

9. Die Soße mit dem dunklen Soßenbinder leicht binden und nochmals abschmecken.

10. Die Soße mit dem in Scheiben geschnittenen Fleisch dekorativ anrichten, mit Kräuterzweigen garnieren und mit Kartoffelknödeln und Buttergemüse sofort servieren.

Unser Tipp: Trockenobstfüllung für einen großen Putenrollbraten

150 g Toastbrot in Würfel schneiden. Butter in einer Pfanne erhitzen, die Brotwürfel darin rösten und in eine Schüssel geben. 200 g gemischte Trockenfrüchte (Softaprikosen, Softpflaumen und Softfeigen) in Würfel schneiden. Mit zwei Eigelben, einem Stück geschälter, fein geriebener Ingwerwurzel, 50 g gehackten Walnusskernen und 20 g gehackten Pistazienkernen zum Brot geben. Das Ganze zu einer Masse verarbeiten, mit Salz, Pfeffer und Fünfgewürzpulver kräftig abschmecken und mit Semmelbröseln leicht binden. Anschließend in den vorbereiteten Braten füllen.

Sojabraten auf Wokgemüse

Für 4 Personen:

150 ml Sojasoße
100 ml Reisessig
500 ml Weißwein
1 Stück Ingwerwurzel
1 rote Chilischote
1 Stück Lauch
2 Zwiebeln
1 TL Korianderkörner
1 kg Rinderbraten aus der Keule
1 l Gemüse- oder Fleischbrühe
Salz, Pfeffer aus der Mühle
2 EL Sojaöl

Für das Gemüse:
1 gelbe Paprikaschote
1 Stück Lauch
2 Karotten
150 g Zuckerschoten
100 g frische Sojabohnenkeimlinge
2 EL Erdnussöl
250 ml Gemüsebrühe
50 ml süße Chilisoße
1 TL Fünfgewürzpulver

1. Die Sojasoße mit dem Reisessig und dem Weißwein in eine Schüssel geben.

2. Die Ingwerwurzel schälen, fein reiben, die Chilischote halbieren, entkernen, waschen und in feine Würfel schneiden. Den Lauch putzen, waschen und in Streifen schneiden.

3. Die Zwiebeln schälen, in grobe Würfel schneiden, mit dem Ingwer, der Chilischote, dem Lauch und den Korianderkörnern in die Marinade geben.

4. Den Rinderbraten unter fließendem Wasser waschen, trocken tupfen, in die Marinade legen und so viel Gemüse- oder Fleischbrühe angießen, dass der Braten vollständig bedeckt ist.

5. Den Sauerbraten zugedeckt im Kühlschrank mindestens zwei Tage marinieren lassen. Anschließend aus der Marinade nehmen, trocken tupfen und mit Salz und Pfeffer kräftig würzen.

6. Das Sojaöl in einem Bräter erhitzen und das Fleisch darin rundherum Farbe nehmen lassen.

7. Das Gemüse aus der Marinade nehmen, gut abtropfen lassen, zum Fleisch geben und kurz mitbraten.

8. Die Hälfte der Marinade angießen und den Sauerbraten zugedeckt im auf 180 °C vorgeheizten Backofen 45 Minuten schmoren lassen.

9. Den Braten umdrehen, nach Bedarf noch etwas Marinade angießen und weitere 45 Minuten garen.

10. Für das Gemüse die Paprikaschote halbieren, entkernen, waschen und in feine Streifen schneiden. Den Lauch putzen, waschen, die Karotten schälen und waschen. Lauch und Karotten in feine Scheiben schneiden.

11. Die Zuckerschoten verlesen, waschen, die Sojabohnenkeimlinge ebenfalls verlesen und waschen.

12. Das Erdnussöl in einem Wok oder einer Pfanne erhitzen und das Gemüse darin unter ständigem Rühren braten.

13. Die Gemüsebrühe angießen, zum Kochen bringen und die Chilisoße einrühren. Das Ganze mit Salz, Pfeffer und Fünfgewürzpulver würzen und das Gemüse bissfest garen.

14. Den fertig gegarten Braten aus dem Ofen nehmen und warm stellen. Die Soße durch ein Sieb streichen und mit Salz und Pfeffer würzen.

15. Den Braten in Scheiben schneiden, mit der Soße dekorativ anrichten, mit dem Wokgemüse belegen und mit bissfest gegartem Reis sofort servieren.

Schweinerollbraten mit Ricottafüllung

Für 4 Personen:

1,2 kg Schweinerollbraten (vom Metzger vorbereiten lassen)
Salz, Pfeffer aus der Mühle
1 EL Paprikapulver
je 2 Zweige Thymian und Rosmarin

Für die Füllung:
1 EL Butter, 1 Zwiebel
2 Knoblauchzehen
150 g in Öl eingelegte, getrocknete Tomaten
250 g Ricotta, 1 Eigelb
2–3 Zweige Basilikum
1 Prise Muskat
1 Prise Cayennepfeffer
Semmelbrösel zum Binden

Außerdem:
2–3 EL Butterschmalz, 1 Zwiebel
1 Bund Suppengemüse
1–2 EL Tomatenmark
200 ml Rotwein
300 ml Gemüse- oder Fleischbrühe
100 g Crème fraîche
Speisestärke zum Binden
Kräuterzweige und gebratene Kirschtomatenscheiben zum Garnieren

1. Den küchenfertigen Schweinerollbraten unter fließendem Wasser waschen, trocken tupfen und auf eine Arbeitsfläche legen.

2. Das Fleisch mit Salz, Pfeffer und Paprikapulver kräftig würzen. Den Thymian und den Rosmarin verlesen, waschen, fein schneiden und auf das Fleisch streuen.

3. Die Butter in einer Pfanne erhitzen. Die Zwiebel und die Knoblauchzehen schälen, in feine Würfel schneiden, ins Fett geben und glasig schwitzen.

4. Die eingelegten Tomaten abtropfen lassen, fein würfeln, zu den Knoblauchzwiebeln geben und kurz mitschwitzen. Das Ganze vom Herd nehmen und in eine Schüssel geben.

5. Den Ricotta mit dem Eigelb und dem klein geschnittenen Basilikum zu den Tomaten geben und gut verrühren.

6. Die Füllung mit Salz, Pfeffer, Muskat und Cayennepfeffer abschmecken, mit Semmelbröseln leicht binden und gleichmäßig auf dem Fleisch verteilen.

7. Das Fleisch zusammenrollen und mit Zahnstochern feststecken. Butterschmalz in einem Bräter erhitzen und den Braten rundherum Farbe nehmen lassen.

8. Die Zwiebel schälen, das Suppengemüse putzen, beides in Würfel schneiden, zum Fleisch geben und kurz mitbraten.

9. Das Tomatenmark einrühren, den Rotwein und die Gemüse- oder Fleischbrühe angießen. Den Bräter verschließen und den Schweinerollbraten im auf 180–200 °C vorgeheizten Backofen in 80–90 Minuten garen.

10. Nach Ende der Garzeit den Schweinerollbraten aus der Soße nehmen und warm stellen. Die Soße im Mixer oder mit dem Pürierstab pürieren, mit der Crème fraîche in einen Topf geben und erneut aufkochen lassen.

11. Die Soße mit etwas angerührter Speisestärke leicht binden, mit Salz, Pfeffer, Paprika und Cayennepfeffer abschmecken.

12. Die Soße auf heißen Tellern verteilen, den in Scheiben geschnittenen Rollbraten dekorativ einsetzen, mit Kräuterzweigen und gebratenen Kirschtomatenscheiben garnieren und mit gebratenen Kartoffelnudeln sofort servieren.

Unser Tipp: Kartoffelnudeln

800 g mehligkochende Kartoffeln waschen, in Salzwasser 20 Minuten garen, abgießen, leicht erkalten lassen, pellen und durch die Kartoffelpresse treiben. Den Kartoffelteig erkalten lassen. 200 g Mehl, 50 g Grieß, zwei Eier und eine Prise Salz dazugeben und zu einem glatten, kompakten Teig verarbeiten. Portionsweise kleine Teigstücke abnehmen und diese zu fingerdicken Kartoffelnudeln abdrehen. Salzwasser in einem Topf erhitzen, die Kartoffelnudeln darin 4–5 Minuten garen, herausnehmen und gut abtropfen lassen. Butterschmalz in einer Pfanne erhitzen und die Kartoffelnudeln darin goldgelb braten.

Tiroler Schälrippchen

Für 4 Personen:

2 kg Schälrippchen
100 g Curryketchup
Salz, Pfeffer aus der Mühle
1 Prise Cayennepfeffer
Butterschmalz zum Braten
2 Zwiebeln
4 Knoblauchzehen
500 g Karotten
1 Knolle Sellerie
1 Stange Lauch
200 ml Weißwein
600 ml Gemüse- oder Fleischbrühe
2 Lorbeerblätter
1 TL Pfefferkörner
1 EL Paprikapulver edelsüß
1 Prise Muskat

1. Die Schälrippchen in acht Teile teilen, unter fließendem Wasser waschen, trocken tupfen, mit Curryketchup bestreichen, mit Salz, Pfeffer und Cayennepfeffer würzen.

2. Das Butterschmalz in einem Bräter erhitzen und die Schälrippchen darin auf beiden Seiten anbraten.

3. Die Zwiebeln und die Knoblauchzehen schälen, fein würfeln, zu den Schälrippchen geben und kurz mitbraten.

4. Die Karotten und den Sellerie schälen, den Lauch putzen und waschen. Das Gemüse in mundgerechte Stücke schneiden, zu den Schälrippchen geben und kurz mitbraten.

5. Mit Weißwein ablöschen und die Gemüse- oder Fleischbrühe angießen. Die Lorbeerblätter und die Pfefferkörner dazugeben und mit Salz, Pfeffer, Paprikapulver und Muskat würzen.

6. Die Schälrippchen zugedeckt im auf 180 °C vorgeheizten Backofen 70 Minuten schmoren lassen.

7. Die Schälrippchen mit dem Gemüse dekorativ anrichten, die Soße dazugeben, garnieren und sofort servieren.

Südtiroler Kräuterbraten

Für 4 Personen:

800 g Schweinerücken am Stück
Salz, Pfeffer aus der Mühle
1 EL Butterschmalz
150 g Semmelbrösel
100 g weiche Butter
2 fein gehackte Knoblauchzehen
30 g fein gehackte Walnüsse
1 EL fein gehackte Thymianblättchen
½ Bund gehackte glatte Petersilie
2 EL Bärlauchpesto (Fertigprodukt)
Kräuterzweige zum Garnieren

1. Den küchenfertigen Schweinerücken unter fließendem Wasser waschen und trocken tupfen.

2. Den Braten salzen, pfeffern, im Butterschmalz von allen Seiten anbraten und in einen Bräter setzen.

3. Für die Kräuterkruste alle Zutaten miteinander vermischen, auf den Braten streichen und fest andrücken.

4. Den Braten im auf 180 °C vorgeheizten Backofen ca. 40–45 Minuten braten. Nach 20 Minuten mit Alufolie abdecken, damit die Kruste nicht zu dunkel wird.

5. Den Braten in Scheiben schneiden, mit einer Zwiebelsoße auf Tellern dekorativ anrichten, mit Kräuterzweigen garnieren und mit einem Karottengemüse sofort servieren.

(ohne Abbildung)

Schweinerücken mit Backpflaumenfüllung

Für 4 Personen:

700 g Schweinerücken ohne Knochen
Salz, Pfeffer aus der Mühle
100 g Soft-Backpflaumen
100 g Pflaumenmus
2 EL gemahlene Mandeln
150 g roh geräucherter Frühstücksspeck (in dünne Scheiben geschnitten)

Für die Soße:
200 ml Weißwein
200 ml süße Sahne
dunkler Soßenbinder

1. Den küchenfertigen Schweinerücken unter fließendem Wasser waschen, trocken tupfen, mit Salz und Pfeffer würzen und mit einem langen, schmalen Messer der Länge nach drei Löcher einstechen.

2. Die Backpflaumen klein schneiden, mit dem Pflaumenmus und den gemahlenen Mandeln vermischen und die Masse in den Schweinerücken füllen.

3. Das Fleisch mit den Speckscheiben umwickeln, das Ganze in Alufolie geben und im auf 200 °C vorgeheizten Backofen 30 Minuten garen.

4. Anschließend die Alufolie entfernen und den Braten weitere fünf Minuten bei 220 °C garen.

5. Nach Ende der Garzeit den Schweinerücken warm stellen. Den Bratenfond mit dem Weißwein und der Sahne in einem Topf zum Kochen bringen und einmal aufkochen lassen.

6. Mit Soßenbinder leicht binden, mit Salz und Pfeffer kräftig abschmecken.

7. Den Schweinerücken in Scheiben schneiden, mit der Soße auf heißen Tellern dekorativ anrichten, mit Kartoffelrösti und gedünstetem Brokkoli sofort servieren.

Unser Tipp: Gekräuterte Pilzfüllung

250 g frische Pilze (z. B. Champignons und Austernpilze) verlesen, würfeln und mit Zitronensaft beträufeln. Eine Zwiebel schälen und fein würfeln. Butter in einer Pfanne erhitzen und die Zwiebel darin glasig schwitzen. Die Pilze dazugeben und kurz dünsten, vom Herd nehmen und in eine Schüssel geben. Zwei Eigelbe mit 50 g gemischten, verlesenen, gewaschenen und fein gehackten Kräutern (Rosmarin, Petersilie, Kerbel) untermischen. Mit Salz, Pfeffer, Muskat und Cayennepfeffer kräftig würzen, mit Semmelbröseln leicht binden und in den vorbereiteten Braten füllen.

Kärntner Schweinebauch

Für 4 Personen:

1,2 kg Schweinebauch ohne Knochen
Salz, Pfeffer aus der Mühle
1 TL Kümmel
1 Knoblauchzehe
1 EL gerebelter Majoran
1 EL geriebene Zitronenschale

Für die Füllung:
4 altbackene Brötchen
100 ml Milch
1 Zwiebel
100 g durchwachsener, geräucherter Speck
1 EL Olivenöl
½ Bund Petersilie
2 Eier, 2 EL Mehl
1 Prise Muskat
1 Prise Cayennepfeffer
2–3 EL Butterschmalz

Außerdem:
750 ml Gemüse- oder Fleischbrühe
200 g gemischte Pilze
1–2 EL Butter
1 Bund Schnittlauch
200 ml süße Sahne
Speisestärke zum Binden
Kräuterzweige zum Garnieren

1. Den Schweinebauch unter fließendem Wasser waschen, trocken tupfen und zum Füllen vorbereiten. Mit Salz und Pfeffer kräftig würzen.

2. Den Kümmel mit der geschälten, gehackten Knoblauchzehe, dem Majoran und der Zitronenschale auf eine Arbeitsfläche geben und mit dem Messerrücken zerreiben. Das Fleisch damit innen und außen einreiben.

3. Für die Füllung die Brötchen in Würfel schneiden, in eine Schüssel geben und mit der erhitzten Milch übergießen.

4. Die Zwiebel schälen und würfeln, den Speck würfeln. Das Öl erhitzen und den Speck darin auslassen. Die Zwiebelwürfel dazugeben und mitschwitzen. Mit der verlesenen, gewaschenen und fein gehackten Petersilie zu den Brötchen geben.

5. Eier und Mehl hinzufügen und das Ganze zu einer Masse verarbeiten. Diese mit Salz, Pfeffer, Muskat und Cayennepfeffer würzen und in den Schweinebauch füllen.

6. Den Schweinebauch mit Küchenschnur binden. Schmalz in einem Bräter erhitzen und den Braten rundherum Farbe nehmen lassen.

7. Den Schweinebauch in dem auf 180–200 °C vorgeheizten Backofen 1 ½ Stunden garen. Öfter mit der Brühe ablöschen. Zum Schluss die restliche Brühe angießen und das Fleisch fertig garen.

8. Die Pilze verlesen und nach Bedarf klein schneiden. Butter erhitzen und die Pilze darin anschwitzen. Den verlesenen, gewaschenen und fein geschnittenen Schnittlauch zu den Pilzen geben. Den Bratenfond und die Sahne angießen und einmal kräftig aufkochen lassen.

9. Die Soße mit Speisestärke binden und mit Salz, Pfeffer, Muskat und Cayennepfeffer würzen. Den Braten in Scheiben schneiden, mit der Soße dekorativ anrichten, mit Kräuterzweigen garnieren und sofort servieren.

Unser Tipp: Weissbrot-Kräuter-Füllung

300 g Toastbrot in Würfel schneiden und in eine Schüssel geben. Mit 50 ml heißer Milch übergießen und kurz ziehen lassen. Zwei Eier mit 50 g gemischten, verlesenen, gewaschenen und fein gehackten Kräutern (Petersilie, Schnittlauch, Kerbel, Thymian, Rosmarin) dazugeben und das Ganze zu einer glatten Masse verarbeiten. Mit Salz, Pfeffer, Muskat und Cayennepfeffer kräftig würzen, mit Semmelbröseln leicht binden und in den vorbereiteten Braten füllen.

Grillgerichte – Köstlichkeiten vom offenen Feuer

Cevapcici mit Zaziki

Für 4 Personen:

2 Zwiebeln, 2 Knoblauchzehen
2 EL Olivenöl
800 g Schweinehack, 1 Ei
3 EL Ajwar (Paprikapaste)
1 EL Paprikapulver edelsüß
Salz, Pfeffer aus der Mühle
1 Prise Cayennepfeffer
1 EL Olivenöl zum Braten

Für das Zaziki:
1 kleine Salatgurke, 1 EL Salz
4 Knoblauchzehen
400 g Sahnejoghurt
Saft von ½ Zitrone
1 EL Zazikigewürz

Außerdem:
Gurkenscheiben und Tomatenecken zum Garnieren

1. Die Zwiebeln und die Knoblauchzehen schälen und in feine Würfel schneiden.

2. Das Olivenöl in einer Pfanne erhitzen, die Zwiebeln und den Knoblauch darin glasig schwitzen.

3. Die Knoblauchzwiebeln mit dem Schweinehack, dem Ei, dem Ajwar und dem Paprikapulver in einer Schüssel vermischen. Mit Salz, Pfeffer und Cayennepfeffer kräftig würzen.

4. Aus der Masse kleine Würstchen formen und diese im erhitzten Olivenöl braten.

5. Die Salatgurke waschen, raspeln, in eine Schüssel geben, mit Salz bestreuen und ca. fünf Minuten ziehen lassen. Das Gurkenwasser abgießen und die Gurken ausdrücken.

6. Die Knoblauchzehen schälen und fein hacken, mit den Gurken, dem Sahnejoghurt und dem Zitronensaft in einer Schüssel verrühren.

7. Mit Zazikigewürz abschmecken, mit Salz, Pfeffer und Cayennepfeffer abrunden.

8. Die gebratenen Cevapcici mit dem Zaziki dekorativ anrichten, mit Gurkenscheiben und Tomatenecken garnieren und mit einem Bauernsalat mit Schafskäse sofort servieren.

Unser Tipp: Bauernsalat mit Schafskäse

Eine Salatgurke putzen, waschen, halbieren oder vierteln und in Scheiben schneiden. Je eine rote, gelbe und grüne Paprikaschote halbieren, entkernen, waschen und in mundgerechte Stücke schneiden. Vier Tomaten waschen, vom Strunk befreien und die Tomaten in Achtel schneiden. Zwei Zwiebeln schälen und in feine Ringe schneiden. Die Salatzutaten in eine Schüssel geben und vorsichtig mit 100 g entsteinten, grünen Oliven und 300 g in Würfel geschnittenem Schafskäse vermischen. Für das Dressing 100 ml Gemüsebrühe, 100 ml Kräuteressig und 2 EL mittelscharfen Senf in einer Schüssel verrühren, mit Salz, Pfeffer aus der Mühle, Cayennepfeffer und Zucker kräftig würzen und Sonnenblumenöl tropfenweise unterziehen. Das Dressing über den Salat geben, den Salat anmachen, dekorativ anrichten, garnieren und sofort servieren.

Grillsteaks mit Honig-Kräuter-Glasur

Für 4 Personen:

4 Rindersteaks (à 120 g)
4 Schweinenackensteaks (à 120 g)
Salz, Pfeffer aus der Mühle
1 EL Paprikapulver edelsüß
2 EL Olivenöl

Für die Glasur:
2 Knoblauchzehen
1 EL grob geschroteter Pfeffer
je 1–2 Zweige Rosmarin und Thymian
einige Basilikumblättchen
2 EL Honig, 2 EL Olivenöl

Außerdem:
4 Portionen Kräuterbutter
Kräuterzweige zum Garnieren

1. Die küchenfertigen Steaks unter fließendem Wasser waschen, trocken tupfen, mit Salz, Pfeffer und Paprikapulver würzen.

2. Die Steaks mit Olivenöl beträufeln und kurz ziehen lassen.

3. Die Knoblauchzehen schälen, fein hacken und mit dem geschroteten Pfeffer in eine Schüssel geben.

4. Die Kräuter verlesen, waschen, fein hacken, mit dem Honig und dem Olivenöl zum Knoblauch geben und alles gut miteinander verrühren.

5. Die Steaks auf dem Grill oder in der Pfanne garen und kurz vor Garende mit der Glasur bestreichen.

6. Die Grillsteaks dekorativ anrichten, mit je einer Portion Kräuterbutter belegen, mit Kräuterzweigen garnieren und mit Grilltomaten, gegrillten Maiskolben, einem Schichtsalat und Soßen nach Wahl servieren.

Unser Tipp: Schichtsalat

400 g Eisbergsalat verlesen, waschen, gut abtropfen lassen und in mundgerechte Stücke zerpflücken. 400 g Tomaten waschen, den Strunk herausschneiden und die Tomaten achteln oder in Würfel schneiden. 4–5 Karotten schälen und grob raspeln oder in Stifte schneiden. Eine Salatgurke waschen und in Scheiben schneiden. Eine Stange Lauch putzen, waschen und in Streifen schneiden. Die Salatzutaten schichtweise in eine Schüssel geben. Für das Dressing 100 ml süße Sahne mit 200 g Naturjoghurt und 75 ml Knoblauchessig glatt rühren. Mit Salz, Pfeffer, Zucker, Zitronensaft, Worcestersoße und Pfeffersoße abschmecken und gleichmäßig auf dem Salat verteilen. Den Salat mit Kirschtomatenhälften, Radieschenscheiben, Gurkenscheiben und Paprikawürfeln garnieren.

Lammspiesse mit Champignons

Für 4 Personen:

800 g mageres Lammfleisch (Lammrücken oder -filet)
2 grüne Paprikaschoten
250 g Kirschtomaten
400 g kleine Champignons
Saft von 1 Zitrone

Für die Marinade:
1 Stück Ingwerwurzel
2 Knoblauchzehen
1 TL Salz
1 TL Cayennepfeffer
½ TL Kurkuma
1 TL Korianderpulver
½ Tasse Sesamöl

Außerdem:
Salz, Pfeffer aus der Mühle
Butterschmalz zum Braten
Kräuterzweige zum Garnieren

1. Das Lammfleisch unter fließendem Wasser waschen, trocken tupfen, in mundgerechte Würfel schneiden und bereitstellen.

2. Die Paprikaschoten halbieren, entkernen, waschen, gut abtropfen lassen und in Würfel schneiden.

3. Die Kirschtomaten waschen und den Strunk herausschneiden. Die Champignons verlesen, waschen, gut abtropfen lassen und mit Zitronensaft beträufeln.

4. Die Ingwerwurzel schälen und fein hacken. Die Knoblauchzehen schälen, hacken und mit Salz zu einer Paste zerreiben.

5. Den Ingwer mit der Knoblauchpaste, dem Cayennepfeffer, dem Kurkuma, dem Korianderpulver und dem Sesamöl in eine Schüssel geben und verrühren.

6. Die Lammwürfel mit den Paprikastücken, den Kirschtomaten und den Champignons abwechselnd auf Holzspießchen stecken.

7. Die Lammspieße mit der Marinade bestreichen und im Kühlschrank mindestens eine Stunde marinieren.

8. Die Lammspieße mit Salz und Pfeffer würzen, mit dem zerlassenen Butterschmalz bestreichen und auf dem Grill oder in einer Pfanne garen.

9. Die fertig gebratenen Lammspieße dekorativ anrichten, mit Kräuterzweigen garnieren, mit Zwiebeln, einem Mangodip und einem Oliven-Fladenbrot sofort servieren.

Unser Tipp: Weissbrot mit Oliven

400 g Mehl Type 405 in eine Schüssel sieben. Einen Würfel zerbröckelte Hefe und ½ TL Salz dazugeben und untermischen. 150 g Olivenöl mit Basilikum und 120 ml warmes Wasser angießen und alles zu einem glatten Teig vermengen. Den Teig so lange schlagen, bis er Blasen wirft. Mit einem Küchentuch zudecken und an einem warmen Ort 20–30 Minuten gehen lassen. 100 g entsteinte schwarze Oliven klein schneiden und zum Teig geben. Den Teig nochmals kräftig durchkneten, zu einem runden Laib formen und zugedeckt weitere 20 Minuten gehen lassen. Den Laib auf ein mit Mehl bestreutes Backblech setzen und in dem auf 180-200 °C vorgeheizten Backofen 30–40 Minuten backen. Das Weißbrot mit Oliven aus dem Backofen nehmen und vor dem Verzehr vollständig auskühlen lassen.

GEMÜSESPIESSE MIT TOMATENSOSSE

FÜR 4 PERSONEN:

1 Zucchini, 1 rote Paprikaschote
200 g Schalotten, 1 Aubergine
Salz, Pfeffer aus der Mühle
50 ml Olivenöl, je 1 TL gerebelter Oregano, gerebeltes Basilikum und gerebelter Thymian
einige Tropfen Pfeffersoße

Für die Soße:
1 Zwiebel, 1 EL Olivenöl
50 g Tomatenmark
400 ml passierte Tomaten
100 g entsteinte grüne Oliven
einige Tropfen flüssiger Süßstoff

Außerdem:
Kräuterzweige zum Garnieren

1. Die Zucchini putzen, waschen und in Scheiben schneiden. Die Paprikaschote halbieren, entkernen, waschen und in mundgerechte Stücke schneiden.

2. Die Schalotten schälen und halbieren oder vierteln. Die Aubergine putzen, waschen und in mundgerechte Stücke schneiden.

3. Die Gemüsestücke abwechselnd auf Spießchen stecken und mit Salz und Pfeffer würzen. Das Olivenöl mit den gerebelten Kräutern verrühren, mit Pfeffersoße nach Geschmack schärfen und die Spießchen damit bestreichen.

4. Für die Soße die Zwiebel schälen und fein würfeln. Das Olivenöl in einer Pfanne erhitzen und die Zwiebel darin anschwitzen.

5. Das Tomatenmark einrühren, die passierten Tomaten angießen und die klein geschnittenen Oliven unterrühren. Die Soße zum Kochen bringen kurz einreduzieren lassen, mit Salz, Pfeffer und flüssigem Süßstoff würzen.

6. Die Gemüsespieße auf dem Grill oder in der Pfanne garen, dekorativ anrichten, die Tomatensoße dazugeben, das Ganze mit Kräuterzweigen garnieren und sofort servieren.

UNSER TIPP: GRILLGEMÜSE

Eine Aubergine und eine Zucchini putzen, waschen, in Scheiben schneiden und in eine Schüssel geben. Je eine rote, gelbe und grüne Paprikaschote halbieren, entkernen, waschen und in mundgerechte Würfel schneiden. Fünf Knoblauchzehen schälen und in Scheiben schneiden, mit den Paprikawürfeln, je 2–3 Zweigen Rosmarin und Thymian sowie 1 EL geschroteten schwarzen Pfefferkörnern zum Gemüse geben, das Ganze vermischen und in Einmachgläser füllen. Das Gemüse mit 500 ml Olivenöl auffüllen – das Gemüse soll vollständig bedeckt sein –, die Gläser verschließen und im Kühlschrank mindestens drei Tage marinieren. Vor dem Grillen das Gemüse aus dem Olivenöl nehmen, abtropfen lassen und auf dem Grill oder in der Pfanne garen. Das Grillgemüse dekorativ anrichten, salzen und pfeffern, mit Kräuterzweigen garnieren und sofort servieren.

Kalbsschnecken am Spiess

Für 4 Personen:

4 dünne Kalbsschnitzel (à 180 g)
Salz, Pfeffer aus der Mühle
1 TL Korianderpulver
1 Prise Cayennepfeffer
1 Röhrchen Kapern
Olivenöl zum Bestreichen

Außerdem:
200 ml Sauerrahm
200 g Schmelzkäse
2 Knoblauchzehen
Kirschtomaten und
Basilikumblättchen zum Garnieren

1. Die Kalbsschnitzel unter fließendem Wasser waschen, trocken tupfen und in längliche, 2–3 cm breite Streifen schneiden.

2. Die Fleischstreifen auf eine Arbeitsfläche legen, mit Salz, Pfeffer, Korianderpulver und Cayennepfeffer kräftig würzen. Die Fleischstreifen mit den gut abgetropften Kapern belegen, aufrollen und auf Holzspießchen stecken.

3. Die Schneckenspießchen mit Olivenöl bestreichen und auf dem Grill garen.

4. Für den Dip den Sauerrahm mit dem Schmelzkäse in einer Schüssel glatt rühren.

5. Die geschälten und fein gehackten Knoblauchzehen unterrühren, mit Salz, Pfeffer und Cayennepfeffer würzen und den Dip mit den Schneckenspießchen dekorativ anrichten.

6. Mit Kirschtomaten und Basilikumblättchen garnieren und mit gegrillten Maiskolben sofort servieren.

Kräuterschnecken-Spiesschen

Für 4 Personen:

4 Schweineschnitzel (à 180 g)
Salz, Pfeffer aus der Mühle
1–2 EL mittelscharfer Senf
2 EL Frischkäse, ½ Bund
Petersilie, 1–2 Knoblauchzehen
1 Bund Schnittlauch
2 TL getr. Kräuter der Provence
2 EL Olivenöl, 50 g Butter
100 ml Weißwein oder
Gemüsebrühe
2 EL Basilikumpesto

Außerdem:
Kräuterzweige zum Garnieren

1. Die Schweineschnitzel waschen, trocken tupfen, leicht klopfen und mit Salz und Pfeffer würzen. Den Senf mit dem Frischkäse glatt rühren. Die verlesene, gewaschene und fein gehackte Petersilie dazugeben.

2. Den Knoblauch schälen und fein hacken. Schnittlauch verlesen, waschen und fein schneiden. Mit dem Knoblauch zum Frischkäse geben und unterrühren.

3. Die Kräuter der Provence untermischen und die Schnitzel damit bestreichen.

4. Die Schnitzel aufrollen, in 2–3 cm dicke Scheiben schneiden und diese auf Holzspießchen stecken. Die Kräuterschnecken mit Olivenöl bestreichen und auf dem Grill garen.

5. Die Butter, den Weißwein oder die Gemüsebrühe und das Basilikumpesto in einer Pfanne erhitzen. Die fertigen Kräuterschnecken dekorativ anrichten, mit der Soße überziehen, mit Kräuterzweigen garnieren und mit einem gemischten Salat sofort servieren.

(ohne Abbildung)

Würstchenspiesse mit Zwiebelsahne

Für 4 Personen:

800 g verschiedene Würstchen (Käsegriller, Debreziner, Thüringer)
200 g Schalotten
1 rote Paprikaschote
1 Zucchini
2 EL Olivenöl
4 EL Honig, 2 EL Obstessig
2–3 EL mittelscharfer Senf

Für die Zwiebelsahne:
4 Zwiebeln
1 EL Butter
100 ml Weißwein
100 ml Gemüsebrühe
200 ml süße Sahne
Salz, Pfeffer aus der Mühle
1 Prise Cayennepfeffer
1 Prise Zucker

Außerdem:
Kräuterzweige zum Garnieren

1. Die Würstchen in Scheiben schneiden. Die Schalotten schälen und vierteln. Die Paprikaschote halbieren, entkernen, waschen und in mundgerechte Würfel schneiden. Die Zucchini putzen, waschen, längs halbieren und in Scheiben schneiden.

2. Die Würstchenscheiben, die Schalottenviertel, die Paprikastücke und die Zucchinischeiben auf Holzspieße stecken und mit Olivenöl bestreichen.

3. Den Honig mit dem Obstessig und dem Senf in eine Schüssel geben und verrühren. Die Spießchen auf dem Grill oder in einer Pfanne braten und kurz vor Garende mit der Glasur bestreichen.

4. Für die Zwiebelsahne die Zwiebeln schälen und in Streifen schneiden. Die Butter in einer Pfanne erhitzen und die Zwiebelstreifen darin glasig schwitzen.

5. Den Weißwein, die Gemüsebrühe und die Sahne angießen und bei mäßiger Hitze 15 Minuten köcheln lassen.

6. Die Zwiebelsahne mit Salz, Pfeffer, Cayennepfeffer und Zucker kräftig würzen. Die Spießchen dekorativ anrichten, mit Kräuterzweigen garnieren und mit der warmen oder kalten Zwiebelsahne servieren.

Unser Tipp: Deftiger Kartoffelsalat

800 g festkochende Kartoffeln unter fließendem Wasser abbürsten und in Salzwasser 20 Minuten garen. Die Kartoffeln abgießen, leicht abkühlen lassen, pellen und in Scheiben schneiden. Eine rote Paprikaschote putzen, entkernen, waschen und in Würfel schneiden. Ein kleines Glas Mixed Pickles gut abtropfen lassen und nach Bedarf klein schneiden. Vier Essiggurken in Scheiben schneiden. Das Gemüse zu den Kartoffeln geben und vermischen. 200 ml Gemüse- oder Fleischbrühe in einem Topf zum Kochen bringen. Drei Schalotten schälen, fein würfeln, in die Brühe geben und einmal aufkochen lassen. 75 ml Obstessig, 1 TL Zucker, ein Lorbeerblatt und zwei Nelken dazugeben und bei mäßiger Hitze fünf Minuten ziehen lassen. Das Lorbeerblatt und die Nelken herausnehmen, 2 EL Senf einrühren, mit Salz, Pfeffer und Cayennepfeffer kräftig würzen und zum Schluss 75 ml Olivenöl untermischen. Den Salat mit dem Dressing anmachen und 10 Minuten ziehen lassen. Dekorativ anrichten, mit je einem Klacks saurer Sahne überziehen, mit Kräuterzweigen garnieren und servieren.

Putensteaks mit Curry-Ananas-Glasur

Für 4 Personen:

4 küchenfertige Putensteaks (à 180 g)
Salz, Pfeffer aus der Mühle
2 EL Olivenöl

Für die Glasur:
1 Zwiebel
1 Stück Ananas
1 EL Olivenöl
1 EL Curry
1 Prise Cayennepfeffer
150 g Honig
100 ml Gemüsebrühe
50 ml Weißweinessig

Außerdem:
Kräuterzweige zum Garnieren

1. Die küchenfertigen Putensteaks unter fließendem Wasser waschen, trocken tupfen und mit Salz und Pfeffer kräftig würzen.

2. Das Olivenöl in einer Pfanne erhitzen und die Putensteaks darin braten. Die Putensteaks aus der Pfanne nehmen und auf eine feuerfeste Platte legen.

3. Die Zwiebel schälen und in sehr feine Würfel schneiden. Die Ananas schälen, den Strunk herausschneiden und die Ananas ebenfalls in sehr feine Würfel schneiden.

4. Das Olivenöl in einer Pfanne erhitzen und die Zwiebel darin glasig schwitzen. Die Ananaswürfel dazugeben, mit Curry bestäuben und kurz mitschwitzen. Mit Salz, Pfeffer und Cayennepfeffer würzen.

5. Den Honig, die Gemüsebrühe und den Weißweinessig hinzufügen und das Ganze bei mäßiger Hitze 10 Minuten köcheln lassen. Die Glasur vom Herd nehmen und erkalten lassen.

6. Die Putensteaks mit der Glasur bestreichen und auf dem Grill oder im auf 220 °C vorgeheizten Backofen 10–12 Minuten grillen.

7. Die Putensteaks mit Curry-Ananas-Glasur dekorativ anrichten, mit Kräuterzweigen garnieren und sofort servieren. Dazu serviert man einen Nudelsalat mit Sauerrahmdressing.

Unser Tipp: Nudelsalat mit Sauerrahmdressing

300 g Farfalle in Salzwasser bissfest garen, abgießen, abschrecken, gut abtropfen lassen und in eine Schüssel geben. Eine Dose Mais (340 g) gut abtropfen lassen. Je eine rote und grüne Paprikaschote halbieren, entkernen, waschen, in Würfel schneiden und mit dem Mais zu den Nudeln geben. 200 g frischen Blattspinat verlesen, waschen, gut abtropfen lassen, je nach Bedarf klein schneiden und in kochendem Salzwasser blanchieren. Den Spinat herausnehmen, gut abtropfen lassen und unter die Nudeln heben. Den Salat in Gläsern dekorativ anrichten. Für das Dressing 200 g Sauerrahm mit 100 ml süßer Sahne in einer Schüssel glatt rühren. Mit Salz, Pfeffer, Cayennepfeffer und Zitronensaft würzen. Je 2–3 Zweige Dill und Petersilie verlesen, waschen, fein schneiden, unter das Dressing rühren und dieses gleichmäßig auf dem Salat verteilen. Den Nudelsalat mit grob geschnittenem Schnittlauch bestreuen, im Kühlschrank 10–15 Minuten durchziehen lassen und anschließend servieren.

Schweinerippchen mit Barbecuesosse

Für 4 Personen:

1,5 kg Schweinerippchen
Gemüsebrühe zum Garen
2 Zwiebeln, 2 Karotten
1 Stück Sellerie
2 Lorbeerblätter
je 1 TL Wacholderbeeren und Pfefferkörner

Für die Soße:
1 Chilischote
100 g Tomatenmark
100 ml Kochsud
200 g Tomatenketchup
Salz, Pfeffer aus der Mühle
1 Prise Cayennepfeffer
50 g Honig
einige Tropfen Pfeffersoße
1–2 Knoblauchzehen
2–3 EL Olivenöl

Außerdem:
Kräuterzweige zum Garnieren

1. Die Schweinerippchen unter fließendem Wasser waschen, trocken tupfen und bereitstellen.

2. Die Gemüsebrühe in einem Topf zum Kochen bringen. Die Zwiebeln, die Karotten und den Sellerie schälen, klein schneiden und in die Brühe geben.

3. Die Lorbeerblätter, die Wacholderbeeren und die Pfefferkörner hinzufügen und das Ganze bei mäßiger Hitze 10 Minuten ziehen lassen.

4. Die Schweinerippchen in die Brühe geben und bei mäßiger Hitze 35 Minuten garen. Die Schweinerippchen aus dem Kochsud nehmen, gut abtropfen lassen und bereitstellen.

5. Für die Soße die Chilischote halbieren, entkernen, waschen, fein würfeln und in eine Schüssel geben.

6. Das Tomatenmark, den Kochsud und den Tomatenketchup dazugeben und das Ganze gut verrühren.

7. Die Soße mit Salz, Pfeffer aus der Mühle und Cayennepfeffer würzen, den Honig und die Pfeffersoße unterrühren. Die Knoblauchzehen schälen, fein hacken und unter die Soße rühren.

8. Die Schweinerippchen mit Olivenöl bestreichen und auf dem Grill oder im auf 220 °C vorgeheizten Backofen 10–15 Minuten grillen.

9. Anschließend die Schweinerippchen mit der Soße bestreichen und nochmals fünf Minuten grillen.

10. Die Schweinerippchen dekorativ anrichten, mit Kräuterzweigen garnieren und mit einem gemischten Salat, gegrillten Maiskolben und einem Apfel-Zitrus-Chutney sofort servieren.

Unser Tipp: Apfel-Zitrus-Chutney

Vier Äpfel schälen, entkernen und in Stücke schneiden. Mit dem Saft von einer Zitrone beträufeln und mit abgeriebener, unbehandelter Zitronenschale bestreuen. Eine Pomelo und eine Orange großzügig schälen, filieren und in Stücke schneiden. Die Früchte mit 250 ml Apfelsaft und 50 ml Apfelessig in einen Topf geben. Mit 2–3 EL Zucker, Salz und Pfeffer abschmecken und 10 Minuten köcheln lassen. Das Chutney mit angerührter Speisestärke binden, nachwürzen, abkühlen lassen und servieren.

Lammchops mit Bulgursalat

Für 4 Personen:

12 Lammchops
2 Zwiebeln
2–3 Knoblauchzehen
2 TL Pfefferkörner
500 ml Buttermilch

Für den Bulgursalat:
1 Kochbeutel Bulgur (125 g)
Salzwasser oder Gemüsebrühe zum Garen
½ Salatgurke
3 Tomaten
100 g Zuckermais (Dose)
½ Bund glatte Petersilie
Saft von 1 Limette
50 ml Weißweinessig
75 ml Olivenöl
Salz, Pfeffer aus der Mühle
1 Prise Zucker

Außerdem:
Olivenöl zum Bestreichen
Kräuterzweige zum Garnieren
Chili- oder Tomatenketchup

1. Die küchenfertigen Lammchops waschen, trocken tupfen und in eine Schüssel geben.

2. Die Zwiebeln schälen und in grobe Würfel schneiden. Die Knoblauchzehen schälen, fein würfeln und beides zu den Lammchops geben.

3. Die Pfefferkörner darüberstreuen, die Buttermilch angießen und das Ganze zugedeckt über Nacht im Kühlschrank marinieren.

4. Für den Bulgursalat Salzwasser oder Gemüsebrühe in einem Topf zum Kochen bringen, den Bulgur darin sieben Minuten garen, herausnehmen, abschrecken, gut abtropfen lassen und bereitstellen.

5. Die Salatgurke waschen, halbieren, mit einem Teelöffel das Kerngehäuse herausschaben und die Salatgurke in feine Würfel schneiden. Die Tomaten waschen, vom Strunk befreien, die Tomaten in feine Würfel schneiden.

6. Den Zuckermais gut abtropfen lassen. Die Petersilie verlesen, waschen, fein hacken, mit dem Mais, den Tomaten- und Gurkenwürfeln sowie dem Bulgur in eine Schüssel geben und alles vorsichtig miteinander vermischen.

7. Den Limettensaft mit dem Weißweinessig in einer Schüssel verrühren. Das Olivenöl dazugeben, mit Salz, Pfeffer und Zucker würzen und den Bulgursalat damit anmachen. Den Salat im Kühlschrank mindestens 60 Minuten ziehen lassen.

8. Die Lammchops aus der Marinade nehmen, trocken tupfen, mit Salz und Pfeffer würzen, mit Olivenöl bestreichen und auf dem Grill oder in der Pfanne je nach Geschmack medium oder durchbraten.

9. Die Lammchops dekorativ anrichten, mit Kräuterzweigen garnieren, den Ketchup dazugeben und mit dem Bulgursalat und einem Ananaschutney sofort servieren.

Unser Tipp: Ananaschutney

Eine Ananas schälen, den Strunk herausschneiden und das Fruchtfleisch würfeln. 1 EL Sonnenblumenöl erhitzen, eine Zwiebel schälen und würfeln, ins Öl geben und anschwitzen. Die Ananaswürfel hinzufügen und mitschwitzen. 250 ml Weißwein angießen, 2 TL gemahlenen Ingwer, 100 g Gelierzucker (2:1) und den Saft von 3–4 Zitronen dazugeben. Das Ganze zum Kochen bringen und bei mäßiger Hitze 5–10 Minuten köcheln lassen. Das Ananaschutney erkalten lassen und servieren.

Putenschaschliks

Für 4 Personen:

600 g Putenbrustfilet
je 1 rote, grüne und gelbe Paprikaschote
100 g Frühstücksspeck
Salz, Pfeffer aus der Mühle
1 EL geschroteter schwarzer Pfeffer
1 Prise Cayennepfeffer
100 ml Olivenöl

Für die Soße:
2 EL Butter
2 Zwiebeln
1 rote Chilischote
2–3 Essiggurken
3–4 EL Tomatenmark
200 ml Gemüse- oder Geflügelbrühe
1 Dose geschälte Tomaten (400 g)
2 EL Honig
2 EL Obstessig
2 EL Paprikapulver edelsüß
3–4 EL Sojasoße
Speisestärke zum Binden

Außerdem:
Kräuterzweige zum Garnieren

1. Das küchenfertige Putenbrustfilet unter fließendem Wasser waschen, trocken tupfen und in mundgerechte Würfel schneiden.

2. Die Paprikaschoten halbieren, entkernen, waschen, gut abtropfen lassen und in Stücke schneiden.

3. Den Frühstücksspeck in 1 cm dicke Scheiben schneiden.

4. Frühstücksspeck, Paprikawürfel und Putenfleisch abwechselnd auf Spieße stecken, mit Salz und Pfeffer würzen.

5. Den geschroteten schwarzen Pfeffer, den Cayennepfeffer und das Olivenöl miteinander verrühren und die Putenschaschliks damit bestreichen.

6. Im Kühlschrank 10–15 Minuten ziehen lassen. Die Putenschaschliks im Gewürzöl in einer Pfanne oder auf dem Grill braten.

7. Für die Soße die Butter erhitzen und die geschälten, fein gehackten Zwiebeln darin glasig schwitzen.

8. Die halbierte, entkernte, gewaschene und klein geschnittene Chilischote mit den gewürfelten Essiggurken dazugeben und kurz mitschwitzen.

9. Das Tomatenmark einrühren, die Gemüse- oder Geflügelbrühe und die geschälten, zerdrückten Tomaten angießen und zum Kochen bringen.

10. Die Soße mit Honig, Obstessig, Paprikapulver und Sojasoße würzen, mit Salz und Pfeffer abrunden. Bei mäßiger Hitze 6–8 Minuten köcheln lassen.

11. Die Soße mit etwas angerührter Speisestärke leicht binden. Mit den Putenschaschliks dekorativ anrichten, mit Kräuterzweigen garnieren und mit frischem Stangenweißbrot sofort servieren.

Unser Tipp: Backkartoffeln

1 kg möglichst gleich große Kartoffeln unter fließendem Wasser abbürsten, trocken tupfen und mit Öl bestreichen. Entsprechend große Stücke Alufolie auf eine Arbeitsfläche legen. Die Kartoffeln daraufsetzen, mit Salz bestreuen und in die Folie einwickeln. Die Backkartoffeln im auf 180–200 °C vorgeheizten Backofen 60–70 Minuten garen.

SCHWEINESPIESSCHEN MIT ZITRONENREIS

FÜR 4 PERSONEN:

4 dünne Schweineschnitzel
(à 180 g)
8 Holzspieße
Salz, Cayennepfeffer
1 EL Sesamöl
2 EL süße Chilisoße

Für den Zitronenreis:
375 g Basmatireis
600 ml Salzwasser
1 TL Kurkuma
100 ml Kokosmilch
2 EL Kokosraspel
100 g Butterschmalz
3 EL Cashewkerne
1 TL Senfkörner
1 rote Chilischote
Saft von 3 Zitronen
Salz, Pfeffer aus der Mühle

Für die Erdnusssoße:
100 g geröstete Erdnüsse
2 EL Sojasoße, 150 ml Milch

Außerdem:
Zitronenschnitze, geröstete Erdnüsse und rote Chilischoten zum Garnieren

1. Die küchenfertigen Schweineschnitzel unter fließendem Wasser waschen, trocken tupfen, zu acht Streifen längs halbieren und diese auf Spieße stecken. Mit Salz und Cayennepfeffer kräftig würzen.

2. Das Öl mit der Chilisoße vermischen, die Spieße damit bestreichen, auf einen mit Alufolie belegten Grillrost legen und auf dem Grill garen. Während des Garens mit der verbliebenen Marinade bestreichen.

3. Den Reis in einem Sieb unter fließendem Wasser waschen und mit dem Kurkuma im kochenden Salzwasser ohne Deckel 10 Minuten garen.

4. Die Kokosmilch und die Kokosraspel dazugeben und weitere 2–3 Minuten garen.

5. Das Butterschmalz in einer Pfanne erhitzen, die Cashewkerne und die Senfkörner hinzufügen.

6. Die Chilischote halbieren, entkernen, waschen, in feine Streifen oder Würfel schneiden, ins Fett geben und alles kurz braten. Danach mit dem Zitronensaft unter den Reis ziehen, mit Salz und Pfeffer abrunden.

7. Für die Soße die Erdnüsse im Mixer zerhacken, die Sojasoße und die Milch dazugeben und das Ganze cremig aufschlagen.

8. Den Zitronenreis dekorativ anrichten. Die Spießchen auf den Reis geben, mit Zitronenschnitzen, Erdnüssen und Chilischoten garnieren und mit der Erdnusssoße sofort servieren.

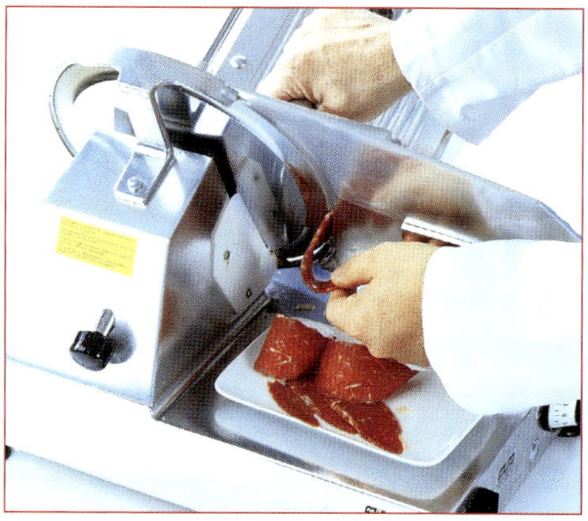

Grillkoteletts mit Röstzwiebeln

Für 4 Personen:

4 Schweinekoteletts (à 180 g)
100 ml Weißwein
2 TL geschrotete Pfefferkörner
2 Lorbeerblätter
1 TL zerdrückte Wacholderbeeren
4 cl Weinbrand
Salz, Pfeffer aus der Mühle
4 EL Sonnenblumenöl

Für die Röstzwiebeln:
4 Zwiebeln
2 EL Mehl
1 TL Paprikapulver edelsüß
Fett zum Ausbacken

Außerdem:
Kräuterzweige, Salatblätter und Tomatenröschen zum Garnieren

1. Die Schweinekoteletts unter fließendem Wasser waschen, trocken tupfen und in eine Schüssel geben.

2. Den Weißwein mit den Pfefferkörnern, den Lorbeerblättern, den Wacholderbeeren und dem Weinbrand verrühren, zu den Koteletts geben und diese im Kühlschrank zwei Stunden ziehen lassen.

3. Die Koteletts aus der Marinade nehmen, trocken tupfen, mit Salz und Pfeffer würzen, mit Sonnenblumenöl bestreichen und auf dem Grill oder in der Pfanne braten.

4. Für die Röstzwiebeln die Zwiebeln schälen und in Scheiben schneiden.

5. Das Mehl mit dem Paprikapulver vermischen und die Zwiebelscheiben darin wenden.

6. Fett in einer Pfanne erhitzen und die Zwiebeln darin braten und gut rösten.

7. Die Schweinekoteletts dekorativ anrichten und die Röstzwiebeln darauf verteilen. Das Ganze mit Kräuterzweigen, Salatblättern und Tomatenröschen garnieren, mit Folienkartoffeln und einer feinen Kräutersoße sofort servieren.

Unser Tipp: Feine Kräutersoße

200 g Schmand mit 150 g Joghurt in einer Schüssel glatt rühren. Mit Salz, Pfeffer, Muskat, Cayennepfeffer, Zucker, Zitronensaft und Worcestersoße kräftig abschmecken. Je ½ Bund Schnittlauch, Kerbel und Basilikum verlesen, waschen, gut abtropfen lassen, fein schneiden und unter die Creme rühren. Die feine Kräutersoße nochmals nachwürzen, in dekorative Schälchen füllen und bis zum Verzehr kühl aufbewahren.

Mediterrane Grillplatte

Für 4 Personen:

4 Schweinenackensteaks (à 180 g)
Salz, Pfeffer aus der Mühle
2–3 EL Sonnenblumenöl
2–3 EL Tomatenketchup
einige Tropfen Pfeffersoße
2 Knoblauchzehen
2 EL Honig
2 EL Zitronensaft

Für die Spieße:
600 g Putenbrustfilet
100 g Schalotten
1 gelbe Paprikaschote
150 g Kirschtomaten
50 ml Olivenöl
1 EL Kräuter der Provence

Außerdem:
Zitronenhälften und
Basilikumzweige zum Garnieren

1. Die Schweinenackensteaks unter fließendem Wasser waschen, trocken tupfen, mit Salz und Pfeffer würzen.

2. Das Sonnenblumenöl mit dem Tomatenketchup, der Pfeffersoße, den geschälten und fein gehackten Knoblauchzehen, dem Honig und dem Zitronensaft in eine Schüssel geben und verrühren.

3. Die Schweinenackensteaks mit der Glasur bestreichen und im Kühlschrank mindestens eine Stunde marinieren.

4. Für die Spieße das Putenbrustfilet unter fließendem Wasser waschen, trocken tupfen, in mundgerechte Würfel schneiden, mit Salz und Pfeffer würzen.

5. Die Schalotten schälen und halbieren. Die Paprikaschote halbieren, entkernen, waschen und in mundgerechte Würfel schneiden. Die Kirschtomaten waschen und vom Strunk befreien.

6. Die Putenwürfel mit dem Gemüse abwechselnd auf Spießchen stecken. Das Olivenöl mit den Kräutern der Provence verrühren, die Spießchen damit bestreichen und im Kühlschrank mindestens eine Stunde marinieren.

7. Die Schweinenackensteaks und die Putenspießchen auf dem Grill oder in der Pfanne garen, dekorativ anrichten, mit Zitronenhälften und Basilikumzweigen garnieren und sofort servieren.

Unser Tipp: Feine Bärlauchbutter

250 g Butter mit dem Saft von einer Zitrone in eine Schüssel geben und schaumig schlagen. 1–2 EL mittelscharfen Senf mit 30 g verlesenem, gewaschenem und sehr fein geschnittenem Bärlauch unter die Butter mischen. Nochmals kräftig durchschlagen und mit Salz, Pfeffer, Muskat und Cayennepfeffer würzen. Die Bärlauchbutter in einen Spritzbeutel mit Sterntülle füllen. Ein Backblech mit Backpapier auslegen und die Butter in Rosetten aufspritzen. Im Gefrierschrank frosten und bis zum Verzehr kühl aufbewahren.

Griechische Soufflaki

Für 4 Personen:

800 g gemischtes Hackfleisch
1 Ei, 2–3 EL Semmelbrösel
1 Zwiebel, 2 Knoblauchzehen
½ Bund glatte Petersilie
Salz, Pfeffer aus der Mühle
2–3 EL Olivenöl zum Bestreichen

Für die Kartoffeln:
12 kleine gekochte Pellkartoffeln
12 Scheiben Schinkenspeck

Für das Gemüse:
je 1 rote, gelbe und grüne Paprikaschote
200 g rote Zwiebeln
2 EL Olivenöl

Für den Dip:
300 g Joghurt (3,5 % Fett)
50 ml süße Sahne, 1–2 EL Essig
1 Knoblauchzehe
½ Bund Basilikum

1. Das Hackfleisch mit dem Ei und den Semmelbröseln in eine Schüssel geben.

2. Die Zwiebel und die Knoblauchzehen schälen, fein würfeln, mit der fein gehackten Petersilie dazugeben und zu einem glatten Teig verarbeiten. Mit Salz und Pfeffer kräftig würzen.

3. Aus dem Fleischteig Buletten drehen, diese flach drücken, mit dem Olivenöl bestreichen und auf dem Grill garen.

4. Die geschälten Kartoffeln mit je einer Speckscheibe umwickeln und ebenfalls auf den Grill legen.

5. Die Paprikaschoten halbieren, entkernen, waschen, abtropfen lassen und vierteln.

6. Die Zwiebeln schälen und in 1 cm dicke Scheiben schneiden. Das Gemüse mit Olivenöl bestreichen und auf dem Grill garen. Anschließend mit Salz und Pfeffer würzen.

7. Für den Dip den Joghurt mit der Sahne und dem Essig in einer Schüssel glatt rühren.

8. Die Knoblauchzehe schälen, durch die Knoblauchpresse drücken und unter den Joghurt rühren.

9. Mit Salz und Pfeffer würzen und das verlesene, gewaschene und fein geschnittene Basilikum unterheben.

10. Die Soufflaki mit den Speckkartoffeln und dem Gemüse dekorativ anrichten und mit dem Dip sofort servieren.

Unser Tipp: Kapern-Zitronen-Butter

250 g Butter in einen Topf geben und aufkochen lassen. Dabei den Schaum abschöpfen. Von zwei unbehandelten Zitronen die Schale abreiben und den Saft auspressen. Zitronenschale und Zitronensaft unter die Butter mischen. 50 g Kapern zur Butter geben, mit Salz und Pfeffer abschmecken.

Gegrillter Fisch

Für 4 Personen:

Für die Forellen:
4 kleine, küchenfertige Forellen
Salz, Pfeffer aus der Mühle
2 EL Olivenöl
1 große Karotte
1 kleine Stange Lauch
Salzwasser zum Blanchieren
2 EL gemischte, gehackte Kräuter (z. B. Petersilie, Dill, Schnittlauch, Kerbel)

Für die Spieße:
1 große Fenchelknolle
Salzwasser zum Blanchieren
1 Zucchini, 1 EL Olivenöl
3 Tomaten, 300 g Lachsfilets
4 Holzspieße
Saft von 1 Zitrone
2 cl Pernod
2 EL Olivenöl

Für die Baguettes:
2 Baguettes zum Aufbacken
1 Tomate
200 g Schafskäse

1. Die Forellen unter fließendem Wasser waschen, trocken tupfen, innen und außen mit Salz und Pfeffer würzen und mit Olivenöl bestreichen.

2. Die Karotte und den Lauch putzen, waschen und in feine Streifen schneiden. Im kochenden Salzwasser blanchieren, herausnehmen, abschrecken und gut abtropfen lassen.

3. Das Gemüse in die Forellen füllen, diese in Fischzangen klemmen und auf beiden Seiten auf dem Grill garen. Nach dem Wenden mit den gehackten Kräutern bestreuen.

4. Für die Spieße die Fenchelknolle putzen, waschen und in Stücke schneiden. In kochendem Salzwasser blanchieren, abschrecken und abtropfen lassen.

5. Die Zucchini putzen und in Scheiben schneiden. Das Öl in einer Pfanne erhitzen und die Zucchinischeiben darin auf beiden Seiten kurz anbraten.

6. Die Tomaten waschen, den Strunk entfernen, die Tomaten entkernen und vierteln.

7. Die Lachsfilets waschen, trocken tupfen, in Würfel schneiden und mit dem Gemüse abwechselnd auf Holzspieße stecken.

8. Die Spieße mit Zitronensaft und Pernod beträufeln, mit Olivenöl bestreichen, mit Salz und Pfeffer würzen und auf dem Grill garen.

9. Die Baguettes bis zur Hälfte schräg einschneiden. Die Tomate in dünne Scheiben schneiden und mit dem in dünne Scheiben geschnittenen Schafskäse in die Einschnitte stecken. Die Baguettes aufbacken und zum dekorativ angerichteten Fisch sofort servieren.

Unser Tipp: Meerrettichsoße

50 ml weißen Balsamicoessig mit dem Saft von einer Zitrone und dem Saft von einer Orange in eine Schüssel geben. Ein Stück frischen Meerrettich schälen, fein reiben, mit 2 EL Honig unter die Soße rühren. Mit Salz und Pfeffer würzen, 2–3 EL Olivenöl einrühren und zum Schluss ½ Bund verlesenen, gewaschenen und fein gehackten Dill untermischen. Die Meerrettichsoße mit Dill in Schälchen füllen und bis zum Verzehr kühl aufbewahren.

Vegetarische Grillplatte

Für 4 Personen:

2 Packungen Halloumi-Grillkäse (500 g), 2 EL Olivenöl

Für die Pilze:
8 Riesenchampignons
1 EL Zitronensaft
1 EL Olivenöl, Salz

Für die Füllung:
125 g Mozzarella, 2 Tomaten
2 EL Pesto (Fertigprodukt)
8 Basilikumblätter

Für die Spieße:
je 1 rote, gelbe und grüne Paprikaschote, 1 Zucchini
100 g Schalotten, 2–3 EL Olivenöl
Salz, Pfeffer aus der Mühle

Für die Marinade:
50 ml Olivenöl, einige Zweige Thymian und Oregano
einige Salbeiblätter

1. Den Halloumi längs halbieren, mit Olivenöl bestreichen, auf dem Grill garen und wenden, sobald die Unterseite goldbraun ist.

2. Die Riesenchampignons putzen und die Stiele herausdrehen.

3. Den Zitronensaft mit dem Olivenöl verrühren und die Champignons darin wenden, salzen und zuerst auf der Hutunterseite auf dem Grill garen.

4. Den Mozzarella in feine Würfel schneiden, mit den gewaschenen, entkernten und in Würfel geschnittenen Tomaten in eine Schüssel geben und das Pesto untermischen.

5. Die Champignons wenden, die Mozzarella-Tomaten-Mischung in die Champignons füllen, mit Basilikum belegen und fertig grillen.

6. Für die Spieße die Paprikaschoten halbieren, entkernen, waschen und in Stücke schneiden.

7. Die Zucchini putzen, waschen und in Scheiben schneiden. Die Schalotten schälen und halbieren.

8. Das Olivenöl in einer Pfanne erhitzen. Das Gemüse darin fünf Minuten braten, auf Spieße stecken und mit Salz und Pfeffer würzen.

9. Für die Marinade das Olivenöl erwärmen und die verlesenen Kräuter dazugeben. Die Gemüsespieße mit dem Kräuteröl bestreichen, in der Marinade durchziehen lassen und auf dem Grill garen.

10. Die Spieße mit dem Grillkäse und den gefüllten Champignons dekorativ anrichten und sofort servieren.

Unser Tipp: Chinesischer Gewürzdip

100 ml Sojasoße mit 3 EL Honig in eine Schüssel geben. Zwei Knoblauchzehen schälen, fein hacken, ein Stück Ingwerwurzel schälen und fein reiben. Beides zur Sojasoße geben. Das Ganze mit dem Schneebesen verrühren und mit 1 TL Fünfgewürzpulver würzen. 2–3 EL Sesamöl und 2–3 EL Reiswein einrühren. Den chinesischen Gewürzdip in Schälchen füllen und bis zum Verzehr kühl aufbewahren.

Bunte Grillplatte

Für 4 Personen:

Für die Schnitzel:
4 kleine Schweineschnitzel
(à 100–120 g)
2–3 Knoblauchzehen
einige Thymianzweige
einige Majoranzweige
50 ml Olivenöl
Salz, Pfeffer aus der Mühle

Für die Spieße:
250 g Roastbeef
4 Schalotten, je 2 rote und grüne Spitzpaprikaschoten
2 EL Olivenöl zum Bestreichen

Außerdem:
4 Maiskolben, Salzwasser
4 kleine Bratwurstschnecken
2 EL zerlassene Butter zum Bestreichen

1. Die Schweineschnitzel unter fließendem Wasser waschen und trocken tupfen.

2. Die Knoblauchzehen schälen, in dünne Scheiben schneiden, mit den verlesenen, gewaschenen, grob gehackten Kräutern und dem Olivenöl in einer Schüssel verrühren. Das Fleisch einlegen und zwei Stunden marinieren.

3. Die Schnitzel herausnehmen, die Marinade abstreifen, die Schnitzel mit Salz und Pfeffer würzen und auf dem Grill garen.

4. Nach dem Wenden die Knoblauchscheiben aus der Marinade auf die Schnitzel legen.

5. Für die Spieße das Roastbeef in Würfel schneiden. Die Schalotten schälen und halbieren.

6. Die Paprikaschoten halbieren, entkernen, waschen, gut abtropfen lassen und in Stücke schneiden.

7. Das Fleisch, die Zwiebeln und die Paprikastücke abwechselnd auf die Holzspieße stecken, salzen und pfeffern und mit Olivenöl bestreichen.

8. Die Maiskolben in kochendem Salzwasser bissfest garen, herausnehmen und abtropfen lassen.

9. Die Spieße und die Bratwurstschnecken auf den Grill legen, auf beiden Seiten grillen und mit den Schnitzeln auf einer Platte dekorativ anrichten.

10. Die Maiskolben auf den Grill legen und goldbraun grillen, mit Salz würzen, mit der zerlassenen Butter bestreichen und zur Grillplatte servieren.

Unser Tipp: Buttermais

Acht zarte, frische Maiskolben unter fließendem Wasser waschen, gut abtropfen lassen und bereitstellen. Salzwasser oder Gemüsebrühe in einen Topf geben und zum Kochen bringen. Mit Zucker leicht süßen. Die Maiskolben in die Flüssigkeit geben und bei mäßiger Hitze bissfest garen. Anschließend die Maiskolben herausnehmen und gut abtropfen lassen. Butter in einer Pfanne erhitzen und die Maiskolben darin unter ständigem Wenden braten. Kräuter verlesen, waschen, abtropfen lassen, dekorativ auf Tellern anrichten, die Maiskolben darauflegen, mit Tomatenscheiben garnieren und sofort servieren.

Pfeffersteaks mit Grilltomaten

Für 4 Personen:

4 Schweinehalssteaks (à 200 g)
einige Thymian- und Majoranzweige
einige Basilikumblättchen
50 ml Olivenöl
Salz
1 EL bunte Pfefferkörner
2–3 EL Olivenöl

Für die Grilltomaten:
8 Tomaten
8 Stücke Alufolie
1 EL Olivenöl zum Bestreichen
einige Basilikumblättchen und Oreganozweige

1. Die Steaks unter fließendem Wasser waschen und trocken tupfen.

2. Die Kräuter verlesen, waschen, trocken tupfen, fein schneiden und mit dem Olivenöl in einer Schüssel vermischen.

3. Die Steaks in der Marinade wenden und im Kühlschrank einige Stunden durchziehen lassen.

4. Anschließend die Steaks herausnehmen, die Marinade abstreifen, die Steaks salzen und auf dem Grill garen.

5. Die Pfefferkörner im Mörser zerstoßen, mit dem Olivenöl verrühren und mit der restlichen Marinade auf den gegrillten Steaks verteilen.

6. Die Tomaten waschen und abtrocknen. Die Alufolie mit etwas Öl bestreichen, mit Salz und den klein geschnittenen Kräutern bestreuen.

7. Die Tomaten daraufsetzen, die Alufolien gut verschließen und die Tomaten auf dem Grill garen.

8. Die Pfeffersteaks mit den Grilltomaten dekorativ anrichten und mit Kümmeljoghurt und Kräuterbaguettes sofort servieren.

Unser Tipp: Kümmeljoghurt

300 g Joghurt in einer Schüssel verrühren. Zwei Knoblauchzehen schälen, fein hacken, mit einem Stück geschälter, fein gehackter Ingwerwurzel und einer geschälten, in feine Würfel geschnittenen Schalotte unter den Joghurt rühren. Den Saft von einer Zitrone einrühren und mit Kümmel-, Koriander- und Kardamompulver sowie Salz, Pfeffer, Cayennepfeffer und Zucker kräftig abschmecken. Einige Pfefferminzblättchen verlesen, waschen und gut abtropfen lassen. Den Kümmeljoghurt in Schälchen füllen, mit Pfefferminzblättchen belegen und bis zum Verzehr kühl aufbewahren.

Steckerlwürstchen vom Grill

Für 4 Personen:

Für den Teig:
350 ml lauwarme Milch
1 Würfel Frischhefe
1 EL Zucker
500 g Mehl
1 TL Salz

Außerdem:
8 rote Bratwürste
8 Weidenspieße
Essigwasser
Öl zum Bestreichen

1. Die lauwarme Milch in eine Schüssel geben, die Hefe hineinbröckeln, den Zucker einrühren und das Ganze zugedeckt 10–12 Minuten gehen lassen.

2. Das gesiebte Mehl in eine Schüssel geben, das Salz darüberstreuen, die Hefemilch angießen und das Ganze zu einem glatten, kompakten Teig verarbeiten.

3. Den Teig so lange schlagen, bis er Blasen wirft. Anschließend zugedeckt an einem warmen Ort zur doppelten Menge aufgehen lassen.

4. Den Teig auf einer bemehlten Arbeitsfläche kräftig durchkneten, zudecken und weitere 30 Minuten gehen lassen.

5. Die Bratwürstchen mit einem scharfen Messer an den Enden über Kreuz etwa 1–1 ½ cm tief einschneiden.

6. Den Teig auf einer bemehlten Arbeitsfläche ausrollen und große Dreiecke ausschneiden. Jedes Dreieck mit einer Bratwurst belegen und zusammenrollen.

7. Die Weidenspieße schälen, in Essigwasser kurz blanchieren, herausnehmen, mit Öl bestreichen und die Steckerlwürstchen der Länge nach daraufstecken.

8. Die Würstchen auf dem offenen Feuer unter ständigem Drehen backen. Nicht zu nahe ans Feuer legen, damit sie nicht verbrennen.

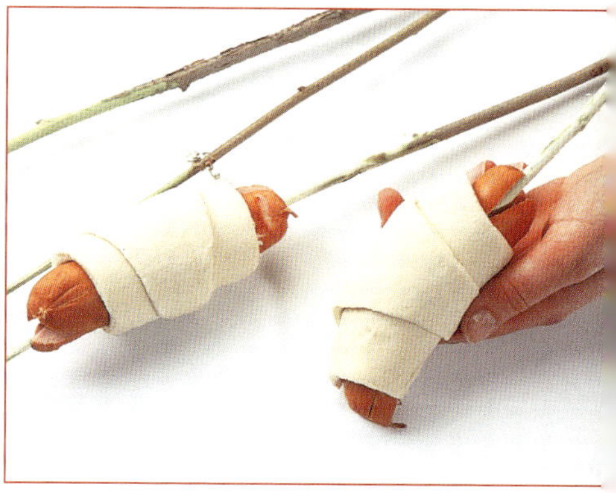

Lammgerichte – Das Beste aus aller Welt

Lammkeule auf buntem Gemüse

Für 4 Personen:

1 küchenfertige Lammkeule ohne Knochen (ca. 1,2 kg)
75 ml Olivenöl
2 Knoblauchzehen
1 EL geriebene Zitronenschale
1 TL gerebelter Rosmarin
1 EL gerebelter Majoran
1 TL gerebelter Thymian

Außerdem:
500 g Schalotten
2–3 Knoblauchzehen
500 g Karotten
1 Bund Frühlingszwiebeln
2–3 EL Butterschmalz
250 ml Weißwein
50 g frische, gemischte Kräuter (Rosmarin, Thymian, Basilikum)
Kräuterzweige zum Garnieren

1. Die küchenfertige Lammkeule unter fließendem Wasser waschen, trocken tupfen und in eine Schüssel legen.

2. Das Olivenöl mit den geschälten, fein gehackten Knoblauchzehen, der Zitronenschale, dem Rosmarin, dem Majoran und dem Thymian verrühren und die Lammkeule damit bestreichen.

3. Die Lammkeule im Kühlschrank mindestens zwei Stunden marinieren. Anschließend in einem Bräter mit dem Kräuteröl rundherum anbraten, Farbe nehmen lassen, herausnehmen und warm stellen.

4. Die Schalotten und die Knoblauchzehen schälen und je nach Größe halbieren oder vierteln.

5. Die Karotten schälen, waschen und in mundgerechte Stücke schneiden.

6. Die Frühlingszwiebeln putzen, waschen und ebenfalls in mundgerechte Stücke schneiden.

7. Das Butterschmalz ins verbliebene Bratfett geben. Die Schalotten, den Knoblauch und die Karotten hinzufügen und anschwitzen.

8. Die Frühlingszwiebeln unter das Gemüse heben, die Lammkeule auf das Gemüse setzen, in den auf 180–200 °C vorgeheizten Backofen schieben und 45–50 Minuten garen.

9. Während der Garzeit öfter mit dem Weißwein ablöschen. Kurz vor Garende die verlesenen, gewaschenen und zerpflückten Kräuter auf die Lammkeule geben und mitgaren.

10. Nach Ende der Garzeit die gekräuterte Lammkeule aus dem Ofen nehmen und in Scheiben schneiden.

11. Das bunte Gemüse mit Salz und Pfeffer würzen und dekorativ anrichten. Das Fleisch darauflegen, mit Kräuterzweigen garnieren und mit Kartoffelrosetten und fruchtigen Speckröllchen sofort servieren.

Unser Tipp: Fruchtige Speckröllchen

Olivenöl in einem Topf erhitzen. Eine Chilischote halbieren, entkernen, waschen, fein würfeln, ins Olivenöl geben, anschwitzen. Zwei Knoblauchzehen schälen, fein würfeln, ins Fett geben, kurz mitschwitzen, vom Herd nehmen und bereitstellen. Je 1 EL Sesamsamen und Korianderkörner schroten, ins Olivenöl geben und kurz ziehen lassen. Vier Tamarillos putzen, waschen und in mundgerechte Stücke schneiden. 100 g durchwachsenen, geräucherten Speck in hauchdünne Scheiben schneiden und die Tamarillostücke damit umwickeln, mit Zahnstochern feststecken und auf dem Grill oder in der Pfanne braten. Während der Garzeit öfter mit dem Gewürzöl bestreichen, herausnehmen, auf Salatblättern dekorativ anrichten und zur Lammkeule servieren.

Grünes Lammcurry

Für 4 Personen:

800 g Lammfleisch aus der Schulter
Salz, Pfeffer aus der Mühle
3 EL Sonnenblumenöl
1 Stück Ingwerwurzel
4 Knoblauchzehen
4 Schalotten
400 ml Gemüse- oder Fleischbrühe
200 ml Kokosmilch
250 g Blattspinat (TK-Produkt)
Speisestärke zum Binden
1 Prise Cayennepfeffer

Außerdem:
Kokosnussspäne zum Bestreuen
Kirschtomatenhälften zum Garnieren

1. Das Lammfleisch unter fließendem Wasser waschen, trocken tupfen und in Würfel schneiden. Mit Salz und Pfeffer kräftig würzen.

2. Das Sonnenblumenöl in einem Wok erhitzen und das Fleisch darin unter ständigem Rühren braten.

3. Die Ingwerwurzel schälen, grob raspeln, zum Fleisch geben und kurz mitbraten.

4. Die Knoblauchzehen und die Schalotten schälen, in feine Würfel schneiden, zum Fleisch geben und ebenfalls kurz mitbraten.

5. Die Gemüse- oder Fleischbrühe und die Kokosmilch angießen. Das Ganze zum Kochen bringen und bei mäßiger Hitze 50 Minuten köcheln lassen.

6. Den aufgetauten Blattspinat klein schneiden, ins Lammcurry geben und einmal aufkochen lassen. Mit etwas angerührter Speisestärke leicht binden und mit Salz, Pfeffer und Cayennepfeffer kräftig würzen.

7. Das Lammcurry dekorativ anrichten, mit Kokosnussspänen bestreuen, mit Kirschtomatenhälften garnieren und mit Reis sofort servieren.

Unser Tipp: Feines Gemüse mit Tomaten

Je 300 g Blumenkohl- und Brokkoliröschen verlesen, waschen, gut abtropfen lassen und in mundgerechte Stücke schneiden. 250 g grünen Spargel je nach Bedarf an den unteren Enden dünn schälen und in Stücke schneiden. 2–3 Zucchini putzen, waschen und grob würfeln. Je 200 g Zuckerschoten und Frühlingszwiebeln verlesen, waschen und gut abtropfen lassen. Die Frühlingszwiebeln in mundgerechte Stücke schneiden. Je ½ rote und gelbe Paprikaschote putzen, entkernen, waschen und würfeln. Etwas Gemüsebrühe in einem Topf erhitzen. Das Gemüse darin sortenweise bissfest garen, herausnehmen, gut abtropfen lassen und in eine ausgefettete Auflaufform geben. Butter in einer Pfanne erhitzen. Eine geschälte, fein gewürfelte Zwiebel ins Fett geben und glasig schwitzen. Vier Tomaten enthäuten, entkernen, fein würfeln, zu der Zwiebel geben und kurz mitschwitzen. Mit Salz, Pfeffer, Cayennepfeffer und Muskat kräftig würzen, mit Balsamicoessig und Zucker süßsäuerlich abschmecken. Die Tomaten vom Herd nehmen und mit Semmelbröseln leicht binden. Das Gemüse mit Salz, Pfeffer, Cayennepfeffer und Muskat würzen. Die Tomaten gleichmäßig darüber verteilen. Mit geriebenem Bel-Paese-Käse bestreuen und im auf 180–200 °C vorgeheizten Backofen 8–10 Minuten garen. Basilikum verlesen, waschen, gut abtropfen lassen, zerpflücken und das Gemüse damit belegen, garnieren und sofort servieren.

LAMMBRATEN PROVENCAL

FÜR 4 PERSONEN:

1,2 kg küchenfertige Lammkeule ohne Knochen
Salz, Pfeffer aus der Mühle
2 TL gerebelte Kräuter der Provence
50 g getrocknete Tomaten
1 EL grüne Pfefferkörner
Olivenöl zum Braten
1 Zwiebel
2 Knoblauchzehen
2 Lorbeerblätter
200 ml Weißwein
500 ml Gemüse- oder Fleischbrühe

Außerdem:
2 Karotten
1 Zucchini
500 g Tomaten
je zwei Zweige Rosmarin und Thymian
100 g Artischockenherzen aus der Dose
Kräuterzweige zum Garnieren

1. Die küchenfertige Lammkeule unter fließendem Wasser waschen, trocken tupfen und zum Füllen vorbereiten. Mit Salz, Pfeffer und Kräutern der Provence würzen.

2. Die Tomaten in eine Schüssel geben, heißes Wasser angießen und die Tomaten 20 Minuten einweichen.

3. Anschließend die Tomaten herausnehmen, gut abtropfen lassen, fein hacken, mit den Pfefferkörnern vermischen und die Lammkeule damit füllen.

4. Die Lammkeule aufrollen und mit Küchenschnur binden. Öl in einem Bräter erhitzen und das Fleisch darin rundherum Farbe nehmen lassen.

5. Die Zwiebel und die Knoblauchzehen schälen. Die Zwiebel fein würfeln und die Knoblauchzehen in Scheiben schneiden. Die Zwiebeln und den Knoblauch mit den Lorbeerblättern zum Fleisch geben und kurz mitbraten.

6. Mit dem Weißwein ablöschen, die Gemüse- oder Fleischbrühe angießen und die Lammkeule zugedeckt im auf 180–200 °C vorgeheizten Backofen 100–120 Minuten schmoren.

7. Die Karotten schälen, waschen, in Scheiben schneiden und 20 Minuten vor Garende zum Fleisch geben.

8. Die Zucchini putzen, waschen und in Würfel schneiden. Die Tomaten waschen, vom Strunk befreien, je nach Größe halbieren oder vierteln.

9. Mit den Zucchiniwürfeln, den Kräuterzweigen und den Artischockenherzen zum Fleisch geben und fertig schmoren.

10. Nach Ende der Garzeit die Soße nochmals nachwürzen. Die Lammkeule in Scheiben schneiden, mit der Soße und dem Gemüse dekorativ anrichten, mit Kräuterzweigen garnieren und mit einem Chutney sofort servieren.

UNSER TIPP: HIMBEERCHUTNEY

Je 100 g getrocknete Apfelscheiben, getrocknete Bananenscheiben und getrocknete Pflaumen in feine Würfel schneiden. Mit 50 g Rosinen in eine Schüssel geben. 250 ml Obstessig darüberträufeln und zugedeckt über Nacht einweichen. 1 EL Salz, 1 EL Senfkörner, ein Stück geschälte und geriebene Ingwerwurzel dazugeben, alles gut vermischen, mit 500 g Himbeeren (frisch oder TK-Produkt) und 200 g Honig in einen Topf geben. Das Ganze unter ständigem Rühren aufkochen lassen und bei mäßiger Hitze in 10–15 Minuten zu einem Mus verkochen. Das Himbeerchutney in saubere Einmachgläser füllen, gut verschließen und bis zum Verzehr kühl aufbewahren.

Lammschnitzel mit Bohnencreme

Für 4 Personen:

8 küchenfertige Lammschnitzel (à 100 g)
Salz, Pfeffer aus der Mühle
1 TL Korianderpulver
je 1 TL gerebelter Rosmarin und Thymian

Für die Füllung:
2 Schalotten
1 Knoblauchzehe
1 EL Butter
150 g Kidneybohnen aus der Dose

Außerdem:
Butterschmalz zum Braten
75 g Zitronenbutter
Basilikumblättchen zum Garnieren

1. Die Lammschnitzel unter fließendem Wasser waschen, trocken tupfen, flach klopfen, mit Salz, Pfeffer, Korianderpulver, Rosmarin und Thymian bestreuen.

2. Für die Füllung die Schalotten und die Knoblauchzehe schälen und fein würfeln. Die Butter in einer Pfanne erhitzen und die Schalotten und den Knoblauch darin anschwitzen.

3. Die gut abgetropften Kidneybohnen dazugeben und kurz mitschwitzen. Das Ganze mit Salz und Pfeffer würzen und anschließend im Mixer oder mit dem Pürierstab pürieren.

4. Die Bohnencreme gleichmäßig auf die Lammschnitzel verteilen, diese zusammenklappen und mit Rouladennadeln oder Zahnstochern zusammenstecken.

5. Das Butterschmalz in einer Pfanne erhitzen und die gefüllten Lammschnitzel darin auf beiden Seiten etwa fünf Minuten braten.

6. Die Zitronenbutter dazugeben und die Schnitzel darin kurz schwenken.

7. Die Lammschnitzel aus der Pfanne nehmen, dekorativ anrichten, mit der Zitronenbutter überziehen, mit Basilikumblättchen garnieren und mit Pfefferspaghetti sofort servieren.

Unser Tipp: Rotes Orangenchutney

500 ml Rotwein in einem Topf zum Kochen bringen. 700 g Kandiszucker dazugeben und unter ständigem Rühren so lange köcheln lassen, bis sich der Zucker vollständig aufgelöst hat. Anschließend vom Herd nehmen und erkalten lassen. 250 ml Rotweinessig und ein Stück geschälte, fein geriebene Ingwerwurzel dazugeben. Vier Orangen unter heißem Wasser abbürsten, die Schale dünn abschneiden, in feine Streifen schneiden und in den Sud geben. Acht Orangen großzügig schälen und filieren. Den Saft der vier Orangen auspressen und mit den Orangenfilets in den Sud geben. 500 g süßsäuerliche Äpfel schälen, entkernen und in feine Würfel schneiden. Mit zwei Zimtstangen, je 1 TL Piment-, Muskat- und Korianderpulver und einem kleinen Glas Preiselbeeren untermischen. Zum Kochen bringen und bei mäßiger Hitze 30–40 Minuten köcheln lassen. Das rote Orangenchutney in saubere Einmachgläser füllen, sofort verschließen und bis zum Verzehr kühl aufbewahren.

Lammtopf mit Couscous-Bällchen

Für 4 Personen:

600 g Lammschulter
1 EL geriebene Zitronenschale
1 TL Kümmel
Salz, Pfeffer aus der Mühle
1 EL Butterschmalz
1 Zwiebel
2 Knoblauchzehen
200 ml Weißwein
500 ml Gemüse- oder Fleischbrühe
je 2 Zweige Rosmarin und Thymian

Außerdem:
1 Tasse Instant-Couscous
125 ml heißes Salzwasser
1 Ei
je 1 rote, gelbe und grüne Paprikaschote
2 Zucchini
Kräuterzweige zum Garnieren

1. Die Lammschulter waschen, trocken tupfen und würfeln. Mit der Zitronenschale, Kümmel, Salz und Pfeffer kräftig würzen.

2. Das Schmalz in einem Schmortopf erhitzen und das Fleisch darin unter ständigem Rühren leicht anbraten.

3. Die Zwiebel und die Knoblauchzehen schälen, fein würfeln, zum Fleisch geben und kurz mitbraten.

4. Den Weißwein und die Brühe angießen und zum Kochen bringen.

5. Den Rosmarin und den Thymian hinzufügen und das Ganze im auf 180–200 °C vorgeheizten Backofen 50–60 Minuten schmoren.

6. In der Zwischenzeit den Instant-Couscous in eine Schüssel geben, das heiße Salzwasser angießen und den Couscous 10 Minuten quellen lassen.

7. Anschließend das Ei unterrühren, mit Salz und Pfeffer kräftig würzen. Die Masse zu Bällchen formen.

8. Die Paprikaschoten halbieren, entkernen, waschen, in Würfel oder Streifen schneiden, in den Schmortopf geben und 10 Minuten garen.

9. Die Zucchini putzen, waschen und in Scheiben schneiden. Mit den Couscous-Bällchen in den Schmortopf geben und weitere 10–15 Minuten gar ziehen lassen.

10. Den Lammtopf mit Couscous-Bällchen nachwürzen, dekorativ anrichten, mit Kräuterzweigen garnieren und mit Senfgurken sofort servieren.

Unser Tipp: Gewürzgurken

1 kg Salatgurken unter fließendem Wasser waschen, trocken tupfen, schälen, längs halbieren und das Kerngehäuse mit einem Teelöffel herausschaben. Die Gurken in 1 cm dicke Scheiben schneiden, in eine Schüssel geben, mit 1 EL Salz bestreuen und mindestens eine Stunde ziehen lassen. 500 ml Weißweinessig mit 250 ml Wasser, 1 TL Salz, 100 g Zucker, 200 g geschälten Perlzwiebeln, 2 EL Pfefferkörnern, 1 EL Pimentkörnern und fünf Lorbeerblättern in einen Topf geben. Das Ganze zum Kochen bringen und 6–8 Minuten köcheln lassen. Die Gurken unter fließendem Wasser waschen, gut abtropfen lassen, in den Sud einlegen und weitere 5–6 Minuten kochen lassen. Die Gurken in saubere Einmachgläser füllen, diese sofort verschließen und bis zum Verzehr kühl aufbewahren.

Lammragout mit Curry

Für 4 Personen:

600 g Lammschulter
Salz, Pfeffer aus der Mühle
1 TL Kümmel
1 EL geriebene Zitronenschale
2 Knoblauchzehen
1 Stück Ingwerwurzel
1 EL Butterschmalz
1 Zwiebel
5 Schalotten
2 EL Curry
100 ml Weißwein
500 ml Gemüse- oder Fleischbrühe
200 ml süße Sahne
10 g Speisestärke zum Binden

Außerdem:
4 kleine Paprikaschoten
Gemüsebrühe
einige Zweige Thymian zum Garnieren

1. Die küchenfertige Lammschulter unter fließendem Wasser waschen, trocken tupfen und in mundgerechte Würfel schneiden.

2. Mit Salz, Pfeffer, Kümmel, der Zitronenschale, den geschälten, fein gehackten Knoblauchzehen und der geschälten, geraspelten Ingwerwurzel würzen.

3. Das Butterschmalz in einem Topf erhitzen und das Fleisch darin unter ständigem Rühren anbraten.

4. Die Zwiebel und die Schalotten schälen, die Zwiebel würfeln, die Schalotten vierteln, zum Fleisch geben und kurz braten.

5. Mit Curry bestäuben, den Weißwein und die Brühe angießen und zum Kochen bringen. Das Lammragout bei mäßiger Hitze ca. 55 Minuten garen.

6. Anschließend die Sahne unter das Lammragout rühren. Das Ganze mit etwas angerührter Speisestärke leicht binden, mit Salz und Pfeffer abrunden.

7. Die Paprikaschoten halbieren, entkernen, waschen und abtropfen lassen. Vier Paprikahälften in feine Streifen schneiden, mit dem restlichen Paprikahälften in der Gemüsebrühe bissfest garen, herausnehmen und abtropfen lassen.

8. Die Paprikahälften dekorativ anrichten und die Paprikastreifen unter das Ragout rühren. Das Ragout in die Paprikahälften füllen, mit Thymian garnieren und mit bissfest gegartem Butterreis sofort servieren.

Unser Tipp: Apfel-Gurken-Relish

300 g Essiggurken würfeln und in einen Topf geben. 300 g säuerliche Äpfel schälen, entkernen und in Würfel schneiden. Eine kleine Salatgurke putzen, waschen, längs halbieren, entkernen und das Fruchtfleisch fein würfeln. 200 g Zwiebeln schälen und fein hacken, eine Peperoni halbieren, entkernen, waschen und würfeln. Alles mit zwei enthäuteten, entkernten, in Würfel geschnittenen Tomaten zu den Essiggurken geben. Je 125 ml Apfelessig, Weißwein und Apfelsaft angießen, durchrühren, mit Salz, Pfeffer, Ingwer, Curry, Senfmehl, Piment und Muskat kräftig abschmecken. Zum Schluss 300 g Gelierzucker einrühren und das Ganze bei mäßiger Hitze zum Kochen bringen. Das Apfel-Gurken-Relish unter ständigem Rühren 8–10 Minuten köcheln lassen, anschließend in dekorative Schalen oder Gläser füllen, vollständig erkalten lassen und zum weiteren Verzehr bereitstellen.

Lammgulasch mit Bohnengemüse

Für 4 Personen:

Für das Gulasch:
1,2 kg Lammgulasch
2–3 EL Butterschmalz
2 Zwiebeln, 3–4 Knoblauchzehen
2 Zweige Rosmarin
1 rote Peperoni
2–3 EL Tomatenmark
2–3 EL Mehl, 500 ml Rotwein
500 ml Gemüse- oder Fleischbrühe
2 Lorbeerblätter
einige Nelken, Pfefferkörner und Wacholderbeeren
je 2 Zweige Rosmarin und Thymian
Salz, Pfeffer aus der Mühle
1 EL Paprikapulver edelsüß

Für das Bohnengemüse:
2 EL Butter, 2 Schalotten
600 g bissfest gegarte Bohnen
1 Prise Zucker
4 EL in Butter geröstete Weißbrotbrösel

Außerdem:
Kräuterzweige zum Garnieren

1. Das Lammgulasch unter fließendem Wasser waschen und trocken tupfen. Das Schmalz in einem Bräter erhitzen und das Fleisch darin unter ständigem Rühren anbraten.

2. Die Zwiebeln und den Knoblauch schälen, fein würfeln, mit den Rosmarinzweigen zum Fleisch geben und kurz mitbraten.

3. Die Peperoni putzen, halbieren, entkernen, waschen, klein schneiden und mitschwitzen. Das Tomatenmark einrühren und kurz rösten.

4. Mit Mehl bestäuben, den Rotwein und die Brühe angießen und das Ganze einmal aufkochen lassen.

5. Die Lorbeerblätter, die Nelken, die Pfefferkörner und die Wacholderbeeren mit dem verlesenen Rosmarin und Thymian in ein Gewürzsäckchen geben und in das Gulasch legen.

6. Das Gulasch mit Salz, Pfeffer und Paprikapulver kräftig würzen und im auf 180–200 °C vorgeheizten Backofen zugedeckt 70–80 Minuten schmoren lassen.

7. Für das Bohnengemüse die Butter in einem Topf erhitzen und die geschälten und in feine Würfel geschnittenen Schalotten darin anschwitzen.

8. Die Bohnen hinzufügen und erhitzen, mit Salz, Pfeffer aus der Mühle und Zucker kräftig abschmecken.

9. Nach Ende der Garzeit das Lammgulasch dekorativ anrichten. Das Bohnengemüse dazugeben, mit den gerösteten Weißbrotbröseln bestreuen, mit Kräuterzweigen garnieren und mit Salzkartoffeln sofort servieren.

Lammragout mit Frühlingszwiebeln

Für 4 Personen:

800 g Lammfleisch aus der Keule
Salz, Pfeffer aus der Mühle
1 TL Ingwerpulver
Butterschmalz zum Braten
3 Zwiebeln
3 Knoblauchzehen
50 g Tomatenmark
1 Becher Joghurt
1 EL Garam Masala
1 EL Paprikapulver edelsüß
1 Stück Ingwerwurzel
1 EL geschrotete Korianderkörner
800 ml Gemüse- oder Fleischbrühe
2 Lorbeerblätter
1 Bund Frühlingszwiebeln
Speisestärke zum Binden

Außerdem:
Ingwerstreifen zum Bestreuen
Noan-Brote (Fertigprodukt)

1. Das küchenfertige Lammfleisch unter fließendem Wasser waschen, trocken tupfen, in Würfel schneiden und mit Salz, Pfeffer und Ingwerpulver kräftig würzen.

2. Das Butterschmalz in einem Wok erhitzen und das Fleisch darin unter ständigem Rühren braten.

3. Die Zwiebeln und die Knoblauchzehen schälen, fein würfeln, zum Fleisch geben und kurz mitbraten.

4. Das Tomatenmark und den Joghurt unterrühren. Mit Garam Masala, Paprikapulver, der geschälten und fein gehackten Ingwerwurzel und den geschroteten Korianderkörnern würzen.

5. Die Gemüse- oder Fleischbrühe angießen, die Lorbeerblätter dazugeben und das Ganze zum Kochen bringen. Bei mäßiger Hitze 60–70 Minuten schmoren lassen.

6. Die Frühlingszwiebeln putzen, waschen, in mundgerechte Stücke schneiden, in das Ragout geben und weitere 15 Minuten garen.

7. Das Lammragout mit etwas angerührter Speisestärke leicht binden und mit Salz, Pfeffer und Ingwerpulver nochmals nachwürzen. Das Ragout dekorativ anrichten, mit Ingwerstreifen bestreuen und mit Noan-Broten (Fertigprodukt) oder selbst gebackenen indischen Hefebroten sofort servieren.

Unser Tipp: Indisches Hefebrot

Einen Würfel zerbröckelte Frischhefe mit 1 EL Zucker und 150 ml warmem Wasser verrühren und zugedeckt an einem warmen Ort zur doppelten Menge aufgehen lassen. 500 g gesiebtes Weizenmehl (Type 405), einen gehäuften TL Salz, 2–3 EL Olivenöl und 150 g Joghurt dazugeben und alles kräftig verkneten. Zugedeckt an einem warmen Ort nochmals gehen lassen. Den Teig auf einer bemehlten Arbeitsfläche durchkneten und anschließend in acht bis zehn gleich große Stücke teilen. Diese zu Kugeln formen, tropfenförmig ausrollen und mit einer Gabel einstechen. Die Teigstücke auf ein mit Backpapier belegtes Backblech legen und im auf 200 °C vorgeheizten Backofen 25–30 Minuten backen. Die indischen Hefebrote aus dem Ofen nehmen, erkalten lassen, dekorativ anrichten und servieren.

Geschmorte Lammschulter

Für 4 Personen:

1 kg Lammschulter ohne Knochen
Salz, Pfeffer aus der Mühle
3 Knoblauchzehen
je 2 Zweige Rosmarin und Thymian
2 EL Olivenöl
1 Zwiebel
2 Karotten
1 Stück Sellerie
2 Lorbeerblätter
je 1 TL Wacholderbeeren, Pfefferkörner und Korianderkörner
2 EL Paprikamark (aus dem Glas)
300 ml Rotwein
300 ml Gemüse- oder Fleischbrühe
dunkler Soßenbinder

Außerdem:
Kräuterzweige zum Garnieren

1. Die küchenfertige Lammschulter unter fließendem Wasser waschen, trocken tupfen und mit Salz und Pfeffer kräftig würzen. Das Fleisch mit einer Küchenschnur binden und in Form bringen.

2. Die Knoblauchzehen schälen, fein hacken, die Kräuter verlesen, waschen und ebenfalls fein hacken. Das Fleisch mit dem Knoblauch und den Kräutern einreiben.

3. Das Olivenöl in einem Bräter erhitzen und das Fleisch darin rundherum Farbe nehmen lassen. Die Zwiebel schälen, fein würfeln, zum Fleisch geben und kurz mitbraten.

4. Die Karotten und den Sellerie putzen, schälen, würfeln, zum Fleisch geben und ebenfalls kurz mitbraten.

5. Die Lorbeerblätter, die Wacholderbeeren, die Pfefferkörner und die Korianderkörner dazugeben und das Paprikamark einrühren.

6. Mit Rotwein ablöschen und die Gemüse- oder Fleischbrühe angießen. Das Ganze zum Kochen bringen und in dem auf 180 °C vorgeheizten Backofen 80 Minuten schmoren lassen.

7. Die Lammschulter aus der Soße nehmen und warm stellen. Die Soße durch ein Sieb streichen, erneut erhitzen und mit Soßenbinder binden.

8. Die Lammschulter in Scheiben schneiden, mit der Soße dekorativ anrichten, mit Kräuterzweigen garnieren, mit geschmolzenen Tomaten, Speckböhnchen und Bandnudeln oder Kräuterspätzle sofort servieren.

Unser Tipp: Hausgemachte Kräuterspätzle

500 g Spätzlemehl mit 250 ml Wasser, sechs Eiern, einer Prise Salz und einer Prise Muskat in eine Schüssel geben und zu einem glatten Teig verarbeiten. Den Teig mit dem Kochlöffel so lange schlagen, bis er Blasen wirft. Salzwasser in einem Topf zum Kochen bringen. Portionsweise den Teig mithilfe des Spätzlehobels in das Wasser hobeln. Die an der Oberfläche schwimmenden Spätzle mit einer Schaumkelle herausnehmen, gut abtropfen lassen und in kaltem Wasser abschrecken. Die Spätzle aus dem kalten Wasser nehmen, gut abtropfen lassen und möglichst breitflächig auf ein sauberes Küchentuch zum Abtrocknen geben. Zum Servieren Butter in einer großen Pfanne erhitzen, die Spätzle darin anschwenken, mit Salz, weißem Pfeffer und Muskat nochmals würzen. 1 Tasse gemischte, gehackte Kräuter (Basilikum, Kresse, Petersilie, Minze) verlesen, waschen und fein hacken, zu den Spätzle geben und durchschwenken. Die hausgemachten Spätzle dekorativ anrichten, mit Kräuterzweigen garnieren und sofort servieren.

Lammwürfel mit Blumenkohl

Für 4 Personen:

800 g Lammfleisch aus der Keule
Salz, Pfeffer aus der Mühle
2 TL geschroteter Koriander
1 TL geschrotete Pfefferkörner
Butterschmalz zum Braten
2 Zwiebeln
2 Knoblauchzehen
1 TL Ingwerpulver
½ TL Chilipulver
1 EL geriebene Zitronenschale
800 ml Gemüse- oder Fleischbrühe
dunkler Soßenbinder

Außerdem:
1 Kopf Blumenkohl
Salzwasser oder Gemüsebrühe
Petersilienzweige zum Garnieren

1. Das Lammfleisch unter fließendem Wasser waschen, in grobe Würfel schneiden, mit Salz, Pfeffer, den geschroteten Koriander- und Pfefferkörnern würzen.

2. Das Butterschmalz in einem Bräter erhitzen und die Fleischwürfel darin rundherum Farbe nehmen lassen. Die Zwiebeln und die Knoblauchzehen schälen, fein würfeln, zum Fleisch geben und mitbraten.

3. Mit Ingwerpulver, Chilipulver und der geriebenen Zitronenschale bestreuen. Die Gemüse- oder Fleischbrühe angießen und zum Kochen bringen.

4. Den Bräter verschließen und das Fleisch im auf 180 °C vorgeheizten Backofen 80 Minuten schmoren lassen.

5. Den Bräter aus dem Ofen nehmen und auf den Herd stellen. Die Soße zum Kochen bringen, mit dunklem Soßenbinder binden und nochmals nachwürzen.

6. Den Blumenkohl putzen, die Röschen ausbrechen, nach Bedarf klein schneiden und waschen.

7. Salzwasser oder Gemüsebrühe in einem Topf zum Kochen bringen und den Blumenkohl darin bissfest garen.

8. Die Lammwürfel mit der Soße dekorativ anrichten, den Blumenkohl darauf verteilen, mit Petersilienzweigen garnieren und mit einer Wildreismischung oder gebratenem Reis sofort servieren.

Unser Tipp: Gebratener Reis

300 g Thai-Reis in Salzwasser oder Gemüsebrühe bissfest garen, abgießen und gut abtropfen lassen. 3 EL Sesamöl in einer Pfanne erhitzen. Eine Zwiebel und zwei Knoblauchzehen schälen, fein würfeln, in Fett geben und glasig schwitzen. Eine Chilischote und eine rote Paprikaschote halbieren, entkernen, waschen, in feine Streifen schneiden, mit zwei geputzten, gewaschenen und klein geschnittenen Frühlingszwiebeln zu den Knoblauchzwiebeln geben und kurz mitdünsten. 100 ml Sojasoße, 2 EL Austern- und 2 EL Hoisinsoße einrühren. Mit Fünfgewürzpulver, Salz, Pfeffer und Cayennepfeffer abschmecken und bei mäßiger Hitze 5–6 Minuten köcheln lassen. 100 g eingeweichte, gemischte chinesische Pilze nach Bedarf klein schneiden, zum Gemüse geben und kurz mitschwitzen. 4 EL Erdnussöl in der Pfanne erhitzen und den Reis darin unter ständigem Rühren kräftig braten. Das Gemüse unter den Reis heben, nochmals kurz durchschwenken, kräftig abschmecken, dekorativ anrichten, mit Blattpetersilie garnieren und sofort

Lammkeule aus dem Bratschlauch

Für 4 Personen:

1,2 kg Lammkeule ohne Knochen
Salz, Pfeffer aus der Mühle
1 Apfel
2 Zwiebeln
50 g getrocknete Äpfel
1–2 Zweige Rosmarin
1–2 Zweige Thymian
200 ml Weißwein
300 ml Gemüse- oder Fleischbrühe
1 entsprechend großes Stück Bratschlauch

Außerdem:
1–2 EL Zuckerrübensirup
dunkler Soßenbinder
Kräuterzweige zum Garnieren

1. Die küchenfertige Lammkeule unter fließendem Wasser waschen, trocken tupfen, mit Salz und Pfeffer würzen, zusammenrollen und mit Küchenschnur binden.

2. Den Apfel schälen, entkernen und in Würfel schneiden. Die Zwiebeln schälen und fein würfeln.

3. Die getrockneten Äpfel in Würfel schneiden. Die Kräuter verlesen, waschen und fein hacken.

4. Den Weißwein und die Gemüse- oder Fleischbrühe mischen. Den Braten in ein entsprechend großes Stück Bratschlauch geben und diesen an einem Ende zubinden.

5. Den Apfel, die Zwiebeln, die getrockneten Äpfel und die Kräuter zum Fleisch geben.

6. Ein Drittel der Flüssigkeit hinzufügen und das andere Ende des Bratschlauches gut verschließen.

7. Den Bratschlauch oben mit einer Nadel mehrmals einstechen und das Fleisch im auf 180–200 °C vorgeheizten Backofen 80–90 Minuten garen.

8. Nach Ende der Garzeit den Bratschlauch öffnen, die Soße in einen Topf gießen und das Fleisch warm stellen.

9. Die restliche Flüssigkeit und den Zuckerrübensirup dazugeben, kräftig durchkochen und die Soße im Mixer oder mit dem Pürierstab pürieren. Anschließend mit etwas dunklem Soßenbinder leicht binden.

10. Das Fleisch in Scheiben schneiden, mit der Soße dekorativ anrichten, mit Kräuterzweigen garnieren und mit Bohnengemüse oder einem Fenchel-Möhren-Salat und Kartoffelrosetten sofort servieren.

Unser Tipp: Fenchel-Möhren-Salat

Zwei Fenchelknollen putzen, waschen, den Strunk herausschneiden und den Fenchel in feine Streifen schneiden. Gemüse- oder Fleischbrühe in einem Topf erhitzen, den Fenchel darin blanchieren, herausnehmen, gut abtropfen lassen und in eine Schüssel geben. 200 g gemischte Blattsalate verlesen, waschen, gut abtropfen lassen, in mundgerechte Stücke zerpflücken und zum Fenchel geben. Zwei Karotten schälen, waschen und in feine Streifen schneiden. Vier Frühlingszwiebeln putzen, waschen und in feine Scheiben schneiden, beides zum Salat geben. 250 g Schafskäse in Stücke schneiden, mit 100 g entsteinten schwarzen Oliven unter den Salat mischen. Für das Dressing 250 g Joghurt mit 4 cl Ouzo, 2 EL Olivenöl und dem Saft von einer Zitrone verrühren. Mit Salz, Pfeffer und Honig würzen. Den Salat mit dem Dressing anmachen, nachwürzen, dekorativ anrichten, mit Kräuterzweigen garnieren und servieren.

Lammcurry mit Kokos

Für 4 Personen:

600 g Lammschulter
Salz, Pfeffer aus der Mühle
1 TL Ingwerpulver
1 TL Fünfgewürzpulver
1 TL gemahlener Kreuzkümmel
2–3 EL Butterschmalz
3 Zwiebeln
1 Stück Ingwerwurzel
2–3 Knoblauchzehen
1 rote Chilischote
2 EL Curry
100 ml Reiswein
300 ml Kokosmilch
300 ml Gemüsebrühe
Sojasoße zum Abrunden

Außerdem:
Zitronenmelisseblättchen zum Garnieren

1. Die küchenfertige Lammschulter unter fließendem Wasser waschen, trocken tupfen und in mundgerechte Würfel schneiden. Mit Salz, Pfeffer, Ingwer, Fünfgewürzpulver und Kreuzkümmel kräftig würzen.

2. Das Butterschmalz in einem Topf erhitzen und das Lammfleisch darin rundherum Farbe nehmen lassen.

3. Die Zwiebeln schälen und fein würfeln. Die Ingwerwurzel schälen und fein hacken.

4. Die Knoblauchzehen schälen und hacken. Mit dem Ingwer und den Zwiebeln zum Fleisch geben und kurz mitbraten.

5. Die Chilischote putzen, halbieren, entkernen, waschen, fein schneiden, zum Fleisch geben und kurz mitbraten. Das Ganze anschließend mit Curry bestäuben.

6. Mit dem Reiswein ablöschen, die Kokosmilch und die Gemüsebrühe angießen, zum Kochen bringen und das Fleisch bei mäßiger Hitze 60–65 Minuten köcheln lassen.

7. Nach Ende der Garzeit das Lammcurry mit Salz, Pfeffer, Ingwer, Fünfgewürzpulver und Kreuzkümmel nochmals kräftig nachwürzen und mit der Sojasoße abrunden.

8. Das Lammcurry mit Kokos dekorativ anrichten, mit Zitronenmelisseblättchen garnieren und sofort servieren. Zum Kokoslamm passt sehr gut ein Gemüse von roten Linsen.

Unser Tipp: Masoor Dal – Rote-Linsen-Gemüse

200 g rote Linsen unter fließendem Wasser waschen, in eine Schüssel geben, Wasser angießen und die Linsen eine Stunde einweichen. Eine Karotte schälen und in feine Würfel schneiden. Eine Zwiebel und drei Knoblauchzehen schälen und in feine Scheiben schneiden. Butterschmalz in einer Pfanne erhitzen, die Karotte, die Zwiebel und den Knoblauch darin anschwitzen. Eine kleine Stange Lauch putzen, waschen und in Scheiben schneiden. Zum Gemüse geben und kurz mitschwitzen. Die Linsen abgießen, gut abtropfen lassen, zum Gemüse geben und kurz mitdünsten. 500 ml Gemüse- oder Fleischbrühe angießen und das Ganze bei mäßiger Hitze 15–20 Minuten garen. Zwei Chilischoten halbieren, entkernen, waschen, gut abtropfen lassen und fein würfeln. 1 EL Kurkuma, zwei Lorbeerblätter und 2 TL Kreuzkümmel dazugeben. Zwei enthäutete, entkernte und in Würfel geschnittene Tomaten unter die Linsen heben. ½ Bund Korianderblätter verlesen, waschen, klein schneiden, untermischen und fertig garen. Das Linsengemüse mit Salz und Pfeffer würzen, dekorativ anrichten, mit Kräuterzweigen garnieren und sofort servieren.

Lammbällchen mit Joghurtsosse

Für 4 Personen:

800 g Lammhack
1 Zwiebel
2 Knoblauchzehen
1 TL Garam Masala
1 TL Cayennepfeffer
½ Bund Koriander
1 Ei, 2 EL Mehl
Salz, Pfeffer aus der Mühle
Butterschmalz zum Braten

Für die Soße:
1 Zwiebel, 2 Knoblauchzehen
1 EL Erdnussöl
2 Becher Joghurt
1 TL Ingwerpulver
Saft von 1 Limette
2 EL Ingwersirup

Außerdem:
Kräuterzweige zum Garnieren

1. Das Lammhack in eine Schüssel geben. Die Zwiebel und die Knoblauchzehen schälen, fein würfeln, mit dem Garam Masala, dem Cayennepfeffer, dem verlesenen, gewaschenen und fein gehackten Koriander, dem Ei und dem Mehl zum Fleisch geben.

2. Das Ganze zu einer glatten Masse verarbeiten, mit Salz und Pfeffer kräftig würzen und Bällchen daraus formen.

3. Reichlich Butterschmalz in einem Wok erhitzen, die Lammbällchen darin ausbacken, herausnehmen und warm stellen.

4. Für die Soße die Zwiebel und die Knoblauchzehen schälen und fein würfeln. Das Erdnussöl in einer Pfanne erhitzen und die Zwiebel- und Knoblauchwürfel darin anschwitzen.

5. Die Knoblauchzwiebeln vom Herd nehmen, erkalten lassen, mit dem Joghurt, dem Ingwerpulver, dem Limettensaft und dem Ingwersirup in eine Schüssel geben und alles gut verrühren.

6. Die Soße mit Salz und Pfeffer würzen, mit den Lammbällchen dekorativ anrichten, mit Kräuterzweigen garnieren und mit gebratenen Zucchinischeiben sofort servieren.

Unser Tipp: Käsenudeln mit Gemüse

300 g Makkaroni in Salzwasser bissfest garen, abgießen, abschrecken und gut abtropfen lassen. Olivenöl in einer Pfanne erhitzen. Eine Zwiebel und zwei Knoblauchzehen schälen, fein würfeln, ins Fett geben und glasig schwitzen. Einen Bund Frühlingszwiebeln putzen und in Scheiben schneiden. Zu den Knoblauchzwiebeln geben und kurz mitschwitzen. Je 100 ml Weißwein und Gemüsebrühe angießen. Die Makkaroni, vier enthäutete, entkernte und in Stücke geschnittene Tomaten dazugeben, durchschwenken, erhitzen, mit Salz, Pfeffer und Cayennepfeffer würzen. Die Nudeln in eine ausgefettete Auflaufform füllen, mit 200 g geriebenem Butterkäse bestreuen und in dem auf 180–200 °C vorgeheizten Backofen 12–15 Minuten überbacken. Die Käsenudeln herausnehmen, dekorativ anrichten, mit Kräuterzweigen garnieren und sofort servieren.

Gefüllte Lammbrust

Für 4 Personen:

1,2 kg Lammbrust ohne Knochen
Salz, Pfeffer aus der Mühle
1-2 Knoblauchzehen
je 2 Zweige Thymian und Rosmarin

Für die Füllung:
150 g Ebly-Weichweizen
Salzwasser
50 g Speck, 1 Zwiebel
1 EL Butter
30 g getrocknete Tomaten
15 g getrocknete Steinpilze
200 ml heiße Gemüsebrühe
1 Ei
1-2 EL Semmelbrösel
1-2 EL gehackte Petersilie

Für die Soße:
2-3 EL Butterschmalz
5 Schalotten
250 ml Rotwein
400 ml Gemüse- oder Fleischbrühe
Speisestärke zum Binden
125 g Crème fraîche

Außerdem:
Rosmarin und Basilikum zum Garnieren

1. Die küchenfertige Lammbrust unter fließendem Wasser waschen, trocken tupfen und zum Füllen vorbereiten. Mit Salz und Pfeffer kräftig würzen.

2. Die Knoblauchzehen schälen und fein hacken. Den Thymian und den Rosmarin verlesen und klein schneiden. Mit dem Knoblauch vermischen und die Lammbrust damit innen und außen würzen.

3. Für die Füllung den Ebly-Weichweizen in Salzwasser bissfest garen, herausnehmen und gut abtropfen lassen. Den Speck in Würfel schneiden, die Zwiebel schälen und würfeln.

4. Die Butter in einer Pfanne erhitzen, den Speck darin auslassen, die Zwiebel dazugeben und glasig schwitzen.

5. Die getrockneten Tomaten und die Steinpilze klein schneiden, in eine Schüssel geben, mit der heißen Gemüsebrühe übergießen und 10 Minuten ziehen lassen.

6. Die Tomaten und die Steinpilze aus der Flüssigkeit nehmen, mit dem Ei, den Semmelbröseln und der gehackten Petersilie, den Speckzwiebeln und dem Ebly in einer Schüssel vermischen. Mit Salz und Pfeffer würzen und in die Lammbrust füllen.

7. Die Lammbrust mit Küchenschnur binden. Das Butterschmalz in einem Bräter erhitzen und die Lammbrust darin Farbe nehmen lassen.

8. Die Schalotten schälen und fein schneiden, zur Lammbrust geben und kurz mitschwitzen. Mit Rotwein ablöschen, die Gemüse- oder Fleischbrühe angießen und das Fleisch im auf 180–200 °C vorgeheizten Backofen etwa 90 Minuten garen.

9. Nach Ende der Garzeit die Lammbrust herausnehmen und warm stellen. Die Soße mit etwas angerührter Speisestärke leicht binden und die Crème fraîche einrühren.

10. Die Soße mit Salz und Pfeffer abrunden. Die Lammbrust in Scheiben schneiden, mit der Soße dekorativ anrichten, mit Rosmarin und Basilikum garnieren und mit einem Tomaten-Zucchini-Gemüse oder Bayerisch Kraut sofort servieren.

Unser Tipp: Bayerisch Kraut

Einen Kopf Weißkohl putzen und den Strunk herausschneiden. Die Blätter waschen, abtropfen lassen und in feine Streifen schneiden. Das Kraut in eine Schüssel geben, mit Salz bestreuen und so lange kneten, bis das Kraut weich ist. 200 g durchwachsenen, geräucherten Speck in feine Würfel schneiden. Olivenöl in einer Pfanne erhitzen und den Speck darin auslassen. 1 TL Kümmel dazugeben. Eine Zwiebel und 400 g Kartoffeln schälen, würfeln, zum Speck geben und kurz mitbraten. Das Kraut hinzufügen, ebenfalls kurz braten. 750 ml Gemüse- oder Fleischbrühe angießen und einmal aufkochen lassen. Mit Salz, Pfeffer, Muskat, Cayennepfeffer und Zucker abschmecken und zugedeckt bei mäßiger Hitze 20–25 Minuten garen.

Lammrücken mit Kräuterkruste

Für 4 Personen:

1,5 kg Lammrücken mit Knochen
Salz, Pfeffer aus der Mühle
2–3 EL Olivenöl
2–3 Knoblauchzehen
je 2 Zweige Rosmarin, Pfefferminze und Majoran

Für die Kräuterkruste:
8 Scheiben trockenes Weißbrot
60 g weiche Butter
75 g geriebener Parmesankäse
2 Knoblauchzehen
50 g gemischte Kräuter (Petersilie, Rosmarin, Oregano, Pfefferminze, Thymian)

Außerdem:
Kräuterzweige zum Garnieren

1. Den küchenfertigen Lammrücken unter fließendem Wasser waschen, trocken tupfen, mit Salz und Pfeffer kräftig würzen.

2. Das Olivenöl in eine Schüssel geben. Die Knoblauchzehen schälen und fein hacken.

3. Die verlesenen, gewaschenen und klein geschnittenen Kräuter mit dem Knoblauch zum Öl geben und verrühren.

4. Den Lammrücken damit bestreichen und im auf 180–200 °C vorgeheizten Backofen auf allen Seiten in 10–15 Minuten Farbe nehmen lassen.

5. Das Weißbrot fein reiben, mit der weichen Butter, dem Parmesankäse, den geschälten und fein gehackten Knoblauchzehen und den verlesenen, gewaschenen und klein geschnittenen Kräutern in einer Schüssel verrühren.

6. Den Lammrücken damit bestreichen und bei 180 °C weitere 10–15 Minuten garen.

7. Nach Ende der Garzeit den Lammrücken herausnehmen, in Stücke schneiden und dekorativ anrichten. Mit Kräuterzweigen garnieren und mit gebratenen Kirschtomaten, Knoblauchbaguette und Kürbis-Orangen-Gelee mit Ingwer sofort servieren.

Unser Tipp: Kürbis-Orangen-Gelee mit Ingwer

600 g Kürbisfruchtfleisch unter fließendem Wasser waschen, trocken tupfen, in Würfel schneiden, mit 100 ml Weißwein in einen Topf geben und zum Kochen bringen. 100 g Ingwerwurzel schälen, fein raspeln, mit zwei geschälten, gewürfelten Orangen zum Kürbis geben und bei mäßiger Hitze 10–15 Minuten köcheln lassen. Anschließend im Mixer oder mit dem Pürierstab pürieren. In einen Topf geben und mit etwa 400 ml Orangensaft auf einen Liter auffüllen. Den Saft von einer Zitrone und 2 EL geriebene Orangenschale einrühren und 1 kg Gelierzucker untermischen. Unter ständigem Rühren zum Kochen bringen und 3–4 Minuten sprudelnd kochen lassen. Das Kürbis-Orangen-Gelee mit Ingwer in saubere, mit heißem Wasser ausgespülte Einmachgläser füllen, verschließen und bis zum Verzehr kühl stellen.

Gekräuterte Lammkrone mit Peperonata

Für 4 Personen:

1,6 kg Lammrücken (vom Metzger längs zur Krone teilen lassen)
Salz
Pfeffer aus der Mühle
2 Knoblauchzehen
1 TL Salz
50 g Butterschmalz
2–3 EL mittelscharfer Senf
1 EL gerebelter Thymian
1 EL gerebelter Rosmarin
1 EL gerebelter Salbei
1 EL gerebelter Majoran
Fett zum Braten
500 ml Rotwein

1. Den Lammrücken unter fließendem Wasser waschen, trocken tupfen und die Fettschicht (den Deckel) mit einem scharfen Messer entlang des Rückens auf beiden Seiten abschneiden.

2. Die Rippen am Oberteil mit einem scharfen Messer einschneiden und das Fleisch dazwischen entfernen. Das restliche Fleisch von den Rippen schaben.

3. Anschließend den Lammrücken auf den Rücken drehen und die Sehnen und Fettschichten abschneiden.

4. Zwischen den Kotelettknochen mit einem Messer gut einschneiden, damit sich der Rücken biegen lässt.

5. Den Lammrücken zu einer Krone zusammenrollen und mit Küchenschnur binden. Die Lammkrone mit Salz und Pfeffer kräftig würzen.

6. Die Knoblauchzehen schälen, hacken und mit Salz zu einer Paste zerreiben. Mit dem zerlassenen Butterschmalz, dem Senf, dem Thymian, dem Rosmarin, dem Salbei und dem Majoran vermischen und das Fleisch damit bestreichen.

7. Die Lammkrone im Kühlschrank mindestens 2–3 Stunden marinieren.

8. Anschließend etwas Fett in einem Bräter erhitzen, die Lammkrone einsetzen und im auf 180–200 °C vorgeheizten Backofen 30–35 Minuten braten. Während der Garzeit öfter mit Rotwein ablöschen.

9. Die Lammkrone herausnehmen, auf der Peperonata dekorativ anrichten und sofort servieren.

Unser Tipp: Peperonata

Zwei Zwiebeln schälen und in feine Würfel schneiden. Je zwei rote und gelbe Paprikaschoten halbieren, entkernen, waschen und würfeln. 2 EL Olivenöl in einem Topf erhitzen. Zwei geschälte, gehackte, mit Salz zerriebene Knoblauchzehen, die Zwiebeln und die Paprikaschoten dazugeben und alles 5–6 Minuten zugedeckt dünsten. Zwei Zucchini waschen, in Stücke schneiden, dazugeben und weitere fünf Minuten dünsten. 500 g Tomaten enthäuten, entkernen, in Würfel schneiden, zum Gemüse geben und weitere fünf Minuten mitdünsten. Mit Zitronensaft beträufeln, mit Oregano, Basilikum, Aceto balsamico, Salz, Pfeffer, Zucker und Cayennepfeffer kräftig würzen. Die Peperonata fertig garen, dekorativ anrichten und zur Lammkrone servieren.

9000/14
MADE IN
GERMANY
1.4116 x 45
GOURMET

Currylamm mit Kartoffelflan und Spargel

Für 4 Personen:

500 g weißer Spargel
500 g grüner Spargel
Salzwasser oder Gemüsebrühe
1-2 EL Butter
½ Zitrone

Für den Kartoffelflan:
400 g gekochte Kartoffeln
50 ml süße Sahne, 4 Eier
Salz, Pfeffer aus der Mühle
1 Prise Muskat
1 Prise Cayennepfeffer
30 g gemischte, frische Kräuter
(Estragon, Majoran, Kerbel)
Butter für die Förmchen

Für das Lamm:
800 g Lammrückenfilet
2-3 EL Butterschmalz
½ TL Korianderpulver

Für die Soße:
300 ml Spargelfond
200 ml süße Sahne
1-2 EL Curry
2-3 EL Mangochutney
Speisestärke zum Binden
2-3 EL Butter, 2-3 Schalotten
3-4 Tomaten

Außerdem:
Kräuterzweige zum Garnieren

1. Den weißen und den grünen Spargel dünn schälen und die unteren Enden abschneiden. Salzwasser oder Gemüsebrühe mit der Butter und der Zitronenhälfte in einem Topf zum Kochen bringen.

2. Den Spargel darin sortenweise bissfest garen, herausnehmen, gut abtropfen lassen und warm stellen.

3. Für den Kartoffelflan die Kartoffeln pellen und durch die Kartoffelpresse treiben. Mit der Sahne und den Eiern in einer Schüssel glatt rühren.

4. Mit Salz, Pfeffer, Muskat und Cayennepfeffer würzen und die verlesenen, gewaschenen und fein gehackten Kräuter untermischen.

5. Flanförmchen ausfetten und die Masse einfüllen. Ein Wasserbad im auf 180 °C vorgeheizten Backofen erhitzen. Die Förmchen einsetzen und bei 160 °C 20–25 Minuten garen.

6. Das Lammrückenfilet unter fließendem Wasser waschen und trocken tupfen. Butterschmalz in einer Pfanne erhitzen und das Filet darin anbraten.

7. Mit Salz, Pfeffer und Koriander würzen und im auf 180 °C vorgeheizten Backofen 8–10 Minuten garen. Das Lammfilet soll innen noch zart rosa sein.

8. Für die Soße 300 ml Spargelfond mit der Sahne, dem Curry und dem Mangochutney in einen Topf geben und zum Kochen bringen.

9. Mit etwas angerührter Speisestärke leicht binden, mit Salz, Pfeffer und Cayennepfeffer würzen.

10. Die Butter in einer Pfanne erhitzen. Die Schalotten schälen, würfeln, ins Fett geben und glasig schwitzen.

11. Die enthäuteten, entkernten und in Würfel geschnittenen Tomaten dazugeben und kurz anbraten. Mit Salz, Pfeffer und Cayennepfeffer würzen.

12. Die Currysoße auf heiße Teller geben. Das in Stücke geschnittene Lammfilet, den grünen und den weißen Spargel mit dem Kartoffelflan dekorativ auf der Soße anrichten.

13. Zum Schluss den Spargel mit den geschmolzenen Tomaten überziehen, das Ganze mit Kräuterzweigen garnieren und sofort servieren.

Lammkeule mit Schmorgemüse

Für 4 Personen:

1 küchenfertige Lammkeule
(ca. 2 kg mit Knochen)
Salz, Pfeffer aus der Mühle
2–3 EL Butterschmalz

Für die Soße:
1–2 Zwiebeln
6–8 Knoblauchzehen
2 Karotten
1 Stück Sellerie
1–2 EL Tomatenmark
200 ml Rotwein
300 ml Gemüse- oder Fleischbrühe
1 Dose geschälte Tomaten
75 g getrocknete Tomaten
je 1 Zweig Rosmarin, Thymian und Majoran
½ Zitrone
Speisestärke zum Binden

Außerdem:
Kräuterzweige zum Garnieren

1. Die Lammkeule unter fließendem Wasser waschen und trocken tupfen. Zuerst den Schlossknochen aus der Lammkeule herausschneiden.

2. Anschließend die Lammkeule auf ein Brett legen und die beiden Gelenkknochen auslösen.

3. Die Keule mit Salz und Pfeffer kräftig würzen, zusammenklappen und mit Küchenschnur binden.

4. Das Butterschmalz in einem Bräter erhitzen und die Lammkeule darin rundherum Farbe nehmen lassen. Die Knochen dazugeben und mitbraten.

5. Die Zwiebeln, die Knoblauchzehen, die Karotten und den Sellerie schälen, in grobe Stücke schneiden, zum Fleisch geben und kurz mitbraten.

6. Das Tomatenmark einrühren. Mit dem Rotwein ablöschen und die Gemüse- oder Fleischbrühe angießen.

7. Die geschälten und die klein geschnittenen getrockneten Tomaten dazugeben und das Ganze in dem auf 180–200 °C vorgeheizten Backofen 60–70 Minuten schmoren lassen.

8. Die Kräuter verlesen, waschen und klein schneiden. Die Zitrone unter heißem Wasser waschen und klein schneiden. 20 Minuten vor Garende Kräuter und Zitrone in die Soße geben.

9. Nach Ende der Garzeit die Lammkeule aus dem Ofen nehmen. Die Küchenschnur entfernen und die Knochen aus der Soße nehmen.

10. Die Soße mit etwas angerührter Speisestärke leicht binden und mit Salz und Pfeffer abrunden. Die Lammkeule mit der Gemüsesoße dekorativ anrichten, mit Kräuterzweigen garnieren und sofort servieren.

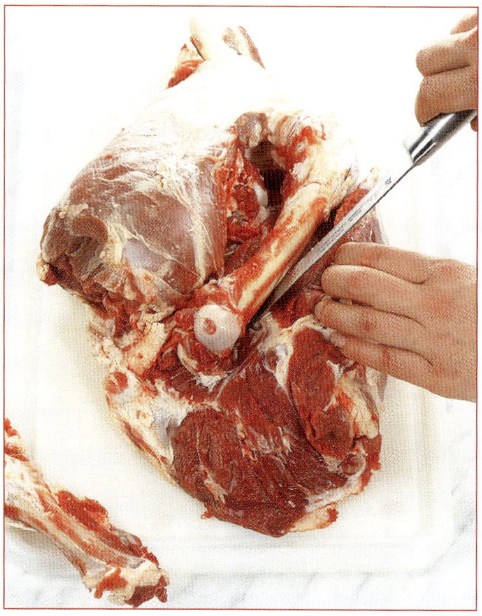

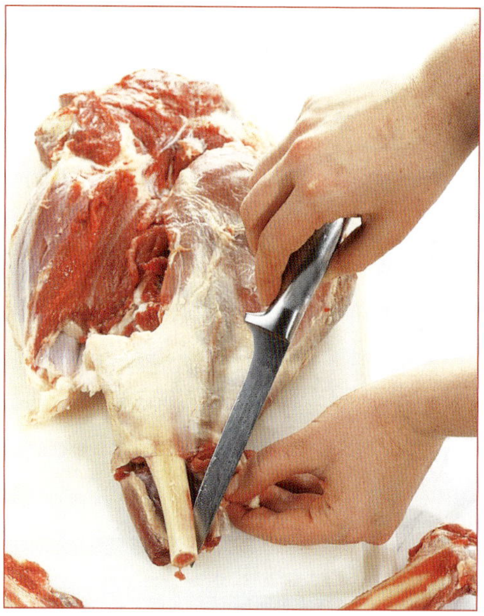

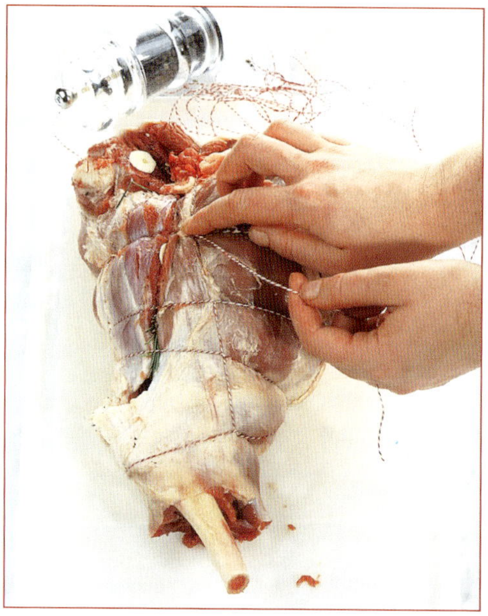

Lammhaxen auf Zucchiniröstis

Für 4 Personen:

4 küchenfertige Lammhäxchen mit Knochen (à 350–400 g)
Salz, Pfeffer aus der Mühle
1 Prise Cayennepfeffer
1–2 EL gerebelter Majoran
2–3 EL Butterschmalz
1 Zwiebel
2–3 Knoblauchzehen
2 Karotten
1 Stück Sellerie
2–3 Zweige Rosmarin
2 Lorbeerblätter
1 TL Wacholderbeeren
einige Nelken
500 ml Rotwein
500 ml Gemüse- oder Fleischbrühe
250 g Schalotten
2–3 EL Zuckerrübensirup
einige Tropfen Obstessig
dunkler Soßenbinder

Für die Zucchiniröstis:
600 g Kartoffeln
400 g Zucchini
1 Prise Muskat
1 EL Kräuter der Provence
2 Eier
2 EL Mehl
Butterschmalz zum Ausbacken

Außerdem:
Petersilie zum Bestreuen

1. Die Lammhäxchen unter fließendem Wasser waschen, trocken tupfen, mit Salz, Pfeffer, Cayennepfeffer und Majoran kräftig würzen.

2. Das Butterschmalz in einem Bräter erhitzen und die Lammhäxchen darin rundherum Farbe nehmen lassen.

3. Die Zwiebel, die Knoblauchzehen, die Karotten und den Sellerie schälen, in grobe Würfel schneiden, zum Fleisch geben und kurz mitbraten.

4. Den Rosmarin, die Lorbeerblätter, die Wacholderbeeren und die Nelken dazugeben und kurz mitschwitzen. Den Rotwein und die Brühe angießen.

5. Die Lammhäxchen zugedeckt im auf 180–200 °C vorgeheizten Backofen 70–80 Minuten schmoren lassen.

6. Nach Ende der Garzeit die Häxchen herausnehmen. Die Soße durch ein Sieb passieren, dabei das Gemüse ebenfalls durch das Sieb streichen.

7. Die Soße, die Lammhäxchen und die geschälten, halbierten oder geviertelten Schalotten erneut in den Bräter geben und weitere 15–20 Minuten schmoren.

8. Die Soße mit Zuckerrübensirup und Obstessig abrunden und mit etwas dunklem Soßenbinder binden. Mit Salz, Pfeffer und Cayennepfeffer abschmecken.

9. Für die Zucchiniröstis die Kartoffeln schälen, waschen und grob raspeln. Die Zucchini putzen, waschen und ebenfalls grob raspeln. Kartoffeln und Zucchini in eine Schüssel geben und 5–6 Minuten stehen lassen.

10. Anschließend mithilfe eines Küchentuches kräftig ausdrücken und in eine Schüssel geben. Mit Salz, Pfeffer, Muskat und Kräutern der Provence würzen.

11. Die Eier verschlagen und unter die Gemüsemasse rühren. Das Mehl darüberstäuben und nochmals gut durcharbeiten.

12. Butterschmalz in einer Pfanne erhitzen. Portionsweise etwas Masse hineingeben, glatt drücken und die Röstis auf beiden Seiten goldgelb ausbacken.

13. Die Zucchiniröstis mit den Lammhäxchen und der Soße auf heißen Tellern dekorativ anrichten, mit gehackter Petersilie bestreuen und sofort servieren.

Wildspezialitäten – aus dem Revier in den Kochtopf

Rehrücken Baden-Baden

Für 4 Personen:

1 küchenfertiger Rehrücken
100 g fetter Speck
Salz, Pfeffer aus der Mühle
1 EL Wacholderbeeren
1 TL Pimentkörner
2–3 EL Butterschmalz
250 ml Rotwein
400 ml Wildfond

Für die Soße:
1–2 EL Butter
200 g frische Pfifferlinge
4 cl Kirschlikör
einige Tropfen Madeira
Speisestärke oder
Johannisbrotkernmehl zum Binden

Außerdem:
4 gedünstete Babybirnen
3–4 EL Preiselbeerkompott
Orangenscheiben und
Kräuterzweige zum Garnieren

1. Den küchenfertigen Rehrücken unter fließendem Wasser waschen und trocken tupfen. Den Speck in Streifen schneiden und den Rehrücken damit spicken.

2. Den Rehrücken mit Salz und Pfeffer kräftig würzen. Die Wacholderbeeren und die Pimentkörner schroten und das Fleisch damit einreiben.

3. Das Butterschmalz in einem Bräter erhitzen. Den Rehrücken mit der Fleischseite nach oben anbraten, umdrehen und im auf 180–200 °C vorgeheizten Backofen in 35–40 Minuten garen.

4. Während der Garzeit öfter mit Rotwein ablöschen. Zum Schluss den Wildfond angießen und das Ganze einmal aufkochen lassen.

5. Den Rehrücken aus der Soße nehmen und warm stellen. Die Soße durch ein Sieb passieren.

6. Die Butter in einer Pfanne erhitzen und die geputzten, je nach Bedarf klein geschnittenen Pfifferlinge darin kurz anschwitzen.

7. Die Wildsoße angießen, mit Kirschlikör und Madeira verfeinern, nach Geschmack mit etwas angerührter Speisestärke oder Johannisbrotkernmehl leicht binden. Zum Schluss mit Salz und Pfeffer abrunden.

8. Die Soße auf eine heiße Platte geben und den Rehrücken dekorativ einsetzen. Gedünstete, mit Preiselbeerkompott gefüllte Babybirnen dazulegen, mit Orangenscheiben und Kräuterzweigen garnieren und sofort servieren.

9. Zum Rehrücken Baden-Baden reicht man in Butter geschwenkte Spätzle und gedünstete Weintrauben.

Ganzen Rehrücken spicken

Rehrückenmedaillons marinieren

Rehrückenmedaillons in Speckscheiben wickeln

Wildschweinkoteletts vom Grill

Für 4 Personen:

12 Wildschweinkoteletts (à 80 g)
Salz, Pfeffer aus der Mühle
4 EL Olivenöl
1-2 Knoblauchzehen

Für den Dip:
250 g Crème fraîche
1 geh. EL scharfer Senf
1 geh. EL Kapern
2 Essiggurken
1 Knoblauchzehe

1. Die Wildschweinkoteletts waschen, trocken tupfen, mit Salz und Pfeffer würzen.

2. Das Olivenöl mit den geschälten, durchgepressten Knoblauchzehen vermischen, die Koteletts damit bestreichen und auf dem Grill garen.

3. Für den Dip die Crème fraîche mit dem Senf verrühren. Die Kapern und die Essiggurken abtropfen lassen, fein hacken und mit der geschälten, fein gewürfelten Knoblauchzehe unter die Crème fraîche mischen. Mit Salz und Pfeffer abrunden.

4. Die Wildschweinkoteletts mit dem Dip dekorativ anrichten, mit gegrillten Fenchelscheiben und einem Kartoffel-Feldsalat sofort servieren.

Wildschweinknödel

Für 4 Personen:

600 g Wildschweinbauch
1 Zwiebel, 3 altbackene, in Milch eingeweichte Brötchen
½ Bund Petersilie, 3 Eier
Salz, Pfeffer aus der Mühle
1 Prise Cayennepfeffer
1 TL gerebelter Majoran
1 TL gerebelter Thymian
1-2 EL mittelscharfer Senf
einige Tropfen Weinbrand
3-4 EL Haferflocken
Gemüsebrühe zum Garen

Außerdem:
2 Zwiebeln, 1 EL Butter
Petersilie zum Bestreuen

1. Den Wildschweinbauch waschen, trocken tupfen, in Würfel schneiden und durch die feine Scheibe des Fleischwolfes drehen.

2. Die geschälte, grob zerkleinerte Zwiebel, die gut ausgedrückten Brötchen und die verlesene, gewaschene Petersilie ebenfalls durch den Fleischwolf drehen.

3. In eine Schüssel geben und mit den Eiern zu einer glatten Masse verarbeiten. Mit Salz, Pfeffer, Cayennepfeffer, Majoran, Thymian und Senf kräftig abschmecken. Mit Weinbrand aromatisieren, mit den Haferflocken binden.

4. Aus der Masse mit feuchten Händen Knödel abdrehen und diese in der kochenden Gemüsebrühe in 10–15 Minuten gar ziehen lassen.

5. Die Zwiebeln schälen, in Ringe schneiden und in der erhitzten Butter braten.

6. Die Wildschweinknödel herausnehmen, mit den Zwiebelringen dekorativ anrichten, mit Petersilie bestreuen und mit einem Apfelrotkohl sofort servieren.

(ohne Abbildung)

Gefüllte Wildgans

Für 4 Personen:

1 küchenfertige Wildgans
Salz, Pfeffer aus der Mühle

Für die Füllung:
1 Zwiebel
1 Apfel
1 EL Olivenöl
100 g durchwachsener Speck
300 g Toastbrot
Leber der Wildgans
150 g grobe Leberwurst
2 Eier

Außerdem:
2–3 Zwiebeln
2 Karotten
1 Stück Sellerie
700 ml Geflügelbrühe
Kräuter zum Garnieren

1. Die Wildgans waschen, trocken tupfen, innen und außen mit Salz und Pfeffer würzen.

2. Die Zwiebel schälen, den Apfel entkernen und beides in Würfel schneiden.

3. Das Olivenöl in einer Pfanne erhitzen und den fein gewürfelten Speck darin auslassen. Die Zwiebel- und Apfelwürfel darin andünsten, vom Herd nehmen, abkühlen lassen und in eine Schüssel geben.

4. Das Toastbrot klein schneiden, mit der fein gehackten Gänseleber, der Leberwurst und den Eiern dazugeben und alles vermischen. Die Masse mit Salz und Pfeffer würzen und in die Wildgans füllen, die Öffnung verschließen.

5. Die Zwiebeln und das Gemüse putzen, in Würfel schneiden, mit der Wildgans und der Geflügelbrühe in einen Bräter geben und das Ganze im auf 180–200 °C vorgeheizten Backofen 80–90 Minuten braten.

6. Die gefüllte Wildgans herausnehmen, dekorativ anrichten, mit Kräutern garnieren und sofort servieren.

GESCHMORTE WILDSCHWEINKEULE

FÜR 4 PERSONEN:

1 Wildschweinkeule ohne Knochen
1 l kräftige Gemüse- oder Wildbrühe
2 Zwiebeln
2 Karotten
1 Stück Lauch
1 Stück Sellerie
3 Lorbeerblätter
einige Nelken
Salz, Pfeffer aus der Mühle
einige Tropfen Tabasco
einige Tropfen Worcestersoße
1 TL frisch geriebener Ingwer
2 l Burgunder Rotwein
2 EL Butterschmalz
2–3 EL Hagebuttenmarmelade
2–4 EL Sojasoße
Speisestärke zum Binden

Außerdem:
Petersilie und Tomatenrosen zum Garnieren

1. Die Wildschweinkeule unter fließendem Wasser waschen, trocken tupfen und in eine Schüssel legen.

2. Die Brühe zum Kochen bringen. Das geputzte, gewaschene, klein geschnittene Gemüse und die Gewürze dazugeben und einmal aufkochen lassen.

3. Mit Salz, Pfeffer, Tabasco, Worcestersoße und Ingwer würzen, den Rotwein angießen und die Beize vollständig erkalten lassen.

4. Die Keule mit der Beize bedecken und zugedeckt im Kühlschrank mindestens 24 Stunden marinieren, dabei mehrmals wenden.

5. Das Butterschmalz in einem Bräter erhitzen und die trocken getupfte Keule darin rundherum Farbe nehmen lassen.

6. Die Marinade angießen und die Keule je nach Größe ca. 2–3 Stunden garen.

7. Die Keule in eine flache Pfanne mit Rost legen, etwas Marinade angießen und die Keule im auf 200 °C vorgeheizten Backofen ca. ½ Stunde bräunen lassen.

8. Die Soße durch ein Sieb passieren und mit der Hagebuttenmarmelade und der Sojasoße in einem Topf kräftig einreduzieren lassen. Mit etwas angerührter Speisestärke leicht binden und nochmals kräftig abschmecken.

9. Die Wildschweinkeule mit der Soße dekorativ anrichten, mit Petersilie und Tomatenrosen garnieren und mit Kartoffelknödeln sofort servieren.

UNSER TIPP: KARTOFFELKNÖDEL MIT SEMMELBRÖSELN

1 kg mehligkochende Kartoffeln unter fließendem Wasser waschen, abbürsten und in Salzwasser zugedeckt 20 Minuten garen. Die Kartoffeln abgießen, leicht erkalten lassen, pellen, durch die Kartoffelpresse treiben und in eine Schüssel geben. 125 g Mehl und zwei Eier dazugeben und das Ganze zu einem glatten Teig verarbeiten. Mit Salz, Pfeffer und Muskat würzen. Salzwasser in einem Topf zum Kochen bringen. Portionsweise Kartoffelknödel abdrehen und diese im Salzwasser in 10 Minuten garen. 100 g Butter in einer Pfanne erhitzen. 100 g Semmelbrösel darin kurz rösten. Die Kartoffelknödel aus dem Wasser nehmen, gut abtropfen lassen, dekorativ anrichten, mit den Semmelbröseln überziehen, mit verlesener, gewaschener und fein gehackter Petersilie bestreuen, garnieren und sofort servieren.

JÄGERSCHMAUS

FÜR 4 PERSONEN:

4 küchenfertige Rehsteaks
1 TL zerstoßene Wacholderbeeren
Salz, Pfeffer aus der Mühle
2 EL Butterschmalz
1 große Zwiebel
400 g gemischtes Gemüse (Wirsing, Karotten, Rosenkohl, Sellerie)
250 ml Gemüsebrühe
1 Schuss Rotwein
375 ml Wildjus
1 EL grüne Pfefferkörner
2 EL Preiselbeerkompott
1 EL Obstessig, 4 cl Kirschlikör
1 Handvoll gemischte, gehackte Kräuter (Petersilie, Thymian, Estragon, Basilikum)
4 Portionen Salzkartoffeln

1. Die Rehsteaks waschen, trocken tupfen, mit Wacholderbeeren, Salz und Pfeffer kräftig würzen.

2. Das Butterschmalz in einem Topf erhitzen, die Steaks darin braten, herausnehmen und warm stellen.

3. Die Zwiebel schälen, fein würfeln, ins verbliebene Bratfett geben und anschwitzen.

4. Das geputzte, gewaschene Gemüse in mundgerechte Stücke schneiden und zu der Zwiebel geben. Die Gemüsebrühe, den Rotwein und die Wildjus angießen und das Gemüse bissfest garen.

5. Die Pfefferkörner, das Preiselbeerkompott und den Obstessig einrühren. Das Ganze mit Salz und Pfeffer würzen und mit Kirschlikör abrunden.

6. Die gehackten Kräuter, die Salzkartoffeln und die Rehsteaks dazugeben. Den Jägerschmaus dekorativ anrichten, garnieren und sofort servieren.

REHMEDAILLONS MIT ORANGENGLASUR

FÜR 4 PERSONEN:

800 g Rehrückenfilets
Salz, Pfeffer aus der Mühle
1 TL geschrotete Pfefferkörner
2–3 EL Olivenöl
50 g Orangengelee
Saft von 1 Orange

1. Die Rehrückenfilets waschen, trocken tupfen, in Medaillons schneiden, mit Salz, Pfeffer und geschroteten Pfefferkörnern kräftig würzen.

2. Die Medaillons mit Olivenöl bestreichen und auf dem Grill garen.

3. Das Orangengelee mit dem Orangensaft in einem Topf verrühren, zum Kochen bringen und die gegrillten Medaillons mit der Glasur überziehen.

4. Die Rehmedaillons dekorativ anrichten, mit gegrillten Zucchinischeiben und gegrillten Strauchtomaten sofort servieren.

(ohne Abbildung)

Damhirschrücken mit Kräuterkruste

Für 4 Personen:

1,5 kg Damhirschrücken ohne Knochen

Für die Beize:
1 l Rotwein
1 Tasse Obstessig
2 Bund Suppengemüse
2 Zwiebeln, 2 Karotten
2 Lorbeerblätter
einige Wacholderbeeren
einige Pfefferkörner
einige Nelken
100 g Johannisbeeren
1 EL Salz, 1 TL Zucker
Pfeffer aus der Mühle

Für die Kräuterkruste:
250 g Butter, 2 Zwiebeln
2 Tassen gehackte Wildkräuter
1 Tasse Semmelbrösel
2 EL mittelscharfer Senf

Außerdem:
150 g Crème fraîche
2–3 EL Preiselbeerkompott
Rucola, Kräuter und Johannisbeeren zum Garnieren

1. Den küchenfertigen Damhirschrücken unter fließendem Wasser waschen, trocken tupfen und in einen Beiztopf legen.

2. Den Rotwein und den Obstessig erhitzen. Das Suppengemüse, die Zwiebeln und die Karotten schälen, in den Sud geben und zum Kochen bringen.

3. Die Gewürze, die Johannisbeeren, das Salz und den Zucker dazugeben. Das Ganze aufkochen lassen, vom Herd nehmen und vollständig erkalten lassen.

4. Die Beize über das Fleisch gießen und dieses im Kühlschrank mindestens zwei Tage ruhen lassen.

5. Den Damhirschrücken aus der Marinade nehmen und trocken tupfen. Mit Salz und Pfeffer kräftig würzen.

6. Die Butter schaumig schlagen. Die Zwiebeln schälen, fein hacken, mit den verlesenen, gewaschenen und fein gehackten Wildkräutern, den Semmelbröseln und dem Senf unterrühren.

7. Mit Salz und Pfeffer würzen und die Masse auf dem Fleisch verstreichen.

8. Das Fleisch auf ein ausgefettetes Backblech legen und im auf 220 °C vorgeheizten Backofen je nach Stärke des Damhirschrückens 25–40 Minuten garen. Während der Garzeit mehrmals mit etwas Beize ablöschen.

9. Nach Ende der Garzeit den Damhirschrücken herausnehmen und warm stellen. Den Bratenfond mit etwas Beize loskochen und in einen Topf gießen.

10. Die Soße mit Crème fraîche und Preiselbeeren verfeinern, mit Salz und Pfeffer abrunden.

11. Den Damhirschrücken in Scheiben schneiden, mit der Soße dekorativ anrichten, mit Rucola, Kräutern und Johannisbeeren garnieren und mit Bandnudeln sofort servieren.

Unser Tipp: Johannisbeersoße

300 ml Weißwein mit 1–2 EL Johannisbeergelee in einen Topf geben und aufkochen. Mit Salz und Pfeffer kräftig abschmecken und mit angerührter Speisestärke leicht binden. Die Schale und den Saft von einer unbehandelten Orange dazugeben. 200 g TK-Johannisbeeren einrühren, die Soße einmal aufkochen lassen und servieren.

Pot au Feu vom Damhirsch

Für 4 Personen:

1 kg Damhirschkeule ohne Knochen
Salz, Pfeffer aus der Mühle
1 EL Kräuter der Provence
2 Knoblauchzehen
1 EL geriebene Zitronenschale
1 TL gereb. Majoran, 1 TL Kümmel
1–2 EL Butterschmalz
2 Zwiebeln, 4 Karotten
1 Stück Sellerie
2 Fenchelknollen
1–2 EL Tomatenmark
500 ml Gemüse- oder Wildbrühe
Speisestärke zum Binden
150 g Crème double

Außerdem:
Thymian und Petersilie zum Garnieren

1. Das Fleisch waschen, trocken tupfen, mit Salz, Pfeffer und Kräutern der Provence würzen.

2. Die geschälten Knoblauchzehen fein hacken, mit der Zitronenschale und den Gewürzen vermischen, mit dem Messer zerreiben und das Fleisch damit einreiben.

3. Das Butterschmalz in einem Bräter erhitzen und das Fleisch darin rundherum Farbe nehmen lassen.

4. Die Zwiebeln schälen, das Gemüse putzen, waschen, in Stücke schneiden und kurz mitbraten.

5. Das Tomatenmark einrühren, kurz rösten und die Brühe angießen.

6. Den Bräter verschließen und den Pot au Feu im auf 180 °C vorgeheizten Backofen ca. 80 Minuten schmoren lassen.

7. Nach Ende der Garzeit den Pot au Feu mit etwas angerührter Speisestärke leicht binden, mit Crème double verfeinern und nochmals abschmecken.

8. Die Damhirschkeule in Scheiben schneiden, mit dem Gemüse dekorativ anrichten, mit Thymian und Petersilie garnieren und sofort servieren.

Unser Tipp: Serviettenknödel

Acht altbackene Brötchen in Würfel schneiden. Eine Zwiebel schälen und fein hacken. Butter in einer Pfanne erhitzen und die Zwiebel darin kurz anschwitzen. Die Brotwürfel dazugeben und kurz rösten. Vom Herd nehmen und in eine Schüssel geben. 200 g Mehl, 375 ml Milch und vier Eier hinzufügen und das Ganze zu einem glatten, kompakten Teig verarbeiten. Mit Salz, Pfeffer und Muskat würzen. Den Teig zugedeckt an einem warmen Ort 30 Minuten ruhen lassen. Anschließend den Teig zu einem Laib formen und auf ein sauberes Küchentuch legen. Den Teig in das Tuch einrollen, die Enden mit Küchenschnur abbinden. Salzwasser oder Gemüsebrühe in einem Topf erhitzen, den Serviettenknödel einlegen und bei mäßiger Hitze in 20–25 Minuten gar ziehen lassen. Den Serviettenknödel herausnehmen, gut abtropfen lassen, das Tuch entfernen, den Knödel in Scheiben schneiden, dekorativ anrichten, garnieren und servieren.

Hirschbraten mit Kräuterseitlingen

Für 4 Personen:

1 kg Hirschbraten ohne Knochen
Salz, Pfeffer aus der Mühle
1 TL gerebelter Majoran
1 TL gerebelter Thymian
½ TL Paprikapulver edelsüß
2 EL Butterschmalz
1 Knoblauchzehe
1 Zwiebel
2 Karotten
250 ml Rotwein
250 ml Gemüsebrühe
200 ml süße Sahne
2 EL Mehl
1 Prise Meersalz

Für die Pilze:
500 g Austernseitlinge
1 EL Butter
1 EL gehackte Petersilie

1. Den Hirschbraten unter fließendem Wasser waschen, trocken tupfen, mit Salz, Pfeffer, Majoran, Thymian und Paprikapulver kräftig würzen.

2. Das Butterschmalz in einem Bräter erhitzen und das Fleisch darin rundherum Farbe nehmen lassen.

3. Die Knoblauchzehe, die Zwiebel und die Karotten schälen, in Würfel schneiden, zum Fleisch geben und kurz mitschwitzen. Mit dem Rotwein ablöschen und die Gemüsebrühe angießen.

4. Das Fleisch im geschlossenen Bräter bei mäßiger Hitze 80–90 Minuten schmoren lassen. 20 Minuten vor Garende das mit der Sahne angerührte Mehl einrühren und bei geöffnetem Topf fertig garen.

5. Nach Ende der Garzeit das Fleisch herausnehmen und warm stellen. Die Soße mit dem Pürierstab pürieren, nochmals abschmecken und mit Meersalz abrunden.

6. Die Austernseitlinge putzen, der Länge nach halbieren und in der erhitzten Butter ca. fünf Minuten braten. Mit Salz und Pfeffer würzen und mit der gehackten Petersilie bestreuen.

7. Den Hirschbraten in Scheiben schneiden, mit der Soße und den Kräuterseitlingen auf heißen Tellern dekorativ anrichten und mit Kartoffelkrapferln sofort servieren.

Unser Tipp: Cumberlandsosse

Eine unbehandelte Orange und eine unbehandelte Zitrone unter fließendem Wasser abbürsten, trocken tupfen, dünn schälen und die Schalen in Streifen schneiden. Die Streifen in kochendes Wasser geben und blanchieren, herausnehmen und gut abtropfen lassen. 50 ml Rotwein mit 1 TL Senfpulver oder Senf in einem Topf leicht erwärmen und 250 g Johannisbeergelee darin auflösen. 100 g abgetropfte Preiselbeeren (aus dem Glas) einrühren und das Ganze erkalten lassen. Die Orangen- und Zitronenschalen dazugeben, mit Salz und Pfeffer kräftig würzen, anrichten und servieren.

Hirschgeschnetzeltes mit Pilzen

Für 4 Personen:

600 g Hirschkalb-Rückenfilet
Salz, Pfeffer aus der Mühle
1 TL schwarze Pfefferkörner
1 TL Wacholderbeeren
2 EL Butterschmalz
2 cl Weinbrand
1 Zwiebel
1 Bund Frühlingszwiebeln
je 200 g frische Steinpilze und Pfifferlinge
125 ml Rotwein
250 ml gebundene Wildsoße
125 g Kräuter-Crème-fraîche
2 EL Preiselbeeren
einige Tropfen Weinbrand
½ TL gerebelter Thymian
1 Bund Petersilie

1. Das Fleisch unter fließendem Wasser waschen, trocken tupfen, in dünne Scheibchen schneiden, mit Salz und Pfeffer würzen.

2. Die Pfefferkörner und die Wacholderbeeren im Mörser zerdrücken und das Fleisch damit einreiben.

3. Das Butterschmalz in einer Pfanne erhitzen und das Fleisch darin anbraten. Mit Weinbrand beträufeln, flambieren, herausnehmen und warm stellen.

4. Die fein gewürfelte Zwiebel und die geputzten, in Stücke geschnittenen Frühlingszwiebeln im verbliebenen Bratfett glasig schwitzen. Die verlesenen Pilze dazugeben und dünsten.

5. Mit Rotwein ablöschen, die Wildsoße angießen. Die Kräuter-Crème-fraîche und die Preiselbeeren einrühren.

6. Die Soße mit Weinbrand und Thymian abrunden und bei mäßiger Hitze fünf Minuten köcheln lassen.

7. Das Fleisch untermischen, erhitzen, aber nicht mehr kochen lassen, nochmals abschmecken und auf heißen Tellern dekorativ anrichten. Mit gehackter Petersilie bestreuen und mit in Butter geschwenkten Spätzle sofort servieren.

Grundrezept Wildjus:

2 EL Sonnenblumenöl in einem Topf erhitzen. 2 kg grob gehackte Wildknochen (mit Fleisch) dazugeben und rundherum kräftig anbraten. 3–4 Zwiebeln, eine Karotte und ein Stück Sellerie putzen, in Würfel schneiden, zu den Knochen geben und Farbe nehmen lassen. Mit 500 ml Rotwein ablöschen. Zwei Liter Wasser oder Fleischbrühe angießen und zum Kochen bringen. Zwei Lorbeerblätter, einige Wacholderbeeren, einige Pfefferkörner und einige Korianderkörner dazugeben und das Ganze mindestens vier Stunden leicht köcheln lassen. Nach Ende der Garzeit die Wildjus durch ein feines Sieb passieren. Die Wildjus wieder zum Kochen bringen und auf einen Liter oder stärker einreduzieren lassen. Zum Schluss die Wildjus mit Salz und Pfeffer würzen.

Kaninchengeschnetzeltes mit Schalotten

Für 4 Personen:

600 g Kaninchenrückenfilets
Salz, Pfeffer aus der Mühle
2 TL Paprikapulver rosenscharf
1 EL Kräuter der Provence
1 EL Butterschmalz
200 g Schalotten
200 ml Rotwein
500 ml Gemüse- oder Geflügelbrühe
Speisestärke zum Binden
150 g Mischpilze (TK-Produkt)
150 g Kirschtomaten

Für die Knödel:
300 g altbackene Brezen
100 ml heiße Milch
2 Frühlingszwiebeln
1 Eigelb
1 EL Mehl
1 Prise Muskat
1 Eiweiß, Salzwasser

Außerdem:
Kräuterzweige zum Garnieren

1. Die Kaninchenrückenfilets waschen, trocken tupfen und in feine Würfel oder Streifen schneiden. Mit Salz, Pfeffer, Paprikapulver und Kräutern der Provence würzen.

2. Das Schmalz in einem Schmortopf erhitzen. Das Fleisch darin unter ständigem Rühren braten, herausnehmen und warmstellen.

3. Die Schalotten schälen, halbieren oder vierteln, ins verbliebene Bratfett geben und anbraten. Den Wein und die Brühe angießen und die Schalotten 10 Minuten schmoren lassen.

4. Die Soße mit angerührter Speisestärke binden. Die Mischpilze dazugeben und ca. fünf Minuten köcheln lassen.

5. Die Kirschtomaten waschen, den Strunk herausschneiden, die Tomaten halbieren, in die Soße geben und mitgaren. Zum Schluss das Kaninchenfleisch hinzufügen, erhitzen, aber nicht mehr kochen lassen.

6. Für die Knödel die Brezen in Würfel schneiden, in eine Schüssel geben, mit der heißen Milch übergießen und kurz ziehen lassen.

7. Die Frühlingszwiebeln putzen, waschen, in feine Scheiben schneiden, mit dem Eigelb und dem Mehl zu den Brezen geben und alles zu einer glatten Masse verarbeiten. Mit Salz, Pfeffer und Muskat kräftig würzen.

8. Das Eiweiß steif schlagen und unter den Knödelteig ziehen. Aus dem Teig Knödel formen.

9. Salzwasser in einem Topf zum Kochen bringen, die Brezenknödel einlegen und in ca. 10 Minuten gar ziehen lassen. Das Kaninchengeschnetzelte nachwürzen, mit den Brezenknödeln dekorativ anrichten, mit Kräuterzweigen garnieren und sofort servieren.

Kaninchen

Kaninchen sind sowohl für die feine Küche wie auch für die deftige und pikante Küche eine Bereicherung. Das schmackhafte Fleisch kann für viele Rezepte eingesetzt werden und nimmt dabei andere Aroma- und Geschmacksträger dankbar auf. Kaninchen gelten in der Küche nicht als typisches Wild, weil das Fleisch eine hellrosa bis fast weißliche Farbe besitzt. Kaninchenrückenfilets sind eine Köstlichkeit, wenn die Haut der Filets entfernt wird.

Hirschgeschnetzeltes in Preiselbeersosse

Für 4 Personen:

600 g Hirschrückenfilet
1 EL Butterschmalz
2 Knoblauchzehen, 1 Zwiebel
2 Karotten, 1 Stück Sellerie
2 EL Tomatenmark
100 ml Rotwein
500 ml Gemüse- oder Wildbrühe
50 g Preiselbeerkompott
2 Lorbeerblätter
einige Wacholderbeeren und Pfefferkörner
Salz, Pfeffer aus der Mühle
1 EL Paprikapulver edelsüß
20 g dunkler Soßenbinder

Außerdem:
1 kleine Dose Stockschwämmchen
Butter zum Anbraten
4 Portionen Spätzle (hausgemacht oder Fertigprodukt)
Melisse und gebratene Kirschtomaten zum Garnieren

1. Das küchenfertige Hirschrückenfilet unter fließendem Wasser waschen, trocken tupfen und in feine Würfel oder Streifen schneiden.

2. Das Butterschmalz in einer Pfanne erhitzen. Das Fleisch darin unter ständigem Rühren anbraten, herausnehmen und warm stellen.

3. Die Knoblauchzehen und die Zwiebel schälen, in feine Würfel schneiden, ins verbliebene Bratfett geben und kurz anbraten.

4. Die Karotten und den Sellerie schälen, waschen, in feine Würfel schneiden, zu den Knoblauchzwiebeln geben und mitbraten.

5. Das Tomatenmark einrühren, den Rotwein und die Brühe angießen und alles zum Kochen bringen.

6. Das Preiselbeerkompott, die Lorbeerblätter, die Wacholderbeeren und die Pfefferkörner dazugeben und das Ganze bei mäßiger Hitze ca. 15 Minuten köcheln lassen.

7. Die Soße mit Salz, Pfeffer und Paprikapulver abschmecken und mit Soßenbinder leicht binden. Das Geschnetzelte in die Soße geben, erhitzen, aber nicht mehr kochen lassen.

8. Die gut abgetropften Pilze in der erhitzten Butter kurz braten. Die Spätzle hinzufügen, erhitzen und mit Salz und Pfeffer würzen.

9. Das Hirschgeschnetzelte mit der Soße und den Pilzspätzle dekorativ anrichten, mit Melisse und gebratenen Kirschtomaten garnieren und mit einem Rucolasalat sofort servieren.

Unser Tipp: Rucolasalat mit Kresse

Je 100 g Rucola, Lollo biondo und Spinatblätter verlesen, waschen, gut abtropfen lassen, in mundgerechte Stücke zerpflücken und in eine Schüssel geben. 100 g Kirschtomaten waschen, den Strunk herausschneiden und die Tomaten halbieren. 100 g gekochte Rote Bete schälen und in feine Streifen schneiden. Ein Stück Salatgurke putzen, waschen, in feine Würfel schneiden, mit einem Kästchen verlesener, gewaschener Kresse und den restlichen Zutaten zu den Blattsalaten geben. Alles vorsichtig miteinander vermischen und dekorativ auf Tellern anrichten. Für das Dressing eine Schalotte schälen, sehr fein hacken und mit 300 g Magerjogurt, 2 EL mittelscharfem Senf und 2 EL Tomatenketchup verrühren. Das Dressing mit Salz, Pfeffer, Zucker und Apfelessig kräftig abschmecken und gleichmäßig über den Salat träufeln. Den Salat mit gerösteten Pinienkernen bestreuen und sofort servieren.

Wildschweintopf mit Preiselbeergemüse

Für 4 Personen:

600 g Wildschweinschulter
Salz, Pfeffer aus der Mühle
je 1 TL geschrotete Pfefferkörner, Wacholderbeeren und Pimentkörner
1 EL Butterschmalz
2 Zwiebeln, 2 Knoblauchzehen
1 Stück Ingwerwurzel
2–3 Karotten, 1 Stück Sellerie
je 2 Zweige Rosmarin und Thymian
2–3 EL Tomatenmark
200 ml Rotwein
800 ml Gemüse- oder Fleischbrühe
100 g Preiselbeerkompott
Speisestärke zum Binden

Außerdem:
Kräuterzweige zum Garnieren

1. Die küchenfertige Wildschweinschulter unter fließendem Wasser waschen, trocken tupfen und in mundgerechte Würfel schneiden.

2. Mit Salz, Pfeffer, den geschroteten Pfefferkörnern, den Wacholderbeeren und den Pimentkörnern kräftig würzen.

3. Das Butterschmalz in einem Schmortopf erhitzen und das Fleisch darin unter ständigem Rühren anbraten.

4. Die Zwiebeln und die Knoblauchzehen schälen und in feine Würfel schneiden. Den Ingwer schälen und grob raspeln, alles zum Fleisch geben und kurz mitbraten.

5. Die Karotten und den Sellerie schälen, waschen, in Würfel oder Scheiben schneiden, zum Fleisch geben und mitbraten.

6. Die Kräuterzweige hinzufügen, das Tomatenmark einrühren, den Rotwein und die Brühe angießen und das Ganze im auf 180 °C vorgeheizten Backofen 70–80 Minuten schmoren.

7. Das Preiselbeerkompott einrühren und einmal aufkochen lassen. Den Wildschweintopf mit etwas angerührter Speisestärke leicht binden und nachwürzen.

8. Den Wildschweintopf dekorativ anrichten, mit Kräuterzweigen garnieren und sofort servieren.

Unser Tipp: Brezenserviettenknödel

Acht altbackene Brezen in mundgerechte Stücke schneiden und in eine Schüssel geben. Eine Zwiebel schälen und fein würfeln. Butter in einer Pfanne erhitzen, die Zwiebel darin anschwitzen und zu den Brezen geben. 125 ml Milch mit 2–3 EL Crème fraîche in einem Topf erhitzen, heiß über die Brezen gießen und kurz ziehen lassen. 2–3 EL Mehl und 50 ml Olivenöl mit einem Bund verlesener, gewaschener und fein gehackter Petersilie zur Brezenmasse geben und alles gut vermischen. Mit Salz, Pfeffer und Muskat abschmecken. Ein sauberes Küchentuch mit Olivenöl bestreichen. Die Masse zu einem Serviettenkloß formen, auf das Tuch legen, dieses zusammenrollen und die Ränder gut abbinden. In einem Dampftopf Salzwasser zum Kochen bringen, den Serviettenknödel darüberhängen, den Topf verschließen und den Serviettenknödel in 15–20 Minuten garen. Nach Ende der Garzeit den Brezenserviettenknödel herausnehmen, in Scheiben schneiden, dekorativ anrichten, garnieren und servieren.

Rehrückenfilets auf Marongemüse

Für 4 Personen:

800 g Rehrückenfilets
Salz, Pfeffer aus der Mühle
1 TL Korianderpulver
1–2 Rosmarinzweige
2 Knoblauchzehen
3 EL Olivenöl
200 ml roter Portwein
Butterschmalz zum Braten
500 ml gebundene Wildsoße (Fertigprodukt)

Für das Gemüse:
2–3 Karotten
500 g Rosenkohl
Gemüsebrühe zum Garen
1 Zwiebel
2 EL Butter
150 g geschälte gegarte Maronen
2 EL Honig
1 Prise Cayennepfeffer
1 Prise Muskat
4 Rotweinbirnen
100 g Preiselbeermarmelade

Außerdem:
½ Bund Petersilie

Unser Tipp: Rosenkohlgemüse

500 g Rosenkohl putzen, waschen, in Salzwasser bissfest kochen und abgießen. 150 g Frühstücksspeck in Streifen schneiden. Öl in einer Pfanne erhitzen und den Speck darin auslassen. Eine Zwiebel schälen und in Streifen schneiden, zum Speck geben und kurz mitschwitzen. Den Rosenkohl hinzufügen, erhitzen, mit Salz, Pfeffer und Muskat abschmecken, anrichten und servieren.

1. Die küchenfertigen Rehrückenfilets unter fließendem Wasser waschen, trocken tupfen und mit Salz, Pfeffer und Koriander kräftig würzen.

2. Den Rosmarin verlesen, waschen, zerpflücken, mit den geschälten und fein gehackten Knoblauchzehen und dem Olivenöl verrühren.

3. Die Rehrückenfilets in eine Schüssel geben, mit der Marinade bestreichen, mit Portwein beträufeln und im Kühlschrank mindestens zwei Stunden marinieren.

4. Die Rehrückenfilets aus der Marinade nehmen und gut abtropfen lassen. Das Butterschmalz in einer Pfanne erhitzen die Rehrückenfilets darin anbraten.

5. Die restliche Marinade dazugeben und das Ganze im auf 160–170 °C vorgeheizten Backofen 15 Minuten garen, herausnehmen und warm stellen.

6. Die gebundene Wildsoße angießen und den Bratenfond loskochen. Die Soße mit Salz, Pfeffer und Koriander würzen.

7. Die Karotten schälen, den Rosenkohl putzen, waschen und beides in der erhitzten Gemüsebrühe bissfest garen.

8. Die Karotten und den Rosenkohl aus dem Sud nehmen, einige Rosenkohlröschen halbieren und zur Dekoration bereitstellen. Die Karotten sowie den restlichen Rosenkohl würfeln.

9. Die Zwiebel schälen und in Würfel schneiden. Die Butter in einem Topf erhitzen und die Zwiebel darin anschwitzen.

10. Die Gemüsewürfel mit den in Würfel geschnittenen Maronen dazugeben und kurz mitschwitzen.

11. Etwas Gemüsebrühe angießen und den Honig einrühren. Das Gemüse mit Salz, Pfeffer, Cayennepfeffer und Muskat kräftig würzen.

12. Die Soße auf Tellern verteilen, das Rosenkohl-Maronen-Gemüse und die in Scheiben geschnittenen Rehrückenfilets dekorativ darauf anrichten.

13. Mit den Rosenkohlhälften und den in Scheiben geschnittenen Rotweinbirnen garnieren. Die Preiselbeeren darauf verteilen, mit der verlesenen, gewaschenen und fein gehackten Petersilie bestreuen und sofort servieren.

Böhmische Rehkeule

Für 4 Personen:

150 ml Rotweinessig
500 ml trockener Rotwein
2 Zwiebeln
1 Karotte
1 Stück Sellerie
2 Lorbeerblätter
1 TL Pfefferkörner
1 Rosmarinzweig
1 kg Rehkeule ohne Knochen
Küchengarn zum Binden
Salz, Pfeffer aus der Mühle
Butterschmalz zum Braten

Für die Soße:
2 EL Butter
2 EL Mehl
4 EL Apfelmus

Außerdem:
Kerbelzweige zum Garnieren

1. Den Rotweinessig mit dem Rotwein in eine Schüssel geben. Die Zwiebeln und die Karotte schälen, den Sellerie putzen. Sellerie und Karotten waschen, trocken tupfen und mit den Zwiebeln in grobe Würfel schneiden.

2. Das Gemüse mit den Lorbeerblättern, den Pfefferkörnern und dem Rosmarin in die Marinade geben.

3. Die küchenfertige Rehkeule unter fließendem Wasser waschen, trocken tupfen, in Form bringen und mit dem Küchengarn zusammenbinden. Das Fleisch in die Marinade legen und so viel kalte Brühe angießen, bis der Braten vollständig bedeckt ist.

4. Die Rehkeule zugedeckt im Kühlschrank mindestens zwei Tage marinieren lassen. Anschließend aus der Marinade nehmen, trocken tupfen und mit Salz und Pfeffer kräftig würzen.

5. Das Fleisch im erhitzten Schmalz rundherum Farbe nehmen lassen. Das Gemüse aus der Marinade nehmen, gut abtropfen lassen, zum Fleisch geben und kurz mitbraten.

6. Die Hälfte der Marinade angießen und die Rehkeule zugedeckt in dem auf 180–200 °C vorgeheizten Backofen 40 Minuten schmoren lassen.

7. Den Braten umdrehen, nach Bedarf noch etwas Marinade angießen und weitere 30–40 Minuten garen.

8. Die Rehkeule aus der Soße nehmen und warm stellen. Mit der Butter und dem Mehl eine dunkle Mehlschwitze herstellen.

9. Mit der kalten, durch ein Sieb passierten Soße ablöschen und unter ständigem Rühren 10 Minuten gut durchkochen. Das Apfelmus einrühren, die Soße mit Salz und Pfeffer nachwürzen.

10. Das Fleisch in Scheiben schneiden, mit der Soße dekorativ anrichten, mit Kerbelzweigen garnieren und mit Zuckerschoten-Karotten-Gemüse und Serviettenknödeln sofort servieren.

Zur Rehkeule schmeckt auch ein Steckrübengemüse sehr gut:

Eine Steckrübe, 500 g Karotten und 500 g Petersilienwurzeln schälen und in Stücke schneiden. Butter in einem Topf erhitzen und das Gemüse darin anschwenken. 250 ml Gemüsebrühe angießen und das Gemüse ca. 15 Minuten mit Deckel schmoren. Das Gemüse mit Salz, Pfeffer und Muskat abschmecken. Je einen halben Bund Petersilie und Dill waschen, hacken und unter das fertige Gemüse ziehen.

Rehkeule in Honig-Preiselbeersosse

Für 4 Personen:

1,2 kg Rehkeule ohne Knochen
Salz, Pfeffer aus der Mühle
1 TL Korianderpulver
Butterschmalz zum Braten
2 Zwiebeln, 2 Knoblauchzehen
2 Karotten, 1 Stück Sellerie
je 2 Zweige Rosmarin und Thymian
2 EL Tomatenmark, 200 ml Rotwein
400 ml Gemüse- oder Fleischbrühe
3 EL Kastanienhonig
2 Lorbeerblätter
einige Wacholderbeeren
einige Pfefferkörner
dunkler Soßenbinder
4 EL Preiselbeerkompott
2 EL Obstessig

Außerdem:
Kräuterzweige zum Garnieren

1. Die küchenfertige Rehkeule unter fließendem Wasser waschen, trocken tupfen, mit Salz, Pfeffer und Korianderpulver würzen.

2. Das Butterschmalz in einem Bräter erhitzen und die Rehkeule darin rundherum Farbe nehmen lassen.

3. Die Zwiebeln, die Knoblauchzehen, die Karotten und den Sellerie schälen, in Würfel schneiden, zum Fleisch geben und kurz mitbraten.

4. Die Kräuterzweige verlesen, waschen, gut abtropfen lassen, zerpflücken und zum Fleisch geben. Das Tomatenmark einrühren und kurz rösten.

5. Mit dem Rotwein ablöschen, die Gemüse- oder Fleischbrühe angießen und zum Kochen bringen.

6. Den Honig, die Lorbeerblätter, die Wacholderbeeren und die Pfefferkörner in die Soße geben und das Ganze im auf 180 °C vorgeheizten Backofen 70–80 Minuten zugedeckt schmoren lassen. Die fertige Rehkeule aus der Soße nehmen und warm stellen.

7. Die Soße durch ein Sieb passieren und erneut erhitzen. Mit Soßenbinder leicht binden, mit Salz und Pfeffer nachwürzen und mit dem Preiselbeerkompott und dem Obstessig abrunden.

8. Die Soße mit dem in Scheiben geschnittenen Fleisch dekorativ anrichten, mit Kräuterzweigen garnieren, mit gebratenen, mit Preiselbeerkompott gefüllten Apfelscheiben und Rosenkohlgemüse servieren.

Dazu passt auch eine Schalotten-Ingwer-Sosse:

150 g Schalotten schälen und fein würfeln. 2 TL Olivenöl in einer Pfanne erhitzen, die Schalotten dazugeben und glasig schwitzen. 50 g frischen Ingwer schälen, fein raspeln, zu den Schalotten geben und mitschwitzen. 2–3 Salbeiblätter fein hacken, zu den Ingwerschalotten geben und kurz braten. 500 ml Wildjus angießen und aufkochen lassen. Die Schalotten-Ingwer-Soße mit Salz und Pfeffer abschmecken und servieren.

Kaninchen in Honig-Dijon-Sosse

Für 4 Personen:

1 küchenfertiges Kaninchen
250 g gut gewürztes Brät
2 Schalotten
50 g Frühstücksspeck
Salz, Pfeffer aus der Mühle
1 Prise Muskat
Butterschmalz zum Anbraten

Für die Soße:
1 Zwiebel
2 Karotten
1 Stück Sellerie
2 EL Tomatenmark
2 EL Mehl
250 ml Rotwein
500 ml Gemüse- oder Fleischbrühe
einige Pfefferkörner
einige Wacholderbeeren
3 EL Dijonsenf
3 EL Rapsblütenhonig
Saft von 1 Zitrone

Außerdem:
1 EL Rapsblütenhonig
Kräuterzweige zum Garnieren

1. Das küchenfertige Kaninchen unter fließendem Wasser waschen, gut abtropfen lassen und trocken tupfen. Die Keulen und die Schultern auslösen, die Bauchlappen auslösen und zum Füllen bereitstellen, die Knochen grob hacken.

2. Das Brät in eine Schüssel geben, mit den geschälten und fein gewürfelten Schalotten sowie dem in feine Würfel geschnittenen Frühstücksspeck vermischen. Mit Salz, Pfeffer und Muskat würzen.

3. Das Brät auf die Bauchlappen streichen, diese zusammenrollen und wie das restliche Fleisch mit Salz und Pfeffer würzen.

4. Butterschmalz in einem Bräter erhitzen. Das Fleisch darin rundherum Farbe nehmen lassen, herausnehmen und bereitstellen.

5. Die Knochen ins verbliebene Bratfett geben und kräftig anbraten. Die Zwiebel, die Karotten und den Sellerie schälen, in Würfel schneiden, dazugeben und kurz mitbraten.

6. Das Tomatenmark einrühren, das Ganze mit Mehl bestäuben, kurz rösten, mit Rotwein ablöschen und die Gemüse- oder Fleischbrühe angießen.

7. Pfefferkörner, Wacholderbeeren, Senf und Honig sowie Zitronensaft in die Soße geben und alles bei mäßiger Hitze 10 Minuten köcheln lassen.

8. Das Fleisch in die Soße einlegen und das Ganze im auf 180 °C vorgeheizten Backofen zugedeckt 60–70 Minuten schmoren lassen.

9. Anschließend das Fleisch aus der Soße nehmen, mit dem restlichen Honig bestreichen und in dem auf 220 °C vorgeheizten Backofen kurz glasieren.

10. Die Soße durch ein Sieb streichen, erneut erhitzen und nochmals nachwürzen. Mit dem Fleisch dekorativ anrichten, mit Kräuterzweigen garnieren und mit Mandelbällchen sofort servieren.

Zum Kaninchen passt auch eine Knoblauch-Wein-Sosse:

1 TL Olivenöl erhitzen. 1–2 Knoblauchzehen schälen, durch die Knoblauchpresse ins Öl drücken und anschwitzen. Mit 300 ml Weißwein ablöschen. 200 ml süße Sahne angießen und das Ganze fünf Minuten köcheln lassen. Die Soße mit Salz, Pfeffer und einer Prise Muskat kräftig würzen. Mit etwas angerührter Speisestärke leicht binden. 2 EL gehackte Kräuter (Schnittlauch und Petersilie) zum Schluss in die Knoblauch-Weißwein-Soße einrühren und diese servieren

Rehmedaillons mit Schattenmorellen

Für 4 Personen:

8 Rehmedaillons (à 80–100 g)
8 dünne Scheiben Frühstücksspeck oder gekochter Schinken
Salz, Pfeffer aus der Mühle
½ TL Korianderpulver
2 EL Butterschmalz

Für die Soße:
4 cl Weinbrand
200 ml Rotwein
200 ml Kirschsaft
100 g Kastanienhonig
Speisestärke zum Binden
200 g abgetropfte Schattenmorellen
einige Tropfen Aceto balsamico

1. Die Rehmedaillons unter fließendem Wasser waschen und trocken tupfen. Jedes Medaillon in eine Scheibe Speck oder Schinken wickeln und mit Küchenschnur binden.

2. Die Medaillons mit Salz, Pfeffer und Korianderpulver kräftig würzen. Das Butterschmalz in einer Pfanne erhitzen und die Medaillons darin je nach Geschmack medium oder durchbraten.

3. Den Weinbrand erhitzen, anzünden und die Medaillons damit flambieren. Die Medaillons aus der Pfanne nehmen und warm stellen.

4. Den Rotwein, den Kirschsaft und den Honig ins verbliebene Bratfett geben und aufkochen lassen.

5. So lange köcheln lassen, bis sich der Honig vollständig aufgelöst hat.

6. Die Soße mit etwas angerührter Speisestärke leicht binden. Die Schattenmorellen in die Soße geben und diese mit Aceto balsamico, Salz und Pfeffer kräftig abschmecken.

7. Die Rehmedaillons mit den Honig-Schattenmorellen auf heißen Tellern dekorativ anrichten. Mit in Butter gedünstetem Gemüse, Pilzen und Mandelplätzchen sofort servieren.

Wildschweinsteaks vom Grill

Für 4 Personen:

800 g Wildschweinrücken ohne Knochen
Salz, Pfeffer aus der Mühle

Für die Glasur:
1 geh. EL weiße Pfefferkörner
1 geh. EL rosa Pfefferkörner
2 EL Zuckerrübensirup
2 cl Portwein

1. Den Wildschweinrücken unter fließendem Wasser waschen, trocken tupfen, zu Schmetterlingssteaks schneiden, leicht klopfen, mit Salz und Pfeffer würzen.

2. Die weißen und rosa Pfefferkörner im Mörser zerreiben.

3. Den Zuckerrübensirup mit dem Portwein leicht erwärmen und den Pfeffer einrühren. Die Steaks in der Glasur wenden und im Kühlschrank ca. 15 Minuten ziehen lassen.

4. Die Wildschweinsteaks aus der Marinade nehmen, auf dem Grill garen. und dekorativ anrichten. Mit gegrillten Maiskolben und Riesenchampignons mit Tomaten-Gorgonzola-Füllung sofort servieren.

(ohne Abbildung)

Wildhackbraten

Für 4 Personen:

2 Zwiebeln
75 g durchwachsener, geräucherter Speck, 500 g Wildhackfleisch
4 altbackene, in Milch eingeweichte Brötchen, 3 Eier
Salz, Pfeffer aus der Mühle
1 EL Paprikapulver edelsüß
je 1 EL gereb. Majoran und Thymian
2–3 EL mittelscharfer Senf
einige Zweige Gundermannkraut
einige Zweige Brunnenkresse
Semmelbrösel zum Binden
einige Tropfen Weinbrand
2 blanchierte Karotten
100 g Essiggurken
3 hart gekochte Eier
Fett zum Ausfetten
500 ml Fleischbrühe

Außerdem:
Salatblätter, Tomatenachtel und Kresse zum Garnieren

1. Die Zwiebeln schälen und fein würfeln. Den Speck fein würfeln und in einer Pfanne auslassen. Die Zwiebeln darin glasig schwitzen, vom Herd nehmen und abkühlen lassen.

2. Das Wildhackfleisch mit den Speckzwiebeln, den gut ausgedrückten Brötchen und den Eiern in einer Schüssel vermischen.

3. Mit Salz, Pfeffer, Paprikapulver, Majoran, Thymian und Senf kräftig abschmecken.

4. Die verlesenen, gewaschenen, fein geschnittenen Kräuter dazugeben und das Ganze zu einer glatten Masse verarbeiten. Mit Semmelbröseln leicht binden, mit Weinbrand aromatisieren.

5. Den Fleischteig zwischen Klarsichtfolie leicht ausrollen. Die Karotten und die Essiggurken fein würfeln, auf dem Fleisch verteilen, die Eier darauflegen und das Ganze zu einem Laib formen.

6. Den Wildhackbraten in einen ausgefetteten Bräter legen und in dem auf 180–200 °C vorgeheizten Backofen 40–45 Minuten braten. Während der Garzeit mehrmals mit der Fleischbrühe ablöschen.

7. Den Wildhackbraten aus dem Ofen nehmen, in Scheiben schneiden und dekorativ anrichten. Mit Salatblättern, Tomatenachteln und Kresse garnieren und mit einem großen, gemischten Salat sofort servieren.

Unser Tipp: Salat mit gebratenem Ziegenkäse

Vier kleine Kopfsalatherzen verlesen, waschen, abtropfen lassen und vierteln. Eine rote Zwiebel schälen, halbieren und in Scheiben schneiden. Vier Tomaten waschen, den Strunk herausschneiden und die Tomaten achteln. 200 g festen Ziegenkäse in mundgerechte Stücke schneiden. Butter in einer Pfanne erhitzen und die Käsestücke darin braten. Die Kopfsalatherzen mit den Zwiebelscheiben, den Tomatenecken und dem Ziegenkäse dekorativ auf Tellern anrichten. Für das Dressing 50 g schwarze Oliven in Würfel schneiden und in eine Schüssel geben. 50 ml Gemüsebrühe, den Saft von einer Zitrone und 75 ml weißen Balsamicoessig dazugeben, gut verrühren und das Ganze mit Salz, Pfeffer und Zucker abschmecken. 100 ml Olivenöl in das Dressing einrühren und den Salat damit beträufeln. Den Salat mit Cashewkernen und frisch geschnittenem Schnittlauch bestreuen, garnieren und zum Wildhackbraten servieren.

Französischer Gänseschmortopf

Für 4 Personen:

250 g getrocknete weiße Bohnen
400 g Schweinenacken
4 Wildgänsekeulen
2 EL Butterschmalz, 2 Zwiebeln
je 1 rote und gelbe Paprikaschote
2 EL Tomatenmark, 2 EL Mehl
250 ml Rotwein
500 ml Gemüsebrühe
1 Lorbeerblatt
je einige Nelken, Wacholderbeeren und Pfefferkörner
Meersalz, Pfeffer aus der Mühle
1 Prise Cayennepfeffer
1 TL Paprikapulver edelsüß
1 Knoblauchzehe
1 TL Kräuter der Provence

Außerdem:
einige Zweige Oregano

1. Die Bohnen über Nacht in kaltem Wasser einweichen. Anschließend abgießen und in ungesalzenem Wasser in 90 Minuten weich kochen.

2. Das Fleisch und die Wildgänsekeulen waschen und trocken tupfen. Die Wildgänsekeulen halbieren, den Schweinenacken in Würfel schneiden.

3. Das Butterschmalz in einem Topf erhitzen und das Fleisch darin anbraten. Die geschälten, gewürfelten Zwiebeln kurz mitbraten.

4. Die Paprikaschoten halbieren, entkernen, waschen, in Würfel schneiden, zum Fleisch geben und mitschwitzen.

5. Das Tomatenmark einrühren, das Mehl darüberstäuben und kurz rösten.

6. Mit dem Rotwein ablöschen und die Gemüsebrühe angießen.

7. Die Gewürze in einen Gewürzbeutel füllen und zum Fleisch geben. Mit Meersalz, Pfeffer, Cayennepfeffer und Paprikapulver kräftig abschmecken.

8. Die geschälte, fein gehackte Knoblauchzehe und die Kräuter der Provence einrühren und das Ganze bei mäßiger Hitze 70–80 Minuten schmoren lassen.

9. Die gut abgetropften Bohnen und den Oregano unterheben und nochmals abschmecken.

10. Den Gänseschmortopf dekorativ anrichten, mit Oreganozweigen garnieren und mit Weißbrot sofort servieren.

Unser Tipp: Hausgemachtes Weissbrot

500 g Hefegebäck- und Strudelmehl in eine Schüssel sieben und eine Mulde in die Mitte drücken. 250–300 ml Buttermilch lauwarm erhitzen, in die Mulde gießen, ½ Würfel Frischhefe hineinbröckeln, 1 TL Zucker und etwas Mehl einrühren und das Ganze zugedeckt an einem warmen Ort 10–15 Minuten gehen lassen. Das Mehl und 1 TL Salz unterarbeiten und den Teig so lange schlagen, bis er Blasen wirft. Erneut zugedeckt 30 Minuten gehen lassen. Den Teig auf einer bemehlten Arbeitsfläche kräftig durcharbeiten, in vier gleiche Teile teilen und zu 4–5 cm dicken Rollen formen. Die Rollen mit einem scharfen Messer mehrmals schräg einschneiden oder mit einer Gabel einstechen, auf ein mit Backpapier ausgelegtes Backblech legen und nochmals gehen lassen. Die Weißbrote im auf 180–200 °C vorgeheizten Backofen 20–25 Minuten backen, herausnehmen und auf einem Kuchengitter erkalten lassen.

Geflügelgerichte – beliebt in der ganzen Welt

Poulardenbrüstchen mit Mandelkruste

Für 4 Personen:

4 Poulardenbrüstchen
Salz, Pfeffer aus der Mühle
1 TL gerebelter Rosmarin
Fett zum Braten
60 g gehackte weiße Mandeln
2 EL weiche Butter
2 EL Gebirgsblütenhonig
4 EL Semmelbrösel
2 Zweige Salbei

Für das Gemüse:
1 Bund Frühlingszwiebeln
4 Karotten, 2 Kohlrabi
200 g Schalotten, 2 EL Butter
100 ml Weißwein
250 ml Gemüsebrühe
2 EL Gebirgsblütenhonig
Muskat, Cayennepfeffer

Außerdem:
Kräuterzweige zum Garnieren

1. Die küchenfertigen Poulardenbrüstchen unter fließendem Wasser waschen, trocken tupfen, mit Salz, Pfeffer und Rosmarin würzen.

2. Etwas Fett in einem Bräter erhitzen. Die Poulardenbrüstchen darin anbraten und im auf 180 °C vorgeheizten Backofen 25 Minuten garen.

3. Die Mandeln mit der Butter, dem Honig und den Semmelbröseln in Mixer oder mit dem Pürierstab pürieren.

4. Die abgepflückten Salbeiblätter auf die Poulardenbrüstchen legen, die Mandel-Honig-Masse gleichmäßig darauf verteilen und das Ganze unter dem Grill fünf Minuten überbacken.

5. Für das Gemüse die Frühlingszwiebeln putzen, waschen und in Stücke schneiden.

6. Die Karotten und die Kohlrabi schälen, waschen und in Stifte schneiden. Die Schalotten schälen und in feine Würfel schneiden.

7. Die Butter in einer Pfanne erhitzen und das Gemüse darin anschwitzen.

8. Mit Weißwein ablöschen, die Gemüsebrühe angießen und den Honig einrühren. Das Gemüse mit Salz, Pfeffer, Muskat und Cayennepfeffer würzen und bissfest dünsten.

9. Die überbackenen Poulardenbrüstchen mit dem Gemüse dekorativ anrichten, mit Kräuterzweigen garnieren und sofort servieren.

Unser Tipp: Avocado-Tomaten-Salat

Zwei Avocados dünn schälen, halbieren und die Kerne herauslösen. Das Fruchtfleisch der Länge nach in Schnitze schneiden und mit Zitronensaft beträufeln. 250 g rote und gelbe Tomaten waschen, den Strunk herausschneiden, die Tomaten in Scheiben schneiden. 150 g gemischte Blattsalate (Rucola, Radicchio, Eichblattsalat) verlesen, waschen, gut abtropfen lassen und in mundgerechte Stücke zerpflücken. ½ Bund Frühlingszwiebeln putzen, waschen und in Scheiben schneiden. Eine Zwiebel schälen und in dünne Scheiben schneiden. Die Avocadoschnitze mit den Tomatenscheiben und dem Blattsalat dekorativ anrichten, mit den Frühlingszwiebel- und Zwiebelringen sowie 50 g gerösteten Pinienkernen bestreuen. 75 ml weißen Balsamicoessig mit 75 ml Gemüse- oder Geflügelbrühe vermischen, mit Salz, Pfeffer, Zucker und Cayennepfeffer kräftig abschmecken. Zum Schluss 75 ml Olivenöl einrühren. Den Salat mit dem Dressing beträufeln, mit Kräuterzweigen garnieren und zu den Poulardenbrüstchen servieren.

Hähnchenbrustfilets mit Honigspinat

Für 4 Personen:

4 Hähnchenbrustfilets (à 150 g)
Salz, Pfeffer aus der Mühle
Cayennepfeffer
1 EL Butterschmalz
2–3 EL Wildblütenhonig
2 Kugeln Mozzarella (à 125 g)
2 Tomaten

Für den Spinat:
1 Zwiebel
1 Knoblauchzehe
2–3 Tomaten
1 EL Butter
200 ml Gemüsebrühe
2–3 EL Wildblütenhonig
500 g junger Spinat
1 Prise Muskat

1. Die Hähnchenbrustfilets unter fließendem Wasser waschen, trocken tupfen und mit Salz, Pfeffer und Cayennepfeffer würzen.

2. Das Schmalz erhitzen. Die Filets von allen Seiten anbraten, mit Honig glasieren und kurz weiterbraten.

3. Den Mozzarella in Scheiben schneiden. Die Tomaten waschen, vom Strunk befreien und ebenfalls in Scheiben schneiden.

4. Die Filets mit den Tomaten- und Mozzarellascheiben belegen und das Ganze im auf 180 °C vorgeheizten Backofen 20–25 Minuten durchgaren.

5. Für den Spinat die Zwiebel schälen und fein würfeln. Den Knoblauch schälen und durchpressen.

6. Die restlichen Tomaten waschen, vom Strunk befreien und fein würfeln. Die Butter in einem großen Topf erhitzen.

7. Die Zwiebelwürfel, den Knoblauch und die Tomaten darin andünsten, die Brühe angießen und den Honig einrühren.

8. Den geputzten, gewaschenen Spinat nach Bedarf klein schneiden, dazugeben und bei geschlossenem Deckel ca. drei Minuten dünsten. Mit Salz und Muskat abschmecken.

9. Die Hähnchenbrustfilets in Scheiben schneiden, mit dem Spinat auf Tellern dekorativ anrichten und sofort servieren. Dazu schmecken bissfest gegarter Reis oder Spinat-Tagliatelle alla Amatriciana.

Unser Tipp: Spinat-Tagliatelle alla Amatriciana

400 g Spinat-Tagliatelle (Fertigprodukt) in Salzwasser bissfest garen, abgießen, abschrecken, gut abtropfen lassen und bereitstellen. Olivenöl in einer Pfanne erhitzen und 50 g durchwachsenen, geräucherten, in feine Würfel geschnittenen Speck darin auslassen. 100 g Salami in Streifen schneiden, zum Speck geben und kurz mitschwitzen. Eine Zwiebel schälen, in feine Würfel schneiden, ebenfalls zum Speck geben und kurz mitbraten. Zwei rote Paprikaschoten halbieren, entkernen, waschen, in Streifen schneiden, in die Pfanne geben und kurz dünsten. Vier enthäuteten, entkernten und in Würfel geschnittene Tomaten dazugeben, 500 ml gebundene Tomatensoße angießen und das Ganze bei mäßiger Hitze 4–5 Minuten köcheln lassen. Die Soße mit Salz, Pfeffer, Cayennepfeffer und Zucker kräftig abschmecken. Die Spinat-Tagliatelle in Butter kurz durchschwenken, salzen und pfeffern, dekorativ anrichten, mit der Soße überziehen, mit Basilikumblättchen garnieren und zu den Hähnchenbrustfilets servieren.

Budapester Entenpfanne

Für 4 Personen:

1 kg gekochte Kartoffeln
Butterschmalz zum Braten
100 g Frühstücksspeck
2 Zwiebeln
½ gegarte kalte Ente
Salz, Pfeffer aus der Mühle
1 Prise Muskat
1 Prise Kümmelpulver
1 Bund Majoran

Außerdem:
Salatblätter und Tomatenachtel zum Garnieren

1. Die gekochten Kartoffeln pellen und in Scheiben schneiden.

2. Das Butterschmalz in einer großen Pfanne erhitzen und die Kartoffelscheiben darin braten.

3. Den Frühstücksspeck in feine Würfel oder Streifen schneiden, zu den Kartoffeln geben und mitbraten.

4. Die Zwiebeln schälen, in feine Würfel oder Scheiben schneiden. Das Fleisch der Ente vom Knochen lösen und in Würfel schneiden.

5. Die Zwiebelwürfel und das Entenfleisch zu den Kartoffeln geben und ebenfalls mitbraten.

6. Das Ganze mit Salz, Pfeffer, Muskat und Kümmelpulver kräftig würzen. Den Mayoran verlesen, waschen, die Blättchen abzupfen und unterrühren.

7. Die Budapester Entenpfanne dekorativ anrichten, mit Salatblättern und Tomatenachteln garnieren und sofort servieren.

Ungarisches Gänsegulasch

Für 4 Personen:

800 g Gänsefleisch ohne Haut und Knochen
Salz, Pfeffer aus der Mühle
Butterschmalz zum Braten
3 Zwiebeln, 5 Knoblauchzehen
50 g Tomatenmark
2 EL Weizenmehl
gut 1 l Gemüse- oder Geflügelbrühe
2 EL Paprikapulver edelsüß
1 EL Paprikapulver rosenscharf
1 rote Paprikaschote
1 gelbe Paprikaschote

Außerdem:
Kräuterzweige zum Garnieren

1. Das küchenfertige Gänsefleisch waschen, trocken tupfen, in mundgerechte Stücke schneiden, mit Salz und Pfeffer kräftig würzen.

2. Das Butterschmalz in einem Topf erhitzen und das Gänsefleisch darin rundherum Farbe nehmen lassen.

3. Die Zwiebeln und die Knoblauchzehen schälen, fein würfeln, zum Fleisch geben und kurz mitbraten. Das Tomatenmark einrühren, das Ganze mit Weizenmehl bestäuben und kurz rösten.

4. Die Gemüse- oder Geflügelbrühe angießen, zum Kochen bringen und das Paprikapulver einrühren. Das Gulasch bei mäßiger Hitze 50–60 Minuten garen.

5. Die Paprikaschoten putzen, halbieren, entkernen, waschen und in Stücke schneiden. 15 Minuten vor Garende zum Gulasch geben.

6. Das ungarische Gänsegulasch nachwürzen, dekorativ anrichten, mit Kräuterzweigen garnieren und mit bissfest gegartem Reis sofort servieren.

(ohne Abbildung)

Hähnchenschnitzel mit Rucolasalat

Für 4 Personen:

600 g Hähnchenbrustfilets
Salz, Pfeffer aus der Mühle
Mehl zum Wenden
Butterschmalz zum Braten

Für den Salat:
1 Zwiebel, 2 Tomaten, 200 g Rucola
100 ml Gemüsebrühe
50 ml weißer Balsamicoessig
Saft von 1 Zitrone
50 g grüne Oliven
1 EL geriebener Parmesankäse
einige Zweige Basilikum und
Thymian, 1 Prise Zucker
1 Prise Cayennepfeffer
75 ml Olivenöl

Außerdem:
Oliven- und Zitronenscheiben zum Garnieren

1. Die küchenfertigen Hähnchenbrustfilets unter fließendem Wasser waschen, trocken tupfen, schräg in dünne Scheiben schneiden und die Scheiben leicht klopfen.

2. Die Schnitzelchen mit Salz und Pfeffer kräftig würzen und in Mehl wenden. Butterschmalz in einer Pfanne erhitzen und die Schnitzelchen darin braten.

3. Für den Salat die Zwiebel schälen und in Scheiben schneiden. Die Tomaten enthäuten, entkernen und in Streifen schneiden.

4. Den Rucola verlesen, waschen, gut abtropfen lassen, mit den Zwiebeln und den Tomaten in eine Schüssel geben und vorsichtig vermischen.

5. Für das Dressing die Gemüsebrühe mit dem Balsamicoessig und dem Zitronensaft verrühren. Die Oliven fein hacken und mit dem Parmesankäse untermischen.

6. Die Kräuter verlesen, waschen, fein schneiden, unter das Dressing ziehen und das Ganze mit Salz, Pfeffer, Zucker und Cayennepfeffer kräftig würzen.

7. Das Olivenöl einrühren und den Salat damit anmachen. Den Salat mit den Schnitzelchen dekorativ anrichten, mit Oliven- und Zitronenscheiben garnieren und sofort servieren. Zu den Schnitzelchen passt auch sehr gut ein sizilianischer Blumenkohl.

Unser Tipp: Blumenkohl sizilianisch

Einen großen Kopf Blumenkohl putzen und große Röschen abbrechen oder -schneiden. Die Blumenkohlröschen waschen, gut abtropfen lassen und in Salzwasser oder in Gemüsebrühe bissfest garen. Herausnehmen, gut abtropfen lassen und bereitstellen. 3–4 EL Olivenöl in einer Pfanne erhitzen und 3–4 geschälte, fein gehackte Knoblauchzehen darin anschwitzen. Zwei Zwiebeln schälen, in feine Würfel schneiden, ins Knoblauchfett geben und kurz mitbraten. Fünf enthäutete, entkernte und in Würfel geschnittene Tomaten mit einer Tasse entsteinter, schwarzen Oliven und einer Tasse Riesenkapern untermischen und 3–4 Minuten dünsten. Je einen Zweig Oregano, Basilikum, Estragon und Petersilie verlesen, waschen, fein schneiden und untermischen. Das Ganze mit Salz, Pfeffer, Muskat und Cayennepfeffer kräftig abschmecken. Die Blumenkohlröschen in eine feuerfeste Form setzen, mit der Tomatensoße überziehen und kurz überbacken. Den Blumenkohl mit verlesener, gewaschener, fein gehackter Petersilie sowie einer Tasse geriebenem Parmesankäse bestreuen und zu den Schnitzelchen servieren.

Hähnchenfleisch mit süsssaurem Gemüse

Für 4 Personen:

je 2 EL Ingwersirup, Sojasoße, Reiswein und Zitronensaft
400 g Hähnchenbrustfilets
Salz, Pfeffer aus der Mühle
1 Prise Cayennepfeffer
Olivenöl zum Ausbacken
1 Noriblatt

Für das Gemüse:
2 Karotten, 1 Stück Lauch
2 Stängel Staudensellerie
2 EL Sesamöl, 2 EL Reisessig
2 EL Sojasoße, 1 TL Zucker

Außerdem:
Kräuterzweige zum Garnieren

1. Den Ingwersirup mit der Sojasoße, dem Reiswein und dem Zitronensaft in einer Schüssel vermischen.

2. Die Hähnchenbrustfilets waschen, trocken tupfen, in Würfel schneiden, mit Salz, Pfeffer und Cayennepfeffer würzen, in die Marinade legen und 30 Minuten marinieren.

3. Das Olivenöl in einem Wok erhitzen. Die Hähnchenwürfel aus der Marinade nehmen, trocken tupfen und im Öl portionsweise ausbacken.

4. Das Noriblatt in feine Streifen schneiden, kurz im Öl schwenken, mit den Hähnchenwürfeln vermischen und das Fleisch warm stellen.

5. Die Karotten schälen, den Lauch putzen, waschen und beides in feine Streifen schneiden. Den Sellerie putzen und in dünne Scheiben schneiden.

6. Das Gemüse waschen und gut abtropfen lassen. Das Sesamöl im Wok erhitzen und das Gemüse darin unter ständigem Rühren braten.

7. Die Marinade mit dem Reisessig, der Sojasoße und dem Zucker zum Gemüse geben, kurz durchschwenken und mit Salz und Pfeffer würzen.

8. Das Hähnchenfleisch mit dem süßsauren Gemüse dekorativ anrichten, mit Kräuterzweigen garnieren und mit Sojasoße sofort servieren.

Zum Hähnchen passt auch eine Asiatische Gemüsepfanne sehr gut:

200 g junge Möhrchen schälen, waschen und in Streifen schneiden. Vier Frühlingszwiebeln putzen, waschen und in 3–4 cm große Stücke schneiden. 400 g Blumenkohl verlesen, die Röschen herausschneiden und unter fließendem Wasser waschen. Gut abtropfen lassen und bereitstellen. Gemüsebrühe in einem Topf erhitzen und das Gemüse darin sortenweise bissfest garen. 2 EL Sesamöl in einem Wok erhitzen und zwei geschälte, fein gehackte Knoblauchzehen darin anschwitzen. Je 100 ml Weißwein, Gemüsebrühe und Sojasoße angießen, je 2 EL Obstessig und Honig unterrühren. Das Ganze mit Salz, Pfeffer, Fünfgewürzpulver und Ingwerpulver abschmecken und 4–5 Minuten einreduzieren lassen. Je nach Geschmack mit etwas angerührter Speisestärke oder mit Johannisbrotkernmehl binden. Das heiße Gemüse dekorativ auf der Soße anrichten, mit gewaschener, zerpflückter Blattpetersilie garnieren und zum Hähnchen servieren.

Elsässer Zwiebelhähnchen

Für 4 Personen:

1 küchenfertiges Hähnchen (1,2 kg)
Salz, Pfeffer aus der Mühle
Butterschmalz zum Braten
250 ml Weißwein
250 ml Gemüse- oder Geflügelbrühe
2 Lorbeerblätter
1 TL Pfefferkörner
je 2 Zweige Rosmarin und Thymian
400 g Champignons
Saft von 1 Zitrone
1 Glas Silberzwiebeln (Abtropfgewicht 180 g)
200 ml süße Sahne
heller Soßenbinder
einige Tropfen Zitronensaft
einige Tropfen Worcestersoße

Außerdem:
½ Bund Petersilie
Pfefferminzblättchen zum Garnieren

1. Das küchenfertige Hähnchen zerteilen, Brüstchen und Keulen auslösen und die Haut entfernen, unter fließendem Wasser waschen, trocken tupfen und mit Salz und Pfeffer würzen.

2. Das Butterschmalz in einem Bräter erhitzen und die Hähnchenteile darin leicht anschwitzen.

3. Mit Weißwein ablöschen, die Gemüse- oder Geflügelbrühe angießen und zum Kochen bringen. Die Lorbeerblätter, die Pfefferkörner und die Kräuter dazugeben.

4. Den Bräter verschließen und das Ganze bei mäßiger Hitze 30 Minuten schmoren lassen.

5. Anschließend die Hähnchenteile herausnehmen, den Sud durch ein Sieb gießen und mit den Hähnchenteilen erneut in dem Bräter erhitzen.

6. Die Champignons putzen, bei Bedarf klein schneiden, mit Zitronensaft beträufeln, mit den gut abgetropften Silberzwiebeln dazugeben und zugedeckt weitere 20 Minuten schmoren lassen.

7. Die Sahne angießen, erhitzen, mit hellem Soßenbinder leicht binden und mit Zitronensaft, Worcestersoße, Salz und Pfeffer abschmecken.

8. Das Zwiebelhähnchen mit der Soße und dem Gemüse dekorativ anrichten und die verlesene, gewaschene, fein gehackte Petersilie darüberstreuen. Mit Pfefferminzblättchen garnieren und mit Butternudeln und einem Waldorfsalat sofort servieren.

Unser Tipp: Waldorfsalat

Eine Knolle Sellerie (ca. 500 g) und 500 g Karotten schälen, waschen, in feine Stifte schneiden oder grob raspeln, in einer Schüssel vermischen und mit Zitronensaft beträufeln. 50 g gehackte Walnusskerne untermischen. 200 g Sauerrahm mit 150 g Mayonnaise, 50 ml Weißweinessig und 3 EL Honig in eine Schüssel geben und glatt rühren. Mit Salz, Pfeffer und Cayennepfeffer würzen. Den Salat mit dem Dressing anmachen und im Kühlschrank mindestens eine Stunde ziehen lassen. Den Waldorfsalat dekorativ anrichten, mit verlesener, gewaschener und fein gehackter Petersilie bestreuen, mit Apfelschnitzen garnieren und zum Zwiebelhähnchen servieren.

Coq au Vin

Für 4 Personen:

1 küchenfertiges großes Huhn oder
1 Poularde
700 ml Rotwein
1 gespickte Zwiebel
2–3 Knoblauchzehen
2 Karotten
1 Stück Staudensellerie
1 Petersilienwurzel
je 1 TL Wacholderbeeren,
Pfefferkörner und Korianderkörner
2 Lorbeerblätter
Salz, Pfeffer aus der Mühle
1 Prise Cayennepfeffer
1 Prise Muskat
1 Prise Zucker

Außerdem:
Mehl zum Wenden
Butterschmalz zum Braten
100 g durchwachsener,
geräucherter Speck
300 g Silberzwiebeln
200 g Champignons
1 Bund Petersilie

1. Das küchenfertige Huhn oder die Poularde in 8–12 Teile schneiden, unter fließendem Wasser waschen, trocken tupfen und in eine Schüssel legen.

2. Den Rotwein mit der gespickten Zwiebel in einen Topf geben und zum Kochen bringen.

3. Die Knoblauchzehen und die Karotten schälen, klein würfeln und in den Sud geben.

4. Den Staudensellerie und die geschälte Petersilienwurzel waschen und würfeln. Mit den Wacholderbeeren, den Pfefferkörnern, den Korianderkörnern und den Lorbeerblättern in die Marinade geben und bei mäßiger Hitze 8–10 Minuten köcheln lassen.

5. Den Sud mit Salz, Pfeffer, Cayennepfeffer, Muskat und Zucker kräftig abschmecken, vom Herd nehmen, leicht erkalten lassen und über die Hähnchenteile gießen. Im Kühlschrank über Nacht marinieren.

6. Die Hähnchenteile aus der Marinade nehmen, trocken tupfen und in Mehl wenden.

7. Das Butterschmalz in einem Bräter erhitzen und das Fleisch darin rundherum Farbe nehmen lassen.

8. Den in feine Würfel oder Streifen geschnittenen Speck zum Fleisch geben und kurz mitbraten.

9. Die Silberzwiebeln schälen und dazugeben. Die Marinade durch ein Sieb gießen, auffangen und die Hähnchenteile damit ablöschen.

10. Das Ganze im auf 180–200 °C vorgeheizten Backofen 40–45 Minuten schmoren.

11. Die Champignons putzen, waschen und in Scheiben schneiden. 10 Minuten vor Garende zum Fleisch geben und das Coq au Vin fertig garen.

12. Nach Ende der Garzeit das Coq au Vin mit Salz und Pfeffer abrunden, dekorativ anrichten und mit der Soße überziehen. Mit der verlesenen, gewaschenen und fein gehackten Petersilie bestreuen, garnieren und sofort servieren.

Szechuan-Ente

Für 4 Personen:

1 küchenfertige Ente
Salz, Pfeffer aus der Mühle
1 TL Fünfgewürzpulver
3 EL helles Sesamöl
1 TL Ingwerpulver
½ TL gemahlener Szechuanpfeffer
1 TL Chilipulver
1 TL brauner Zucker
2 Knoblauchzehen

Für das Gemüse:
je 1 rote, gelbe und grüne Paprikaschote
1 Bund Frühlingszwiebeln
3 Karotten
3 EL helles Sesamöl
300 ml Gemüse- oder Geflügelbrühe
50 ml helle Sojasoße
50 g Cashewkerne
Speisestärke zum Binden

1. Die küchenfertige Ente in vier Teile zerteilen. Die Ententeile unter fließendem Wasser waschen, trocken tupfen, mit Salz, Pfeffer und Fünfgewürzpulver kräftig würzen.

2. Die Ententeile in einen Bräter legen und im auf 180 °C vorgeheizten Backofen 45 Minuten garen.

3. Das Sesamöl mit dem Ingwerpulver, dem Szechuanpfeffer, dem Chilipulver, dem braunen Zucker und den geschälten, fein gehackten Knoblauchzehen vermischen, die Ententeile damit bestreichen und weitere 15 Minuten garen.

4. Für das Gemüse die Paprikaschoten halbieren, entkernen, waschen, gut abtropfen lassen und in Streifen schneiden.

5. Die Frühlingszwiebeln putzen, waschen und in mundgerechte Stücke schneiden.

6. Die Karotten schälen, waschen und ebenfalls in dünne Streifen schneiden.

7. Das Sesamöl in einer Pfanne erhitzen und das Gemüse unter ständigem Rühren darin 10 Minuten dünsten.

8. Die Gemüse- oder Geflügelbrühe und die Sojasoße angießen und weitere fünf Minuten köcheln lassen.

9. Die Cashewkerne unter die Soße heben, die Soße mit Salz, Pfeffer und Fünfgewürzpulver abschmecken und mit etwas angerührter Speisestärke leicht binden.

10. Das Gemüse mit den Ententeilen dekorativ anrichten, garnieren und sofort servieren.

Entenbrustfilets mit Papayagemüse

Für 4 Personen:

4 Barbarie-Entenbrustfilets
Salz, Pfeffer aus der Mühle
1 Prise Cayennepfeffer
1 TL Fünfgewürzpulver
Butterschmalz zum Braten

Außerdem:
1 Mango
1 Papaya
1 rote Chilischote
2 EL helles Sesamöl
1 EL Honig
Saft von 1 Zitrone
½ Bund Koriander

1. Die küchenfertigen Entenbrustfilets unter fließendem Wasser waschen, trocken tupfen, mit Salz, Pfeffer, Cayennepfeffer und Fünfgewürzpulver kräftig würzen.

2. Das Butterschmalz in einem Bräter erhitzen. Die Entenbrustfilets darin rundherum Farbe nehmen lassen und im auf 180–200 °C vorgeheizten Backofen 25–30 Minuten garen.

3. In der Zwischenzeit die Mango dünn schälen und das Fruchtfleisch mit einem Kugelausstecher ausstechen.

4. Die Papaya dünn schälen, halbieren, das Kerngehäuse mit einem Teelöffel herausschaben und das Fruchtfleisch in Spalten schneiden.

5. Die Chilischote halbieren, entkernen, waschen und fein würfeln. Das Sesamöl in einer Pfanne erhitzen und die Chiliwürfel mit den Mangokugeln und den Papayaschnitzen darin kurz dünsten.

6. Die Früchte mit Honig und Zitronensaft aromatisieren, mit Salz und Pfeffer würzen und den verlesenen, gewaschenen und fein geschnittenen Koriander untermischen.

7. Das Papayagemüse mit den in Scheiben geschnittenen Entenbrustfilets dekorativ anrichten, garnieren und sofort servieren.

Papayas

Papayas werden aufgeschnitten und die im Inneren befindlichen, schwarz glänzenden, pfefferkorngroßen Kerne mit einem kleinen Löffel entfernt. Das süße, aromatische Fruchtfleisch ist weich und kann aus der Schale ausgelöffelt werden. Zur Geschmacksverbesserung wird noch ein wenig Limettensaft darübergeträufelt, weil Papayas keinerlei Fruchtsäure entwickeln. Der Geschmack erinnert an Aprikosen und Waldmeister. Man kann Papayas aber auch sehr gut zu Salaten, Desserts, Cremes und Eis verarbeiten. Dazu sollte man die ganze Frucht schälen (am besten mit einem Sparschäler) und nach dem Entfernen der Kerne in Stücke oder Spalten schneiden. In der pikanten Küche kennt man Papayas auch mit Fleischfarce zubereitet wie gefüllte Paprikaschoten.

Österreichische Sonntagsgans

Für 4 Personen:

1 küchenfertige Gans (ca. 3,5 kg)
Salz, Pfeffer aus der Mühle

Für die Füllung:
500 g altbackene Brötchen
150 ml heiße Milch
150 g Frühstücksspeck, 1 Zwiebel
2 säuerliche Äpfel, 3 Eier
1 EL gerebelter Majoran
1 EL gerebelter Beifuß
1 Bund Petersilie
Cayennepfeffer, Muskat
500 g Röstgemüse (Zwiebel, Karotte, Sellerie, Petersilienwurzel)
2 Lorbeerblätter
je 1 EL Wacholderbeeren und Pfefferkörner, 200 ml Weißwein
gut 1 l Gemüse- oder Geflügelbrühe
dunkler Soßenbinder

Außerdem:
Kräuterzweige zum Garnieren

1. Die küchenfertige Gans waschen, trocken tupfen, innen und außen mit Salz und Pfeffer kräftig würzen.

2. Die Brötchen in Würfel schneiden, in eine Schüssel geben und mit der heißen Milch übergießen. Den Frühstücksspeck in kleine Würfel schneiden und in einer Pfanne auslassen.

3. Die Zwiebel und die Äpfel schälen, die Äpfel entkernen. Zwiebel und Äpfel in feine Würfel schneiden, zum Frühstücksspeck geben, kurz mitbraten und anschließend zu den Brötchen geben.

4. Die Eier mit den gerebelten Kräutern und der gewaschenen, fein gehackten Petersilie ebenfalls zu den Brötchen geben und alles zu einer glatten Masse verarbeiten.

5. Die Füllung mit Salz, Pfeffer, Cayennepfeffer und Muskat würzen, in die Gans füllen und diese zunähen oder zustecken.

6. Das Röstgemüse klein schneiden, in einen Bräter geben und die Gans daraufsetzen. Die Gewürze darüberstreuen.

7. Den Weißwein und die Brühe angießen und die Gans in dem auf 180–200 °C vorgeheizten Backofen 30–40 Minuten garen.

8. Anschließend die Temperatur auf 160 °C zurückschalten und die Gans noch ca. 2 ½–3 Stunden garen.

9. Nach Ende der Garzeit die Gans aus dem Ofen nehmen. Die Soße mit dunklem Soßenbinder leicht binden und nochmals würzen. Die Gans mit der Soße dekorativ anrichten, mit Kräuterzweigen garnieren und mit einem Zwiebel-Tomaten-Gemüse sofort servieren.

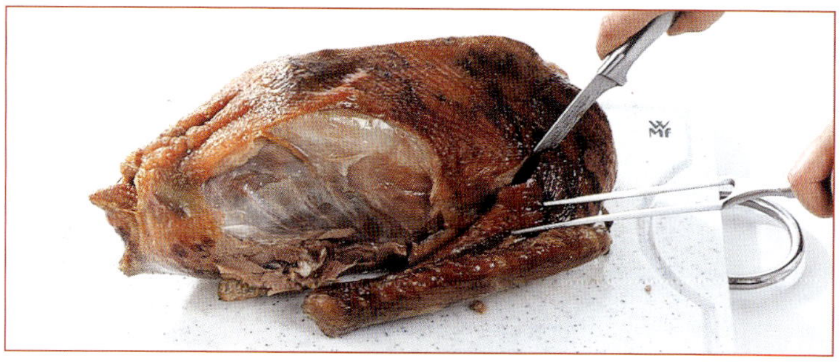

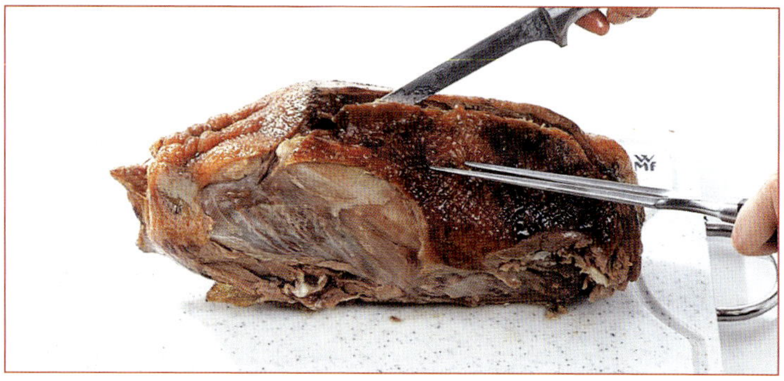

Hähnchen-Cordons-bleus

Für 4 Personen:

4 küchenfertige Hähnchenbrustfilets ohne Haut (à 150 g)
Salz, Pfeffer aus der Mühle
4 Scheiben gekochter Schinken
4 Scheiben Edamer
Mehl zum Wenden
3 Eier
50 ml Milch
150 g Semmelbrösel
Butterschmalz zum Ausbacken

Für den Paprikadip:
je 1 rote und gelbe Paprikaschote
1 Knoblauchzehe
2 Tomaten
100 ml Paprikaketchup
50 ml süße Chilisoße
1 Prise Cayennepfeffer
½ Bund glatte Petersilie

1. Die Hähnchenbrustfilets unter fließendem Wasser waschen und trocken tupfen. In der Mitte der Länge nach einschneiden, auseinanderklappen, leicht klopfen und mit Salz und Pfeffer würzen.

2. Je eine Scheibe Schinken und Edamer auf die Hähnchenbrustfilets legen, diese zusammenklappen, mit Rouladennadeln oder Zahnstochern zusammenstecken und in Mehl wenden.

3. Die Eier mit der Milch in einem tiefen Teller verschlagen und die Semmelbrösel in einen zweiten Teller geben. Die Cordons bleus durch die Eier ziehen und mit den Semmelbröseln panieren.

4. Das Butterschmalz in einer Pfanne erhitzen und die gefüllten Filets darin goldgelb ausbacken, herausnehmen und warm stellen.

5. Die Paprikaschoten halbieren, entkernen, waschen und in feine Würfel schneiden. Mit der geschälten und fein gehackten Knoblauchzehe ins verbliebene Bratfett geben und glasig schwitzen.

6. Die Tomaten waschen, vom Strunk befreien, in Würfel schneiden, zum Gemüse geben und kurz mitschwitzen. Anschließend das Gemüse mit dem Paprikaketchup und der Chilisoße in eine Schüssel geben und verrühren.

7. Das Ganze mit Salz, Pfeffer und Cayennepfeffer kräftig würzen. Die Hähnchen-Cordons-bleus mit dem Paprikadip dekorativ anrichten, mit der verlesenen, gewaschenen und fein gehackten Petersilie bestreuen und mit Röstitalern und Blumenkohlsalat sofort servieren.

Unser Tipp: Blumenkohlsalat

Einen Kopf Blumenkohl putzen und den Strunk herausschneiden. Den Blumenkohl in Röschen schneiden. Zwei Karotten schälen und in Scheiben schneiden. Salzwasser mit Zitronensaft in einem Topf zum Kochen bringen. 1 EL Butter einrühren, die Blumenkohlröschen und die Karotten darin sortenweise bissfest garen, herausnehmen, gut abtropfen lassen und in eine Schüssel geben. 150 g Zuckererbsenschoten putzen, klein schneiden, in den Gemüsefond geben und kurz blanchieren. Herausnehmen, gut abtropfen lassen und zum Salat geben. Für das Dressing 100 ml Kochsud mit einer geschälten und fein gehackten Zwiebel in einen Topf geben und einmal aufkochen lassen. Das Ganze vom Herd nehmen und 75 ml Weißweinessig einrühren. Mit Salz, Pfeffer, Cayennepfeffer, Zucker und ½ TL geschroteten schwarzen Pfefferkörnern abschmecken. ½ Bund verlesene, gewaschene und fein geschnittene Zitronenmelisse und 75 ml Walnussöl unterrühren. Den Salat mit dem Dressing anmachen und im Kühlschrank 10–15 Minuten ziehen lassen. Einen Kopf Radicchio verlesen, waschen, zerpflücken und auf Tellern dekorativ anrichten. Den Blumenkohlsalat darauf verteilen, mit Kräuterzweigen garnieren und sofort servieren.

Gänsekeulen mit Honig-Madeira-Soße

Für 4 Personen:

4 küchenfertige Gänsekeulen
Salz, Pfeffer aus der Mühle
1 TL Korianderpulver
2 Zwiebeln, 2 Karotten
1 Stück Sellerie
2 Äpfel
250 ml Weißwein
500 ml Gemüse- oder Geflügelbrühe
je 2 Zweige Beifuß, Rosmarin und Salbei
1 Zimtstange
75 ml Madeira
3 EL Kastanienhonig
dunkler Soßenbinder

Außerdem:
Kräuterzweige zum Garnieren

1. Die Gänsekeulen unter fließendem Wasser waschen, trocken tupfen und mit Salz, Pfeffer und Korianderpulver würzen.

2. Die Zwiebeln, die Karotten, den Sellerie und die Äpfel schälen, die Äpfel entkernen, alles in Würfel schneiden und in einen Bräter geben.

3. Die Gänsekeulen auf das Gemüse setzen und im auf 180 °C vorgeheizten Backofen 30 Minuten braten.

4. Den Weißwein und die Gemüse- oder Geflügelbrühe angießen. Die Kräuterzweige, die Zimtstange, den Madeira und den Honig einrühren und das Ganze bei 180 °C weitere 60 Minuten garen.

5. Die fertigen Gänsekeulen aus der Soße nehmen, auf einen Bratrost setzen und unter dem Grill oder im Backofen kurz grillen.

6. Die Soße durch ein Sieb passieren, in einen Topf geben, erneut erhitzen und mit etwas Soßenbinder leicht binden.

7. Die Gänsekeulen mit der Soße dekorativ anrichten, mit Kräuterzweigen garnieren und mit Buttergemüse oder einem Wirsing-Brotauflauf sofort servieren.

Unser Tipp: Wirsing-Brotauflauf

Einen kleinen Kopf Wirsing putzen, halbieren, den Strunk herausschneiden, die Blätter ablösen, waschen, abtropfen lassen und in Streifen schneiden. Butterschmalz in einem Topf erhitzen und 50 g gewürfelten Frühstücksspeck darin auslassen. Eine Zwiebel schälen, fein würfeln, dazugeben und anschwitzen. Die Wirsingstreifen hinzufügen und mitschwitzen. 250 ml Gemüse- oder Fleischbrühe angießen und zum Kochen bringen. Mit Salz, Pfeffer, Cayennepfeffer, Kümmel und Muskat würzen und bei mäßiger Hitze ca. 10 Minuten dünsten. 200 g gekochten, in Scheiben geschnittenen Schinken, das Brot und den Wirsing schichtweise in eine ausgefettete Auflaufform füllen. Vier Eier mit 250 ml Milch und 150 g Schmelzkäse in einer Schüssel verrühren. 75 g geriebenen Emmentaler untermischen. Den Guss auf dem Auflauf verteilen, mit weiteren 75 g geriebenem Emmentaler bestreuen und den Auflauf im auf 200 °C vorgeheizten Backofen ca. 45 Minuten garen. Den Auflauf nach 20 Minuten mit Alufolie abdecken. Zwei Frühlingszwiebeln putzen, waschen, in Scheiben schneiden, den gegarten Brotauflauf damit bestreuen, anrichten und servieren.

Gans mit Apfelfüllung

Für 4 Personen:

1 küchenfertige Gans (ca. 2,5 kg)
Salz, Pfeffer aus der Mühle
1 EL gerebelter Beifuß
1 EL gerebelter Majoran
1 EL gerebelter Thymian

Für die Füllung:
1–2 EL Butter
2 Zwiebeln
4 säuerliche Äpfel
Saft von 1 Zitrone
100 g getrocknete Pflaumen
100 g Rosinen

Außerdem:
500–800 ml Gemüsebrühe
Speisestärke zum Binden

1. Die küchenfertige Gans unter fließendem Wasser waschen, trocken tupfen und das überflüssige Fett und den Bürzel abschneiden.

2. Die Gans innen und außen mit Salz, Pfeffer, Beifuß, Majoran und Thymian kräftig würzen. Die Gewürze mit der Hand innen und außen einreiben.

3. Für die Füllung die Butter in einer Pfanne erhitzen. Die Zwiebeln schälen, fein hacken, ins Fett geben und glasig schwitzen.

4. Die Äpfel schälen, entkernen, in Würfel schneiden, mit den Zwiebeln vermischen, in eine Schüssel geben und mit Zitronensaft beträufeln.

5. Die Pflaumen klein schneiden, mit den Rosinen zu den Äpfeln geben und die Gans damit füllen.

6. Die Gans mit Küchenschnur zunähen und mit etwas Gemüsebrühe oder Wasser in einen Bräter setzen.

7. Die Gans im auf 180–200 °C vorgeheizten Backofen 2–2 ½ Stunden garen. Während der Garzeit öfter mit Gemüsebrühe ablöschen und mit dem entstehenden Bratensaft begießen.

8. Kurz vor Garende mit einer Spicknadel zwischen Keule und Brust mehrmals einstechen, damit das Fett ablaufen kann und Sie die Garprobe machen können. Sobald aus der Gans nur noch klarer Bratensaft ausläuft, ist sie vollständig gegart.

9. Anschließend die Soße entfetten, mit etwas angerührter Speisestärke leicht binden und nochmals nachwürzen. Die gefüllte Gans serviert man mit Kartoffelknödeln und Rotkraut.

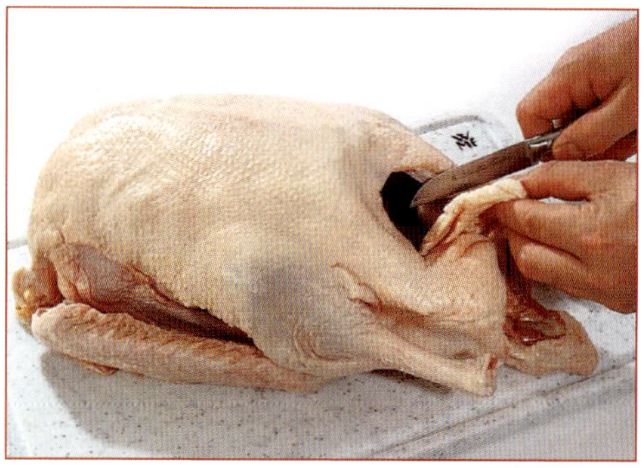
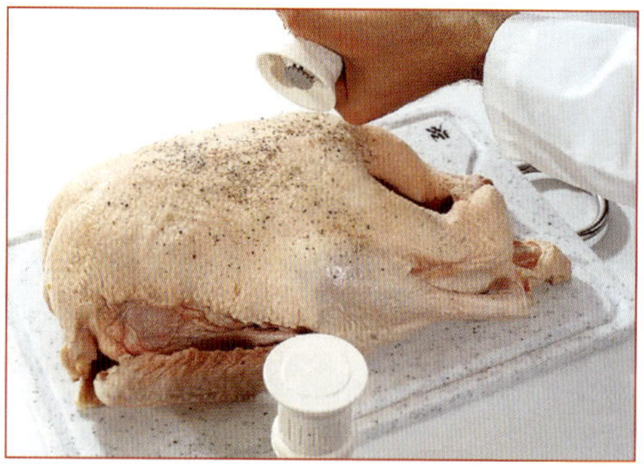
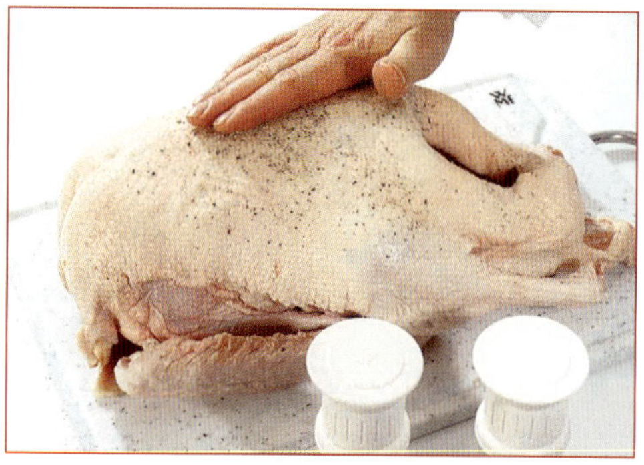

Orangenente mit Chilispargel

Für 4 Personen:

1 küchenfertige Ente (ca. 1,5 kg)
Salz, Pfeffer aus der Mühle
1 EL gerebelter Majoran
1 kleiner Apfel
1 unbehandelte Orange
1 Zwiebel
Saft von 2 Orangen
250 ml Gemüse- oder Geflügelbrühe

Für den Chilispargel:
1 kg grüner Spargel
Salzwasser oder Gemüsebrühe
50 g Butter, ½ Zitrone
1 Zwiebel
je 1 rote und grüne Chilischote
1–2 EL Butter
100 ml Weißwein, 2–3 EL Honig

Außerdem:
Speisestärke zum Binden
Orangenscheiben und Physalis zum Garnieren

1. Die Ente unter fließendem Wasser waschen, trocken tupfen, mit Salz, Pfeffer und Majoran innen und außen würzen.

2. Den Apfel waschen, entkernen, die Orange unter heißem Wasser abbürsten und die Zwiebel schälen. Alles in grobe Würfel schneiden, die Ente damit füllen und in einen Bräter setzen.

3. Den Orangensaft und die Gemüse- oder Geflügelbrühe angießen und die Ente im auf 160–170 °C vorgeheizten Backofen in 1 ½–2 Stunden garen.

4. In der Zwischenzeit den Spargel putzen und die unteren Enden abschneiden. Salzwasser oder Brühe mit der Butter und der Zitronenhälfte in einem Topf zum Kochen bringen, mit Salz und Pfeffer würzen. Die Spargelstangen in den Sud legen, bissfest garen, herausnehmen, abtropfen lassen und warm stellen.

5. Die Zwiebel schälen und fein würfeln. Die Chilischoten halbieren, entkernen, waschen und in Würfel oder Scheiben schneiden.

6. Die Butter in einer Pfanne erhitzen, Zwiebel und Chili dazugeben und glasig schwitzen. Mit dem Weißwein ablöschen und den Honig einrühren. Den grünen Spargel hinzufügen, durchschwenken, vom Herd nehmen und bereitstellen.

7. Nach Ende der Garzeit die Ente aus dem Ofen nehmen und portionieren. Die Soße zum Spargel geben und einmal kräftig aufkochen lassen. Mit etwas angerührter Speisestärke leicht binden.

8. Den Spargel nochmals kräftig abschmecken und auf heißen Tellern dekorativ anrichten. Die Entenstücke darauflegen, mit Orangenscheiben und Physalis garnieren und mit einem Zwiebel-Orangen-Salat sofort servieren.

Unser Tipp: Zwiebel-Orangen-Salat

Einen Kopf grünen Salat verlesen, waschen, gut abtropfen lassen, in mundgerechte Stücke zerpflücken und in eine Schüssel geben. Vier Orangen großzügig schälen und die Filets herauslösen. Die Orangen auspressen und den Saft auffangen. Je eine rote und weiße Zwiebel schälen und in feine Scheiben schneiden. Eine Chilischote halbieren, entkernen, waschen und klein schneiden. Einen Bund Schnittlauch verlesen, waschen und fein schneiden. Mit 40 g gerösteten Haselnüssen, den Chilistücken, den Zwiebeln und den Orangenfilets zum Kopfsalat geben, alles vorsichtig vermischen und dekorativ anrichten. Für das Dressing 150 g Frischkäse mit 100 ml Orangensaft und 200 ml süßer Sahne in einer Schüssel glatt rühren. Mit Salz, Pfeffer, Zucker und Balsamicoessig abrunden. Das Dressing gleichmäßig über den Salat verteilen. Zwei Frühlingszwiebeln putzen, waschen, in Scheiben schneiden und auf den Salat streuen. Mit Kräuterzweigen garnieren und den Salat zur Orangenente servieren.

Entenbrust in Blätterteig

Für 4 Personen:

8 Scheiben Blätterteig
(TK-Produkt), 4 Entenbrustfilets
Salz, Pfeffer aus der Mühle
1 EL Kräuter der Provence
2–3 EL Butterschmalz
4 EL Cumberlandsoße
(Fertigprodukt)
1–2 Eigelb zum Bestreichen

Für das Minzrelish:
500 g Zwiebeln
500 g süßsäuerliche Äpfel
300 g Gemüse (Karotten, Sellerie, Fenchel)
2 Chilischoten, 100 g Rosinen
2–3 EL Curry
2 EL Senfkörner
1 EL Korianderkörner
1 Zimtstange, 1–2 Sternanis
1 Bund Minze, 200 ml Obstessig
500 g Gelierzucker 3:1

Außerdem:
Salatblätter, Tomatenachtel und Kräuterzweige zum Garnieren

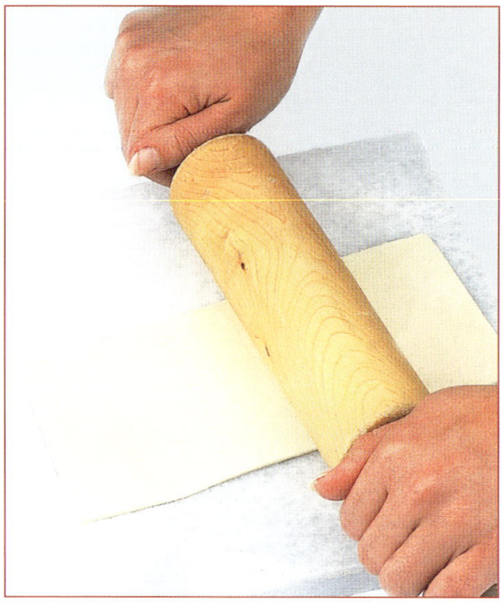

1. Die Blätterteigscheiben auftauen lassen, je zwei Blätterteigscheiben übereinanderlegen und ausrollen.

2. Die küchenfertigen Entenbrustfilets unter fließendem Wasser waschen, trocken tupfen, mit Salz, Pfeffer und Kräutern der Provence würzen.

3. Das Butterschmalz in einer Pfanne erhitzen und die Entenbrustfilets darin anbraten.

4. Die Entenbrustfilets mit der Cumberlandsoße bestreichen. Die Filets auf die Blätterteigscheiben legen, diese über den Filets zusammenklappen und die Ränder gut andrücken.

5. Das Ganze auf ein mit Wasser benetztes Backblech setzen und im auf 180–200 °C vorgeheizten Backofen 20–25 Minuten backen. 10 Minuten vor Garende die Teigstücke mit Eigelb bestreichen.

6. Die Zwiebeln schälen, in feine Würfel schneiden und in einen Topf geben.

7. Die Äpfel schälen, entkernen, fein würfeln und zu den Zwiebeln geben.

8. Das Gemüse entsprechend putzen, waschen und sehr fein würfeln. Mit den geputzten, halbierten, entkernten, gewaschenen und fein gehackten Chilischoten und den Rosinen untermischen.

9. Den Curry einrühren. Die Senfkörner, die Korianderkörner, die Zimtstange, den Sternanis und die verlesene, gewaschene Minze in ein Gewürzsäckchen füllen und in den Topf legen.

10. Das Gemüse mit dem Obstessig und dem Gelierzucker vermischen. Den Topf auf die heiße Herdplatte stellen, das Ganze zum Kochen bringen und unter ständigem Rühren 3–4 Minuten sprudelnd kochen lassen.

11. Das Relish abschäumen, das Gewürzsäckchen entfernen und das Relisch nachwürzen. Die Entenbrust in Blätterteig mit dem Minzrelish dekorativ anrichten, mit den Salatblättern, Tomatenachteln und Kräuterzweigen garnieren und sofort servieren.

Gefüllte Ententacos

Für 4 Personen:

600 g Barbarie-Entenbrustfilets
Salz, Pfeffer aus der Mühle
1 EL gerebelter Majoran
1 TL gerebelter Thymian
2-3 EL Olivenöl
1 Zwiebel
je 1 rote und grüne Paprikaschote
1 Peperoni
100 ml Gemüse- oder
Geflügelbrühe, 1 Dose Mais
1 Tasse Curryketchup
1 Handvoll Kräuter

Außerdem:
12 Tacoschalen
Basilikumblättchen zum Garnieren

1. Die Entenbrustfilets unter fließendem Wasser waschen, trocken tupfen, in feine Streifen schneiden, in eine Schüssel legen und mit Salz, Pfeffer, Majoran und Thymian kräftig würzen.

2. Das Olivenöl in einer Pfanne erhitzen. Die Entenbrustfiletstreifen darin unter ständigem Rühren braten, herausnehmen und bereitstellen.

3. Die Zwiebel schälen und würfeln. Die Paprikaschoten putzen, halbieren, entkernen, waschen und in feine Streifen schneiden. Die Peperoni halbieren, entkernen, waschen und fein hacken.

4. Das Gemüse ins verbliebene Bratfett geben und fünf Minuten braten.

5. Die Gemüse- oder Geflügelbrühe angießen und das Gemüse bei mäßiger Hitze 6–8 Minuten dünsten.

6. Den Mais und den Curryketchup einrühren, das Ganze mit Salz und Pfeffer kräftig würzen und die verlesenen, gewaschenen und fein gehackten Kräuter unterziehen.

7. Die Entenbrustfiletstreifen unter die Gemüsemischung rühren und die Füllung nochmals nachwürzen.

8. Die Tacoschalen nach Packungsanweisung vorbereiten, mit der Gemüsemischung füllen, dekorativ anrichten, mit Basilikumblättchen garnieren und sofort servieren.

Entenbrustfilets mit Ananas

Für 4 Personen:

4 Entenbrustfilets, je 1 EL Speisestärke und Zucker, 40 ml Sesamöl
60 ml Sojasoße, 2 Knoblauchzehen
1 Stängel Zitronengras
1 Stück Ingwerwurzel, 3-4 EL
Sesamöl, 250 g Staudensellerie
1 Bund Frühlingszwiebeln, 1 Chilischote, 1 Ananas, 400 ml Brühe
Salz, Pfeffer, Fünfgewürzpulver
Speisestärke, Kräuterzweige

1. Die Entenbrustfilets in eine Schüssel legen. Die Stärke mit Zucker, Öl, Sojasoße, gehacktem Knoblauch, klein geschnittenem Zitronengras und geraspeltem Ingwer verrühren.

2. Die Filets mit der Marinade bestreichen und 1–2 Stunden ziehen lassen. Sesamöl erhitzen. Die Filets anbraten und im auf 180–200 °C vorgeheizten Backofen 20–25 Minuten garen. Sellerie und Frühlingszwiebeln putzen, waschen und in Streifen schneiden.

3. Die Chili entkernen, waschen und würfeln. Die Ananas schälen und in Scheibchen schneiden. Etwas Öl erhitzen. Alles im Öl acht Minuten braten. Die Brühe angießen und köcheln lassen.

4. Mit Salz, Pfeffer und Fünfgewürzpulver würzen, mit Stärke binden. Die Filets klein schneiden, mit dem Gemüse dekorativ anrichten, mit Kräutern garnieren und sofort servieren.

(ohne Abbildung)

Ente mit Backobst-Maronen-Füllung

Für 4 Personen:

1 küchenfertige Ente (ohne Innereien), Salz, Pfeffer

Für die Füllung:
3 Scheiben Toastbrot
1–2 EL Butter, 1 Zwiebel
150 g Backobst (Feigen, Aprikosen, Pflaumen)
100 g geschälte Maronen (aus der Dose)
25 g geschälte Mandeln
25 g Walnusskerne, 1 Ei
Semmelbrösel zum Binden
1 Prise Cayennepfeffer

Außerdem:
2 EL Butterschmalz, 1 Zwiebel
2 Karotten, 1 Stück Sellerie
800 ml Gemüse- oder Geflügelbrühe
dunkler Soßenbinder
4 cl Portwein
Rosmarinzweige zum Garnieren

1. Die küchenfertige Ente unter fließendem Wasser waschen, trocken tupfen, mit Salz und Pfeffer kräftig würzen.

2. Das Toastbrot in Würfel schneiden. Etwas Butter in einer Pfanne erhitzen und das Brot darin rösten, herausnehmen und in eine Schüssel geben.

3. Die restliche Butter in der Pfanne erhitzen und die geschälte, in Würfel geschnittene Zwiebel darin glasig schwitzen. Das Backobst klein schneiden, zu der Zwiebel geben und kurz mitschwitzen.

4. Die geschälten Maronen, die Mandeln und die Walnusskerne grob hacken, zum Backobst geben, kurz durchschwenken, vom Herd nehmen und zu den Brotwürfeln geben. Das Ei untermischen, das Ganze mit Semmelbröseln leicht binden, mit Salz, Pfeffer und Cayennepfeffer würzen.

5. Die Ente mit der Masse füllen und zunähen. Schmalz in einem Bräter erhitzen, die Ente einsetzen und in dem auf 180 °C vorgeheizten Backofen 50–60 Minuten garen.

6. Die Zwiebel, die Karotten und den Sellerie schälen, klein schneiden, etwa zur Hälfte der Garzeit zur Ente geben. Nach 50–60 Minuten die Gemüse- oder Geflügelbrühe angießen und die Ente weitere 60–70 Minuten garen.

7. Die Ente aus dem Ofen nehmen, portionieren und im Backofen warm stellen. Die Soße durch ein Sieb streichen, erneut erhitzen, mit dunklem Soßenbinder binden, mit Portwein aromatisieren und mit Salz, Pfeffer und Cayennepfeffer abschmecken.

8. Die Ente mit der Soße dekorativ anrichten, mit Rosmarinzweigen garnieren und mit Wirsinggemüse sofort servieren.

Unser Tipp: Wirsinggemüse

1 kg jungen Wirsing putzen, waschen, gut abtropfen lassen, den Strunk herausschneiden und den Wirsing in 1 cm dicke Streifen schneiden. Salzwasser oder Gemüsebrühe in einem Topf erhitzen und den Wirsing darin bei mäßiger Hitze 8–10 Minuten garen, herausnehmen und gut abtropfen lassen. Butterschmalz in einem Topf erhitzen. 100 g durchwachsenen, geräucherten Speck in feine Würfel schneiden und im Schmalz kräftig braten. Eine Zwiebel schälen, fein würfeln, mit dem Wirsing zum Speck geben und kurz dünsten. 100 ml Gemüsebrühe angießen, kurz einreduzieren lassen, mit Salz, Pfeffer, Muskat, Cayennepfeffer und Zucker abschmecken. Das Wirsinggemüse dekorativ anrichten, mit Kräuterzweigen und Kirschtomaten garnieren und zu der Ente servieren.

Ente in feiner Orangen-Honig-Soße

Für 4 Personen:

2 kleine küchenfertige Enten
Salz, Pfeffer aus der Mühle
500 ml Wasser

Für die Soße:
100 g Schalotten
1 EL Butter
200 ml Weißwein
50 g Kastanienhonig
dunkler Soßenbinder
2 Orangen
4 cl Cognac

1. Die Enten halbieren, unter fließendem Wasser waschen und trocken tupfen. Das Fleisch innen und außen mit Salz und Pfeffer würzen und in einen Bräter geben.

2. In den auf 160 °C vorgeheizten Backofen schieben und ca. 1 ½ Stunden braten. Nach 30 Minuten das Wasser angießen.

3. Die Schalotten fein hacken, in der Butter anschwitzen, mit dem Weißwein ablöschen und den Honig unterrühren.

4. Den Entenfond entfetten, zur Soße gießen und das Ganze fünf Minuten köcheln lassen.

5. Die Soße mit Soßenbinder binden. Die Orangen schälen, filieren, in Stücke schneiden, in die Soße einlegen und weitere fünf Minuten köcheln. Zum Schluss mit dem Cognac aromatisieren.

6. Die Soße dekorativ auf Tellern verteilen, die Entenstücke einsetzen und mit Wirsinggemüse und Serviettenknödeln sofort servieren.

Wildente mit Apfelgemüse

Für 4 Personen:

2 Wildenten, Salz, Pfeffer aus der Mühle, 2 EL Butterschmalz
250 ml Weißwein, 2 EL Apfelgelee
1 EL Obstessig

Für das Apfelgemüse:
4 säuerliche Äpfel, 1 Zwiebel
2 EL Butter, 1 EL Zucker
Saft von 1 Orange
1 Schuss Weißwein
einige Tropfen Balsamico bianco
einige Tropfen Olivenöl
1 EL frische, gehackte Kräuter (Petersilie, Basilikum, Estragon)
Salbei zum Garnieren

1. Die Wildenten unter fließendem Wasser waschen und trocken tupfen. Die Brüstchen und die Keulen auslösen und mit Salz und Pfeffer würzen.

2. Das Schmalz in einem Bräter erhitzen, das Fleisch darin anbraten und in dem auf 180–200 °C vorgeheizten Backofen 20–25 Minuten garen. Dabei mehrmals mit Weißwein ablöschen.

3. Das Apfelgelee mit etwas Wein und dem Essig verrühren und das Fleisch kurz vor Garende damit glasieren. Die Äpfel schälen, entkernen und in dünne Spalten schneiden. Die Zwiebel schälen und fein würfeln.

4. Die Butter in einer Pfanne erhitzen, den Zucker darin karamellisieren. Die Apfelspalten und die Zwiebel dazugeben, mit Orangensaft und Weißwein ablöschen. So lange köcheln lassen, bis sich der Zuckerkaramell aufgelöst hat.

5. Das Gemüse mit Balsamico bianco und Olivenöl abrunden und die Kräuter einrühren.

6. Das Wildentenfleisch mit dem Apfelgemüse dekorativ anrichten, mit Salbei garnieren und mit frischen Butternudeln sofort servieren.

(ohne Abbildung)

Gänsebrust mit Pilzfüllung

Für 4 Personen:

1 große Gänsebrust am Knochen
Salz, Pfeffer aus der Mühle
1 EL Kräuter der Provence

Für die Füllung:
4 Scheiben Toastbrot
50 ml heiße Milch
1 Eigelb
125 g Mischpilze
1 Prise Muskat
1 Prise Cayennepfeffer
1 EL Butterschmalz
500 g Röstgemüse (Zwiebel, Karotten, Sellerie)
2 säuerliche Äpfel
400 ml Weißwein
400 ml Gemüse- oder Geflügelbrühe
dunkler Soßenbinder

Außerdem:
Petersilie zum Garnieren

1. Die Gänsebrust vorsichtig vom Knochen lösen, die beiden Brustfilets sollen noch zusammenhängen.

2. Die Filets waschen, trocken tupfen, mit Salz, Pfeffer und Kräutern der Provence kräftig würzen und mit der Hautseite nach unten auf eine Arbeitsfläche legen.

3. Das Toastbrot in Würfel schneiden, in eine Schüssel geben, mit der heißen Milch übergießen und kurz ziehen lassen.

4. Das Eigelb und die verlesenen, klein geschnittenen Mischpilze dazugeben und alles zu einer glatten Masse verarbeiten. Mit Salz, Pfeffer, Muskat und Cayennepfeffer kräftig würzen.

5. Die Füllung auf die Gänsebrust streichen, diese zusammenklappen, mit Küchenschnur binden oder mit Rouladennadeln zustecken.

6. Das Butterschmalz in einem Bräter erhitzen und die Gänsebrust darin rundherum Farbe nehmen lassen.

7. Das geputzte, klein geschnittene Röstgemüse dazugeben und mitbraten. Die Äpfel schälen, entkernen, würfeln, hinzufügen und kurz mitbraten.

8. Mit Weißwein ablöschen, die Brühe angießen und das Ganze in dem auf 180–200 °C vorgeheizten Backofen 1 ½–2 Stunden schmoren lassen.

9. Nach Ende der Garzeit die Gänsebrust herausnehmen, auf ein Grillgitter setzen und unter dem Grill kurz überbacken.

10. Die Soße durch ein Sieb passieren und 5–6 Minuten kräftig einreduzieren lassen. Mit dunklem Soßenbinder leicht binden, mit Salz und Pfeffer abrunden.

11. Die gefüllte Gänsebrust in Scheiben schneiden, mit der Soße auf heißen Tellern anrichten, mit Petersilie garnieren und mit glasierten Maronen und gemischtem Salat sofort servieren.

Maronen

Maronen enthalten hochwertiges Eiweiß. Sie haben weniger Fett als Nüsse. Und sie sind reich an den Mineralstoffen und Spurenelementen Kalium, Calcium, Phosphor, Schwefel, Eisen, Magnesium, Kupfer und Mangan. Maronen enthalten aber auch die Vitamine E, C, sämtliche B-Vitamine und das Provitamin A (Betacarotin).

Fisch und Co. – das Beste aus dem Wasser

Matjesfilets mit Mandarinen

Für 4 Personen:

8 Matjesfilets
1 Becher süße Sahne
1 kleine Stange Lauch
Salzwasser oder Gemüsebrühe
2 Zwiebeln
1 Dose Mandarinenfilets
Salz, Pfeffer aus der Mühle
½ Salatgurke
einige Salatblätter
2 EL rosa Pfefferkörner

Für das Cocktaildressing:
125 g Mayonnaise
150 g Joghurt
2-3 EL Obstessig
2-3 EL Tomatenketchup
1-2 EL Johannisbeergelee
1 Prise Cayennepfeffer
einige Tropfen Zitronensaft
½-1 TL Curry
2 cl Weinbrand

1. Die Matjesfilets unter fließendem Wasser waschen und kurz wässern. Anschließend die Filets aus dem Wasser nehmen und trocken tupfen. Jetzt in eine Schüssel geben, mit der Sahne übergießen und im Kühlschrank mindestens eine Stunde marinieren.

2. Die Matjesfilets aus der Sahne nehmen, in mundgerechte Stücke schneiden und auf Tellern dekorativ anrichten.

3. Den Lauch putzen, waschen und in Scheiben schneiden, die Zwiebeln schälen und in Ringe schneiden. Beides in kochendem Salzwasser oder der Gemüsebrühe kurz blanchieren, herausnehmen und in eine Schüssel geben.

4. Die gut abgetropften Mandarinenfilets untermischen, mit Salz und Pfeffer würzen.

5. Von der Salatgurke mit einem Sparschäler Streifen von der Schale abschälen. Die Gurke waschen und in Scheiben schneiden.

6. Die Gurkenscheiben und die Salatblätter mit der Lauch-Zwiebel-Mandarinenmischung zu den Matjesfilets geben und alles mit den Pfefferkörnern bestreuen.

7. Die Mayonnaise mit dem Joghurt, dem Obstessig, dem Tomatenketchup und dem Johannisbeergelee glatt rühren.

8. Das Dressing mit Salz, Pfeffer, Cayennepfeffer und Zitronensaft sowie Curry nach Geschmack würzen und mit dem Weinbrand aromatisieren.

9. Das Cocktaildressing auf dem Matjessalat verteilen, das Ganze garnieren und mit Baguettescheiben sofort servieren.

Schollenfilets auf Salat

Für 4 Personen:

4 küchenfertige Schollenfilets (á 150–180 g)
einige Tropfen Zitronensaft
einige Tropfen Worcestersoße
Salz, Pfeffer aus der Mühle
Mehl zum Wenden, 2–3 Eier
125 g Semmelbrösel
Butter zum Ausbacken

Für den Salat:
200 g Rucolasalat
150 g Lollo biondo
250 g Kirschtomaten

Für das Dressing:
50 ml Orangensaft
2–3 EL Honig
2–3 EL scharfer Senf
75 ml weißer Balsamicoessig
Salz, Pfeffer aus der Mühle
1 Prise Cayennepfeffer
75 ml Distelöl
1 Zwiebel

Außerdem:
Rucolablättchen zum Garnieren

1. Die küchenfertigen Schollenfilets unter fließendem Wasser waschen, trocken tupfen, mit Zitronensaft und Worcestersoße beträufeln, mit Salz und Pfeffer würzen und im Kühlschrank 10–15 Minuten ziehen lassen.

2. Die Schollenfilets in Mehl wenden. Die Eier in eine Schüssel geben und verschlagen. Das Paniermehl ebenfalls in eine Schüssel geben.

3. Die Schollenfilets zuerst durch die Eier ziehen und dann in den Semmelbröseln panieren. Die Butter in einer Pfanne erhitzen und die Schollenfilets darin backen.

4. Den Rucolasalat verlesen, waschen, gut abtropfen lassen und in mundgerechte Stücke zerpflücken. Den Lollo biondo verlesen, waschen, gut abtropfen lassen und je nach Bedarf klein schneiden.

5. Die Kirschtomaten waschen, den Strunk herausschneiden und die Tomaten vierteln. Den Salat vorsichtig vermischen und auf Tellern dekorativ anrichten.

6. Für das Dressing den Orangensaft mit dem Honig, dem Senf und dem Balsamicoessig in eine Schüssel geben und verrühren. Mit Salz, Pfeffer und Cayennepfeffer abschmecken und das Distelöl einrühren.

7. Den Salat mit dem Dressing beträufeln und die panierten Schollenfilets darauflegen. Das Ganze mit der geschälten und fein gewürfelten Zwiebel bestreuen, mit Rucolablättchen garnieren und sofort servieren.

Zu gebackenem Fisch schmeckt auch ein Kartoffelsalat mit Äpfeln sehr gut:

600 g noch warme Pellkartoffeln pellen und in Scheiben schneiden. Zwei säuerliche Äpfel waschen, entkernen, in hauchdünne Scheiben schneiden und mit Zitronensaft beträufeln. Einen Bund Basilikum verlesen, waschen, gut abtropfen lassen und in feine Streifen schneiden. Eine grüne Paprikaschote halbieren, entkernen, waschen, gut abtropfen lassen und in Würfel oder Streifen schneiden. Die Äpfel, das Basilikum und die Paprikawürfel vorsichtig unter die Kartoffeln heben. Für das Dressing 2 EL Olivenöl in einer Pfanne erhitzen und eine geschälte, fein gehackte Zwiebel darin glasig schwitzen. 250 ml Gemüse- oder Geflügelbrühe angießen und einmal aufkochen lassen. Das Ganze vom Herd nehmen und 50 ml Obstessig einrühren. Mit Salz, Pfeffer, Muskat und Cayennepfeffer abschmecken. Das Dressing noch warm zum Kartoffelsalat geben und alles vorsichtig vermischen. Einen Kopf Radicchio verlesen, waschen, gut abtropfen lassen, in mundgerechte Stücke zerpflücken und eine Schüssel damit auslegen. Den Kartoffelsalat auf den Salatblättern verteilen. 200 g Schmand mit Zitronensaft glatt rühren, mit Zucker, Salz und Pfeffer abschmecken und gleichmäßig auf dem Salat verteilen. Den Kartoffelsalat mit Kräuterzweigen garnieren und zu gebackenem Fisch servieren.

Tomatenmakkaroni mit Thunfischsteaks

Für 4 Personen:

200 g Makkaroni, Salzwasser
einige Tropfen Olivenöl
2 Zwiebeln, Olivenöl zum Braten
600 g Tomaten
½ Bund Frühlingszwiebeln
100 ml Weißwein
100 ml Gemüsebrühe
100 g schwarze Oliven
Salz, Pfeffer aus der Mühle
1 Prise Cayennepfeffer
einige Tropfen flüssiger Süßstoff
2 TL Kräuter der Provence
30 g gemischte, frische Kräuter

Außerdem:
4 küchenfertige Thunfischsteaks
einige Tropfen Zitronensaft
einige Tropfen Worcestersoße
ein TL geschroteter Pfeffer
Kräuterzweige zum Garnieren

1. Die Makkaroni im Salzwasser mit dem Olivenöl bissfest garen, abgießen, abschrecken, gut abtropfen lassen und bereitstellen.

2. Die Zwiebeln schälen und in feine Würfel schneiden. Olivenöl in einer Pfanne erhitzen und die Zwiebeln darin glasig schwitzen.

3. Die Tomaten waschen, vom Strunk befreien und würfeln. Mit den geputzten, gewaschenen und klein geschnittenen Frühlingszwiebeln in die Pfanne geben und fünf Minuten dünsten.

4. Den Weißwein und die Gemüsebrühe angießen, zum Kochen bringen und die Oliven untermischen. Das Ganze mit Salz, Pfeffer, Cayennepfeffer, flüssigem Süßstoff und Kräutern der Provence würzen und fünf Minuten köcheln lassen.

5. Die Makkaroni und die verlesenen, gewaschenen und fein gehackten Kräuter untermischen, erhitzen und nochmals nachwürzen.

6. Die Thunfischsteaks mit Zitronensaft und Worcestersoße beträufeln, mit Salz und geschrotetem Pfeffer würzen. Olivenöl in einer Pfanne erhitzen und die Thunfischsteaks darin braten.

7. Die Tomatenmakkaroni mit den Thunfischsteaks dekorativ anrichten, mit Kräuterzweigen garnieren und sofort servieren.

Die Thunfischsteaks lassen sich auch sehr gut mit Kirschtomaten-Makkaroni servieren:

300 g Makkaroni in Salzwasser bissfest garen, abgießen, abschrecken und gut abtropfen lassen. Eine Zwiebel und zwei Knoblauchzehen schälen und fein würfeln. Olivenöl in einer Pfanne erhitzen und die Zwiebel- und Knoblauchwürfel darin glasig schwitzen. 250 g Kirschtomaten waschen, vom Strunk befreien, halbieren, zu den Knoblauchzwiebeln geben und kurz mitbraten. 100 ml Weißwein dazugeben und einmal aufkochen lassen. Mit Salz, Pfeffer und Cayennepfeffer kräftig abschmecken. Drei Tomaten waschen, vom Strunk befreien, in Würfel schneiden, mit 30 g gerösteten Pinienkernen, 30 g verlesenen, gewaschenen und klein geschnittenen Kräutern, den Makkaroni und 100 g frisch gehobeltem Pecorino dazugeben und erhitzen. Die Nudeln nochmals nachwürzen, dekorativ anrichten, mit Basilikum garnieren und zu den Thunfischsteaks servieren.

SCHOLLENFILETS AUF MANGO-KUMQUAT-SOSSE

FÜR 4 PERSONEN:

4 Schollenfilets (à 160–180 g)
einige Tropfen Zitronensaft
einige Tropfen Worcestersoße
Salz, Pfeffer aus der Mühle
1 Bund Frühlingszwiebeln
1 Zwiebel
1 Mango
8 Kumquats
2 Knoblauchzehen
1 Stück Ingwerwurzel
1 Chilischote
100 ml Weißwein
300 ml süße Sahne

Außerdem:
1 Bratschlauch (etwa 50–60 cm)
Limettenscheiben und Dillzweige zum Garnieren

1. Die küchenfertigen Schollenfilets unter fließendem Wasser waschen, trocken tupfen, mit Zitronensaft und Worcestersoße beträufeln, mit Salz und Pfeffer würzen und im Kühlschrank 10–15 Minuten ziehen lassen.

2. Die Frühlingszwiebeln putzen, waschen, gut abtropfen lassen und in Scheiben schneiden.

3. Die Zwiebel schälen und fein würfeln. Die Mango schälen und das vom Kern gelöste Fruchtfleisch in Stücke schneiden.

4. Die Kumquats waschen und in Scheiben schneiden. Die Knoblauchzehen schälen, fein hacken oder in Scheiben schneiden.

5. Die Ingwerwurzel schälen und fein raspeln. Die Chilischote halbieren, entkernen, waschen und fein schneiden.

6. Die Frühlingszwiebeln, die Zwiebel, die Mango, die Kumquats, den Knoblauch, den Ingwer und die Chilischote in einer Schüssel vermischen.

7. Den Weißwein mit der Sahne verrühren.

8. Den Bratschlauch an einer Seite verschließen, die Schollenfilets, das Gemüse und die Flüssigkeit einfüllen. Das zweite Ende verschließen und den Bratschlauch auf ein Backblech setzen.

9. Den Bratschlauch oben mehrmals mit einer Nadel einstechen und das Ganze im auf 175–180 °C vorgeheizten Backofen in 20–25 Minuten garen.

10. Die Schollenfilets mit der Mango-Kumquat-Soße dekorativ anrichten, mit Limettenscheiben und Dillzweigen garnieren und sofort servieren.

Seeteufelmedaillons im Lauchmantel

Für 4 Personen:

8 Seeteufelmedaillons (à 80–100 g)
einige Tropfen Zitronensaft
einige Tropfen Worcestersoße
Salz, Pfeffer aus der Mühle
8 blanchierte Lauchblätter
(2–3 cm breit)
Butter für die Form
100 ml Weißwein
100 ml Gemüse- oder Fischbrühe

Für die Soße:
2 Schalotten, 1 EL Butter
100 ml Gemüse- oder Fischbrühe
1–2 EL Noilly Prat
300 ml süße Sahne
Speisestärke zum Binden

Außerdem:
Kräuterzweige zum Garnieren

1. Die Seeteufelmedaillons unter fließendem Wasser waschen, trocken tupfen, mit Zitronensaft und Worcestersoße beträufeln, mit Salz und Pfeffer würzen und im Kühlschrank 10–15 Minuten ziehen lassen.

2. Jedes Seeteufelmedaillon in ein Lauchblatt wickeln und in eine ausgefettete Auflaufform setzen. Den Weißwein und die Gemüse- oder Fischbrühe angießen und den Fisch im auf 180–200 °C vorgeheizten Backofen 10–15 Minuten garen.

3. Für die Soße die Schalotten schälen und fein würfeln. Die Butter in einer Pfanne erhitzen und die Schalotten darin anschwitzen.

4. Die Gemüse- oder Fischbrühe, den Noilly Prat und die Sahne dazugeben, zum Kochen bringen und kurz einreduzieren lassen.

5. Wenn die Seeteufelmedaillons fertig gegart sind, den restlichen Fond angießen, einmal aufkochen lassen und mit etwas angerührter Speisestärke leicht binden. Mit Salz, Pfeffer, Zitronensaft und Worcestersoße würzen und bereitstellen.

6. Die Seeteufelmedaillons im Lauchmantel mit der Soße dekorativ anrichten, mit Kräuterzweigen garnieren, mit Parmesanfenchel und bissfest gegartem Natur- und Wildreis sofort servieren.

Zu den Seeteufelmedaillons kann man auch ein Lauch-Kartoffel-Gratin servieren:

1 kg Kartoffeln unter fließendem Wasser abbürsten, schälen und in Scheiben schneiden. 300 ml Milch, 200 ml süße Sahne und die Kartoffelscheiben in einen Topf geben und zum Kochen bringen. Mit Salz, weißem Pfeffer, Muskat und Cayennepfeffer kräftig abschmecken und bei mäßiger Hitze so lange köcheln lassen, bis die Flüssigkeit sämig wird. 500 g Lauch putzen, waschen und in 1 cm dicke Scheiben schneiden. In kochendem Salzwasser oder Gemüsebrühe blanchieren, herausnehmen, gut abtropfen lassen und unter die Kartoffeln heben. Eine Auflaufform ausfetten, die Kartoffel-Lauch-Masse einfüllen und glatt streichen. Mit 200 g geriebenem, mittelaltem Gouda bestreuen und im auf 180–200 °C vorgeheizten Backofen 25–30 Minuten garen. Nach Ende der Garzeit das Lauch-Kartoffel-Gratin aus dem Ofen nehmen, dekorativ anrichten, mit Kräuterzweigen garnieren und sofort servieren.

Seeteufelfilet in Lachshülle

Für 4 Personen:

Für das Pesto:
1 Bund Basilikum
2 Knoblauchzehen
30 g Pinienkerne, 50 ml Weißwein
50 g geriebener Parmesankäse
100 ml Olivenöl
Salz, Pfeffer aus der Mühle
1 Prise Cayennepfeffer

Für die Soße:
2 Schalotten, 1 EL Butter
100 ml Weißwein
1–2 EL Noilly Prat
300 ml süße Sahne
Speisestärke zum Binden

Für die Fischpäckchen:
8 Seeteufelfilets
einige Tropfen Zitronensaft
einige Tropfen Worcestersoße
Butter zum Braten, 1 Schalotte
200 g Blattspinat
200 g Räucherlachs
blanchierte Lauchstreifen

Außerdem:
Basilikum zum Garnieren

1. Das Basilikum verlesen, waschen, klein schneiden und in eine Schüssel geben.

2. Die Knoblauchzehen schälen und fein hacken. Mit den Pinienkernen zum Basilikum geben den Weißwein angießen und alles im Mixer pürieren.

3. Den Parmesankäse und das Olivenöl kräftig darunterschlagen. Mit Salz, Pfeffer und Cayennepfeffer würzen.

4. Für die Soße die Schalotten schälen und fein würfeln. Die Butter erhitzen und die Schalotten darin anschwitzen.

5. Den Weißwein, den Noilly Prat und die Sahne dazugeben, zum Kochen bringen, kurz einreduzieren lassen und mit angerührter Speisestärke leicht binden. Mit Salz, Pfeffer und Cayennepfeffer würzen und bereitstellen.

6. Die Seeteufelfilets waschen, trocken tupfen, mit Zitronensaft und Worcestersoße beträufeln, mit Salz und Pfeffer würzen und im Kühlschrank 10–15 Minuten ziehen lassen.

7. Die Butter in einer Pfanne erhitzen, die Seeteufelfilets darin braten, herausnehmen und bereitstellen.

8. Die Schalotte schälen, fein würfeln, ins verbliebene Bratfett geben und glasig schwitzen.

9. Den Blattspinat verlesen, waschen, grob hacken, zu der Schalotte geben und kurz dünsten. Mit Salz, Pfeffer und Cayennepfeffer würzen.

10. Jedes Seeteufelfilet mit etwas Blattspinat in Räucherlachsscheiben wickeln und mit den blanchierten Lauchstreifen zusammenbinden.

11. Die Fischpäckchen auf ein ausgefettetes Backblech setzen und im auf 160–180 °C vorgeheizten Backofen 6–8 Minuten erhitzen.

12. Die Seeteufelfilets in Lachshülle mit der Soße dekorativ anrichten, mit dem Pesto überziehen, mit Basilikum garnieren und mit bissfest gegartem Natur- und Wildreis oder einem Gemüserisotto sofort servieren.

Unser Tipp: Gemüserisotto

Eine Zwiebel und zwei Knoblauchzehen schälen und fein hacken. Zwei Karotten, 200 g grüne Bohnen, 100 g Brokkoli und eine rote Paprikaschote putzen, waschen und in mundgerechte Stücke schneiden. Butter in einem Topf erhitzen und das Gemüse darin anschwitzen. 300 g Rundkornreis unter fließendem Wasser waschen, gut abtropfen lassen, zum Gemüse geben und kurz mitschwitzen. Mit 125 ml Weißwein ablöschen und einen Liter Gemüse- oder Fleischbrühe angießen. Mit Salz, Pfeffer und Cayennepfeffer abrunden und zugedeckt im auf 180 °C vorgeheizten Backofen 25–30 Minuten ausquellen lassen. Dabei öfter umrühren. Zum Schluss 125 ml süße Sahne und 75 g geriebenen Parmesankäse unterziehen und erhitzen. Das Risotto nochmals abschmecken, anrichten und zu den Seeteufelfilets servieren.

Karpfenfilets auf Fenchelgemüse

Für 4 Personen:

4 Karpfenfilets (à 200–250 g)
einige Tropfen Zitronensaft
einige Tropfen Worcestersoße
Salz, Pfeffer aus der Mühle
Mehl zum Wenden
2–3 EL Butterschmalz

Für das Gemüse:
2–3 EL Butter, 150 g Schalotten
2 Fenchelknollen
150 g Staudensellerie, 2 Karotten
300 ml Gemüse- oder Fischbrühe
Cayennepfeffer, Zucker
2 Orangen, 2–3 EL Fenchelgrün

Außerdem:
Zitronenscheiben und Dillzweige zum Garnieren

1. Die küchenfertigen Karpfenfilets unter fließendem Wasser waschen, trocken tupfen, mit Zitronensaft und Worcestersoße beträufeln, mit Salz und Pfeffer würzen und im Kühlschrank 10–15 Minuten ziehen lassen.

2. Die Karpfenfilets in Mehl wenden. Das Butterschmalz in einer Pfanne erhitzen und die Filets darin kurz anbraten.

3. Die Karpfenfilets in den auf 180–200 °C vorgeheizten Backofen stellen und knusprig braten.

4. Für das Gemüse die Butter in einem Topf erhitzen. Die Schalotten schälen, in Scheiben schneiden, ins Fett geben und kurz dünsten.

5. Die Fenchelknollen, den Staudensellerie und die Karotten putzen, waschen, in Streifen schneiden, zu den Schalotten geben und kurz mitschwitzen.

6. Die Gemüse- oder Fischbrühe angießen und das Gemüse bissfest garen. Mit Salz, Pfeffer, Zitronensaft, Worcestersoße, Cayennepfeffer und Zucker abrunden.

7. Die Orangen großzügig schälen und filieren. Mit dem fein gehackten Fenchelgrün unter das Gemüse heben, dieses erhitzen und nachwürzen.

8. Das Gemüse dekorativ anrichten. Die Karpfenfilets darauflegen, mit Zitronenscheiben und Dillzweigen garnieren und sofort servieren.

Meeresfrüchte-Risotto

Für 4 Personen:

1 Zwiebel, 1 Knoblauchzehe
2–3 EL Butter, 300 g Rundkornreis
125 ml Weißwein, 1 l Gemüsebrühe
Salz, Pfeffer aus der Mühle
1 Prise Safran, 8 Garnelen
500 g gemischte Meeresfrüchte
400 g bissfest gegarte Brokkoliröschen
1 Tasse süße Sahne
Kräuterzweige zum Garnieren

1. Die Zwiebel und den Knoblauch schälen und fein hacken. Die Butter erhitzen und Zwiebel und Knoblauch anschwitzen. Den Reis hinzufügen und ebenfalls kurz mitschwitzen.

2. Mit Wein ablöschen und die Gemüsebrühe angießen.

3. Mit Salz, Pfeffer und Safran abrunden und zugedeckt im auf 180° C vorgeheizten Backofen 25–30 Minuten ausquellen lassen. Während der Garzeit öfter umrühren.

4. Kurz vor Garende die Garnelen und die Meeresfrüchte sowie die Brokkoliröschen unterheben, die Sahne einrühren und das Ganze erhitzen. Das Risotto nochmals abschmecken, dekorativ anrichten, mit Kräuterzweigen garnieren und sofort servieren.

(ohne Abbildung)

Jakobsmuscheln auf Blattspinat

Für 4 Personen:

12–16 küchenfertige Jakobsmuscheln (frisch oder TK-Produkt)
einige Tropfen Zitronensaft
Salz, Pfeffer aus der Mühle

Für den Spinat:
2–3 EL Butter, 1 Knoblauchzehe
2 Schalotten, ½ Chilischote
300 g Blattspinat, 2 EL Weißwein
Muskat, Cayennepfeffer

Für die Soße:
4 Eigelb, 50 ml Weißwein
Saft von ½ Zitrone, Zucker,
Worcestersoße, 150 g Butter

Außerdem:
Salatblätter, Tomatenecken, Zitronenschnitze und Kräuterzweige zum Garnieren

1. Die Jakobsmuscheln unter fließendem Wasser waschen, trocken tupfen, mit Zitronensaft beträufeln, mit Salz und Pfeffer würzen und im Kühlschrank 10–15 Minuten ziehen lassen.

2. Die Butter in einem Topf erhitzen. Die Knoblauchzehe und die Schalotten schälen, fein würfeln, ins Fett geben und glasig schwitzen.

3. Die geputzte, gewaschene Chilischote fein hacken, zu den Knoblauchschalotten geben und kurz mitdünsten.

4. Den Blattspinat verlesen, waschen, klein schneiden, zu den Knoblauchschalotten geben und dünsten.

5. Mit Weißwein ablöschen, mit Salz, Pfeffer, Muskat und Cayennepfeffer abschmecken.

6. Für die Soße die Eigelbe mit dem Weißwein und dem Zitronensaft in einer feuerfesten Schüssel glatt rühren. Mit Salz, Pfeffer, Zucker und Worcestersoße abschmecken und im Wasserbad zu einem Schaum aufschlagen.

7. Die Butter in einem Topf handwarm zerlassen und mit dem Schneebesen unter den Eischaum ziehen.

8. Den Blattspinat in dekorativen Schälchen oder in Muschelschalen anrichten, je eine Jakobsmuschel darauflegen, mit dem Butterschaum überziehen und unter dem Grill überbacken.

9. Die gratinierten Jakobsmuscheln herausnehmen, auf Salatblättern dekorativ anrichten, mit Tomatenecken, Zitronenschnitzen und Kräuterzweigen garnieren und sofort servieren.

Gefüllte Sepias auf Champagnerrahm

Für 4 Personen:

4 Gambas
4 küchenfertige Sepiabeutel
einige Tropfen Zitronensaft
einige Tropfen Worcestersoße
Salz, Pfeffer aus der Mühle

Für die Füllung:
1 EL Butter, 2 Schalotten
1 Knoblauchzehe
1 Stück Zucchini
1 Stück Aubergine
100 g Fetakäse
Semmelbrösel zum Binden
Mehl zum Wenden
Butterschmalz zum Braten

Für die Soße:
1–2 EL Butter, 1 Schalotte
150 ml Sekt oder Champagner
250 ml süße Sahne
Speisestärke zum Binden
1 Prise Cayennepfeffer
1 EL Honig

Außerdem:
1 Kästchen Kresse
Limonenecken zum Garnieren

1. Die Gambas und die Sepiabeutel unter fließendem Wasser waschen, gut abtropfen lassen, mit Zitronensaft und Worcestersoße beträufeln, mit Salz und Pfeffer würzen und im Kühlschrank 10–15 Minuten ziehen lassen.

2. Für die Füllung die Butter in einer Pfanne erhitzen. Die Schalotten und die Knoblauchzehe schälen, fein würfeln, ins Fett geben und glasig schwitzen.

3. Die Zucchini und die Aubergine putzen, waschen, in feine Würfel schneiden, zu den Knoblauchschalotten geben und kurz mitdünsten.

4. Das Gemüse vom Herd nehmen und in eine Schüssel geben. Den Fetakäse fein würfeln und unterheben. Mit Salz, Pfeffer, Zitronensaft und Worcestersoße würzen.

5. Das Gemüse mit den Semmelbröseln leicht binden, in die Sepiabeutel füllen und gut andrücken. Die Beutel mit Zahnstochern zustecken und in Mehl wenden.

6. Das Butterschmalz in einer Pfanne erhitzen. Die Sepiabeutel und die Gambas darin kurz anbraten und im auf 160 °C vorgeheizten Backofen 15–18 Minuten garen.

7. Für die Soße die Butter in einem Topf erhitzen. Die Schalotte schälen, fein würfeln, ins Fett geben und glasig schwitzen.

8. Den Sekt oder Champagner mit der Sahne angießen und einmal aufkochen lassen. Mit etwas angerührter Speisestärke leicht binden, mit Salz, Pfeffer, Zitronensaft, Worcestersoße, Cayennepfeffer und Honig würzen.

9. Die Soße auf heißen Tellern verteilen. Die gefüllten Sepiabeutel und die Gambas dekorativ einsetzen. Mit der verlesenen, gewaschenen und grob geschnittenen Kresse bestreuen, mit Limonenecken garnieren und sofort servieren.

10. Dazu reicht man Butternudeln und gedünstetes, in Rauten geschnittenes Buttergemüse.

Kartoffelsalat mit Flusskrebsen

Für 4 Personen:

12 Flusskrebse
Salzwasser, Gemüsebrühe
Saft von 1 Zitrone
Salz, Pfeffer aus der Mühle

Für den Salat:
600 g festkochende Kartoffeln
Salzwasser, 3 Tomaten
½ Bund Frühlingszwiebeln
½ Bund Schnittlauch
½ Bund Petersilie
75 ml Weißweinessig
100 ml Gemüsebrühe
Zucker, Cayennepfeffer
50 ml Olivenöl

Für die Mayonnaise:
2 Eigelb, 2 EL mittelscharfer Senf
1 EL Zitronensaft
2 EL Worcestersoße
250 ml Olivenöl

Außerdem:
Basilikum zum Garnieren

1. Die vorbereiteten Flusskrebse in kochendem Salzwasser fünf Minuten sprudelnd kochen lassen. In der erhitz ten Gemüsebrühe weitere 4–5 Minuten garen. Die Krebse herausnehmen, abschrecken, gut abtropfen lassen und ausbrechen.

2. Das Krebsfleisch in eine Schüssel geben, mit Zitronensaft beträufeln, mit Salz und Pfeffer würzen und in den Kühlschrank stellen.

3. Die Kartoffeln unter fließendem Wasser abbürsten, mit dem Salzwasser in einem Topf zum Kochen bringen und in 20–25 Minuten garen, abgießen, leicht erkalten lassen, pellen und in Scheiben schneiden.

4. Die Tomaten enthäuten, entkernen und in mundgerechte Stücke schneiden. Die Frühlingszwiebeln putzen, waschen und in Scheiben schneiden. Beides zu den Kartoffeln geben und vorsichtig vermischen.

5. Den Schnittlauch und die Petersilie verlesen, waschen, gut abtropfen lassen, fein schneiden und in eine Schüssel geben.

6. Den Essig und die Brühe angießen, mit Salz, Pfeffer, Zucker und Cayennepfeffer würzen und das Olivenöl einrühren. Den Salat damit anmachen.

7. Für die Mayonnaise die Eigelbe mit dem Senf, dem Zitronensaft und der Worcestersoße in einer Schüssel kräftig verschlagen.

8. Das Olivenöl tropfenweise mit dem Schneebesen einrühren. Mit Salz, Pfeffer, Worcestersoße und Zitronensaft abrunden.

9. Den Kartoffelsalat dekorativ anrichten. Die Mayonnaise gleichmäßig darauf verteilen. Die Flusskrebsschwänze daraufsetzen, mit den ausgebrochenen Krebsschalen und Basilikum garnieren und sofort servieren.

Muscheln sizilianische Art

Für 4 Personen:

2 kg küchenfertige Miesmuscheln
4 Knoblauchzehen
1 Tasse Olivenöl
4 Zwiebeln
125 ml Weißwein
250 ml Gemüsebrühe
2 Lorbeerblätter
1 Zweig Salbei
1 Zweig Thymian
Salz, Pfeffer aus der Mühle
Saft von 2 Zitronen
1 Prise Cayennepfeffer
1 Prise Zucker
100 g geriebenes Weißbrot
Butterflöckchen
Zitronenecken, Röstbrot und Basilikum zum Garnieren

1. Die Miesmuscheln unter fließendem Wasser gut abbürsten, abtropfen lassen und bereitstellen.

2. Die Knoblauchzehen schälen und fein hacken. Das Olivenöl in einem Topf erhitzen und den Knoblauch darin kurz anschwitzen.

3. Die Zwiebeln schälen, in feine Würfel schneiden, ins Knoblauchfett geben und kurz mitschwitzen. Mit Weißwein ablöschen und die Brühe angießen.

4. Die Lorbeerblätter, den Salbei und den Thymian dazugeben und alles 3–4 Minuten kochen lassen. Mit Salz, Pfeffer, Zitronensaft, Cayennepfeffer und Zucker abschmecken.

5. Die Miesmuscheln portionsweise in den Sud einlegen und zugedeckt so lange garen, bis sich die Muscheln geöffnet haben. Alle geschlossenen Muscheln wegwerfen. Nachdem die Muscheln gegart sind, die obere Schalenhälfte abbrechen.

6. Die Muscheln mit geriebenem Weißbrot bestreuen und in eine feuerfeste Form setzen. Einige Butterflöckchen darauflegen, mit etwas Sud überziehen und im Ofen nochmals kurz garen.

7. Die Muscheln sizilianische Art dekorativ anrichten, mit Zitronenecken, Röstbrot und Basilikumblättchen garnieren und sofort servieren.

Miesmuscheln

Traditionell werden Miesmuscheln aus dem Wattenmeer in allen Monaten mit einem „R" angeboten. Die Muscheln schmecken im Herbst, Winter und Frühjahr besser, verderben in den kühleren R-Monaten nicht so schnell und sind aromatischer. Heute sind Miesmuscheln auch außerhalb der traditionellen Saison auf dem Markt zu finden. Sie kommen meist aus dem Mittelmeer oder dem Atlantik und können auch in Monaten ohne „R" bedenkenlos verzehrt werden. Achten Sie beim Einkauf auf die Etikettierung, darauf muss der Nachweis für Herkunft, Erzeuger und Erntedatum sein. Kaufen Sie in keinem Fall Miesmuscheln, deren Erntetag mehr als zwei Tage zurückliegt. Vor der Zubereitung sollten Sie geöffnete Muscheln aussortieren und nicht in den Verzehr bringen.

Seelachsfilets mit Remoulade

Für 4 Personen:

8 Seelachsfilets (à 100 g)
einige Tropfen Zitronensaft
einige Tropfen Worcestersoße
Salz, Pfeffer aus der Mühle
1 Prise Cayennepfeffer
Mehl zum Wenden, 3 Eier
30 ml süße Sahne
150 g Semmelbrösel
Butterschmalz zum Braten

Für die Remoulade:
100 g Salatmayonnaise
100 g Magerquark
1 Schuss Mineralwasser
2 EL Kapern, 4 Sardellenfilets
½ Bund Petersilie, 2 Essiggurken

Außerdem:
Salatblätter und Zitronenecken zum Garnieren

1. Die küchenfertigen Seelachsfilets unter fließendem Wasser waschen, trocken tupfen und mit Zitronensaft und Worcestersoße beträufeln.

2. Die Seelachsfilets mit Salz, Pfeffer und Cayennepfeffer würzen und im Kühlschrank mindestens 10 Minuten ziehen lassen.

3. Die Seelachsfilets in Mehl wenden. Die Eier mit der Sahne in einem tiefen Teller verschlagen und die Semmelbrösel in einen zweiten Teller geben. Die Seelachsfilets durch die Eier ziehen und mit den Semmelbröseln panieren.

4. Das Butterschmalz in einer Pfanne erhitzen, die Seelachsfilets darin goldgelb ausbacken, herausnehmen und warm stellen.

5. Für die Remoulade die Salatmayonnaise mit dem Magerquark in eine Schüssel geben und mit dem Mineralwasser glatt rühren.

6. Die Kapern, die Sardellenfilets, die verlesene, gewaschene Petersilie und die Essiggurken fein hacken und unter die Soße rühren.

7. Die Remoulade mit Salz, Pfeffer, Cayennepfeffer, Zitronensaft und Worcestersoße kräftig abschmecken.

8. Die panierten Seelachsfilets dekorativ anrichten, die Salatblätter dazulegen und die Remoulade darauf verteilen. Das Ganze mit Zitronenecken garnieren und mit einem Zucchinigratin sofort servieren.

Zu den panierten Seelachsfilets schmeckt auch eine Sauce Choron:

300 ml Sauce hollandaise (Seite 952) mit 50 g Tomatenmark in einen Topf geben und verrühren. Vier Tomaten über Kreuz einritzen, mit kochendem Wasser überbrühen und enthäuten. Die Tomaten entkernen, in kleine Würfel schneiden und in die Soße rühren. Die Sauce Choron mit Salz, Pfeffer, Cayennepfeffer und Zucker abschmecken und servieren.

Gekräuterte Forellen

Für 4 Personen:

4 Forellen (à 300 g)
Saft von 1 Zitrone
einige Tropfen Worcestersoße
Salz, Pfeffer aus der Mühle
einige Kräuterzweige (Petersilie, Basilikum, Estragon, Dill)
Mehl zum Wenden
Butterschmalz zum Braten

Außerdem:
100 g Butter, Saft von 1 Zitrone
100 ml Weißwein
50 g gemischte, frische Kräuter (Petersilie, Basilikum, Estragon, Dill)
Zitronenscheiben und Kräuterzweige zum Garnieren

1. Die küchenfertigen Forellen unter fließendem Wasser waschen, trocken tupfen, mit Zitronensaft und Worcestersoße beträufeln, mit Salz und Pfeffer würzen und im Kühlschrank 10–15 Minuten ziehen lassen.

2. Die Forellen mit Kräuterzweigen füllen und in Mehl wenden.

3. Butterschmalz in einer Pfanne erhitzen und die Forellen darin auf beiden Seiten braten. Die Forellen herausnehmen und warm stellen.

4. Die Butter mit dem Zitronensaft und dem Weißwein ins verbliebene Bratfett geben und einmal aufkochen lassen.

5. Die verlesenen, gewaschenen und fein gehackten Kräuter einrühren. Die Kräutersoße mit Salz, Pfeffer, Zitronensaft und Worcestersoße kräftig abschmecken.

6. Die Forellen dekorativ anrichten und mit der Soße überziehen. Mit Zitronenscheiben und Kräuterzweigen garnieren und mit Butterkartoffeln sofort servieren.

Zu den gekräuterten Forellen schmeckt auch ein Zitronen-Dill-Schaum:

Ein Grundrezept Sauce hollandaise (Seite 952) im heißen Wasserbad aufschlagen. Eine unbehandelte Zitrone in heißem Wasser abbürsten, trocken tupfen, die Schale abreiben und in die Soße geben. Die Zitrone auspressen und den Saft unterheben. Einen Bund Dill verlesen, waschen, gut abtropfen lassen, fein schneiden und unter den Schaum heben. Mit Salz, Pfeffer und Muskat kräftig abschmecken und zu den Forellen servieren.

Spargel mit Lachs und Meerrettichsosse

Für 4 Personen:

1 kg Stangenspargel
Salzwasser, 1 Scheibe Zitrone
1 EL Butter

Für den Lachs:
4 Lachstranchen (à 150–180 g)
einige Tropfen Zitronensaft
einige Tropfen Worcestersoße
Salz, Pfeffer aus der Mühle
1 Prise Cayennepfeffer
Butterschmalz zum Braten

Für die Soße:
100 ml Spargelfond
Saft von 1 Zitrone
4 Eigelb
2 EL Sahnemeerrettich
200 g zerlassene Butter

Außerdem:
2 Tomaten
2 EL Butter
weißer Pfeffer aus der Mühle
Zitronenscheiben und
Basilikumblättchen zum Garnieren

1. Den Stangenspargel schälen und die unteren Enden abschneiden. Reichlich Salzwasser in einem Topf erhitzen, die Zitrone und die Butter hineingeben und den Spargel darin bissfest garen.

2. Anschließend den Spargel aus dem Fond nehmen, abtropfen lassen und bereitstellen. 100 ml Spargelfond abmessen und ebenfalls bereitstellen.

3. Die Lachstranchen unter fließendem Wasser waschen, trocken tupfen, mit dem Zitronensaft und der Worcestersoße beträufeln.

4. Mit Salz, Pfeffer und Cayennepfeffer würzen, in eine Schüssel legen und mindestens eine Stunde im Kühlschrank marinieren.

5. Das Butterschmalz in einer Pfanne erhitzen, die Lachstranchen darin braten, herausnehmen und warm stellen.

6. Für die Soße den Spargelfond mit dem Zitronensaft und den Eigelben in einer feuerfeste Schüssel geben, mit Worcestersoße, Salz und Pfeffer würzen und im Wasserbad zu einem Schaum aufschlagen.

7. Den Meerrettich dazugeben, unterrühren und die zerlassene, handwarme Butter tropfenweise einrühren.

8. Die Tomaten waschen, vom Strunk befreien und in Scheiben schneiden. Die Butter in einer Pfanne erhitzen. Die Tomatenscheiben darin anbraten und mit Salz und Pfeffer würzen.

9. Den Spargel vor dem Servieren mit Salz und weißem Pfeffer würzen und in einer Pfanne mit dem Spargelfond anschwenken.

10. Den Spargel mit den gebratenen Tomaten und den Lachstranchen auf Tellern dekorativ anrichten, mit der Meerrettichsoße überziehen, mit Zitronenscheiben und Basilikumblättchen garnieren und mit Kräuterpfannkuchen sofort servieren.

Matjes-Quark-Rollen auf Tomatensalat

Für 4 Personen:

8 Matjesfilets
Buttermilch zum Einlegen
250 g Magerquark
Saft von ½ Zitrone
2–3 EL frisch geriebener Meerrettich
1 Bund Schnittlauch
Salz, Pfeffer aus der Mühle

Außerdem:
800 g feste Tomaten
1 Bund Frühlingszwiebeln
100 ml weißer Balsamicoessig
100 ml Olivenöl
Salz, Pfeffer aus der Mühle
1 EL Zucker
1 Bund Oregano
1 Bund Basilikum
Basilikumblättchen zum Garnieren

1. Die Matjesfilets unter fließendem Wasser waschen und trocken tupfen. In eine Schüssel geben, mit der Buttermilch übergießen und mindestens eine Stunde ziehen lassen.

2. Den Magerquark mit dem Zitronensaft in einer Schüssel glatt rühren. Den Meerrettich und den verlesenen, gewaschenen und fein geschnittenen Schnittlauch untermischen, mit Salz und Pfeffer würzen.

3. Die Matjesfilets aus der Buttermilch nehmen, trocken tupfen, auf eine Arbeitsfläche legen, mit dem Quark bestreichen und zusammenrollen.

4. Die Tomaten waschen, vom Strunk befreien und die Tomaten in Stücke schneiden.

5. Die Frühlingszwiebeln putzen, waschen und in Scheiben schneiden, mit den Tomaten in einer Schüssel vermischen.

6. Den Balsamicoessig mit dem Olivenöl verrühren. Die Kräuter verlesen, waschen, fein schneiden, unter die Vinaigrette rühren, mit Salz, Pfeffer und Zucker abschmecken und die Tomaten damit beträufeln. Den Salat 10 Minuten ziehen lassen.

7. Den Tomatensalat auf Tellern dekorativ anrichten, mit den Matjes-Quark-Rollen belegen, mit Basilikumblättchen garnieren und servieren.

Die Matjes kann man auch mit einem mediterranen Quark füllen:

Hierfür 300 g Quark mit 100 ml süßer Sahne und dem Saft von ½ Zitrone in einer Schüssel glatt rühren. 150 g Fetakäse und 100 g in Öl eingelegte, getrocknete Tomaten fein würfeln. 1–2 Knoblauchzehen schälen, sehr fein hacken und mit dem Fetakäse und den Tomaten unter den Quark ziehen. Den Quark mit Salz, Pfeffer und Cayennepfeffer abschmecken. Einen Bund verlesenes, gewaschenes und fein geschnittenes Basilikum unterheben und den Quark bis zum Verzehr kühl stellen.

Gekräuterte Rotbarben

Für 4 Personen:

4 Rotbarben (à 300 g)
Saft von 1 Zitrone
einige Tropfen Worcestersoße
Salz, Pfeffer aus der Mühle
einige Kräuterzweige (Petersilie, Basilikum, Estragon, Dill)
Mehl zum Wenden
Butterschmalz zum Braten

Außerdem:
4 Knoblauchzehen, 8 Schalotten
2 unbehandelte Zitronen
100 g Butter, 100 ml Weißwein
Alufolie
3–4 Zweige Rosmarin
Kräuterzweige zum Garnieren

1. Die küchenfertigen Rotbarben unter fließendem Wasser waschen, trocken tupfen, mit Zitronensaft und Worcestersoße beträufeln.

2. Die Rotbarben mit Salz und Pfeffer würzen und im Kühlschrank 10–15 Minuten ziehen lassen. Den Backofen auf 180 °C vorheizen.

3. Die Rotbarben mit Kräuterzweigen füllen und in Mehl wenden. Butterschmalz in einer Pfanne erhitzen, die Rotbarben darin auf beiden Seiten anbraten, herausnehmen und warm stellen.

4. Die Knoblauchzehen und die Schalotten schälen und vierteln.

5. Die Zitronen unter heißem Wasser abbürsten und in Scheiben schneiden. Knoblauch, Schalotten und Zitronen ins verbliebene Bratfett geben und fünf Minuten braten.

6. Die Butter und den Weißwein dazugeben und einmal aufkochen lassen. Ein entsprechend großes Stück Alufolie auf ein Backblech legen. Das Gemüse und den Rosmarin darauf verteilen und die Rotbarben daraufsetzen. Das Ganze im Backofen 20–25 Minuten garen.

7. Die Rotbarben dekorativ anrichten, mit dem Gemüse überziehen, mit Kräuterzweigen garnieren und mit Butterkartoffeln sofort servieren.

Grundrezept Sauce hollandaise

200 ml Weißwein mit einer geschälten, in grobe Würfel geschnittenen Zwiebel oder zwei Schalotten, 1 TL Pfefferkörnern und zwei Lorbeerblättern in einem Topf zum Kochen bringen und bei mäßiger Hitze auf die Hälfte einreduzieren lassen. Den Wein durch ein Sieb in eine feuerfeste Schüssel gießen, abkühlen lassen und sechs Eigelbe mit dem Schneebesen einrühren. Die Masse im heißen Wasserbad schaumig schlagen. Mit Salz und weißem Pfeffer würzen. 250 g Butter in einen Topf geben und bei mäßiger Hitze schmelzen, vom Herd nehmen und leicht abkühlen lassen. Zum Schluss die lauwarme zerlassene Butter vorsichtig unter die Sauce hollandaise ziehen.

Thunfischsteaks aus dem Ofen

Für 4 Personen:

4 Thunfischsteaks (à 180–200 g)
Saft von 1 Zitrone
einige Tropfen Worcestersoße
Salz, Pfeffer aus der Mühle

Außerdem:
2–3 rote Zwiebeln
2–3 Knoblauchzehen
2–3 Frühlingszwiebeln
2–3 Zweige Rosmarin
2–3 EL Butter
Saft von 1 Zitrone
100 ml Weißwein
75 ml Olivenöl
50 g gemischte, frische Kräuter
(Basilikum, Thymian, Petersilie)
Kräuterzweige zum Garnieren

1. Die Thunfischsteaks unter fließendem Wasser waschen, trocken tupfen, mit Zitronensaft und Worcestersoße beträufeln, mit Salz und Pfeffer würzen und im Kühlschrank 10–15 Minuten ziehen lassen.

2. Die Zwiebeln und die Knoblauchzehen schälen und in Scheiben schneiden. Die Frühlingszwiebeln putzen, waschen und in feine Scheiben schneiden. Die Rosmarinnadeln abpflücken und fein hacken.

3. Die Butter in einer Pfanne erhitzen. Das Gemüse und den Rosmarin dazugeben und kurz dünsten.

4. Den Zitronensaft und den Weißwein angießen und einmal aufkochen lassen.

5. Die Thunfischsteaks in eine feuerfeste Form legen, mit dem Gemüse überziehen und mit den verlesenen, gewaschenen, gehackten Kräutern bestreuen. Das Ganze mit Olivenöl beträufeln und im auf 180–200 °C vorgeheizten Backofen 15–20 Minuten garen.

6. Den Thunfisch aus dem Ofen nehmen, dekorativ anrichten, mit Kräuterzweigen garnieren und sofort servieren.

... und dazu reicht man ein Mandelpesto:

150 g geschälte Mandeln fein hacken und in einen Mörser geben. 2–3 Knoblauchzehen schälen, in Würfel schneiden, mit etwas Olivenöl (von 200 ml) zu den Mandeln geben und alles im Mörser zu einer Paste zerreiben. Das Pesto in eine Schüssel füllen, das restliche Olivenöl untermischen, mit Salz und Pfeffer kräftig abschmecken. Das Mandelpesto in ein Schraubglas füllen und bis zum Verzehr im Kühlschrank aufbewahren.

FISCHWÜRFEL IN TEMPURATEIG

FÜR 4 PERSONEN:

800 g küchenfertige Kabeljaufilets
Saft von 1 Zitrone
Salz, Pfeffer aus der Mühle
1 Prise Cayennepfeffer
2 EL grüne Korianderpaste

Für den Teig:
1 Packung (150 g) Tempurateig (Fertigprodukt)
250 ml eiskaltes Wasser
Fett zum Ausbacken

Für die Soße:
je 1 rote und grüne Chilischote
1 kleines Stück Ingwer
2 Schalotten
2 Knoblauchzehen
1 EL Erdnussöl
200 ml Wasser
2 EL Honig
4 EL Sojasoße
2 EL Reisessig
Speisestärke zum Binden

Außerdem:
4 Portionen fertig gegarter Zitronenreis
Zitronenscheiben zum Garnieren
Chilischotenscheiben und Frühlingszwiebelstreifen zum Bestreuen

1. Die Kabeljaufilets unter fließendem Wasser waschen, trocken tupfen und in Würfel schneiden.

2. Mit Zitronensaft beträufeln, mit Salz, Pfeffer, Cayennepfeffer und grüner Korianderpaste würzen.

3. Das Tempurateigpulver mit dem eiskalten Wasser verrühren. Das Fett in der Fritteuse auf 160 °C erhitzen. Die Fischwürfel durch den Teig ziehen, im Fett goldgelb ausbacken, herausnehmen und warm stellen.

4. Für die Soße die gewaschenen Chilischoten entkernen und in feine Streifen schneiden.

5. Den Ingwer schälen und in feine Streifen schneiden. Die Schalotten und die Knoblauchzehen schälen und fein hacken.

6. Alles zusammen im erhitzten Erdnussöl kurz anschwitzen. Das Wasser angießen, den Honig, die Sojasoße und den Reisessig einrühren und einmal aufkochen lassen. Die Soße mit etwas angerührter Speisestärke leicht binden.

7. Die gebackenen Fischwürfel mit dem Reis und der Soße auf Tellern dekorativ anrichten und mit Zitronenscheiben garnieren. Mit Chilischotenscheiben und Frühlingszwiebelstreifen bestreuen und sofort servieren.

DAZU PASST EIN FRÜHLINGSQUARK SEHR GUT:

300 g Quark mit 100 ml süßer Sahne und dem Saft von ½ Zitrone in einer Schüssel glatt rühren. Einen Bund Frühlingszwiebeln putzen, waschen und in feine Ringe schneiden. Einen Bund Basilikum und je ½ Bund glatte und krause Petersilie sowie einen Bund Dill verlesen, waschen, gut abtropfen lassen, fein schneiden und mit den Zwiebelringen unter den Quark heben. Den Frühlingsquark mit Salz, Pfeffer und Cayennepfeffer kräftig würzen und bis zum Verzehr kühl stellen.

FISCHRÖLLCHEN MIT KRÄUTERSOSSE

FÜR 4 PERSONEN:

4 dünne Lachsfilets (à 80–100 g)
4 dünne Zanderfilets (à 80–100 g)
einige Tropfen Zitronensaft
einige Tropfen Worcestersoße
Salz, Pfeffer aus der Mühle
1 Tomate
1 Bund Basilikum
1 EL frisch geriebener Meerrettich
1 Prise Muskat
1 Prise Cayennepfeffer
Alufolie
Butter zum Bestreichen

Für die Soße:
1 Zwiebel
2–3 EL Butter
100 ml Weißwein
200 ml Gemüse- oder Fischbrühe
200 ml süße Sahne
2 EL frisch geriebener Meerrettich
Speisestärke zum Binden
50 g gemischte, frische Kräuter (Petersilie, Dill, Estragon, Melisse)

Außerdem:
Kräuterzweige zum Garnieren

1. Die Lachsfilets und die Zanderfilets unter fließendem Wasser waschen, trocken tupfen, mit Zitronensaft und Worcestersoße beträufeln, mit Salz und Pfeffer würzen und im Kühlschrank 10 Minuten ziehen lassen.

2. Die Tomate enthäuten und in feine Scheiben schneiden. Das Basilikum verlesen, waschen, fein hacken und mit dem geriebenen Meerrettich verrühren. Mit Salz, Pfeffer, Muskat und Cayennepfeffer würzen.

3. Je ein Zanderfilet mit Tomatenscheiben belegen, ein Lachsfilet darauflegen und die Meerrettichmischung auf den Lachs streichen. Das Ganze zusammenrollen und mit Zahnstochern zustecken.

4. Entsprechend große Stücke Alufolie mit etwas Butter bestreichen, die Fischröllchen darauflegen und einwickeln. Die Fischröllchen über Dampf in einem Dampfgartopf garen.

5. Für die Soße die Zwiebel schälen und fein würfeln. Die Butter in einer Pfanne erhitzen und die Zwiebel darin anschwitzen.

6. Den Weißwein, die Gemüse- oder Fischbrühe und die Sahne angießen und kurz einreduzieren lassen.

7. Den geriebenen Meerrettich untermischen. Die Soße mit etwas angerührter Speisestärke leicht binden und die gewaschenen, fein gehackten Kräuter unterziehen. Mit Salz, Pfeffer, Zitronensaft und Worcestersoße würzen.

8. Die Fischröllchen aus der Alufolie nehmen und jeweils in drei Scheiben schneiden. Mit der Soße dekorativ anrichten, mit Kräuterzweigen garnieren und mit Karotten-Bandnudeln sofort servieren.

ZU DEN FISCHRÖLLCHEN PASST AUCH EINE KAVIARSOSSE:

400 ml Sauce hollandaise (Seite 952) in einen Topf geben. Mit dem Saft von einer Zitrone, Salz und Pfeffer kräftig abschmecken. Zum Schluss ein Döschen (schwarzen) deutschen Kaviar (50 g) unterheben und die Kaviarsoße servieren.

SÜSS UND VERFÜHRERISCH –
DIE BESTEN REZEPTE
AUS DER DESSERTKÜCHE

Obstsalat mit Goldfäden

Für 4 Personen:

Für die Goldfäden:
500 ml Wasser
200 g Zucker
3 Eigelb
1 Ei

Für den Obstsalat:
300 g Rambutan
1 Mango
2 rote Pflaumen
Saft von 1 Limette
4 EL Honig
1 Banane
Saft von 1 Zitrone

Außerdem:
Zuckerblüten zum Garnieren

1. Das Wasser mit dem Zucker in einen Topf geben und unter ständigem Rühren zum Kochen bringen. Das Zuckerwasser bei starker Hitze kurz einreduzieren lassen.

2. Die Eigelbe mit dem Ei in eine Schüssel geben und glatt rühren.

3. Die Eimasse in einen Gefrierbeutel füllen, mit einer Schere an einer Ecke des Gefrierbeutels ein kleines Loch einschneiden und die Eimasse in den kochenden Sirup einlaufen lassen.

4. Die Fäden mit einem Kochlöffel zu einem Nest formen, herausnehmen, gut abtropfen lassen und bereitstellen.

5. Für den Obstsalat die Rambutan schälen, entkernen und das Fruchtfleisch klein schneiden.

6. Die Mango dünn schälen, das Fruchtfleisch vom Kern lösen und ebenfalls klein schneiden.

7. Die Pflaumen waschen, halbieren, den Kern herauslösen und das Fruchtfleisch in Spalten schneiden.

8. Die Früchte in eine Schüssel geben, den Limettensaft und den Honig dazugeben und kurz marinieren.

9. Die Banane schälen, in Scheiben schneiden, mit Zitronensaft beträufeln, unter die Früchte heben und ebenfalls kurz ziehen lassen.

10. Den Obstsalat mit den Goldfäden dekorativ anrichten, mit Zuckerblüten garnieren und sofort servieren.

Tiramisu im Schälchen

Für 4 Personen:

Für die Schälchen:
150 g weiße Kuvertüre
2 EL Butter
25 g dunkle Kuvertüre
Backpapier

Für das Tiramisu:
150 g Cantuccini
(italienisches Mandelgebäck)
4 cl Espresso
2 cl Calvados, 2 cl Amaretto
250 g Mascarpone
150 g Magerquark, 2 Eigelb
1 Päckchen Vanillezucker
100 ml Honig

Außerdem:
Kakaopulver zum Bestäuben
Physalis, Orangenfilets und
Melisseblättchen zum Garnieren

1. Die weiße Kuvertüre mit der Butter in eine feuerfeste Schüssel geben und im Wasserbad unter ständigem Rühren schmelzen lassen.

2. Die dunkle Kuvertüre ebenfalls in einer feuerfesten Schüssel im Wasserbad schmelzen lassen.

3. Aus dem Backpapier Kreise im Durchmesser von 20 cm ausschneiden, auf eine Arbeitsfläche legen und portionsweise die weiße Kuvertüre darauf verteilen. Sobald die Kuvertüre leicht fest wird, in eine Tasse stellen und im Kühlschrank vollständig fest werden lassen.

4. Die weißen Schokoladenschälchen vom Backpapier lösen und mit der dunklen Kuvertüre überziehen, erneut erkalten lassen.

5. Für das Tiramisu die Cantuccini in eine Schüssel geben. Den Espresso mit dem Calvados und dem Amaretto vermischen und die Cantuccini damit beträufeln.

6. Den Mascarpone mit dem Magerquark in einer Schüssel glatt rühren. Die Eigelbe mit dem Vanillezucker und dem Honig schaumig rühren und unter die Mascarponecreme ziehen.

7. Die Cantuccini in den Schokoladenschälchen verteilen, mit der Mascarponecreme überziehen, mit Kakaopulver bestäuben und dekorativ anrichten.

8. Das Tiramisu im Schokoladenschälchen mit Physalis, Orangenfilets und Melisseblättchen garnieren und sofort servieren.

Physalis

Die Kapstachelbeere wird auch unter dem Handelsnamen „Physalis“ angeboten. Sie ist in Peru und Bolivien beheimatet, eine Staude, die mit der in unseren Gärten wachsenden Zierblume verwandt ist und leuchtende kleine „Japanische Lampions“ als Blüten hervorbringt. Die süßsäuerliche, sehr aromatische, knackige Beere erinnert im Geschmack an Kokosnüsse, Ananas und Maracujas und trägt in ihrem Fruchtfleisch kleine essbare Kernchen, die, wie bei heimischen Stachelbeeren, mitgegessen werden. Die Früchte können als Tortenbelag, zu Cocktails oder Eis, in Obstsalat und auch zu Gelee und Marmelade verarbeitet werden. Ihr hoher Gehalt an Pektin lässt Gelees und Marmeladen leicht fest werden. Man benötigt für diese Früchte keine Gelierhilfe! Meist werden sie aber frisch mit etwas Zucker und Rum oder Wein und Sahne verzehrt. Man muss die Früchte dazu durchschneiden oder mehrfach einstechen, weil das glänzende, dünne Außenhäutchen der Beere keine Gewürze hindurchlässt.

Apfel-Hörnchen

Für 8 Stück:

Für den Teig:
15 g Hefe, 150 ml Milch
60 g Zucker, 375 g Mehl
1 Prise Salz, abgeriebene Schale von ½ Zitrone, 60 g Butter
2 Eier, 150 g Butter

Für die Füllung:
4 Äpfel, 4–5 EL Johannisbeergelee
1 geh. EL Speisestärke

Außerdem:
Backpapier für das Blech
3–4 EL Aprikosenmarmelade
Puderzucker zum Bestäuben
Apfelschnitze zum Belegen

1. Die Hefe mit dem Zucker in die lauwarme Milch einrühren und 10–15 Minuten gehen lassen.

2. Das Mehl in eine Schüssel sieben, die Hefemilch angießen und das Salz, die abgeriebene Zitronenschale, 60 g weiche Butter und die Eier dazugeben.

3. Das Ganze zu einem glatten Teig verarbeiten und zugedeckt zur doppelten Menge aufgehen lassen.

4. Den Hefeteig nochmals kurz durcharbeiten und erneut zugedeckt 10 Minuten ruhen lassen.

5. Die restliche Butter auf einer bemehlten Arbeitsfläche zu einem Quadrat ausrollen.

6. Den Teig ebenfalls zu einem Quadrat ausrollen, die Butter in die Mitte legen und die Teigecken zur Mitte hin einschlagen. Kurz ruhen lassen.

7. Den Teig zu einem Rechteck ausrollen, von beiden Seiten jeweils ein Drittel zur Mitte hin umschlagen, sodass wieder ein Quadrat entsteht.

8. Den Teig wieder fünf Minuten ruhen lassen, zu einem Rechteck ausrollen und einschlagen. Fünf Minuten ruhen lassen, zum drittenmal ausrollen und erneut einschlagen.

9. Den Teig auf einer bemehlten Arbeitsfläche ausrollen und in Dreiecke schneiden.

10. Die Äpfel schälen, entkernen und in 1 cm große Würfel schneiden. Das Johannisbeergelee erhitzen, die Äpfel hineingeben und bissfest garen. Mit angerührter Speisestärke binden, abkühlen lassen und auf die Teigdreiecke streichen.

11. Die Teigstücke zu Hörnchen aufrollen, auf ein mit Backpapier ausgelegtes Backblech setzen und im auf 180–200 °C vorgeheizten Backofen 20–25 Minuten backen.

12. Die Marmelade erhitzen, durch ein Sieb streichen und die Hörnchen sofort nach dem Backen damit überziehen. Die Hörnchen erkalten lassen, mit Puderzucker bestäuben, mit Apfelschnitzen belegen und servieren.

Grossmutters Pfannkuchen

Für 4 Personen:

150 g Mehl, 2 Eier
125 ml Milch
1 Prise Salz
Fett zum Ausbacken

Außerdem:
4 Äpfel, Saft von ½ Zitrone
4 Portionen Apfelmus
geschlagene, gesüßte Sahne, frische Johannisbeeren, Schokoraspel und Kräuterzweige zum Garnieren
Puderzucker zum Bestäuben

1. Das gesiebte Mehl, die Eier, die Milch und das Salz in eine Schüssel geben und zu einem dünnen Teig verrühren.

2. Fett in einer Pfanne erhitzen, den Teig portionsweise einfüllen und dünne Pfannkuchen ausbacken.

3. Die Pfannkuchen zusammenklappen und auf Tellern dekorativ anrichten.

4. Die Äpfel waschen, trocken tupfen, das Kerngehäuse ausstechen und die Äpfel leicht aushöhlen.

5. Mit Zitronensaft beträufeln, je eine Portion Apfelmus einfüllen und die Äpfel zu den Pfannkuchen geben.

6. Mit geschlagener, gesüßter Sahne, frischen Johannisbeeren, Schokoraspeln und Kräuterzweigen garnieren, mit Puderzucker bestäuben und sofort servieren.

Pfannkuchen mit Pflaumenmus

Für 4 Personen:

250 ml Milch
5 gehäufte EL Weizenmehl
2 Eier, 1 Prise Salz
1 Päckchen Vanillezucker
½ TL geriebene Zitronenschale
Butterschmalz zum Ausbacken

Außerdem:
200 g Pflaumenmus
4 Portionen Vanillesoße
4 frische Pflaumen
Zitronenmelisseblättchen zum Garnieren

1. Die Milch mit dem gesiebten Weizenmehl, den Eiern, dem Salz, dem Vanillezucker und der geriebenen Zitronenschale in eine Schüssel geben und zu einem glatten Teig verrühren.

2. Butterschmalz in einer Pfanne erhitzen, den Teig portionsweise mit einer Schöpfkelle in die Pfanne fließen lassen und Pfannkuchen ausbacken.

3. Die fertig gebackenen Pfannkuchen aus der Pfanne nehmen und warm stellen, den restlichen Teig wie beschrieben ausbacken.

4. Die Pfannkuchen mit dem Pflaumenmus bestreichen und zusammenrollen.

5. Anschließend die Pfannkuchen mit je einer Portion Vanillesoße und den gewaschenen, halbierten, entkernten und in Schnitze geschnittenen Pflaumen dekorativ anrichten. Mit Zitronenmelisseblättchen garnieren und sofort servieren.

(ohne Abbildung)

Tiroler Topfenstrudel

Für 12 Stücke:

Für den Teig:
250 g Weizenmehl, 1 Prise Salz
2 EL Olivenöl, 1 Ei
125 ml lauwarmes Wasser
flüssige Butter zum Bestreichen

Für die Füllung:
500 g Topfen (Quark), 100 g Zucker
1 Ei, 50 g Rumrosinen

Außerdem:
Milch zum Bestreichen
2–3 EL Aprikosenmarmelade
Hagelzucker und Mandelblättchen
zum Bestreuen

1. Das gesiebte Mehl mit dem Salz, dem Olivenöl, dem Ei und dem Wasser zu einem glatten Teig verkneten.

2. Den Teig mit etwas flüssiger Butter bestreichen und zugedeckt im Kühlschrank 30 Minuten ruhen lassen.

3. Den Topfen in einem Küchentuch gut ausdrücken. Anschließend den Topfen in eine Schüssel geben, den Zucker und das Ei hinzufügen und alles gut verrühren. Die Rumrosinen unterheben.

4. Den Teig auf einem Küchentuch hauchdünn ausrollen mit flüssiger Butter bestreichen. Die Topfenmasse daraufstreichen und den Strudel mithilfe des Küchentuchs aufrollen. Die Enden zusammendrücken und den Strudel auf ein mit Backpapier ausgelegtes Backblech setzen.

5. Den Topfenstrudel mit Milch bestreichen und im auf 200 °C vorgeheizten Backofen 35–40 Minuten backen.

6. Den fertigen Strudel herausnehmen und sofort mit der erhitzten Aprikosenmarmelade bestreichen. Mit Hagelzucker und Mandelblättchen bestreuen und warm oder kalt servieren.

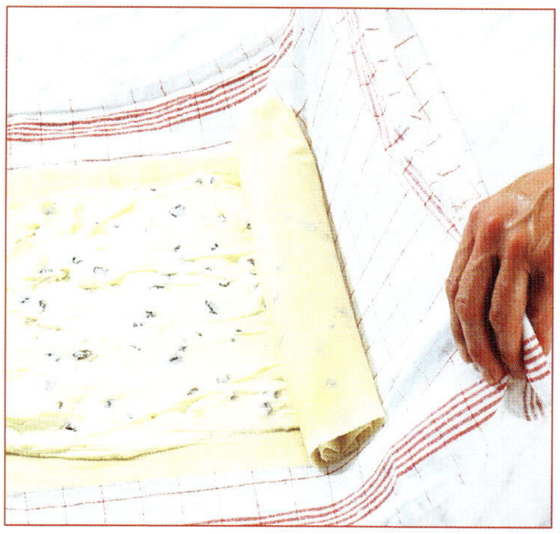

Burgenländer Marillenknödel

Für 4 Personen:

8 Aprikosen
8 Stück brauner Würfelzucker
2 cl Marillenlikör

Für den Teig:
400 g Magerquark, 100 g Butter
100 g Grieß, 1 EL Zucker
1 Prise Salz
1–2 EL Zitronenschale
2 Eigelb, 2 l Wasser
1 EL Salz, 4 EL Zucker

Außerdem:
100 g Butter
100 g Semmelbrösel
Pfefferminze zum Garnieren
Puderzucker zum Bestäuben

1. Die Aprikosen waschen, trocken tupfen, zur Hälfte einschneiden, entkernen und mit je einem Stück in Marillenlikör getauchten Würfelzucker füllen.

2. Den Magerquark mit der Butter, dem Grieß, dem Zucker, dem Salz, der Zitronenschale und den Eigelben in einer Schüssel zu einem glatten Teig verarbeiten.

3. Den Teig portionsweise den Teig zu kleinen Rollen formen, diese flach drücken und je eine Aprikose darauflegen.

4. Die Aprikosen in den Teig einrollen. Das Wasser mit dem Salz und dem Zucker in einem Topf zum Kochen bringen, die Marillenknödel einlegen und gar ziehen lassen.

5. Die Butter in einer Pfanne erhitzen und die Semmelbrösel darin kurz durchschwenken.

6. Die gegarten Marillenknödel in den Bröseln wenden, dekorativ anrichten, mit Pfefferminzzweigen garnieren, mit Puderzucker bestäuben und sofort servieren.

Hefezopf mit Zuckerguss

Für 1 Zopf:

Für den Teig:
1 Würfel Frischhefe
125 ml Milch
375 g Weizenmehl
1 TL Zucker
60 g weiche Butter
2 Eier
60 g Zucker
1 Prise Salz

Außerdem:
Backpapier für das Blech
1 Eigelb
2 EL süße Sahne
3–4 EL Aprikosenmarmelade
200 g Puderzucker
2 EL Wasser oder Zitronensaft
Mandelblättchen zum Bestreuen

1. Die Hefe in eine Tasse bröckeln und mit der lauwarmen Milch glatt rühren. Das Mehl in eine Schüssel sieben und eine Mulde in die Mitte drücken.

2. Den Zucker hineinstreuen und die Hefemilch dazugeben. Mit etwas Mehl verrühren und zugedeckt 10–15 Minuten gehen lassen.

3. Die weiche Butter, die Eier, den Zucker und das Salz dazugeben, das Ganze zu einem glatten Teig verarbeiten und schlagen, bis er Blasen wirft.

4. Den Teig zu einer Kugel formen und zugedeckt an einem warmen Ort zur doppelten Menge aufgehen lassen.

5. Den Teig in drei gleiche Portionen teilen, diese zu Kugeln abdrehen und erneut kurz gehen lassen.

6. Aus den Kugeln drei Stränge formen und zu einem Zopf flechten. Den Zopf auf ein mit Backpapier ausgelegtes Backblech legen und zugedeckt 20–30 Minuten gehen lassen.

7. Das Eigelb mit der Sahne verrühren und den Zopf damit bestreichen.

8. Den Zopf im auf 180–200 °C vorgeheizten Backofen 25–30 Minuten backen, herausnehmen, sofort mit der glatt gerührten Aprikosenmarmelade bestreichen und erkalten lassen.

9. Den Puderzucker mit Wasser oder Zitronensaft zu einem dickflüssigen Guss verrühren und diesen über den Hefezopf träufeln. Die Mandelblättchen darüberstreuen und den Guss vollständig trocknen lassen.

Honigparfait mit Pfefferbeeren

Für 4 Personen:

4 Eigelb, 2 Eier
150 g Waldhonig
2 Päckchen Vanillezucker
300 ml süße Sahne

Für die Pfefferbeeren:
300 g gemischte Beeren (frisch oder TK-Produkt)
250 ml Rotwein
Saft von 1 Zitrone, 1 TL Zimt
1 EL grüne Pfefferkörner
75 g Waldhonig
Speisestärke zum Binden

Außerdem:
50 g gehackte Pistazien
Puderzucker zum Bestäuben

1. Die Eigelbe mit den Eiern, dem Honig und dem Vanillezucker in eine feuerfeste Schüssel geben und im Wasserbad oder auf dem Herd zu einem Schaum aufschlagen.

2. Den Schaum vom Herd nehmen und kalt schlagen. Die steif geschlagene Sahne vorsichtig unterheben.

3. Eine Parfaitform (ca. 1 l) mit kaltem Wasser ausspülen, trocknen, die Masse einfüllen und über Nacht im Gefrierschrank frosten.

4. Die frischen Beeren verlesen bzw. die TK-Beeren auftauen lassen.

5. Kurz vor dem Servieren für die Pfefferbeeren den Rotwein mit dem Zitronensaft, dem Zimt, den Pfefferkörnern und dem Honig so lange köcheln lassen, bis sich der Honig vollständig aufgelöst hat.

6. Mit etwas angerührter Speisestärke binden. Die Beeren in die Soße geben und kurz ziehen lassen.

7. Das Honigparfait aus der Form stürzen, in Scheiben schneiden und mit den Pfefferbeeren dekorativ anrichten. Mit gehackten Pistazien bestreuen, mit Puderzucker bestäuben und sofort servieren.

Apfel-Pratie

Für 4 Personen:

600 g Kartoffeln
Salzwasser
2–3 Eier
100 g Mehl
75 g Zucker
1 TL Backpulver
1 Prise Salz
Fett für die Form

Für die Füllung:
600 g säuerliche Äpfel
Saft von 2 Zitronen
100 g Rosinen
6 cl Irish Whisky
75 g Honig
1–2 EL Zimtpulver

Außerdem:
Puderzucker zum Bestäuben
Minzblättchen zum Garnieren

1. Die Kartoffeln unter fließendem Wasser abbürsten und im Salzwasser bei mäßiger Hitze in 20 Minuten garen.

2. Die Kartoffeln abgießen, leicht erkalten lassen, pellen und durch die Kartoffelpresse treiben.

3. Die Eier, das gesiebte Mehl, den Zucker, das Backpulver und das Salz zum Püree geben und alles zu einem glatten, kompakten Teig verkneten.

4. Zwei Drittel des Teiges auf einer bemehlten Arbeitsfläche in der Größe einer Spring- oder Kuchenform ausrollen. Die Form ausfetten, den Teig einlegen und einen Rand hochziehen.

5. Für die Füllung die Äpfel schälen, entkernen, in Scheiben schneiden und mit Zitronensaft beträufeln.

6. Die Rosinen in eine Schüssel geben, mit Whisky beträufeln und kurz ziehen lassen.

7. Die Äpfel und die Rosinen schichtweise in die Form füllen, jede Schicht mit Honig beträufeln und mit Zimt bestreuen.

8. Den restlichen Teig in der Größe der Backform ausrollen, die Füllung damit bedecken, die Ränder gut andrücken und das Ganze in dem auf 180–200 °C vorgeheizten Backofen 40–50 Minuten backen.

9. Nach Ende der Backzeit den Apfel-Pratie herausnehmen, in Stücke schneiden, dekorativ anrichten, mit Puderzucker bestäuben, mit Minzblättchen garnieren und warm oder kalt mit einer Pfirsich-Orangen-Soße servieren.

Zum Apfel-Pratie passt auch sehr gut eine Pfirsich-Orangen-Soße:

Eine Dose Pfirsiche (ca. 300 g Abtropfgewicht) durch ein Sieb gießen, dabei den Saft auffangen. Die Pfirsiche in kleine Würfel schneiden. 100 ml Pfirsichsaft mit 200 ml Weißwein, 1–2 EL braunem Zucker und dem Fruchtfleisch in einen Topf geben und aufkochen lassen. Das Ganze mit dem Pürierstab pürieren. Zwei Orangen großzügig schälen, filieren, die Orangenspalten halbieren und zum Schluss unter die Soße heben.

Feigenkörbchen mit Orangensosse

Für 4 Personen:

1 Packung Strudel- oder Filoteig (Fertigprodukt aus der Kühltheke)
Backpapier für das Blech
2 EL Olivenöl
100 g Zucker
250 ml Orangensaft
Speisestärke zum Binden
2 Orangen
50 g geschälte weiße Mandeln
8 frische Feigen
4 cl Orangenlikör
4 Portionen Schokoladenparfait (Fertigprodukt)
Puderzucker zum Bestäuben

1. Den Strudelteig auf einer Arbeitsfläche ausrollen und acht gleich große Quadrate ausschneiden.

2. Vier feuerfeste Schälchen umgekehrt auf ein mit Backpapier ausgelegtes Backblech stellen, diese mit Öl bestreichen und je zwei Teigquadrate versetzt auf die Schälchen legen. Im auf 180 °C vorgeheizten Backofen 10–12 Minuten backen.

3. Den Zucker in einer Pfanne leicht karamellisieren lassen. Den Orangensaft angießen und den Zuckerkaramell unter ständigem Rühren loskochen. Mit etwas angerührter Speisestärke leicht binden.

4. Die Orangen schälen, die Filets herausschneiden, mit den Mandeln, den geputzten, gewaschenen und halbierten Feigen in die Soße geben und erwärmen. Die Soße mit Orangenlikör aromatisieren.

5. Die Strudelteigkörbchen aus dem Ofen nehmen, vorsichtig von den Schälchen lösen, auf Teller setzen und mit den Feigen und den Orangenfilets füllen.

6. Je eine Portion Schokoladenparfait dazulegen. Die Feigenkörbchen mit der Soße beträufeln, mit Puderzucker bestäuben und sofort servieren.

Schokoladen-Honig-Parfait

Für 4 Personen:

3 Eigelb
2 Eier
75 g Obstblütenhonig
300 ml süße Sahne
2 EL Kakaopulver

1. Die Eigelbe mit den Eiern und dem Honig in eine feuerfeste Schüssel geben und im Wasserbad oder auf dem Herd zu einem Schaum aufschlagen.

2. Die Schüssel aus dem Wasserbad oder vom Herd nehmen und den Schaum kalt schlagen.

3. Die Sahne steif schlagen und vorsichtig unter den Eischaum ziehen.

4. Die Masse teilen und die Hälfte mit dem Kakaopulver verrühren. Eine Parfaitform mit Klarsichtfolie auslegen, die weiße Masse einfüllen und die Kakaomasse mit einem Esslöffel unter die weiße Masse rühren. Die Masse glatt streichen und über Nacht frosten.

5. Das Parfait aus der Form stürzen, die Folie entfernen, das Parfait in Stücke schneiden und sofort servieren.

GRENADINEMOUSSE MIT HIPPENHERZEN

FÜR 4 PERSONEN:

100 ml Weißwein
75 ml Honig
25 ml Grenadinesirup
5 Blatt weiße Gelatine
200 ml Sekt oder Champagner
400 ml süße Sahne

Für die Hippen:
2 Eiweiß
50 g Puderzucker
50 g Weizenmehl

Außerdem:
dünner Karton
Backpapier für das Blech
4 Portionen Vanillesoße
Zitronenmelisseblättchen zum Garnieren

1. Den Weißwein mit dem Honig und dem Grenadinesirup in einem Topf erwärmen und so lange rühren, bis sich der Honig vollständig aufgelöst hat.

2. Die gut gewässerte, ausgedrückte Gelatine darin vollständig auflösen und den Sekt einrühren. Das Ganze vom Herd nehmen und erkalten lassen.

3. Kurz vor dem Festwerden die steif geschlagene Sahne unterrühren. Die Masse in eine Schüssel füllen und im Kühlschrank – am besten über Nacht – vollständig auskühlen lassen.

4. Für die Hippen die Eiweiße mit dem Puderzucker und dem Weizenmehl in einer Schüssel glatt rühren.

5. Aus einem dünnen Karton mithilfe einer Schablone Herzen ausschneiden und den Karton auf ein mit Backpapier ausgelegtes Backblech legen.

6. Die Hippenmasse in die Öffnungen füllen, glatt streichen und im auf 200 °C vorgeheizten Backofen fünf Minuten (Vorsicht, brennt leicht an!) backen.

7. Die Hippenherzen herausnehmen, erkalten lassen und vorsichtig ablösen. Mit einem Esslöffel aus der Grenadinemousse Klößchen abstechen, diese dekorativ anrichten, die Vanillesoße und die Hippenherzen dazugeben. Das Ganze mit Zitronenmelisseblättchen garnieren und sofort servieren

ZUR GRENADINEMOUSSE PASST AUCH EINE BROMBEERSOSSE SEHR GUT:

300 g Brombeeren (TK-Produkt) mit 150 g Zucker in eine Schüssel geben, vermischen und die Beeren auftauen lassen. Anschließend die Beeren mit einer Gabel zerdrücken und 100 ml Brombeerwein einrühren. Anstelle von Brombeerwein kann ersatzweise Brombeer- oder Kirschsaft untergemischt werden. Die Brombeersoße bis zum Verzehr kühl aufbewahren.

Ananasomeletts mit Frischkäse

Für 4 Stück:

Für den Teig:
2 Eier
50 g Zucker
1 Päckchen Zitronenaroma
30 g Mehl
Backpapier für das Blech

Für die Creme:
200 ml süße Sahne
4 TL San-apart
200 g Fitness-Frischkäse
¼ frische Ananas

1. Die Eier mit dem Zucker und dem Zitronenaroma in einer Schüssel schaumig schlagen.

2. Das Mehl auf den Eischaum sieben und unterheben.

3. Den Teig in einen Spritzbeutel mit Lochtülle füllen und 4 Kreise (12 cm Durchmesser) auf ein mit Backpapier ausgelegtes Backblech spritzen.

4. Die Omeletts im auf 200 °C vorgeheizten Backofen ca. fünf Minuten backen, herausnehmen und mit Folie abdecken, damit die Oberfläche nicht antrocknet.

5. Die Sahne schaumig schlagen, das San-apart einrieseln lassen und die Sahne steif schlagen.

6. Den Frischkäse mit der steif geschlagenen Sahne verrühren, in einen Spritzbeutel mit Sterntülle füllen und so auf die Omeletts spritzen, dass nur die Hälfte des Biskuits bedeckt ist.

7. Die Ananas schälen, den Strunk entfernen, die Ananas in Stücke schneiden und diese in die Frischkäsecreme stecken. Die unbelegte Biskuithälfte umklappen, die Ananas-Omeletts dekorativ anrichten und sofort servieren.

Unser Tipp:

Die Omeletts sind ein schnelles Gebäck für überraschenden Besuch. Sie können Sie mit verschiedenen Cremes oder einfach mit geschlagener Sahne füllen. Die Palette an frischem Obst ist unerschöpflich. Je nach Saison werden die Omeletts mit frischen Früchten wie z. B. Erdbeeren, Himbeeren, Johannisbeeren, Kirschen, Pfirsichen, Aprikosen, Birnen, Äpfeln oder Pflaumen belegt. Gedünstetes, gut abgetropftes Obst aus der Konserve ist zum Belegen ebenfalls sehr gut geeignet. Die Obstsorten können klein geschnitten und unter die Sahne gemischt werden. Zum Aromatisieren der Füllung dienen Gewürze und Aromen wie Zimt, Nelken, Vanille, Rum, Eierlikör, Amaretto, Mokkalikör oder Whisky, ganz nach Ihrem Geschmack. Werden die Omeletts für Kinder zubereitet, garnieren Sie mit Schokolinsen, Gummibärchen, Geleefrüchten oder Schokostückchen.

Gebackene Ananas mit Honigsosse

Für 6–8 Personen:

1 Ananas
einige Tropfen Weinbrand
1 Päckchen Vanillezucker
Mehl zum Wenden, 4 Eier
100 g Kokosflocken
50 g geriebene Haselnüsse
50 g geriebene Mandeln
Fett zum Frittieren

Für die Soße:
100 g Honig
200 ml Pflaumenwein

1. Die Ananas schälen, halbieren, den Strunk herausschneiden und das Fruchtfleisch in 2 cm dicke Scheiben schneiden.

2. Die Ananasscheiben mit Weinbrand beträufeln, mit Vanillezucker bestreuen und in dem Mehl wenden.

3. Die Eier in einer Schüssel verschlagen. Die Kokosflocken mit den Haselnüssen und den Mandeln in einer zweiten Schüssel vermischen.

4. Die Ananasscheiben zuerst durch die Eier ziehen und dann mit der Nussmischung panieren. Das Fett in einem Topf erhitzen und die panierten Ananasscheiben darin goldgelb ausbacken.

5. Den Honig mit dem Pflaumenwein in einen Topf geben und einmal aufkochen lassen, mit den gebackenen Ananasscheiben dekorativ anrichten, garnieren und sofort servieren.

Reis mit Mandeln und Feigen

Für 6–8 Personen:

400 g Klebreis
2 l Wasser
4 EL Zucker
½ TL Salz

Außerdem:
2 EL Zucker
100 ml Pflaumenwein
400 ml Kokosmilch
5 frische Feigen
100 g Mandelblättchen
Honig zum Süßen
frische Feigen und Kräuterzweige zum Garnieren

1. Den Klebreis unter fließendem Wasser waschen und gut abtropfen lassen. Das Wasser mit dem Zucker und dem Salz in einen Topf geben und zum Kochen bringen.

2. Den Klebreis im Zuckerwasser etwa 15 Minuten fast weich kochen, abgießen, gut abtropfen lassen und bereitstellen.

3. Den Zucker in einem Wok leicht karamellisieren lassen. Den Pflaumenwein angießen und den Karamell loskochen. Die Kokosmilch dazugeben und zum Kochen bringen.

4. Die Feigen putzen, waschen, vierteln, in die Soße geben und einmal aufkochen lassen. Den Reis hinzufügen und unter ständigem Rühren erhitzen.

5. Die Mandelblättchen in einer Pfanne ohne Fett leicht rösten und unter den Reis heben. Den Reis nach Geschmack mit Honig süßen.

6. Den süßen Reis dekorativ anrichten, mit frischen Feigen und Kräuterzweigen garnieren und sofort servieren.

Champagnermousse im Schokoladenmantel

Für 4 Personen:

100 g Schokoladenglasur
Backpapier
100 ml Weißwein
50 g Zucker
200 ml Sekt oder Champagner
10 TL San-apart
400 ml süße Sahne

Außerdem:
Zuckergitter, Zitronenmelisseblättchen und Physalis zum Garnieren

1. Die Schokoladenglasur nach Packungsanweisung schmelzen lassen.

2. Vier Backpapierstreifen (5 x 10 cm) ausschneiden und die Schokoladenglasur aufstreichen. Kurz antrocknen lassen, zu einem Kegel formen (die Schokoladenseiten nach innen), mit Büroklammern zusammenstecken und kalt stellen.

3. Den Weißwein mit dem Zucker und dem Sekt oder Champagner in einer Schüssel verrühren, 6 TL San-apart kräftig einrühren und im Kühlschrank fest werden lassen.

4. Die mit 4 TL San-apart steif geschlagene Sahne unterziehen. Die Masse in die Schokokegel füllen und im Kühlschrank – am besten über Nacht – vollständig auskühlen lassen.

5. Die Champagnermousse im Schokoladenmantel aus dem Kühlschrank nehmen und das Backpapier entfernen.

6. Die Champagnermousse dekorativ anrichten, mit einem Zuckergitter belegen, mit Zitronenmelisseblättchen und Physalis garnieren und sofort servieren.

Zu einem festlichen Dessert passen immer Zuckerblüten:

1. Die Blüten kurz abschneiden und vorsichtig unter fließendem Wasser waschen. Gut abtropfen lassen und bereitstellen.

2. Die gut abgetropften Blüten leicht mit etwas Öl beträufeln.

3. Jetzt werden die Blüten mit weißem oder buntem Zucker bestreut und so zur Garnitur bereitgelegt.

Erdbeerknödel mit Vanillesosse

Für 4 Personen:

Für die Knödel:
100 g Mehl
100 g Grieß
50 g Zucker
1 Ei, 1 Eigelb
1 Prise Salz
300 g Quark
4 Erdbeeren
2 EL brauner Zucker
Salzwasser

Für die Vanillesoße:
500 ml Milch
60 g Zucker
Mark von 1 Vanilleschote
1 gehäufter EL Speisestärke
3 Eigelb

Außerdem:
Erdbeeren und Zitronenmelisse zum Garnieren

1. Das gesiebte Mehl mit dem Grieß und dem Zucker in einer Schüssel vermischen.

2. Das Ei, das Eigelb und das Salz einrühren.

3. Den Quark dazugeben, verrühren und den weichen Teig etwa eine Stunde quellen lassen.

4. Die Erdbeeren waschen, trocken tupfen und in dem braunen Zucker wälzen.

5. Den Teig in vier Portionen teilen, flach drücken, je eine Erdbeere darauflegen und den Teig zu Knödeln formen.

6. Das Salzwasser in einem Topf zum Kochen bringen, die Knödel einlegen und bei schwacher Hitze in 20–25 Minuten gar ziehen lassen.

7. Die Erdbeerknödel sind gar, wenn sie oben schwimmen.

8. In der Zwischenzeit die Milch mit dem Zucker und dem Vanillemark in einem Topf einmal aufkochen lassen und vom Herd nehmen.

9. Die Speisestärke mit den Eigelben glatt rühren und etwas heiße Milch untermischen.

10. Die Eimasse in die heiße Milch einrühren und unter ständigem Rühren eine Minute kochen lassen. Vom Herd nehmen und abkühlen lassen.

11. Die Knödel herausnehmen, gut abtropfen lassen und halbieren. Die Vanillesoße auf Tellern verteilen, die Erdbeerknödel dekorativ einsetzen, mit Erdbeeren und Zitronenmelisse garnieren und sofort servieren.

Zuppa inglese

Für 4 Personen:

500 ml Milch
1 Päckchen Vanillepuddingpulver
4 cl Orangenlikör

Außerdem:
1 Biskuitboden (Fertigprodukt)
8 cl Maraschinolikör
100 g Zitronat
100 g Orangeat
100 g kandierte Kirschen
geschlagene, gesüßte Sahne
Sukkade und Schokoladenraspel zum Bestreuen
Kräuterzweige zum Garnieren

1. 400 ml Milch in einen Topf geben und zum Kochen bringen.

2. Den Vanillepudding mit der restlichen Milch glatt rühren, mit dem Schneebesen in die kochende Milch einrühren und einen Pudding kochen. Vom Herd nehmen und mit Orangenlikör verfeinern.

3. Den Biskuitboden in drei gleich große Rechtecke schneiden und diese mit Maraschinolikör beträufeln.

4. Die Biskuitböden mit dem Vanillepudding bestreichen. Das Zitronat, das Orangeat und die klein geschnittenen Kirschen auf zwei Böden verteilen.

5. Die beiden Böden zusammensetzen, mit dem dritten Boden abdecken.

6. Die Zuppa inglese mit dem restlichen Vanillepudding gleichmäßig bestreichen und mit der geschlagenen, gesüßten Sahne verzieren.

7. Die Zuppa inglese mit gehackter Sukkade und Schokoladenraspeln bestreuen, mit Kräuterzweigen garnieren und sofort servieren.

Limettenmousse mit Prosecco

Für 4 Personen:

6 Blatt weiße Gelatine
100 ml Limettensaft
400 ml Prosecco
75 g Zucker
2 Päckchen Vanillezucker
200 ml süße Sahne

Außerdem:
8 ausgehöhlte Orangenhälften
250 g Erdbeeren
Orangenschalen zum Bestreuen
Zitronenmelisse und Schokosticks zum Garnieren

1. Die Gelatine in kaltem Wasser einweichen. Den Limettensaft in einen Topf geben und erhitzen.

2. Die gut ausgedrückte Gelatine darin vollständig auflösen lassen. Mit dem Prosecco, dem Zucker und dem Vanillezucker so lange verrühren, bis sich der Zucker vollständig aufgelöst hat.

3. Die Flüssigkeit erkalten lassen und die geschlagene Sahne vorsichtig untermischen. Die Masse in eine Schale füllen und im Kühlschrank vollständig fest werden lassen.

4. Die Orangenhälften mit der Limettenmousse füllen und dekorativ anrichten.

5. Die Erdbeeren putzen, waschen, abtropfen lassen, nach Bedarf halbieren oder in Scheiben schneiden und zur Limettenmousse geben. Das Dessert mit Orangenschalen bestreuen, mit Zitronenmelisse und Schokosticks garnieren und sofort servieren.

(ohne Abbildung)

Zitronen-Tiramisu

Für 4 Personen:

150 g Löffelbiskuits
50 ml Wasser, 50 g Zucker
Saft von 2 Zitronen
8 cl Zitronenlikör

Für die Mascarponecreme:
250 g Mascarpone
250 g Sahnequark, 3 Eigelb
150 g Zucker
1–2 EL geriebene Zitronenschale
6 cl Zitronenlikör
50 g Schokoladenstreusel
4 TL San-apart

Außerdem:
200 ml süße Sahne
2 TL San-apart
30 g Schokoladenstreusel
Physalis, frische Himbeeren, Zitronenscheiben und Zitronenmelisseblättchen zum Garnieren

1. Die Löffelbiskuits in eine Schüssel legen.

2. Das Wasser mit dem Zucker in einen Topf geben, zum Kochen bringen und kurz einreduzieren lassen.

3. Das Ganze vom Herd nehmen, den Zitronensaft und den Zitronenlikör einrühren und die Löffelbiskuits damit beträufeln.

4. Für die Mascarponecreme den Mascarpone mit dem Sahnequark in eine Schüssel geben und glatt rühren.

5. Die Eigelbe mit dem Zucker in einer Schüssel schaumig schlagen. Mit der geriebenen Zitronenschale, dem Zitronenlikör, den Schokoladenstreuseln und dem San-apart zum Quark geben und das Ganze kräftig verrühren.

6. Die Sahne mit dem restlichen Sanapart steif schlagen. Eine Form mit Klarsichtfolie auslegen, schichtweise Mascarponecreme und Löffelbiskuits einfüllen, die Creme glatt streichen und zum Schluss mit der Sahne überziehen.

7. Das Zitronen-Tiramisu mit Schokoladenstreuseln bestreuen und im Kühlschrank vollständig auskühlen lassen.

8. Das Zitronen-Tiramisu portionieren, dekorativ anrichten, mit Physalis, frischen Himbeeren, Zitronenscheiben und Zitronenmelisseblättchen garnieren und sofort servieren.

Zum Zitronen-Tiramisu passt ein Fruchtsalat sehr gut:

Eine Mango dünn schälen und das vom Kern gelöste Fruchtfleisch in Würfel oder Scheiben schneiden. Eine Sternfrucht waschen und in dünne Scheiben schneiden. Eine kleine Honigmelone halbieren, entkernen, das Fruchtfleisch von der Schale lösen und in Würfel oder Scheiben schneiden. 400 g frische Beeren (Erdbeeren, Johannisbeeren, Himbeeren und Brombeeren) verlesen, waschen, gut abtropfen lassen, mit den Früchten in eine Schüssel geben und vorsichtig vermischen. 125 ml Orangensaft mit 75 ml Maraschinolikör, einem Päckchen Vanillezucker und dem Saft von einer Zitrone verrühren, mit Zucker nach Geschmack süßen und den Fruchtsalat damit beträufeln. Den Fruchtsalat kurz ziehen lassen, dekorativ anrichten, mit Kräuterzweigen garnieren und zum Zitronen-Tiramisu servieren.

Straciatella-Sushis

Für ca. 20 Stück:

Für den Reis:
250 g Sushi-Reis
250 ml Zuckerwasser
250 ml Kokosnussmilch
8 EL Reisessig
50 g Honig
5 g Salz

Außerdem:
100 g Schokoladenstreusel
1 Päckchen Schokoladenglasur
Physalis zum Garnieren

1. Den Sushi-Reis waschen, bis das Wasser klar bleibt. Zuckerwasser, Kokosnussmilch und Sushi-Reis in einen Topf geben, aufkochen lassen und zugedeckt bei kleinster Hitze 15–20 Minuten köcheln, bis die Flüssigkeit vollständig aufgenommen ist.

2. Den Reis mit einem Holzlöffel auflockern. Ein zusammengefaltetes Küchentuch unter den Topfdeckel legen und den Reis lauwarm abkühlen lassen.

3. Den Reisessig in einem Topf erwärmen, den Honig und das Salz darin auflösen.

4. Im kalten Wasserbad abkühlen lassen und mit dem lauwarmen Reis vermischen.

5. Die Schokoladenstreusel in den Reis einarbeiten und mit feuchten Händen kleine Päckchen formen.

6. Die Schokoladenglasur nach Packungsanweisung schmelzen lassen. Die Päckchen damit beträufeln, vollständig abtrocknen lassen, dekorativ anrichten, mit Physalis garnieren und sofort servieren.

Pistazien-Orangen-Sushis

Für ca. 20 Stück:

Für den Reis:
250 g Sushi-Reis
250 ml Zuckerwasser
250 ml Kokosnussmilch
8 EL Reisessig
50 g Mandelsirup, 5 g Salz

Außerdem:
2–3 Orangen
4 EL Honig
6 cl Orangenlikör
100 g gehackte Pistazien

1. Den Sushi-Reis vorbereiten wie oben beschrieben. Den Reis mit einem Holzlöffel auflockern. Ein zusammengefaltetes Küchentuch unter den Topfdeckel legen und den Reis lauwarm abkühlen lassen.

2. Den Reisessig erwärmen, den Sirup und das Salz darin auflösen. Im kalten Wasserbad abkühlen lassen und mit dem lauwarmen Reis vermischen. Den Reis auf zwei mit Klarsichtfolie belegte Bambusmatten oder Alufolie verteilen und glatt streichen.

3. Die Orangen großzügig schälen, die Filets herausschneiden, in eine Schüssel geben und mit dem Honig und dem Orangenlikör vermischen.

4. Die Orangenfilets auf dem Reis verteilen und das Ganze mithilfe der Matten oder der Alufolie aufrollen. Anschließend die Rollen in den gehackten Pistazien wälzen, in Scheiben schneiden, dekorativ anrichten und sofort servieren.

(ohne Abbildung)

Marzipan-Mandel-Sushis

Für ca. 20 Stück:

Für den Reis:
250 g Sushi-Reis
250 ml Zuckerwasser
250 ml Kokosnussmilch
8 EL Reisessig
50 g Mandelsirup, 5 g Salz

Außerdem:
100 g Marzipanrohmasse
2 EL Puderzucker
2 eingelegte süße Ingwernüsse
50 g Zitronat, 50 g Orangeat
4 cl Ingwerlikör
50 g Johannisbeergelee
100 g Mandelblättchen
2 Grenadillen, 2 Curubas

1. Den Sushi-Reis waschen, bis das Wasser klar bleibt. Zuckerwasser, Kokosnussmilch und Sushi-Reis in einen Topf geben, aufkochen lassen und zugedeckt bei kleinster Hitze 15–20 Minuten köcheln, bis die Flüssigkeit vollständig aufgenommen ist.

2. Den Reis mit einem Holzlöffel auflockern. Ein zusammengefaltetes Küchentuch unter den Topfdeckel legen und den Reis lauwarm abkühlen lassen.

3. Den Reisessig in einem Topf erwärmen, den Mandelsirup und das Salz darin auflösen. Im kalten Wasserbad abkühlen lassen und mit dem lauwarmen Reis vermischen.

4. Für die Füllung die Marzipanrohmasse mit dem Puderzucker anwirken. Die gehackten Ingwernüsse und das fein geschnittene Zitronat und Orangeat unterarbeiten und das Ganze mit Ingwerlikör aromatisieren.

5. Aus dem Reis mit feuchten Händen Kugeln formen und dabei die Füllung in die Kugeln einarbeiten.

6. Das Johannisbeergelee mit etwas Wasser erhitzen, die Kugeln damit befeuchten und anschließend in den Mandelblättchen wälzen. Die Marzipan-Mandel-Sushis dekorativ anrichten, mit halbierten Grenadillen und Curubas garnieren und sofort servieren.

Passionsfrucht

Maracuja, Grenadille und Curuba, nur diese drei Passionsfrüchte werden bei uns angeboten, es gibt jedoch ungefähr 300 Arten von Passionsfrüchten, die sich zum Teil sehr ähnlich sehen. Die ledrige, bei einigen Arten runzelige Außenschale ist mit einer dicken weißen, weichen Schicht ausgekleidet. Darin eingebettet liegen im grünen oder rosafarbenen Fruchtfleisch die Samenkerne. Das geleeartige Fruchtfleisch und die Kerne sind essbar. Das süßsäuerliche Aroma passt gut zu Obstsalaten, Cocktails, Eis und Desserts.

Bananenpudding mit Macadamia-Nüssen

Für 4 Personen:

Für den Pudding:
100 g Butter, 60 g Zucker
1 Päckchen Vanillezucker
4 Eigelb
1 EL geriebene Orangenschale
einige Tropfen Rumaroma
100 g Löffelbiskuits
100 g fein gehackte, ungesalzene Macadamia-Nüsse, 1 Banane
einige Tropfen Zitronensaft
100 ml süße Sahne, 4 Eiweiß
60 g Zucker
Butter für die Förmchen
Puderzucker zum Bestäuben

Außerdem:
4 Portionen Karamell- oder Schokoladensoße
exotische Früchte und gebackene Bananenstückchen
Kräuterzweige und Plätzchen zum Garnieren

1. Die Butter mit dem Zucker und dem Vanillezucker in eine Schüssel geben und schaumig schlagen.

2. Die Eigelbe nach und nach darunterrühren. Die Orangenschale und das Rumaroma dazugeben.

3. Die Löffelbiskuits fein zerreiben und mit den gehackten Macadamia-Nüssen unter die Buttercreme rühren.

4. Die Banane schälen, klein schneiden, mit Zitronensaft beträufeln und mit der Sahne pürieren. Das Bananenpüree unter die Buttermasse ziehen.

5. Die Eiweiße sehr steif schlagen, den Zucker unter ständigem Rühren einrieseln lassen und so lange schlagen, bis sich der Zucker vollständig aufgelöst hat. Zum Schluss den Eiweißschaum unter die Creme heben.

6. Soufflé- oder Puddingförmchen mit Butter ausfetten und die Puddingmasse einfüllen.

7. Ein Wasserbad in den auf 170–180 °C vorgeheizten Backofen schieben und erhitzen.

8. Die Puddingförmchen in das Wasserbad stellen und darin bei 170–180 °C 50–60 Minuten garen.

9. Nach Ende der Garzeit den Pudding aus dem Wasserbad nehmen, aus den Förmchen stürzen, dekorativ auf Teller setzen und mit Puderzucker bestäuben.

10. Die Karamell- oder Schokoladensoße dazugeben, mit exotischen Früchten und gebackenen Bananen belegen, mit Kräuterzweigen und Plätzchen garnieren und sofort servieren.

Zum Bananenpudding passt auch eine Kirschsoße sehr gut:

300 g Kirschen (TK-Produkt) mit 200 ml Rotwein und 4 cl Rum in einen Topf geben. Eine Zimtstange einlegen und 50 g braunen Zucker einrühren. 3 EL Honig hinzufügen und das Ganze aufkochen lassen. Die Kirschen aus dem Sud nehmen und abtropfen lassen. Die Zimtstange entfernen. Die Soße mit angerührter Speisestärke binden. 50 g weiße Kuvertüre hacken oder raspeln und in die Soße einrühren. Zum Schluss die Kirschen wieder in die Soße geben und die Kirschsoße heiß servieren.

Topfensoufflé mit Pflaumenkompott

Für 4 Personen:

Für das Topfensoufflé:
2 Eigelb
40 g Puderzucker
80 g Magerquark
3 Eiweiß
30 g Zucker
1 EL geriebene Limettenschale
Butter für die Förmchen
Zucker zum Ausstreuen

Für das Pflaumenkompott:
400 g Pflaumen
100 g Zucker
100 ml Wasser
2 Zimtstangen
½ TL Nelkenpulver

Außerdem:
Puderzucker zum Bestäuben
Kräuterzweige zum Garnieren

1. Die Eigelbe mit dem Puderzucker in eine Schüssel geben und schaumig schlagen. Den Quark durch ein Küchentuch kräftig ausdrücken und vorsichtig unter die Eigelbcreme rühren.

2. Die Eiweiße steif schlagen, den Zucker einrieseln lassen und so lange weiterschlagen, bis sich der Zucker vollständig aufgelöst hat.

3. Die geriebene Limettenschale untermischen und den Eiweißschaum vorsichtig unter die Quarkmasse heben. Souffléförmchen mit Butter ausfetten, mit Zucker ausstreuen und die Masse einfüllen.

4. Ein Wasserbad in den auf 180–190 °C vorgeheizten Backofen stellen und erhitzen. Die Förmchen mit dem Topfensoufflé hineinstellen und 25–30 Minuten garen.

5. Für das Pflaumenkompott die Pflaumen waschen, halbieren, entkernen und je nach Größe vierteln.

6. Den Zucker mit dem Wasser, den Zimtstangen und dem Nelkenpulver in einen Topf geben und zum Kochen bringen.

7. Die Pflaumen in die Flüssigkeit einlegen und bei mäßiger Hitze 10–15 Minuten köcheln lassen.

8. Die Zimtstangen herausnehmen und das Pflaumenkompott auf Tellern dekorativ anrichten.

9. Das Topfensoufflé aus den Förmchen stürzen, auf das Kompott setzen, mit Puderzucker bestäuben, mit Kräuterzweigen garnieren und sofort servieren.

Zum Topfensoufflé passt auch eine Papayasosse sehr gut:

Drei Papayas halbieren, entkernen und das Fruchtfleisch mit einem Löffel herausschaben. Das Fruchtfleisch mit zwei gehäuften EL Zucker und 2–4 cl weißem Rum in eine Schüssel geben und mit dem Pürierstab pürieren. Die Papayasoße mit dem Saft von drei Orangen verrühren und bis zum Verzehr kühl aufbewahren.

Parfait von weisser Schokolade

Für 4 Personen:

4 Eier
300 g weiße Schokolade
4 EL weißer Rum
3 Becher süße Sahne
2 Päckchen Sahnesteif
2 Päckchen Vanillezucker

Außerdem:
500 g Himbeeren (frisch oder TK-Produkt)
3 cl Himbeergeist
4–5 EL Puderzucker
dunkle Schokoladensoße nach Grundrezept (S. 1010)
Himbeeren, Waffelröllchen und Kräuterzweige zum Garnieren

1. Die Eier in eine feuerfeste Schüssel geben und im heißen Wasserbad zu einer Creme aufschlagen. Die Creme vom Herd nehmen, in Eiswasser stellen und kalt schlagen.

2. Die Schokolade zerbröckeln. In eine Schüssel geben und im heißen Wasserbad oder auf dem Herd unter ständigem Rühren schmelzen lassen.

3. Den Rum in die Schokolade einrühren. Die Sahne mit dem Sahnesteif steif schlagen und mit Vanillezucker aromatisieren.

4. Die Eicreme mit der flüssigen Schokolade vermischen und die Sahne vorsichtig unterziehen.

5. Eine Parfaitform mit Klarsichtfolie auslegen, die Masse einfüllen und im Gefrierschrank frosten.

6. Für die Soße die Himbeeren verlesen, waschen, gut abtropfen lassen und in eine Schüssel geben. TK-Früchte auftauen lassen.

7. Die Himbeeren mit Himbeergeist beträufeln, mit Puderzucker bestäuben und kurz marinieren. Im Mixer oder mit dem Pürierstab pürieren, durch ein Sieb streichen und die Soße auf Tellern verteilen.

8. Das Parfait aus der Form nehmen, in Scheiben schneiden und auf der Himbeersoße dekorativ anrichten.

9. Mit etwas Schokoladensoße überziehen, mit Himbeeren, Waffelröllchen und Kräuterzweigen garnieren und sofort servieren.

Zum Parfait passt auch eine Nuss-Rum-Schoko-Soße sehr gut:

Drei Eigelbe mit einem gehäuften EL Speisestärke in einem Topf verrühren. 500 ml Milch aufkochen lassen und mit dem Schneebesen unter die Eimasse rühren. Das Ganze unter Rühren aufkochen lassen und die Creme vom Herd nehmen. 100 g Vollmilchschokolade und 50 g Haselnüsse fein hacken. Die Schokolade und die Nüsse in die Creme rühren. Mit 4 cl Rum aromatisieren und warm oder kalt servieren.

Birnenstrudel mit Schokoladensosse

Für 4 Personen:

1 Packung Blätterteig (gibt es als Rolle im Kühlregal)

Für die Füllung:
4 große feste Birnen
Saft von 1 Zitrone
2 EL Butter, 75 g Rumrosinen
75 g gehackte Walnüsse
100 g Butterkekse
3–4 EL Zucker
1 Päckchen Vanillezucker
1 TL Zimtpulver
1 EL geriebene Zitronenschale

Außerdem:
4 Portionen dunkle Schokoladensoße
geschlagene, gesüßte Sahne
Birnenschnitze und Kräuterzweige zum Garnieren
Puderzucker zum Bestäuben

1. Den Blätterteig auf einer bemehlten Arbeitsfläche auseinanderrollen und bereitstellen.

2. Die Birnen schälen, halbieren, entkernen und in Würfel oder Scheiben schneiden. Mit Zitronensaft beträufeln.

3. Die Butter in einer Pfanne erhitzen, die Birnen und die Rumrosinen dazugeben und kurz andünsten.

4. Die gehackten Walnüsse und die zerriebenen Butterkekse untermischen, kurz anschwitzen.

5. Mit Zucker und Vanillezucker süßen, mit Zimtpulver und der Zitronenschale aromatisieren.

6. Die Birnen vom Herd nehmen, erkalten lassen, gleichmäßig auf dem Blätterteig verteilen und diesen zusammenrollen. Die Ränder gut andrücken.

7. Den Strudel auf ein mit Wasser benetztes Backblech setzen und in dem auf 180–200 °C vorgeheizten Backofen in 20–25 Minuten backen.

8. Nach Ende der Backzeit den Birnenstrudel herausnehmen, in Scheiben schneiden und mit der Schokoladensoße dekorativ anrichten. Mit geschlagener, gesüßter Sahne, Birnenschnitzen und Kräuterzweigen garnieren, mit Puderzucker bestäuben und sofort servieren.

Grundrezept Schokoladensosse

Drei Eigelbe mit einem gehäuften EL Speisestärke in einer Schüssel verrühren. 500 ml Milch in einen Topf geben, aufkochen lassen und mit dem Schneebesen in die Eimasse rühren. Die Masse in einen Topf geben und unter ständigem Rühren einmal aufkochen lassen. 100 g weiße, zartbittere oder Vollmilch-Kuvertüre hacken, in die Eicreme rühren und schmelzen lassen. Die Schokoladensoße mit 2 cl Kirschwasser aromatisieren und warm oder kalt servieren.

Backen international – die besten Rezepte aus der Backstube

Elsässer Obstwähe

Für 14 Stücke:

100 g Quark, 250 g Weizenmehl
1 Päckchen Zitronenaroma
50 g Zucker, 1 Ei, 4 EL Milch
4 EL Sonnenblumenöl
3 TL Backpulver
Fett und Mehl für die Form
1 Dose Pfirsichhälften (480 g)

Für die Quarkmasse:
250 g Quark, 100 g Zucker
2 Eier, 50 g Weizenmehl
200 ml süße Sahne
50 g flüssige Butter

Außerdem:
Puderzucker zum Bestäuben
Stachelbeeren, Johannisbeeren,
Aprikosenschnitze und
Minzblättchen zum Garnieren

1. Den Quark mit dem gesiebten Mehl, dem Zitronenaroma, dem Zucker, dem Ei, der Milch, dem Sonnenblumenöl und dem Backpulver auf eine bemehlte Arbeitsfläche geben und zu einem glatten, kompakten Teig verkneten.

2. Eine Springform (26 cm Durchmesser) ausfetten und mit Mehl bestäuben. Den Teig ausrollen, in die Form legen und einen kleinen Rand hochdrücken.

3. Die gut abgetropften Pfirsichhälften mit der offenen Seite nach unten auf den Teig legen.

4. Für die Quarkmasse den Quark mit dem Zucker und den Eiern in einer Schüssel so lange verrühren, bis sich der Zucker vollständig aufgelöst hat.

5. Das gesiebte Mehl mit der Sahne und der flüssigen Butter dazugeben und alles gut vermischen.

6. Die Quarkmasse gleichmäßig auf den Teig geben, glatt streichen und den Kuchen im auf 180 °C vorgeheizten Backofen 35–40 Minuten backen.

7. Die gebackene Wähe aus dem Ofen nehmen, erkalten lassen, auf eine Kuchenplatte setzen und mit Puderzucker bestäuben.

8. Die Obstwähe mit Stachelbeeren, Johannisbeeren, Aprikosenschnitzen und Minzblättchen garnieren und servieren.

Frankfurter Kranz mit Honigcreme

Für 16 Stücke:

Für den Rührteig:
150 g Butter
175 g Zucker
1 TL Vanillearoma
Saft von 1 Zitrone
3 Eier
125 g Mehl
125 g Speisestärke
3 gestr. TL Backpulver
Fett für die Form

Für die Creme:
750 ml Milch
100 g Honig
2 TL Vanillearoma
75 g Speisestärke
2 Eigelb
300 g Butter

Außerdem:
200 g Preiselbeerkonfitüre
75 g Haselnusskrokant
Preiselbeerkonfitüre zum Garnieren

1. Die Butter mit dem Zucker und dem Vanillearoma in einer Schüssel weißschaumig rühren. Den Zitronensaft und die Eier nach und nach kräftig einrühren.

2. Das Mehl mit der Speisestärke und dem Backpulver vermischen, auf die Creme sieben und unterrühren. Den Teig in eine ausgefettete Kranzform (26 cm Ø) füllen.

3. Den Kuchen im auf 180 °C vorgeheizten Backofen 40–45 Minuten backen, herausnehmen, aus der Form stürzen und auf einem Kuchengitter erkalten lassen.

4. Für die Creme 500 ml Milch mit dem Honig und dem Vanillearoma in einen Topf geben, unter Rühren zum Kochen bringen und zwei Minuten köcheln lassen.

5. Die Speisestärke mit der restlichen Milch verrühren und die Honigmilch damit abbinden.

6. Die Masse vom Herd nehmen, die Eigelbe unterziehen und die Creme unter mehrmaligem Rühren erkalten lassen.

7. Die weiche Butter in eine Schüssel geben und schaumig schlagen. Anschließend den Pudding esslöffelweise unterrühren.

8. Den Frankfurter Kranz zweimal waagerecht durchschneiden.

9. Die beiden unteren Böden zuerst mit der Preiselbeerkonfitüre bestreichen, anschließend zwei Drittel der Creme aufspritzen und den Kranz zusammensetzen.

10. Mit der restlichen Creme den Kranz rundherum bestreichen und mit dem Haselnusskrokant bestreuen. Etwas Creme in einen Spritzbeutel füllen und Tupfen auf den Kranz spritzen.

11. Den Kranz mit der restlichen Preiselbeerkonfitüre garnieren und bis zum Verzehr im Kühlschrank auskühlen lassen.

Wiener Apfelstrudel mit Sauerrahm

Für 4 Personen:

Für den Strudelteig:
250 g Weizenmehl, 1 Prise Salz
180 g flüssige Butter, 125 g saure Sahne, Mehl zum Ausrollen

Für die Füllung:
1,5 kg säuerliche Äpfel
Saft von 2 Zitronen
125 g Rumrosinen
100 g gehobelte Mandeln
200 g saure Sahne
1 TL Vanillearoma
1 TL geriebene Zitronenschale
½ TL Zimtpulver, 150 g Zucker

Außerdem:
100 g zerlassene Butter
100 g gemahlene Mandeln
Backpapier für das Blech
20 g Puderzucker zum Bestäuben

1. Das gesiebte Weizenmehl mit dem Salz, der zerlassenen Butter und der sauren Sahne vermischen und von außen nach innen zu einem glatten Teig verarbeiten. Den Teig zugedeckt an einem warmen Ort 30 Minuten ruhen lassen.

2. In der Zwischenzeit die Äpfel schälen, entkernen, in Spalten schneiden und mit dem Zitronensaft beträufeln.

3. Die Rumrosinen und die gehobelten Mandeln unter die Äpfel mischen. Die saure Sahne mit dem Vanillearoma, der geriebenen Zitronenschale, dem Zimtpulver und dem Zucker verrühren und zu den Äpfeln geben.

4. Den Strudelteig auf einer bemehlten Arbeitsfläche kräftig durchkneten, klopfen und hauchdünn ausrollen.

5. Den Teig während des Ausrollens mehrmals ruhen lassen, anschließend auf ein sauberes Küchentuch legen.

6. Den Teig mit zwei Dritteln der zerlassenen Butter bestreichen und mit den gemahlenen Mandeln bestreuen. Die Apfelmasse darauf verteilen und den Teig mithilfe des Küchentuches zu einem Strudel zusammenrollen.

7. Den Strudel auf ein mit Backpapier belegtes Backblech legen, mit der restlichen zerlassenen Butter bestreichen und im auf 200 °C vorgeheizten Backofen ca. 50 Minuten goldbraun backen.

8. Den Apfelstrudel herausnehmen, mit Puderzucker bestäuben, in Scheiben schneiden, dekorativ anrichten und mit Vanillesoße servieren.

Rhabarberkuchen mit Baiser

Für ca. 12 Stücke:

Für den Mürbeteig:
1 geh. EL Mandeln
200 g Mehl
1 Eigelb
125 g Zucker
125 g Butter
Backpapier für die Form

Für die Füllung und das Baisergitter:
750 g Rhabarber
250 ml Weißwein
1 Prise Zimt
100 g Honig
200 ml Traubensaft
50 g Speisestärke
2 Eiweiß
70 g Zucker
35 g Puderzucker
1 gestr. TL Speisestärke

Außerdem:
1 EL Mandelblättchen zum Bestreuen

1. Die Mandeln mit heißem Wasser überbrühen, enthäuten, trocknen lassen, in einer Mandelmühle oder in einer elektrischen Reibe fein mahlen. Den Backofen auf 180 °C vorheizen.

2. Das Mehl auf eine Arbeitsfläche sieben, eine Mulde eindrücken und das Ei hineingleiten lassen. Zucker und Mandeln darüberstreuen. Die Butter in Stücken an den Rand setzen.

3. Die Zutaten mit bemehlten Händen von außen nach innen rasch zu einem glatten Mürbeteig verkneten. Diesen in Frischhaltefolie wickeln und im Kühlschrank eine Stunde ruhen lassen.

4. Den Teig in der Größe einer Springform (26 cm Ø) ausrollen, in die mit Backpapier ausgelegte Form legen und einen Rand hochziehen.

5. Den Rhabarber waschen, die Enden abschneiden und die Schale abziehen. In 2 cm lange Stücke schneiden.

6. Wein, Zimt, Honig und 150 ml Traubensaft in einen breiten Topf geben, glatt rühren und erhitzen. Die Rhabarberstücke hinzufügen und ca. fünf Minuten darin dünsten.

7. Die Stärke mit 50 ml Traubensaft glatt rühren. Den Sud in einen breiten Topf abgießen, aufkochen, die angerührte Stärke einrühren, erneut aufkochen und kräftig durchquellen lassen. Den Rhabarber unterheben und abkühlen lassen.

8. Die Rhabarbermasse gleichmäßig auf dem Boden verteilen. Den Kuchen auf die mittlere Schiene in den vorgeheizten Backofen stellen und ca. 40 Minuten backen.

9. Herausnehmen, erkalten lassen und den Springformrand abnehmen. Den Backofen auf 220 °C erhitzen.

10. Die Eiweiße halb steif schlagen. Zucker, Puderzucker und Speisestärke einrieseln lassen, langsam unterschlagen. Die Baisermasse mittels Spritzbeutel als Gitter auf den Kuchen spritzen.

11. Den Kuchen auf der oberen Schiene des Backofens kurz abflammen, bis die Baiserschicht leicht gebräunt ist. Herausnehmen, erkalten lassen, den Kuchen mit Mandelblättchen bestreuen und servieren.

Käsekuchen ohne Boden mit Johannisbeeren

Für 16 Stücke:

1 Ei, 2 Eiweiß
Saft von ½ Zitrone
100 g Zucker
500 g Magerquark
500 g Schichtkäse
1 Päckchen Puddingpulver Vanillegeschmack
200 ml Milch (1,5 % Fett)
200 g Johannisbeeren (frisch oder TK-Produkt)
Butter und Backpapier für die Form
Semmelbrösel zum Ausstreuen

1. Das Ei, die Eiweiße, den Zitronensaft und den Zucker in einer Schüssel mit den Schneebesen des Handrührgerätes schaumig schlagen.

2. Zuerst den Magerquark sowie den Schichtkäse, dann das Puddingpulver und zum Schluss die Milch unterrühren.

3. Die Johannisbeeren auftauen lassen und unter die Quarkmasse heben.

4. Den Rand einer schrägen Springform (26 cm Ø) mit Butter bestreichen. Den Formboden mit Backpapier belegen, den Rand der Form mit Semmelbröseln bestreuen.

5. Die Quarkmasse einfüllen, glatt streichen und im auf 180 °C vorgeheizten Backofen ca. 50 Minuten backen.

6. Den Käsekuchen herausnehmen, in der Form abkühlen lassen, noch lauwarm auf ein Tortengitter stürzen und vollständig auskühlen lassen.

7. Erst nach dem Auskühlen das Backpapier vorsichtig abziehen und den Käsekuchen auf eine Tortenplatte stürzen. Bis zum Verzehr kühl stellen.

Gerührter Kirschkuchen

Für 16 Stücke:

Für den Teig:
250 g Butter, 200 g Zucker
1 Päckchen Vanillezucker
½ TL Zimtpulver, 6 Eier
150 g gemahlene Mandeln
250 g Weizenmehl
Fett für die Form
Mandelblättchen zum Ausstreuen
500 g Sauerkirschen

Außerdem:
Puderzucker zum Bestäuben
200 ml süße Sahne, 2 TL San-apart
100 g Sauerkirschen

1. Die Butter mit dem Zucker, dem Vanillezucker und dem Zimtpulver in eine Schüssel geben und schaumig schlagen.

2. Die Eier einzeln nach und nach kräftig darunterschlagen. Die Mandeln mit dem gesiebten Weizenmehl unterrühren.

3. Eine Springform (26 cm Ø) ausfetten und mit Mandelblättchen ausstreuen. Die Hälfte der Teigmasse einfüllen, die gewaschenen, entsteinten Sauerkirschen darauf verteilen, die restliche Teigmasse einfüllen und glatt streichen.

4. Den Kuchen im auf 180 °C vorgeheizten Backofen 50 Minuten backen. Den fertig gebackenen Kuchen aus dem Ofen nehmen, erkalten lassen und auf eine Tortenplatte stürzen.

5. Den Kuchen mit Puderzucker bestäuben. Die Sahne mit dem Sanapart steif schlagen, in einen Spritzbeutel mit Sterntülle füllen und Tupfen auf den Kuchen dressieren. Die Kirschen waschen, entsteinen, auf die Sahnetupfen setzen und den Kuchen bis zum Verzehr kühl stellen.

(ohne Abbildung)

Kirsch-Streusel-Kuchen vom Blech

Für 4 Personen:

Für den Rührteig:
190 g Butter, 190 g Zucker
1 Päckchen Vanillezucker
4 Eier, 240 g Mehl
130 g gemahlene weiße Mandeln
1 TL Zimtpulver
½ Päckchen Backpulver
Fett für das Blech
Semmelbrösel zum Ausstreuen

Für die Füllung:
320 g Magerquark
25 g Speisestärke
75 g Karamellsirup
1 Päckchen Vanillezucker
1 EL geriebene Zitronenschale
1 Ei, 2 Gläser Schattenmorellen
Speisestärke zum Bestäuben

Für die Streusel:
200 g Weizenmehl
100 g Butter, 50 g Zucker
50 g Karamellsirup

1. Die Butter mit dem Zucker und dem Vanillezucker in eine Schüssel geben und weißschaumig schlagen.

2. Die Eier nach und nach kräftig unter die Masse schlagen.

3. Das gesiebte Mehl mit den Mandeln, dem Zimtpulver und dem Backpulver vermischen. Die Mehlmischung vorsichtig unter die Eimasse ziehen.

4. Die Teigmasse auf ein ausgefettetes, mit Semmelbröseln ausgestreutes tiefes Backblech geben und glatt streichen.

5. Den Teig mit einem Teigschaber von der Mitte her zu den Rändern schieben, sodass eine Mulde entsteht.

6. Für die Füllung den Quark glatt rühren. Die Speisestärke, den Karamellsirup, den Vanillezucker, die Zitronenschale und das Ei unter den Quark rühren.

7. Die Schattenmorellen gut abtropfen lassen, mit etwas Speisestärke bestäuben und unter die Quarkmasse heben. Die Kirsch-Quarkmasse auf den Teig geben und verstreichen.

8. Für die Streusel das Mehl auf eine Arbeitsfläche sieben, die Butter in Flöckchen darauf verteilen, den Zucker darüberstreuen, den Karamellsirup darüberträufeln und das Ganze mit den Händen zu Streuseln verarbeiten.

9. Die Streusel auf der Kirsch-Quark-Masse verteilen und den Kuchen im auf 180 °C vorgeheizten Backofen 35–40 Minuten backen.

10. Den Kirsch-Streusel-Kuchen anschließend aus dem Ofen nehmen, erkalten lassen, in Stücke schneiden und bis zum Verzehr kühl aufbewahren.

Bienenstich mit Pfirsich-Pudding-Creme

Für 16 Stücke:

Für den Hefeteig:
375 g Mehl
20 g Frischhefe
100 ml lauwarme Milch
90 g Honig
1 Päckchen Vanillezucker
2 Eier, 50 g weiche Butter
Butter für die Form

Für die Bienenstichmasse:
60 g Zucker, 2 EL Honig
90 g Butter
120 g Mandelblättchen

Für die Puddingcreme:
1 Päckchen Sahnepuddingpulver
100 g Honig
500 ml Milch
250 g Butter
1 Päckchen Zitronenzucker
6 frische Pfirsiche (ersatzweise Pfirsichhälften aus der Dose)

Außerdem:
Puderzucker zum Bestäuben
Pfefferminzblättchen zum Garnieren

1. Das Mehl in eine Schüssel sieben und eine Mulde eindrücken. Die Hefe mit etwas warmer Milch und 1 TL Honig verrühren, in die Mulde geben und zugedeckt an einem warmen Ort 10 Minuten gehen lassen.

2. Die restliche Milch, den Honig, den Vanillezucker, die Eier und die Butter dazugeben und die Zutaten mit dem Knethaken der Küchenmaschine zu einem glatten Teig verkneten.

3. Den Teig zugedeckt an einem warmen Ort zur doppelten Menge aufgehen lassen. Danach auf einer bemehlten Arbeitsfläche in der Größe einer eckigen Springform (24 x 34 cm) ausrollen und in die ausgefettete Form legen.

4. Den Zucker mit dem Honig und der Butter in einen Topf geben und aufkochen. Anschließend die Mandelblättchen unterrühren.

5. Die Masse leicht abkühlen lassen, auf dem Teig verteilen und das Ganze zugedeckt an einem warmen Ort nochmals 10–15 Minuten gehen lassen.

6. Den Bienenstich im auf 180 °C vorgeheizten Backofen 30–35 Minuten backen, herausnehmen, erkalten lassen und einmal waagerecht durchschneiden. Den oberen Boden in Stücke schneiden. Den unteren Boden auf eine Tortenplatte setzen.

7. Für die Puddingcreme aus dem Puddingpulver, dem Honig und der Milch einen Pudding kochen, vom Herd nehmen und unter Rühren erkalten lassen. Die Butter mit dem Zitronenzucker in eine Schüssel geben und schaumig schlagen.

8. Anschließend den Pudding esslöffelweise unter den Butterschaum rühren. Die Aprikosen waschen, halbieren, entsteinen, in feine Würfel schneiden und unter die Puddingcreme ziehen.

9. Die Puddingcreme auf den Hefeteigboden streichen, die Bienenstichstücke darauflegen und den Kuchen im Kühlschrank vollständig auskühlen lassen. Den Bienenstich mit Puderzucker bestäuben, dekorativ anrichten, mit Pfefferminzblättchen garnieren und servieren.

Kokos-Käse-Kuchen mit Mangos

Für 16 Stücke:

Für die Quarkmasse:
3 Eier, 1 Eiweiß
150 g Zucker
50 g Karamellsirup
1 Päckchen Vanillezucker
1 kg Magerquark
50 g Speisestärke
200 ml süße Sahne
30 g Kokosraspel
Fett und Backpapier für die Form
Semmelbrösel zum Ausstreuen

Außerdem:
100 g Himbeermarmelade
2 Mangos
1 Päckchen Tortenguss klar
1 EL Karamellsirup
30 g Kokosraspel
Minze- und Zitronenmelisseblättchen zum Garnieren

1. Die Eier mit dem Eiweiß, dem Zucker, dem Karamellsirup und dem Vanillezucker in eine Schüssel geben und schaumig schlagen.

2. Den Magerquark dazugeben und kräftig unterrühren. Die Speisestärke darübersieben und ebenfalls unterrühren.

3. Die Sahne und die Kokosraspel dazugeben und unterrühren. Eine Springform (26 cm Ø) ausfetten, den Boden mit Backpapier auslegen und den Rand mit Semmelbröseln bestreuen.

4. Die Masse einfüllen und den Käsekuchen im auf 180 °C vorgeheizten Backofen 60 Minuten backen.

5. Den fertig gebackenen den Kuchen aus dem Backofen nehmen und in der Form erkalten lassen. Anschließend vorsichtig auf ein Kuchengitter stürzen und das Backpapier abziehen.

6. Den Käsekuchen mit 50 g Himbeermarmelade bestreichen. Die Mangos dünn schälen, das Fruchtfleisch vom Kern lösen, klein schneiden und dekorativ auf dem Kuchen anrichten.

7. Den Tortenguss nach Packungsanweisung mit dem Karamellsirup zubereiten, gleichmäßig auf den Früchten verteilen und vollständig auskühlen lassen.

8. Den Rand des Kuchens mit der restlichen Himbeermarmelade bestreichen, mit Kokosraspeln bestreuen, mit Minze- und Zitronenmelisseblättchen garnieren und bis zum Verzehr kühl stellen.

Rosenkuchen

Für 18 Stücke:

Für den Hefeteig:
325 g Mehl
20 g Frischhefe
ca. 75 ml warme Milch
50 g Zucker
1 Ei
75 g weiche Butter
1 TL geriebene Zitronenschale

Für die Füllung:
100 g gemahlene Haselnüsse
100 g gemahlene Mandeln
200 g Marzipanrohmasse
2 Eier
75 ml Milch
20 g Butter für die Form
50 ml Milch zum Bestreichen
100 g Aprikosenmarmelade

Für die Glasur:
3 EL Puderzucker
Saft von ½ Zitrone
50 g Mandelblättchen zum Garnieren

1. Das Mehl in eine Schüssel sieben und eine Mulde eindrücken. Die zerbröckelte Hefe mit etwas warmer Milch und 1 TL Zucker verrühren, in die Mulde geben und an einem warmen Ort zugedeckt 10 Minuten gehen lassen.

2. Die restliche Milch, den Zucker, das Ei, die Butter und die Zitronenschale dazugeben und die Zutaten zu einem glatten, kompakten Teig verkneten. Den Teig an einem warmen Ort zugedeckt zur doppelten Menge aufgehen lassen.

3. In der Zwischenzeit die Nüsse, die Mandeln, die gewürfelte Marzipanrohmasse, die Eier und die Milch zu einer glatten Masse verarbeiten.

4. Den Teig auf einer bemehlten Arbeitsfläche durchkneten und zu einem Rechteck (ca. 45 x 25 cm) ausrollen.

5. Die Füllung auf den Teig streichen und den Teig aufrollen. Die Rolle mit einem scharfen Messer in 4 cm dicke Stücke schneiden und diese in eine ausgefettete Springform (24 cm Ø) legen.

6. Die Teigstücke mit Milch bestreichen und den Kuchen im auf 180 °C vorgeheizten Backofen ca. 35 Minuten backen.

7. Nach Ende der Backzeit den Rosenkuchen herausnehmen und sofort mit der erhitzten, durch ein Sieb gestrichenen Aprikosenmarmelade aprikotieren.

8. Den gesiebten Puderzucker mit so viel Zitronensaft verrühren, dass ein dickflüssiger Guss entsteht.

9. Den Rosenkuchen damit überziehen, mit Mandelblättchen garnieren und den Guss trocknen lassen.

Nussstollen

Für ca. 16 Stücke:

Für den Quarkteig:
300 g Mehl
1 Ei
150 g Quark
75 g Zucker
100 g flüssige Butter
50 g gemahlene Mandeln

Für die Füllung:
2 Päckchen Haselnussfüllung (Fertigprodukt)
50 ml Milch zum Bestreichen

Außerdem:
100 g flüssige Butter
100 g Zucker

1. Das Mehl auf eine Arbeitsfläche sieben, eine Mulde eindrücken, das Ei und den Quark hineingeben.

2. Den Zucker darüberstreuen, die flüssige Butter und die gemahlenen Mandeln hinzufügen.

3. Die Zutaten mit bemehlten Händen von außen nach innen schnell zu einem glatten, kompakten Teig verkneten und diesen auf einer bemehlten Arbeitsfläche ca. 1 cm dick zu einem Rechteck ausrollen.

4. Die Haselnussfüllung darauf verstreichen und den Teig von beiden Längsseiten her zusammenrollen, dabei den Teig leicht mit Milch bestreichen.

5. Die Rolle auf ein mit Backpapier ausgelegtes Backblech legen. Ein Stück doppelt gelegte Alufolie um die Rolle legen.

6. Die Rolle mit flüssiger Butter bestreichen, im auf 180 °C vorgeheizten Backofen ca. 45 Minuten backen, herausnehmen und die Alufolie entfernen.

7. Den Nussstollen mit der restlichen flüssigen Butter bestreichen, mit Zucker bestreuen und auf einem Kuchengitter erkalten lassen.

8. Den Nussstollen bis zum Verzehr in Alufolie verpacken und kühl aufbewahren.

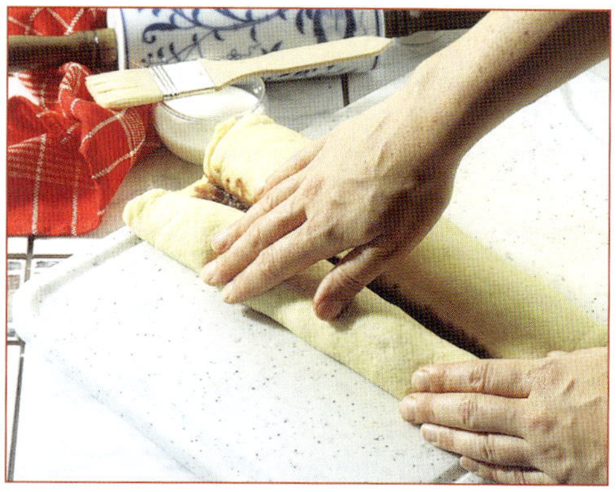

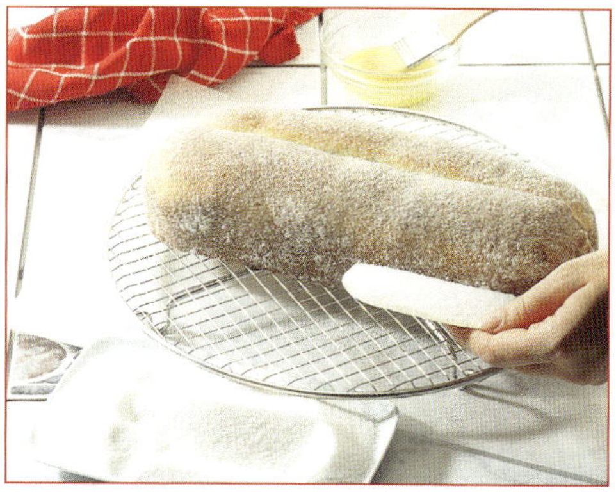

Sachertorte

Für 4 Personen:

Für den Teig:
200 g Butter
75 g Zucker
1 gehäufter TL Vanillearoma
75 g Kakaoglasur
2 cl Rum
7 Eigelb
7 Eiweiß
100 g Zucker
175 g Mehl
75 g gemahlene Mandeln
40 g Kakaopulver
3 TL Backpulver
Butter für die Form

Außerdem:
250 g Aprikosenmarmelade
100 g Kakaoglasur
200 g Vollmilchglasur
Schokoladenspäne zum Bestreuen

1. Die Butter mit dem Zucker, dem Vanillearoma, der flüssigen Kakaoglasur, dem Rum und den Eigelben in eine Schüssel geben und schaumig schlagen.

2. Die Eiweiße mit dem Zucker schaumig schlagen und unter die Eigelbcreme heben.

3. Das gesiebte Mehl, die Mandeln, den gesiebten Kakao und das Backpulver vermischen und unterheben.

4. Den Teig in eine gefettete Springform (24 cm Ø) füllen, glatt streichen und im auf 180 °C vorgeheizten Backofen 40–50 Minuten backen.

5. Nach Ende der Backzeit den Tortenboden aus dem Ofen nehmen, abkühlen lassen und zweimal waagerecht durchschneiden.

6. Die Aprikosenmarmelade erhitzen und durch ein Sieb streichen. Die Böden mit je 100 g Marmelade bestreichen, zusammensetzen und auf eine Tortenplatte legen.

7. Die Sachertorte mit der restlichen Aprikosenmarmelade bestreichen. Die Kakao- und die Vollmilchglasur nach Packungsanweisung zubereiten und die Sachertorte damit überziehen.

8. Etwas Kakaoglasur in einen kleinen Spritzbeutel füllen und den Schriftzug „Sacher“ auf die Torte spritzen.

9. Die Torte mit Schokoladenspänen bestreuen, die Glasur vollständig fest werden lassen und die Sachertorte bis zum Verzehr kühl stellen.

Holländische Kirschtorte

Für 16 Stücke:

450 g Blätterteig (TK-Produkt)
Backpapier für das Blech

Für die Creme:
150 ml Milch
1 EL Vanillearoma
2 EL Zucker
8–9 Blatt weiße Gelatine
250 g Naturjoghurt
600 ml süße Sahne
1 Päckchen Kirschfüllung (250 g, Fertigprodukt)

Außerdem:
1 Packung Zitronenglasur (Fertigprodukt)

1. Den Blätterteig auftauen lassen, je 2 x 3 Lagen aufeinanderlegen und auf einer bemehlten Arbeitsfläche 1 ½ cm größer als eine Springform (26 cm Ø) ausrollen.

2. Die Reste leicht zusammenkneten und einen dritten Boden ausrollen.

3. Die Böden auf ein mit Backpapier belegtes Backblech legen, mit einer Gabel mehrmals einstechen, mit Wasser bestreichen und in dem auf 200–220 °C vorgeheizten Backofen ca. 20 Minuten backen.

4. Die Böden herausnehmen und auf einem Kuchengitter erkalten lassen. Einen schönen Boden als Deckel bereitlegen.

5. Einen Boden auf eine Tortenplatte legen und mit einem Tortenring umschließen.

6. Für die Creme die Milch mit dem Vanillearoma und dem Zucker erwärmen, in eine Schüssel füllen und die gewässerte, ausgedrückte Gelatine darin auflösen.

7. Den Naturjoghurt unterheben und die geschlagene Sahne mit dem Schneebesen unterziehen.

8. Die Hälfte der Vanillesahne und die Kirschfüllung abwechselnd in Ringen auf den Tortenboden auftragen, den zweiten Boden darauflegen und die restliche Vanillecreme darauf glatt streichen.

9. Die Glasur nach Packungsanweisung zubereiten, den Blätterteigdeckel damit gleichmäßig bestreichen und die Glasur vollständig trocknen lassen.

10. Den Deckel in 16 Stücke schneiden und die Torte damit belegen. Die Holländische Kirschtorte im Kühlschrank durchkühlen lassen.

11. Anschließend die Torte aus dem Kühlschrank nehmen, den Tortenring entfernen, die Torte in Stücke schneiden und servieren.

Joghurt-Dickmilch-Torte

Für 16 Stücke:

Für den Brandteig:
250 ml Milch
100 g Butter
1 Prise Salz
150 g Mehl
4 Eier
1 Msp. Backpulver
Fett für die Form

Für die Füllung:
250 g Dickmilch
250 g Naturjoghurt
12 Blatt weiße Gelatine
600 ml süße Sahne

Außerdem:
300 g gemischte Beeren (Johannisbeeren, Blaubeeren, Himbeeren)
Puderzucker zum Bestäuben

1. Die Milch mit der Butter und dem Salz in einen Topf geben und zum Kochen bringen. Einmal aufkochen lassen, das gesiebte Mehl auf einmal dazugeben und so lange rühren, bis sich der Teig als Kloß vom Topfboden löst und sich am Topfboden eine weiße Schicht bildet.

2. Den Teig in eine Schüssel geben, etwas auskühlen lassen und die Eier einzeln darunterschlagen. Der Teig muss glänzen und Spitzen ziehen. Das Backpulver unterrühren.

3. Etwa zwei Drittel des Teiges in einen Spritzbeutel mit dünner Lochtülle auf den Boden einer ausgefetteten Springform (26 cm Ø) spritzen.

4. Den Rest in einen Spritzbeutel mit Sterntülle füllen und 12–16 Rosetten auf ein gefettetes Backblech spritzen.

5. Die Form und das Blech nacheinander im auf 180 °C vorgeheizten Backofen etwa 35 Minuten backen. Den Boden aus dem Ofen nehmen, den Springformring entfernen und den Boden und die Windbeutelchen erkalten lassen.

6. Die Dickmilch und den Joghurt in eine Schüssel geben und glatt rühren. Die gut gewässerte Gelatine in wenig warmem Wasser auflösen lassen und mit dem Schneebesen tropfenweise unter die Creme rühren.

7. Die Sahne steif schlagen und unter die Creme rühren. Mit dem sauberen Springformring den Tortenboden erneut umschließen, die Dickmilchcreme einfüllen und glatt streichen.

8. Die Windbeutelchen nebeneinander an den Rand der Torte setzen. Die verlesenen, gewaschenen und gut abgetropften Beeren auf der Torte verteilen und das Ganze im Kühlschrank gut durchkühlen lassen.

9. Anschließend die Torte aus dem Kühlschrank nehmen, den Springformring entfernen und die Torte mit Puderzucker bestäuben.

Sahnige Ostfriesen-Torte

Für 16 Stücke:

Für die Biskuitmasse:
5 Eier
6 EL Wasser
175 g Zucker
1 Prise Salz
125 g Weizenmehl
75 g Speisestärke
1 leicht gehäufter TL Backpulver
Backpapier für die Form

Für die Füllung:
150 g Rosinen
6 cl Weinbrand
600 ml süße Sahne
2 Päckchen Vanillezucker
6 TL San-apart
50 g Haselnusskrokant

Außerdem:
300 ml süße Sahne
3 TL San-apart
4 EL Mandelblättchen
2 EL Haselnusskrokant

1. Die Eier mit dem Wasser, dem Zucker und dem Salz in eine Schüssel geben und mit den Rührbesen des Handrührgeräts auf höchster Stufe sieben Minuten aufschlagen. Das Mehl mit der Speisestärke und dem Backpulver vermischen, auf die Schaummasse sieben und locker unterheben.

2. Eine Springform (26 cm Ø) mit Backpapier auslegen. Die Masse einfüllen, glatt streichen und im auf 200 °C vorgeheizten Backofen 35 Minuten backen.

3. Die Rosinen unter fließendem Wasser waschen, trocken tupfen, in eine Schüssel geben, mit Weinbrand übergießen und mindestens zwei Stunden ziehen lassen.

4. Den fertig gebackenen Boden aus dem Ofen nehmen und erkalten lassen. Aus der Form nehmen, oben gerade schneiden und den Boden zweimal waagerecht durchschneiden.

5. Die Rosinen abgießen, den Weinbrand dabei auffangen und die Böden mit dem Weinbrand beträufeln. Die Sahne mit dem Vanillezucker und dem San-apart in eine Schüssel geben und steif schlagen. Die Rosinen – 1 EL für die Dekoration aufheben – und den Haselnusskrokant unter die Sahne heben.

6. Einen Tortenboden auf eine Tortenplatte legen und mit einem Tortenring umschließen. Ein Drittel der Masse einfüllen, glatt streichen, den zweiten Boden daraufsetzen, ein Drittel der Masse einfüllen, glatt streichen, den dritten Boden daraufsetzen und mit der restlichen Creme bestreichen.

7. Die Torte im Kühlschrank mindestens zwei Stunden durchkühlen lassen. Anschließend die Torte aus dem Kühlschrank nehmen und den Tortenring entfernen. Die Sahne mit dem San-apart steif schlagen und die Torte damit gleichmäßig bestreichen. Die restliche Sahne in einen Spritzbeutel mit Lochtülle füllen und auf die Torte dressieren.

8. Die Mandelblättchen in einer Pfanne ohne Fett kurz rösten und erkalten lassen. Die Torte am Rand mit den Mandelblättchen bestreuen, mit Haselnusskrokant und den restlichen Rosinen verzieren und bis zum Verzehr kühl stellen.

Rotwein-Birnen-Torte

Für 16 Stücke:

Für die Biskuitmasse:
2 Eier, 120 g Zucker
1 Päckchen Vanillezucker
50 g Weizenmehl
50 g Speisestärke
1 gestr. TL Backpulver
30 g Schokoladenstreusel
Backpapier für die Form
50 g Himbeermarmelade

Für die Birnen:
½ l Rotwein
75 g Zuckerrübensirup
6 große Birnen

Für die Creme:
200 ml Rotwein-Birnen-Sud
50 g Zuckerrübensirup
Mark von 1 Vanilleschote
6 Blatt weiße Gelatine
300 g Sauerrahm
600 ml süße Sahne

Außerdem:
200 ml süße Sahne
1 Päckchen Sahnesteif
50 g geröstete Mandelblättchen

1. Die Eier mit dem Zucker und dem Vanillezucker in einer Schüssel weißschaumig schlagen. Das Mehl mit der Speisestärke und dem Backpulver vermischen, über die Eicreme sieben und unterheben.

2. Die Schokostreusel unterziehen. Die Masse in eine mit Backpapier ausgelegte Springform (26 cm Ø) geben, glatt streichen und im auf 180 °C vorgeheizten Backofen 20 Minuten backen.

3. In der Zwischenzeit den Rotwein mit dem Zuckerrübensirup in einem Topf zum Kochen bringen. Die Birnen schälen, halbieren, entkernen und im Rotwein 20 Minuten dünsten. Die Birnen herausnehmen, gut abtropfen lassen und 200 ml Sud abmessen.

4. Den Boden aus dem Ofen und aus der Form nehmen, das Backpapier vorsichtig abziehen und den Boden einmal waagerecht durchschneiden.

5. Den unteren Boden mit der erwärmten Himbeermarmelade bestreichen, auf eine Tortenplatte legen und 10 Birnenhälften darauf dekorativ anrichten. Den Boden mit einem Tortenring umschließen.

6. Für die Creme den Sud, den Zuckerrübensirup und das Vanillemark in einem Topf erwärmen. Die gut gewässerte Gelatine ausdrücken, darin vollständig auflösen lassen, vom Herd nehmen und erkalten lassen.

7. Kurz vor dem Festwerden den Sauerrahm unterrühren und die geschlagene Sahne unterziehen.

8. Die Creme auf die Birnen geben, glatt streichen und die Torte im Kühlschrank – am besten über Nacht – vollständig durchkühlen lassen.

9. Anschließend die Torte aus dem Kühlschrank nehmen und den Tortenring entfernen. Die Sahne mit dem Sahnesteif steif schlagen.

10. Den Tortenrand damit bestreichen, die Torte rundherum mit den Mandelblättchen bestreuen und Sahnetupfen auf die Torte dressieren.

11. Die restlichen, in feine Spalten geschnittenen Rotweinbirnen auf der Torte anrichten, diese garnieren und bis zum Verzehr kühl stellen.

Mozarttorte

Für 14 Stücke:

Für die Biskuitmasse:
3 Eier, 150 g Zucker, 3 EL heißes Wasser, 1 TL Vanillearoma
75 g Mehl, 50 g Speisestärke
10 g Kakaopulver
2 gestrichene TL Backpulver
25 g gemahlene Pistazien
100 g Himbeermarmelade

Für Creme 1:
150 g Nussnugat, 2 cl Rum
5 Blatt weiße Gelatine
150 g Schokoladenjoghurt
400 ml süße Sahne

Für Creme 2:
75 ml Milch
75 g Marzipanrohmasse
1 TL Vanillearoma, 25 g Zucker
2 cl Rum, 25 g gemahlene Pistazien
5 Blatt weiße Gelatine
150 g Vanillejoghurt
400 ml süße Sahne

Außerdem:
Kakaopulver zum Bestäuben
200 ml süße Sahne, 2 TL San-apart
100 g rote Belegkirschen
7 Mozartkugeln
20 g gehackte Pistazienkerne

1. Die Eier mit Zucker, heißem Wasser und Vanillearoma schaumig schlagen. Mehl mit Speisestärke, Kakaopulver und Backpulver vermischen, auf die Eicreme sieben und unterheben.

2. Die Pistazien unterheben. Die Masse in eine mit Backpapier ausgelegte Springform (26 cm Ø) füllen, glatt streichen und im auf 180 °C vorgeheizten Backofen 30 Minuten backen.

3. Den gebackenen Boden aus dem Ofen nehmen, auf ein Kuchengitter stürzen und erkalten lassen. Einmal waagerecht durchschneiden und den oberen Boden gerade schneiden. Beide Böden mit Marmelade bestreichen.

4. Für die Creme 1 das Nugat schmelzen lassen. Den Rum einrühren und die gewässerte und ausgedrückte Gelatine darin auflösen, vom Herd nehmen und erkalten lassen. Kurz vor dem Festwerden den Schokoladenjoghurt unterrühren und die geschlagene Sahne unterziehen.

5. Den unteren Boden auf eine Tortenplatte setzen, mit einem Tortenring umlegen, die Nougatmasse einfüllen und kuppelartig aufstreichen.

6. Den zweiten Boden mit der Marmeladenseite nach unten daraufsetzen und an den Rändern leicht andrücken.

7. Für die Creme 2 die Milch mit dem klein geschnittenen Marzipan, dem Zucker und dem Vanillearoma erwärmen und so lange rühren, bis sich das Marzipan vollständig aufgelöst hat.

8. Den Rum und die Pistazien einrühren. Die gewässerte und ausgedrückte Gelatine darin auflösen, vom Herd nehmen und erkalten lassen.

9. Kurz vor dem Festwerden den Vanillejoghurt unterrühren und die geschlagene Sahne unterziehen. Die Creme auf die Torte geben, glatt streichen und im Kühlschrank – am besten über Nacht – durchkühlen lassen.

10. Die Torte aus dem Kühlschrank nehmen. Den Tortenring entfernen und die Torte mit Kakao bestäuben. Die Sahne mit San-apart steif schlagen, in einen Spritzbeutel mit Lochtülle füllen und auf die Torte dressieren. Die Torte mit halbierten Belegkirschen und halbierten Mozartkugeln verzieren, mit den Pistazien bestreuen und bis zum Verzehr kühl stellen.

Engadiner Nusstorte mit Kirschfüllung

Für 16 Stücke:

Für den Mürbeteig:
300 g Weizenmehl
2 TL Backpulver
1 Ei, 1 Eigelb
100 g Zucker
1 TL geriebene Zitronenschale
125 g Butter
Fett für die Form
Semmelbrösel zum Ausstreuen

Für die Füllung:
2 EL gemahlene Haselnüsse
2 Gläser Schattenmorellen (à 350 g Abtropfgewicht)
200 g Zucker
125 g Honig
80 ml süße Sahne
120 g Marzipanrohmasse
2 TL Vanillearoma
125 g gehackte Walnüsse

Außerdem:
Puderzucker zum Bestäuben
1 Packung Vollmilchglasur
Walnusshälften zum Belegen

1. Mehl und Backpulver vermischen, auf eine Arbeitsfläche sieben und eine Mulde eindrücken. Ei und Eigelb in die Mulde geben. Den Zucker und die Zitronenschale darüberstreuen und die Butter in Flöckchen daraufsetzen.

2. Die Zutaten mit bemehlten Händen von außen nach innen zu einem glatten Teig verkneten. Den Teig in Folie wickeln und im Kühlschrank mindestens eine Stunde ruhen lassen.

3. Zwei Drittel des Teiges in der Größe einer Springform (26 cm Ø) ausrollen. In die gefettete und mit Semmelbröseln ausgestreute Form legen und einen Rand formen. Die Haselnüsse auf den Teig streuen. Die Schattenmorellen gut abtropfen lassen, trocken tupfen und gleichmäßig auf dem Teig verteilen.

4. Für die Nussschicht 100 g Zucker mit 75 g Honig in einem Topf schmelzen lassen. Die Sahne unterrühren und erwärmen.

5. Die Marzipanrohmasse in Stücke schneiden und mit 50 g Honig in eine Schüssel geben. Mit dem Schneebesen zu einer glatten Masse verrühren und unter die Zuckersahne heben.

6. 100 g Zucker mit dem Vanillearoma und den gehackten Walnüssen in einer Schüssel vermischen, über die Zuckersahne streuen und locker mit einem Teigschaber unterheben.

7. Die Nussschicht gleichmäßig auf den Kirschen verteilen und glatt streichen. Den restlichen Mürbeteig auf einer bemehlten Arbeitsfläche in der Größe der Springform ausrollen.

8. Die Mürbeteigdecke auf die Nussmasse geben und am Rand leicht andrücken. Die Torte im auf 180 °C vorgeheizten Backofen 50 Minuten backen.

9. Den Kuchen aus dem Ofen nehmen und in der Form erkalten lassen. Den Tortenring entfernen, auf eine Tortenplatte setzen und den Kuchen mit Puderzucker bestäuben.

10. Die Vollmilchglasur nach Packungsanweisung schmelzen lassen, in ein kleines Spritztütchen füllen und Kleckse auf die Torte dressieren. Je eine Walnusshälfte einsetzen, die Torte vollständig abtrocknen lassen und bis zum Verzehr kühl stellen.

Fürst-Pückler-Kuppel mit Löffelbiskuits

Für 16 Stücke:

Für die Biskuitmasse:
2 Eier
75 g Zucker
75 g Mehl
½ TL Backpulver
Fett für die Form

Für die Füllung:
100 g Himbeeren (TK-Produkt)
150 g Karamellsirup
Mark von 1 Vanilleschote
10 Blatt weiße Gelatine
400 g Frischkäse
800 ml süße Sahne
1 EL Kakaopulver
Sonnenblumenöl für die Form
Puderzucker zum Bestäuben

Außerdem:
16 Löffelbiskuits
100 ml süße Sahne
1 TL Kakaopulver

1. Die Eier mit dem Zucker in eine Schüssel geben und weißschaumig schlagen. Das Mehl mit dem Backpulver vermischen, auf die Eicreme sieben und unterheben.

2. Den Boden einer Springform (26 cm Ø) ausfetten. Die Masse einfüllen, glatt streichen und im auf 180 °C vorgeheizten Backofen 20 Minuten backen. Den fertig gebackenen Boden aus dem Ofen nehmen, erkalten lassen und aus der Form nehmen.

3. Die Himbeeren in eine Schüssel geben und auftauen lassen. Den Sirup mit dem ausgeschabten Vanillemark in einen Topf geben und unter ständigem Rühren erwärmen.

4. Die gut gewässerte, ausgedrückte Gelatine darin auflösen, vom Herd nehmen und erkalten lassen.

5. Kurz vor dem Festwerden den Frischkäse kräftig unterrühren und die geschlagene Sahne unterziehen. Die Masse in drei Teile teilen.

6. In einen Teil das Kakaopulver und in den zweiten Teil die aufgetauten Himbeeren einrühren.

7. Eine Kuppelform (26 cm Ø) mit Sonnenblumenöl auspinseln, mit Puderzucker bestäuben, die helle Masse einfüllen und glatt streichen.

8. Die Himbeermasse auf die helle Masse geben und glatt streichen. Zum Schluss die Kakaomasse ebenfalls daraufgeben und glatt streichen.

9. Den Biskuitboden daraufsetzen und die Kuppel im Kühlschrank – am besten über Nacht – vollständig durchkühlen lassen.

10. Die Kuppel aus dem Kühlschrank nehmen, eine Tortenplatte daraufsetzen und den Tortenboden mit der Kuppel auf die Tortenplatte stürzen.

11. Die Löffelbiskuits in der Mitte auseinanderschneiden und mit den Schnittflächen nach unten an den Rand der Kuppel setzen.

12. Die Sahne steif schlagen, in einen Spritzbeutel mit Lochtülle füllen und die Torte am Plattenrand ringsherum mit Sahnetupfen verzieren. Die Fürst-Pückler-Kuppel mit Kakaopulver bestäuben und bis zum Verzehr kühl stellen.

SCHNEEWITTCHENHERZ

FÜR 10 STÜCKE:

Für die Biskuitmasse:
2 Eier, 100 g Zucker
2 EL Wasser
25 g Mehl, 50 g Speisestärke
1 TL Backpulver
50 g geschälte, gemahlene Mandeln
1 TL Sonnenblumenöl für die Form

Für die Creme:
75 g Karamellsirup
Saft von 2 Limetten
5 Blatt weiße Gelatine
200 g Doppelrahmfrischkäse
400 ml süße Sahne

Für den Fruchtspiegel:
200 ml Himbeersirup
3 Blatt weiße Gelatine

Außerdem:
Puderzucker zum Bestäuben

1. Die Eier mit dem Zucker und dem Wasser in einer Schüssel schaumig schlagen.

2. Das gesiebte Mehl mit der Speisestärke, dem Backpulver und den Mandeln vermischen, auf den Eischaum geben und unterheben.

3. Einen Herzrahmen auf ein mit Backpapier belegtes Backblech stellen, die Masse einfüllen und im auf 180 °C vorgeheizten Backofen ca. 25 Minuten backen. Herausnehmen, erkalten lassen und auf eine Tortenplatte legen.

4. Den Herzrahmen säubern, mit Öl bestreichen und das Biskuitherz damit umschließen.

5. Den Karamellsirup mit dem Limettensaft erwärmen. Die gewässerte, ausgedrückte Gelatine darin auflösen.

6. Den Frischkäse unterrühren. Die Sahne steif schlagen und unterheben. Die Creme auf dem Biskuit verstreichen, dabei oben einen Rand von ½ cm freilassen. Die Creme im Kühlschrank fest werden lassen.

7. Den Himbeersirup erwärmen, die gewässerte, ausgedrückte Gelatine darin auflösen, leicht abkühlen, aber nicht gelieren lassen und das Herz damit überziehen.

8. Den Spiegel fest werden lassen. Anschließend den Herzrahmen vorsichtig abnehmen, das Schneewittchenherz mit Puderzucker bestäuben und servieren.

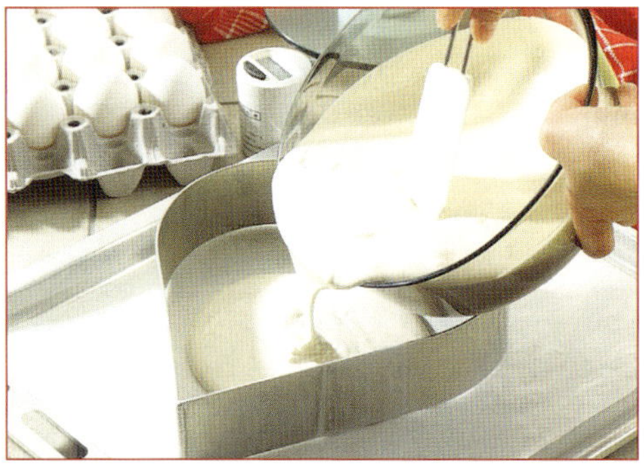

REGISTER

Ananas mit Honigsoße, gebackene 988
Ananaschutney 778
Ananasomeletts mit Frischkäse 986
Apfel-Gurken-Relish 812
Apfel-Pratie 980
Apfel-Zitrus-Chutney 776
Apfelhörnchen 966
Apfelstrudel mit Sauerrahm, Wiener 1018
Asia-Gewürz-Öl 638
Asia-Schnitzel 638
Asiasuppe, süssscharfe 86
Auberginen, geschmorte 372
Austernpilzsalat mit Schnitzelstreifen 174
Austernpilzsoße 612
Avocado-Dip 60
Avocado-Mango-Salsa 716
Avocado-Tomaten-Salat 882

Backkartoffeln 780
Backkartoffeln, pikante 690
Bagels, gefüllte 50
Bananenpudding mit Macadamia-Nüssen 1004
Bandnudeln mit Lachs und Tomaten 242
Bandnudeln mit Parmaschinken 278
Bärlauchbutter, feine 786
Bärlauchsuppe mit Speck 84
Bauernbrote, gefüllte 582
Bauerngeschnetzeltes mit Paprikasalami 538
Bauernrouladen mit Leberwurstfüllung 678
Bauernsalat mit Schafskäse 762
Bayerisch Kraut 828
Béchamelsoße 438
Bienenstich mit Pfirsich-Pudding-Creme 1026
Bierschnitzel, geschmorte 634
Birnenstrudel mit Schokoladensoße 1010
Blattsalat, sommerlicher 192
Blaukraut 672
Blumenkohl mit Käsehaube, gefüllter 378
Blumenkohl sizilianisch 888
Blumenkohl-Brokkoli-Pfännchen mit Ingwer 380
Blumenkohlflan mit Petersiliensoße 402
Blumenkohlsalat 902
Bohnen-Minestrone 102
Bohnen-Tomaten-Gemüse 404
Bohnen-Schalotten-Gemüse 614
Bohnencurry, Indisches 712
Bohneneintopf, Südafrikanischer 148
Bohnentopf mit Kasseler, bunter 134
Bohnentopf, deftiger 108
Borschtsch po Kievski 586
Bratwurst-Paella 288
Brezenserviettenknödel 864
Brombeersoße 984
Brotauflauf, schneller 216
Brotsalat mit Bärlauch 176
Bubespitzle mit Kraut und Wammerl 358
Buchweizen-Hirse-Frikadellen 406
Buttermais 794

Caldo verde 128
Caprese mit Rucola 42
Carpaccio mit Honigbalsamico 28
Cäsarsalat 178
Cevapcici mit Paprikajoghurt 492
Cevapcici mit Zaziki 762
Champagnermousse im Schokoladenmantel 992
Champignon-Kartoffel-Gratin 678
Champignons mit Reisfüllung, panierte 314
Champignonschnitzel mit Kressesoße 630
Chiligeschnetzeltes mit Früchten 554
Cocktaildip 426
Cocktaildressing 196
Coq au Vin 894
Cumberlandsoße 856
Currylamm mit Kartoffelflan und Spargel 834
Currynudeln mit Geschnetzeltem 248

Damhirschrücken mit Kräuterkruste 852
Dijon-Marinade 472
Dillsoße 630
Doppeltes Lottchen mit Pilzen 666

Eier im Hackfleischmantel 508
Eierauflauf mit Schinken 226
Eierauflauf mit Senfsoße 204
Eiersalat mit Räucherlachs 160
Emmentalersalat mit Trauben 172
Ente in feiner Orangen-Honig-Soße 916
Ente mit Backobst-Maronen-Füllung 914
Entenbrust in Blätterteig 910
Entenbrustfilets mit Ananas 912
Entenbrustfilets mit Papayagemüse 898
Entenpfanne, Budapester 886
Entensüppchen, Chinesisches 104
Entensüppchen, samtiges 88
Ententacos, gefüllte 912
Erbsensuppe, grüne 90
Erdbeerknödel mit Vanillesoße 994

Fleisch mit süsssaurer Soße, gebackenes 444
Feigenkörbchen mit Orangensoße 982
Feinschmeckertomaten 386
Fenchel in Tomaten-Hackfleisch-Soße 370
Fenchel-Frittata mit Ricotta 394
Fenchel-Möhren-Salat 822
Fenchel, gefüllter 374
Filetgeschnetzeltes Mexicana 550
Filetgeschnetzeltes mit Spargel 528
Filetgulasch Stroganoff 568
Filetscheiben mit Tomatenpesto 476
Filetspieße mit Kirschtomaten 472
Filetsteaks mit Sauce hollandaise 462
Fisch, gegrillter 790
Fischertopf, Mallorquinischer 130
Fischröllchen mit Kräutersoße 958
Fischspieße mit Ingwervinaigrette 32
Fischsuppe, Mallorquinische 100
Fischtopf mit Safran 124
Fischwürfel in Tempurateig 956
Fitnesssalat mit Schnitzelstreifen 182
Fleischbrühe 732
Folienkartoffeln 704
Forellen, gekräuterte 946
Frikadellen mit Speck 506
Frikadellen, Tilsiter 502
Fruchtsalat 998
Frühlingsquark 956

G`röstl mit Spiegelei, Tiroler 340
Gaisburger Marsch 120

Gans mit Apfelfüllung 906
Gänsebrust auf Salat mit Honigsoße 162
Gänsebrust mit Pilzfüllung 918
Gänsegulasch, Ungarisches 886
Gänsekeulen mit Honig-Madeira-Soße 904
Gänseragout in Wacholderrahm 546
Gänsesalat, scharfer 188
Gänseschmortopf, Französischer 878
Gänsesuppe mit Gemüsestreifen 68
Garnelen-Sushis mit Kiwanodip 46
Garnelensuppe, sahnige 72
Gemüse im Omelettpäckchen 420
Gemüse mit Tomaten, feines 804
Gemüse-Cannelloni 202
Gemüse-Minestrone 102
Gemüse-Nudelsalat 170
Gemüseauflauf mit Äpfeln 214
Gemüseauflauf mit Reis 306
Gemüsecurry 304
Gemüseeintopf mit Ei 146
Gemüseeintopf, Mediterraner 144
Gemüsegulasch 588
Gemüsehackbraten 496
Gemüsehähnchen aus dem Wok 596
Gemüselasagne 410
Gemüselasagne, feine 430
Gemüsenudeln mit Schmelzkäseguss 258
Gemüsenudeln, überbackene 438
Gemüsepfanne, Asiatische 890
Gemüserahmsuppe, bunte 98
Gemüsereis aus dem Wok 292
Gemüserisotto 932
Gemüserösti 702
Gemüserösti, überbackene 356
Gemüseschnitzel 602
Gemüseschnitzel, gefüllte 634
Gemüsespieße mit Tomatensoße 768
Gemüsespieße, gebratene 376
Gemüsesuppe mit Gänsestreifen 82
Gemüsetopf mit Bärlauchklößchen 122
Gemüsetopf mit Fleischklößchen 140
Gemüsetopf, Kreolischer 136
Gemüsewok mit Glasnudeln 432
Geschnetzeltes Gärtnerinnenart 542
Geschnetzeltes Kräuterfilet 556
Geschnetzeltes mit Majoransahne 530
Geschnetzeltes mit scharfer Soße 536
Gewürzgurken 810
Gewürzsteaks mit Bohnengemüse 460
Gorgonzoladressing 192
Grenadinemousse mit Hippenherzen 984
Grillgemüse 768
Grillkoteletts mit Honigzwiebeln 698
Grillkoteletts mit Röstzwiebeln 784
Grillplatte, bunte 794
Grillplatte, Mediterrane 786
Grillplatte, vegetarische 792
Grillsteaks mit Honig-Kräuter-Glasur 764
Grilltomaten 622
Grilltomaten mit Käsehaube 374
Grünkohl-Cremesuppe 70
Grünkohlauflauf mit Kasseler 228
Gulasch, Szegediner 584
Gurkenschiffchen mit Lachscreme 60

Hackbällchen mit Nudeln und Brokkoli 262
Hackfleisch-Gemüse-Schnitten vom Blech 498
Hackfleisch-Käse-Omeletts 488
Hackfleisch-Maultaschen 510
Hackfleisch-Reis-Pfanne 282
Hackfleisch-Schnitzel-Schnitten 494
Hackfleischauflauf mit Wirsing 516
Hackfleischauflauf, Griechischer 238
Hackfleischkuchen Zigeunerart 486
Hackfleischlasagne 500
Hackfleischnudeln, scharfe 254
Hackfleischschnecken mit Käse 484
Hackfleischspieße vom Lamm 488
Hackfleischsteaks, Griechische 504
Hackfleischstrudel mit Mais 482
Hackfleischterrine mit Kräutern 514
Hähnchen-Cordons-bleus 902
Hähnchenbrustfilets mit Honigspinat 884
Hähnchenfleisch mit süßsaurem Gemüse 890
Hähnchenschnitzel mit Rucolasalat 888
Hähnchentopf, Tiroler 132
Hefebrot, Indisches 816
Hefezopf mit Zuckerguss 974
Himbeerchutney 806
Hirschbraten mit Kräuterseitlingen 856
Hirschgeschnetzeltes in Preiselbeersoße 862
Hirschgeschnetzeltes mit Pilzen 858
Honigcrêpes 990
Honigparfait mit Pfefferbeeren 976
Hörnchen mit Möhrenrahm 260
Hühnerfrikassee, Grossmutters 558
Hühnersuppe mit Reis und Gemüse 302
Hühnersuppe, süsssauer 94

Ingwerfleisch auf Duftreis 310
Irish Stew 118

Jägerschmaus 850
Jägerschnitzel mit Champignonsoße 612
Jakobsmuscheln auf Blattspinat 936
Joghurt-Dickmilch-Torte 1038
Joghurt-Senf-Mayonnaise 682
Johannisbeersoße 852

Kaiserschmarren, Wiener 978
Kalbsbraten in Wacholderrahm 744
Kalbsbrust mit Brotfüllung 742
Kalbsgulasch mit Pfeffersoße 574
Kalbshaxe mit Zwiebelgemüse 732
Kalbskoteletts auf Rahmchampignons 718
Kalbskoteletts Bourginignonne 718
Kalbsrahmgeschnetzeltes, Zürcher 534
Kalbsschnecken am Spieß 770
Kalbsvögerl, pikante 658
Kaninchen in Honig-Dijon-Soße 872
Kaninchengeschnetzeltes mit Schalotten 860
Kapern-Zitronen-Butter 788
Karpfenfilets auf Fenchelgemüse 934
Kartoffeln mit Schweinemedaillons, Pariser 330
Kartoffelrosetten 642
Kartoffelsalat mit getrockneten Tomaten 636
Kartoffel-Chopsuey 332
Kartoffel-Gulasch-Topf 578
Kartoffel-Hackfleisch-Strudel 346
Kartoffel-Hackfleisch-Torte 352
Kartoffel-Sahne-Dressing 346
Kartoffel-Schupfnudeln mit Kraut 700
Kartoffelauflauf mit Schweinefilet 212
Kartoffelauflauf, bunter 334
Kartoffelfleisch mit Sambal 350
Kartoffelgnocchi 676
Kartoffelgulasch mit Sauerkraut 564
Kartoffelknödel 660
Kartoffelknödel mit Semmelbrösel 848
Kartoffelkroketten 664
Kartoffeln mit Champignonfüllung 348
Kartoffeln mit Ziegenkäse, gebackene 342
Kartoffelnudeln 752
Kartoffelpfanne mit Gemüse 338
Kartoffelpfanne mit Tomaten 350
Kartoffelpfanne, Italienische 344
Kartoffelplätzchen 668
Kartoffelplätzchen mit Krabben 336
Kartoffelplätzchen mit Sonnenblumenkernen 736
Kartoffelpüree 644
Kartoffelrösti 674
Kartoffelsalat mit Äpfeln 924
Kartoffelsalat mit Flusskrebsen 940
Kartoffelsalat mit Gurken 606
Kartoffelsalat mit Trauben und Rucola 322
Kartoffelsalat, deftiger 772
Kartoffeltaschen mit Bärlauchfüllung 328
Käsekuchen ohne Boden mit Johannisbeeren 1022
Käsenudeln mit Gemüse 826
Kasnudeln 206

Kastaniensuppe mit Schnittlauch 92
Kaviarsoße 958
Kirsch-Streusel-Kuchen vom Blech 1024
Kirschkuchen, gerührter 1022
Kirschsoße 1004
Kirschtomaten-Makkaroni 926
Kirschtorte, Holländische 1036
Klopse, Königsberger 490
Knoblauch-Wein-Soße 872
Knusperkoteletts mit Dips 682
Kohlpäckchen mit roter Reisfüllung 298
Kohlrouladen, deftige 392
Kokos-Käse-Kuchen mit Mangos 1028
Koteletts „Cordon bleu" 696
Koteletts „Wiener Art" 696
Koteletts mit Leberwurstfüllung 700
Koteletts mit Schafskäsefüllung 708
Koteletts mit Ziegenkäse und Mandeln 710
Koteletts mit Zwiebelsoße, Burgunder 702
Krabbensuppe mit Ei 80
Kranz mit Honigcreme, Frankfurter 1016
Kräuter-Knoblauch-Soße 506
Kräuterbraten, Südtiroler 754
Kräutergnocchi auf Tomatenzwiebeln 326
Kräuterkoteletts mit Champignons 694
Kräuteromelett 420
Kräuterschnecken-Spießchen 770
Kräutersoße, feine 784
Kräuterspätzle, hausgemachte 818
Kräutersüppchen mit Schnitzelstreifen 76
Krauttopf, Salzburger 138
Kümmeljoghurt 796
Kuppel mit Löffelbiskuits,
Fürst Pückler 1048
Kürbis-Orangen-Gelee mit Ingwer 830
Kürbiscremesuppe mit
Mandelklößchen 78

Lammbällchen mit Joghurtsoße 826
Lammbraten provencal 806
Lammbrust, gefüllte 828
Lammchops mit Bulgursalat 778
Lammcurry mit Kokos 824
Lammcurry, grünes 804
Lammgulasch mit Bohnengemüse 814
Lammhaxen auf Zucchiniröstis 838
Lammkeule auf buntem Gemüse 802
Lammkeule aus dem Bratschlauch 822
Lammkeule mit Schmorgemüse 836
Lammkoteletts in Paprikarahm 714
Lammkoteletts mit Bohnenbündeln 690
Lammkoteletts mit Gurkensalsa 716
Lammkrone mit Peperonata,
gekräuterte 832
Lammragout mit Curry 812
Lammragout mit Frühlingszwiebeln 816
Lammrücken mit Kräuterkruste 830
Lammschnitzel mit Bohnencreme 808
Lammschulter, geschmorte 818
Lammspieße mit Champignons 766
Lammtopf mit Couscous-Bällchen 810
Lammtopf, Griechischer 598
Lammwürfel mit Blumenkohl 820
Landbrot, Italienisches 216
Lasagne alla Milanese 208
Lauch-Kartoffel-Gratin 930
Lauch-Käse-Schnitzel 626
Lauch-Tomaten-Geschnetzeltes 544
Lauchsüppchen mit Hackfleisch 96
Leberkäselasagne 208
Limettenmousse mit Prosecco 996
Limettensalat 734
Linguine mit Orangen-Gemüse-Soße 244
Linsentopf, süsscharfer 412

Makkaroni griechische Art 270
Makkaroni mit Tomaten und Ricotta 270
Makkaroniauflauf mit Hähnchenfilets 222
Mandelbällchen 670
Mandelpesto 954
Mandelschnitzel auf Tomatenspaghetti 610
Mango-Kumquat-Soße 928
Mangochutney 284
Mangofüllung 744
Maniche rigate mit Hackfleischfüllung 518
Marillenknödel, Burgenländer 972
Marzipan-Mandel-Sushis 1002
Matjes-Quark-Rollen auf Tomatensalat 950
Matjesfilets mit Mandarinen 922
Maultaschen mit Spargelfüllung 274
Meeresfrüchterisotto 934
Meerrettich-Frischkäse-Torte 424
Meerrettichsoße 790
Möhrchen in Bierteig, junge 366
Möhren mit Schweinemedaillons,
glasierte 448
Möhrengemüse mit
Rindergeschnetzeltem 548
Moussaka, Griechisches 512
Mozarttorte 1044
Mung Dhaal, Indisches 404
Muscheln sizilianische Art 942

Nackensteaks mit Rahmzwiebeln 454
Nasigoreng 286
Nizzasalat 180
Nudelauflauf mit Hähnchenbrust 206
Nudelauflauf mit Lachs 218
Nudelsalat mit Cocktailwürstchen 196
Nudelsalat mit Sauerrahmdressing 774
Nudelsalat, bunter 166
Nudelsalat, Thailändischer 168
Nudelteig, Grundrezept 68
Nudeltopf mit Rindfleisch 112
Nudelwok mit Gemüse 272
Nuss-Rum-Schoko-Soße 1008
Nussstollen 1032
Nusstorte mit Kirschfüllung,
Engadiner 1046

Obstsalat mit Goldfäden 962
Obstwähe, Elsässer 1014
Ochsenschwanz mit dicken Bohnen 746
Ofenkartoffeln mit Geschnetzeltem 526
Ofenkartoffeln mit Kräuterquark 324
Oliven-Nuss-Füllung 738
Olivenreis mit Hähnchenschenkeln 312
Orangen-Honig-Kompott 990
Orangenchutney, rotes 808
Orangenente mit Chilispargel 908
Ostfriesen-Torte, sahnige 1040

Paellapfanne mit Meeresfrüchten 318
Papayasoße 1006
Paprika-Relish 452
Paprika-Sahne-Schnitzel 618
Paprika-Schafskäse-Koteletts 684
Paprikaauflauf mit Hähnchen 224
Paprikacreme 550
Paprikagemüse, geschmortes 714
Paprikageschnetzeltes mit Chili 522
Paprikagulasch 576
Paprikagulasch, Ungarisches 572
Paprikalasagne 230
Paprikaquark 58
Paprikaschoten mit Reisfüllung 316
Paprikaschoten, überbackene 62
Parfait von weißer Schokolade 1008
Parmarouladen mit Weißweinrahm 642
Parmesankoteletts 686
Parmesanschnitzel 620
Penne mit Ragout 248
Penne rigate mit Schweinefilet 252
Peperonata 832
Pfannengemüse 468
Pfannkuchen mit Pflaumenmus 968
Pfannkuchen, Großmutters 968
Pfefferkoteletts mit Erdbeeren 706
Pfeffersoße mit grünen Pfefferkörnern 464
Pfeffersoße, Grundrezept 330
Pfeffersteaks 464
Pfeffersteaks mit Grilltomaten 796
Pfirsich-Orangen-Soße 980
Pfundstopf mit Paprika und Zwiebeln 566
Pichelsteiner von der Ente 126
Pilzfüllung, gekräuterte 756
Pistazien-Orangen-Füllung 746
Pistazien-Orangen-Sushis 1000
Pizza Mamma Lucia 388
Pochierte Eier auf Buttergemüse 416
Polentaschnitten auf Gemüse 428

Portweinschnitzel mit Schalotten 624
Pot au Feu vom Damhirsch 854
Poulardenbrüstchen mit Mandelkruste 882
Putengeschnetzeltes im Reisring 294
Putengeschnetzeltes mit Gemüse 524
Putengulasch mit Tomatenpesto 594
Putenpfanne mit Gemüse 532
Putenrollbraten mit Pilzfüllung 738
Putenrollbraten mit Spinat-Käsefüllung 724
Putenrollbraten, Appenzeller 724
Putenrouladen mit Schafskäse 646
Putenschaschliks 780
Putenschnitzel mit
Champignongemüse 632
Putensteaks mit Curry-Ananas-Glasur 774

Quark, Mediterraner 950

Rahmlauch mit rosa Pfeffer 624
Rahmsoße 466
Ratatouille, Mediterranes 364
Rehfilet mit Kräutersoße 478
Rehkeule in Honig-Preiselbeersoße 870
Rehkeule, Böhmische 868
Rehmedaillons mit Orangenglasur 850
Rehmedaillons mit Pfefferkirschen 478
Rehmedaillons mit Schattenmorellen 874
Rehrücken Baden-Baden 842
Rehrückenfilets auf Maronengemüse 866
Reis mit Mandeln und Feigen 988
Reis, gebratener 820
Reisbällchen mit Gemüseragout 290
Reisbällchen, gedämpfte 58
Reisblätter, gefüllte 40
Reisfleisch, Indonesisch 116
Reisfleisch, Serbisches 288
Reisgemüse, gefülltes 398
Reispfanne mit Hähnchen 284
Reissalat, Indischer 184
Reissuppe mit Huhn und Zitrone 282
Reistopf mit Hähnchenfleisch 142
Reistopf mit Pute 116
Remouladensoße 492
Rettichsalat, Münchner 194
Rhabarberkuchen mit Baiser 1020
Ricottafarfalle mit Spinat 250
Rigatoni arrabiata 246
Rigatoni mit Seelachs 268
Rinderbraten Burgunderart 726
Rinderfilet mit Schalottenfüllung 470
Rindergulasch mit Rübchen 562
Rindergulasch mit Trockenobst 580
Rinderrouladen auf Zucchinigemüse 674
Rinderrouladen Hausfrauenart 648
Rinderrouladen mit Brätfüllung 664
Rinderrouladen mit Brötchenfüllung 650
Rinderrouladen mit Erdbeerfüllung 660
Rinderrouladen mit Essiggurken 652
Rinderrouladen mit Pfifferlingen 672
Rindersteak mit Kürbis-Paprika-Relish 452
Rindfleischsalat, Thailändischer 154
Risotto mit Spargel und Safran 296
Roastbeef-Baguette 30
Roastbeeftaler 34
Rosenkohl, Französischer 726
Rosenkohlgemüse 866
Rosenkuchen 1030
Rosmarinkartoffeln 658
Rotbarben, gekräuterte 952
Rote-Linsen-Gemüse 824
Rotwein-Birnen-Torte 1042
Rucolasalat mit Kresse 862

Sachertorte 1034
Safrangeschnetzeltes mit
Linsengemüse 552
Sahnewirsing 384
Salat mit gebratenem Ziegenkäse 876
Salat mit Kokos, grüner 186
Salat mit Räucherlachs 164
Salat, gemischter 628
Salatblätter, gefüllte 56
Salbeischnitzel mit Gemüsepüree 622
Saltimbocca alla Romana 442
Saltimbocca auf Spaghetti 608
Sauce béarnaise 462
Sauce Choron 944
Sauce hollandaise 952
Sauce Mornay 518
Sauerbraten mit Kastanienhonigsoße 748
Sauerbraten, Wiener 740
Sauerkrautauflauf mit Bratwürstchen 220
Schalotten-Ingwer-Soße 870
Schälrippchen, Tiroler 754
Schichtsalat 764
Schichtsalat mit Thunfisch 190
Schinkenbraten in Rosmarinsoße 728
Schinkennudeln, bunte 276
Schinkenrouladen mit Karotten 656
Schmorkartoffeln mit Oliven 684
Schneewittchenherz 1050
Schnitzel Esterhazy 636
Schnitzel mit Paprikagemüse, panierte 604
Schnitzel mit Wurzelgemüse,
Böhmische 614
Schnitzel, Florentiner 450
Schnitzel, Tiroler 616
Schnitzel, Wiener 618
Schnitzelauflauf 236
Schnitzelspießchen mit Tomaten 606
Schokoladensoße 1010
Schokoladen-Honig-Parfait 982
Schollenfilets auf Salat 924
Schwarzwurzelsüppchen, klares 74
Schwarzwurzel-Kartoffel-Gratin 234
Schweinebauch, Kärntner 758
Schweinefilet Hawaii auf Currysoße 458
Schweinefleisch süßsauer 308
Schweinegulasch mit Mango 590
Schweinekoteletts mit Erbsengemüse 704
Schweinekoteletts mit
rotem Zwiebelgemüse 712
Schweinelendchen Malaga 448
Schweinemedaillons auf
Karottengemüse 468
Schweinemedaillons in Portweinsoße 466
Schweinemedaillons mit
Bohnenpäckchen 474
Schweineragout mit Trauben 592
Schweinerippchen mit Barbecuesoße 776
Schweinerollbraten mit Ricottafüllung 752
Schweinerouladen mit Kräuterfüllung 662
Schweinerouladen mit Mozzarella 676
Schweinerouladen mit Paprikafüllung 644
Schweinerücken mit
Backpflaumenfüllung 756
Schweineschnitzel „Cordon bleu“ 608
Schweineschnitzel mit
Kürbis und Currysoße 446
Schweinespießchen mit Zitronenreis 782
Seelachsfilets mit Remoulade 944
Seeteufelfilet in Lachshülle 932
Seeteufelmedaillons im Lauchmantel 930
Sellerie-Karotten-Auflauf 226
Sellerieschnitzel 410
Semmelknödel 666
Senfdressing 190
Senfgeschnetzeltes mit Würstchen 540
Sennerknödel, Allgäuer 354
Sepias auf Champagnerrahm, gefüllte 938
Serviettenknödel 854
Sesamkartoffeln mit Lauch und Speck 632
Shrimpscocktail im Körbchen 34
Sojabraten auf Wokgemüse 750
Sonntagsgans, Österreichische 900
Soufflaki, Griechische 788
Spaghetti „Aglio e Olio“ 688
Spaghetti carbonara 276
Spaghetti mit Bärlauchpesto 256
Spaghetti mit Mascarponesoße 692
Spaghetti mit Räucherlachs 254
Spaghetti mit scharfer
Tomaten-Oliven-Soße 432
Spaghettinester mit Frischkäsesoße 266
Spaghettisalat, bunter 158
Spanferkelrollbraten mit Brotknöpfle 722
Spargel mit Lachs und Meerrettichsoße 948
Spargelgemüse mit Krebsschwänzen 654
Spargelrouladen in Senfsoße 654
Spargelsalat mit Schinken 198
Spargeltartelettes mit Speck 54

Spätzleauflauf, Schwäbischer 210
Spätzleteig, Grundrezept 120
Speck-Zwiebel-Soße 508
Speckröllchen, fruchtige 802
Spießbraten, gespickter 730
Spinat-Tagliatelle alla Amatriciana 884
Spitzkohlpfanne mit Kartoffeln 408
Spitzpaprikaschoten, überbackene 396
Stangenspargel in Tempura 434
Stangenspargel mit Pfeffersteaks 456
Steckerlwürstchen vom Grill 798
Steckrübengemüse 868
Stielmuseintopf mit Rindfleisch 110
Straciatella-Sushis 1000
Strudelbonbons mit Joghurtdip 38
Strudelkörbchen mit Parmesan-Käsecreme 64
Sushis, vegetarische 44
Süsskartoffelplätzchen 418
Szechuan-Ente 896

Teigtaschen, gefüllte 36
Tequilasteaks 454
Texas-Chips mit Bohnencreme 52
Thunfischsteaks aus dem Ofen 954
Tiramisu im Schälchen 964
Tofu mit Gemüse, gebratener 414
Tomaten-Auberginen-Pfanne 646
Tomaten-Crostini mit Kapern 42
Tomaten-Knoblauch-Soße 536
Tomaten-Kopfsalat 610
Tomaten-Mozzarella-Gratin 710
Tomaten-Oliven-Soße 538
Tomatencurry mit Eiern 422
Tomatenfarfalle mit Bergkäse 436
Tomatenkoteletts, Italienische 692
Tomatenkoteletts, überbackene 688
Tomatenmakkaroni mit Thunfischsteaks 926
Tomatenpesto 430
Tomatensalat, scharfer 318
Tomatensoße von frischen Tomaten 436
Tomatensuppe mit Bärlauchcreme 92
Tomatentaglioline 662
Tomatentopf mit Nudeln 128
Tomatenvinaigrette 194
Topfensoufflé mit Pflaumenkompott 1006
Topfenstrudel, Tiroler 970
Tortellini mit Kräutersoße, bunte 264
Tortillakoteletts 698
Tortillas mit gegrillten Rumpsteaks 48
Tortillas mit Gemüsefüllung 426
Trockenobstfüllung 748

Vespersalat, Italienischer 152

Wacholderrahmbraten 736
Waldorfsalat 892
Walnuss-Zucchini, gefüllte 368
Wan Tan mit Gemüse-Reis-Füllung 300
Wein-Rahm-Geschnetzeltes, schnelles 540
Weißbrot mit Oliven 766
Weißbrot-Kräuter-Füllung 758
Weißbrot, hausgemachtes 878
Weißkohlgemüse 396
Wildente mit Apfelgemüse 916
Wildgans, gefüllte 846
Wildhackbraten 876
Wildjus 858
Wildschweinkeule, geschmorte 848
Wildschweinknödel 844
Wildschweinkoteletts vom Grill 844
Wildschweinsteaks vom Grill 874
Wildschweintopf mit Preiselbeergemüse 864
Winzerkartoffeln 338
Wirsing mit chinesischen Pilzen 362
Wirsing-Brotauflauf 904
Wirsing-Käse-Füllung 740
Wirsinggemüse 914
Wirsingröllchen mit Kräuterquark 384
Wuortelpott, Westfälischer 114
Würstchenrouladen mit Speckbohnen 668
Würstchenspieße mit Zwiebelsahne 772

Zaziki 64
Zigeunerschnitzel, panierte 628
Zigeunersoße 524
Zitronen-Dill-Schaum 946
Zitronen-Knoblauch-Braten 734
Zitronen-Oliven-Soße 372
Zitronen-Tiramisu 998
Zucchini-Peperonata 706
Zucchini-Schafskäse-Auflauf 232
Zucchiniblüten in Teighülle 708
Zucchiniblüten, gefüllte 382
Zucchinigemüse 364
Zucchinigemüse mit Tomaten 656
Zucchinisuppe 86
Zuckerblüten 992
Zuppa inglese 996
Zwiebel-Curry-Relish 444
Zwiebel-Orangen-Salat 908
Zwiebel-Sahne-Soße 446
Zwiebelgeschnetzeltes mit Paprika 528
Zwiebelhähnchen, Elsäßer 892
Zwiebelkoteletts, würzige 686
Zwiebeln, gefüllte 390
Zwiebelrouladen mit Kräutern 670
Zwiebelsalat mit Edelpilzdressing 156
Zwiebelschmortopf, Kärntner 570
Zwiebelsoße, Indische 624

garant Verlag GmbH
Benzstraße 56
71272 Renningen
www.garant-verlag.de

ISBN 978-3-86766-802-6